Frankfurt am main Fulda Garmisch-Partenkirchen Goslar Hamburg Hameln Hannover Heidelberg
Jena Karlsruhe Kassel Koblenz Leipzig Lindau im Bodensee Mainz Potsdam Regensburg Rostock
Schwerin Spreewald Stade Stralsund Stuttgart Trier Ulm Weimar Wernigerode Wiesbaden Wittenberg
Aachen Augsburg Baden-Baden Bayreuth Berlin Bonn Bremen Celle Darmstadt Dresden Peenemünde
Schwarzwald Eisenach Erfurt Essen Volkach Die Loreley Die Romantische Strasse Stephan Lochner
Rothenburg ob der Tauber Rothenburg an der Fulda Lochenstein Rottweil Rott am Inn Rottenbuch
Schloss Rosenau Rostock Lorsch
Burgruine Reussenstein Rendsburg
Rhens Lembeck Lemgo Remagen
Lehnin Kloster Runkel Ruhrgebiet
Wuppertal Ruhrpolding Rudolfstadt
Ludwigslust Ludwigsburg Martin
Luther Rudolf vom Ems

ブルーガイド
わがまま歩き……14
ドイツ

街道をめぐる
祭の夜、
古城に暮らす夢をみる

JN135155

ブルーガイド わがまま歩き ⑭ ドイツ Germany

CONTENTS

- MAPドイツ連邦共和国 …………… 10
- ドイツ主要鉄道路線図 …………… 12

基本情報と特集で知るドイツ

- ドイツ旅行基本情報 ……………………6
- 地方の特色 …………………………………8
- ドイツの世界遺産 ………………………9
- テーマで選ぼう！旅先選びのヒント… 14
- モデルルート研究のヒント ………… 15
- 特集1／最新トラベルトレンド… 16
- 特集2／サッカー観戦ガイド… 18
- 特集3／ミュージック&エンターテインメント… 20
- 特集4／おみやげセレクション… 22
- 特集5／ビール天国で飲み倒れ！… 24
- 特集6／ドイツワインを愉しむ… 26
- 特集7／本当はおいしいドイツ！… 28

ベルリン&ポツダム

- ●ベルリン ……………………………… 32
- 市内交通 ………………………………… 38
- 街のしくみ&楽しみ方 ……………… 42
- 100・200番バスライド実況中継… 44
- 見どころ ………………………………… 53
- レストラン・ショップ・ホテル… 58
- ・ポツダム ……………………………… 62

ドイツ東部&ゲーテ街道

- アドバイスとキーワード …………… 67
- ゲーテ街道 ……………………………… 68
- ・ドレスデン …………………………… 69
- ・マイセン ……………………………… 78
- ・ライプツィヒ ………………………… 80
- ・ワイマール …………………………… 84
- ・エアフルト …………………………… 88
- ・アイゼナハ …………………………… 90
- ・フルダ／イエナ／ヴィッテンベルク… 93

フランクフルトとその周辺

- ●フランクフルト ……………………… 96
- 市内交通 ………………………………… 98
- 街のしくみ&楽しみ方 ………………102
- 見どころ …………………………………104
- レストラン・ショップ・ホテル…106
- ・ヴィースバーデン …………………110
- ・ダルムシュタット …………………112
- ・バート・ホンブルク／オッフェンバッハ／ビューディンゲン …………………114

ロマンチック街道

- アドバイスとキーワード ……………116
- ロマンチック街道 ……………………118

ホーエンツォレルン城

街歩き携帯版
切りとり超ワイドマップ
ミュンヘン（赤）
ベルリン（青）

- ヨーロッパバス活用移動術 …… 119
- ・ヴュルツブルク ……………… 120
- ・ローテンブルク ……………… 124
- ・ディンケルスビュール ……… 129
- ・ネルトリンゲン ……………… 132
- ・アウクスブルク ……………… 133
- ・フュッセン＆シュヴァンガウ 137
- ・ヴィース教会／ランツベルク… 142

ミュンヘン＆アルペン街道

- アドバイスとキーワード ……… 145
- ●ミュンヘン …………………… 146
- 市内交通 ………………………… 147
- 街のしくみ＆楽しみ方 ………… 154
- 見どころ ………………………… 159
- レストラン・ショップ・ホテル… 164
- ・レーゲンスブルク …………… 168
- ・パッサウ ……………………… 171
- アルペン街道 …………………… 172
- ・ベルヒテスガーデン ………… 174
- ・プリーン（キーム湖）……… 175
- ・ミッテンヴァルト …………… 177
- ・オーバーアマガウ …………… 179
- ・ガルミッシュ・パルテンキルヒェン 182
- ・リンダウ ……………………… 186

ファンタスティック街道＆黒い森

- アドバイスとキーワード ……… 189
- ・バーデン・バーデン ………… 190
- ・カルフ ………………………… 195
- ・シュトゥットガルト ………… 196

- ・テュービンゲン ……………… 202
- ・メーアスブルク ……………… 206
- ・コンスタンツ ………………… 208
- ・ウルム ………………………… 211
- ・フライブルク ………………… 214

古城街道

- アドバイスとキーワード ……… 220
- 古城街道 ………………………… 222
- ・ハイデルベルク ……………… 224
- ・シュヴェービッシュ・ハル … 232
- ・ニュルンベルク ……………… 233
- ・バンベルク …………………… 238
- ・バイロイト …………………… 242
- ・クルムバッハ／ハイルブロン… 244

ルール地方＆ライン川モーゼル川流域

- アドバイスとキーワード ……… 246
- ・デュッセルドルフ …………… 248
- ・ケルン ………………………… 254
- ・ボン …………………………… 260
- ・アーヘン ……………………… 263
- ・ミュンスター ………………… 265
- ・マインツ ……………………… 270
- ・リューデスハイム …………… 272
- ・コブレンツ …………………… 274
- ・トリアー ……………………… 276
- ・ザールブリュッケン／ベルンカステル／クース …… 278

メルヘン街道

アドバイスとキーワード	280
メルヘン街道	282
・ハーナウ	284
・マールブルク	285
・カッセル	286
・ゲッティンゲン	289
・ハーメルン	290
・ブレーメン	292
・ゴスラー	296
・ヴェルニゲローデ	298
・クヴェートリンブルク	300
・アルスフェルト／シュタイナウ／ハン・ミュンデン／ボーデンヴェルダー	302

ハンブルク＆北ドイツ

アドバイスとキーワード	305
●ハンブルク	306
市内交通	306
街のしくみ＆楽しみ方	310
見どころ	312
ショップ・レストラン・ホテル	316
・リューベック	321
・リューネブルク	325
・ツェレ	327
・ハノーファー	329
・シュヴェリーン	332
・ロストック	333
・シュトラールズント	335
・シュターデ／メルン	336

トラベルインフォメーション日本編

旅のスタイルを選ぶ	338
個人手配旅行で行く	339
ホテルを予約する	341
出発日検討カレンダー	342
旅の必需品の入手法	344
通貨を用意する	346
旅の情報収集	348
おすすめURL集／気候と服装	349
旅のしたく	350
携帯電話とネット接続	351
空港に行く	352
空港利用の裏ワザ	357
WeB TRAVELで《新しい旅のスタイル》のオーダーメイド旅行	358

トラベルインフォメーションドイツ編

入国ガイド	360
日本への帰国	362
税金の還付	363
空港から市内へ	364
鉄道	365
乗り方・買い方	366
周遊パス＆割引チケット	368
市内交通	369
隣国へ鉄道で出るルート	370
ドイツを旅するためのマナー	371
両替	372
電話と郵便	373
ホテルを利用する	374
レストランへ行く	375
トラブル対策	376
旅の安全と健康	377

レファレンス

ドイツ歴史年表	378
ドイツ文化用語解説	380
ドイツ ＆ To Do INDEX	382

グラフィック・マップ

ベルリンの見どころすぐわかるマップ	40
すぐわかるミュンヘン街歩きマップ	152

おすすめコラム

ベルリン、こころの壁も消え去る街…46
ドイツのクリスマスと
　おもちゃの村ザイフェン………75
エルベ川遊覧の旅………………94
ノイシュヴァンシュタイン城…140
オクトーバーフェスト…………163
リンダーホーフ城………………181
ツークシュピッツェ登頂記……184
シュヴァルツヴァルト（黒い森）
　ドライブガイド………………216
ネッカー川古城巡り……………230
ライン川下りハイライト………268

この本の使い方

地図記号と巻頭切りとり地図の見かた

切りとり地図は、赤枠（表）がミュンヘン、青枠（裏面）がベルリンの拡大地図になっています。地図内の H はホテル、R はレストラン、C はカフェ、S はショップ、YHはユースホステル、i は観光案内所です。

●街の魅力マーク
街の特徴を15のマークで表し、その重要度を3段階（★〜★★★）で示しました。

 町並がとくに美しい　 温泉がある　 美術館・博物館が有名　 神話・寓話の舞台

 有名な古城や宮殿がある　 自然が美しい　 とある人物で有名　 大学都市である

 有名な教会がある　 有名な祭りやイベントがある　 オペラや音楽で有名　 ショッピングが充実

 名物料理がある　 ビールで有名　 ワインで有名

●見どころ
例

ブランデンブルク門 ★★★ ←（★＝時間があれば見たい、
Brandenburger Tor　　　　★★＝ぜひ見たい、★★★＝必見）

●カタログ

[ホテル] ホテルのグレードを示します。
★エコノミー
★★カジュアル
★★★スタンダード
★★★★ラグジュアリー
（必ずしも宿泊料金の高さとは関係ない）

[レストラン] ディナーにかかる料金（1ドリンク含む）のおよその目安。
● 〜€15
●● €15〜25
●●● €25〜50
●●●● €50〜

[ショップ] 　[カフェ] 　[ナイトライフ]

●通貨記号
€はユーロ。€1
≒128円（2018年
7月現在）

◆ホテルカタログでは、シングル（S-）とツイン（T-）の一部屋の宿泊料金を併記。基本的に税込み、朝食が含まれる。なお、季節やメッセ（見本市）の有無によって料金が変動することもあるので注意。
◆使用可能なクレジットカードはビザ＝VISA、マスターカード＝MC、アメリカンエクスプレス＝AMEX、ダイナースクラブ＝DC、JCB＝JCBでそれぞれを表記。
◆ACCESSの項目での鉄道料金は2等車の基本料金を表記。
◆この本の各種データは2018年7月現在のものを基本としています。取材後に変更されることも考えられますのでご了承ください。閉店法の改正により、店の営業時間などは変わりやすいのでご注意ください。

※巻末p.383にTo Do INDEXあり

正しく知っておこう
ドイツ旅行基本情報

まずはドイツがどんな国なのか正しく知っておこう。意外にイメージだけ先行して実際に知らないことも多いことに気がつくはず。間違ったイメージは旅の面白さを半減させるので要注意だ。ここでは概略を紹介するので、旅行中のリファレンスにはTo do INDEX（p.383）も活用してほしい。

ドイツ国旗。1949年、ドイツ連邦共和国の憲法にあたる「基本法」で定められた。上から黒、赤、金の横縞が縦に並ぶ三色旗

気候
比較的温暖で四季の別がはっきりしており、日本の北海道に似ている。冬はすごく寒いイメージがあるかもしれないが、北海側は雪はそれほど降らない。もっとも、日照時間が短いので昼間でも気温が上がらず、防寒対策は必要。夏は意外に暑くなるが、空気が乾燥しているので不快感は少ない。日が長く、夕方でも明るい。22時くらいにやっと暗くなる。

地形
平野部が広く、特に北部には高い山がない。南部のスイス国境付近にドイツ最高峰ツークシュピッツェ（p.184）がそびえる。

町のしくみ
町の中心に定期的に市が立つマルクト広場などの広場があり、その周辺に主教会や市庁舎がある。小さな町なら旧市街区を囲んだ城壁やその痕跡もある。日本のように鉄道駅が町の中心ではない点に注意が必要。お城は郊外や山間にあることが多い。

インフォメーションセンター
観光地には必ずといっていいくらい❶マークのインフォメーションセンター（p.348）があり、町の観光情報を扱っている。地図があったり、ホテルの予約もしてくれる便利な存在、ぜひ活用しよう。

階数表示
いわゆる英国式と同じで、日本でいう1階はドイツでは地上階（Erdgeschoss）と呼び、エレベータの表記はEとなっている。（ちなみに地階はUntergeschossでU）。日本でいう2階は1 Etageで、3階は2 Etageになるので注意が必要。

住所表記
日本は区画の番地で住所を表すが、ドイツに限らず欧米では、通りの名前とその番号で住所を表す。その際の数字は、通りの右側と左側で奇数と偶数に分かれていることが多い。

基礎データ
◇**正式国名**：ドイツ連邦共和国 Federal Republic of Germany Bundesrepublik Deutschland
◇**首都**：ベルリン（人口は約378万人）Berlin
◇**面積**：35万7120平方km（日本より若干せまく南北876km、東西640km）。
◇**人口**：8274万人（2017年）。出生率は1.41人、人口増加率は＋0.3％。平均寿命は男性77.9歳、女性82.9歳（2014年）。
◇**人口密度**：1平方kmあたり約237人（2017年、ドイツ連邦共和国統計庁）。ヨーロッパでも人口密度が高い国のひとつ。
◇**政体**：16の州からなる連邦共和制（二院からなる議院内閣制）。各州の行政は一定の自主性をもって行われている。EUとNATOに属す。
◇**首相**：2005年よりアンゲラ・メルケル女史が首相（キリスト教民主同盟）。ドイツでは初めての女性首相。
◇**GDP**：3兆6850億ユーロ（2017年）
◇**通貨**：欧州単一通貨ユーロ（ドイツではオイロと発音、1€≒128円／'18年7月現在）
◇**時差**：日本時間より－8時間（3月最終日曜から10月最終土曜はサマータイムで－7時間）
◇**宗教**：プロテスタント約2,263万人、カトリック約2,394万人（ドイツ連邦共和国新聞情報庁）。国民の約59％がキリスト教を信仰している。カトリックとプロテスタントの割合はほぼ同じ。
◇**民族**：主にゲルマン系ドイツ民族。一部にスラブ系ソルブ民族など。（在留外国人は約911万人。そのうちトルコ人が約163万人）

東京からのフライト時間
フランクフルトまで直行便で約12時間。ミュンヘンまで直行便で約12時間。

度量衡
メートル、グラム、リットルを使用。

電圧

電圧230V、周波数50Hz。プラグはCタイプか一部SEタイプ。

ビジネスアワー

日本と一番違う点は、お店が日曜に休むこと。季節により営業時間が変わることも多い。なお2006年、閉店法が改正され、ベルリン州など一部で平日と土曜は24時間の営業も可能になった（日曜も回数と時間を限って営業が可能になった）。以下は大体の目安。

- ■ショップ…9:00～20:00、土曜は業種によってちがうがスーパーやデパートは～20:00、パン屋や薬局は午後は閉店。（日曜、祝日は休み）
- ■銀行…9:00～13:00、14:00～16:00（※火・木曜は1～2時間長く営業する銀行も。土・日曜、祝日は休み）
- ■郵便局…9:00～19:00、土曜～14:00（お昼休みがあるところも）
- ■レストラン…11:30～14:00、19:00～21:30
- ■劇場・コンサート…20:00開幕（演目により19:00からも。普通は休憩も含め所要約3時間）
- ■美術館・博物館…10:00～18:00（月曜休館が多い）

年齢制限

タバコ、ビール、ワインは16歳から飲んでもいいことになっている。ウイスキーなどの蒸留酒は18歳から。

主な祝日・休日

祝日はキリスト教関連のものが多く、年ごとに日にちが移動するものも多いので注意。また州ごとに違う祝日もあり、夏休みの時期も州ごとにずれる。

- 1月1日　新年
- 1月6日　公現祭（※一部州のみ）
- 4月19日　('19) 聖金曜日
- 4月21日　('19) 復活祭
- 4月22日　('19) 復活祭後の月曜日
- 5月1日　メーデー
- 5月30日　('19) キリスト昇天祭
- 6月9日　('19) 聖霊降臨祭
- 6月10日　('19) 聖霊降臨祭後の月曜日
- 6月20日　('19) 聖体祭（※一部の州のみ）
- 8月15日　聖母マリア昇天祭（※一部の州のみ）
- 10月3日　ドイツ統一の日
- 10月31日　宗教改革記念日（※一部の州のみ）
- 11月1日　万聖節
- 11月20日　('19) 贖罪の日（※ザクセン州のみ）
- 12月25日　クリスマス第一日
- 12月26日　クリスマス第二日

（※12月24日と12月31日は、お店は昼間まで。官公庁等はお休み）
※聖金曜日や復活祭、聖霊降臨祭などは毎年移動する。また、上記以外の祝日もある。

ホテル料金

ドイツでは朝食付きの宿泊施設が多いが、大きなホテルなどでは朝食別も増えてきている。またメッセのある都市では、その開催時期の間は宿泊料金が高騰する。部屋のタイプで料金が違うのはもちろん、週末料金を設定していたり、その時々の相場で料金を決めるホテルも増えている（かなり変動する）。ネットで予約したり長期滞在で安くなることも多い。（p.374参照）

服飾サイズ

		7	9	11	13	15	17
婦人服	日本	7	9	11	13	15	17
婦人服	ドイツ	32	34	36	38	40	42
紳士服	日本	S		M		L	LL
紳士服	ドイツ	44-46		48-50		52-54	56-58
婦人靴	日本	22.5	23	23.5	24	25	
婦人靴	ドイツ	35	35.5	36	37	38	
紳士靴	日本	24	25	25.5	26.5	27.5	
紳士靴	ドイツ	39	40	41	42	43	

※おおよその目安。

ビール

ドイツ各地に地ビールがあり、ブリュワリー（醸造所）だけで約1350ヵ所、種類は7500種ともいわれる。どれも高レベルでうまい。ちなみに、各地のビールを飲み歩く旅をビア・ライゼと呼ぶ。（p.24～25参照）

ワイン

甘口の高級ワインで知られるが、左党にうれしいのが辛口白ワイン。意外にも世界最高級の評価もある。（p.26～27参照）

料理

ジャガイモ、ザワークラウト（酢キャベツ）などが有名だが、季節の旬の素材を大事にする文化もある。最近はヘルシー志向が人気で、各地で日本のスシがブームになる。また、高級レストランなどはインターナショナルな創作料理が多い。（p.28～30参照）

ローテンブルクのマルクト広場

地方の特色

中世には400もの小国家に分裂していたドイツ。地方ごとに独自の文化が発達した。比較的最近統一されたこともあって現在の行政区分が必ずしも地方の特色と一致していない。ここではより実勢に近い地方の特色を紹介！

①バーデン
ボーデン湖などを擁するドイツを代表するリゾートエリア。随所に温泉が噴出。隣接するアルザス地方はかつてはドイツに帰属、料理や建築などの文化を共有。ドイツでは珍しい赤ワインでも有名。

②シュヴァーベン
ドイツ南部の中央。人々はよくいえば質素で倹約、悪くいえばケチで有名。ちょっとイタリア的でドイツ風パスタともいえるシュペッツレなどシュヴァーベン料理は、最も日本人の口に合うドイツ料理のひとつ。

③バイエルン
ミュンヘンの「オクトーバーフェスト（p.163）」が有名。お祭り好きな陽気で人懐っこい性格の人が多い。郷土料理としては、白ソーセージやレバー団子入りスープなどが有名。日本でイメージするドイツ文化は、大体この地方が発祥。ドイツアルプス周辺はオーストリアのチロル地方と共通。

④フランケン
バイエルン北部の丘陵地帯で、爽やかな辛口のフランケンワインの産地。テューリンガーヴァルトへと続く一帯は、美しい田園風景が特徴的。

⑤テューリンゲン
周囲をハルツ山地などに囲まれ、「グリーン・ハート」と形容される。シラー、ゲーテ、バッハ、ルター等が活躍した、近代ドイツ文化の原点ともいえる地域。同名のソーセージでも有名。

⑥ザクセン
ドレスデンを中心にバロックの宮廷文化が花開き、有名なマイセン磁器を生み出した。ザクセンシュヴァイツなど自然景観にも恵まれている。料理や文化はチェコのボヘミア地方と共通する。

⑦プロイセン
ドイツ政治の中心。首都にして特別州のベルリンは世界有数のメガロポリスだが、意外に周辺には森林や湖沼が多い。人々は質実剛健な気質で知られる。アイスバイン（骨付き豚すね肉の塩ゆで）などが名物だが全般に大味。

⑧メクレンブルク
ドイツ北部のバルト海に面した一帯で、ハンザ同盟の中核となった地域。森林の間に多くの湖が点在する北欧的な風景が広がる。郷土料理はもちろんシーフードが中心。

⑨シュレスヴィッヒ＝ホルシュタイン
長らくデンマークの支配下にあったユトランド半島の付け根付近。地域名（乳牛の種）の通りドイツ有数の酪農地帯で、その乳製品のレベルは高い。

⑩ニーダーザクセン
この付近の低地ドイツ語が現在の標準ドイツ語。ツェレをはじめ、美しい木組み家屋が残る街が多い。人々は勤勉で生まじめといわれる。デュッセルドルフ周辺のルール工業地帯はドイツ重工業の中心地。

⑪ラインラント
ドイツ最古で最大のワイン産地として知られる。人々の性格はとにかく陽気。ユネスコ世界遺産に登録されたトリアーやシュパイヤーなど、随所に2000年に渡る文化財が残る。

⑫ヘッセン
フランクフルトの商工業地帯の印象が強いが、大半はゆるやかな丘陵に美しい田園風景が広がる。多くの民話や伝説を残す地域で、エリアの中央をメルヘン街道が通る。

ドイツ7大街道とは

ドイツには、よく知られる「ロマンチック街道」をはじめ、7つの街道があるといわれる。しかしこの「街道」、ドイツ観光局がプロモーションしている観光ルートのことで、実は街と街を結んだイメージ上のもの。実際に街道の「道沿い」を観光するわけではない。他の国向けには「皇帝街道」や「ワイン街道」というものもある。車で移動することが前提の街道も多く、個人旅行ではあまりルートにこだわらなくてもいいだろう。たとえば、特別にオペラ観劇に興味があるなら、自分だけの「オペラ街道」を創って巡るのも楽しい。

ドイツの世界遺産

ドイツにはユネスコ世界遺産が多く、その数43件（44カ所）。これはイタリア、中国、スペインに次いで世界4位だ。そのほとんどが登録される前から有名観光地。最近では、2017年にウルム近郊のシュヴァーベンジュラの洞窟群と氷河期芸術が加わった。登録されていなくてもすばらしいところは多いので、目安のひとつと考えよう。

なお、観光局のHPでは、トップページから「都市と文化」のタブをクリックすると、ユネスコ世界遺産の紹介ページが見つかる。

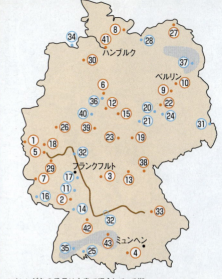

※オレンジ色の番号は本書で紹介している街

⑤ アウグストゥスブルク宮殿　Schloss Augustusburg
MAP p.247　●ケルンからRBでBrühl駅まで約15分
☎02232-44000
圏9:00～12:00、13:30～16:00（最終入場）（土・日曜、祝日10:00～17:00最終入場）困12・1月と2～11月の月曜　料€4

①	アーヘン (p.263)	大聖堂 (1978)
②	シュパイヤー (p.227)	大聖堂 (1981)
③	ヴュルツブルク (p.120)	レジデンツ (1981)
④	プファッフェンヴィンケル（フュッセン近郊）(p.142) ヴィース教会 (1983)	
⑤	ブリュール アウグストゥスブルク宮殿他 (1984)	
⑥	ヒルデスハイム (p.331) 大聖堂と聖ミヒャエリス教会 (1985)	
⑦	トリアー (p.276)	ローマ遺跡群他 (1986)
⑧	リューベック (p.321)	ハンザ同盟都市 (1987)
⑨	ポツダム (p.62)	宮殿群と公園群 (1990)
⑩	ベルリン (p.32)……宮殿群と公園群 (1990)、博物館島 (1999)、モダニズム集合住宅群 (2008)	
⑪	ロルシュ	ロルシュの修道院他 (1991)
⑫	ゴスラー (p.296)	ランメルスベルク鉱山他 (1992, 2010)
⑬	バンベルク (p.238)	旧市街 (1993)
⑭	マウルブロン	中世シトー派修道院 (1993)
⑮	クヴェートリンブルク(p.300)	旧市街他 (1994)
⑯	フェルクリンゲン	製鉄所 (1994)
⑰	メッセル	メッセル化石発掘現場 (1995)
⑱	ケルン (p.254)	ケルン大聖堂 (1996)
⑲	ワイマール (p.84) バウハウス運動 (1996)、旧市街 (1998)	
⑳	デッサウ バウハウス運動 (1996)、庭園王国 (2000)	
㉑	アイスレーベン	ルターメモリアル (1996)
㉒	ヴィッテンベルク (p.93) ルターメモリアル (1996)	
㉓	アイゼナハ (p.90)	ヴァルトブルク城 (1999)

① アーヘン大聖堂の内部。ちょっとドイツ離れした、きらびやかで美しいビザンチン様式の影響を受けたモザイク装飾。奥はガラスの礼拝堂（データはp.264）

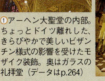

㉔	ヴェルリッツ	庭園王国 (2000)
㉕	ライヒェナウ島	修道院 (2000)
㉖	エッセン (p.259) ツォルフェライン炭鉱施設 (2001)	
㉗	シュトラールズント(p.335)	ハンザ同盟都市 (2002)
㉘	ヴィスマール	ハンザ同盟都市 (2002)
㉙	ライン渓谷上流中流地域 (p.274他) (2002)	
㉚	ブレーメン (p.292)	ローラント像 (2004)
㉛	バート・ムスカウ	ムスカウ公園 (2004)
㉜	リーメス	ローマ帝国の国境壁跡 (2005)
㉝	レーゲンスブルク (p.168)	旧市街 (2006)
㉞	ワッテン海	多様な生物と湿地 (2009)
㉟	アレンバッハ他	先史時代の湖畔住居群 (2011)
㊱	アールフェルト	ファグス靴工場 (2011)
㊲	グルムジン他	ドイツの古代ブナ林群 (2011)
㊳	バイロイト (p.242)	辺境伯歌劇場 (2012)
㊴	カッセル (p.286) ヴィルヘルムスヘーエ宮殿公園 (2013)	
㊵	ヘクスター コルヴァイのカロリング朝ヴェストヴェルクとキヴィタス (2014)	
㊶	ハンブルク (p.306) ハンブルクの倉庫街とチリハウスを含む商館街 (2015)	
㊷	シュトゥットガルト (p.196) ル・コルビュジエの建築作品～ヴァイセンホーフ・ジードルングの住宅 (2016)	
㊸	ウルム近郊 シュヴァーベンジュラの洞窟群と氷河期芸術 (2017)	

地方の特色／世界遺産

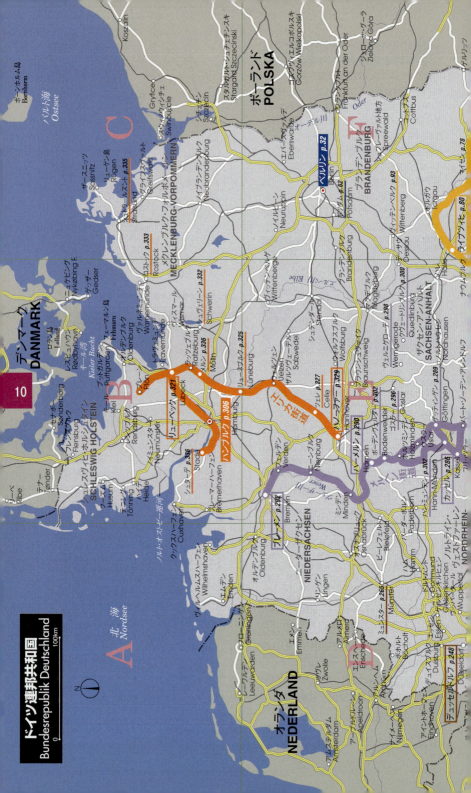

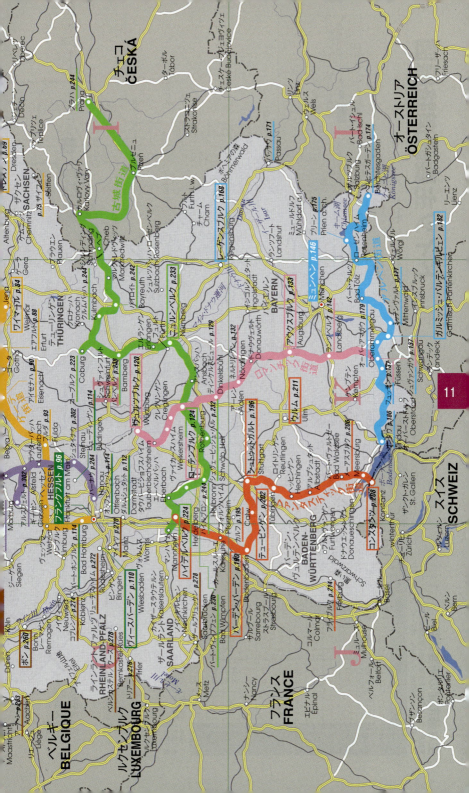

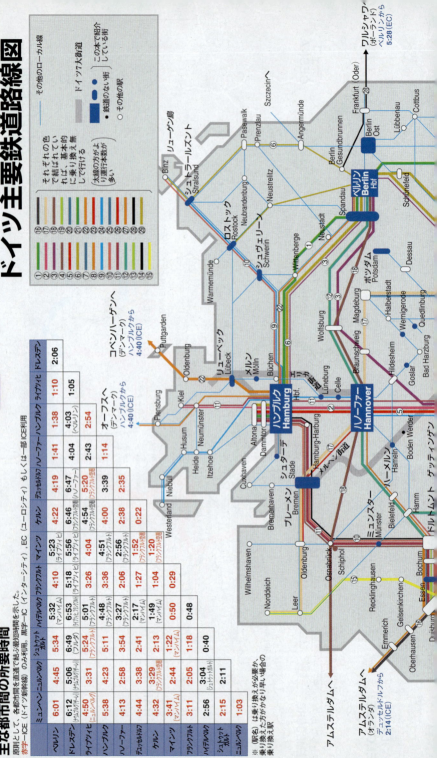

テーマで選ぼう！旅先選びのヒント

ドイツは他の国より、中・小規模の観光都市が多く、それぞれがユニークな観光スポットを持っているので、見てみたいものを選ぶのが結構大変。都市別に行きたい場所を選ぶより、見たいもの別に行き先を選んだほうがいい場合もある。そんなときの参考に、おすすめの見どころをテーマ別に独断で勝手に厳選！

おすすめテーマ 1　お城

ランキング No.1　ノイシュヴァンシュタイン城ほか　ルートヴィヒ２世が展開した独特の美意識に浸ろう (p.140、p.176、p.181)

ランキング No.2　エルツ城　ドイツではもっとも美しいと言われている古城で、文化的な価値も高い (p.275)

ランキング No.3　ヴァルトブルク城　ノイシュヴァンシュタイン城のモデルになった部屋などもある (p.91)

No.4　ホーエンツォレルン城
質実剛健な外観と内部の宝物館(とくにプロイセンの王冠)や晴れた日の城館からの眺めなどが見どころ(p.205)

No.5　ハイデルベルク城
ネッカー川など周囲の景観も含めて。城館内の博物館やレストランなどもポイント (p.226)

No.6　ライン川沿いの古城
数は多い。古城ホテルなどもあり、ライン川観光と合わせて (p.268)

No.7　マリエンベルク要塞
ハイデルベルク城に似て内部の博物館なども充実 (p.122)

No.8　ミュンスターの水城
周囲を水濠で囲まれた独特のスタイル (p.267)

No.9　シュヴェリーン城
フランスのシャンボール城を参考に改築されたその姿の美しさは特筆もの。内部や周囲の庭園も (p.332)

No.10　ザバブルク城
現在古城ホテル。いばら姫の館のモデルといわれる (p.295)

おすすめ宮殿ベスト10！

No.1　サンスーシ宮殿
庭園も含めて (p.62)

No.2　レジデンツ（ヴュルツブルク）
圧倒的な天井フレスコ画 (p.122)

No.3　レジデンツ（ミュンヘン）
内部の博物館など (p.159)

No.4　ツヴィンガー宮殿
絵画館など (p.71)

No.5　ニンフェンブルク城
美人画ギャラリー (p.162)

No.6　ヴィルヘルムスヘーエ宮殿
周囲の景観も (p.287)

No.7　シャルロッテンブルク宮殿
陶器の間など (p.56)

No.8　ツェツィーリエンホーフ宮殿
ポツダム会談 (p.64)

No.9　ヘレンハウゼン王宮庭園
建物はなく庭園のみ (p.330)

No.10　シェッツラー宮殿
祝祭の間など (p.135)

おすすめテーマ 2　博物館、美術館

① ペルガモン博物館……展示のスケールが圧倒的 (p.54)
② 絵画館……今や世界規模の収集 (p.55)
③ アルテ・ピナコテーク……中世の欧州絵画 (p.160)
④ 緑の丸天井……絢爛豪華な宝飾品の数々 (p.72)
⑤ モダン・ピナコテーク……現代絵画。単純に面白い (p.160)
⑥ アルテ・マイスター絵画館……大型のものが多い (p.71)
⑦ ノイエ・ピナコテーク……ゴッホなど (p.160)
⑧ ハンブルク美術館……国内屈指の膨大なコレクション (p.314)
⑨ ドイツ博物館……規模がすごい。メカ好きな人に (p.161)
⑩ シュテーデル美術館……レンブラントからピカソなども (p.104)

おすすめテーマ 3　民俗祭

やはり伝統的な民俗祭は、春先から初夏にかけてが多い。ただし、イベント的なお祭りが9〜10月の秋にもあり、クリスマスもお祭りと考えると一年中お祭りやイベントがある国といえる。

オクトーバーフェスト
巨大テントの会場でただひたすらビールを飲む (p.163)

クリスマス・マーケット
ニュルンベルク、ドレスデンなどが有名だが、ドイツ各地で開催される (p.75)

ヴァルプルギスの夜
魔女の姿に扮して踊る。カーニバル的 (p.301)

マイスタートゥルンク歴史祭
中世の衣裳でパレードや羊飼いのダンス (p.124)

キンダーツェッヒェ(子ども祭)
子どもによって町が救われた史実をもとにパレードや再現劇などを行なう (p.129)

ドイツの民俗際では、中世のコスチュームに身を包んでパレードなどを行うことが一般的

モデルルート研究のヒント

予算の概算方法

①宿泊費 1泊7千円～1万2000円程度。田舎のペンションなどは6～7千円程度で済む。ユースホステルは2500円程度（ドミトリー＝大部屋の場合）。

②交通費 鉄道で移動する場合、1日の移動で€40（約5200円）を超えることは少ない。それ以上になるようならレールパス類を使った方がよい。また、長距離きっぷ（100km以上）を買う場合、2日間有効（有効期間はきっぷに記載されるので要確認）なので、途中下車しながら移動すればかなりお得。

③飲食費 基本的に日本の観光地のレストランで食べるより少し高いくらい。1食2000～3000円みておけば充分だろう。朝食はホテル代に込みの場合が多い。

※モデルルート1の場合、飛行機のチケット代などを別にすれば、宿泊費で約8万円、食事に2万5千円～3万円、交通費と雑費が3万円程度、合計13万5千円～14万円くらいの計算になる。

モデルルート1
ロマンチック街道＆ミュンヘン滞在の旅

8～10日間

フランクフルト
↓1～2泊
ヴュルツブルク
↓1泊
ローテンブルク
↓1泊
アウクスブルク
↓1泊
フュッセン
↓2泊
ミュンヘン
2～3泊

ポイント ★★★
フランクフルトはライン川下りを入れるかどうかで日程が違ってくる。アウクスブルクを省けば1週間ちょっとで回れる。

モデルルート2
ロマンチック街道＆ミュンヘン滞在の旅

7～10日間

フランクフルト
↓1～2泊
アイゼナハ
↓1泊
ライプツィヒ
↓1泊
ドレスデン
↓1～2泊
ベルリン
2～3泊

ポイント ★★★
ワイマールは小さな街なので半日観光可。マイセンはドレスデン、ポツダムはベルリンからのエクスカーション扱いで。

モデルルート3
ライン川北上＆北ドイツの旅

7～10日間

フランクフルト
↓1～2泊
ケルン
↓1～2泊
ブレーメン
↓1泊
ハンブルク
↓2～3泊
リューベック
1泊

ポイント ★★
ハノーファーは半日観光可。ケルンを拠点にすると周囲の世界遺産も行きやすい。北部の観光ではリューベックは外せない。

モデルルート4
南ドイツ古都巡りの旅

7～9日間

ミュンヘン
↓1～2泊
レーゲンスブルク
↓1泊
ニュルンベルク
↓1泊
バンベルク
↓1泊
ヴュルツブルク
↓1泊
フランクフルト
1～2泊

ポイント ★★★
ミュンヘンを拠点に周囲を回るという手もある。位置的にはヴュルツブルクの代わりにハイデルベルクを組むのもいい。

→ 鉄道　→ バス

テーマで選ぶ旅1
最新トラベルトレンド

トレンドトピック1
静かなブーム到来、クラフトビール時代の幕開け

世界的なブームになりつつあるクラフトビール。もともと米国で火がつき、日本でも注目を浴びつつある新しいビールの潮流だ。ビールの本場、ドイツでのその人気と実力は？

CAMBAのクラフトビール。ミュンヘンのTap-House（下記参照）で飲める

 ドイツのクラフトビールとは？

その発祥の地、米国では「小規模」「独立的」「伝統的」なものをクラフトビールと呼ぶようだが、これをそのままドイツには当てはめられない。米国とは違い、もともと小規模で伝統的な醸造所が多いからだ。

ではドイツでクラフトビールを名乗るビールとは、いったいどういうビールなのか？

ドイツで見つかるそれは、小規模で独立的ではあるが、伝統にとらわれず、革新的なビールを生み出そうとする醸造所のものが多い。まじめに味と品質を追求しつつも、革新的で多様なスタイル、それがドイツのクラフトビールといえるだろう。

たとえば、ドイツではPA（※1）やIPA（※2）というビールはほとんど見かけない。もともと英国で発達した醸造方法だからだ。必然的にドイツで飲もうとするとクラフトビールで、ということになる。

※1　PA＝ペールエール。※2　IPA＝インディアン・ペールエール。

その人気と味は？

ブームはベルリンやハンブルクなど、進取の気性に富む北ドイツや東ドイツの都市部で徐々に盛り上がりを見せつつある。もちろん味のほうも、伝統に根ざしたノウハウを持っているので、たとえば苦味が強めのことが多く、濃い味の多いPAだが、CAMBAという醸造所の造るそれは、麦芽の甘みが感じられ、濃くて芳醇だが甘口という、ビール好きなら絶対に飲んでみたくなる味。他にも、ドレスデン出身の最年少女性ビールソムリエ（そういう資格がある）が造るKumlachというビールは、フルーツが入っているが甘過ぎず、すっきりしていて香り高い、といった具合だ。

クラフトビールはまだまだドイツでは珍しい存在だが、探してみる価値はあるだろう。

↓ミュンヘンのタップ・ハウスTap-House（p.156）。瓶ビールなど200種、生（ドラフト）ビールなら40種ほど揃うクラフトビール専門ビール・バーだ。おすすめはCAMBAのPA。伝統的なビールも造っているがこのブランドはどれも一味違う

➡噂のKumlachクムラッハ €2.99。das Bier danach（～の後のビール）がキャッチフレーズ。ボトルデザインもいかにも女性的で、豊かなアロマ、すっきりした上品な後味で飲みやすい。ドレスデンのホップンクルトHopfenkult（p.77）↓で購入可能。

ハンブルクのラッシャーン・シャンツェンフェーヘ Ratsherrn Schanzenhoefe（p.318）のショップにて。各国から取り寄せた300種以上のクラフトビールがあり、手作り感満載のラベルを見てるだけでも楽しい

ベルリンのヴァカブント・ブラウエライ Vagabund Brauerei（p.48）。米国出身のオーナーがドイツ風味を加えて造る本気のクラフトビール。ベルリンでは昨年から、クラフトビール祭りBraufest Berlinが開催されている

トレンドトピック2 ついに路線自由化！長距離バスで旅するドイツ

2013年、鉄道とかぶるバスの長距離路線が自由化、次々と新路線が現れた。人気路線は激安で本数も多くサービスも向上中！

最大の魅力はその安さ

たとえばFlixBusだとベルリン－ハンブルク間は驚きの€9.90から。これがICEなら2等車でも€83.50、ECで€68。本数も昼間ならほぼ30分毎に運行している（ただし、所要3時間15分、鉄道は1時間50分程から）。

気になる乗り心地も、長距離用の車体なのでリクライニングがあり、意外に快適だ。

これからは路線によってバスでの移動を考えてみるのもいいだろう。なお、2018年からFlixTrainとして電車の運行も始めた（ドイツ鉄道の線路を使った独自車両の運行）。

FlixBusの車体。同じデザインの車体で鉄道版のサービスも始まっている

小さいがトイレもある。もちろん使用可。長時間路線は休憩もある

リクライニングが結構効くのでまあまあ快適。深夜発早朝着の便でもなんとか車内で寝られる

HPはわかりやすい英文ページあり。ちなみに車内無線LANもある

利用法＆注意点（FlixBusの場合）
■ネット予約必須（大都市以外は窓口がない）。
■予約完了すると、メールで予約番号付きPDFでチケットが送られてくる。
■予約番号のスマホ画面（QRコード）を運転手に見せるだけでも乗車可。座席指定はない。
■バス停は鉄道駅から離れていることもあるので事前に要チェック。
■大きなバス停はZOBと略される（鉄道駅の中央駅をHbf）。
■大きな荷物は車体横のラゲージスペースへ。座席持込は制限（7kgまで）あり要注意。
■遅れることもよくある。予定をゆるめに。

DATA
◆フリックスバス FlixBus（2018年から電車も運行）
HP global.flixbus.com　HP flixtrain.com
※鉄道はまだ路線が少ないが、フランクフルト→ベルリン間だと5時間程度で€64.90。ICE利用のドイツ鉄道で所要4時間強€129と比べかなりお得。利用方法はp.340も参照。

テーマで選ぶ旅2

サッカー観戦ガイド

ドイツで一番熱く熱く、そして熱く盛り上がるスポーツ、サッカー。W杯の出場常連国でもあり、ベスト8以上の連続出場が16回という驚異的な記録を持つ。また、ブンデスリーガでは長谷部選手のヴォルフスブルクが2009年、香川選手のドルトムントが2010～2011年にリーグ連覇するなど、日本人選手も大活躍。観戦目的で旅行に来る人や、おみやげにサッカーグッズを選ぶ人も増えている。

2014年、古巣ドルトムントに復帰した香川選手

ドイツのサッカー事情

ドイツはサッカー大国。欧州ではプロリーグの平均観客動員数はドイツが一番で、サポーターの熱狂度、クラブの運営ノウハウも世界屈指。これまでW杯で4度もの優勝を誇り、とくに2014年大会で、開催国ブラジルに準決勝で大勝し、決勝でもアルゼンチンを退け優勝したのは記憶に新しい。ちなみにこれまでの成績は出場18回、優勝4回、準優勝4回で、前大会優勝時にはFIFAランキング堂々の1位に輝いた。2006年大会で開催国となったため、ミュンヘンのアリアンツ・アレーナほか、多くのスタジアムが新設または改修されており観戦環境は抜群。また、近年は大迫選手や酒井選手、武藤選手、香川選手など、日本人選手もブンデスリーガで活躍している。

Data ◆ミュンツィンガー Münzinger Fun United. ミュンヘンのサッカー特化型の大型スポーツ店。ドイツのみならず世界中のクラブ商品を扱う。 MAP●切りとり-15, p.150-F ✉Marienplatz 8 ⏰10:00～20:00 休日曜 ☎089-290300 HP www.sport-muenzinger.de

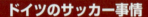

❶サポーターの熱狂ぶりはすさまじい ❷昼間からビールで盛り上がる ❸ミュンヘンのファンショップ、ミュンツィンガー。ここでは全ブンデスチームのユニフォームが一度に揃う ❹もはやベテランの酒井選手 ❺2009年、リーグ制覇でマイスターシャーレを掲げる長谷部選手

Check-Check! スポーツバーで観戦しよう

スタジアムまで通えない、という人は大きなスクリーンのあるスポーツバーで観戦してみるのも面白い。放送は有料なのでスカイ局と契約がないと見られない。そこでバーで観戦する地元の人も多いのだ。目印は「SKY」と書かれた黒地に白文字の看板。

「SKY」に買収されたが看板は以前の「Premiere Sportsbar」のままのところも

ミュンヘンのアリアンツ・アレーナ（上）とベルリンのオリンピアスタディオン（下）

Bundesliga
ブンデスリーガ

ドイツのプロサッカーは3部制（※1）で、それぞれ18チームで構成。シーズンは毎年8月から翌年5月まで（12月中旬から1月後半までは冬休み）。試合の開催があるのは基本的に土・日曜のみだ（水・金曜のこともある※2）。特にひいきのチームや目当ての選手はいないけど、観光旅行のついでに一度は見てみたいという人にはFCバイエルン・ミュンヘン、ヘルタBSCベルリン、ヴェーダー・ブレーメン、アイントラハト・フランクフルト、ハンブルガーSVなどを、また車に興味のある人ならばアウトシュタット（p.336）の博物館に近接したVfLヴォルフスブルクやベンツ博物館（p.197）に接したVfBシュトゥットガルトのホーム試合をおすすめしておきたい。いずれも観光地としても見どころのある都市で、スタジアムも大きく、チケットも比較的入手しやすい（※3）。試合開始の2時間程前からスタジアムまでSバーンや市電の臨時便も運行されるのが普通。また試合の前にチケットをすでに持参していれば、会場までの市内交通機関は無料(！)になる。普通、市内やスタジアムに公式ファンショップがあり、キーホルダー、マスコット、Tシャツなどのグッズが揃っている。会場の周辺にも露店がでる。定番はレプリカのユニホームシャツとマフラー。特にマフラーはサイズを気にせず手軽に買えるのでおみやげにもいいだろう（※4）。入口では、投げると危険な荷物はチェックされる。ペットボトルや化粧瓶などは持ち込めないので、注意が必要。試合の内容はもちろん、普段はあまり見ることのできないドイツ人観客のエキサイトぶりを観察するのも面白い。会場が一体になっていく熱狂ぶりにはとにかく圧倒される。

主なスタジアム

ベルリン（p.32）…⑩ Olympiastadion（Hertha BSC Berlin）1936年オリンピックが開催された会場。2006年大会では決勝が行われた（収容74220人）●S5、S75 Olympiastadion駅（中央駅から約15分）から徒歩約10分

フランクフルト（p.96）…⑧ Waldstadion（Eintracht Frankfurt）雨天には天井を傘が覆うように広がり、世界最大のオープンカーのニックネームが（収容48132人）●S7,8,9 Sportfeld駅（中央駅から約10分）から徒歩約10分

ミュンヘン（p.146）…① Allianz Arena（Bayern München）日本が開発した特殊樹脂フィルムを利用したエアーマットで外壁を覆われた、UFOとのニックネームが。（収容59416人）●U6 Fröttmaning駅（中央駅から約20分）から徒歩約10分

シュトゥットガルト（p.196）…⑦ Gottlieb-Daimler-Stadion（VfB Stuttgart）ベンツ本社工場に近接、そのベンツ博物館には昭和天皇に贈られ愛用されたベンツが展示。ローリング・ストーンズもコンサートを開催した（収容53200人）●S1 Gottlieb-Daimler-Stadion駅（中央駅から約10分）から徒歩約10分

Data
※1 2008年シーズンから3部制に移行した ※2 現地での日程確認は、キオスクなどで売られている「kicker」という専門誌（月・木曜発売）、大衆紙「Bild」でできる。 ※3 シーズン後半の優勝争い時や人気試合などは注意 ※4 街中にもホームチームのファンショップがあり、チケットの予約＆販売もしている。場所は現地の❶やネットで確認するといい。
HP www.bundesliga.de

ブンデスリーガ 2018-2019シーズン

①	FC Bayern München	HP http://www.fcbayern.telekom.de/
②	FC Schalke 04	HP http://www.schalke04.de/
③	1899 Hoffenheim	HP http://www.achtzehn99.de/
④	Borussia Dortmund	HP http://www.bvb.de/
⑤	Bayer 04 leverkusen	HP http://www.bayer04.de/
⑥	RB Leipzig	HP http://www.dierotenbellen.com
⑦	VfB Stuttgart	HP http://www.vfb.de/
⑧	Eintracht Frankfurt	HP http://www.eintracht.de/
⑨	Borussia Mönchenggladbach	HP http://www.borussia.de/
⑩	Hertha BSC Berlin	HP http://www.herthabsc.de/
⑪	FC Werder Bremen	HP http://www.werder.de/
⑫	FC Augsburg	HP http://www.fcaugsburg.de/
⑬	Hannover 96	HP http://www.hannover96.de/
⑭	1.FSV Mainz 05	HP http://www.mainz05.de/
⑮	SC Freiburg	HP http://www.scfreiburg.com/
⑯	VfL Wolfsburg	HP https://www.vfl-wolfsburg.de/
⑰	Fortuna Düsseldorf	HP http://www.f95.de/
⑱	1.FC Nürunberg	HP http://www.fcn.de/

順位は2017-2018年シーズン終了時のものです。

テーマで選ぶ旅3

ミュージック＆エンターテインメント

街を歩き回るだけじゃ飽き足らない、そういう人にお勧めしたいのが音楽を満喫する旅だ。
バッハ、ベートーベン、ワーグナーなど世界最高峰のクラシックからミュージカルまで、誰でも気楽に楽しめるような情報をセレクト。

Klassische Musik
クラシック音楽

説明の必要がないくらい有名なドイツのクラシック音楽。さすがに本場だけあって、ベルリンのフィルハーモニー管弦楽団を筆頭に、各地に超一流のオーケストラがあり、シーズン中（9月から翌年6月）はもちろん、夏季の音楽祭（※1）なども含めれば、1年中コンサートが楽しめる。さらにうれしいのは、日本での来日公演で聴くのと比べれば、驚くくらいチケットが安いこと。たとえばベルリンフィルのような超一流どころでも、席にもよるが€20くらいからある。席が空いていたらついでに聴いてみようか、といった感覚で気軽に楽しめる。また見落としがちなのが、教会でのパイプオルガンや少年合唱団のコンサートなど。たいてい無料なうえ、建物の構造上音響効果も抜群で侮れない。

ベルリン大聖堂のパイプオルガン。大きさはパッサウに譲るが、こちらのほうが歴史は古い

©Matthias Creutziger

❶ドレスデンのゼンパーオーパー。演奏の素晴らしさはもちろん、劇場そのものにも感動がある❷ライプツィヒのトーマス教会内部。祭壇の手前下のプレートがバッハの墓、この前で泣かないで❸有名なレーゲンスブルクの大聖堂聖歌隊（ドームシュパッツェン）。日曜の礼拝時に行われるのでくれぐれも静粛に

主な教会音楽
◆トーマス教会（p.82）少年合唱団（金曜18:00、土曜15:00 €2 ※学校休暇中、不在の場合を除く）
◆レーゲンスブルク大聖堂（p.169）（日曜10:00 無料 ※学校休暇、不在の場合を除く）
◆ドレスデンフラウエン教会（p.72）主に水・金・土曜／20:00〜／€8〜）
◆ベルリン大聖堂（p.53）パイプオルガンコンサートなど（プログラムは不定）
◆聖シュテファン大聖堂（p.171）

※開演時間前に受け付けが締め切られることもある。

Data
※1 モーツァルト音楽祭（p.121）、バッハ音楽祭（ライプツィヒ）、ドレスデン音楽祭など各地に多数ある。
◆観光局のオーケストラ情報
HP www.germany.travel/jp　※タブを「都市と文化」→「音楽＆ショー」の順でクリック。各地のオーケストラ情報などへ。

Oper & Musical
オペラ&ミュージカル

オペラは文化としてステータスがあり、それなりに着飾って観劇にいく。あのルートヴィヒ2世が熱狂したワーグナーをはじめ、R.シュトラウスやモーツァルトの人気が高い。シーズンはクラシックと同じ（基本的に冬）。初心者には敷居が高そうだが、やはり観光の一環として試してみる価値はあり。有名なところではミュンヘンのバイエルン州立歌劇場、ベルリン国立歌劇場、ハンブルク国立歌劇場、また近年はシュトゥットガルト州立歌劇場の評価が非常に高くなっている（※1）。

もっと気軽にエンターテインメントを、というならミュージカルがおすすめ。場所はハンブルク、ベルリン、シュトゥットガルト、ミュンヘン、ケルン（※2）など。フュッセン郊外のフォルッゲン湖畔にもミュージカルシアター（※3）があり、さまざまな演目をやっている。

Data
※1 ほかにバイロイト音楽祭も有名だがチケットは入手困難
※2 HP www.stage-entertainment.de 同じ会社で何ヵ所か運営
※3 最近、再びルートヴィヒ2世の生涯を題材にしたミュージカルを上演。HP das-festspielhaus.de/programm/
◆マナー　オペラ観劇の服装はドレスアップして。コートや荷物はクロークに預ける。私語や携帯電話など、音を立てるのは厳禁。幕間の休憩が20～30分あるのでトイレは早めに。
◆チケットの入手法など HP www.classictic.com/en infodich.com/archives/1151

とあるヴァリエテの舞台

情報誌を読むドイツ語

Fernsehen	テレビ
Radio	ラジオ
Kino	映画
Bühne	舞台（オペラ含む）
Kunst	芸術
Musik	音楽
Klassik	クラシック（音楽）
Tanzen	ダンス
Cabaret	キャバレット（キャバレー）
Varieté	ヴァリエテ（寸劇）
Reisen	旅行
Suche	求む
ab	～から
Dies & Das	その他

情報入手～チケット入手までの手順

情報収集　国内では観光局に問い合わせるか、インターネットを活用（p.348参照）。現地では❶に問い合わせるか情報誌（※1）を買う

確認事項　日程、料金、場所は必須

予約　調べた連絡先に電話（※2）するかFAXする

チケット入手　チケットが送られてくる（※3）か直接窓口で買う。もしくはプレイガイドなどで購入（p.42も参考に）

※1 ❶には、たいていその町のプログラムを紹介した小冊子があり、都市には情報誌もある。プログラムは日程別に、劇場の住所などはアルファベット順で別記していることが多い。※2最近はネット上で予約ができるケースも増えた。その場合はEメールで連絡し、先方から返事を待つ。支払いはその返事を待ってから振り込むかカードで決済することが多い。
※3 現地では①❶で購入するか、②町中にあるKartenbüro（プレイガイド）で購入するか、③開演前（1～2時間前）に直接会場のボックスオフィス（チケット窓口）で購入するなどの購入方法がある。

◆小冊子は、Berlin Programmのように各都市の名を冠したものになっている。他に民間の情報誌としてZitty、Tipなどが有名。

テーマで選ぶ旅4
ドイツおみやげセレクション

マイセンの人形。日本ではブルーオニオンが有名だが様々なシリーズがある

覚えておきたいドイツブランド
- ■磁器関連：マイセン、KPM、ローゼンタール、ニンフェンブルクなど
- ■筆記具関連：モンブラン、ファーバーカステル、ペリカン、ラミーなど
- ■バッグ・ケース類：リモア、ブリー、ゴールドファイル、タウシェなど
- ■キッチン用品：ヘンケルス、フィスラー、WMF、コジオルなど
- ■自然派コスメ：Dr.ハウシュカ、ロゴナ、スパイク、ラヴェーラ、サフェアなど

ブランド品と実用小物

服飾関連ではジル・サンダー、ヒューゴボス、エスカーダなどがよく知られるが、欧州最古にして最高級磁器ブランドのマイセンや、万年筆で有名なモンブランなど、高級指向だが実用品というブランドが多い。もっとも、おみやげとしては、あまり高級志向ではない実用小物が狙い目。人気があるのは、キッチン用品や化粧品関連などで、特に最近は自然派コスメの人気が高い。かさばらない粉末スープもドイツならでは。また、近年のサッカーブームでサッカー関連グッズも売れている。

ファーバーカステルの筆記具 1761年創業。六角形の鉛筆で世界標準に。写真はソフトパステル。2005年にはフランクフルトにドイツではじめての直営ショップを出店（MAPp.101-G Steinweg 12 ☎069-90025978）。

マイセンの磁器 中国や日本の磁器に魅了されたヨーロッパの人々の思いが結実し、いまや世界を代表する名品となった。

フェイラー社のタオル 最近日本で人気上昇中。シェニール織りの伝統で丈夫なタオル。ドイツ製にしては珍しく（？）見た目の鮮やかさも人気の秘密。日本より種類が多く、値段も半額程度。2012年、ドイツ初直営店オープン（p.108参照）。

モンブランの万年筆 最近は小物ブランドとして筆記具以外のものにも力を入れているが、やはり万年筆が定番。

ヘンケルスの刃物 ゾーリンゲンの刃物といえば双子のマークで有名なヘンケルス。最近は包丁意外にもネイルケアセットなどの小物もあり人気。

とっておき情報
マイセンのアウトレットショップ
マイセンは近年、磁器のみならずジュエリーやブティック店なども展開。合わせてアウトレットも出店するようになった。といっても、公式なアウトレット店は、マイセンの本拠地、工場内（p.79）の1店のみ。一部アウトレットコーナーとしてはドレスデンのショップ（p.77）もある。

コジオル カラフルなプラスチック素材とそのデザイン性で人気のキッチン＆文具用品。最近人気があるのは、とっても可愛いネコの茶こし。写真のようにカップのふちに掛けて使う。カメのボトルオープナーもおすすめ。

ドイツおみやげセレクション

ビールジョッキ できればそのまま地ビールを持って帰りたいが、おみやげにするなら定番中の定番。ジョッキで我慢。実際に使うつもりならフタの開き具合を要確認。角度が足りないと鼻に引っかかる。

バウムクーヘン ドイツでは高級な菓子。日本でも引き出物に喜ばれる。日持ちもいいのでおみやげに。写真のクロイツカムKreuzkammが有名。ほかにはイエーデッケJaedickeなども。

エルツ地方の木彫り人形 旧東独に位置する山岳地帯、エルツ地方で作られる木彫り人形。写真は「煙出し」タイプで、中にお香を入れると口から煙を出す仕掛けになっている。ドイツ全土で見かける。

粉末スープ＆ドレッシング類 左はBio系スーパーのスープ。ジャガイモKartoffelsuppe、きのこPilzsuppe、グラーシュGulaschが定番。右は粉末ドレッシング。水とサラダ油を大さじ3杯ずつ混ぜる。

テディベア 有名なシュタイフ社やハーマン社のほか、個人製作のアーティストベアまで、ドイツはテディベアの本場。写真はローテンブルク限定品（テディズ・ラブ・ローテンブルクp.128）で、夜警の格好をしたハーマン社のもの。

自然派コスメ ドイツならではの自然哲学が生んだ美容に優しいコスメ類。世界的に有名なDr.ハウシュカほか、幻のアルガンオイル使用のsafeaや、手頃なneobioのリップクリームなどもおすすめ。

アンペルマンのデザイン ベルリンほか、旧東ドイツで信号機のデザインに使われていたアンペルマン。今やおみやげの定番に。左は栓抜き。ほかにもTシャツ、キーホルダーなどバリエーションが豊富。

入浴剤系 日本に温泉入浴剤があるように、ドイツにも香りやクリーミーさを楽しむ入浴剤が豊富。写真はクナイプKneippのもの。香りはきつめだが泡が出て保温効果も。溶けるまで少し時間がかかる。

日本人店員のいるおみやげ屋さん

◆**ケーテ・ヴォールファルト**（p.127） クリスマスグッズなどを扱った本店ほか、高級ブランドを扱ったローゼンパビリオンなどローテンブルクだけで6店舗もある超有名店。ハイデルベルク店にも日本人店員がいる。

◆**Ekuko'sワイン＆ギフトショップ** 日本ではまだ無名でも、実際に飲んでおいしいワインなら積極的にプロモートする。ギフト商品も、店主のセンスが光るユニークなセレクションが幅広く揃うお店。（データはp.127）

◆**ディステル・ビオラーデン**（p.108参照） 自然派コスメが充実したBio関連専門店。市内中心部に移転、オーガニックサプリなどの販売も充実。

◆**ギフトショップ・ラウター** Geschenkhaus Lauter ペンション・ポスト（p.273）と同経営。キッチン用品や小物雑貨、フェイラーが充実。
MAP p.272-A ⌂Rheinstr.12/Ecke Drosselgasse ⏰9:00～19:00 ☎06722-941138

◆**オーガニックショップ・ラブリーとスィート・ラブリー**（データはp.127） 自然派コスメを紹介してきた草分け的存在。最近は独自ルートで入手したワインや、他では手に入りづらい銘品の発掘も面白いのは「639」というワイン。ドイツでブドウ畑を借受け、独自ワインを生産するただ一人の日本人、浅野氏が生み出した逸品。甘口の中にも酸味を残した上品な味わいは、ドイツの一流パティシエにも好評価を得ている。

Hide's Wine 639 SP（オレンジラベル）。単に珍しいだけでなく、味にも日本人的こだわり有り

テーマで選ぶ旅5
ビール天国で飲み倒れ！

長さ1mの板枠に10杯のケルシュを乗せて客席へ。ハクセンハウスで

❶ハクセンハウスは13世紀から続くケルン最古の飲み屋。衣装は中世のものをイメージ。店名通りシュバイネハクセンが名物 ❷なんと5ℓまでOK！のっぽサーバで飲めるズナー・イム・ヴァルフィッシュ（p.258） ❸ケルシュNo.1ともいわれ、クリントン元大統領も訪れたマルツミューレのMühlen Kölsch。ビアカンズという、手提げのトレイに最大17杯も運ぶ

大阪が食い倒れの街なら、ドイツはさしずめ飲み倒れの国。たとえばビアライゼ（ビール旅行）なんて言葉まであって、全国に星の数ほど醸造所があるから、各地の名物ビールを飲み歩くだけで、それはもう、立派な旅になってしまうのだ。

ドイツ各地のビール

ドイツには全部で1350ものブリュワリー（ビール醸造所）、銘柄にして7500を超えるビールがあるといわれる。これはビールが保存と運搬が難しい飲み物で、とくに中世には保冷設備もなかったため、街ごとにビールを造っていたから。現在も大規模な全国銘柄は少ない。

Altbier アルトビア

ケルン〜ボン近郊は水質の関係でか上面発酵ビールが多い。なかでもデュッセルドルフはアルトビアで有名。ケルシュと違って色が濃くホップの苦みも若干強い。おすすめは超人気店ツム・ユーリゲ。店内には醸造タンクや、古い樽でできたテーブル席もあり、旅情を誘う。

こちらは一杯250ml。色もケルシュより濃い

Kölsch ケルシュ

名前の通り、ケルン限定で、同じ製造法でも市内50km以内の醸造所で作られたものしか名乗れない。今では珍しい上面発酵（次頁）タイプで、炭酸が少なくすっきりしたのど越しが特徴。

Data ◆ハクセンハウス
Haxenhaus
MAP p.255 住Frankenwerft 19 ☎0221-9472400
営11:30〜翌1:00（金・土曜〜翌3:00）休無休
■ www.haxenhaus.de

◆ブラウエライ・ツア・マルツミューレ Brauerei zur Malz-mühle
MAP p.255 住Heumarkt 6
☎92160313 営11:30〜24:00（金・土曜〜翌1:00、日曜・祝日〜23:00）休無休
■ www.muehlenkoelsch.de

Rauchbier ラオホビア

スモークの香りがする燻製ビール。特にシュレンケルラ（p.240）のものが有名だが、ここでは地元民が「街で一番」と太鼓判を押すシュペツィアルのラオホビアを紹介。前者と比べるとスモークの香りが少なく、モルトの甘みが感じられ確かに美味しい。バンベルクの郷土料理のソーセージのスープ、Blaue Zipfelを合わせてみたい。

色もシュレンケルラと比べると明るめ

Data ◆ツム・ユーリゲ
Zum Uerige MAP
p.250-D 住Berger str.1 ☎0211-866990
営10:00〜24:00（12/24・25〜14:00）休カーニバルのバラの日
HP www.uerige.de

樽から注ぐ手際も慣れたもの

Data ◆ブラウエライ・シュペツィアル Brauerei Spezial MAP p.239-B 住Obere Königstr.10
☎0951-24304 営9:00〜23:00（LO22:30）（土曜〜14:00）休無休 HP www.brauerei-spezial.de

❶ クロイゼン
Kräusen
世界的なブランド、ベックス。その本拠地のブレーメン限定。ピルスナータイプだが、ヴァイツェンのように酵母が未濾過。当地の居酒屋などで

❷ ゴーゼ・ビア
Gose Bier
ライプツィヒ限定。上面発酵だが、コリアンダー、食塩が入って酸味がある。シロップで割って飲むことも（p.83）

❸ ラーデベルガーの ツヴィッケルビア
Radeberger Zwickelbier
ドレスデン限定。ピルスナーだが、濾過前で濁っている（p.76）

❹ アルトビアボウレ
Altbierbowle
アルトビアにイチゴを入れたビールパンチ。季節で違うフルーツを使う。ピルスナーと違って果物と合わせやすいのだとか（p.267）

❺ シュヴァルツビア
Schwarzbier
人気の黒ビール、ケストリッツァー。特に旧東ドイツではよく見かける（p.87）

❻ ヴァイツェンビア
Weizenbier
ミュンヘンから全国に人気に火がついた小麦で造った白ビール。多くは酵母入りで白濁。黒いものもある。写真はエルディンガー、比較的全国的に飲める

❼ ベンシュ
Bönnsch
ボンでしか飲めない。ケルシュと同じ上面発酵だが酵母を残し白濁してる珍しいタイプ（p.262）

❽ ベルリーナヴァイス
Berliner Weisse
ベルリン限定。シロップを入れてたヴァイツェン。赤と緑の2タイプある。ちょっと酸味のある甘口、主に夏季。女性向き。

その他のビール ●ミュンヘン…ヘレス Helles（モルトが強く甘口一般的）ボック Bock（アルコール度が高く濃厚。多くは季節限定）●ドルトムント…エクスポート Export（長期保存に向き輸出に適する）

ビールの種類

　ビールの種類は、大きく上面発酵と下面発酵に分けられる。さらに細かく分ける基準が色の濃さだ。世界中で飲まれているのは圧倒的に下面発酵で日本もこのタイプが主流。ドイツでも全国的にPilsnerピルスナーという淡色系の人気が高い。これは発祥地であるピルゼン（現チェコ。ただし技術者はドイツ人だったという）に由来する名で、注文する時「ピルス」で通じる。上面発酵は古くからあるが、最近は地域限定。ケルンのケルシュ、デュッセドルフのアルトが有名だ。

上面発酵	淡色系	ケルシュ、ヴァイツェン
	中濃色系	アルト（デュッセルドルフのものが有名）
	濃色系	スタウト（イギリスのギネス）
下面発酵	淡色系	ピルスナー、エクスポート（ドルトムンダー）、ヘレス
	中濃色系	デュンケル（一般的な総称）、ボック、ラオホ、ミュンヘナー
	濃色系	シュヴァルツ（一般的な総称）、ケストリッツァーが有名

ビール純粋令

　1516年に、ヴィルヘルム4世が悪徳業者を排除するために制定した条令で、「ビールは大麦とホップと水だけでつくるべし」という内容。現在でもこれに酵母が加わった形で守られている。

注文すると…

　観光地なら、普通に「ビア」と注文すればいい。ラガータイプのビールなら、大ざっぱに「ピルス（ピルスナーの略）」とか「ヘレス（またはヘル）」を頼んでおけば間違いない。黒ビールならデュンケル（もしくはシュヴァルツ）だ。銘柄で注文しようにも、有名レストラン以外では、普通、地元のビールしか置いていない。あとは「vom Fass」が樽ビール（日本での生ビール）で、大がグローセス grosses、小がクライネス kleinesと知っておけば充分だろう。また、グラスには目盛りがあり、その目盛りまで注ぐので時間がかかる事も多い。さらに、居酒屋ではコースターに印を付け、何杯飲んだかチェックしていることもある。

よく見ると0.5ℓの目盛りが…

テーマで選ぶ旅　ビール天国で飲み倒れ！

テーマで選ぶ旅6
ドイツワインを愉しむ

ビールが有名なドイツだが、実はワインも名物のひとつ。特に白ワインは世界最高級の品質を誇る。高級貴腐ワインのせいで、甘口のイメージが強いが、本当の酒好きにはリースリング種やジルヴァーナ種のすっきりした辛口が大好評。しかもお手ごろ値段なのだ。

ワインの種類

ワインの分類は、大きく赤ワインと白ワイン、その中間のロゼワイン、黒ブドウと白ブドウを圧搾したものから造るロートリング、炭酸ガスを加えるパールワイン（弱発泡）、いわゆるスパークリングワインであるゼクトの6種。その上で品質と糖度などによって等級分けがある。またワインの味の性格を決める上で、ブドウの品種も重視される。

代表的なブドウの品種によるワイン

❶リースリングのワイン Riesling
❷ジルヴァーナのワイン Silvaner
❸グラウブルグンダーのワイン Graubrugunder

❶ドイツを代表する品種。主にモーゼルとラインガウで栽培。フルーティで酸味がある（ゲオルク・ブロイヤー）❷ほのかな土の香りがする野太い味。フランケン地方に多く魚料理に合う（ユリウスシュピタール）❸別名ルーレンダー、フランス名ピノ・グリ。コクがあり甘い香り。肉、チーズなどに合う（ウーヴェ・シュピース：ローテンブルクのEkuko'sワインショップ）

ドイツ各地のワイン

ドイツには全部で13の生産地域があり、ほとんどが北緯50度あたり。それぞれ個性的な特徴があり、特にボトルの色や形状は、ひと目でわかる工夫がある。

Mosel Saar Ruwer Wein
モーゼルワイン

ドイツを代表する白ワインの生産地。とくにリースリング種の生産量はドイツ一。

観光と合わせてということなら、ベルンカステル／クース（p.278）を訪れたい。その昔、トリアーの選帝侯が飲んで病気から回復したことから、ドクトール（医者）と呼ばれるようになった葡萄畑がある。その畑で作られるターニシュThanischが有名だが、飲み比べてみたいならリースリングハウス（旧ワインハウス・ボーン）に行ってみよう。小規模だがドイツワインの最高峰ともいわれ、世界的に評価の高いエゴン・ミューラーのシャルツホーフScharzhofbergerも手に入る。ほかにもJoh. Jos. Prümなど、ワイン通をうならせる品揃えだ。

シャルツホーフは「コネで手に入るの。周辺で置いてある店はないよ」とのこと

Data ◆リースリングハウスRieslinghaus
⌂Hebegasse11 54470 Bernkastel-Kues
☎06531-6258 ◷10:00～18:00（11～4月の平日14:00～、8・9月以外の土・日曜11:00～） 休無休（5～7・10月は12:00～14:00の昼休みあり）
HP rieslinghaus.mythos-mosel.de

Rheingau Wein
ラインワイン

ラインガウならやはりリューデスハイム。おすすめはリューデスハイマー・シュロスだ。ワイナリーも経営しているがヨハニスベルクなどの別銘柄も扱う。辛口白ワインには定評があるが、近年、そのゼクトと、ここの土壌にあったピノ・ノワール種の赤ワインも高評価を得ている。

シュペートブルクンダー

Data ◆ブロイヤース・リューデスハイマー・シュロス Breuer's Rüdesheimer Schloss （p.273参照）
ピノ・ノワール種の赤ワイン。生産量は少ないが評価は高い

Franken Wein
フランケンワイン

この地方代表は、ヴュルツブルク。おすすめはアム・シュタインだ。ミシュランの星付きシェフ、ライザー氏と組んだワインレストラン、ライザーズReisersがすぐ隣にある。

Data ◆アム・シュタイン Am Stein MAP p.121-A外
Mittelerer Steinbergweg 5　☎0931-25808
営14:00～20:00（土曜10:00～17:00）、1～3月12:00～18:00（土曜～14:00）、レストラン17:00～23:00　休日曜　HP www.weingut-am-stein.de

Baden Wein
バーデンワイン

ドイツでは珍しい赤ワインの生産で有名。おすすめは世界的ワイン品評会で上位にランクされ、「間違いなく世界のトップクラス」とお墨付きをもらったというベルンハルト・フーバー。最近20年くらいで急速に評価が上がったワイナリー&ワイングート（醸造所）で、フライブルクから車で30分ほどのマルタディンゲンという村にある。

もともと土壌も気候もフランスの高級ワイン生産地と遜色がなく、葡萄もその昔、フランスのピノ・ノワール種が移植されたものなのだという。小さな村だが、なだらかな丘陵地帯に広がった葡萄畑を見るのも一興だ。

ワイナリーに並ぶ巨大な樽

Data ◆ワイングート・ベルンハルト・フーバー Weingut Bernhard Huber MAP p.214-B外
Heimbacher-Weg19 Malterdingen
☎07644-929-7220　営14:00～18:00（土曜10:00～12:00）　休日曜　HP www.weingut-huber.com

ワイン用語
- ●赤…ロートヴァイン Rotwein
- ●ロゼ…ローゼ Rose
- ●白…ヴァイス Weisswein
- ●辛口…トロッケン Trocken
- ●半辛口…ハルプトロッケン Halbtrocken ●甘口…ズュース Süss ●発泡ワイン（シャンパン）…ゼクト Sekt

●ワインの等級
1. ターフェルヴァイン
日常的に飲む安価なもの。ドイツでは少ない。
2. Q.b.A.
上質ワイン。品質保証付きで最も一般的。
3. Q.m.P.
肩書き付き上質ワイン。糖度により順に以下の6種類ある。
①Kabinett カビネット（半辛口）
②Spätlese シュペトレーゼ（遅摘みで甘口）
③Auslese アウスレーゼ（完熟した房を選別）
④Beerenauslese ベーレンアウスレーゼ（完熟の一部貴腐化した房を選別。極甘のデザートワイン）
⑤Eiswein アイスヴァイン（房が氷結してから収穫。極甘）
⑥Trockenbeerenauslese トロッケンベーレンアウスレーゼ（貴腐化し乾燥した房のみ選別）

冬季限定ワイン
クリスマス時期に飲まれるグリューヴァイン。温めて飲むホットワインだ。砂糖や香辛料で味付けしてある。

カップのデポジット料を取られるのが普通。そのまま返金せず、おみやげに持ち帰ることも可

ドイツワインの生産地

テーマで選ぶ旅　ドイツワインを愉しむ

テーマで選ぶ旅7

本当はおいしいドイツ！

ザワークラウトは酢キャベツ？

　ザワークラウトSauerkrautは一般に酢キャベツと訳されるが、もちろん酢を使っているわけではなく、酸味は塩と香辛料で漬けて発酵させて出している。

焼きたてに限る！ブレッツェル

　ブレッツェルは硬いから嫌い、という人がいたら焼きたてをおすすめしたい。きっとアツアツのものを食べれば考えが変わるはず。素朴な味だが、もちもちした適度の弾力と塩加減が本当においしい。

ソーセージ関連単語

- ●ヴルストWurst…ドイツ語でソーセージのこと
- ●ブラートヴルストBratwurst…ブラートは焼く、の意味。焼きソーセージの総称
- ●ボックヴルストBockwurst…ゆでソーセージの総称
- ●レバーヴルストLeberwurst…レバーから作ったペースト状のソーセージ
- ●フランクフルターFrankfurter…細長いソーセージ。普通はゆでる
- ●テューリンガーTüringer…大きめで一般的な焼ソーセージ
- ●ニュルンベルガーNürnberger…香辛料のきいた小ぶりの焼ソーセージ
- ●白ソーセージWeisswurst…仔牛肉だけで作る。ミュンヘンの名物

バンベルク地方のソーセージ・スープ、ブラウエチップフェル。爽やかな酸味がおいしい

伝統料理？

　ドイツといえば、ソーセージ、ジャガイモ、ザワークラウト（酢キャベツ）が三種の神器のように思われているが、長い冬に備えて保存食が発達しただけ。日本に漬物があるようなもので、これだけを過度にドイツ料理の典型と思わないほうがいい。また塩味が強い傾向は、おそらくビールを大量に飲むから（ビールでナトリウムが不足する）。最近はヘルシー指向から淡白な味も多い。

ザクセン地方（ドレスデンなど）の郷土料理、クヴァルク（凝乳）

ドイツの四季の味覚

　意外にドイツには季節の旬の味、それも新鮮な材料を尊ぶ文化がある。旅行時期にあった旬の味覚にチャレンジしてみよう。
春（4月中旬〜6月初旬）…シュパーゲルSpargel：巨大な白アスパラガス。ほぼ、ゆでるだけ。ホランデーズソースなどで。
夏（6月〜7月中旬）…キルシュKirsch：サクランボ。キロ単位で市場に並ぶ。／**（7月〜8月）**…ベーレンBeeren：木イチゴの一種。ケーキにトッピングしたりアイスクリームにする。
秋（8月下旬〜10月初旬）…シュタインピルツSteinpilz：キノコの一種。珍重され、ソテーにしたりする。
冬（10月下旬〜）…ヴィルトWild：鹿Hirschや野ウサギHase、キジFasanなどの野鳥獣の肉の総称。貴重で美味。

本音でガイド

新しいドイツ料理の潮流

　ヨーロッパで高級レストランというとフレンチだが、最近は地元ドイツの素材をフレンチの手法も採り入れて調理する独仏折衷のレストランが増えている。また、腕のいいシェフが外貨を稼ぎに来るせいか、イタリアンもレベルが高く人気。移民の多さを反映してDöner Kebapドネルケバブ（ロースト肉をナイフで削ぎ、サラダと一緒にパンに挟んだもの）というトルコ流ファストフードも多い。もちろんドイツ風にアレンジされている。

野鳥獣肉を使った秋〜冬の味覚。ただしちょっとフレンチ風

メニューの見方と郷土料理

メニュー（シュパイゼカルテ）を見るときは、品名にこだわるよりも、材料と調理方法を知っておいたほうが役に立つ。高級店なら、その日のおすすめ材料を、自分の好みで調理してもらうことが可能だ。

Speisekarte シュパイゼカルテ（メニュー）

Vorspeisen フォアシュパイゼン（前菜：オードブル）
- Gänseleberpastete ……… フォアグラのパステーテ
- Hering Hausfrauenart … 酢漬けニシンのクリームソース

Suppen ズッペン（スープ）
- Leberknödelsuppe … レバー団子スープ
- Zwiebelsuppe ………… オニオンスープ
- Gulaschsuppe…ハンガリー風牛肉の煮込みスープ

Fischgerichte フィッシュゲリヒテ（魚料理）
- Fischragout ………… 魚のシチュー
- Scholle Gebraten……… ヒラメのフライ

Fleischgerichte フライシュゲリヒテ（肉料理）
- Schweinehaxe … 豚スネ肉の骨付きグリル
- Sauerbraten ………… 牛肉のワイン煮
- Jägerschnitzel…仔牛肉のカツレツ（キノコソース）

Beilage バイラーゲ（付け合わせ）
- Kartoffelbrei ………… マッシュポテト
- Bratkartoffeln ………… ポテトのソテー
- Gemischter Salat………… ミックスサラダ

Dessert デゼールト（デザート）
- Fruchtsalat ………… フルーツサラダ
- Eis ………………… アイス
  （Vanille、Schokoladen バニラ、チョコ）
- Apfelkuchen ………… アップルパイ

Getränke ゲトレンケ（飲み物）
- Bier ……………………… ビール
  （Pils、Dunkel … 淡色ラガー、黒ビール）
- Orangensaft ………… オレンジジュース
- Mineralwasser ……… ミネラルウォーター
- Sekt ………… 発泡ワイン（シャンパン）
- Kirsch …………… チェリーブランデー

良く出てくる素材
- Aal アール……… うなぎ
- Bohne ボーネ…… インゲン豆
- Ente エンテ …… 鴨
- Fasan ファザーン… キジ
- Forelle フォレレ… 川マス
- Früchte フリュヒテ… 果物
- Geflügel ゲフリューゲル… 鳥肉（家禽の肉）
- Gemüse ゲミューゼ… 野菜
- Hase ハーゼ …… 野ウサギ
- Hähnchen ヘーンヒェン… 若鶏
- Hering ヘーリング… ニシン
- Hirsch ヒルシュ… 鹿
- Kalb カルプ…… 仔牛
- Käse ケーゼ …… チーズ
- Kohl コール …… キャベツ
- Kräuter クロイター… 香草
- Lachs ラクス …… 鮭
- Lamm ラム …… 羊
- Ochse オクセ…… 牛
- Pilz ピルツ ……… きのこ
- Rübe リューベ …… カブ
- Schnecken シュネッケン… エスカルゴ
- Schinken シンケン … ハム
- Schwein シュヴァイン… 豚
- Seezunge ゼーツンゲ… 舌ビラメ
- Spinat シュピナート… ホウレン草
- Wachtel ヴァハテル… ウズラ

ドイツのパン
- ブレートヒェン Brötchen…ゼンメルともいう。固めの丸パンで朝食に欠かせない
- ブレッツェル Brezel…八の字状に固めた塩味のパン
- フォルコルンブロート Vollkornbrot…全粒粉で作る
- プムパーニッケル Pumpernickel…ライ麦の黒パン
- ミシュブロート Mischbrot…小麦とライ麦で作った定番

メニュー（定食）の種類
ドイツ語ではメニューは定食の意味。Tagesmenü は日替りの定食。Tagesempfehlungen は今日のおすすめ定食。Mittagsmenü は、お昼の定食。

用語
mit…付け合わせを示す。たとえば Steak mit Pommesfrites とあればステーキのフライドポテト添
auf…～載せ、の意味
Platte…皿。盛り合わせの意味
Hausgemacht…自家製
～ische…語尾がこの形なら～風の意味

主な調理法
gebraten…あぶり焼き
gegrillt…網焼き
gebacken…オーブン焼き
gekocht…ゆでもの
gedämpft…蒸しもの
geräuchert…薫製にした
müllerinart…ムニエル
sautiert…ソテー
mariniert…マリネ
Steak…ステーキ

主な郷土料理
- Maultaschen マウルタッシェン…パスタ生地で挽き肉などを包む。ラビオリの一種（シュヴァーベン）
- Spätzle シュペッツレ…小麦粉、卵などで作ったパスタの一種。主に付け合わせ（シュヴァーベン）
- Eisbein アイスバイン…骨付豚すね肉の塩ゆで（ベルリン）
- Aalsuppe アールズッペ…うなぎのスープ（ハンブルク）
- Lapkaus ラプカウス…ポテトと牛肉のマッシュ、目玉焼きのせ（ハンブルク）
- Schweinehaxe シュヴァイネハクセ…骨付豚すね肉のロースト（バイエルン）
- Leberkäse レバーケーゼ…ミートローフの一種（バイエルン）
- Saumagen ザウマーゲン…豚の胃袋にポテト、挽き肉を詰めたもの（ラインラント）
- Kasslerlippchen カスラー・リプヒェン…豚肉の塩漬けをゆでたもの（ヘッセン）
- Knödel クネーデル…普通、ポテトと小麦粉を練って団子状にしたもの

バイエルン地方の郷土料理、レバーケーゼ

ドイツ定番料理

ソーセージとポテトの組み合わせ

レバークネーデルズッペ
Leberknödelsuppe
スープに迷ったらこれ。ドイツ料理店ならだいたいメニューにあり、コンソメベースの無難なおいしさ。文字通りレバー肉団子が入っている

マウルタッシェン
Maultaschen
ラビオリに似たシュヴァーベン料理。焼いたものもあるが、メインにするには軽いのでスープにしたものがおすすめ。ちょっとした水餃子のよう

シュヴァイネハクセ
Schweinehaxe
シンプルに見えて、中まで火を通すのは難しく、注文してからすぐできるものでもないので、客の回転の早い有名店のものがおいしい。写真はハクセンバウアー（p.164）のもの

アイスバイン
Eisbein
豚すね肉を骨付きのまま塩ゆで。ボリュームたっぷりで一人では食べきれないことも。コラーゲンが豊富で女性の肌に良い。アイスヴァイン（ワイン）と間違えないように

ザウアーブラーテン
Sauerbraten
赤ワイン、ビネガー、香辛料などに漬けた牛肉をソテーしてからソースで煮込む。同じザウアーブラーテンでも、ライン地方やザクセン地方のものと微妙に違う

リプヒェン
Rippchen
豚肉（リブ部分）の塩茹で。フランクフルトのものが有名。ムッター・エルンスト（p.107）のものは塩加減が絶妙。イメージとしてはアイスバインから骨と脂身を取り除いた感じ

イェーガーシュニッツェル
Jägerschnitzel
国民食的人気メニュー。写真はきのこのソースがかかっているイェーガー（猟師風）タイプだが、プレーンで何もかかってなく、仔牛を使ったものはWiener（ウィーン風）

ツァンダーフィレ
Zander Filet
魚料理ではツァンダー（淡水魚でドイツでは高級。スズキの一種）がおすすめ。白身でおいしい。ほかに、フォレーレForelle（マス）やラックスLachs（サケ）も

フライパン料理
Bergmannspfanne
写真のものはBergmannsなので「鉱夫の」フライパンの意味だが、場所によりバリエーションが違う。最後にpfannと付くようならだいたいフライパン盛り合わせ

ポツダマープラッツ駅（MAP®切りとり-36、p.36-I）前の"壁"跡の展示

エリア1

ベルリン＆ポツダム
ベルリン
ポツダム

BERLIN
ベルリン

p.10-F　■人口=352万人　■街の規模=徒歩、U、S、バスなどで4日

プロイセンの帝都としての栄光、第二次大戦後の東西分断の悲劇…。"壁"崩壊後、再び首都に返り咲き、新時代に向け変貌を模索する全世界注目のメガロポリス！

- ★ ペルガモン博物館、絵画館、ダーレム博物館など
- ★ ベルリン音楽祭、ベルリン国際映画祭
- ★ シャルロッテンブルク宮殿
- ★ 国立歌劇場、ベルリン・ドイツ・オペラ、コーミッシュ・オーパー
- ★ クーダム周辺のブランド品店など
- ★ ベアリーナー・ヴァイセなど
- ★ ティーアガルテン、グルーネヴァルト、ヴァンゼーなど
- ★ 森鷗外、劇作家ブレヒトなど
- ★ フンボルト大学
- ★ アイスバイン、世界各国のグルメレストランなど

アレクサンダー広場駅から。奥にライトアップされたTV塔

空路によるアクセス

主な空港は2つあり、ヨーロッパ各国、国内他都市からの大半の便が到着する旧西ベルリン側の**テーゲル空港**Tegel（空港コード：TXL）と、東ヨーロッパやアジアからの便が多い**シェーネフェルト空港**Schönefeld（空港コード：SXF）。日本からの直行便はないが、フランクフルト空港などで乗り継ぎ便で、成田からは所要約14〜15時間（乗換え時間込）。フランクフルト、ミュンヘン、ハンブルクからはともに約1時間。なおシェーネフェルト空港を拡張したブランデンブルク国際空港を新設、テーゲル空港を廃止する予定だが、完成は2020年以降となった。

空港から市内へ

●**テーゲル空港**から：市の中心部までタクシーで約20〜25分、約€20。バスはTXLエクスプレスバスで中央駅まで約20分。路線バス（109、X9番他）でツォー駅まで約30分、€2.80。

●**シェーネフェルト国際空港**から：市の中心部までタクシーで約35〜40分、約€41。シティバスで約60分。シャトル便（無料）で鉄道駅へ行き、S9 S45 で約55分。RE7 BB14 もある。バス171番でU7 Rudowまで出てもいい。Uバーン、鉄道ともに€3.40。

※料金はバス、鉄道とも、長く滞在するならウェルカムカードや1日券を買った方が得。

ベルリンの駅

2006年に連邦議会議事堂の北側に**中央駅**Hauptbahnhof（Hbf）が開業し、これによりベルリンのターミナルは従来のツォー駅Zoologischer Gartenから、ここへと完全に移行した。南北（地下）と東西（地上）を結ぶ線が交わり、長距離列車の全てが中央駅から発着する。構内には旅行者に必要なものは大抵揃っている。なお、長距離列車は従来の東駅Ostbahnhofに加え、南北線上にあるゲズントブルンネン駅Gesundbrunnenとズート・クロイツ駅Südkreuzにも発着するので、場合によってはこれらの駅を利用した方が便利かもしれない。

近未来的な構造のベルリン中央駅

テーゲル空港（ターミナ

ベルリンの市外局番☎030

POINT ベルリンの"壁"を見る

イーストサイド・ギャラリーEast Side Galleryは入口も入場料もない全長1.3kmの野外ギャラリー。アーティストの落書きと共に、かつてのベルリンの壁を保存。東駅から徒歩10分、シュプレー川沿いのMühlenstr.脇。

鉄道によるアクセス

主要都市とICE、ICなどで結ばれ、その全てが中央駅からの発着となっている。フランクフルト→ICE（約4時間15分）→中央駅［1時間2本／€129］。ミュンヘン→ICE（約4時間40分）→中央駅他［1時間1本／€150］。ハンブルク→ICE（約1時間40分）→中央駅［1時間1～2本／€81］。ドレスデン→EC（約1時間45分）→中央駅［2時間1本／€42］。長距離列車の発着は基本的に地下2階になる。ベルリン市内の移動でUバーンやSバーンを利用する場合は地上3階の利用となる。

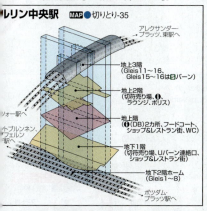

ベルリン中央駅 MAP●切りとり-35

ベルリン・ウェルカムカード Berlin Welcome Card

市内公共交通機関乗り放題。約130の観光スポットで割引特典あり。ABまたはポツダムを含むABCエリアで、それぞれ48時間（AB:€19.90、ABC:€22.90）または72時間（AB:€28.90、ABC:€30.90）、5日間有効（AB:€36.90、ABC:€41.50）と、博物館島にも入場できる72時間券（p.43参照）もある。❶やSバーンの自動券売機などで購入できる。HP www.berlin-welcomecard.de

4日券、6日券もある
©visit Berlin

ベルリン周辺 Berlin Umgebung

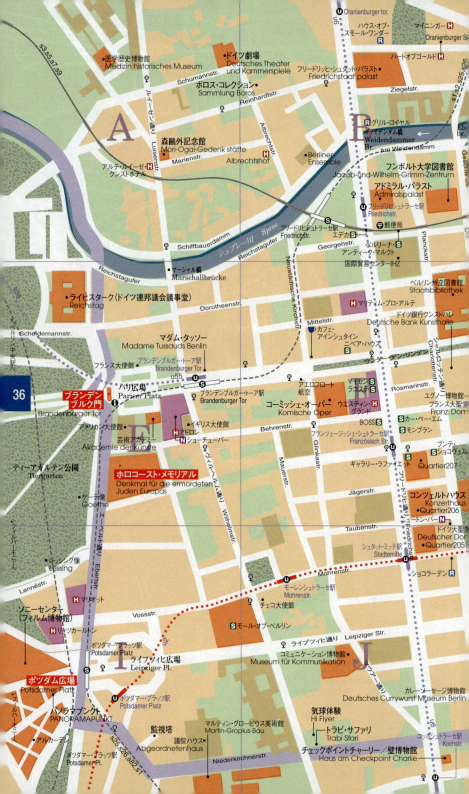

ベルリン市内交通

観光には100番バスが、夜遊び派にはナイトバスが便利

INFORMATION

❶観光案内所

鉄道で中央駅に着いたら、まっすぐ構内の❶を目指そう。
🄗 www.visitberlin.de/en/berlin-tourist-info-centres
（ベルリン中央駅構内❶〈ヨーロッパ広場側の1階〉）MAP● 切りとり-35 開8:00〜22:00 休無休
（オイローパ・センター内❶）
MAP● 切りとり-26、p.35-H
住Tauentzienstr.9
開10:00〜20:00 休日曜
（ブランデンブルク門横❶）
MAP● 切りとり-27、p.36-E
開9:30〜19:00（11〜3月〜18:00）休無休 ※ホテル予約は不可
（アレクサンダー広場❶〈ホテルパーク・イン内〉）MAP●切りとり-37、p.37-D 開7:00〜21:00（日曜8:00〜18:00）休無休

●ユースホステル

■Jugendherberge Berlin International MAP●切りとり-49
住Kluckstr.3 ☎747687910
■Jugendherberge Ernst Reuter MAPp.33-B
住Hermsdorfer Damm 48-50
☎4041610
■Jugendgästehaus Am Wannsee MAPp.33-A
住Badeweg 1 ☎8032034
■Berlin Ostkreuz
MAPp.33-B 住MarktStr.9-12 ☎20050920
※各HPへ下記にアクセスして右のドイツ全図のベルリン部分をクリックする。
🄗 www.jugendherberge.de/en

●CVJM（YMCA）

●U2 Nollendorf pl.から徒歩5分 MAP●切りとり-48
住Karl-Heinrich-Ulrichs-str.10 ☎26491088
FAX26491099 料S-€45.50〜、T-€32.50（1人）🄗 http://cvjm-jugendgaestehaus.de

ベルリンの市外局番☎030

市内交通

　Uバーン、Sバーン、市電、バス（一部船）があり、有効時間内同一チケットの相互乗換え可。料金は、市内をA、B、Cの3ゾーンに区切り、ABにまたがる区間とBCにまたがる区間、ABC全区間とで分けるシステム。詳しくはBVG（ベルリン市交通連盟、🄗 www.bvg.de/enで検索）へ。

 U/S ヴェストクロイツ駅〜オストクロイツ駅間はS5,7,75の3系統が結ぶ大幹線。主に東西方向に短時間で移動したいときに利用。

PO!NT カフェのポストカード

ベルリンでカフェに入ると、レジの横などにポストカードが積まれていることが多い。これはイベントの告知や企業PRなどを兼ねた無料配布のもの。実用にもなるし、デザインもさまざま。記念にもらっておこう。

市電／バス
バスは徒歩の補助としても有効で観光には一番便利。有名な100番バスの他、夜中の0:30から明け方4:30過ぎまで運行するナイトバス（時刻表の路線番号前にNマークが付く）もある。市電は旧東ドイツ地区を中心に発達。

タクシー
初乗り€3.90、呼び出しは☎0800-0261026（無料）他。1km毎に最初の7kmは€2ずつ、7km以降は€1.50ずつ加算。流しのタクシーを止めて乗車も可。目的地が近い場合（2km以内）には、乗車時に「Kurzstrecken（短距離）クルツシュトレッケン」と言えば一律€5になる。

BVG乗車券の種類
■2時間有効1回券€2.80～
■1日乗車券€7～
■7日間乗車券€30～

※チケットは、駅のホームの自動券売機やバスの車内などで購入。U、Sではホーム入口で、市電、バスは乗車後、車内の刻印機（p.369参照）でパンチするのを忘れずに！

HP www.bvg.de

ベルリン鉄道路線図 Uバーン／Sバーン／RE／RB
Aゾーン／Bゾーン／Cゾーン

ベルリンの見どころ
すぐわかるマップ

ベルリンは、ドイツでは例外的に大きな都市。特に長年東西に分割されてきたため、見どころが分散していてエリアごとの特徴も比較的はっきりしている。自分の見たいものが決まったら、それがどのあたりにあるのか、ベルリンの全体像を把握しておこう。

ベルリンの分け方

行政区分としては、12の区からなるが、観光目的に特徴別にまとめるなら下記のように9つくらいのエリアに分けるとわかりやすい。

D ウンター・デン・リンデン〜博物館島
統一後のメインストリート

F ハッケシェヘーフェ〜オラニエンブルガー通り周辺
若者文化の発信地。おしゃれなカフェやショップ

G プレンツラウアーベルク〜カスターニエン・アレー
超個性的なカフェ＆ショップが目白押し

A ツォー駅周辺
旧西ドイツ時代の観光の基点

E ニコライ教会周辺
古きよきベルリン。シュプレー川に面したウォーターフロント

B クーダム〜ザヴィニー広場
旧西ドイツ時代のメインストリート

C ポツダム広場〜文化広場
名実共に統一ベルリンの文化的中心地

H 東駅〜クロイツベルク東部周辺
夜の遊び場。大規模クラブなど

I クロイツベルク地区中心部
無国籍な雰囲気。住宅多く普段着のベルリン

※クロイツベルクの下部（南）はノイケルン。最近は学生やアーティストに人気のエリアで、安くて個性的なバーや飲食店が多い。

その他の見どころ
■ティーアガルテン…もともと王のための狩猟場。現在は森といえるほどの広大な公園。中央にジーゲスゾイレ（p.53）がある。
■シャルロッテンブルク宮殿周辺…内部もそうだが、周辺にもベルクグリューン美術館（p.56）などがあり、ちょっとした文化エリア。

9つのエリア 見どころアドバイス
ドイツの首都ベルリンを理解する

A ツォー駅周辺

見どころ度	★★☆☆☆
遊び場度	★★☆☆☆
ショッピング度	★★★☆☆
グルメ度	★★☆☆☆

旧西ドイツ時代の観光の拠点で、今でも100、200番バス(p.44〜45)の起点。オイローパ・センターや、ちょっと東にカー・デー・ヴェー(p.59)といった大規模デパートがあるほか、安宿なども残っている。

ソニーセンターの広場。上部のライトは刻々と色が変わる

B クーダム〜ザヴィニー広場

見どころ度	★☆☆☆☆
遊び場度	★★☆☆☆
ショッピング度	★★★☆☆
グルメ度	★★★☆☆

全長3.5km、旧西ベルリン時代のメインストリート。ステータスは落ちたが、現在でもショップや飲食店は多い。特にザヴィニー広場は大人向けの個性的な飲食店が多い。また、中級宿泊施設が充実しているのも特徴。

やりたいこと別 おすすめエリア

見たいところが先に決まっていなくても、これを見れば何処に行けばいいか、すぐわかる!

博物館、美術館を見たい
➔ C 絵画館、新ナショナルギャラリーp.55など、D ペルガモン博物館、ボーデ博物館p.54など

クラシック&オペラに浸りたい
➔ C フィルハーモニーp.43など、A ベルリン国立歌劇場p.43など

C ポツダム広場〜文化広場(カルチャーフォーラム)

見どころ度	★★★★☆
遊び場度	★★★☆☆
ショッピング度	★★☆☆☆
グルメ度	★★★☆☆

今や名実共に新生統一ベルリンの文化的中心地。ポツダム広場にはソニーセンターやアルカーデンがあり、娯楽とショッピングが融合。映画祭や各種イベントの舞台にもなる。文化広場は博物館やフィルハーモニー、図書館など、文字通り文化施設が集中する。

カフェ&レストラン食べ歩き
➔ B ブッダ・リパブリックp.59、グロスp.49など、E ムッター・ホッペp.48、ツァ・レツテン・インスタンツp.58など、F ココロ・ラーメン、アムリットp.48など、G ささやp.58など

個性的なショップめぐり
➔ F アンペルマン・ギャラリーショップ、シェーンハウザーp.60など、G クイックショップ、フライタークp.51など

D ウンター・デン・リンデン〜博物館島

見どころ度	★★★★★
遊び場度	★★★☆☆
ショッピング度	★★★☆☆
グルメ度	★★★☆☆

統一後のメインストリート。左右に高級ショップやホテル、カフェなどがあり、歴史的建造物も残る。オペラ座があるなどエンターテインメントも。博物館島は文字通りペルガモンなど博物館が集中。世界遺産でもある。また交差するフリードリヒ通りは高級ブランドショップ&大規模ホテルが多い。

クラブで夜遊びしたい
➔ G Nbi club、BASSY COWBOY CLUB p.52など、H Tresor club、Berghain/Panoramabar p.52など

博物館島のボーデ博物館

E ニコライ教会周辺

見どころ度	★★☆☆☆
遊び場度	★★☆☆☆
ショッピング度	★★★☆☆
グルメ度	★★★★☆

古きよきベルリンの面影を残す貴重な地区。郷土料理レストランや、おみやげ屋さんなどがあり、赤の市庁舎やネプチューンの噴水、ベルリンテレビ塔などもすぐ近く。

F ハッケシェヘーフェ〜オラニエンブルガー通り周辺

見どころ度	★★☆☆☆
遊び場度	★★★☆☆
ショッピング度	★★★★☆
グルメ度	★★★☆☆

おしゃれなカフェやショップ、劇場などがあり、若者文化の中心地的存在。ハッケシェヘーフェそのもの(p.49)が見どころともいえる。

ハッケシャーマルクト駅。東京の新橋がモデルにした

G カスターニエンアレー〜プレンツラウアーベルク周辺

見どころ度	★★☆☆☆
遊び場度	★★★☆☆
ショッピング度	★★★☆☆
グルメ度	★★★☆☆

超個性的なカフェ&ショップが多く、クラブも点在する。すぐ横のコルヴィッツ広場はちょっとしたレストランエリア。

独自のセンスのショップが多い

H 東駅〜クロイツベルク東部周辺

| 見どころ度 | ★★☆☆☆ | ショッピング度 | ★☆☆☆☆ |
| 遊び場度 | ★★★★★ | グルメ度 | ★★☆☆☆ |

川沿いにクラブが多く、とくに大規模なクラブは大抵この近辺。夜の遊び場として有名。安宿も増えてきた。イーストサイド・ギャラリーやOberbaumbrückeが見どころ。

I クロイツベルク地区

| 見どころ度 | ★☆☆☆☆ | ショッピング度 | ★★☆☆☆ |
| 遊び場度 | ★★★☆☆ | グルメ度 | ★★★☆☆ |

無国籍な雰囲気の安い飲食店やショップが多く、トルコ系外国人や学生が多い。住宅地でもあるので、ある意味一番普段着のベルリン。自分で発見したい派におすすめ。

アレーナ(p.49)にあるバーデシフ。すっかり名物となった

大人気のトルコ系のケーキ屋。地元向けなので見かけは地味

町にはトルコのスナック、ドネルケバブの店が多い。ローストした肉の表面をナイフでそぎ落として、サラダと一緒にはさんだもの。1個€2.5くらいから

INFORMATION

●ホットライン
（Hotels・Tickets・Infos）
☎25002333
営9:00～18:00(土曜10:00～)
休月曜
HP www.visitberlin.de
e-mail：hollo@visitBerlin.de
※観光局による情報＆予約サービス。ホテルの紹介、予約などの他、各種コンサートやオペラのチケットの予約などを代行してくれる。

●劇場などのチケットの買い方
①上記のホットラインに電話するか、劇場などに直接電話して予約する　②窓口Kasseに直接買いに行く（前売り券は1カ月前、当日券は開演1時間前に発券することが多い）　③下記のKartenbüro（プレイガイド）で購入する（10％程度の手数料が必要な場合もある）　④ホテルのコンシェルジュに頼む（20％程度の手数料が必要）　⑤劇場前で"Suche Karte"(チケット求む)と書いた紙を持ってチケットが余っている人を探す、などのパターンがある。なお、当日券を買うなら下記のHEKTICKET（2ヵ所）も試して欲しい。半額になる。

◆HEKTICKET
☎2309930
HP www.hekticket.de
＜アレクサンダー広場前＞
MAP ●切りとり-37
住Alexanderstr.1　営12:00～18:00　休日曜・祝日
＜ツォー駅向かい、ドイツ銀行内＞
MAP ●切りとり-26、p.35-G
住Hardenbergstr.29d　営10:00～20:00（冬期12:00～、日曜・祝日14:00～18:00）　休無休

ベルリンの市外局番☎030

ベルリン・街のしくみ＆楽しみ方

オペラ、コンサート、ミュージカル、ヴァリエテ……この街最大の魅力は、広い意味での"カルチャー"にある。情報誌に目を通してお気に入りのプログラムを見つけよう。街の大きさがパリの9倍と広いので、地区の特徴を把握してから行動したい。

街のしくみ 短い時間で回る時のポイント

2006年、中央駅が完成し、長距離鉄道の到着駅もミッテ地区が中心になった。ただ、中級ホテルはツォー駅やクーダム近辺にも多くあるので、落ち着きたい人は、そちらに宿をとってもいいだろう。夜遊び派はミッテ地区や東駅近辺が便利だ。大きな街なので少なくとも2日はほしい。以下に短い期間で見る場合のおすすめルートを紹介（位置関係はp.40参照）。

ケース1　1日だけの場合

ブランデンブルク門（ホロコースト追悼碑も）→ウンターデンリンデン（買い物orカフェなどで食事）→大聖堂→ペルガモン博物館→絵画館→ポツダム広場（ソニーセンター）

※午前中か夜、開館時間のないブランデンブルク門を先に見ておく。ライヒスタークは込むので無理せずに。また博物館島を全部見るのも時間がかかるのであまり欲張らずに。ポツダム広場も、中の博物館を見るのでなければ、夕食がてら夜に行って問題ない。ペルガモンから絵画館へは200番バスで移動（上記の見どころは最低限見ておきたい）。

ケース2　1泊2日の場合

1日目：カイザーヴィルヘルム記念教会→ジーゲズゾイレ→ブランデンブルク門→ウンターデンリンデン（食事など）→大聖堂→ペルガモン博物館→ボーデ博物館→ハッケシェヘーフェ／翌日：ポツダム広場→絵画館→チェックポイントチャーリー→ユダヤ博物館→ジャンダルメン広場→プレンツラウアーベルク

※1日目最後ハッケシェヘーフェ、2日目最後のプレンツラウアーベルクは夜になるのでオプション。3日以上あれば近郊まで足を延ばしたりアクティビティーの余裕も。

Check-Check! ウォーキング＆自転車ツアーのすすめ

ベルリンには名所が多いのでウォーキングツアーはおすすめ。残念ながらドイツ語か英語のものがほとんどだが、ナイトライフを回るツアー（Pub Crawl）は言葉の問題も少なく楽しめる。また、最近は自転車で回るツアー（Bike Tour※多くは夏期のみ）が大人気。いずれもミーティングポイントに決まった時間に集合するだけ。❶やホテルでパンフレットを探してみよう。

◆Insider Tour　HP www.insidertour.com
◆Fat Tire Bike Tours　HP www.fattiretours.com/berlin
◆Original Berlin Walks　HP www.berlinwalks.de

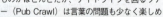

何でもありの充実エンターテインメント

2018年夏からキリル・ペトレンコ氏が首席指揮者となった世界最高峰のオーケストラ、ベルリン・フィルハーモニー管弦楽団を頂点に、1742年創立という歴史を誇るベルリン・シュターツカペレなどフルオーケストラが8団体もある。コンサート会場では、満席時の残響が1.95秒という音響の良さで知られるフィルハーモニーや、シューボックス型ホール（狭い幅と高い天井に特徴）のコンツェルトハウスが有名。オペラ座は3つもあり、とくにドイツ3大歌劇場のひとつベルリン国立歌劇場とベルリン・ドイツ・オペラの評価が高い。コーミッシェ・オーパーもコヴァルスキーなどの人気歌手を輩出している。

ベルリン国立歌劇場の内部。

ミュージカル（HP www.stage-entertainment.de）では、61年に『マイ・フェア・レディ』で100万人以上の観客を動員したテアター・デス・ヴェステンスが有名。2006年に再オープンしたアドミラル・パラスト（MAP●切りとり-27、p.36-B）は、ベルリンの古きよき時代を感じさせる劇場。ポツダム広場劇場（MAP●切りとり-42）は、毎年2月に開催されるベルリン映画祭のメイン会場になっている。

演劇では、評価が高いのがシェークスピアから現代劇までやるドイツ劇場（HP www.deutschestheater.de）。

また、スポーツイベントでは、9月のベルリンマラソンに注目。なお、各種イベント情報はHP www.eventim.deにアクセスして、上部の検索バーに劇場名や都市名を入力すると簡単に探せる。

とっておき情報

博物館、美術館＆チケット情報！

新博物館（p.55）が再オープンし、かつて東西に分散していたコレクションが再集結した。今後はJames Simon-Galerieというビジターセンターを2019年頃に完成させる予定。

①1日有効エリア券…博物館島（ペルガモン、ボーデなど5館）は€18、学生€9で相互入場可（単館は€10～12、企画展は別料金）。カルチャーフォーラム（絵画館、新ナショナルギャラリーなど）は€12、学生€6。

②入場無料…18歳未満は無料！

③3日券…3 Tage-Karte（ミュージアムパス）は€29、学生€14.50でSMB（下記）など約50館の入場が3日間自由。 ❶でも購入可。

④WelcomeCard Museumsinsel…ウェルカムカード（p.33）と博物館島5館入場が合体、72時間有効で€45。

⑤SMBの音声ガイドは入場料に込み。

⑥SMB入場は木曜は20:00まで。

■SMB（ベルリン国立博物館）
HP www.smb.museum

● Kartenbüro（プレイガイド）
◆ TheaterGemeinde Berlin
🏠 Tauentzienstr. 3 ☎ 21296300

● コンサートホール
◆ フィルハーモニー
Philharmonie
MAP●切りとり-42
● S1,2 Potsdamerpl.から徒歩10分 🏠 Herbert-von-Karajanstr. 1 HP www.berlinerphilharmoniker.de

◆ コンツェルトハウス
Konzerthaus Berlin
MAP●切りとり-35、p.36-F
● U2 Hausvogteipl.から徒歩5分 🏠 Gendarmenmarkt（窓口：フランス大聖堂向かい側）

● オペラ
◆ ベルリン国立歌劇場
Staatsoper im Schiller Theater
MAP●切りとり-28、p.34-B
● バス100,200番ほか Staatsoperから徒歩1分 🏠 Unter den Linden 7 2017年、7年に及ぶ改修を経て再開。
HP www.staatsoper-berlin.de

◆ ベルリン・ドイツ・オペラ
Deutsche Oper Berlin
MAP●切りとり-39、p.34-A
● U2 Deutsche Operから下車すぐ 🏠 Bismarckstr. 35

◆ コーミッシェ・オーパー
Komische Oper Berlin
MAP●切りとり-27、p.36-F
● U6 Französische Str.から徒歩6分 🏠 Behrenstr. 55-57

● 劇場
◆ テアター・デス・ヴェステンス
Theater des Westens
MAP●切りとり-26、p.35-G
🏠 Kantstr. 12 ☎ 01805-4444

◆ ドイツ劇場　Deutsches Theater und Kammerspiele
MAP●切りとり-27、p.36-A
🏠 Schumannstr. 13a
☎ 28441225

● イエローラウンジ Yellow Lounge
クラシック音楽をもっと身近なものに、というプロジェクト。一流ミュージシャンをクラブなどに招いて、若い人にその魅力に触れてもらうというもの。いまや各国で開催されている。今でも毎月どこかであるので要チェック。
HP www.yellowlounge.com
（Facebookへ移動してイベントを確認）

ツォー駅発
100番バス・200番バス
ライド実況中継

ベルリン観光に欠かせない交通手段のひとつがバス。中でもツォー駅から出る100番バスと200番バス（市バス）は、市内の主な見どころを回るのに最適。日中はほとんど5分おきに運行しているうえ、観光バスではないから乗り降り自由で料金も安く（ウェルカムカードも使える）、その上2階建て！なのだ。

これが噂の100番バス。大きく「100」と書いてある。とにかく本数が多いのが便利

東欧からの年代物が多い。毎土・日曜に開かれる

200番バスで直接行けるブランデンブルク門。車輌は通れなくなった

ここからスタート。2階席前列に席をとろう

バス停のすぐ目の前。内部は非公開

動物園。Breitscheid Pl.で降りる

青いステンドグラスが印象的な教会内部

バウハウス資料館はLützowplatzで下車。建物自体も立派な作品だ

ライヒスターク（ドイツ連邦議会議事堂）
Reichstag
近未来的なガラス張りドームで有名。見学は事前申し込み制で下記サイトで可。パスポートも必携。
MAP●切りとり-27、p.36-E 住Platz der Republik 営8:00〜24:00（入場は21:45まで）休12/24他、不定休 料無料 HP visite.bundestag.de/BAPWeb/pages/createBookingRequest.jsf?lang=en

ホロコースト・メモリアル
Denkmal für die ermordeten Juden Europas
ナチスに虐殺されたユダヤ人犠牲者を追悼。墓標を思わせるコンクリートのモニュメントが2711基並ぶ。地下は情報センター。特に「名前の部屋」では犠牲者全員の名前とその生涯の記録を約16年8カ月かけて読み上げる。
MAP●切りとり-34、p.36-E 住Cora-Berliner-Str.1 営10:00〜20:00（10〜3月は〜19:00 ※入場は45分前まで）休月曜 ☎26394336 HP www.stiftung-denkmal.de/en/memorials

歴史博物館の右横での週末フリーマーケット

ボート遊び River Croise
市内を横切るシュプレー川のリバークルーズが大人気。おすすめは大聖堂前あたりから乗って1時間/€9程度のお手軽ツアー。多くの船会社があるが、中央駅方面まで行って戻ってくることが多い。
- シュテルン・ウント・クライス ☎5363600 HP www.sternundkreis.de
- リーデライ・ブルーノ ☎3499595 HP www.reedereiwinkler.de
- ヴァッサータクシー ☎65880203 HP www.berliner-wassertaxi.de
- リーデライ・リーデル ☎67961470 HP www.reederei-riedel.de

夏季はボート遊びが盛ん

ボーデ博物館をバックにボート・クルーズ ©visitBerlin, Foto:Günter Steffen

広場は結構広い。市民も憩いに集まる

手前は広場。旧東ドイツのシンボルのひとつ

気球体験
Hi Flyer
ベルリンの中心を気球で上空150mから見渡せる15分。ワイヤーでつながれているから安心。
◆Berlin Hi Flyer
MAP●切りとり-43、p.36-J 佳Wilhelmstr.とZimmerstr.の角 営9:00～20:00 休強風時など 料€23、学生€18 ☎53215321
HP www.air-service-berlin.de

フンボルト・ボックス
Humboldt Box Berlin
ベルリン王宮再建予定地に、同プロジェクト啓蒙のため建てられた。2019年再建予定までは民俗博物館関連などの展示をしている。
◆切りとり-28、p.37-G
佳Schlossplatz 5 営10:00～19:00（12～2月～18:00、入場は30分前まで）休無休 料無料 ☎290278248
HP www.humboldt-box.com

アクアドーム&シーライフ
Aquadom
高さ25m、直径11.5mの世界最大級シリンダー型水槽がRadison SAS Hotelのロビーに。隣接する水族館から水槽内部のエレベーターに乗ることが出来るが、外から見るだけなら無料。
◆Aquadom & SEA LIFE Berlin
MAP●切りとり-29、p.37-D 佳Spandauer Str.3 営10:00～19:00（入場1時間前まで）休無休 料€17.95、子ども€14.50（ネット予約割引などあり）☎0180-666690101（有料）HP www.visitsealife.com

---

ポツダム広場トピックス
ポツダム広場のKollhoff-Towerというビルには、わずか20秒で103mまで上れる欧州最速エレベータがあり、その24-25階部分は360°見渡せるパノラマプンクトという観光施設となっている。カフェも併設。
●パノラマプンクトPANORAMAPUNKT
MAP●切りとり-42、p.36-I 佳PotsdamerPlatz 1 営10:00～20:00（冬期～18:00、入場は30分前まで）休無休 料€7.50、学生€6 ☎25937080 HP www.panoramapunkt.de

※文字色青が100番、赤が200番バス

ベルリン、こころの壁も消え去る街

ベルリンには、相対する対極の魅力が詰まっている。世界最高峰の管弦楽団には、その対極のテクノ音楽、旧東的レトロ感覚の街並と、近未来的現代建築が混在したり。対極を飲み込む、その自由なスタイルが、旅する人の心の壁を取り去る街、それがベルリン。

こころの壁も消え去るトピック 1　Kahnfahrten im Spreewald
シュプレーヴァルトで小舟遊覧

ベルリン郊外には、シュプレーヴァルトと呼ばれるユネスコ生物圏保護区にもなっている緑豊かな水郷地帯が広がる。夏になると、カーンと呼ばれる平底のボートで、その水路をのんびり遊覧するのがベルリーナの間で大人気だ。今回はソルベ人（※1）の文化が残るリューベナウという拠点を紹介する。

※1 スラブ系民族

1番短い2時間の小遊覧で1人€10ほど。緑豊かな水路の中を、のんびり船頭さんの手漕ぎで進んでいく

◆リューベナウ Luebbenau
MAP p.33-B外、p.66-B
●観光案内所：中央駅からRBなどで約1時間30分
⌂Ehm-Welk-Strasse 15
⌚9:30～18:00（土曜～16:00、日曜10:00～16:00、季節変動有）
休4・10月の土曜、11～3月の土・日曜　☎03542-887040
※駅からポスト通りをまっすぐ10分ほどの突き当たり。舟乗り場Grossen HafenはそのT字路を右（東）に5分ほど

あまりに有名で絶対に外せない名物のピクルス。露店をあちこちで見かける

この地方の昔の暮らしを再現した館 Freilandmuseum Lehde
⌚10:00～18:00（10月～17:00）

◆リーデ野外博物館 Freilandmuseum Lehde
●駅から徒歩約40分
休無料

料理はやっぱり魚がおいしい。切り身の下の白いソースはホースラディッシュ（西洋わさび）。この地方の名産だ

こころの壁も消え去るトピック 2　City Segway Tours
シティ・セグウェイ・ツアーズ

電動立ち乗り2輪車、セグウェイ。ガイドは英語だが、ウンターデンリンデンやブランデンブルク門前をこれに乗って走れるだけで十分満足できるはず。最初に練習があり、安全を確認してから参加。

◆シティ・セグウェイ・ツアーズ City Segway Tours
MAP ●切りとり-28、p.37-C　●U2,5,8 S3,5,7 Alexanderplatzから徒歩5分
⌂Panorama Str. 1 a
⌚10:15、14:30（3～11月のみ）※3時間（ミニツアー14:30、16:30※90分）
休不定休（web予約要）
¥€67（ミニ€45）要予約　☎24047991
HP citysegwaytours.com/berlin

こころの壁も消え去るトピック 3　Trabi Safari
トラビ・サファリ

旧東ドイツ時代の国民車トラバント（愛称トラビ）。こちらはその実物を実際に自分で運転して市内ツアーが出来るというサービス。ガイドが先導し、その後を自分で運転（要国外運転免許証）、無線で観光案内もしてくれる。

◆トラビ・サファリ Trabi Safari
MAP ●切りとり-43、p.36-J ●U6 Kochstr.から徒歩10分
⌂Zimmerstr.97　⌚10:00～18:00　¥1人€49～（所要1時間15分 ※2時間コースも）　☎30201030（要予約）
HP www.trabi-safari.de

4 Berliner Mauer
ベルリンの壁を求めて

　東西ベルリンを分断していた「ベルリンの壁」が崩壊してから20年以上が経ったが、壁を見たいと思ってこの街に来る人は今でも少なくない。かつての壁に沿った道は、2007年、全長約160km（ほとんどは郊外）の遊歩道として整備が完成した。道路に刻まれた壁の跡や「mauerweg」と書かれたプレートが目印となる。ポツダム広場の南にはまだ監視塔（MAP●切りとり-43、p.36-I）も残っている。またU2のエバースヴァルダー・シュトラーセ駅（MAP●切りとり-30）からBermauer Str.の壁に沿って市電M10も開通。今でも当時の雰囲気をよく残す「壁記録センター」まで一本でいくことが出来る。（在ベルリン Masato）

壁博物館。実際に「脱出」に使った道具も展示

◆チェックポイントチャーリー／壁博物館（p.57参照）

ベルリンの壁関連スポット

◆壁記録センターDokumentations zentrum Berliner Mauer
当時の状況をリアルに体感できる。近くに和解の教会Kapelle der Vers hnungも。MAP●切りとり-29　住Bernauer Strasse 111　営9:30〜19:00（11〜3月〜18:00、展望〜16:30）　休月曜　料無料

◆DDR博物館 DDR Museum
当時の東ドイツの生活を再現。グッズなども展示。MAP●切りとり-28、p.37-D　住Karl-Liebknecht-Str. 1　営10:00〜20:00（土曜〜22:00）　休無休　料€9.80、ネット予約€5.50　HP www.ddr-museum.de

◆シュタージ博物館 Stasi-Museum
秘密情報機関、国家保安省の本部。監視のための盗撮用カメラや長官執務室など展示。MAP●切りとり-45外、p.33-B　住Ruschestr. 103　営10:00〜18:00（土・日曜11:00〜）　休無休　料€6、学生€4.50　HP www.stasimuseum.de

◆イーストサイド・ギャラリー East Side Gallery
シュプレー川沿いに残された壁跡。壁崩壊後、アーティストが落書きしてそのまま1.3kmの世界最長のオープンギャラリーに。MAP●切りとり-52　住Mühlenstr.　HP www.eastsidegallery-berlin.de

壁記録センターの屋上から緩衝帯ごと壁を見ることができる

トポグラフィー・オブ・テラー
写真展示も豊富で、実際の場所であるという説得力

◆トポグラフィー・オブ・テラー Topographie des Terrors
秘密警察（ゲシュタポ）やナチス親衛隊（SS）の本部の跡地にある野外展示。当時の政治体制の恐怖を伝える。MAP●切りとり-43　住Niederkirchnerstr.8　営10:00〜20:00　料無料　HP www.topographie.de

DDR博物館グッズの展示。他に居間を再現した部屋なども

ショルダーバッグに仕込まれた赤外線カメラ。シュタージ博物館にて

5 Strandbar
シュトラントバー発展中！

　海もないのに本物の砂を敷き、砂浜気分に浸る夏の風物詩、ビーチバー（ドイツ語でStrandbar）。最近は単なるビーチで満足せず、ダンス・スペースになったり、クラブスタイルで盛り上がるなど、発展進化中だ。

◆シュトラントバー・ミッテStrandbar Mitte　MAP●切りとり-28、p.37-C　S3,4,5他 Hackescher Marktから徒歩8分　住Monbijoustr.3　◆ホールツマルクト・シュトラントバー・パンパHolzmarkt Strandbar Pampa　MAP●切りとり-45　S3,5,9他 東駅から徒歩8分　住Holzmarktstr.25　HP www.holzmarkt.com　◆ヤームビーチYAAM Beach　MAP●切りとり-45　東駅から徒歩8分　住An der Schillingbrücke 3　HP www.yaam.de

夕暮れ時、社交ダンス会場となるStrandbar Mitte

2012年にオープンしたカッツ・オランジ。オーガニックな素材を使った創作料理が自慢の、いわゆるモダン料理が楽しめる店。バーには日本酒を使ったカクテルもある

◆カッツ・オランジ Katz Orange
MAP●切りとり-36 住Bergstr. 22
営18:00〜深夜 休無休 ☎983208430
HP www.katzorange.com/booking

おそらく市内で一番人気のクラフトビール・バー。定番以外にも小ロットの、ほぼ週替わりビールを「スペシャル・ビール」として提供。行く度に違うビールが楽しめる感覚

◆ホップス＆バーレーHOPS & BARLEY MAP●切りとり-45外
住Wüehlischstr. 22/23 営17:00〜深夜（土・日曜15:00〜）休無休
HP www.hopsandbarley.eu

Cafe & Bar & Restaurant
カフェ&バー&レストラン

この街ではユニークな特徴を持つレストランやバーも多く、無国籍でエスニックな料理も人気。スシもすでに定番メニューとして定着している。最近では本格派ハンバーガーがちょっとした流行だったり、ドイツ全土でグルメ・ブームなことから創作料理系のモダン・ジャーマンにも要注目だ。面白いところではドイツ人マスターが作る自家製ラーメンのココロや、米国出身だが、わざわざ、ここドイツでクラフト・ビールを造っているヴァカブントというビール・バーもある。またテーマがあるカフェも多く、カフェだけで一つの文化。特に朝食セットは工夫があり、時間も夕方まで注文可。これは夜遊びが多い文化人のたまり場だった伝統だとか。

本格派ハンバーガーの草分け。Bioな材料でボリュームたっぷり

◆クロイツバーガー Kreuzburger
MAP●切りとり-30 住Pappelallee 19 営11:30〜翌1:00 休無休
☎74695737 HP www.kreuzburger.de

アンティークショップとカフェが合体。レトロ・グッズは気に入ったら購入可

◆ゾルゲンフライ Sorgenfrei Antikes
MAP●切りとり-48 住Goltzstrasse 18
営12:00〜19:00（土曜10:00〜18:00、日曜13:00〜18:00）休月曜 ☎30104071
HP sorgenfrei-in-berlin.de

日本人オーナーのラーメン店、誠。味噌味が人気。餃子もある

◆ラーメン誠 Makoto MAP●切りとり-37 住Alte Schönhauser Str.13
営12:00〜17:00 休日曜 ☎97893857

本棚があったりして、どこかの家の一室のような。◆ムッター・ホッペ Mutter Hoppe（MAP●切りとり-28, p.37-H 住Rathausstrasse 21 ☎24720603）という老舗の家庭料理店

特徴あるレストランガイド

◆ココロ・ラーメン Cocoro Ramen 麺、スープとも独自開発。MAP●切りとり-36 住Gipsstrasse 3 営18:00〜24:00 休日曜 ☎98339073

◆グーゲルホフ Gugelhof（ドイツ料理）ビル・クリントンも来たという評判の店。夜は要予約。MAP●切りとり-30 住Knaackstr. 37 ☎4429229 営16:00〜23:00（土・日曜10:00〜）休無休

◆ショコラーデン Rausch Schokoladenhaus 欧州唯一のチョコレート料理。MAP●切りとり-35 p.36-J U2 Stadtmitteから徒歩5分 住Charlottenstr.60 営10:00〜20:00 休無休

◆シンプラ Szimpla（Craft beer bar）ハンガリーやポーランド産のクラフト・ビールあり。MAP●切りとり-45外, p.33-B 住Gärtnerstr. 15 営9:00〜深夜 休無休 HP www.szimpla.de/

◆アムリットとミルチ Amrit, Mirchi スタイリッシュなインテリアと抜群の立地、味はマイルドなインド料理。MAP●切りとり-36 U6 Oranienburger Tor駅から5〜10分 住Oranienburger-str. 45 営12:00〜深夜 休無休 HP www.amrit.de

◆プラターガストシュタット＆ビアガルテン Prater Gaststätte & Biergarten（ドイツ料理＆ビアガーデン）ベルリンで一番古いビアガーデン。MAP●切りとり-30 住Kastanien allee7-9 ☎4485688 営18:00〜深夜（日曜12:00〜）／ビアガーデン12:00〜深夜（4月から9月まで）休無休

米国出身オーナーが造るエールビールが美味。カウンター奥の黒板におすすめ生ビールが書かれている

◆ヴァカブント・ブラウエライ Vagabund Brauerei MAP p.33-B 住Antwerpener Str. 3 営17:00〜深夜（土・日曜13:00〜）休不定休 HP http://www.vagabundbrauerei.com/

特徴あるレストランガイド

◆ミセス・ロビンソン Mrs Robinson's イスラエル出身のシェフが操るアジアン創作料理。MAP●切りとり-30 ㊓Pappelalle 29 ☎18:00～23:00 ㊡火曜 ☎54622839 HP www.mrsrobinsons.de

◆インビス宇田川 カツカレーなど。MAP●切りとり-25, p.34-E バス149他Kantstr./Leibnzstr.から5分 ㊓Kantstr.118 ☎31 23014 ㊁12:30～24:00 ㊡無休

◆バラカBaraka モロッコ、エジプト料理。MAP●切りとり-52 ㊓Lausitzer Platz 6 ☎11:00～深夜 ㊡無休 HP baraka-berlin.de

◆キャプテン・シローCapt'n Schillow ボート・レストラン。MAP●切りとり-40, p.35-C ㊓Strasse des 17. Juni 113 ☎11:00～深夜（土・日曜10:00～、季節変動有）㊡冬期の月・火曜 HP www.capt-schillow.de

◆カフェ・ヴィンターガルテン Cafe Wintergarten 中庭が美しい文学カフェ。MAP●切りとり-33, p.35-K ㊓Fasanenstr.23 ☎9:00～24:00 ㊡無休 ☎8825414

2012年に出来た話題のカフェ＆バー。内部はゴージャスで荘厳なヌーベル・デコ調、黄金の20年代と言われたベルリンの雰囲気を再現

◆グロスGrosz MAP●切りとり-32, p.34-J ㊓Kurfürstendamm 193-194 ☎9:00～翌1:00（土曜～翌3:00）㊡無休 ☎652142199

◆アンナ・ブルーメ Café Anna Blume MAP●切りとり-30 ㊓Kollwitzstr.83 ☎8:00～深夜 ㊡無休 ☎44048749 HP www.cafe-anna-blume.de

超豪華！名物の朝食、三段重ねのAnna Blume Special

おいしい自家製ケーキと朝食で人気。隣に花屋さんを併設

こころの痛みも消え去るトピック 7 Kulturellspot カルチャースポット

ベルリンにはマルチカルチャーなコンプレックスが多くある。一つのビルの中にカフェ、レストラン、劇場、ショップ、コンサートスペースなどが入っていて、観劇のあとカフェで友人と語り合ったり密度の濃い時間を過ごすことができる。とくにホーフ（中庭）が8つもある不思議な構造のハッケシェヘーフェ（HP www.hackesche-hoefe.com）は、おしゃれなショップやレストランが充実、人気が高い。

おすすめカルチャースポット

◆クルトゥアブラウエライ Kultur Brauerei 劇場、コンサートスペース、ディスコなど。MAP●切りとり-30 U2 Eberswalder Str.から徒歩3分 ㊓Knaackstr.97 HP kulturbrauerei.de

◆ハッケシェヘーフェ Hackesche Höfe MAP●切りとり-28, p.37-C S5,7,9他 Hackescher Marktから徒歩2分 ㊓Rosenthaler Str.40-41

◆アレーナ Arena 夏はプール、冬はサウナになるバーデシフやコンサートホール、クラブや船上レストランなど、川沿いの複合施設。MAP●切りとり-52外 U1 Schlesisches Torから徒歩13分 ㊓Eichenstr.4 HP www.arena-berlin.de

ハッケシェヘーフェの中庭。ショップやカフェがあり、一番入りやすいカルチャースポット

川面に浮かぶ船のような不思議なプール、バーデシフ Badeschiff。冬は温室のようなサウナになる

地下のモンスターキャビネット。8人/20分毎に入場
展示はアンネを通じた啓蒙的色彩が強い

◆ハウス・シュヴァルツェンベルク Haus Schwarzenberg オットーヴァイトの盲人の仕事場（かつて盲目のユダヤ人を雇っていた作業所の隠し部屋。☎10:00～20:00 ㊡無休 無料 HP www.museum-blindenwerkstatt.de）や、モンスターキャビネット（コンピューター制御で動く鉄製モンスターショー ☎水・木曜18:30～21:30/金・土曜16:30～ €8 HP www.monsterkabinett.de）、アンネの生涯に関する資料や写真などの展示などがあるアンネ・フランク・センター Anne Frank Zentrum ☎10:00～18:00 ㊡月曜 €5（学生€3）☎288865 610、前衛アートショップなどがある。MAP●切りとり-36, p.37-D S3,5,7,9他 Hackescher Marktから徒歩5分 ㊓Rosenthaler Str.39 HP www.haus-schwarzenberg.org

クルトゥアブラウエライは旧ビール工場だった。レンガ造りの外観はそのままにレストラン、クラブなどが入っている

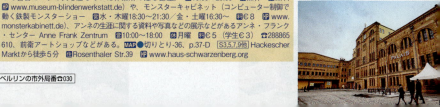

10階にあるモンキー・バー。テラスからの眺望も大人気

キャンピングカー展示場のような雰囲気

◇ヒュッテンパラスト Hüttenpalast
大広間にキャンピングカーを設置し部屋として提供。普通の部屋も。 MAPp.33-B
住Hobrechtstr.66 ☎37305806 料S-€70〜 HP www.huettenpalast.de

動物園側のジャングルタイプの部屋。ハンモックがあったり、自転車（借りられる）が吊るしてあったりと、かなり自由な雰囲気。デザインホテルだが、ラフでカジュアルなコンセプトがベルリンにマッチしている

◇25hホテル・ビキニ・ベルリン （データp.61参照）
※モンキー・バー 営12:00〜深夜 休不定休

音楽をテーマにしたデザインホテル。ギターの貸し出しがあったり、レコーディングスタジオも完備。シュプレー河岸に面して眺めもよい

◇エヌハウ・ベルリン nhow Berlin Hotel
MAP●切りとり-52外 住Stralauer Allee 3
料T-€109〜（変動制） ☎2902990

Hotel & Hostel
ホテル＆ホステル

近年は安価なホステルが増え、アパートタイプの長期滞在型ホテルも人気。ユニークなコンセプトものや、デザインホテルも多い。（※宿泊料金にプラス5％の宿泊税が課せられるので注意）

特徴あるホテル＆ホステル

◇ルイーザス・プレイス Louisa's Place 小規模なのに5つ星。ゴージャスな邸宅の雰囲気を再現。スイートのみ、長期滞在で割引あり。MAP●切りとり-46外 住Kurfürstendamm 160 ☎631030 料スイート€160〜（変動制） HP www.louisas-place.de

◇ブライブトロイ Bleibtreu デザインホテルのさきがけ。オーガニック食材にこだわったレストランなども。MAP●切りとり-32、p.34-J 住Bleibtreustr.31 ☎884740 料S-€73〜（変動制） HP goldentulipbleibtreuberlin.com/

◇アルコテル・ヴェルヴェット Arcotel Velvet 居心地良く高評価。MAP●切りとり-36 住Oranienburger Str. 52 ☎2787530 料S-€75〜 HP www.arcotelhotels.com/de/velvet_hotel_berlin

◇イーストセブン EastSeven Hostel 近年接客評価No.1のホステル。MAP●切りとり-30 住Schwedter Str. 7 ☎93622240 料T-€56〜、ドミ-€22〜（変動制） HP www.eastseven.de

◇オステル OSTEL 旧東時代の雰囲気を再現したデザインホテル。MAP●切りとり-45 住Wriezener Karree 5 ☎25768660 料S-€30〜 HP www.ostel.eu

◇ジンガー109 Singer109 安価で規模が大きく設備も整う。MAP●切りとり-45 住Singerstr. 109 料ドミ-€12.90〜 ☎74775028 HP singer109.com

◇サーカス・アパートメンツ The Circus Apartments MAP●切りとり-37 住Choriner Str. 84 料T-€140〜（3日以上） ☎20003939

イースタンコンフォートのテラス。ボートなので川面

◇イースタン・コンフォート EASTERN-COMFORT HOSTEL 停留中のボートがホステルに。MAP●切りとり-52 住Mühlenstr.73 ☎66763806 料ドミ-€16〜 HP www.eastern-comfort.com

◇ブンテ・ショコヴェルト Bunte Schokowelt リッターチョコのコンセプトショップ。好みの味のオリジナルチョコを作れる。MAP●切りとり-34、p.36-F 住Französische Str.24 営10:00〜19:00（木〜土曜〜20:00、日曜〜18:00） ☎20095080 HP ritter-sport.de

リッターチョコなら何でも揃う。ラウンジもある

Geschäft & Geschenk
ショップ＆おみやげ

大都市なので何でも揃うが、セレクトショップや旧東独テイストのグッズがおもしろい。また、意外なおみやげはスーパーでも見つかるので探してみよう。

ニベアの複合店。30分程度のエステやマッサージも受けられる

◇ニベア・ハウス Nivea Haus MAP●切りとり-27、p.36-F 住Unter den Linden28 営10:00〜20:00 休日曜 ☎20456160

ベルリンのおみやげスポット

◆フライターク Freitag 日本でも大人気の廃材再利用バッグなど。MAP●切りとり-37、p.37-D 住Max-Beer-Str. 3 ☎11:00～20:00（土曜～19:00）休日曜 ☎24636961

「リュックとか、エコバッグ（minimaxi shopper）が人気」とライゼンタールの店員さん

実用的で機能的かつ、ポップでカラフルなデザインで大人気のライゼンタールが、世界初の自社販売店をベルリンにオープン

◆ライゼンタール Reisenthel store MAP●切りとり-26、p.35-H 住Budapester strasse 38-50 ビキニ・ベルリン内（p.59）☎10:00～20:00 休日曜 ☎26933969

子ども服や子ども向けキャラクターを造る、オリジナル手作り工房兼ショップ。特に動物をモチーフにした、クノーシェルKnuschelsというブランドのぬいぐるみが可愛い。ポストカードやシールもある

◆リープリングス・プラッツ Lieblings Platz MAP●切りとり-30 住Kollwitzstr. 22 ☎11:00～18:00（土曜10:00～15:00）休日曜 HPwww.lieblingsplatz.berlin

新興メーカーや新人アーティストに貸しBOXスペースを提供、前衛的なオリジナルグッズを販売するお店、プロモボ。何店舗かあるがハッケッシェヘーフェ店が大きい

◆プロモボ Promobo MAP●切りとり-28、p.37-C 住Hackesche Hoefe ☎10:00～21:00 休日曜 HPwww.promobo.de

ルイジ・コラーニがデザインしたといわれるが実際は違うゾウの貯金箱（かわいいので許す）。VEBオランジェで

ショップというより博物館のような店、VEBオランジェ。名物店主のマリオが集めた50年代以降のヴィンテージ雑貨や家具など、主に旧東時代のいわゆるオストグッズが豊富に揃う

◆VEBオランジェ VEB orange 50年代以降のヴィンテージ雑貨や家具など。8割は旧東独もの。MAP●切りとり-30 住Oderberger Str.29 ☎11:00～19:00 休日曜 ☎97886886 HPwww.veborange.de

エッグスタンドにブランデンブルク門を模したブラシ、ケーキのリングなどユニークなオリジナルグッズ。プロモボにて

店主が兼アーティスト、ショップも兼工房という手作りグッズ。リープリングス・プラッツにて

Authentics社のゆで卵器EIKO。鍋の端にかけて茹で上がったらそのまま食卓へ（シェーンハウザーp.60ほか）

ベルリン 51 こころの壁も消えるベルリン

その他

◆カメレオン（ヴァリエテ）MAP●切りとり-28、p.37-C（ハッケッシェーフェp.49内）HPwww.chamaeleonberlin.de

◆フンボルト大学図書館 Jacob-und-Wilhelm-Grimm-Zentrum 格子状の木のフレームで組み上げたようなMax Dudler設計のユニーク建築。蔵書200万冊以上。MAP●切りとり-27、p.36-B 住Geschwister-Scholl-Str.3 ☎8:00～24:00（土・日曜10:00～22:00）

◆ボックスハーゲナー・プラッツ Boxhagener Platz MAP●切りとり-45外、p.33-B U5Frankfurter Torから徒歩10分 ノミの市：日曜9:00～夕方

◆ボロス・コレクション Sammlung Boros MAP●切りとり-27、p.36-A 住Reinhardtstr.20（ブンカー内）※ツアーのみ、WEB予約必須（独語は正確、英語は各時30分にスタート）休月～水曜 €15、学生€9 ☎27594065 HPwww.sammlung-boros.de

ボロス・コレクションはかつてブンカー（爆撃から守る施設）として使われていた建物自体が貴重で見る価値あり。中に入るにはガイドツアーに参加するしかない

ボロス氏のプライベート・コレクション。公的美術館とは違うプライベートなこだわりの現代美術作品はどれもユニーク

世界的に有名なロシア人元写真家Viad氏のクレイジーなコレクション。見た目の幻想と実際の機能とのギャップに驚くという、ちょっと有り得ない博物館

◆デザインパノプティクム Design Panoptikum MAP●切りとり-28、p.37-H 住Poststr.7 ☎11:00～18:00 休日曜 €9.9（毎正時ガイドツアー） ☎015774012991

独自のイベント戦略などで人気急上昇中の屋内市場、マルクトハレ・ノイン。平日昼間は趣向を凝らしたランチ食堂やカフェ、木曜17:00～22:00は各国のエスニック屋台

◆マルクトハレ・ノインMarkthalle Neun 🗺●切りとり-52 🏠Eisenbahnstrasse 42-43 ⏰10:00～18:00（イベント毎に異なる）🚫日曜 🌐www.markthalleneun.de

ベルリンのクラフトビール界に新風を巻き起こしている新興ブリュワリー（醸造所）、BRLO。中古コンテナを積み上げてガーデンスペースを作ったり、そこで各種イベントを開催したり、メニューにもヘルシーな野菜料理を開発したり、単なる醸造だけではなく、飲み文化を新しく作っていく気概がある。

◆ベルロ・ブリューハウスBRLO Brwhouse 🗺●切りとり-49 🏠Schöneberger Str.16 ⏰17:00～24:00（土・日曜12:00～）🚫月曜 🌐brlo-brwhouse.de

ベルリンだけで年間7000万本消費されるという名物、カレーソーセージ（カリーヴルスト）。戦後期市で生まれた歴史や、秘伝ソースのレシピを学んだりができる。もちろん実際に食べられるコーナーもある。

◆カレーソーセージ博物館🗺●切りとり-43、p.36-J 🏠Schützenstr.70 ⏰10:00～18:00 🚫無休 💴€11、学生€8.50 🌐www.currywurstmuseum.com

2004年頃からマウアーパーク（壁公園）の横で立つようになった市の。かつてのベルリンの壁近くで旧東ドイツ時代の郷愁を感じさせるガラクタ出品物を眺めて楽しむ観光客が増えている。ちょっと遠いが、ボックスハーゲナープラッツ（P.51）のノミの市も人気だ。

◆マウアーパークMauerpark 🗺●切りとり-29 Ⓤ2 Eberswalder Str.から10分 🏠Bernauer str.63-64 ノミの市：日曜9:00～18:00

◆マダム・タッソー Madame Tussauds Berlin〔世界的に有名な蝋人形館〕🗺●切りとり-27、p.36-E 🏠Unter den Linden 74 ⏰10:00～18:00（土・日曜～19:00）🚫無休 💴€23.50、子ども€18.50（ネット割引あり）🌐www.madametussauds.com/berlin

◆KPMワールド KPM Welt〔KPM（p.60）の本社工房にできた博物館。ショップやカフェも〕🗺●切りとり-41 🏠Wegelystr.1 ⏰10:00～18:00（入場17:15）🚫日曜　無料（土曜15:00のガイドツアー€12）🌐www.kpm-berlin.com/en/manufactory

主なクラブ、ジャズハウスなど

ベルリン・クラブ事情

ベルリンには全部で220軒以上のバーやクラブがあるといわれる。フランスなど近隣からは、クラブ目的の観光客が多く来るほど。音楽ジャンルのみならず、年代などスタイルによって楽しみ方が違う。小さなクラブでは食事やくつろげるラウンジに力を入れたところもあり、普通の観光客でも夜の雰囲気を楽しめる。

◆A-Trane〔ジャズ〕🗺●切りとり-25、p.34-F 🏠Bleibtreustr.1 🌐www.a-trane.de

◆b-flat〔ジャズ、アコースティック〕🗺●切りとり-37、p.37-D 🏠Dircksenstr.40 🌐www.b-flat-berlin.de

◆Quasimodo〔ジャズの老舗〕🗺●切りとり-26、p.35-G 🏠Kantstr.12a 🌐www.quasimodo.de

◆Kaffee Burger〔バルカン・ビート他。東欧・ロシアカルチャーとのミーティング〕🗺●切りとり-37 🏠Torstr.60 🌐www.kaffeeburger.de

◆NBI Bar〔実験音楽やエレクトロニックな音〕🗺●切りとり-29 🏠Zionskirchstr.5 🌐www.neueberlinerinitiative.de

◆Tresor Club〔ベルリンテクノの代名詞的存在、もはや観光名所。発電所跡にあるので廃墟好きな人にもおすすめ〕🗺●切りとり-44 🏠Köpenicker Str.70 🌐tresorberlin.com

◆weekEND〔テック、エレクトロほか。スタイリッシュ〕🗺●切りとり-37 🏠Alexanderstr.7 🌐www.houseofweekend.berlin

◆Sisyphos Nightclub〔比較的大規模。ベルリンらしい手作りフェスト感が評判〕🗺●切りとり-49 🏠Hauptstr.15 🌐sisyphos-berlin.net

◆Watergate〔テクノ。眺めのいい川沿いで、有名DJも訪れる大人気クラブ〕🗺●切りとり-52 🏠Falckensteinstr.49 🌐water-gate.de

◆BASSY COWBOY CLUB〔ロカビリー、50's、60's中心にロックアコースティック〕🗺●切りとり-37 🏠Schönhauser Allee 176a 🌐www.bassy-club.de

◆Maxxim〔ハウス系。おしゃれでゴージャスな雰囲気〕🗺●切りとり-26、p.35-G 🏠Joachimstaler Str.15 🌐www.maxximberlin.de

◆Berghain/Panoramabar〔ベルリンテクノを体感するならここ。かなりディープなコアクラバー向け〕🗺●切りとり-45 🏠Am Wriezener Bahnhof 🌐www.berghain.de

◆Radialsystem V〔クラブではないがダンス＆パフォーマンス中心の多目的ホール。レストランなどもあり眺めもよい〕🗺●切りとり-45 🏠Holzmarktstr.33 🌐www.radialsystem.de

◆club der visionaere〔オープンエアー。ミニマル、テック。有名DJも。食事中。夏期のみ〕🗺●切りとり-52 🏠Am Flutgraben 1 🌐clubdervisionaere.com

◆Yaam〔レゲエ、アフロ・カリビアンスタイルのコミュニティー系〕🗺●切りとり-45 🏠An der Schillingbruecke 3 🌐www.yaam.de

※クラブ情報など（現地では情報誌『030』『Zitty』などが詳しい）🌐www.residentadvisor.net/clubs.aspx?ai=34 🌐www.berlin030.de　など

見どころ

ツォー駅～ティーアガルテン周辺

カイザー・ヴィルヘルム記念教会 ★★
Kaiser-Wilhelm-Gedächtnis-Kirche
map ○切りとり-26、p.35-G

● U2,9 S5,7,9他 Zoologischer Gartenから徒歩5分

皇帝ヴィルヘルム1世による統一ドイツを記念して1895年に建立。第二次世界大戦中の1943年、連合軍の空襲で半分破壊されたが、戦争の悲惨さを伝えるためそのまま保存されている。隣接する礼拝堂は青のステンドグラスが美しい。

Breitscheidpl.
9:00～19:00（教会）
休無休 料無料

地元でのニックネームは虫歯

動物園（ツォー）★★
Zoologischer Garten Berlin
map ○切りとり-26、p.35-H

● U2,9 S5,7,9他 Zoologischer Gartenから徒歩5分

ドイツ最古の動物園（1844年）。1400種以上の動物を飼育するなど規模も世界有数で、水族館も併設。2017年からパンダが人気。

住Hardenbergpl.8 開9:00～18:00（最終入園17:00、季節変動あり）休無休 料€15.50（学生€10.50）、水族館との共通券€21（学生€15.50）
☎254010

ジーゲスゾイレ（戦勝記念塔）★★
Siegessäule
map ○切りとり-41

● バス100他 Grosser Sternから徒歩2分

1864年の対デンマーク戦以降、プロイセンによるドイツ統一に至る戦争の勝利を記念し1873年に建造。高さ67m、先端の金色に輝くヴィクトリア女神像は有名だ。地上約50m地点に展望台があり市内の眺望が楽しめる。

住Am Grosser Stern 開9:30～18:30（土・日曜～19:00）、11～3月10:00～17:00（土・日曜～17:30）休無休 料€3、学生€2.50

通りを横切るのではなく、地下道をくぐっていくこと

門頭の馬車は古代のカドリーガ（4頭立て二輪馬車）

ブランデンブルク門 ★★★
Brandenburger Tor
map ○切りとり-27、p.36-E

● S1,2 Unter Den Lindenから徒歩2分

古代ギリシアの神殿、パルテノンの列柱門を範にとり、プロイセン王国の凱旋門として設計（1788～91年）された。長年"壁"に囲まれ、東西分断の象徴だったが、現在は統一ドイツのシンボル。高さ20mの門頭を飾る古代の戦車に乗った勝利の女神像は、ナポレオンに戦利品として持ち去られた（1806年）こともあるが、後に取り戻した。

博物館島周辺

ベルリン大聖堂 ★★
Berliner Dom
map ○切りとり-28、p.37-G

● バス100他 Lustgartenから徒歩2分

現在の形になったのは1905年。高さ114m、幅73mの巨大な天井ドームが印象的。内部にはホーエンツォレルン王家の墓所があり、ドームには270段の階段を通じて上ることもできる。7269本の管をもつ、ドイツ最大級パイプオルガンも見どころ。

住Am Lustgarten 開9:00～20:00（10～3月～19:00、土・日曜は午後から。入場は閉館1時間前まで）
料€7、学生€5
HPwww.berlinerdom.de
☎20269136

壮麗な内部

ドイツ歴史博物館（ツォイクハウス）★★
Deutsches Historisches Museum (Zeughaus)
map ○切りとり-28、p.37-G

● バス100他 Lustgartenから徒歩5分

もとは1706年に建てられたプロイセン軍の武器庫。現在は中世から現代に至るドイツの歴史を展示している。ウンター・デン・リ

ンデンでは最も歴史がある建物だが、ルーブル美術館のピラミッドも手がけた有名中国系建築家I.M.Pei氏の設計により、裏手にある特別展専用ギャラリーともども、2006年にリニューアル再オープンした。

住Unter den Linden 2　開10:00～18:00　休12/24　☎203040　料€8、学生€4

モダンな外観

旧ナショナルギャラリー ★★★
Alte Nationalgalerie
map ●切りとり-28、p.37-C

●バス100,200他 Lustgarten(ルストガルテン)から徒歩5分

人気の高いマネ、モネ、セザンヌ、ルノアールといったフランス印象派の作品、メンツェルなど19世紀のドイツ絵画、リアリスム、ロダンの彫像作品などの傑作が揃う。

住Bodestr.1-3　開10:00～18:00（木曜～20:00）休月曜　料€10、学生€5　☎266424242（日～金曜9:00～16:00)

旧博物館 ★★★
Altes Museum
map ●切りとり-28、p.37-C

●バス100,200 Lustgarten(ルストガルテン)から徒歩3分

新古典主義の大家、シンケルが設計したベルリン最初の公共博物館。正面から見るイオニア式円柱が印象的。現在、常設展は1階の古代ギリシャ、ローマ時代の彫像など。上階は期間で区切った特別展（別料金）を行うスペースになっている。

住Am Lustgarten 1　開10:00～18:00（木曜～20:00）休月曜　料€10、学生€5　☎266424242（日～金曜9:00～16:00)

ボーデ博物館 ★★★
Bodemuseum
map ●切りとり-28、p.37-C

●S5,7,9 Hackescher Markt(ハッケシャーマルクト)から徒歩10分

6年に及ぶ改修から2006年に再オープン。ネオバロック様式の重厚な建物自体も見どころのひとつ。内部の展示は彫刻、貨幣、国内唯一のビザンチン美術コレクションからなる。キリスト教など、宗教をモチーフにした作品が多く、企画展（別料金）もある。

住Am Kupfergraben 1　開10:00～18:00（木曜～20:00）休月曜　料€10、学生€5

ペルガモン博物館 ★★★
Pergamonmuseum
map ●切りとり-28、p.37-C

●S5,7,9他 Hackescher Markt(ハッケシャーマルクト)から徒歩10分、バス100他 Lustgarten(ルストガルテン)から徒歩7分

数あるベルリンの博物館のなかでも、最も有名かつ重要な博物館のひとつ。必見なのが**古代コレクション**Antiken Sammlung。なかでも古代オリエントのペルガモン（現トルコ領）から発掘された『**ゼウスの大祭壇**Pergamon-Altar』（紀元前180～160年）は、守護神ゼウスに捧げた神殿を高さ9.66mで再現。ヘレニズム建築の最高傑作として世界的に有名だ。しかも、実際に段を上がって古代のアクロポリスを体感する事ができる。この他、古代バビロニアのネブカドネザル2世時代（紀元前603～562年）の『イシュタル門』と、そこに至る『行列大通り』や、『ミトレスの市場門』など、スケールの大きな古代中近東コレクション、さらに、8～19世紀のイスラム美術を集めたコレクションもある。なお、2019年まで一部改修中でゼウスの大祭壇は見られない）。

住Bodestr.(入口)　開10:00～18:00（木曜～20:00）休無休　料€12、学生€6
☎266424242（日～金曜9:00～16:00)

→天上の神々と巨人達との戦いなどを描いた彫刻も見どころ

↓入館時に展示解説を録音してある音声ガイドを貸してくれる

貴重な彫刻も触れるくらい近くに

新博物館
Neues Museum ★★★
map ○切りとり-28, p.37-C

● バス100,200 Lustgarten（ルストガルテン）から徒歩7分。

4階建て約8,000㎡のスペースに、紀元前3000年にさかのぼるエジプト考古学とパピルスコレクション、先史時代から西洋有史初期までのコレクションなどを展示。必見は古代エジプトの都、アマルナから発掘された王妃ネフェルティティの胸像（紀元前1340年頃）だ。青銅器時代のゴールデンハットも見応えがある。

住Bodestr.1-3 開10:00～18:00（木曜～20:00） 休無休 料€12、学生€6 ※最近はそうでもないが混雑がひどい時期があり、事前にネットで30分毎のtime-slot型式の入場券を購入することができる。心配な場合はHP shop.smb.museumにアクセスして購入可。

王妃ネフェルティティの胸像。

カルチャーフォーラム周辺

絵画館
Gemäldegalerie ★★★
map ○切りとり-42

● バス200他 Philharmonie（フィルハーモニー）から徒歩5分

世界屈指のコレクションを誇る巨大美術館。全収蔵約2700点、常時展示数は約1400点。中央に広いアトリウムを贅沢に配し、その周囲に年代や作家毎に分けたホールがいくつも並ぶ。ヴァン・アイクの『教会の中の聖母』、レンブラント『ベレー帽の自画像』、フェルメール『真珠の首飾りの女』など、どれも美術書に出てくるような名作ばかり。他にもブリューゲル、ルーベンス、ラファエロ、ゴヤ、ボッティチェリなど、13～18世紀のヨーロ

展示スペースは広くゆったり鑑賞できる

ッパ絵画の傑作が目白押し。絵画好きは必見。なお、建物はカルチャーフォーラムKulturforumという文化施設の中にあり、同施設内に工芸博物館や図書資料館などもある。

住Stauffenbergstr.40（入口はMatthäikirchplatz） 開10:00～18:00（木曜～20:00、土・日曜11:00～） 休月曜 料€10、学生€5 ☎266424242（月～金曜9:00～16:00）

フェルメール『真珠の首飾りの女』

新ナショナルギャラリー
Neue Nationalgalerie ★★★
map ○切りとり-42

● バス200他 Philharmonie（フィルハーモニー）から徒歩7分

外観は斬新なガラス張り。ピカソ、クレーなどキュービズムや表現主義といった20世紀のヨーロッパ現代画や彫像作品を収蔵。地上階は年間10万人以上が訪れるという企画展スペース（別料金）。2007年はニューヨークからのメトロポリタン美術館展を企画、大盛況だった。2015年から改修、2018年現在閉館中。

住Potsdamerstr.50 開10:00～18:00（木～22:00、土・日曜11:00～） 休月曜 料€8、学生€4 ☎266424242（月～金曜9:00～16:00）

地下階に常設展

バウハウス資料館
Bauhaus-Archiv Museum ★★
map ○切りとり-41

● バス100,106,M29他 Lützowpl.（リュッツォウプラッツ）から徒歩3分

現代の造形デザインや建築に絶大な影響を与えたバウハウス（1919～33年）の歴史を展示。2018年4月末より創立100周年に向けた拡張改修のため閉館。改修情報はHP www.bauhaus.de/en/neubauへ。

手前の騎馬像はフリードリヒ1世

ポツダム広場
Potsdamer Platz ★★★

map ○切りとり-42、p.36-I

● S1,2 U2 Potsdamer Pl.(ポツダマープラッツ)から徒歩2分

戦前は欧州一混雑したベルリンの中心。世界初の交通信号機も設置された。現在はショッピングアーケード、カジノやホテル、ソニーセンター（無料無線LANあり）などからなる複合施設。ソニーセンター内にはマレーネ・ディートリヒのコレクションなど映画史の展示があるフィルム博物館や、ブロックで再現したベルリンの街並みなどが好評なレゴランドもある。
＜フィルム博物館＞開10:00～18:00（木曜～20:00）休火曜 料€7、学生€5、木曜16:00～無料
＜レゴランド＞開10:00～19:00頃（入場は17:00までに）
休12/24 料€11～（ネット予約）

↑上は人気のソニーセンター。下はレゴで作ったアインシュタイン。➡フィルム博物館

プロイセン国王フリードリヒ1世が、妻ゾフィーのために建てた夏の離宮（1695年起工）。見学コースは中国磁器を壁面に並べて飾り付けた陶器の間などがある旧王宮と新翼に分かれる。新翼には18世紀のフランス絵画コレクションも充実、プロイセン王家の剣や王冠なども展示されている。
住Spandauer Damm 10-22 ☎320910 ＜旧王宮＞開10:00～17:30（季節変動あり）休月曜 料€10、学生€7 ＜新翼＞開10:00～17:30（季節変動あり）休月曜 料€10、学生€7

■ その他の地区

ハンブルガーバーンホーフ
Hamburger Bahnhof ★★

map ○切りとり-35、p.33-B

● S3,7他 Hauptbahnhof(ハウプトバーンホーフ)から徒歩10分

戦災で破壊されたままだった同名の駅舎を州立現代美術館として再建。主に企画展会場として利用され、ヨーゼフ・ボイス、ロイ・リキテンシュタインなどの第一級作品が並ぶ。
住Invalidenstr.50-51 開10:00～18:00（木曜～20:00、土・日曜11:00～18:00）休月曜 料€10、学生€5 ☎266424242（月～金曜9:00～16:00）

ダーレム博物館
Museumszentrum Dahlem ★★

map p.33-B

● U3 Dahlem-Dorf(ダーレムドルフ)から徒歩5分

主にヨーロッパ外の民俗学が充実した郊外の博物館コンプレックス。古代マヤ文明の遺跡から南太平洋の帆船まで幅広く展示。とにかくスケールが大きく見応えがある。インド美術や東アジア美術のコレクションもある。
※2017年より移転のため閉館。移転先はベルリン王宮跡フンボルトフォーラムになる予定（フンボルトボックスp.45参照）。

シャルロッテンブルク宮殿周辺

ベルクグリューン美術館（ピカソ）
Museum Berggruen (Picasso und seine Zeit) ★★★

map ○切りとり-39、p.33-A

● バス309他 Schloss Charlottenburg(シュロス シャルロッテンブルク)から徒歩3分

ピカソと友人だった美術商、ベルクグリューンのコレクション。ベルリン州に貸与しているもので、彫刻なども合わせてピカソ作品80点以上を堪能できる。クレーの作品も収蔵。
住Schlossstr.1 開10:00～18:00 休月曜 料€10、学生€5 ☎266424242（月～金曜9:00～16:00）

シャルロッテンブルク宮殿
Schloss Charlottenburg ★★★

map ○切りとり-32、p.33-B

● バス309他 Schloss Charlottenburg(シュロス シャルロッテンブルク)から徒歩2分

南太平洋の木彫りの祭事器など、展示の工夫もすごい

ユダヤ博物館 ★★★
Jüdisches Museum Berlin

map ●切りとり-50

● U1,6他 Hallesches Torから徒歩8分

中世から現代までのドイツにおけるユダヤ人の歴史と文化を紹介。ユダヤ系米国人ダニエル・リーベスキントの設計で、4000点にも上がる展示資料をインタラクティブに見せる。また、建物自体が哲学的テーマを内包したアート作品で、例えば出入口のある旧館と、メイン展示物のある新館を結ぶ地下通路「継続の軸策 Axis of Continuity」は、途中で「ホロコースト・タワー」と「追放の庭」への通路と交差する。これはユダヤ人が辿った苦難の道を象徴。ホロコースト・タワーは、むき出しのコンクリートで囲まれた何もない密室空間。扉を閉めると、わずかな光が天井近くから差し込むだけ。もちろんこれは強制収容所を象徴。新館の吹き抜けは「空白の記憶 Memory of Void」。虐殺されたユダヤ人の顔を象徴した鉄板が転がっている。

住 Lindenstr.9-14 開10:00〜20:00 休ユダヤの祝日、12/24 料€8〜、学生€3〜 ☎25993300
HP www.jmberlin.de/en

地下通路。新館に続く

「空白の記憶」

ドイツ技術博物館 ★★
Stiftung Deutsches Technikmuseum Berlin

map ●切りとり-49

● U1,2他 Gleisdreieckから徒歩5分

技術の歴史や、機械の仕組みに関する博物館。ほとんどの展示物が実際に稼動する体験型で、鉄道から航空、印刷、通信などを紹介。

住 Trebbiner Str.9 開9:00〜17:30（土・日曜10:00〜18:00） 休月曜 料€8、学生€4 ☎902540 HP www.sdtb.de

大がかりな仕組みのものが多い

チェックポイントチャーリー／壁博物館 ★★
Haus am Checkpoint Charlie

map ●切りとり-43、p.36-J

● M29 Kochstr.から徒歩2分、U6 Koch-Str.から徒歩5分

ベルリンを東西に分断していた"壁"。その東西ドイツを分けていた国境検問所、チェックポイントチャーリー跡とすぐ隣にある壁に関する博物館。崩壊前の越境にまつわる悲劇の様子を写真やビデオ、オブジェなどで紹介。

住 Friedrichstr.43-45 開9:00〜22:00 休無休 料€14.50、学生€9.50 ☎2537250

その他の見どころ

▼自然史博物館　世界屈指のコレクション。世界最大の恐竜骨格標本も。MAP ●切りとり-35 住 Invalidenstrasse 43 開9:30〜18:00（土・日曜、祝日10:00〜） 休月曜 料€8、学生€5
HP www.museumfuernaturkunde.berlin

▼写真博物館（SMB）ヘルムート・ニュートンの作品を所蔵 MAP ●切りとり-26、p.35-G 住 Jebensstr. 2 開10:00〜19:00（木曜〜20:00） 休月曜 料€10、学生€5

▼ライヒスターク（ドイツ連邦議会議事堂）現連邦議会議事堂。（データはp.44参照）

▼テレビ塔　高さ365m。地上203mに展望台、その上に回転レストラン、地上にはカフェも。MAP ●切りとり-37、p.37-D 住 Panoramastr.1a 開9:00〜24:00（11〜2月10:00〜） 料€15.50〜 ☎247575875

▼マリエン教会　起源は13世紀。森鴎外『舞姫』の舞台として有名。MAP ●切りとり-37、p.37-D 住 Karl-Liebknecht Str.8 開10:00〜18:00（1〜3月〜16:00） 休無休 ☎24759510

▼森鴎外記念館　1887年から4年間の留学のうち約1年4カ月滞在したベルリンの下宿跡を再現。書簡集や原稿、デスマスクなどがある。MAP ●切りとり-27、p.36-A 住 Luisenstr.39 開10:00〜14:00 休土・日曜、祝日 料€5、学生€3 ☎2826097

▼ジャンダルメン広場　市内で一番美しい広場。クリスマスマーケットでも有名（有料）。コンツェルトハウスを中央に、左がドイツ大聖堂、右がユグノー博物館（2019年まで改修のため閉館）のあるフランス大聖堂。MAP ●切りとり-35、p.37-G

▼ケーテ・コルヴィッツ美術館　庶民の生活を作品にした女流画家の個人美術館。MAP ●切りとり-33、p.35-K 住 Fasanenstr.24 開11:00〜18:00 休無休 料€7、学生€4 ☎8825210

▼ストーリー・オブ・ベルリン　ベルリンの800年の歴史を世相も含めて多面的に紹介。別館では実際に稼動中の核シェルターツアーも実施。MAP ●切りとり-33、p.34-J 住 Kurfürstendamm207-208（Ku'damm Karree内） 開10:00〜20:00（核シェルターツアーは18:00まで） 休無休 料€12、学生€9 ☎88720100

ベルリンの壁を展示

ベルリンの レストラン ショップ ホテル

レストランは国際色豊か。独特のカフェ文化も発達していて、夕方まで朝食を用意してることが多い。ショップでは、独自センスのセレクト・ショップが人気。最近はショッピングモールやデパートも増えてきた。ホテルは若者が集まる街なので、格安のホステルが充実。高級路線ではデザインホテルも多い。

英語が堪能なソムリエのビリー。モーゼルやプファルツのリースリングが多い

Weinbar Rutz
ワインバー＆レストラン ルッツ
スターシェフのモダン・ジャーマン
地上階はバーと伝統料理。上階と中庭はフレンチや地中海風にアレンジされたモダン・ジャーマン。こちらはスターシェフ、マルコの創作料理を。

map ●切りとり-36
- U6 Naturkundemuseumから徒歩5分
- 住所 Chausseestr.8
- TEL 24628760
- 営業 18:30〜23:30（ワインバーは16:00〜23:00）
- 休日 日・月曜
- カード VISA、MC、AMEX
- HP www.rutz.restaurant.de

Zur Letzten Instanz
ツァ・レツテン・インスタンツ
市内最古の老舗のパブで郷土料理を
1621年創業、ベルリンで一番歴史のあるパブ＆レストランで、ナポレオンも来店した。定番はベルリンでもっとも有名な郷土料理、アイスバイン。

map ●切りとり-44
- U2 Klosterstr.から徒歩3分
- 住所 Waisenstr.14-16
- TEL 2425528
- FAX 2426891
- 営業 12:00〜翌1:00（日曜〜22:00、※ランチ〜15:00、ディナー〜23:00)
- 休日 月曜
- カード VISA,MC
- HP www.zurletzteninstanz.com

Buddha Republic
ブッダ・リパブリック
エキセントリックな内装だが、欧州でも有数の高評価インド料理店
メディアにたびたびベスト店に選ばれる有数の高評価本格的インド料理。面白いのは、なぜか神戸牛を扱っており、タンドリーで焼いてもらえること。

map ●切りとり-26、p.34-F
- S5,7 Savignyplatzから徒歩8分
- 住所 Knesebeckstr. 88
- TEL 31164204
- 営業 17:00〜24:00
- 休日 月曜
- カード VISA、MC
- HP www.buddha-republic.com

Zum Nussbaum
ツム・ヌスバウム
市民の家としては最古の建物。店としても250年の歴史を誇る
店ができた当時は船乗りが集まる飲み屋だったという。今でも庶民的な雰囲気で、一般的なヴァイスビールが人気。夏は20席ほど簡易ビアガーデンも。

map ●切りとり-28、p.37-H
- バス100 Spandauer-Str.から徒歩10分
- 住所 Am Nussbaum 3
- TEL 2423095
- 営業 12:00〜翌2:00
- 休日 無休
- カード VISA

Sasaya
ささや
日本人オーナーシェフが握るすしは地元誌でも一押しの本格派
本格的なものから、カリフォルニアロールなどバリエーションも豊富。値段も、すしセット€10程度と高くないので、すしにうるさい地元日本人も通う。

map ●切りとり-30
- U2 Eberswalder str. から徒歩7分
- 住所 Lychener Str. 50
- TEL 44717721
- 営業 12:00〜15:00（14:30LO）、18:00〜23:30（22:30LO）
- 休日 火・水曜
- カード 不可
- HP sasaya-berlin.de

●〜€15 ●●€15〜25 ●●●€25〜50 ●●●●€50〜

Dicke Wirtin
ディッケ・ヴィルティン

旧西ドイツ時代から大人気！ 観光客より地元客が多いクナイプ(居酒屋)

料理は安くてボリュームたっぷり。年季の入った雰囲気も地元客に絶大な人気。ベルリン名物ケーニヒスベルガー・クロプセなどがおすすめ。予約推奨。

map ●切りとり-26、p.34-F
- S5,7 ほか Savignyplatzから徒歩約5分
- 住所 Carmerstr. 9
- TEL 3124952
- 営業 11:00～23:00(金・土曜～22:30)
- 休日 無休
- カード VISA、MC、JCB
- HP dicke-wirtin.de

House of Small Wonder
ハウス・オブ・スモール・ワンダー

和食と米国料理がフュージョンした軽食系。隠れ家的内装(2階)で抹茶ラテなど楽しみたい。

map ●切りとり-36、p.36-B
- U6 Oranienburger Torから徒歩約3分
- 住所 Johannisstr.20
- TEL 27582877(予約不可)
- 営業 9:00～17:00
- 休日 無休
- カード 不可
- HP www.houseofsmallwonder.de
※夜は地階のZenkichi(同経営)で和食可

Good Friends
グッド・フレンズ

中華料理では市内随一の老舗店。人気があるので混んでいることも。点心やランチメニューもある。

map ●切りとり-25、p.34-F
- S5,7 Savignypl.から徒歩5分
- 住所 Kantstr.30
- TEL 3132659
- 営業 12:00～翌1:00
- 休日 無休
- カード VISA、MC、AMEX
- HP www.goodfriends-berlin.de

Zum Schusterjungen
ツム・シュスターユンゲン

本物のベルリン家庭料理。アイスバインも、えんどう豆のピューレを添えた伝統的スタイル。

map ●切りとり-30
- U2 Eberswalder Str.から徒歩約3分
- 住所 Danziger Str. 9
- TEL 427654
- 営業 12:00～24:00
- 休日 無休
- カード 不可
- HP www.zumschusterjungen.com

Stone Brewing Tap Room Prenzlauer Berg
ストーン・ブリューイング・タップルーム

米国から進出してきた、ちょっと高級路線のクラフトビール店。度数高めのIPAなどが人気。

map ●切りとり-30
- U2 Eberswalder Str.から徒歩約7分
- 住所 Oderberger Str.15
- TEL 44012090
- 営業 15:00～24:00(土・日曜10:00～、金・土曜～翌1:00、日曜~22:00、金・土曜の料理~23:00)
- 休日 無休
- カード 不可
- HP www.stonebrewing.eu/visit/outposts/prenzlauerberg

Ka De We
カー・デー・ヴェー

老舗にして最大規模のデパート

総売場面積約6万㎡。ヨープ、エスカーダといったブランド品から、鮮魚やソーセージまで、約38万アイテムが揃う。創業も1907年と古く、格式の高さを誇る。

map ●切りとり-48、p.35-L
- U1,2ほか Wittenbergpl.から徒歩1分
- 住所 Tauentzienstr.21-24
- TEL 21210
- FAX 21211156
- 営業 10:00～20:00(金曜~21:00、土曜9:30~)
- 休日 日曜
- カード VISA、MC、AMEX、DC、JCB
- HP www.kadewe.de

Mall of Berlin
モール・オブ・ベルリン

ショッピング・モールの決定版

2014年オープン。270店の最大規模モール。通路にはソファ、無料W-LANもあるなど、一日中楽しめる。3階フードコートには世界各国の料理が集合。

map ●切りとり34、p.36-J
- U2 Mohrenstr.から徒歩2分
- 住所 Leipziger Platz 12
- TEL 20621770
- 営業 10:00～21:00(スーパーは9:00~)
- 休日 日曜
- カード 店舗による
- HP www.mallofberlin.de

Bikini Berlin
ビキニ・ベルリン

他には無いコンセプトショップのモール

規模は小さいがコンセプトが秀逸。ショップとレストランが融合した店があったり、おしゃれ系のカフェ。動物園のサル山もガラス越しで見られる。

map ●切りとり-26、p.35-H
- U9,S5,7他 Zoologischer Gartenから徒歩3分
- 住所 Budapester Strasse 38-50
- TEL 55496454
- 営業 10:00～20:00
- 休日 日曜
- カード 店舗による
- HP www.bikiniberlin.de

KPM
カー・ペー・エム
王室御用達高級磁器の本拠地

「王立磁器工房」。KPMはその頭文字をとったブランド名で、1763年創立のヨーロッパを代表する高級磁器メーカー。本拠地なので品揃えも豊富。

map ●切りとり-27、p.36-F
- ●[S5,U6] フランツォージッシェ・シュトラーセ Französische Str.から徒歩3分
- ■住所 Friedrichstr.158-164
- ■TEL 20455835
- ■FAX 20641529
- ■営業 10:00～20:00
- ■休日 日曜
- ■カード VISA、MC、AMEX、DC、JCB
- HP www.kpm-berlin.de

Schönehauser
シェーンハウザー
レトロチックなカラフル雑貨

ベルリン的センスの雑貨ならここ。旧東独時代の雑貨など、レトロチックなデザインのかわいい小物がそろう。同じテイストの店がいくつかあるがここが一番。

map ●切りとり-37
- ●[S5,7,9他] ハッケシャー・マルクト Hackescher Marktから徒歩9分
- ■住所 Alte Schönhauser Str.28
- ■TEL 2811704
- ■FAX 27596695
- ■営業 11:00～20:00
- ■休日 日曜
- ■カード VISA、MC
- HP www.schoenhauser-design.de

Ampelmann Galerie Shop
アンペルマン・ギャラリーショップ
旧東の信号機から生まれたデザイン

とってもキュートなデザインでカルトな人気のアンペルマン。もともと旧東の信号機に使われていたが、今やすっかりベルリン名物に。Tシャツ€19.90など。

map ●切りとり-28、p.37-C
- ●[S5,7,9他] ハッケシャー・マルクト Hackescher Marktから徒歩2分
- ■住所 Hackesche Höfe Hof 5
- ■TEL 44726438
- ■営業 9:30～20:00（金・土曜～21:00、日曜13:00～18:00）
- ■休日 無休
- ■カード VISA、MC、AMEX、JCB、DC
- HP ampelmann.de

Trippen
トリッペン
植物性のなめしで丁寧に手作りした人気の革靴。最近日本でも注目のブランドだが、実はここが本拠地。

map ●切りとり-28、p.37-C
- ●[S5,7,9他] Hackescher Marktから徒歩2分
- ■住所 Rosenthalerstr.40-41 (Hackesche Höfe, Hof4/6)
- ■TEL 28391337 ■営業 11:00～19:30 ■休日 日曜
- ■カード VISA、MC、AMEX、JCB HP www.trippen.com

Buchhandlung Walther König
ヴァルター・ケーニヒ書店
ビジュアル本販売の最大手。本店はケルンだが、こちらも規模が大きい。ディスカウントコーナーあり。

map ●切りとり-28、p.37-C
- ●[S3,5,7] Hackescher Marktから徒歩5分
- ■住所 Burgstrasse 27 ■TEL 257609811
- ■営業 10:00～20:00 ■休日 日曜 ■カード VISA、MC、AMEX HP www.buchhandlung-walther-koenig.de

Aufschnitt Berlin
アウフシュニット・ベルリン
ドイツといえばソーセージ。そのソーセージの形を、そのままクッションやアクセサリーに！

map ●切りとり-45外
- ●[U5] Samariterstr.から徒歩約5分 ■住所 Boxhagener Str.32 ■TEL 63371548 ■営業 11:00～19:00（土曜12:00～18:00、月曜要予約10:00～16:00）■休日 日曜 ■カード VISA、MC HP aufschnitt.net

Tausche
タウシェ
手づくりの頑丈さと、レトロチックなデザインが大人気のベルリンテイストいっぱいのバッグ。

map ●切りとり-30
- ●[U2] Eberswalder Str.から徒歩6分
- ■住所 Raumerstrasse 8 ■TEL 40301770
- ■営業 11:00～19:00（土曜～18:00）■休日 日曜
- ■カード VISA、MC HP www.tausche.de

Hotel Adlon Kempinski Berlin
ホテル・アドロン
ベルリンNo.1の最上級ホテル！

前身は1907年に創業、「世界で最も美しいホテルのひとつ」として有名だった。第二次世界大戦で破壊されたが'97年8月に再建。かつての雰囲気を完璧に再現。

map ○切りとり-27、p.36-E
- ●[S1,2] Unter den Lindenから徒歩3分
- ■住所 Unter den Linden 77
- ■TEL 22610
- ■FAX 22612222
- ■料金 S-€270～、T-€270～、(朝食別)
- ■部屋数 全382室
- ■カード VISA、MC、AMEX、DC
- HP www.hotel-adlon.de

25hours hotel bikini berlin
25アワーズ・ホテル ビキニ・ベルリン

カジュアルなデザインホテル

ソファでくつろげるbikini island という共有コーナーがあったり機能的にもユニーク。動物園側（ジャングル）と通り側（アーバン）で造りが違うので要確認。

- map ○切りとり-26、p.35-H
- ● U9,S5,7他 Zoologischer Gartenから徒歩9分
- ■住所 Budapester Strasse 40（ビキニ・ベルリン内）
- ■TEL 1202210
- ■料金 T-140、変動性
- ■部屋数 全149室
- ■カード VISA, MC, AMEX
- HP www.25hours-hotels.com/en/hotels/berlin/bikini-berlin

The Ritz-Carlton Berlin
リッツカールトン

伝説的名ホテルがベルリンにも進出

伝説のホテル王、リッツの経営理念を受け継ぎ、世界の貴族たちを虜にするサービス。金箔で縁取られた大理石の柱、豪華なシャンデリアなど内装も注目。

- map ○切りとり-34、p.36-I
- ● S1,2 Potsdamer Pl.から徒歩2分
- ■住所 Potsdamer Pl.3
- ■TEL 337777 ■FAX 337775555
- ■料金 S-€205～、変動制、朝食別料金
- ■部屋数 全303室
- ■カード VISA, MC, AMEX
- HP www.ritzcarlton.com/en/hotels/germany/berlin

Arte Luise Kunsthotel
アルテ・ルイーゼ・クンストホテル

内外の著名アーティストたちが創造性を発揮したモダンアートによるユニークなデザインホテル。

- map ○切りとり-27、p.36-A
- ● S5,7,9他 Friedrichstr.から徒歩10分
- ■住所 Luisenstr.19 ■TEL 284480 ■FAX 28448448
- ■料金 S-€35～、T-€53～（朝食別） ■部屋数 全48室
- ■カード VISA, MC, AMEX HP www.luise-berlin.com

Grimm's Potsdamer Platz
グリムズ・ポツダマー・プラッツ

グリム童話をモチーフに、モダンデザインで内装を仕上げたユニークなデザインホテル。

- map ○切りとり-49
- ● U2 Mendelssohn-Bartholdy-Parkから徒歩3分
- ■住所 Flottwell Road 45 ■TEL 2580080 ■FAX 2580084111
- ■料金 S-€74～、T-84～、変動制（朝食付の場合） ■部屋数 全110室 ■カード VISA, MC, AMEX HP www.grimms-hotel.de

Hotel AMANO
ホテル・アマノ

モダンなセンスと抜群の立地。市内だけで5軒のグループだが、どこもコストパフォーマンス良好。

- map ○切りとり-37
- ● U8 Rosenthaler Platzから徒歩約3分
- ■住所 Augustusstr.43 ■TEL 8094150 ■料金 S,T-€63～、変動制 ■部屋数 全163室 ■カード VISA, MC, AMEX, JCB HP www.amanogroup.de

DORMERO Hotel Berlin Ku'damm
ドルメロ・ホテル・ベルリン・クーダム

赤をアクセントにしたモダンな内装が特徴。W-LANはもちろん、ミニバーやフィットネスも無料。

- map ○切りとり-33、p.35-K
- ● U3 Augsburgerstr.から徒歩10分
- ■住所 Eislebener Str.14 ■TEL 214050 ■FAX 21405100
- ■料金 S-€95～、変動制、朝食別 ■部屋数 全72室 ■カード VISA, MC, AMEX, DC HP www.dormero.de/hotel-berlin-kudamm

---

グランドベルリン Grand Hostel Berlin ★ map ○切りとり-50
メッケルンブリュッケ
● U1,7 Möckernbrückeから徒歩5分 ■住所 TempelhoferUfer14 ☎20095450
■S-€29～、ドミ€9～、変動制 HP www.grandhostel-berlin.de

フェッファーベット Pfefferbett Hostel Berlin ★ map ○切りとり-37
● U2 Senefelderplatzから徒歩2分 ■住所 Am Pfefferberg Hof4, Hous6, Christinenstr. 18-19 ☎93935858 ■T-€65、ドミ€18～ HP www.pfefferbett.de

セント・クリストファーズ St. Christopher's inn ★ map ○切りとり-37
ローザルクセンブルク・プラッツ
● U2 Rosa-Luxemburg-Platzから徒歩2分 ■住所 Rosa-Luxemburg-Str.39-41 ☎81453960 ■ドミ€15～ HP www.st-christophers.co.uk

ハリウッド・メディア・ホテル Hollywood Media Hotel Berlin ★ map ○切りとり-32
ウーアントシュトラーセ
● U2 UhrandStr.から徒歩5分 ■住所 Kurfürstendamm202 ☎889100
FAX 88910200 ■S-€100～、変動制 ■部屋数 全217室 HP www.filmhotel.de

バックパックスホステル・ベルリン・ミッテ baxpax Hostel Berlin Mitte ★ map ○切りとり-36
オラニエンブルガー・トーア
● U6 Oranienburger Torから徒歩5分 ■住所 Ziegelstr.28 ☎28390965
FAX 28390955 料金€16～、変動制 HP www.baxpax.de/mitte

ハートオブゴールド Heart Of Gold Hostel ★ map ○切りとり-36
オラニエンブルガーシュトラーセ
● S1,2 OranienburgerStr.から徒歩2分 ■住所 Johannisstr. 11
☎29003300 ■ドミ€12～、変動制 HP www.heartofgold-hostel.de

サーカス The Circus Hostel ★ map ○切りとり-37
ローゼンターラー・プラッツ
● U8 Rosenthaler Pl.から徒歩1分 ■住所 Weinbergsweg 1a
☎20003939 ■S-€46～、ドミ€19～ HP circus-berlin.de

ペガサス Pegasus Hostel ★★ map ○切りとり-45
オストバーンホフ
● S3,5,9他 Ostbahnhofから徒歩10分 ■住所 Strasse der Pariser Kommune35 ☎2977360 ■T-€65～、ドミ€16～ HP www.pegasushostel.de

レッテンスリープ Lette'm Sleep Berlin ★ map ○切りとり-37
エバースヴァルダーシュトラーセ
● U2 Eberswalderstr.から徒歩5分 ■住所 Lettestr.7 ☎44733623
FAX 44733625 ■€13～、冬期値下 HP lettemsleephostel.berlin

3匹の子ブタ Three little pigs ★ map ○切りとり-50
アンハルターバーンホフ
● S1,2 AnhalterBhfから徒歩5分 ■住所 Stresemannstr.66
☎26395880 ■S-€34、ドミ€13～ HP www.three-little-pigs.de

ウォンバッツ Wombat's Berlin ★ map ○切りとり-37
ローザ・ルクセンブルク・プラッツ
● U2 R.-Luxemburg-Pl.から徒歩3分 ■住所 Alte Schönhauserstr.2
☎84710820 ■ドミ€23～、 HP www.wombats-hostels.com

マイニンガー Meininger Hotel Berlin Mitte "Humboldthaus" ★ map ○切りとり-36
オラニエンブルガーシュトラーセ
● S1,2 OranienburgerStr.から徒歩1分 ■住所 Oranienburger Str. 67/68 ☎31879816 ■ドミ€12～、変動制 HP www.meininger-hotels.com

---

★エコノミー ★★カジュアル ★★★スタンダード ★★★★ラグジュアリー

POTSDAM
ポツダム

p.10-F ｜人口=17.2万人 ｜街の規模=徒歩とバスで1日

森と湖に囲まれた古都の宮殿。世俗を離れ"憂いのない"1日を過ごす

 ★ バロック様式建築物、オランダ街など
 ★ サンスーシ宮殿、ツェツィーリエンホーフなど
 ブランデンブルク通りのショッピングエリアなど
 ★ 周辺の湖、新公園など

Access
●鉄道：ベルリン→S7・RE（約25〜40分）→ポツダム［1時間6本／€3.40］、※他の大都市からの場合、ほとんどベルリン経由になる
●市内交通：バス、市電があり、ベルリン同様、AB区間、ABC区間などに分かれるが、旅行者はAB区間のチケットで充分。短距離券（4駅以内）€1.50、AB区間券€2.10、1日券€4.20、団体（5名まで）1日券€10.50など。※ベルリン・ウェルカムカードABC区間版も有効。

Information
🛈観光案内所：＜中央駅内＞
MAP p.63-B 住 BabelsbergerStr.16
☎27558899 FAX 2755858 営9:30〜18:00
休日曜・祝日 HP www.potsdamtourismus.de
※🛈はルイーゼン広場にもある
●Tagesticket Sanssouci＋：市内すべての城館が無料になる。€21、学生€16

Route Advice
ポツダム中央駅→映画博物館→オランダ街→(Brandenburger-Str.) → サンスーシ宮殿 → (Luisenplatz-Nord/Park Sanssouciからはバス692または695番でPlatz der Einheit/Westでバス603番に乗換え）→ツェツィーリエンホーフ宮殿［全移動約3時間］

 庭園はかなり広い。移動の時間を多めにとろう

第二次大戦後の収拾策を協議した「ポツダム会談（1945年）」の行われた街として有名。17世紀ごろからホーエンツォレルン家の王侯たちが居住地としたため、多くの城館、庭園があるのが特徴だ。

通りの両側にレンガ造りの家が並ぶオランダ街

ブドウが植えられているサンスーシ宮殿の大階段

フリードリヒ大王（1712〜86年）が、夏の離宮として建てた**サンスーシ宮殿**は必見。周辺の自然環境も魅力で、湖や森を巧みにとり入れた自然公園もある。

中央駅から街の目抜き通り、ブランデンブルク通りへは、市電92番でBrandenburger Str.駅下車。直接サンスーシ宮殿を目指す場合は、市電91、98番、バス631番などでLuisenplatz-Sud/Park Sanssouciで下車して徒歩で。中央駅内のレンタサイクル店（per Pedales：営8:00〜19:00〈11〜3月9:00〜18:00〉休11〜3月の日曜 料1日€11〜 ☎88719917）も、城館が集まる庭園自体がかなり広いので利用価値大だ。

 城館だけでなく庭園の散策も楽しみのひとつ

メインストリートはブランデンブルク通りBrandenburger Str.。左右に並ぶショップはどれもおしゃれ。通りの東端近くには、**オランダ街**Holländisches Viertelがあり、18世紀建造の赤レンガの街並が残っている。天才建築家シンケルが1830〜37年に残したドイツ古典主義の傑作、**ニコライ教会**Nikolaikirche（開9:00〜18:00）など、興味深い建築物も多い。

ポツダムは映画の街でも知られ、中央駅近くに、**映画博物館**Filmmuseum Potsdam（住Breite Str.1A 開10:00〜18:00 休月曜 料€5、学生€4）があるので立ち寄ってみたい。

サンスーシ宮殿と公園 ★★★
Park und Schloss Sanssouci

map　p.63-A

●ブランデンブルク門から徒歩10分

市の西側一帯に広がる約290ヘクタールもの広大な**サンスーシ公園**。18世紀のフランス

ポツダムの市外局番☎0331

緑がまぶしい園内。「憂いのない」散策が楽しめる

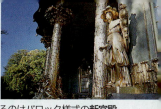
中国茶館。5月中旬から10月中旬は内部も公開

式造園法にならってプロイセンの一流造園家レネーが設計。数百種の樹木が植えられ、水鳥が舞う美しい池も見られる。園内には、プロイセンの王侯たちによって多くの城館、離宮が建てられている（1744～1860年）。ただし、東端から西端までは約2.3km、すべてを回るのは1日がかりと覚悟しよう。

園内のハイライトは**サンスーシ宮殿**（開10:00～17:30〈11・12月〜17:00、1～3月〜14:30〉休月曜 料オーディオガイド付き€12、学生€8 ☎9694200)。宮殿名はフランス語の"憂いのない"に由来し、フリードリヒ大王自ら設計に参加したという。内部はヴェルサイユ宮殿にならった豪華なロココ様式で、音楽室、大理石の間などの部屋がある。

宮殿の東隣は**絵画美術館**Bildergalerie。1763年完成のドイツ最古の美術館で、ルーベンスなどの作品を展示している。

公園西端にあるのはバロック様式の**新宮殿**Neues Palais（開10:00～17:30〈11～2月〜17:00、1～3月〜16:30〉休火曜 料ツアー付き€8、学生€6）だ。部屋数が多く、貝殻などで飾られた**洞窟の間**や大理石の回廊、赤と緑の**ダマスクス部屋**などは見応えがある。

イタリア古典主義に沿ってシンケルが設計した**シャルロッテンホーフ宮殿**、イタリア・ルネサンス様式の**オランジェリー**（温室）、中国磁器を集めた**中国茶館**なども点在する。

内部は国立古文書館のオランジェリー

宮廷劇場もある新宮殿。1763～69年建造

ツタに覆われた館。一部はホテルになっている

ツェツィーリエンホーフ宮殿 ★★
Schloss Cecilienhof
map　p.63-B

●バス603番 Schloss Cecilienhofから徒歩5分
　ユングフェルン湖畔に広がる新庭園の中に立つ宮殿（1917年）。外観は英国風カントリースタイルで、ホーエンツォレルン家最後の皇太子が家族と共に住んだ。とくに第二次大戦末期「ポツダム会談」が行われた部屋が有名。今も米、英、ソの首脳が集まった当時のままに保存されている。
🏠Im Neuen Garten 11　⏰10:00～17:30（11・12月～17:00、1～3月～16:30）　休月曜　料ガイドまたはオーディオガイド付き€8、学生€6。皇太子の部屋見学はツアーのみ1日4回実施で€6、学生€5　☎9694200

フィルムパーク・バーベルスベルク ★★
Filmpark Babelsberg
map　p.63-B外

●バス601、690番 Filmparkから徒歩2分
　サイレントムービーの傑作『メトロポリス』や『嘆きの天使』などを生み出し、戦前のドイツ映画界をリードした、世界最大級の映画スタジオ。隣接してアミューズメントパークがあり、スタントショーなどのイベントが楽しめる。スタジオ見学ツアーもある。
🏠August-Bebel-Str.26-53（入口Grossbeerenstr. 200）　⏰10:00～18:00（10月～17:00）　休冬期　料€22、学生€18　☎7212750
🌐www.filmpark-babelsberg.de

『ネバーエンディング・ストーリー』のファルコンも

Der Klosterkeller
クロスターケラー
18世紀の町の拡張とともに生まれた歴史的名店で郷土料理を
1736年に創業したという歴史あるレストラン。戦前の映画産業全盛期には有名スターもよく通ったという。自慢は季節の食材を取り入れた郷土料理。

map p.63-B	TEL 291218	カード　VISA, MC, AMEX
●ブランデンブルク門から徒歩7分	FAX 293669	🌐www.klosterkeller-potsdam.de
■住所 Friedrich-Ebert-Str.94	営業 12:00～22:30	
	休日 無休	

Hotel am Grossen Waisenhaus
ホテル・アム・グロッシェン・ヴァイゼンハウス
便利な旧市街だが、静かな環境
観光に便利な旧市街に位置するが、メイン通りから少し外れているので静かな環境。シンプルな内装の落ち着いたインテリア。ゆったりくつろぎたい人向け。

map　p.63-B
●バス614番Potsdam, Dortustrから徒歩5分
■住所　Lindenstrasse 28/29
■TEL　6010780
■FAX　601078312
■料金　S-€85～、T-€95～
■部屋数　全34室
■カード　VISA, MC
🌐www.hotelwaisenhaus.de

Hotel am Luisenplatz
ホテル・アム・ルイーゼンプラッツ
イメージカラーでフロアを統一
ブランデンブルク門のすぐ向かいという絶好のロケーション。フロアごとに部屋のイメージカラーをお洒落に統一。赤、青、緑の中から好みの部屋を選ぼう。

map　p.63-A
●ブランデンブルク門から徒歩1分、市電91、98番 ほかLuisenplatz-Süd/Park Sanssouciから徒歩3分
■住所　Luisenpl. 5
■TEL　971900
■FAX　9719019
■料金　S-€69～、T-€99～
■部屋数　全38室
■カード　VISA, MC, AMEX
🌐www.hotel-luisenplatz.de

●～€15　★エコノミー　●●€15～25　★★カジュアル　●●●€25～50　★★★スタンダード　●●●●€50～　★★★★ラグジュアリー

ポツダムの市外局番☎0331

威風堂々としたドレスデン城

エリア 2

ドイツ東部＆ゲーテ街道

ドレスデン
マイセン
ライプツィヒ
ワイマール
エアフルト
アイゼナハ
フルダ
イエナ
ヴィッテンベルク

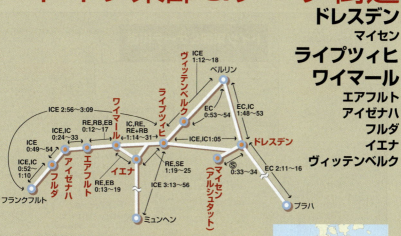

ドイツ東部&ゲーテ街道

東西ドイツの統一後、観光都市として脚光を浴びているのが、ドレスデンなどの旧東ドイツの街。かつてはビザが必要だったが、今は不要。これらの街は、チェコのプラハなど東欧の街にも道はつながっており、ありきたりでない旅が楽しめる、もっとも"旬"なエリアといえる。

その旧東ドイツ・テューリンゲン地方のアイゼナハやエアフルトなどをカバーするのが、ゲーテ街道。ゲーテの出生地フランクフルト（p.96参照）から、2011年に新たに加わった古都ドレスデン（p.69参照）までの街道だ。恋焦がれ、悩んだゲーテのありのままの姿を知ることができる。

このあたりは、ドイツクラシック文化の源流ともいえる地域。大自然にも恵まれ、テューリンゲンの森やザクセン・スイスはロマンあふれる景勝地でもある。

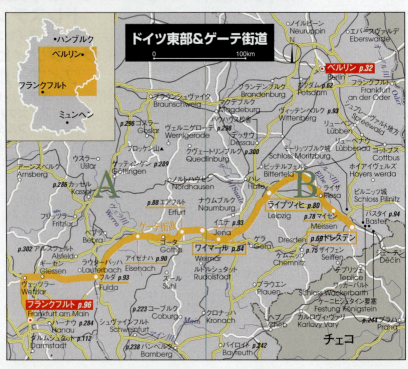

ライプツィヒの若き日のゲーテ像

ドレスデン

アドバイス

ルート　ゲーテ街道はフランクフルトからスタートするのがいいだろう。電車での移動が便利で、ICEやICなどが走っている。街から街への移動時間は少なく、エアフルト〜ワイマール間は約15分で行ける。街道終点のドレスデンやマイセンへも鉄道で簡単に行けるし、船を使うのも味わいがあっていい。

旅のテーマ　ゲーテやワーグナー、バッハの軌跡をたどる旅でもいいし、それぞれの街のオリジナルヴルスト（ソーセージ）と地ビールの味を比べてみるのも楽しい。旧東ドイツの街の移り変わりを見ることも、きっと旅の意義を深めてくれるだろう。波乱の歴史は、つい最近起こったことなのだ。この地方はドイツ文化の発祥の地。悠久の時の流れに思いをはせ、変化しつつある現在の街を歩いてみよう。

気候・服装　春から秋がベストシーズン。ザクセン・スイスへは歩きやすい靴で。オペラや音楽祭を鑑賞したいなら、華美でなくともそれなりの格好を。最近はラフになってきたとはいえ、社交の場なのでマナーが問われる。

ドイツ東部＆ゲーテ街道

67

KEY WORD

ヨハン・ヴォルフガング・フォン・ゲーテ
[ゲーテ街道]

『ファウスト』などの作品で知られるドイツを代表する劇作家・詩人。1749年フランクフルトの名家に生まれる。ワイマール公国で10年間政治家をしたのち、イタリアで美学を学んだ。若い劇作家シラーとの友情は有名。自然科学分野にも造詣が深く、地質学など独特の研究をしていた。生涯に人妻シュタイン夫人と妻クリスチアーネの2人の女性を、深く愛した。1832年にワイマールの自宅で「もっと光りを」という言葉を残して亡くなっている。小説『若きウェルテルの悩み』、戯曲『ゲッツ』、叙事詩『ヘルマンとドロテーア』、自伝『イタリア紀行』など、世界に知られる著作は多い。

音楽祭
[ライプツィヒなど]

ドレスデンは世界最古のオーケストラのひとつを擁するなど、音楽の都として名高い。夏期に旅するなら5月中旬にジャズ祭「ディキシーランド・フェスティバル」、5月下旬にクラシック音楽の祭典「ドレスデン音楽祭」がある。また3〜4月にはテューリンゲン地方の「バッハ週間」。そして10月末にはライプツィヒでの「ゲヴァントハウス音楽祭」が有名。ザクセンやテューリンゲンは、偉大な音楽家を輩出し、今も生活に音楽が根づいている。立派な劇場・ホールも見逃せない。

音楽家バッハの像

豊かな自然
[アイゼナハなど]

ゲーテ街道の南には、「テューリンゲンの森」と呼ばれる美しい森林山地が広がる。ドレスデンなどザクセン州にも、エルベ川と河畔の緑多き平地の優美な風景があって目の保養にいい。チェコ国境近くの雄大な景勝地「ザクセン・スイス」は大迫力。その大自然にはきっと心を打たれることだろう。

まるでグランドキャニオンのようなザクセン・スイスの風景

ゲーテ街道
Goethe Strasse

ドイツ7大街道 / ドイツ全図
ハンブルク / ベルリン / ゲーテ街道 / フランクフルト / ミュンヘン

●文豪の生涯をたどる旅●

旧東ドイツの街が加わって誕生したゲーテ街道。ゲーテの足跡が色濃い街を結んでいる。歴史に翻弄された街から街へ、フランクフルトからドレスデンに至る。街道の南には緑に恵まれたテューリンゲンの森が広がる。繊細な詩を数多く残したゲーテは、この美しい森を見ながらいったい何を考えたのだろうか。

ゲーテが人生の大半を過ごした街道のハイライト。シラーと友情を深めた場所としても有名。
<見どころ>ゲーテの家、ゲーテの山荘

ワイマール城

若き日のゲーテは、ライプツィヒ大学で法を学ぶ。だが実際は芸術活動に意欲を燃やのちの名作の構想を練っていたという

旧市庁舎

以前からゲーテの作品を愛読していたナポレオンは彼を官邸に招き会見したと伝えられる

ライプツィヒ Leipzig p.80参照
ワイマール Weimar p.84参照
ゴータ Gotha
アイゼナハ Eisenach p.90参照
エアフルト Erfurt p.88参照
イェナ Jena p.93参照
ドレスデン Dresden p.69参照
ヴェッツラー Wetzlar
大聖堂広場
フルダ Fulda p.93参照
フランクフルト Frankfurt am Main p.96参照

1749年8月28日にゲーテが生まれた街。彼の生家は博物館としても必見の価値がある。
<見どころ>ゲーテの生家

公務や執筆のために訪れる。彼が教鞭をふるった街でもある。
<見どころ>ゲーテ博物館

レーマー広場

マルクト

DRESDEN
ドレスデン

p.11-I　■人口=54.7万人　■街の規模=徒歩で1日

エルベ川のほとり、いくつもの塔が夕暮れの空に映える風格漂う古都

- ★★★★★ バロック様式建築の数々
- ★★★★★ 大小30もの博物館
- ★★★★★ ドレスデン音楽祭
- ★★★★★ ザクセン・スイス
- ★★★★★ 大聖堂
- ★★★★★ ドレスデン城、ピルニッツ城
- ★★★★★ ザクセンワイン

カローラ橋から見たロマンチックな夜の旧市街

Access
●鉄道：ベルリン→EC、IC（約1時間50分）→ドレスデン［1日8本／€42～］、ライプツィヒ→ICE、IC、RE（約1時間）→ドレスデン［30分毎／€26.50］　●空路：フランクフルト間（1日約5便／1時間）、ミュンヘン間（1日約5便／55分）※空港から市内へはSバーンで約20分　●市内交通：1回券（バス・市電共通1時間以内）€2.30～、1日券€6～、7日券€17.50～（エリアにより異なる）

Information
❶観光案内所：＜エリアQF＞ MAP p.70-C　住Neumarkt 2（エリアQF地下1階）開10:00～19:00（土曜～18時、日曜・祝日～15時）休無休．〈中央駅〉MAP p.70-E　開9:00～21:00　休無休．☎501501（サービスセンター）HP www.dresden.de
●ユースホステル：MAP p.70-C
住Maternistr.22　☎492620
●ドレスデン・シティカードプラス：市内公共交通2日間有効、国立博物館無料など割引あり。€37
●ドレスデン・レギオカードプラス：市内からマイセン、バスタイなど広域公共交通が有効、国立博物館無料など各種割引あり。2日間1人用€55、2人（ファミリー）用€88。※上記はおすすめ。別タイプも多種あり

Route Advice
ツヴィンガー宮殿→ゼンパー・オペラハウス→ドレスデン城→ブリュールのテラス→アルベルティヌム→フラウエン教会→君主の行列→アルトマルクト広場→ノイシュタットマルクト→日本宮殿［全移動約3時間］

街のしくみ
圧倒的な美しさを誇る芸術とバロックの街

蒸気船に乗って、ザクセン地方の緑豊かな風景を見ながらエルベ川を旅すると、「エルベのフィレンツェ」と称されるドレスデンにたどり着く。1945年の100店舗以上が入ったS.C.、Altmarkt Galerie

ドレスデンの市外局番 ☎0351

大空襲によって破壊された街は、堂々とした伝統の様式美を誇りつつも、そこここに残る傷跡がどこか悲しげだった。しかし近年、街は活気づき明るくなってきている。高級志向の複合施設**エリアQF**などモダンなショッピングセンターや、プラガー通りにセントラル・ギャラリーがオープンするなど復興著しい。

この街では、まず華麗な**ツヴィンガー宮殿**、**大聖堂（カテドラル）**などの、劇場広場周辺のバロック建築群をじっくりと鑑賞したい。ドレスデンは芸術の宝庫としても知られており、なんと約40もの美術館や博物館がある。ツヴィンガー宮殿内にある博物館や**ドレスデン城内**では、世界的にも貴重な芸術品が見られる。**アルトマルクト広場**周辺や中央駅までの**プラガー通り**では買物を楽しもう。観光に疲れたらエルベ川沿いの高台にあるブリュールのテラスに行くとよい。風が心地よく、眺めもすばらしい。

楽しみ方　エルベ河畔の夕、夜景と心浮きたつジャズの音色

アウグストゥス橋を渡り川を越えると、そこはノイシュタット（新市街地）。ノイシュタットマルクトには黄金のアウグスト大王像がある。メインストリートであるハウプト通りの周囲は、小粋な店がつぎつぎとオープン。日が暮れてきたら、対岸や橋の上からバロック地区を眺めるべき。ライトアップされた名建築と川に停泊する船、さながら一枚の幻想的な絵画のようだ。

また、この街ではジャズが盛んで、毎年5月には「ディキシーランド・フェスティバル」が催される。オーケストラも有名で、当然クラシックの「ドレスデン音楽祭」も人気。

店内の内装がなんともレトロな雰囲気なパウツェナー・トーア(p.77)。川を渡ったノイシュタットにある

ドイツ東部＆ゲーテ街道

ドレスデン

わがままレポート

ツヴィンガー宮殿
Zwinger ★★★
map p.70-C

世界に類を見ないバロック宮殿の傑作

●劇場広場から徒歩1分

ドレスデンのハイライトであるツヴィンガー宮殿。ザクセン-ポーランド王であったアウグスト強王によって、1710〜32年に建てられた。王のアイディアと建築家ペッペルマンの天賦の才が、このドイツ屈指のバロック建築を生んだといえる。

まず門を入ったら、広々とした中庭を歩きながら建物を観察するのもいい。ゾフィー通りに面した入口の上の時計を見てみよう。時計の左右にカリヨン（鐘）がある。実はこれ、マイセン磁器なのだ。精巧に彫られた壁の飾りが美しい。これらは、第2次世界大戦で大被害を被ったが、戦後オリジナルとほぼ同様に復元された。西側のクローネン門Kronentorには、ポーランドの王冠が飾られている。北側奥のニンフ（妖精）の浴場Nymphenbadも幻想的だ。

噴水も美しいツヴィンガー宮殿。左はマイセンのカリヨン。10:15、14:15、18:15に鳴る

の南には、世界で2番目の規模の陶磁器コレクションPorzellansammlungがあって必見。日本、中国など東洋の陶磁器やマイセン磁器などの華麗な競演が楽しめる。また、西翼にある数学物理サロンMathematisch-Physikalischer Salonには、かつて天体観測に使われた器具や、当時の地球儀、時計などの展示がある。

陶磁器館内の中国コレクション。上はいきいきとした動物形のマイセン

アルテ・マイスター内部。左は有名な『システィーナのマドンナ』。天使がかわいい

内部は個性豊かな博物館になっている。19世紀に増築された北側の、建築者の名を取ったゼンパーギャラリーには、アルテ・マイスター絵画館Gemäldegalerie Alte Meisterがある。ここにはルーベンスらそうそうたる巨匠たちの名画がズラリ。とくにラファエロの『システィーナのマドンナ』と、フェルメールの『手紙を読む少女』などは有名（2019年まで「手紙を読む少女」など一部修復中、18世紀までの彫刻作品展示も併設）。絵画館

🕙10:00〜18:00 休月曜 ●アルテ・マイスター絵画館 料€12（数学物理サロン・陶磁器コレクション込み）、学生€9、日本語オーディオガイド€3（有料スマホアプリ、無料WiFiあり）●数学物理サロン 料€6、学生€4.50 ●陶磁器コレクション 料€6、学生€4.50 ※上記を含む国立の美術館（12館）はStaatliche Kunstsammlungen Dresden（SKD）が組織で管理している。他館との共通券は❶で確認を。詳細はHP www.skd.museumへ

ドイツ東部＆ゲーテ街道

塔（開10:00～18:00〈日曜12:30～〉、11～2月～16:00〈日曜12:30～16:00〉、料€8、学生€5）に上ることもできる。内部は壮麗

ドレスデン城の外観

ドレスデン城 ★★★
Dresdner Schloss
map　p.70-C

●劇場広場から徒歩1分

　やはり戦争で大打撃を受けたドレスデン城も1989年から再建が開始された。この地にドレスデン城の前身の砦が築かれたのは13世紀。15世紀末に四翼式の城が現れる。現在のスタイルは20世紀初頭に、王家であるヴェッティン家の800周年を記念して改築されたネオ・ルネサンス様式。北東の**ゲオルク門**はぜひ見てみよう。城内には50万点に及ぶ版画や写真コレクションKupferstich-Kabinettの他、黄金のコーヒーセットなど、まばゆいばかりに宝石をちりばめた手工芸品のコレクション、**緑の丸天井**が有名。同コレクションは新旧2つに分かれ、なかでも1階の**歴史的緑の丸天井**Historisches Grünes Gewölbeは必見。こちらは1時間に100人までの制限があり、時間予約付入場券（前売り€12、オンライン予約可）が必要。毎朝10時に窓口で200～350枚ほど売り出される。最後に高い**展望台**（開10:00～18:00、休11～3月・火曜）に頑張って上り、素晴らしい眺めを楽しもう。

開10:00～18:00（緑の丸天井は12/31～14:00、1/1は14:00～、歴史的緑の丸天井12/24・31～14:00）　休火曜（緑の丸天井は12/24休館）　料€12、学生€9（歴史的緑の丸天井は別料金、館内共通券は€21、学生€16）　予約サイトHP shop.skd.museum/webshop

フラウエン教会 ★★★
Frauenkirche
map　p.70-D

●劇場広場から徒歩5分

　11世紀から存在し、1726～43年に再建された教会。ドイツで最も重要なプロテスタント教会として街のシンボルでもあった。1945年の空襲で破壊され、モニュメントとして壊されたままの無惨な姿で残されていたが、東西ドイツ統一後修復が始まり、2005年10月に再建された。オルガン演奏と小礼拝を伴う内部のガイドツアーは月～土曜12時、月～水、金曜18時から約1時間（コンサートなどで変更もある）。なお、アルベルティヌムの方向にショップもあり、教会のかけらが入った時計なども売っている（WEBショップあり）。
開10:00～12:00、13:00～18:00（日曜11:00、18:00にオルガン演奏付きの礼拝。礼拝中は教会は閉まる。詳細はサイトで）日本語オーディオガイド€2.5　HP www.frauenkirche-dresden.de

ブリュールのテラス ★★★
Brühlsche Terrasse
map　p.70-D

●劇場広場から徒歩3分

　「ヨーロッパのバルコニー」といわれる、エルベ川に面した緑が美しいテラス。もとは、1740年頃にアウグスト3世の親友ブリュール伯爵が造った庭園だった。「イルカの泉」もその当時造られたもの。石造りの堂々とした建物は美術大学。ここからは絶好の景色が楽しめる。船に乗るのもここからどうぞ。

テラスでひなたぼっこをするおじいさん

4909個のダイヤが使われている『ムガール帝国皇帝の宮廷』と珊瑚が印象的な『ダフネの小像』

ドレスデンの市外局番☎0351

大聖堂（カテドラル） ★★
Kathedrale
map p.70-C

●ドレスデン中央駅から徒歩15分

劇場広場にたたずむザクセン州最大の教会。1738～54年にバロック様式で建造。1980年からはドレスデン・マイセン教会地区の聖堂となる。地下室にはザクセン王の家系であるヴェッティン家の墓があり、なんと器に入ったアウグスト強王の心臓が保管されている。ロココ調の説教壇、パイプオルガン、祭壇画など宗教美術のオンパレードだ。

開9:00～17:00（金曜13:00～、土曜10:00～、日曜12:00～16:00）　※オルガン演奏は水・土曜11:30～12:00（1/1、聖土曜日、クリスマスは休み）

夜のとばりの中の幻想的なその姿

「君主の行列」は長さ101mもあって圧巻だ

ヨハンノイムとシュタールホーフ ★★★
Johanneum und Stallhof
map p.70-D

●劇場広場から徒歩4分

ノイマルクトに建つ立派な姿のヨハンノイム。1586～91年にルネサンス様式で建造され、絵画館として使われた。現在は交通博物館。同時に建てられたのがヨハンノイムを取り囲む、中世の騎士が馬上試合をしたシュタールホーフ。回廊はルネサンスの傑作として名高い。その外壁に約25000枚のマイセン磁器のタイルを使って、ヴェッティン家の君主らを描いた「君主の行列」がある。

＜交通博物館＞開10:00～18:00　休月曜（復活祭と聖霊降臨祭の間は開館）、12/24・25・31、1/1　料€9～、学生€4～

日本宮殿 ★
Japanisches Palais
map p.70-B

●ノイシュタットマルクトから徒歩5分

1715年に建造。屋根を日本建築から模倣したといわれるが、実際の外観は西洋的。後にアウグスト強王が「磁器の城」にするため改築した。現在はドレスデン民俗学博物館が入っている。なお、左翼スペースでは企画展が行われる。

開10:00～18:00　休月曜、12/24・25・31、1/1　料民俗学博物館は無料

ドイツ東部＆ゲーテ街道　73　ドレスデン

Check Check! 世界一「美しい」乳製品屋さん

1880年創業のプフンズ・モルケライは、世界一美しいとされる乳製品屋さん。え？「美味しい」の間違いではないの？と思ってしまうが、実はこの店、店内の内装が美しいということで、なんとギネスブックにも登録されているお店なのだ。その理由はヴィレロイ＆ボッホ製のタイルで統一された、ネオルネサンス風インテリア。ここでは観光ついでに2階のカフェ＆レストランでミルクを一杯飲むのが定番。中央駅よりノイシュタット駅からの方が近い。

MAPp.70-B外
Dresdner Molkerei Gebrüder Pfund
●市電11PulsnitzerStr.から5分 ®Bautzner Str. 79 ☎808080 営10:00～18:00（日曜・祝日～15:00、カフェ＆レストラン～19:00） 休12/25・26、1/1 HP www.pfunds.de

地元の人が利用する店だが、今や観光名所として定着

ドレスデンの市外局番☎0351

©Matthias Creutziger

↑セレブが集まるホワイエ。
➡あまりに有名な夜の外観

ゼンパー・オペラハウス ★★★
Semper oper
map　p.70-C

●劇場広場から徒歩1分

　言わずと知れた欧州屈指の名門オペラ座。その華麗な姿は、広告写真にもしばしば起用される。1838～41年に建築家ゼンパーによって建てられたが、後に全焼、彼の息子が再建した。ワーグナーの『タンホイザー』、R.シュトラウスの『サロメ』などここで初演された名作は多い。毎年5月下旬から6月上旬には「ドレスデン音楽祭」が開かれ、世界中からファンが集まる。上演がない日でも豪華な内部を見学するツアー（15:00、英語）があるので、希望者は前もって問い合わせを。
＜ツアー＞料€11、学生€7　☎3207360
HP http://www.semperoper-erleben.de

卵ケーキ？チーズケーキ？アイアーシェッケ

　ドイツのチーズケーキとして有名なアイアーシェッケEierschecke。この地方の伝統的なケーキだ。アイアー（Eier）は「卵」の複数形、シェッケ（Schecke）は「まだら（の動物）」で、卵を使い、焼き表面がまだらになるのでこの名前なのだとか。ではチーズは？　実は中のクリームは、クヴァルクQuarkというチーズになる前の凝乳。意外にさっぱりしている。劇場広場の隣のカフェ、シンケルヴァッヘSchinkelwache（MAPp.70-C）のものが有名。

アルベルティヌム ★★
Albertinum
map　p.70-D

●劇場広場から徒歩5分

　かつての兵器庫を改装した、ブリュールのテラスにある博物館。2010年にリニューアルオープンした館内には、ゴッホやモネなど巨匠の作品を集めたノイエ・マイスター絵画館のほかに彫刻博物館も入っている。
⏰10:00～18:00（12/31～14:00、1/1 14:00～）
休月曜、12/24　料€10、学生€7.50　☎49142000

Check-Check! 新市街に、旧市街より古い建物

クンストホーフパッサージェ ★★★
Kunsthofpassage

　ノイシュタット（新市街）地区は、名前からすると新しいはずなのだが、戦災を免れたので古い街並が残っている地区。ここに残る古い建物で、1997年頃から、文化財建築に指定され修復されてきたユニークな建物がある。中庭が5つもあるクンストホーフパッサージェだ。修復に伴って内部にアーティストショップやブティック、カフェ、レストランなどがオープン、ベルリンのハッケシェヘーフェ（p.49）のような施設として生まれ変わった。現在、スタジオや、劇場なども含め約20店舗あるという。特におすすめの店は、まず雑貨やインテリア小物を扱うフェンスイハウスFengshui-Haus。奥になぜか座敷カフェがあり、体調に合わせてブレンドされた、オリジナル紅茶を楽しめる。ウルトラマリンゲルプUltramalingelbは女性3人の宝飾アーティストが運営するショップ。銀細工が得意で、オリジナルデザインのリング（すべて一点もの）などを売っている。ホップンクルト（p.77）はクラフトビール専門店。ほかの店では飲めないユニークな銘柄がずらり。
　ほかに、ドイツワインの豊富なワイン専門ショップ、スペイン料理店、ブティックなどもある。

座席カフェ。相談すると体調にぴったりの紅茶をすすめてくれる

左は中庭。右はウルトラマリンゲルプ

MAPp.70-B外
●市電7,8 ルイーゼンシュトラーセ Louisenstr.から7分、市電13 ゲルリッツアーシュトラーセ Görlitzer Str.から5分　⌂Alaunstr.70 & Görlitzer Str.21-23-25
◆Feng Shui Haus Dresden　⏰11:00～20:00（土曜～18:00、日曜13:00～18:00、12/24・31は10:00～14:00）　休12/25・26、1/1　☎8105498
◆Ultramalingelb　⏰11:00～14:00、15:00～19:00（土曜11:00～16:00）　休日曜、12/25・26　☎8025445

ドイツのクリスマスと
おもちゃの村ザイフェン

聖歌隊（Kurende）をモチーフにしたザイフェンの木彫り人形

寒くて暗い冬のドイツ。この時期に、暖かく光り輝くイベントがクリスマスだ。特に12月25日を迎える前の4週間は、マルクト広場などにマーケットができてお祭りさながらに賑わう

◆シュトレン ドレスデンが本家で、アドヴェント第2週には、なんと重さ3～4tのシュトレンを、パレードのあと、長さ1.6mのナイフで切り分け販売するという「シュトレン祭り」もある

クリスマスマーケットの定番

ドイツのクリスマスといえば、クリスマスマーケット。アドヴェントの4週間は、広場などに、飾り物（オーナメント）や、民芸品、お菓子などを売る露店商がいっぱいに並ぶ。イベントステージや、移動式のメリーゴーラウンドができることも。定番は、伝統的なお菓子、シュトレン（ドレスデンが本場）や、レープクーヘン、グリューワイン、木彫りのおもちゃやクリッペ（キリスト生誕場面を人形などで再現）などだ。

高さ14.61m、ギネスブックも認定の世界最大のクリスマス・ピラミッド。ドレスデンに登場する

◆レープクーヘン 蜂蜜と香辛料をミックスしたクッキーの元祖。こちらはニュルンベルクがオリジナル。ハート型でメッセージが書かれていることが多い

◆プルーン・マン 干しプルーンでできた煙突掃除のおじさん。幸運をもたらすラッキーアイテム。ニュルンベルクが有名だがドレスデンにもある。もちろん食べられる

おもちゃ博物館 昔からの木彫り収集。●Spielzeugmuseum ◎10:00～17:00（12/24・31～13:00、1/1～12:00）休無休 ☎037362-17019 €7、学生€5、子ども€1.5

ザイフェンのベルク教会 世界唯一のバロック様式の円形の教会

ザイフェナーホーフ Seiffener Hof（宿、レストラン）
◎レストラン/8:00～20:00
休1月 ☎037362-130
HP www.seiffener-hof.de

おもちゃの村ザイフェン

ドレスデンから南に約50km。チェコとの国境近く、エルツ山地にある村ザイフェン。クリスマス定番の各種木彫り細工はこの村がルーツだ。もともと鉱夫の村だったのだが、鉱脈が尽きると木彫り細工が本職に。以来木彫りおもちゃのふるさととして知られるようなった。村には約100軒ほどの工房があり、多くはショップも併設。くるみ割り人形などを展示したおもちゃ博物館やベルク教会などが見どころ。

■ザイフェン Seiffen MAPp.66-B
●ドレスデン中央駅→SバーンかREでFlöHa乗り換えでOlbernhau-Grüntalへ。ここからバス452・453番でおもちゃ博物館。約3時間ål€24.10。※早朝発でないと日帰りは困難。HP www.db.de ❶:☎Hauptstr.73 ◎10:00～17:00（土曜、12/26・31～14:00、祝日11:00～14:00）、アヴェント期間10:00～18:00（土曜～19:00）休アヴェント期間以外の日曜、12/24・25 ☎037362-8438 HP www.seiffen.de

ろくろで削り出していく

C.Ulbricht社の限定くるみ割り人形（現在売り切れ）。ザイフェンのアルテス・ドレーウェルク Altes Drehwerk という店で。◎9:30～18:00（日曜・祝日10:00～）☎037362-775161 休無休 HP drehwerk.de

◆Räuchermännchen
中にお香を入れて煙を出す

◆Pyramide ロウソクを灯すと熱の気流でプロペラが回る

◆Schwibbogen シュビップボーゲン。ロウソクを灯し窓辺に飾る

◆Nussknacker

ドイツのクリスマスとおもちゃの村ザイフェン

郊外の見どころ

河畔の妖精と湖上の姫君
おとぎの国の2つの古城

ドレスデンの南東へ約7km、ちょっと足を延ばせば、アウグスト強王の夏の離宮、ピルニッツ宮殿がある。可憐な花が咲き誇る美しい庭園を囲むように、中央に新城、エルベ川に面して水城、その向かいに山城が建つ。新城の内部は宮殿博物館として宮殿自体の歴史や当時の風俗の展示があり、左右の2城は工芸博物館として陶磁器や豪奢な家具・調度品を展示している（共に圏10:00〜18:00／5〜10月 休月曜 料3館共通€8、学生€6、庭園のみ€3、学生€2.50)。裏手には広大なイギリス様式の庭園が広がり、左手の池の手前には、1776年に長崎の出島からやってきたという樹齢250年ともいわれる椿の木が立っている。また、敷地内には宮殿ホテルもある。

ピルニッツ宮殿の山城。ペッペルマンの設計

高さ9.5m、2〜4月には花をつける椿

ドレスデン北西14kmの豊かな自然の中には、欧州でもっとも美しい湖上の城のひとつとして名高いモーリッツブルク城もある。1546年頃、狩猟用の館として建てられ、18世紀まで

水面に映えるモーリッツブルク城

たびたび改築され現在の形に。鹿の角が一面に飾られた食堂Speisesaalや、何万もの鳥の羽で出来たタペストリーが見どころ。磁器の展示もある（冬期はシンデレラをテーマにした展示に）。時間があるなら、バロック様式の小さなお城が目印のワイナリー、ワッカーバルトも訪ねてみたい。ドイツで2番目に古いゼクト（スパークリング）生産所で、シャンパーニュと同じ瓶内二次発酵のみで造っているのが自慢。ゴールドリースリングという珍しい品種も。また、ワイナリーからRadebeul Ost（※市電4 Zinzendorfstr.から徒歩5分）まで戻って、蒸気機関車（Losnitzgrundbahn ※切符は車内で購入可）でモーリッツブルクへ行くことも出来る。

←本物のSL。130年近くの歴史がある。途中の景観も楽しみたい。
↓ワッカーバルト。レストランとショップも併設

◆ ピルニッツ城 Schloss Pillnitz MAPp.66-B
●Postplatz→市電2番 Kacherallee→バス63番Pillnitzer Pl.下車（約45分)／または遊覧船で1時間50分
◆ 宮殿ホテル Schloss Hotel Dresden-Pillnitz
☎0351-26140 料S-€86〜、T-€114〜 HPwww.schlosshotel-pillnitz.de
◆ モーリッツブルク城 Schloss Moritzburg
MAPp.66-B ●ノシュタット駅からバス326、457番でMoritzburg（30分）またはS1でRadebeul Ost（15分）→SLでMoritburg鉄道駅（30分※本数は少ない）下車後バス326、405番で5分 圏10:00〜18:00（11〜3月は〜17:00) 休11/17〜3/3の月曜、12/24・31、1/1・2、2/26〜3/19、11/5〜16 料€8、学生€6.50 HPwww.schloss-moritzburg.de
◆ ワッカーバルト Schloss Wackerbarth MAPp.66-B
●Postplatz→市電4番 Schloss Wackerbarth（40分）
圏10:00〜19:00（1〜3月は〜18:00) ☎0351-89550

: **Radeberger Sperzialausschank**
ラーデベルガー・スペツィアルアウスシャンク

ドイツ最初のピルスナー会社直営。濾過する前の絞りたてビールもある
今や全国的に人気のビール、ラーデベルガー。その郊外の工場か、ここでしか飲めないツヴィッケルビア€3.50〜をぜひ味わいたい。濾過する前なので白濁していて保存がきかず、店内にそのための特別なタンクがある。

map p.70-D
●劇場広場から徒歩3分
■住所 Terrassenufer1
■TEL 4848660
■営業 11:00〜23:30
■休日 12/24
■カード VISA、MC、AMEX

Coselpalais
コーゼルパレース
18世紀の傑作バロック建築がカフェ＆レストランに

もとコーゼル伯爵婦人の息子の豪邸。ケーキ類が豊富で料理はフレンチ混合。磁器の間Porzellanzimmerではマイセンでカフェが楽しめる。ショップ併設。

- map p.70-D
- ●劇場広場から徒歩7分
- ■住所 An der Frauenkirche12
- ■TEL 4962444
- ■FAX 4962445
- ■営業 11:00～24:00（土・日曜10:00～）
- ■休日 無休
- ■カード VISA、MC、AMEX、JCB
- HP www.coselpalais-dresden.de

Café Kreutzkamm am Altmarkt
カフェ・クロイツカム

バウムクーヘンの老舗。ミュンヘン店が有名だが、実はこちらが発祥の地。ショップも併設。

- map p.70-C
- ●ノイエマルクト広場から徒歩5分（Altmarktgalerie 内）
- ■住所 Altmarkt 25
- ■TEL 4954172
- ■営業 9:30～21:00（日曜・祝日12:00～18:00）
- ■休日 無休
- ■カード VISA、MC、AMEX
- HP shop.kreutzkamm.de

Bautzner Tor
バウツェナー・トーア

自家醸造ビールが自慢の店。店内の内装が独特の雰囲気で、旧東時代を想わせる。料理は軽食。

- map p.70-B
- ●市電3, 7, 8ほかAlbert Platz.（アルベルト プラッツ）から徒歩10分
- ■住所 Hoyerswerdaer Str. 37
- ■TEL 8038202
- ■営業 17:00～翌2:00（金・土曜～翌3:00、料理～23:00）
- ■休日 無休
- ■カード なし
- HP www.bautznertor.de

MEISSEN HOME deco SHOP im QF
マイセン

市内にいくつか店舗があるが、ここは普段使いの食器類が豊富。一部アウトレットコーナーも。

- map p.70-C
- ●劇場広場から徒歩10分
- ■住所 Toepferstrasse 2 (QF内地階)
- ■TEL 5014806
- ■営業 10:00～19:00
- ■休日 日曜
- ■カード VISA、MC、AMEX、DC、JCB
- HP www.meissen.com

Hopfenkult
ホップンクルト

ドイツ各地のクラフトビールが300種以上揃う専門店。生ビールの立ち飲みコーナーもある。

- map p.70-B外
- ●Goerlitzer Str.から徒歩3分
- ■住所 Goerlitzer Str. 25
- ■TEL 32039103
- ■営業 12:00～22:00（木・土曜～24:00）
- ■休日 日曜
- ■カード VISA、MC、AMEX、DC
- HP www.facebook.com/craftbeerstore.dresden

Hotel Taschenbergpalais Kempinski
タッシェンベルクパレー・ケンピンスキー

元はアウグスト強王がコーゼル伯爵婦人のために建てた宮殿。戦後、豪華ホテルとして再建。

- map p.70-C
- ●劇場広場から徒歩2分
- ■住所 Taschenberg 3
- ■TEL 49120
- ■FAX 4912812
- ■料金 S-€139～、T-€149～（朝食別）
- ■部屋数 全213室
- ■カード VISA、MC、AMEX、DC、JCB
- HP www.kempinski-dresden.de

Aparthotels An der Frauenkirche
アパートホテル・フラウエンキルヒェ

4棟あり、Altes Dresdenはフラウエン教会の目の前。キッチンや洗濯機もあり長期滞在も可。

- map p.70-D
- ●市電1, 2, 4 Altmarktから徒歩5分
- ■住所 Neumarkt 7 (Altes Dresden)
- ■TEL 4381110（予約 ※チェックイン時間要確認）
- ■FAX 4381118
- ■料金 S-€65～、T-€75～（長期割引有、変動有）
- ■部屋数 全134室
- ■カード VISA、MC
- HP www.aparthotels-frauenkirche.de

Hotel&Appartements Rothenburger Hof
ローテンブルガーホーフ

新市街にありプライベートな雰囲気。小規模ながらサウナや室内プールがあり、宿泊客は無料。

- map p.70-B
- ●Albertpl.から徒歩10分
- ■住所 Rothenburger Str.15-17
- ■TEL 81260
- ■FAX 8126222
- ■料金 S-€75～、T-€99～
- ■部屋数 全44室
- ■カード VISA、MC、AMEX
- HP www.rothenburger-hof.de

Hotel QF
ホテル QF

フラウエン教会のすぐ前の複合施設「QF」内にある、世界的デザイナーによる先鋭的デザインの最新ホテル

- map p.70-C
- ●市電3, 7番 Pirnaischer Platzから徒歩10分
- ■住所 Neumarkt 1
- ■TEL 5633090
- ■FAX 563309911
- ■料金 S、T-€125～、朝食€23
- ■部屋数 全95室
- ■カード VISA、MC、AMEX、DC
- HP www.viennahouse.com/en/qf-dresden

マルタ・ホスピッツ Hotel Martha Hospiz ★★★ map p.70-B
- ●ノイシュタットマルクトから徒歩5分
- ■住所 Nieritzstr. 11
- ☎81760
- ■S-€79～、T-€113～
- HP Hotel-martha.de/en

ロリーズ・ホームステイ Lollis Homestay ★ map p.70-B外
- ●ノイシュタット駅から徒歩13分
- ■住所 Görliterstr.34
- ☎8108458
- ■S-€30～、ドミ-€13～
- HP www.lollishome.de

シティ・ヘアベルゲ City Herberge ★ map p.70-D
- ●市電1～4, 7, 12 Pirnaischer Platzから徒歩5分
- ■住所 Lingnerallee 3
- ☎4859900
- ■S-€30、ドミ-€20～
- HP www.cityherberge.de

モンドパラスト Hostel Mondpalast ★ map p.70-B外
- ●ノイシュタット駅から徒歩10分
- ■住所 Louisenstr.77
- ☎5634050
- ■S-€29～、ドミ-€14～
- HP www.mondpalast.de

ホーフガルテン1824 Hofgarten1824 ★ map p.70-B
- ●ノイシュタット駅から徒歩6分
- ■住所 Theresienstr. 5
- ☎2502828
- ■S-€39～
- HP www.hofgarten1824.de

ルイーゼ20 Hostel Louise20 ★ map p.70-B
- ●ノイシュタット駅から徒歩10分
- ■住所 Louisenstr.20
- ☎8894894
- ■S-€32～、ドミ-€16～
- HP www.louise20.de

ドレスデンの市外局番 0351

●～€15　●●€15～25　●●●€25～50　●●●●€50～
★エコノミー　★★カジュアル　★★★スタンダード　★★★★ラグジュアリー

MEISSEN
マイセン

p.10-F　■人口=2.8万人　■街の規模=徒歩で半日

世界に名高いマイセン焼きの街。
紋章から「青い剣の都」と称される

 ★中世の面影を残す家々
★マイセン磁器工場

 ★天を指すかのように高い塔をもつ大聖堂
★王立磁器製造所がおかれたアルブレヒト城

Access

- 鉄道：ドレスデン→S (35分) →マイセン [1時間2本／€6.20、1日券€13.50]
- エルベ川遊覧船：ドレスデン→ (約2時間) →マイセン [5～9月]／片道€11、往復€13
- 市内交通：4～10月はマルクト広場から磁器工場などの間を市内観光バス [10:00～17:00／30分間隔／1日券€5] が巡回運行。

Information

❶観光案内所：＜マルクト広場＞
MAP p.78　住Markt 3　☎41940　⏰10:00～18:00（土・日曜、祝日～16:00）、11～3月10:00～17:00（1月以外の土曜～15:00）　休11～3月の日曜・祝日、1月の土曜　HP www.touristinfo-meissen.de

街のしくみ　アルブレヒト城は小高い丘の上。磁器工場は一駅西側に

　ドレスデンの北西約30kmにあるマイセン。マイセンと聞けば、誰でもクオリティーの高い磁器を思い出すだろう。ここはまた、劇作家レッシングが学んだ街でもある。

　この小さな街では、まずエルベ川を越え、❶のある**マルクト広場**へ行こう。聖母教会右手裏にある黄色の木組みの家は、ワインがおいしい名物レストラン、ヴィンツェンツ・リヒターVincenz Richter（p.79参照）だ。

楽しみ方　城下町のたたずまいを堪能したら憧れのマイセンの館へ

　さらに、高台にそびえる初期ゴシック様式の**大聖堂**Dom（⏰9:00～18:00、11～3月10:00～16:00、最終入場は15:30　休12/24・25　料€4、学生€2.50）へ。1250年頃から約150年にわたり建造された。この大聖堂では、4～10月の13、14、15、16時にガイド付きで塔に登ることができる（€2）。また4～10月の月～土曜は、12時からオルガンのコンサート（有料）も聴ける。隣接するのは、白い壁が眩しい**アルブレヒト城**Albrechtsburg（⏰10:00～18:00、11～2月は～17:00、1/1 11:00～16:00　休12/24・25　料€8、学生€4）。15世紀にザクセンとテューリンゲンを支配していた、ヴェッティン侯爵家のエルンストとアルブレヒト兄弟のために建てられた城だ。正面は、有名ならせん階段が軽やかな印象。内部の丸天井の部屋も美しい。城や大聖堂がある高台からは、赤茶色の屋根が続く絶好の景色を楽しみたい。この高台へは近年、エルベ川岸から上がるエレベーター（€1）もできた。

　次に目指すのは**マイセン磁器工場**。工場へはバスも走っているが、中世の香りが漂う石畳の坂を下って行くのもいい。また、この街ではエルベ川遊覧も一興。マイセンは小さいけれど、古い街並が心に残る城下町だ。

マルクト広場に面した聖母教会の鐘はマイセン磁器製

大聖堂近くの店でワインを売るオーマ（お婆ちゃん）

マイセン　Meissen　0　300m

後期ゴシック様式だが、ルネサンスの影響もあるアルブレヒト城

Check-Check! 魅惑のマイセン焼きの世界！

マイセン磁器工場 ★★★
Staatliche Porzellan-Manufaktur Meissen GmbH

人形のスカートのレースまで表現する繊細なマイセン磁器。それはヨーロッパで初めてつくられた白い磁器だった。それまで東洋でしか作れなかった白磁の熱烈な愛好家、アウグスト強王が造らせた王立磁器製作所としてスタート。その工房はアルブレヒト城内に1710年から155年間存在していた。現在は場所を移し、ビジターセンター（見学工房）や美術館も併設する観光名所になっている。ビジターセンターでは、本物の職人さんが実際の製作工程を見学者に公開、型作りや絵付けなどの作業を見ることが出来る。また、美術館では、マイセン磁器の歴史がわかるよう、初期のベト

これも磁器製。思わず目を見張る展示品

ガー作品から、近世の巨匠の手によるアールヌーヴォー調のものなど、貴重なコレクションを惜しげもなく展示。巨大なテーブルに並んだ晩餐用の食器などは圧巻だ。館全体では所蔵約2万点のコレクションから毎年約3千点が選ばれて展示（年ごとに内容が変わる）されている。パイプが磁器でできている世界初のパイプオルガンなどの目玉もお見逃しなく。また、レストランやカフェ、ショップも併設。カフェではマイセン磁器のカップでお茶も楽しめ、ショップにはアウトレットコーナーもある。格安の上に種類も豊富だ。

上階のレストランにて。ケーキはこの地方の名物、アイアーシェッケ

上右は見学工房の絵付け。左が晩餐用の食器。下が世界初の磁器パイプオルガン。コンサートもある

MAP p.78
●マイセン鉄道駅から循環バス（Stadtrundfahrt）でPorzellan Manufaktur下車すぐ　住Talstr.9
営9:00〜18:00（11〜4月 〜17:00、12/31・1/1 10:00〜16:00）　休12/24〜26　料€10、学生€6
☎468208/206　HP www.porzellan-stiftung.de

ドイツ東部＆ゲーテ街道

79 マイセン

Vincenz Richter
ヴィンツェンツ・リヒター

歴史を感じるアンティークな雰囲気と自慢のワイン

1873年創業のワイナリーが運営。建物自体は1523年からあったのだとか。甲冑や武具で飾られた内装が雰囲気満点。リースリング種のワインが自慢。

- map p.78
- ●マルクト広場から徒歩2分
- 住所 An der Frauenkirche 12
- TEL 453285
- 営業 11:30〜22:00（土曜〜23:00、日曜〜16:00）
- 休日 月曜
- カード VISA、MC、AMEX
- HP vincenz-richter.de

Hotel&Cafe Am Markt Residenz
アム・マルクト・レジデンツ

白を基調にパステルカラーのおしゃれな内装。マイセンワインを楽しめるケラーは予約推奨。

- map p.78　●マルクト広場から徒歩1分
- 住所 An der Frauenkirche 1　TEL 41510
- FAX 415151　料金 S-€49〜、T-€89〜
- 部屋数 全26室　カード VISA、MC、AMEX
- HP Hotel-residenz-meissen.de

Hotel Goldenes Fass
ゴールデネス・ファス

この近辺随一の高級路線で、併設のウェルネスやレストランも高評価。町の中心から川を挟み対岸側。

- map p.78　●鉄道駅から徒歩約10分
- 住所 Vorbrücker Str. 1　TEL 719200
- 料金 S-€100〜、T-€120〜　部屋数 全21室
- カード VISA、MC、AMEX
- HP goldenes-fass-meissen.de

シュエーターシャンクハウス **Schwerter Schankhaus & Hotel** ★★ map p.78
●マルクト広場から徒歩1分　住所 Markt 6　●409280　FAX 4092825　S-€43〜、T-€81〜

マイセナー・ブルクシュトゥーベン **Meissner Burgstuben** ★★ map p.78
●大聖堂から徒歩2分　住所 Freiheit 3　☎453685　S-€45〜、T-€75〜　HP www.meissner-burgstuben.de

マイセンの市外局番 ☎03521

★エコノミー　★★カジュアル　★★★スタンダード　★★★★ラグジュアリー

LEIPZIG ライプツィヒ

p.10-F　■人口＝56万人　■街の規模＝徒歩で1日

変貌を遂げる文化・芸術・経済の街。
新旧が共存する独特の雰囲気が漂う

- ★★ トーマス教会
- ★ グラッシ博物館
- ★ ゲヴァントハウス・オーケストラ
- ★ バッハ、ゲーテ、シューマン、メンデルスゾーン
- ★ ライプツィヒ大学

Access

●鉄道：ベルリン→ICE（約1時間20分）→ライプツィヒ［1時間毎／€49］、フランクフルト→ICE, IC（約3時間）→ライプツィヒ［約1時間毎／€88］、ドレスデン→ICE, IC, RE（約1時間）→ライプツィヒ［1時間毎／€30］

Information

●観光案内所：MAPp.81-A ⊕Katharinen Str.8 ☎7104260 開9:30～18:00（土曜～16:00、日曜・祝日～15:00）休12/24・25、1/1
●ライプツィヒカード：市電・バスに乗り放題で、博物館、コンサートの割引も。1日券€12.40、3日券€24.40 HP www.leipzig.travel
●ユースホステル：MAPp.81-B外 ⊕Volksgartenstr.24 ☎245700 FAX2457012 休12/23～27

Route Advice

ニコライ教会→旧市庁舎→メードラー・パッサージェ→トーマス教会→バッハ博物館→新ゲヴァントハウス→グラッシ博物館→ライプツィヒの戦い記念碑
［全移動約3時間］

この街に住み、数々の名曲を作ったJ.S.バッハ

正面をまっすぐ進んでニコライ教会へ行こう。ドイツの東西統一は、この教会での運動がきっかけとなって始まった。西に歩けば旧市庁舎の建つマルクト広場に着く。また、広場には地下を走るSバーンのマルクト駅も完成。中央駅から5分ほどで行ける。裏手にあるのは白と黄色が華麗なバロック様式の旧証券取引所Alte Börse。この街で法学を学んだ若きゲーテの像が立っている。また、この通りを北上すると、主に15世紀から近代の欧州絵画コレクション（特にクラナッハやオランダ絵画が見どころ）のあるライプツィヒ造形美術館Museum der bildenden Künste Leipzig（⊕Katharinenstr.10 開10:00～18:00［水曜12:00～20:00］休月曜、12/24・31 料€10、学生€7、特別展との共通券もある）がある。中心部はパッサージェ（アーケード）が多いのも特徴。とくにメードラー・パッサージェは、ゲーテの『ファウスト』の舞台となったレストランなど小粋な店が多い。

楽しみ方 バッハやメンデルスゾーンなど天才達の足跡をたどる

バッハゆかりのトーマス教会も見逃せない。金・土曜には合唱団のコンサートがあり、祭壇前の彼の墓には、今も花束が絶えない。向かいはバッハ博物館。さらに高層ビル周辺には音楽の殿堂、新ゲヴァントハウスとオペラハウスがある。また、新ゲヴァントハウスから東よりの小径にはメンデルスゾーンが暮らしたメンデルスゾーン・ハウス（Mendelssohn-Haus ⊕Goldschmidt Str.12 開10:00～18:00 料€7.50、学生€6、第2火曜は無料）が公開されていて、日曜11:00からピアノや室内楽のコンサートもある（料€15、学生€12、宗教行事と重なると＋€5）。

郊外のライプツィヒの戦

上品なメードラー・パッサージェ

ライプツィヒの市外局番☎0341

街のしくみ 文学と音楽の街。ドイツで2番目に古い大学もある

ローマ時代から2つの重要な交易路の交差点として栄え、今やメッセで国際的に知られる商業の街となったライプツィヒ。出版社や印刷所の多さでも有名で、世界初の新聞もここで発行された。楽譜で、裏表紙にライプツィヒと書かれているものを持っている人は多いはず。またここは、バッハやメンデルスゾーンが長年活躍した音楽の都でもある。ゲヴァントハウス・オーケストラや聖トーマス教会少年合唱団は名門として名高い。

柱が3000本もある巨大な中央駅駅舎は、大規模なショッピングアーケードを擁する欧州屈指のターミナル駅。

Sバーンなのにこの区間だけ地下を走る通称シティトンネルの地下駅

1823年ごろの
ライプツィヒ
の市街模型も
展示

い記念碑と近くのロシア記念教会、駅の東に
あるユダヤ教会も異国風で興味深い。

旧市庁舎
Altes Rathaus ★★★
map p.81-A

●ライプツィヒ中央駅から徒歩12分

　1556年にルネサンス様式で建てられ、1744年に改装された左右非対称の美しい建築物。1909年からライプツィヒ市歴史博物館になり、コレクションも充実。メンデルスゾーンの部屋には彼のゆかりの品々が並ぶ。

住Markt 1 開10:00～18:00 休月曜（祝日の場合は開館）料€6、学生€4（第1水曜は無料）

ニコライ教会
Nikolaikirche ★★★
map p.81-B

●ライプツィヒ中央駅から徒歩10分

　1165年建立。内部はフランス様式を模した擬古典主義的なスタイルで非常に魅力的。1980年代初めから、この教会で若者が国の変革を掲げ定期的に平和の祈りという活動をしていた。警察の圧力により逮捕者が続出したが、89年、ついに彼らは非暴力によって東西統一を果たした。毎週土曜17:00～にオルガンコンサートを実施。€2。8～10月の特別コンサートは€10、学生€7。

開10:00～18:00（日曜～16:00） 休無休 料無料

シュロの木を
デザインした柱

トーマス教会
Thomaskirche ★★★
map　p.81-A

●マルクト広場から徒歩5分

金曜18:00、土曜15:00に少年合唱団の美声が聞ける。€2。※夏休み

バッハが1723年から晩年まで、オルガニスト兼合唱団指揮者として働いた教会。1950年からは彼の墓もここにある。
開9:00～18:00（塔見学は4～11月の土曜13:00、14:00、16:30、日曜14:00、15:00）休無休 料入場無料、塔見学€3

バッハ博物館
Bach-Museum ★★★
map　p.81-A

●トーマス教会のバッハ像の向かい側

バッハの友人のボーゼの館が現在のバッハ博物館。自筆の楽譜など彼のゆかりの品々が展示されていて、中には実際に演奏したオルガンや、音楽を聴くコーナーも。日本語のオーディオガイドがあり、料金は入館料に含まれている。デポジットとして要パスポート。
住Thomaskirchhof 16
開10:00～18:00 休月曜、12/24・25・31 料€8、学生€6（第1火曜は無料）

コンサートも行われる

新ゲヴァントハウス
Neues Gewandhaus ★★
map　p.81-B

モーツァルトやメンデルスゾーンが指揮者だったこともある

●マルクト広場から徒歩10分

世界的に有名な250年の歴史をもつゲヴァントハウス・オーケストラの活動拠点。現代芸術家によって装飾された大小2つのホールも世界屈指の音響効果を誇る。1981年建造。
住Augustuspl.8 ☎11270280

グラッシ博物館
Grassimuseum ★★★
map　p.81-B

●マルクト広場から徒歩15分

陶磁器などを展示した美術工芸博物館、世界の民族の暮らしがわかる民族博物館、800種類もの楽器が鑑賞できる楽器博物館の3つの博物館からなる。
住Johannisplatz 5-11 開10:00～18:00 休月曜、12/24・31 料民族博物館€8・学生€6、美術工芸博物館€5・学生3.50、楽器博物館€6・学生€3。共通券€15・学生€12 ※特別展別

わがままレポート

ライプツィヒの戦い記念碑 ★★★
Völkerschlacht-denkmal
map p.81-B外

巨大な石の殿堂を訪ねて

●ライプツィヒ中央駅から S1,2,3,4 で10分Völkerschlachtdenkmal下車徒歩13分
フェルカーシュラハトデンクマール

意外と知られていないが、市街地から東へ市電で10分ほど行ったところに、ライプツィヒの戦い記念碑というモニュメントがある。1813年10月18日のライプツィヒの戦いで命を落とした、8万人以上の兵士を弔い平和を祈って建てられた。緑が広がる広場にそびえる姿は、さながらピラミッドのようで、

1898年から15年かけて建てられた記念碑

スケールが大きく印象的。高さ91mもの頑強な石の聖堂は、どこか中南米の遺跡を彷彿させる。

円形の内部には、窓から光が射し込み厳かで幻想的なムードが漂う。勇気や献身といったタイトルが付けられた12mの4つの石像も見ものだ。この聖堂では、1年に15回ほど中世から現代の曲のコンサートが行われており、子供達が歌うこともある。日程の問い合わせは❶へ。
住Strasse des 18. Oktober 100 開10:00～18:00（11～3月は～16:00）休12/24・31 料€8、学生€6

上階からは市街を一望することができる

Auerbachs Keller
アウアーバッハ・ケラー

ゲーテの『ファウスト』の舞台にもなった名物地下酒場

創業はなんと1525年。カルトフェルズッペ（ジャガイモのスープ）は店員さんのイチオシ。店内奥、Historische Weinstübenの重厚な装飾も見ものだ。

map p.81-A
- ●マルクト広場から徒歩3分
- ■住所 Grimmaische Str.2-4 メードラー・パッサージュ内
- ■TEL 216100
- ■FAX 2161011
- ■営業 12:00〜24:00（大樽の部屋18:00〜）
- ■休日 12/24
- www.auerbachs-keller-leipzig.de
- ※大樽の部屋は日曜・祝日閉館

Zum Arabischen Coffe Baum
カフェ・バウム

ヨーロッパで2番目に古いカフェ＆レストラン

ワーグナーやシラーも常連だったという1566年創業のカフェ＆レストラン。1階がレストラン、2階がカフェで一部コーヒー博物館にもなっている。

map p.81-A
- ●マルクト広場より徒歩3分
- ■住所 Kleine Fleischergasse4
- ■TEL 9610060/61
- ■FAX 9610030
- ■営業 11:00〜24:00（12/24〜16:00、12/31〜22:00）
- ■休日 12/24
- ■カード VISA, MC
- www.coffebaum.de

Zill's Tunnel
ツィルス・トゥンネル

典型的なザクセン料理ならここ。ゴーゼ・ビアもある

1785年にはすでにここで営業していたという歴史ある名店。おすすめは郷土料理の温野菜、ライプツィガー・アロライとゴーゼ・ビア。宿も併設。

map p.81-A
- ●マルクト広場から徒歩5分
- ■住所 Bärfussgässchen 9
- ■TEL 9602078
- ■営業 11:30〜24:00
- ■休日 12/24
- ■カード VISA, MC, AMEX
- www.zillstunnel.de

Kabarett Academixer
カバレット・アカデミクサー

今宵は楽しいカバレットへ

この街は旧東時代からカバレット（キャバレー）のメッカだった。ときに歌や踊りを交えて体制風刺の芸が出る。言葉がわからなくてもレトロな趣が楽しい。

map p.81-A
- ●マルクト広場から徒歩7分
- ■住所 Kupfergasse 2
- ■TEL 21787878
- ■営業 チケット窓口12:00〜20:00（土曜13:00〜、日曜・祝日演目開始2時間前）
- ■料金 公演により異なる
- www.academixer.com

hotel Fürstenhof Leipzig
ホテル・フュルステンホーフ

元は18世紀の銀行家の豪邸だった市内最高級ホテル。大規模ではないが、家具などの調度品もゴージャス。

map p.81-A
- ●ライプツィヒ駅から徒歩7分
- ■住所 Tröndlinring 8
- ■TEL 1400
- ■FAX 1403700
- ■料金 T-€140〜（変動制、朝食別）
- ■部屋数 全92室
- ■カード VISA, MC, AMEX, DC, JCB
- www.hotelfuerstenhofleipzig.com

Steigenberger Grandhotel Handelshof
シュタイゲンベルガー・グランドホテル・ハンデルスホフ

ドイツの帝国ホテルといわれるシュタイゲンベルガーのグランドクラス。2011年旧市街の中央にオープン。

map p.81-A
- ●マルクト広場から徒歩2分
- ■住所 Salzgäßchen 6
- ■TEL 3505810
- ■FAX 350581888
- ■料金 T-€127〜、変動制
- ■部屋数 全177室
- ■カード VISA, MC, AMEX, DC, JCB
- www.leipzig.steigenberger.com

イビス・バジェット Ibis Budget Leipzig City ★★ map p.81-B
- ●中央駅から徒歩約4分 ■住所 Reichsstr.19 ☎14939420 料S-€47〜、T-€57〜、変動制 accorhotels.com

アプシュタイゲ Hostel Absteige ★ map p.81-A外
- ●中央駅から徒歩10分 ■住所 Harkortstrasse 21 ☎017675503264 T-€50、ドミ-€20〜 www.absteigeninleipzig.de

ペンション・シュラフグート Pension SchlafGut ★ map p.81-B
- ●中央駅から徒歩約4分 ■住所 Brühl 64-66 ☎2110902 料S-€33〜、T-€43〜、変動制 schlafgut-leipzig

グローベトロッター Central Globetrotter ★ map p.81-B外
- ●中央駅から徒歩5分 ■住所 Kurt-SchumacherStr.41 ☎1498960 S-€34〜、ドミ-€13、朝食€4.50〜 www.globetrotter-leipzig.de

ファイブ・エレメンツ Five Elements Hostel Leipzig ★ map p.81-A
- ●マルクト広場から徒歩3分 ■住所 Kleine Fleischergasse 8 ☎355 83196 料-€12.50〜、S-€25〜 5elementshostel.de/leipzig

スリーピー・ライオン Hostel Sleepy Lion ★ map p.81-A外
- ●市電1,4,7,12,14 Goerderlerring から徒歩1分 ■住所 Jacobstr.1 ☎9939480 S-€39〜、T-€46、ドミ-€12〜 www.hostel-leipzig.de

ライプツィヒの市外局番 ☎0341

〜€15　●€15〜25　●●€25〜50　●●●€50〜
★エコノミー　★★カジュアル　★★★スタンダード　★★★★ラグジュアリー

WEIMAR
ワイマール

p.11-H ｜人口＝6.4万人 ｜街の規模＝徒歩で1日

伝統と先進が共存。「ドイツの小パリ」はゲーテも愛した文化都市

- ★ドイツの小パリと称されるほどの優美さ
- ★クラナッハの祭壇画と墓石があるヘルダー教会

- ★近代デザインの権威、バウハウス美術館
- ★街のシンボルの国民劇場

- ★ゲーテ、シラー、リスト、クラナッハ、ニーチェ
- ★リスト音楽院

- ★玉葱ケーキやテューリンガーソーセージ

Access

●鉄道：ベルリン中央駅→ICE、REでエアフルト経由（約2時間10分）→ワイマール［1時間1～2本／€73～］、ライプツィヒ→IC、REほかエアフルト経由（約1時間）→ワイマール［毎時数本／€22.10～］

Information

❶観光案内所：＜マルクト広場＞
MAP p.85-B ●Markt 10 ☎7450 ◉9:30～18:00（日曜、祝日～14:00）／1～3月9:30～17:00（土・日曜、祝日～14:00） ⓧ12/24
HP www.weimar.de
●ワイマールカード：市内公共交通機関48時間有効、博物館無料など。ベイシック€29.90
●ユースホステル：MAP p.85-C ●Humboldtstrasse 17 ☎850792 FAX850793

Route Advice

ドイツ・ナショナル劇場→シラーの家→マルクト広場→ゲーテの家→リストの家→イルム公園→ゲーテの山荘→ワイマール城 ［全移動約2時間］

中世の芸術家に出会えるゲーテ街道のハイライト

ワイマールは18世紀にヨーロッパ文芸の一大エポックを築いた街だ。ゲーテを中心に文学、音楽、造形美術の偉人たちが居を構え、画期的な芸術職業学校バウハウスや、リスト音楽院が生まれた。1919年には、自由な精神を尊ぶ気風がドイツ初の民主主義憲法「ワイマール憲法」を制定させる。

駅から街の中心まで、徒歩で20分ほど。1番などのバスでゲーテ広場Goetheplatzまで行くとよい。途中、現代美術のNeues Museum Weimar（●Weimar Platz 5 ☎545400 ※2019年まで閉館中）があり、2019年4月、バウハウス美術館（p.85）も、その100周年を機にこの近くに移転する予定。

市庁舎前のマルクト広場で開かれるマーケット

 緑豊かな街に、ゲーテやシラーのゆかりの地を歩く

ゲーテ広場からは劇場広場経由で歩くのがいい。シラーとゲーテの像が建つ**ナショナル劇場**などを経て賑やかな**シラー通り**Schillerstr.を行くと、黄色いシラーの家がある。また、この街の歴史をマルチメディアで再現した体験館**ワイマール・ハウス**Weimar Haus（●Schillerstr. 16 ◉9:30～18:30［10～3月～17:30］ⓧ無休 ⓟ€7、学生€5.50）もこの通りにある。ここを左折すれば**市庁舎**や**クラナッハの家**Cranachhausなどが並ぶマルクト広場。南下すると**ゲーテの家**や**リストの家**Liszthaus（●Marienstr.17 ◉10:00～18:00［1～3月下旬、10月下旬～12月は～16:00］ⓧ火曜 ⓟ€4.50、学生€3.50）もある。とくにゲーテの家は訪れる価値あり。ワイマール城を見学したあとは、その奥に広がる広大な**イルム公園**をぜひ散策したい。

ワイマールは、シャルロッテ・フォン・シュタイン夫人やのちに妻となるクリスチアーネとのゲーテの恋の舞台となった街でもある。

テューリンゲン地方の自慢は極太ソーセージ

ゲーテの家 ★★★
Goethes Wohnhaus

map　p.85-C

●マルクト広場から徒歩3分

ゲーテが1782年から死ぬまで住んだ家。彼の「色彩論」に基づくカラフルな壁、芸術や自然科学分野の膨大な収集品、6500冊所蔵の

ワイマールの市外局番☎03643

図書室など、彼の美学に圧倒される。
- 住 Frauenplan 1　開 9:30～18:00(祝日を除く10月下旬～3月下旬～16:00)　休 月曜、12/24
- 料 €12.50、学生€9

バウハウス美術館 ★★★
Bauhaus Museum Weimar
map　p.85-A外

●中央駅から徒歩約10分

世界の建築界、デザイン界などに多大な影響を与え、1996年にはユネスコ世界遺産にも登録されたバウハウス。その学校が設立された発祥の地が、ここワイマールだ。同地の財団は、初期からの最も重要な関連資料などを

場所を変え新設されるバウハウス美術館の完成予想図。2019年4月6日開設予定

1万点以上所有。2019年に学校設立100周年を記念し、斬新な立方体の建物（5階建）を新設して展示する。
- 住 Stéphane-Hassel-Platz 1　開 10:00～18:00（月曜～14:30）　休 無休　料 €11、学生€7
- HP bauhausmuseumweimar.de

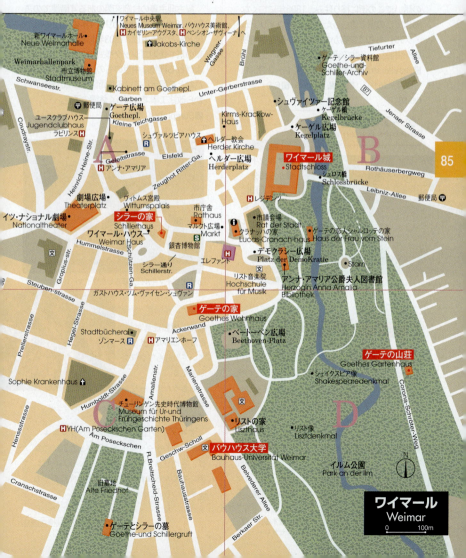

日当たりのいいシラーの家。1777年建造

シラーの家
Schiller Wohnhaus ★★★
map p.85-A

●マルクト広場から徒歩4分

　1802年、43歳のシラーは尊敬するゲーテの誘いでこの街に移り住み、1805年に亡くなるまでこの家で暮らした。名作『ウィリアム・テル』もここで書かれている。現在は博物館を併設し、多数の資料を展示している。

⌂Schillerstr.12 ⏰9:30〜18:00（1〜3月、11・12月〜16:00) 休月曜、12/24 €8、学生€6.50

ゲーテの山荘
Goethes Gartenhaus ★★★
map p.85-D

●マルクト広場から15分
　イルム川に沿って広がる英国式のイルム公園内に、ゲーテがカール・アウグスト公から贈られた素朴な山荘がある。ここでゲーテは1776年から1782年まで住み、クリスチアーネと結婚前の1年間一緒に過ごしている。この家で自然をうたった詩が多数生まれた。山荘からも市街の家からも、彼の趣味の良さと豊かな暮らしぶりがうかがえる。

⏰10:00〜18:00（1〜3月、11・12月〜16:00) 休月曜、12/24 €6.50、学生€5

ワイマール城
Stadtschloss ★★★
map p.85-B

●マルクト広場から徒歩5分

　擬古典主義の柱廊玄関のある4階建ての宮殿。16世紀の建築だが1774年に火災のためほとんどが焼失し、1803年に再建された。南東の塔や後期ゴシック様式のバスティーユとよばれる建物は中世のもの。内部はクラナハなどを展示している美術館。※2018年7月から改修工事でしばらく休館の予定。

⌂Burgplatz 4 ☎545400

かつてワイマール公が暮らしたワイマール城

ゲーテの山荘の周辺は、絶好の散歩道

pick up　愛の象徴の銀杏の葉とタマネギ市

　ワイマールでは銀杏の葉がモチーフの小物をよく見かける。銀杏の葉はゲーテの愛の象徴なのだ。ブローチ、イヤリング、ネックレスなど、女性へのプレゼントとしてきっと喜ばれるだろう。

　またマルクト広場では、8月末から12月ごろまで毎日午前中にマーケットが開かれる。野菜、花、タマゴ、果物、陶器、毛織物、木製玩具など、あらゆるものが売られていて気分もワクワクしてくる。

　もちろんテューリンガーソーセージも試してみたいが、なんといってもメインは美しく着飾ったタマネギ！赤紫と白の小タマネギをさまざまな形につなげ、花やリボンで彩るツヴィーベルリスペは、街に古くから伝わるもの。日もちするのでおみやげにもいい。

部屋に飾りたくなるかわいさのタマネギ

恋愛も成就する!?　銀杏のアクセサリー

ワイマールの市外局番 ☎03643

アンナ・アマリア公爵夫人図書館 ★★★
Herzogin Anna Amalia Bibliothek
map p.85-B

●マルクト広場から徒歩5分

1562年に歴史を遡るドイツ最初の公共図書館のひとつ。ルター最初の印刷本聖書やゲーテのコレクションなどおよそ100万点収蔵。

必見はユネスコ世界遺産のロココホール。
住 Platz der Demokratie 1　開 9:00〜14:30　※毎日290名の入場制限。券は朝8:30頃から並ばないと入手困難　休 月曜　料 €8、学生€6.50
☎ 545400

ホールは豪華絢爛

Schwarzbierhaus
シュヴァルツビアハウス

黒い木組みが美しいレストラン兼ペンション

16世紀の美しい木組みの建物。黒ビールで有名なケストリッツァーが内装設営に協力した。料理はチューリンゲン地方の郷土料理。ペンションも兼営。

map p.85-A		
●ゲーテ広場より徒歩3分	FAX 779339	カード VISA、MC
住所 Scherfgasse 4	営業 11:00〜翌1:00	HP www.koestritzer-schwarzbierhaus-weimar.de
TEL 779337	休日 無休	
	料金 S-€50〜、W-€75〜	

Ginkgo Museum
銀杏博物館

銀杏を使った商品がいっぱい

名前は博物館だが、実体はショップ。銀杏をモチーフにしたカップや絵はがきはもちろん、銀杏の葉を使ったお茶やシャンプーまである。2階は展示室。

map p.85-A
●マルクト広場から徒歩2分
■住所 Windischenstr.1
■TEL 805452
■営業 10:00〜17:30（土・日曜、祝日〜15:00）
■休日 無休
■カード VISA、MC、AMEX、DC
HP www.ginkgomuseum.de

Hotel Elephant The Luxury Collection
エレファント

芸術収集品も一見の価値あり

入口上方のバルコニーではヒトラーが演説し、トーマス・マンにも愛された1696年創業の名門ホテル。内装はモダンかつクラシックなアールデコ調。

map p.85-A
●マルクト広場から徒歩1分
■住所 Markt 19
■TEL 8020
■FAX 802610
■料金 S-€111〜、T-€129〜、朝食€20
■部屋数 全99室
■カード VISA、MC、AMEX、DC、JCB
HP www.hotelelephantweimar.com
※2018年秋まで改装のため休業

Hotel Anna Amalia
ホテル・アンナ・アマリア

エレガントな内装で、併設するレストランの評判もいい。部屋にはゲーテの訪れた都市名を冠してる。

map p.85-A	
●マルクト広場から徒歩5分	
■住所 Geleitstr.8-12	■TEL 49560
■FAX 595699	■料金 S-€60〜、T-€87〜
■カード VISA、MC、AMEX、DC	
HP www.hotel-anna-amalia.de	

Amalienhof Hotel Weimar
アマリエンホーフ

クラシックなワイマールを堪能できるビーダーマイヤー様式の内装。長期滞在アパートもある。

map p.85-C
●マルクト広場から徒歩5分
■住所 Amalienstr.2　■TEL 5490
■FAX 549110　■料金 S-€55〜、T-€80〜
■カード VISA、MC、AMEX
HP www.amalienhof-weimar.de

Ringhotel Kaiserin Augusta
カイゼリン・アウグスタ

1867年創業で、戦前は著名人も訪れた老舗。統一後の改装でピアノバーもあるモダンなホテル。

map p.85-A外
●中央駅から徒歩1分
■住所 Carl-August-Allee17　■TEL 2340　■FAX 234444　■料金 S-€69〜、T-€84〜　■部屋数 全134室
■カード VISA、MC、AMEX、DC、JCB
HP www.hotel-kaiserin-augusta.de

ペンション・ザヴィーナ Pension SAVINA ★★　map p.85-A外
●マルクト広場から徒歩5分　■住所 Meyerstrsse 60　☎86690
FAX 866911　■T-€45〜、T-€60〜　HP www.pension-savina.de

レジデンツ Die kleine Residenz ★★　map p.85-B
●マルクト広場から徒歩2分　■住所 Grüner Markt 4
☎743270　■T-€75〜　HP www.residenz-pension.de

ラビリンス Labyrinth Hostel　map p.85-A
ゲーテプラッツ
■BUS 3,6,7 Goethepl.から徒歩2分　■住所 Goetheplatz 6
☎811822　■S-€30、ドミ-€14〜　HP www.weimar-hostel.com

●〜€15　●●€15〜25　●●●€25〜50　●●●●€50〜
★エコノミー　★★カジュアル　★★★スタンダード　★★★★ラグジュアリー

ERFURT
エアフルト

p.11-H　■人口=21.1万人　●街の規模=徒歩で半日

かつては商業で全盛を誇った、1200年の歴史ある「塔の国」

- ★歴史の古さを物語る建築物
- ★大聖堂
- ★ゼヴェリ教会
- ★ペータースベルク
- ★アンガー博物館
- ★テューリンガーブラートブルスト

Access

●鉄道：フランクフルト→IC、ICE（約2時間15分）→エアフルト［1時間1本／€61.50～］、ライプツィヒ→ICE（約45分）→エアフルト［1時間1本／€41～］、ドレスデン→ICE（約2時間）→エアフルト［2時間1本／€63～］

Information

🅘観光案内所：MAPp.88　住Benediktspl 1　☎66400　FAX6640290　開10:00～18:00（日曜・祝日～15:00）　休12/25、1/1　HP www.erfurt-tourismus.de

●ユースホステル：MAPp.88外　住Hochheimer Str.12　☎5626705　FAX5626706

街のしくみ　歩いているだけで楽しい。街にあふれる歴史的建物

テューリンゲン州の州都であるエアフルト。かつて一大交易路として栄えた商業の街だ。ゲーテがナポレオンに出会ったのもここ。

この街の観光は歩いてもいいし、市電を使ってもいい。市電はこまめに停まるので便利。駅を出てまっすぐ行くと**アンガー広場**Angerpl.に出る。ここの11番地の家では、スウェーデン王妃のマリー・エレノアが夫のグスタフ2世の死の知らせを聞き、6番地にはロシア皇帝アレクサンデル1世が滞在して

おもちゃのように愛らしい木組みの家々と市電

いたという。この地方の美術品が並ぶ**アンガー博物館**Angermuseumは必見。

小川を越えたら右手に大きな**市庁舎**がある。ここが**フィッシュマルクト**Fischmarkt。豪華なファサードの家が並び、目の保養になる。右に曲がり市庁舎の横を行くと**クレーマー橋**Krämerbrückeの入口がある。橋の両側には工芸品などを売る店が並ぶ。裏から見るとなんともロマンチックな橋ということがわかる。

 楽しみ方　教会音楽の穴場。ドイツ最新のオペラ座も

来た道を戻りまっすぐ行くと2つの巨大な建築物がそびえる**大聖堂広場**に着く。左が**大聖堂**Domで、右が**ゼヴェリ教会**Severikirche。

フィッシュマルクトのギャラリー

大聖堂の北西にある小高い丘には、**ペータースベルク**Petersbergという要塞が残っているので上ってみよう。ここからの眺めはすばらしく、エアフルトの街とテューリンゲンの森が一望できる。

緑の多い街なので散策もまた楽しい。この街にはなぜかイタリアン・ジェラートの店が多い。安いのでぜひお試しを。また、やたらと目に付くのが教会。かつて市街にはなんと36もの教会や礼拝堂、15の修道院があったそうだ。ついたあだ名が「塔の国」。エアフルトの人は信心深いようだ。

歴史的建築物が凝縮した街

エアフルトの市外局番☎0361

ライトアップされた大聖堂とゼヴェリ教会

大聖堂
Dom ★★★

| map | p.88 |

天井がとても高い礼拝堂

●フィッシュマルクトから徒歩5分

街のシンボルでもある大聖堂は742年建造。3つあるうち真ん中の塔の鐘は世界でも有数の大きさで、遠くまで響く美しい鐘の音は有名。ドームツアーは基本的に団体専用だが、団体が個人参加を受け入れた場合可能、料金は参加人数で変わるが、12名以下の場合で€4.50。増えるごとに割安となる。
圏9:30～18:00（日曜・祝日13:00～）、11～4月9:30～17:00（日曜・祝日13:00～）。ドームツアーは毎日14:00 料無料

市庁舎
Rathaus ★★

| map | p.88 |

●フィッシュマルクトから徒歩1分

華やかなフィッシュマルクトでもっとも印象的な建築物がネオ・ゴシック様式の市庁舎。1870～74年に建造され中にはテューリンゲンとエアフルトの歴史と伝説が描かれた数々

Check-Check! ゆっくり渡ろう、クレーマー橋

この町一番の名所。ゲーラ川に架かる125mほどの小さな橋だが、橋の両側に壁のように商店が建て込んでいて、橋の通りからは外部が見えない構造なのだ。裏に回ると、石造りのアーチの上にカラフルな木組みの店が立ち並ぶ様子がわかる。13世紀頃、交易の要衝として栄えた町の名残で、この名称も商人から来ているのだとか。今では両側の商店は、おみやげ屋さんやカフェとして32軒ほど営業中、中世の趣たっぷりのちょっとした小テーマパークだ。同じ構造ではフィレンツェのヴェッキオ橋が有名。東端の教会の塔も上ることができる。

MAP p.88
■Krämerbrücke
●中央駅から徒歩15分、または市電でAinger下車後5分

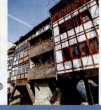
色とりどりの家が並ぶ珍しい形のクレーマー橋

の絵画が飾ってある。現在もコンサートなどが開かれる。豪華な祝祭の間Festsaalは必見。

住Am Fischmarkt 1 圏8:00～18:00（水曜～16:00、金曜～14:00、土・日曜10:00～17:00）、催事によって変更あり 料無料

Goldhelm Werkstattcafé
ゴルトヘルム・ヴェルクシュタットカフェ
元グラフィックデザイナーが情熱を傾けるチョコレート

高品質カカオにこだわる手づくりチョコ&ケーキが話題のショップ&カフェ。奥にキッチンが見える演出で雰囲気もおしゃれ。トリュフ型のチョコが人気。

| map | p.88 |
●アンガー広場から徒歩5分
■住所 Kreuzgasse 5
■TEL 6609851
■営業 12:00～18:00（土曜～17:00）
■休日 12/25・26、1/1
■カード VISA、MC
HP www.goldhelm-schokolade.de
※クレーマー橋にも小カフェがある

Krämerbrücke
クレーマーブリュッケ

歴史的建物をおしゃれな内装にしたホテル。クレーマー橋のすぐ目の前で、料理はモダンジャーマン。

| map | p.88 |
■住所 Gotthardstr. 27
■TEL 67400 ■FAX 6740244
■料金 S-€121～、T-€151～、変動制
■部屋数 全91室
■カード VISA、MC、AMEX
●アンガー広場から徒歩5分
HP www.ibbhotels.com

ホテル・メルキュール・エアフルト Hotel Mercure Erfurt ★★★ map p.88
●アンガー広場から徒歩3分 ■住所 Meienbergstr. 26-27
☎59490 ■S-€85～、T-€90～、朝食別、変動制、メンバー割引あり

アム・ドームプラッツ Am Domplatz ★ map p.88
●大聖堂広場から徒歩3分 ■住所 Andreasstr. 29
☎2115257 ■S-€39～、T-€80～ HP hotel-garni-erfurt.com

オペラ ホステル Opera Hostel ★ map p.88
●アンガー広場から市電Brühler Garten下車後3分 ■住所 Walkmuehlstr. 13 ☎60131360 ■ドミ-€15～、S-€39～ HP opera-hostel.de

●～€15　●●€15～25　●●●€25～50　●●●●€50～
★エコノミー　★★カジュアル　★★★スタンダード　★★★★ラグジュアリー

EISENACH
アイゼナハ

p.11-H ■人口=4.3万人 ■街の規模=徒歩で半日

ドイツ史に燦然と輝く伝説とロマンに彩られたヴァルトブルク城

- ★ロイター・ヴィラ、バッハの家
- ★ヴァルトブルク城
- ★ヴァルトブルク城周辺の山々
- ★ルター、バッハ、ワーグナー、リスト

Access
- ●鉄道：フランクフルト→IC、ICE（約1時間40～50分）→アイゼナハ［1時間1本／€51～］、ライプツィヒ→ICE（約1時間10分）→アイゼナハ［1時間1本／€48～］
- ●市内交通：ヴァルトブルク城へのバスは駅やMarienstr.から10番のバスで約30分毎の運行。

Information
- ❶観光案内所：＜マルクト広場＞
- MAP p.90-B ⌂Markt 24
- ☎79230 FAX792320
- 開10:00～18:00（土・日曜、祝日～17:00）
- 休無休 HP www.eisenach.info
- ●ユースホステル：MAP p.90-B外
- ⌂Mariental 24 ☎743259 FAX7349972

ヴァルトブルク城で過ぎ去った時代を体感する

アイゼナハの誇りは、ヴァルトベルク山に

山の頂にある城。昼は絶景、夜は星空が楽しめる

そびえる**ヴァルトブルク城**Wartburg。ドイツでも屈指の歴史を誇る古城で、旅人を異世界へと誘う。アイゼナハはまた、バッハが生まれ、ルターが学んだ地としても知られている。

旧東ドイツ製の車といえばトラバントが有名だが、この街で造られていたその名もヴァルトブルクという車もまた、当時は主流だった。**自動車博物館**Automobilbau Museumでは、その車の歴史を見ることができる。

駅を出て右方向へ行くと、12世紀に建てられた**ニコライ門**がある。かつては2.9kmに及ぶ城壁が市街を囲んでいたが、現存するのはテューリンゲン地方最古のこの門だけ。賑やかな**カール通り**を歩くと**マルクト広場**に出る。ひときわ高い塔の建物は、バッハが洗礼を受けた**ゲオルク教会**。南の方向に歩いていき、**ルターの家、バッハの家**を見学しよう。

わがままレポート

ヴァルトブルク城
Wartburg
map p.90-A

山上の霧にうかぶ古き名城

1067年、伯爵ルートヴィヒ・デア・シュプリンガーが建てた、ドイツの文化を語る上で欠かせない城

シュプリンガーはこの地を見た時、「待てよ（Wart）、この山に私の城（Burg）が建つ」と言ったそうだ。他人の所有地だったので、自分の所有地の土をここに運び、その上に城を建てたという。

14世紀の壁画が残る、今も使われている礼拝堂

1170年建造の本館内は、独語か英語のガイドツアーで見学する。騎士の間Rittersaalを出ると、城の最古の部分である階段がある。

華やかな雰囲気の歌合戦の大広間

1168年に切られた樫の大木の柱が見事な食事の間Speisesaalの次は、エリザベートの間Elisabethkemenate。天井や壁一面がモザイクに埋め尽くされている。1211年、ハンガリー王女だった彼女は4歳の時に、ルートヴィヒ4世のフィアンセとしてこの城にきて、14歳で結婚。夫が戦死し城を追われてからも、彼女は病や貧困に苦しむ人達のために尽くし、24歳で亡くなった。

礼拝堂Palaskapelleを見たら、エリザベートの人生を描いた壁画が並ぶ廊下へ。舞台もある歌合戦の大広間Sängersaalには13世紀初期、ミンネゼンガー（宮廷恋愛歌人）が集まった。エッシェンバッハらが生死を賭けて歌を競った様子が、ワーグナーのオペラ『タンホイザー』のテーマとなった。つづいて方伯の間Landgrafenzimmer、豪華な祝宴の大広間Festsaalへ。バイエルンのノイシュヴァンシュタイン城には、これとそっくりな広間がある。ゲーテが造らせた博物館は自由に見学でき、ルターがたった10カ月で新約聖書を訳し、論文を仕上げた部屋は必見。●中央駅からバス10番で約20分 **開**8:30〜17:00（11〜3月9:00〜15:30）**料**ガイドツアーは英語（13:30のみ）とドイツ語（20分毎）で€10、学生€7　**☎**2500

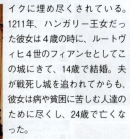
1521〜22年にルターが暮らした部屋

1817年には城で多数の学生が政治集会をした

ドイツ東部＆ゲーテ街道

91

ロイター・ワーグナー博物館 ★★
Reuter-Wagner Museum
map p.90-B

●マルクト広場から徒歩10分

アイゼナハ出身である、詩人のフリッツ・ロイター（1810〜1874）が住み、亡くなった白亜の屋敷。2階には彼の思い出の部屋が残され、1階はリヒャルト・ワーグナーの博物館となっている。この街を舞台にした『タンホイザー』の楽譜などが展示されている。

アイゼナハの市外局番☎03691

住Reuterweg 2　**開**14:00〜17:00　**休**月・火曜　**料**€4、学生€2　**☎**743293
バイロイトのワーグナー博物館の次に収集品が多い

素朴で住み心地の良さそうなバッハの家

バッハの家
Bachhaus ★★★
map　p.90-B

●マルクト広場から徒歩5分

　アイゼナハで生まれた天才作曲家ヨハン・セバスチャン・バッハとその一族の博物館。かつてはバッハの生家とされていた。2人の子をはじめ、バッハ家には音楽家が多かった。豊富なコレクションが印象的。数々の珍しい古楽器もあり、1時間おきにそれらを演奏してくれる。家の前の広場にはバッハの像が立っている。

住Frauenplan 21　開10:00～18:00(12/24・31～14:00)　休無休　料€9.50、学生€5　☎79340

ルターの家
Lutherhaus ★★
map　p.90-B

●マルクト広場から徒歩1分

　この街に現存する最も古い家で、学生だったルターは、ここに1498年から3年間下宿した。珍しい聖書やプロテスタントの資料、当時の神学の本などもある。1517年宗教改革を唱えた彼は破門され、ヴァルトブルク城の保護を受け再びこの街に戻ることになった。

住Lutherplatz 8　開10:00～17:00　休11～3月の月曜、12/24～1/1　料€6、学生€4、特別展は別料金　☎29830

街でもひときわ目立つ、魅力的なルターの家

Hotel auf der Wartburg ★★★★
アウフ・デア・ヴァルトブルク
山上の美しき古城ホテル

ヴァルトブルク城の下手、蔦のからまるロマンチックな館。上品なインテリアがすばらしく気分はまるで貴族。抜群の眺望のレストランもあって好評。

map　p.90-A
●Marienstr.からバス終点下車さらに徒歩10分(宿泊客は車の進入、駐車可)
住所　Auf der Wartburg 2
TEL　7970
FAX　797200
料金　S-€135～、T-€209～、変動制
部屋数　全37室
カード　VISA、MC、AMEX、DC
HP www.wartburghotel.de

Hotel Kaiserhof ★★★
ホテル・カイザーホーフ
100年の伝統を誇る老舗

アンティークの家具や暖炉が重厚な雰囲気。93年に東独時代は使えなかった「皇居」というホテル名に戻り、改装オープンした。駅に近く設備も充実。

map　p.90-B
●アイゼナハ駅から徒歩5分
住所　Wartburgallee 2
TEL　88890
FAX　8889599
料金　S-€79～、T-€109～、変動制
部屋数　全64室
カード　VISA、MC、AMEX
HP www.kaiserhof-eisenach.de

Schlosshotel Eisenach ★★★
シュロスホテル・アイゼナハ
街の中心にあり観光に便利

かつての修道院を改装した白い外観の新しい中庭付きのホテル。障害をもつ人のために工夫された部屋が3部屋ある。朝食がとてもおいしい。

map　p.90-B
●マルクト広場から徒歩1分
住所　Markt 10
TEL　702000
FAX　70200200
料金　S-€65～、T-€115～
部屋数　全43室
カード　VISA、MC、AMEX、JCB
HP www.schlosshotel-eisenach.de

★エコノミー　★★カジュアル　★★★スタンダード　★★★★ラグジュアリー

アイゼナハの市外局番☎03691

ローマン・バロック様式の堂々たる大聖堂

石畳の洒落たワーグナー小路Wagner-gasse

FULDA
フルダ

p.11-H　■人口=6.4万人　■街の規模=徒歩で半日

18世紀のバロック建築群が美しい。
緑多き1000年の歴史ある宗教都市

　ドイツ中央にあるフルダの歴史はベネディクト会修道院が建てられた744年にまでさかのぼる。街は整然としており優雅な雰囲気。駅を出ると北側に英国式の宮廷庭園が広がり、そこで華麗なたたずまいを見せるのが**フルダ城**。内部はドイツ語のガイドツアーで見学でき、城内に❶がある。庭園の一角には1725年建造の**オランジェリー宮殿**もあり、こちらも見事。庭園の西にそびえるのは街のシンボルの巨大な**大聖堂**。9世紀建造の聖堂を18世紀初期に修復した貴重な建築だ。この周辺は貴族の館が並びエレガントな雰囲気。

華やかな宮廷庭園

JENA
イエナ

p.11-H　■人口=11万人　■街の規模=徒歩で半日

レンズのツァイス社の故郷は、"知識の倉庫"と称された緑多き大学街

　中世の頃、ワインと農耕で栄え、1558年に大学が造られてからは学問の街となった。
　まずは高層ビルの大学から市内を一望しよう。昔の校舎のコレギウム・イエネンゼも近くに残る。続いて植物園やツァイスの世界最古のプラネタリウムZeiss-Planetarium（窓口 圃10:00～13:00　19:00～20:00 [金曜11:00～12:00、19:00～20:00、土曜14:00～21:00、日曜13:00～18:00、投影プログラムはさまざま] 囷月曜 料€10、学生€8.50。光学工学

博物館との共通券€13.50、学生€11）へ。**光学工学博物館**Optisches Museum（圃10:00～16:30、土曜11:00～17:00 囷月・日曜、祝日、12月24、31日 料€5、学生€4）も必見だ。

Lutherstadt Wittenberg
ヴィッテンベルク

p.10-F　■人口=4.6万人　■街の規模=徒歩で半日

マルティン・ルターが暮らし、
16世紀の宗教改革の舞台となった町

　ルターや画家クラナッハが暮らした町。駅を出たらAm Hauptbahnhofを左手に南下。すぐT字路を右折すると、ルターが暮らした家、**ルターハウス**Lutherhaus（圃9:00～18:00 [11～3月10:00～17:00] 囷11～3月の月曜 料€8）に行き着く。ここでは彼とその偉業に関する資料や絵画を展示。1517年に有名な「95ヵ条の論題」を張り出し、宗教改革運動の発端となった**城教会**Schlosskircheは、マルクト広場から5分ほど西にあり、その向かいに❶もある。毎年6月の第2週末には「ルターの結婚式」というお祭りもある。

マルクト広場。手前がルター像

■フルダ
●フランクフルト→ICE約1時間（1時間2～3本）/€33
❶：囷Bonifatius platz1　☎0661-102-1813/1814　圃8:30～18:00（土・日曜、祝日9:30～16:00）囷無休

■イエナ
●ライプツィヒ→SE約1時間20分～（2時間毎）/€21.30、ベルリン→ICE約2時間25分（1時間毎）/€62　❶：囷Markt 16

☎03641-498050　圃10:00～19:00（土・日曜、祝日～16:00）、1～3月～18:00（土曜～15:00）
囷1～3月の日曜、12/25・26、1/1、聖金曜日、5/1

■ヴィッテンベルク
●ベルリン→ICE約40分（1時間1本）/€33　❶：囷Schlossplatz 2　☎03491-498610　圃9:00～18:00（11～3月10:00～17:00）
囷12/25・26

エルベ川遊覧の旅
ザクセン・スイスへ

ドレスデンから東へ約20km、エルベ渓谷沿いに切り立つ、急峻な岩場が織りなすグランドキャニオンのような光景は、ザクセンスイスと呼ばれる砂岩山地帯。『愛を読む人』のロケ地でも知られ、日帰りできるエクスカーションとしておすすめ度No.1！

まずはドレスデンから列車（S1）でケーニヒシュタイン駅まで行こう（約40分）。夏季は広場から要塞まで観光バスが出ている。要塞は食事も含めて2〜3時間あれば見て回れるだろう。午後はクアオルト・ラーテン駅へ。対岸に渡り30〜40分ほどバスタイまでハイキングすれば、そこはドイツのグランドキャニオンだ。帰りは遊覧船（クアオルト・ラーテンからドレスデンまで€16.50）で周囲の景観を眺めながら船旅を。ピルニッツ城（p.76参照）は余裕をもって後日訪れたい。

バスタイ
Bastei MAP p.66-B

ザクセン・スイスを一望できる景勝スポット。緑豊かな麓からのハイキングコースは、途中、岩場の谷に架かる橋を渡るなど、ちょっとした冒険気分。約200mの眼下に広がるパノラマは必見。

ロッククライマーも多い

ケーニヒシュタイン要塞
Festung Königstein MAP p.66-B

高さ240mほどの岩場の上にそびえる難攻不落の要塞。13〜16世紀に基礎が築かれ、18世紀頃に拡大された。宮廷の避難所として使われていたが、後年刑務所としても利用され、マイセン磁器の製造に成功したベトガーもここに幽閉されていたという。入口からエレベーターで、見晴らしのいい巡視路まで上ってみよう。見どころは、ここから見渡す周囲の景観の他、井戸やワイン樽ケラーなどの各種施設。レストラン、ショップもある。

左は巡視路に置かれた砲台

事前に帰りの時刻を確認しておこう

Data

ザクセン汽船　Sächsische Dampfschiffahrt
☎0351-866090
HP www.saechsische-dampfschiffahrt.de

ケーニヒシュタイン要塞　Festung Königstein
☎035021-64607　営9:00〜18:00（11〜3月〜17:00、12/31〜15:30）　休12/24　料€10、学生€7（11〜3月€8、学生€6）、日本語オーディオガイド€3
HP www.festung-koenigstein.de

観光バス　Festungsexpress（復活祭〜10月末）
駅前広場より9:00〜16:50まで30分毎　☎035021-67614
HP www.frank-nuhn-freizeit-und-tourismus.de

高層ビルが立ち並ぶフランクフルトの摩天楼

エリア 3

フランクフルトとその周辺

フランクフルト
ヴィースバーデン
ダルムシュタット
バート・ホンブルグ
オッフェンバッハ
ビューディンゲン

FRANKFURT AM MAIN
フランクフルト

p.11-H　■人口＝73.6万人　■街の規模＝徒歩と🆄で2日

摩天楼を思わせる高層ビル群と中世文化の香りを同居させたフランクフルト。自然と文化と産業の均衡を保った独特の景観は、他都市にはない魅力を秘めている。

- ★ 近代的なビルと復元された中世の街並が同居する
- ★ 旧オペラハウスと市立劇場
- ★ 7つの博物館が並ぶ博物館通り
- ★ ラインガウの白ワイン　ザクセンハウゼンのリンゴ酒
- ★ ソーセージ
- ★ 文豪ゲーテ
- ★ ツァイル通り、ゲーテ通り

ACCESS

●空路：東京（成田、羽田）、大阪、名古屋から直行便で約12時間（それぞれ週23便、5～7便、4～7便）。パリから約70～80分。国内主要都市から約1時間。

●鉄道：ミュンヘン→ICE（3時間13分）→フランクフルト［日中1時間毎／€105］、ハンブルク→ICE（約3時間20分）→フランクフルト［1時間に1本／€126］、ベルリン→ICE（4時間10分）→フランクフルト［毎時1～2本／€129］

雰囲気のいいレーマー広場

✈ フランクフルト国際空港

ヨーロッパを代表する国際基幹（ハブ）空港で、文句なくドイツの空の表玄関。ターミナルは主にルフトハンザドイツ航空、タイ国際航空、全日空などが発着する第1ターミナルと、日本航空やヨーロッパ各社、アジア便が利用する第2ターミナ

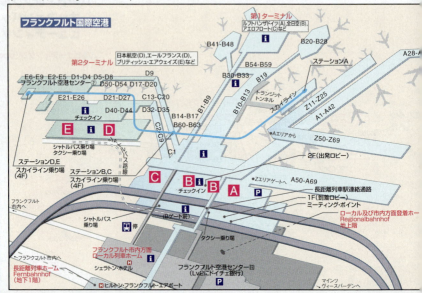

フランクフルトの市外局番☎069

POINT フランクフルト空港からの入国

第1ターミナル到着の場合は、Bにある入国審査を通過し、そのまま進むと待合ホールに出る。一瞬間違えたかなと思うかも知れないが、50mほど進むとエスカレーターがあるので下り、荷物受取所で荷物を受け取ってから税関へ向かう。

ルとに分かれている。空港内には日曜日も営業しているスーパーやカジノまである。

空路によるアクセス

日本からドイツへの直行便のほとんどはここに到着する。ルフトハンザドイツ航空、日本航空、全日空が東京や名古屋、大阪から直行便を運航。到着後国内線に乗り換え、その日のうちにベルリンやミュンヘン、ハンブルクなどに行ける場合もある。

●空港インターネット案内
HP www.frankfurt-airport.de
●注意
フランクフルト空港は、新しくターミナル3の増築工事が進行中。少なくとも2022年頃開港予定で、大規模改修工事中にはテナントなどの移動がありうるので注意。

空港から市内へ

第1ターミナル地下のRegionalbahnhof（ローカル列車駅）からS8,9で中央駅まで約12分（€4.90）。観光もするなら1日乗車券よりフランクフルトカード（p.98参照）を利用した方が得。空港のウェルカムセンターで購入可。なお、ICEなどで直接他の都市に行く場合は長距離列車駅Fernbahnhof（AIRail Terminal）を利用する。タクシーでは市中心部まで通常20〜30分（約€33）。

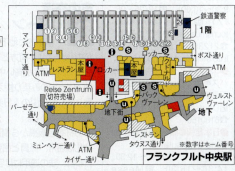

フランクフルト中央駅

フランクフルト周辺
Frankfurt Umgebung

フランクフルト市内交通
市内ではUバーン、Sバーンを活用する

INFORMATION

❶観光案内所
＜中央駅＞ MAP p.100-F
☎21238800　FAX 21245012
開8:00～21:00（土・日曜、祝日9:00～18:00、12/24・31は8:00～13:00）休12/25・26、1/1
＜レーマー広場＞MAP p.101-G
☎21238800　FAX 21240512
開9:30～17:30（土・日曜、祝日9:30～16:00、12/24・31は9:30～13:00）休12/25・26、1/1 HP www.frankfurt-tourismus.de　●ホテル予約：☎21230808、FAX 21240512、into@infofrankfurt.de

●**ユースホステル**　中央駅からバス46番でFrankensteiner Pl.下車すぐ MAP p.101-H
住Deutschherrnufer 12
☎6100150

●**日本総領事館**　Japanisches Generalkonsulat
MAP p.100-E　開9:00～12:30、14:30～16:30　住Messe Turm 34 OG Friedrich-Ebert-Anlage 49　☎2385730　休土・日曜、ドイツ及び日本の祝日

●**ルフトハンザドイツ航空**
☎86799799（日本語で問い合わせは東京＋81-3-4333-7656

●**日本航空**　MAP p.101-G
住Rossmarkt 15　☎86798777（日本語予約・案内）

●**全日空**　MAP p.101-G
住Rossmarkt 21　☎0800-1810397（日本語予約・案内）

●**ラインマインカード**
フランクフルト市内だけならフランクフルトカードで十分だが、ヴィースバーデンやマインツなど、周辺地域にも足をのばす予定なら、RMV（ラインマイン公共交通網）が網羅する、ラインマインカードの方がよいかも知れない。2日間有効券€22、同5人までのグループ券€46とかなりお得だ。詳しくは❶か下記サイトで。
HP frankfurttourismus.de/en/Information-Planning/RheinMainCard

🚆 鉄道によるアクセス

ホームは横一列に24番線まであり、地下ホームにはSやUがひっきりなしに発着する。銀行、郵便局、インターネットコーナーなど、設備も充実している。ICEやICなどの特急でドイツ各都市と結ばれているのはもちろん、ヨーロッパ各国からも国際列車が頻繁に発着する。ただ深夜にフランクフルトに到着する特急よりは、夜行で朝到着の急行の方が何かと好都合なので、日程を組む際にはよく時刻表をみて考えたい。

市内交通

🚇 Uバーン／Sバーン

基本的に地下鉄のUバーンとDBの近郊電車Sバーンが中心。ただし、両方とも中心街では地下を走り、郊外では地上を走る。利用率が高い中心街ゾーン50の券は€2.75。1時間有効で同方向のみ乗り換え可能。市電やバスも利用できる。また、乗り降りが自由の1日券Tageskarte（€5.35、空港までの使用不可）もある。

切符を自動機から購入すれば、自動的に日時が刻印される。検札は通常、係員と屈強なガードマン数人によって抜き打ちで行われ、法の適用には容赦ない。もし不正が発覚した場合には、€40以上の罰金が科せられるのでくれぐれも注意したい。なお地元の人は乗車券をあまり買っていないように見えるが、これはほとんどの人が定期券を持っているため。

🚌 市電／バス

観光で活躍しそうなのは46番バス（2系統あり）のMuseumsufer路線。中央駅から博物館通り（p.105参照）沿いに走るので、主な美術館に行きやすい。中央駅からザクセンハウゼン地区や南駅に行く場合は市電16が便利。ベルリナー通りのパウルス教会・レーマーバス停から2階建て観光バスによるシティツアーを運行。10:00～17:00、約30分毎、所要1時間で€17（ネット予約€14.90）。HP www.citysightseeing-frankfurt.com

途中、乗り降り自由で日本語オーディオガイドもある

フランクフルトカード

市内の全公共交通機関（空港～市内間含む）が乗り降り自由。主要な美術館、博物館の入場料が50％割引、市内バスツアーが20％割引になる。1日券€10.50、2日券€15.50。5人まで使えるグループ券（1日€22、2日€32）もある。購入は❶などで。

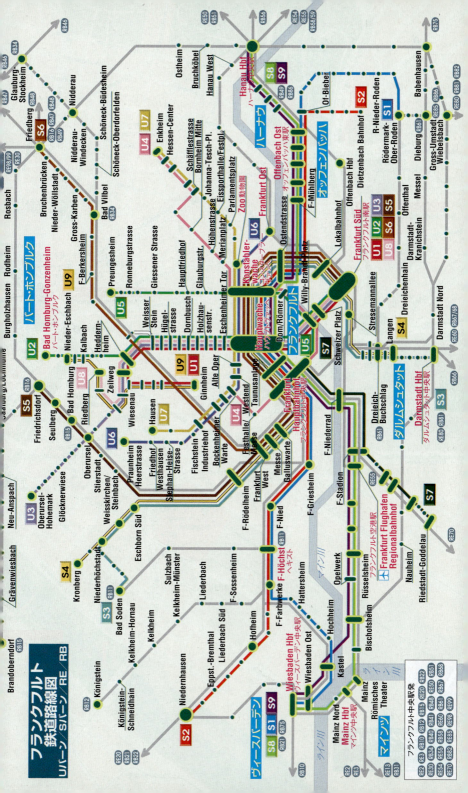

立ち並ぶ高層ビル街

マインタワー
Main Tower

ビルの多くはオフィス用なので、屋上を一般に開放している高層ビルは少ない。ここでは展望台に入場するのに料金が必要。また展望台のすぐ下にはレストラン＆バーもある。

MAPp.100-F 住Neue Mainzer Str.52-58 開10:00～21:00（金・土曜～23:00）、冬期10:00～19:00（金・土曜～21:00）、天候による時間変動あり 料€7.50、学生€5〈レストラン＆バー〉営12:00～15:00、18:00～24:00（金・土曜～翌1:00）
休日・月曜 ☎36504770
HP www.maintower.de

102

日本語のツアー情報

市内主要観光ポイント半日見学、ライン川下り（日帰り）、ロマンチック街道とノイシュヴァンシュタイン城の旅（2日）など。
■問い合わせ先 ☎92187740
JTBフランクフルト支店

ベロタクシーVelotaxi。1～2km€8、40分€24、60分€38。いずれも2人までOK

シュレーマーマイヤー。目の前で量り売りしてくれる

フランクフルト・街のしくみ＆楽しみ方

この町は文豪ゲーテがその青春時代を過ごした街。現在は、ドイツでは珍しい高層ビルの立ち並ぶ文化都市だ。日本からの直行便や国際線の乗り入れが多いため、多くの日本人にとって、ドイツに到着して初めての街になる。

 観光ポイントはレーマー広場が中心

ドイツきっての近代都市だが、ほかの街同様、新旧それぞれの市街に分かれていて、中心となる繁華街は中央駅から少し離れている。旧市街の中心は**レーマー広場**（p.104）周辺。この近くには市庁舎、大聖堂などもあり、ここを中心に地図を見ると、マイン川を底辺に持つ、ちょっといびつな五角形状の緑の公園帯が浮かび上がる。これがかつての城壁があったところ。今も歴史的な町の見どころは、ほとんどがこの範囲内にある。

旧市街でも一番にぎやかなのは、**ハウプトヴァッヘ**（MAPp.101-G）を中心にしたツァイル通り周辺だ。この通りはデパートやレストラン、映画館などが立ち並ぶメインストリートで、歩行者天国にもなっている。同じ買い物でも、高級ブランド品巡りなら**ゲーテ通り**（p.107）が定番。

また、マイン川の南岸は、通称**博物館通り**（p.105）といわれ、博物館、美術館が集まっている文化エリア。飲み屋の連なる**クラッパー小路**がある**ザクセンハウゼン地区**（p.103コラム参照）もこの対岸になる。

 他都市にないドイツ流、都会の楽しみ方

地上100m以上の高層ビルが20棟以上あり、ほかの町に比べオフィス街が広い。その高層ビル群自体を観光するのも一興。例えば**マインタワー**（MAPp.100-F）は、2000年に完成した高さ199.5mの高層ビル。ここには展望台があり、一般にも公開されている。その向かいはジャパン・センターが入っているTaunus Tor。25階にセルフサービス式のレストランがある。

デリカテッセンやコンディトライが多いのも特徴の一つ。手軽に質が高い軽食をとれる。とくに**グローセ・ボッケンハイマー通り**Grosse Bockenheimer Str.（MAPp.100-F）は、通称「食いしん坊横町」の異名があるほど。近所のオフィス街から食事に訪れるビジネスマンが多い。デパートも多く、中心地のツァイル通りには、摩訶不思議なチューブ状グラスルーフを持つ**マイ・ツァイル**My Zeil（MAPp.101-G）というショッピングセンターがある。全長47m、欧州一長いエスカレーターもあり建築としてもおもしろい。

意外にエンターテイメントも充実。パリのオペラ座を手本に造られた後期ルネサンス様式の**旧オペラ座**Alte Opera（現在はコンサートが中心）と近代的な装いの**市立劇場**Schauspielhausがあり、そのほかクラブやライブハウスも多い。

最近では、ベルリン発祥で、環境にやさしいと好評のベロタクシーVelotaxi（4/1～10/31、HP frankfult.velotaxi.de）も登場。

新名所のマイ・ツァイル

発展の背景を知ろう

フランクフルトという地名は「フランク族の浅瀬」にちなむ。漁業や水運で地場を固め、中世には帝国自由都市に昇格、恵まれた水運を生かして商業都市として発展した。神聖ローマ帝国の時代には、皇帝の選挙や戴冠式がこの地で行われるようにえなる。18世紀になると、この街のゲットーの商人から身を起こしたユダヤ系銀行家、ロスチャイルド（ドイツではロートシルト）が、絶対王制とその崩壊の世紀末の混乱を乗り切って台頭。金融業でさらなる繁栄の礎を築いた。現在では、400を超える銀行が店舗を構え、世界の10大金融機関のうち9つまでが拠点を持つ。EU通貨統合後の欧州中央銀行もこの地にある。

また、中世からの伝統（世界初のメッセ都市）でメッセも盛んだ。年間開催は40件以上といわれ、とくにモーターショーや秋の書籍フェアは有名。文化面では文豪ゲーテがこの街の出身。26歳までの多感な青春期を過ごし、名作『若きヴェルテルの悩み』をわずか4週間で書き上げた。彼の足跡はその生家(p.104)で辿ることができる。

ゲーテはこの街で青春時代を過ごした

フランクフルトという地名

駅できっぷなどを購入する場合、「フランクフルト」だけでは通じない場合がある。これは旧東側の国境近くに同名の町があるからだ。その場合はこの町の正式名称として「フランクフルト・アム・マインFrankfurt am Main」を覚えておこう。

フランクフルトの危険区域

市内で一番気をつけなくてはならない場所は、中央駅の正面、カイザー通りの入口付近とカイザー通りに平行した2本の通り。ここにはいつもアル中気味の男女数名がたむろしていて、警察もパトカーを常駐させ監視にあたっている。普通に歩く分には問題ないが、この通りのカフェに座っていて、浮浪者に金をせびられた人もいる。

駅の北口から中央口に抜ける駐車場周辺は人気も少なく、いつも異臭が漂う。カイザー通りからタウヌス通りへ抜ける二本平行した道一帯はピンクゾーン。特に東欧系の店が目立つ。すべてが危険な店とはいえないが、しつこい客引きもいる。

素早くリンゴ酒をつがなきゃね

本音でガイド

ザクセンハウゼンのリンゴ酒

ザクセンハウゼン地区ではリンゴ酒の飲み歩きにチャレンジしたい。リンゴ酒Apfelwein（現地では訛って「エッベルヴァイ」と発音）とはリンゴをしぼって軽く発酵させたもので、アルコール度数は5.5%。古くからこの地方で飲まれており、自家製の店も。伝説（?）のラウシャーおばさんが、カメを背負い、行商して売り歩いたといわれ、クラッパー小路Klapper Gasse（MAPp.101-L）では彼女の噴水も見られる。

観光客が行きやすい有名なところでは、日本語メニューもある老舗酒場（100年以上）ツム・グラウエン・ボック。よりディープに地元の雰囲気に浸るなら、南駅Südbahnhofの近くにツム・ゲマルテンハウスなど数軒集まっている。おつまみには、かなり癖があるHandkäseというチーズの酢漬けに挑戦。ここでしか見かけないグリューネゾースGrüne Sosseという（多くは自家製）ハーブソースも通好み。文豪ゲーテも好んだという。なお、ドイツでは「フランクフルター」というのは細長いゆでソーセージを指すので念のため。

◆Zum Grauen Bock
MAP p.101-L Grosse Rittergasse30 ☎618026
営17:00～深夜（L.O.～23:00 ※夏期は晴天時、お昼も営業）
休日曜 ※夏期は月曜も、見本市期間は無休

◆Zum Gemalten Haus
MAP p.101-K Schweizer Str.67 ☎614559 営10:00～24:00 休月曜、夏期約2週間

◆Zur Germania MAP p.101-L Textorstr.16 ☎613336 営16:00～24:00（土・日曜12:00～24:00）休月曜

フランクフルト 街のしくみ

これが噂のグリューネゾース。ゆで卵や肉料理にかける

リンゴ酒とピッチャー

夜のザクセンハウゼン

見どころ

レーマー
Römer ★★★

map p.101-G

●U4 Römerからすぐ

レーマー広場Römerbergpl.に面して建つ、3棟の趣ある建物。これらはかつて市庁舎として使われていた貴族の館で、その中央の建物をレーマーと呼ぶ。神聖ローマ帝国が国力の興隆期を迎えていた1562年、新皇帝の即位の祝賀会の場所としてこの建物が選ばれ、豪華な式場となった。現在ドイツ出身の52人の皇帝の肖像画が壁面を飾り、神聖ローマ帝国時代の栄華が偲ばれる。

⏰10:00～13:00、14:00～17:00 休行事の日（要確認）料€2 ☎21234814

式場のホール（Kaisersaal）へは左横の狭い入口から

左はレンブラントの『サムソンとデリラ』

シュテーデル美術館
Städel Museum ★★★

map p.100-J

●中央駅からバス46番でStädel下車(p.98参照)

マイン河畔に重厚な姿を見せるフランクフルトきっての美術館。銀行家シュテーデル氏の寄付によって開設された。コレクションは絵画だけでも2700点、グラフィック印刷、彫刻などを合わせると10万点ほどの収蔵があり、2011年には本館がリニューアル、2012年には、中庭に採光窓を持つ、斬新な地下展示のコンテンポラリーアートの新館もオープンした。古典絵画、近代絵画の傑作も多く、有名なフェルメールの『地理学者』をはじめ、ラファエロやアンジェリコ、ボッティチェリなどイタリア・ルネサンス期の絵画収集の層の厚さでも名高い。他にもルーベンスの宗教画や、レンブラント、モネやルノワールなどの印象

わがままレポート

ゲーテの生家
Goethe-Haus ★★★

map p.101-G

文豪ゲーテの足跡をたどる

詩人ゲーテJohann Wolfgang von Goetheは1749年8月28日、この家で産声を上げた。父が皇室の高官、母が市長の娘という恵まれた家庭に育った彼は、多感な少年時代をここで過ごした。

父ハンスの影響を強く受け、幼年時代から読書好きだったゲーテは、妹コルネーリアと共に自作の人形劇をしていた。その小さな人形劇場は3階の角部屋の隅に置かれている。ゲーテが生まれた部屋は2階の突きあたりにあり、3階の左手の部屋で出世作『若きウェルテルの悩み』や代表作『ファウスト』の執筆に励んだという。

その後、第二次大戦中の爆撃で壊滅的な被害を受けたが、市民たちの熱意で復元された。調度品類は、別の場所へ移動させてあって無事。チケット売場には日本語のオーディオガイドもあり、入場券+€3で借りることができる。

ゲーテは文献の中で「あちこちの窓からの庭の眺めは本当に気持ちよい」と書いている

当時の裕福な一家の暮らしぶりも垣間見られる

●U1～3,6,7 S1～6,8,9 Hauptwacheから5分 住Grosser Hirschgraben23-25 ⏰10:00～18:00（日曜・祝日、復活祭・聖霊降臨祭の月曜日、12/26は～17:30 休聖金曜日、12/24・25・31、1/1 料€7、学生€3 ☎138800 HP www.goethehaus-frankfurt.de

派、20世紀初頭のキルヒェナーやベックマンなどドイツ表現主義の作品にも価値の高いものが多い。

開10:00〜18:00（木・金曜〜21:00）
休月曜 料€14、学生€12 ☎605098200

大聖堂
Dom ★
map p.101-G

●U4 Römerからすぐ

赤茶けた外観が目をひく典型的なゴシック建築。9世紀半ばに建築が開始された。とくに1562年から230年間に渡り神聖ローマ帝国皇帝の戴冠式がここで行われたことで有名。

開9:00〜20:00（金曜13:00〜） 休金曜午前、行事中 料無料 ☎2970320 〈ドーム美術館〉開10:00〜17:00（土・日曜、祝日11:00〜） 休月曜 料€4、学生€2

博物館通り
Museums-ufer ★★
map p.101-K

●中央駅からバス46番でStädel下車(p.98参照)

マイン川南岸の通り、Schaumainkaiには、多くの美術・博物館が立ち並び、通称、Museumsufer（直訳で博物館岸）と呼ばれている。見どころは12世紀から現代まで、さまざまな様式美の家具・調度品コレクションを誇る応用美術博物館(Museum für Angewandte Kunst 開10:00〜18:00（水曜〜20:00） 休月曜 料€9)や、現代までの代表的な建築様式の模型や設計などを集めた建築博物館(Deutsches Architektur Museum 開11:00〜18:00（水曜〜20:00） 休月曜 料€12)、ドイツの映画史の展示や上映もあるドイツ映画博物館(Deutsches Filmmuseum 開10:00〜18:00（水曜〜20:00） 休月曜 料€6)、記号からインターネットまで通信に関する展示のコミュニケーション博物館(Museum für Kommunikation Frankfurt 開9:00〜18:00（土・日曜、祝日11:00〜19:00） 休月曜、12/24・25・31、1/1 料€4)など。

現代家具も芸術／応用美術博物館で
子どもに人気のコミュニケーション博物館

2日間有効で、ゲーテハウスを含む市内33館有効のMuseumsufer Ticketは€18、学生€10

名物pickup 陽気に騒ごう！リンゴ酒電車の旅

フランクフルト名物のリンゴ酒を飲みながら、観光名所を回ってしまおうという「リンゴ酒電車 Ebbelwei-Express」がある。

電車は、土・日曜、祝日の13:30から17:35の間、35分（11〜3月は70分）おきにUバーンのツォー駅を出発し、中央駅、ザクセンハウゼンを経由して戻る。車内ではリンゴ酒が振舞われ、宴会モードそのもの。子どもにはリンゴジュースが用意される。中央駅、ザクセンハウゼンからも乗れるが、確実に座りたいならツォー駅から乗車を。休聖金曜日、聖体の祝日、国民哀悼の日、永眠者記念日 料大人€8、14歳まで€3.50(飲物とブレッツェル付) ☎21322425

ぜひ乗ってみたいリンゴ酒電車

動物園
Zoo Frankfurt ★
map p.101-H

●U6,7 Zooからすぐ

旧市街の東に位置するこの動物園は、ドイツで一番の規模と入場者数を誇る。動物と人間の両方に配慮した設備が自慢で、夜行性動物の生態が昼間でも見られる夜行性動物館はとくに人気が高い。オープン飼育を多く採り入れた施設は他の動物園の見本となり、海外からの視察も多い。入場券は売り場によって販売時間が異なるので要注意。

開9:00〜19:00（冬期〜17:00） 休無休 料€10、学生€5（閉館2時間前€8、学生€4） ☎21233735

ゼンケンベルク自然博物館
Naturmuseum Senckenberg ★★★
map p.100-A

●U4,6,7 Bockenheimer Warteから徒歩3分

ドイツ最大の展示数を誇る自然史博物館。ここの目玉は骨格が忠実に復元された恐竜の数々。マンモスやティラノザウルスなどが圧倒的な存在感で見る者を魅了する。

開9:00〜17:00（水曜〜20:00、土・日曜、祝日〜18:00） 休聖金曜日、12/24・31、1/1 料€10、15歳以下€5 ☎75420

フランクフルトの市外局番☎069

フランクフルトのレストラン・ショップ・ホテル

ホテルが密集しているのは中央駅周辺。ショッピングの中心はハウプトヴァッヘ近くのツァイル。個性的な店も多く、歩いているだけでも楽しい。ブランドショップがお目当てならばゲーテ通りが必見。"食いしんぼう通り"の異名を持つグローセ・ボッケンハイマー通りには、良質のレストランが並ぶ。

おいしいワインはいかが？

 Vinum
ヴィーヌム
フランクフルトで一押しのワインレストラン

ワイン貯蔵庫を改造した雰囲気満点の店内。厳選ワインは50種以上、うち20種はグラスでも可、値段も手頃。迷ったら白の辛口のおすすめを頼んでみよう。

map p.100-F
- ●U6,7 Alte Operから徒歩5分
- ■住所 Kl.Hochstr.9
- ■TEL 293037
- ■営業 16:00〜翌1:00（土曜17:00〜）
- ■休日 日曜、祝日（大規模メッセ時除く）、7・8月の土曜
- ■カード VISA、MC、AMEX、JCB

 Klosterhof
クロスターホーフ
伝統郷土料理とスペシャルビール。ゲーテのステーキも。

ゲーテも食したという、店名を冠したラムステーキが人気。独自ルートで入手の黒ビールと酵母入りビールのNaturtrübも自慢。人気店なので予約推奨。

map p.101-G
- ●U1〜5他 Willy-Brandt-Platzから徒歩3分
- ■住所 Weissfrauenstr.
- ■TEL 91399000
- ■営業 11:30〜翌1:00（食事12:00〜23:30）
- ■休日 日曜、祝日
- ■カード 不可
- HP www.klosterhof-frankfurt.de

 Haus Wertheym
ハウス・ヴェルトハイム
1479年に建てられた歴史的建物。内装は雰囲気満点

市内中心部では第二次大戦の戦火を逃れた希少な建物。その昔は消防署だったという。この地方の郷土料理が自慢だが、そのアンティークな内装は必見。

map p.101-G
- ●U4,5 Dom/Römerから徒歩5分
- ■住所 Fahrtor 1
- ■TEL 281432
- ■営業 11:00〜23:00
- ■休日 無休
- ■カード 不可
- HP haus-weltheym.de

 Iimori Pattisserie
イイモリ・パティスリー
日本的アイデアでフランス菓子を創作アレンジ

抹茶ケーキやニューヨークチーズケーキなど、フランスの職人と日本人オーナーが作る新感覚ケーキが人気。上階はレストラン。料理教室もある。

map p.101-G
- ●U4,5 Dom/Römerから徒歩5分
- ■住所 Braubachstrasse 24
- ■TEL 97768247
- ■営業 9:00〜21:00（土曜10:00〜、日曜10:00〜16:00）
- ■休日 無休
- ■カード VISA、MC、DC、JCB、利用は€10〜
- HP www.iimori.de

 Wackers` Kaffee
ヴァッカーズ・カフェ
スノッブ族の御用達!?

1914年創業のカフェ。独特の濃い香りと味わいで、地元では豆の購入はここで、という文化人も多い。小さな店ながら、手ごろな価格と立地で観光休憩に。

map p.101-G
- ●Hauptwacheから徒歩5分
- ■住所 Kornmarkt 9
- ■TEL 287810
- ■営業 8:00〜19:00（土曜〜18:00）
- ■休日 日曜、祝日
- ■カード 不可
- HP www.wackers-kaffee.de

〜€15　€15〜25　€25〜50　€50〜

Walden
ヴァルデン
おしゃれ系カフェ&レストラン&クラブ

雰囲気を楽しめるおしゃれ系カフェ。食事は特にパスタとサラダ類が人気。朝食セットも夕方まで頼める。冬は上階がクラブ、夏はテラス席も。

- map p.101-G
- S1~6,8,9 U1~3,6,7,8 Hauptwacheから徒歩7分
- ■住所 Kleiner Hirschgraben 7
- ■TEL 92882700
- ■営業 8:00～翌1:00（日曜～18:00）
- ■休日 日曜
- ■カード 不可
- HP www.walden-frankfurt.com

Zum Storch am Dom
ツム・シュトルヒ・アム・ドーム
1704年からレストランという老舗。ゲーテも通った

記録に登場するのは1317年、レストランとなってからも300年以上だがフレンドリーな対応。料理は庶民的で素朴。オーナーは親日家。

- map p.101-G
- ●レーマー広場から徒歩約5分
- ■住所 Saalgasse 3-5
- ■TEL 284988
- ■営業 18:00～24:00（日曜、祝日は12:00～15:00も）
- ■休日 土曜（メッセ中は営業）
- ■カード VISA、MC、AMEX、JCB
- HP www.zumstorch.de

Mutter Ernst
ムッターエルンスト

観光客向けではない、素朴で飾らない本当の家庭料理。カスラー&ザウワークラウトなど試してみたい。

- map p.101-G
- S1~6,8,9 U1~3,6,7,8 Hauptwacheから徒歩5分
- ■住所 Alte Rothofstr.12a
- ■TEL 283822
- ■営業 10:00～22:00（温かい料理10:30～15:00、17:30～21:00）、土曜10:00～16:00（温かい料理11:00～15:00）
- ■休日 日曜
- ■カード 不可

Tiger Palast
ティーガー・パラスト

奇才ジョン・クリンケによる20年代ベルリンの軽演劇、軽業ブームを再現したヴァリエテ劇場。

- map p.101-H
- U4,5,6 Konstablerwacheから徒歩5分
- ■住所 Heiligkreuzga.16-20　■TEL 9200220
- ■FAX 92002260　■営業 ショータイムは19:00と22:00（金・土曜は19:30と22:30、祝日は16:30と20:00）の2回
- ■休日 月・火曜、毎年6～8月頃に約2カ月ほど
- ■カード VISA、MC、AMEX、JCB　HP www.tigerpalast.de

欲しい品物を必ずゲット！
ブランド品はゲーテ通りで

全長300mほどのゲーテ通りGoethe Str.（MAPp.100-F）は、フランクフルト随一のショッピングエリア。世界を代表する高級ブランド店が軒を連ねる。

フランクフルト空港のショップも活用

　ドイツの表玄関だけあって空港内でのショッピングも充実。ボス、エスカーダスポーツ、モンブラン、ヨープなどがターミナル1のBゲートにショップを構え、エアポートブティックという店には、エルメスなどもある。またこの地下にはTegutというスーパーもあり、日曜も営業している。

　付加価値税還付の手続き（p.363参照）は荷物を機内に預ける前にするのが基本。手続き後の還付金受け取りのカウンターも、ターミナル1に数カ所、Bゲートなどにある（いずれもセキュリティーチェックを通った後の場所）。

ターミナル1のBゲート付近

Feiler Store
フェイラー
初登場！人気ブランドの直営店

ソフトで吸水性に優れ、丈夫なシュニール織に、美しいデザインと発色も備えたハンカチなどで人気のフェイラー。意外に扱う店が少ないのでぜひここで。

map p.101-G
- ●S1〜6,8,9他 Hauptwacheから徒歩3分
- ■住所 Shillerstr.20
- ■TEL 21932832
- ■営業 10:00〜19:00（土曜〜18:00）
- ■休日 日曜
- ■カード VISA、MC、AMEX
- HP www.feiler.de

Teddy Paradies & Teddy's Honigtops
テディ・パラダイス
フランクフルト一の品揃え

シュタイフはもちろん、アーティストベアや高価なアンティークまで、テディベアが約1400種、何でも揃う専門店。9月第1週末にはテディベア祭りも開催。

map p.101-G
- ●レーマー広場から徒歩1分
- ■住所 Römerberg 11
- ■TEL 13377000
- ■営業 10:00〜19:00（土曜〜18:00、日曜11:00〜18:00）
- ■休日 11〜3月の日曜
- ■カード VISA、MC、AMEX
- HP www.teddy-paradies.de

Hessen Shop Kleinmarkthalle
ヘッセン・ショップ (Liebfrauenberg側)

州の特産や名物を集めたお店。近郊のワイン、りんご酒やピッチャー、キッチン用品や文房具も。

map p.101-G
- ●U5 Hauptwacheから徒歩7分
- ■住所 Hasengasse 5　■TEL 21937950
- ■営業 10:00〜18:00（土曜16:00）　■休日 日曜
- ■カード VISA、MC、DC、JCB　HP hessen-shop.com

Lorey
ローライ

キッチン用品に特化したお店。有名なWMFやフィスラー、ヘンケルス、コジオルなど豊富に揃う。

map p.101-G
- ●U5 Hauptwache駅から徒歩5分
- ■住所 Schllerstr. 16　■TEL 299950
- ■営業 10:00〜19:00　■休日 日曜　■カード VISA、MC、AMEX、JCB　HP www.lorey.de

Distel Bio Laden
ディステル・ビオラーデン

日本人店長のいるBIO専門店。お試し可の自然派コスメは充実。オーガニック食材もある。

map p.100-F
- ●U1〜3,6〜8,S1〜6他 Hauptwacheから徒歩8分
- ■住所 Kleine Hochstr. 7　■TEL 71712977
- ■営業 11:00〜19:30（土曜10:00〜17:00）　■休日 日曜
- ■祝日　■カード VISA、MC　HP www.distel-bioladen.com

Artwork
アートワーク

Blechschildというノスタルジックな絵柄のブリキ看板の専門店。ポスター代わりに飾りたくなる。

map p.101-G
- ●レーマー広場から徒歩8分
- ■住所 Neue Kräme 18
- ■TEL 91397208　■営業 10:00〜20:00（冬期11:00〜）
- ■休日 日曜　■カード VISA、MC

Steigenberger Frankfurter Hof
シュタイゲンベルガー・フランクフルターホーフ
フランクフルトを代表する格調あるホテル

創業約130年、旧市街の中心に、ルネサンス様式の威風堂々たる外観を構える市内随一の歴史と伝統を誇る格式ある高級ホテル。各国VIPや著名人が利用するステータスのみならず、日本の帝国ホテルと提携して日本人スタッフが派遣されるなど、そのサービスもやはりトップレベル。内部にはフランス料理の「フランヤーズ」や、アメリカンテイストのビストロ「オスカー」といったレストランもある。2013年2月にはフィンランドサウナやハマム、エステ、ネイルサロンなどがあるTHE SPAがオープンした。無線LANも完備。観光に便利な立地のよさにも注目したい。なお、同グループでメトロポリタン（MAP p.100-E　Poststr. 6　☎5060700）、エアポート・ホテル（MAP p.97-B　Untersch weinstiege 16　☎69750）などもある。

一度は泊まりたい憧れのホテル

map p.101-G
- ●U4 Willy-Brandt-pl.から徒歩2分
- ■住所 Am Kaiserplatz
- ■TEL 21502
- ■FAX 215900
- ■料金 S/T-€210〜　朝食別、変動制
- ■部屋数 全303室
- ■カード VISA、MC、AMEX、DC、JCB
- HP www.steigenberger.com

ゴージャスで威厳を感じさせるロビー空間

Maritim Hotel Frankfurt
マリティム・ホテル

もちろんプール、フィットネス完備

ドイツ最高クラスのステータスを誇る

ドイツで最高ランクの評価を受けるマリティムチェーン。そのフラッグシップがここ。おすすめはエグゼクティブフロア。自由に使えるラウンジ付きだ。また、直営レストラン「すし将」の寿司は市内でもトップレベルと評判。

エグゼクティブルーム

map p.100-E
- ●U4 フェストハレ／メッセ Festhalle/Messeから徒歩1分
- ■住所 Theodor-Heuss-Allee 3
- ■TEL 75780
- ■FAX 75781004（予約専用）
- ■料金 S-€109〜、T-€122〜、変動制
- ■部屋数 全542室
- ■カード VISA、MC、AMEX、DC、JCB
- HP www.maritim.de

The Pure
ザ・ピュア

名前の通り、ピュアな白い内装

バーのようなフロント、リビングのようなロビー、中庭にもオブジェのようなクッションが並ぶ。モダンアートのようだがフレンドリーで居心地もいい。

map p.100-E
- ●中央駅から徒歩5分
- ■住所 Niddastr.86
- ■TEL 7104570
- ■FAX 710457177
- ■料金 S,T-€119〜255（週末S-€72〜、T-€81〜)、変動制
- ■部屋数 全50室
- ■カード VISA、MC、AMEX、DC、JCB
- HP www.the-pure.de

Ramada City Ctr And Financial District
ラマダ・シティ・センター

コストパフォーマンスも悪くない

中央駅周辺では、値頃感十分なホテル。近年リニューアルし、外観からはうかがい知れないほどシックに。バスタブ付きの部屋は多くないので予約時に要確認を。

map p.100-F
- ●中央駅から徒歩5分
- ■住所 Weserstr.17
- ■TEL 310810
- ■FAX 31081555
- ■料金 S-€49〜、T-€58〜、変動制
- ■部屋数 全108室
- ■カード VISA、MC、AMEX、DC、JCB
- HP www.ramada.com/hotel/15316

Hotel Cristall
ホテル・クリスタル

駅に近く低予算で清潔なホテル

温厚な日本人ホテルマンの瀧氏が、通常早番で勤めることから、人気の高いホテル。部屋は少々狭いが清潔。2006年に改装してモダンになった。

map p.100-E
- ●中央駅北口から徒歩1分
- ■住所 Ottostr.3
- ■TEL 230351
- ■FAX 253368
- ■料金 S-€49〜、T-€47〜、変動制
- ■部屋数 全30室
- ■カード VISA、MC、AMEX、DC、JCB
- HP www.hotelcristall.com
- ※ネット無料

Hotel Monopol
ホテル・モノポール

中央駅南側正面という立地。隣の系列ホテル、エクセルシオールとともに、客室内のミニバーが飲み放題。

map p.100-J
- ●中央駅南口からすぐ
- ■住所 Mannheimerstr.11 ■TEL 227370
- ■FAX 25608374 ■料金 S-€75〜、T-€95〜、変動制
- ■部屋数 全95室 ■カード VISA、MC、AMEX、DC、JCB
- HP www.hotelmonopol-frankfurt.de ※ネット無料

Five Elements Hostel
ファイブエレメンツ・ホステル

ホステルだが設備が良くアパートタイプの部屋もある。スタッフが親切で日替わりで各種イベントも催行。

map p.100-F
- ●中央駅から徒歩6分
- ■住所 Moselstr. 40 ■TEL 24005885
- ■FAX 24246955 ■料金 T-€39〜、ドミ€18〜、アパート（シェア可）€69〜、変動制 ■部屋数 全44室 ■カード VISA、MC、AMEX
- HP www.5elementshostel.de

東横INNフランクフルト中央駅前 Toyoko Inn Frankfurt ★★★ map p.100-J
- ●中央駅から徒歩1分 住所 Stuttgarter Str.35 ☎870061045
- FAX S-€48〜 HP www.toyoko-inn.com

ヘッシシャーホーフ Hessischerhof ★★★★ map p.100-E
- U4 フェストハレ／Festhall／Messeから徒歩5分 住所 Friedrich Ebert Anlage 40 ☎75400 FAX 75402924 料金 S-€122〜、T-€185〜、変動制

ヴェスティン・グランド Westin Grand Hotel ★★★★ map p.101-C
- ●U4,5,6,7 コンスターブラーヴァッヘ Konstablerwacheから徒歩2分 住所 Konrad Adenauerstr.7 ☎29810 FAX 2981810 料金 S,T-€159〜（朝食別）、€205〜（朝食込み）、変動制

コンフォート Comfort Hotel Frankfurt City Center ★★★ map p.100-F
- ●中央駅から徒歩3分 住所 Moselstr.23 ☎272800 FAX 27280555 料金 S-€55〜、T-€65、変動制
- HP comfort-frankfurt.de

★エコノミー　★★カジュアル　★★★スタンダード　★★★★ラグジュアリー

WIESBADEN
ヴィースバーデン

p.11-G　■人口=27.8万人　■街の規模=徒歩で半日

フランクフルトからわずか数十分で行ける高級温泉保養地

★新市街、公園　★長い伝統のオペラ座
★豊富な湯量の源泉

Access

●鉄道：フランクフルト→ S1 ヘキスト経由・ S8,9 空港経由（約45分）またはRE（約35分）→ヴィースバーデン［約10分間隔／€8.50～］、マインツ→Sバーン（11分）→ヴィースバーデン［1時間に約4～5本／€2.80～］

Information

●観光案内所：＜市庁舎前＞ MAP p.110-A
住Marktpl.1　☎1729930　FAX1729798　営10:00～18:00（4～9月の日曜11:00～15:00）休10～3月の日曜
HP www.wiesbaden.de
●ユースホステル： MAP p.110-B外
住Blücherstr.66-68　☎449081　FAX441119

市庁舎からマルクト通りをのぞむ

街のしくみ 旅人が住んでみたいと憧れるドイツ有数の高級保養地

　ヘッセン州の州都であるこの街は、ドイツ有数の高級温泉保養地として古くから有名。整然とした新市街の街並と季節感豊かな公園が調和して、落ち着いたたたずまいを感じさせる。旧市街の歩行者天国や路地は、生鮮食料品を買い求める人やブランド品をウインドーショッピングする人たち、レストランで食事をとる人たちのざわめきで賑わう。ほのかに漂う温泉の香りをたどると、路地裏で不意に出くわす源泉。ぜひカップ持参で湧き出る源泉を飲んでみたい。鉄分が混じった独特の渋みは、体によい作用があるという。

のんびり温泉につかったあとはカジノでセレブ気分を味わう

　そんな源泉の中でも一番有名で、いわばこの街のシンボル的存在が、ヴィルヘルム通りWilhelmstr.突き当たり左手、コッホブルンネン広場内にある源泉Kochbrunnenだ。600年以上の歴史があるといわれ、現在合わせて15の源泉を噴出する。屋根付きの噴出口からはいつでも湯が飲めるようになっている。源泉は66℃の塩化ナトリウム泉なのでちょっと熱め。公衆浴場で良質の温泉につかり、飲用温泉で体の芯から温まると、疲れもゆっくりと消えていくだろう。

　夜はぜひヘッセン州立劇場で優雅なひと時を。20世紀初頭に建てられた劇場はこぢんまりとして、演目や音響効果のすばらしさはもちろんのこと、観客のマナーのよさでも有名。またカジノがあることでも有名。マルクト教会前の広場では週2回、水曜と土曜の7:00～14:00に市が立ち賑やかだ。

ヴィースバーデンの市外局番☎0611

クアハウス
Kurhaus
★★★

map p.110-A

●市庁舎から7分

　この街の象徴ともいうべき新古典様式の建物。カジノ、レストラン、多目的ホールがある。正面、イオニア式柱廊の上には3つのユリの花をかたどった街の紋章が飾られている。その下に書かれたAQUIS MATTIACIS（マティアカーの泉）とはかつてこの地を拓いたローマ人による呼称。

住Kurhauspl.1　休無休（イベント時除く）
☎1729290

自然と建築物の調和が見事

カジノへ行こう！

　クアハウス本館のカジノは、ルーレットやブラックジャックなどの対人型ギャンブル中心で、賭け金の敷居は高め。スロットマシンなど機械式のゲームは別館コロナーデにあり比較的カジュアルな雰囲気。パスポート必携。本館は要ネクタイ、ジャケット（有料レンタル有り）。

MAP p.110-A　住Kurhauspl.1　☎536100
開本館14:45〜翌3:00（金・土曜〜翌4:00、マシン12:00〜翌4:00）　休一部の祝祭日　料€2.50〜

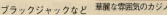
華麗な雰囲気のカジノ

カイザー・フリードリヒ温泉

カイザー・フリードリヒ温泉
Kaiser Friedrich Therme
★★★

map p.110-A

●市庁舎から徒歩7分

　水着着用不可の混浴の温泉。1999年8月にリニューアルオープンし、身体と心のケアのための設備がいっそう充実。重厚な造りが落ち着いたムードを醸し出している。蒸気風呂、サウナのほか、別料金でソラリウムやRasulと呼ばれるあかすりなども体験できる。貸しタオルもあるが、ちょっと高い（大€4.10）ので持参した方がよい。

営10:00〜22:00（冬期、金・土曜〜24:00）、ただし火曜は女性専用日、祝日はサウナ混浴　休12/24〜26、31　料1時間€5（9〜4月€6.50）　☎317060

ヘッセン州立劇場
Hessischer Staatstheater
★★

map p.110-A

●市庁舎から徒歩7分

　19世紀末、皇帝ヴィルヘルム2世の命により建てられた劇場。有名なロココ様式のロビーは数年後に追加された。内部は主にオペラが上演される大ホールのほか、小ホール、ステュディオに分かれる。毎年5月祭（国際マイフェストシュピーレ）には内外の著名な音楽家が集い、多彩な舞台の競演が見られる。

住Christian-Zais-Str.3　☎132325

フランクフルトとその周辺

Hotel Nassauer Hof
ホテル・ナッサウアーホーフ
伝統と格式を誇る名門ホテル

ヴィースバーデンを代表する、170年以上の歴史を持つホテル。設備は近代的で、展望温泉プールやサウナなど温泉保養施設、レストランやバーなども充実。

map p.110-A
●市庁舎から徒歩7分
■住所　Kaiser Friedrichpl.3-4
■TEL　1330
■FAX　133632
■料金　S-€180〜、T-€230〜、変動制
■部屋数　全159室
■カード　VISA、MC、AMEX、DC、JCB
HP www.nassauer-hof.de

ラディソンブルー　Radisson Blu Hotel Schwarzer Bock ★★★　map p.110-A
●市庁舎から徒歩5分　住Kranzpl.12　☎1550
料S、T-€100〜、変動制、週末割引あり

フェイバードホテル・ハンザ　Favored Hotel Hansa ★★　map p.110-B
●中央駅から徒歩10分　住Bahnhofstr.23　☎901240
料S-€75〜、T-€85〜　HPfavored-hotels.com

★エコノミー　★★カジュアル　★★★スタンダード　★★★★ラグジュアリー

DARMSTADT
ダルムシュタット

p.11-H　■人口＝15.7万人　■街の規模＝徒歩で半日

19世紀末、この地に花開いた世紀末芸術の粋をマチルダの丘に見る

 ★ 世紀末建築様式
 ★ 芸術家村美術館など
 ★ 自家醸造の店あり

結婚記念塔から街を眺める

Access

●鉄道：フランクフルト→ S3 （38分）、RE、RB（約20分）IC、EC（約15分）→ダルムシュタット［約20分間隔／€8.50〜］

Information

❶観光案内所： MAP p.112-A 🏠Luisenpl.5
☎134513 FAX13475858 開10:00〜18:00（土曜〜16:00、4〜9月の日曜〜14:00）休日曜、祝日
HP www.darmstadt-tourismus.de
●ユースホステル： MAP p.112-B
🏠Landgraf-Georgstr.119 ☎45293

 のんびり気分で街を散策　マチルダの丘から景色を一望

　ヘッセン州の行政や商工業の中心地ながら、落ち着いた雰囲気の街。ヘアケア用品で知られるウエラなど、世界的に有名な企業の本社がある。商工業と芸術や文化がバランスよく調和していて、ドイツ作家協会本部もある。

　この街は20世紀初頭までダルムシュタット大公国の首都で、最後の大公エルンスト・ルートヴィヒが芸術家達の育成と保護に力を注ぎ、街の東に広がるマチルダの丘Mathildenhöheに芸術家村を造り、彼らを住まわせた。その結果、当時のドイツ・アートシーンのリーダー的役割を担う芸術家や建築家たちが集い、19世紀末に世界中に流行したアールヌーボー様式のドイツ版、ユーゲントシュティールの情報発信基地となった。とくに、建築家ヨゼフ・マリア・オルブリヒの手による結婚記念塔や芸術家村美術館、グリュックハウスなどの作品群は、見る者に鮮烈な印象を与える。なお、マチルダとはルートヴィヒ大公の愛妻の名前。

　観光の起点は**ルイーゼン広場**Luisenpl.。駅から広場まで歩くと少しあるので、D番などのバス利用が便利。この広場の東側に隣接して**城（博物館）**があり、左側の大通りを越えた先に**ヘッセン州立博物館**がある。反対に右側の歩行者天国の道を南へ行くと**聖ルートヴィヒ教会**がある。マチルダの丘へは城の裏の細道を登って20分ほどで着く。

わがままレポート

マチルダの丘 ★★★
Mathildenhöhe
map p.112-B

●中央駅からバスFで13分、Mathildenhöhe下車すぐ

19世紀末芸術の神髄に触れる

この丘の象徴が、頂上に建つ結婚記念塔Hochzeitsturm（開10:00〜18:00〈11〜2月の金〜日曜11:00〜17:00〉休結婚式がある日は見学不可、12/24・31 料€3）。ルートヴィヒ大公の結婚を祝して、1908年にオルブリヒ設計で建てられたもの。5本のドームは大公の指をイメージし、上からの見晴らしもいい。

世紀末芸術の影響が色濃く感じられる

また芸術家村美術館（開火〜日曜11:00〜18:00 料€5 休1/1、12/24・25・31、聖金曜日）には当時の芸術家たちの作品が広く収集され、とくにアールヌーボーからアールデコ、そしてバウハウスに至るデザインの流れがよくわかる。地下のオルブリヒ・デザインのピアノはお見逃しなく。この美術館から街へ下る途中に、当時の家々が点在している。

マチルダの丘頂上に建つ結婚記念塔とロシア礼拝堂

ヘッセン州立博物館 ★★
Hessisches Landesmuseum
map p.112-A

●ルイーゼン広場から徒歩3分

威風堂々たる外観が印象的な建物。地上階正面は博物館、両翼はキリスト教関係の絵画や芸術品を中心に展示され、一般絵画は上階に収められている。とくにドイツ・ルネサンス期の絵画収集には定評があり、ルーベンスの大作ディアナの絵は必見。ここの入場券は絵はがきになっている。その中央のシールを胸に貼ってから入館しよう。

開10:00〜18:00（水曜〜20:00、土・日曜、祝日11:00〜17:00）休月曜、12/24・31、聖金曜日 料€6（学生€4）☎1657000

入場券はそのまま絵はがきに

城（博物館）★
Schloss (Museum)
map p.112-B

●ルイーゼン広場から徒歩1分

かつてのヘッセン・ダルムシュタット公国大公の居城。18世紀初頭に焼失し、第二次世界大戦でも大きな被害を被ったが、そのつど修復された。ハンス・ホルバインの祭壇画は必見だ。ただし内部は自由見学はできず、時間または人数によってスタートするドイツ語ガイドツアーでのみ見学可（所要約1時間）。

ルイーゼン広場に隣接

開金〜日曜10:00〜17:00 休月〜木曜、クリスマス、12/31、1/1、聖金曜日、復活祭、5/1 料€4 ☎24035

フランクフルトとその周辺

113

 Ratskeller

ラーツケラー

自家醸造のビールで乾杯！

旧市庁舎脇にある、自家醸造ビールで有名な小さなレストラン。一番のおすすめは小麦酵母を残したヘーフェヴァイツェン・ビアー。上記ビール主体の部屋のほか、地下のケラーや料理主体のレストランに分かれる。

map p.112-A
●ルイーゼン広場から徒歩3分
●住所 Markt Pl.8
●TEL 26444
●営業 10:00〜翌1:00
●休日 無休
●カード VISA、MC、AMEX

ダルムシュタットの市外局番 ☎06151

●〜€15　●●€15〜25　●●●€25〜50　●●●●€50〜

充実設備を誇るヴィルヘルム皇帝浴場

BAD HOMBURG
バート・ホンブルク

p.11-G ■人口=5.4万人 ■街の規模=徒歩で半日

フランクフルトから
たった20分で行ける温泉＆カジノ

　1842年にフランス人のフランソワ・ブラン氏によってこの地に興されたカジノ（Spielbank）で有名な街。数年後、同氏の事業により、モンテカルロにカジノが開かれたことから「モンテカルロ（カジノ）の母」という異名を持つ。フランクフルト中央駅から送迎バス（有料）が出ているが、バート・ホンブルク駅からカジノへは遠いので、やはりタクシーで颯爽と乗りつけたい。頼めばブラックジャックなどの出目・確率表をもらえる。

　また、温泉保養地としても古い歴史を誇り、タウヌス浴場やヴィルヘルム皇帝浴場も好評。郊外にはかつての領主ヘッセン・ホンブルク辺境伯の17世紀の居城やローマ人の遺跡、民家を集めた野外民俗博物館もある。

OFFENBACH
オッフェンバッハ

p.11-H ■人口=12.5万人 ■街の規模=徒歩で半日

伝統ある皮革工芸の街で
ナポレオン愛用のカバンを見る

　フランクフルトに隣接した古くから皮革工芸で有名な街で、中小の工房が揃う。その皮革製品のアウトレット店もあり、エンポリウムEmporium the loft（●Offenbach Hbf駅から徒歩7分 住Kaiserstr. 39 営10:00

～19:00 休日曜、祝日 HPmuellermeiren.com）という店では、Joop!やGerry Weberといったブランドのカバンや靴などを30～50%引きで扱っている。

　また、靴、民俗、応用美術の3つのコレクションからなる皮革博物館もあり、靴だけで1万5千足を収蔵、ナポレオン愛用のカバンなども見られる。

＜皮革博物館Deutsches Ledermuseum＞
●S1,2,8,9 Ledermuseum駅から徒歩7分
住FrankfurterStr.86 営10:00～17:00 休月曜
料€8、学生€5 ☎069-8297980

BÜDINGEN
ビューディンゲン

p.11-H ■人口=2.2万人 ■街の規模=徒歩で半日

戦災を逃れ、オリジナルの
中世の城壁が今に残る

　駅から旧市街まではタクシーで10分足らず。14～15世紀に建てられた木組みの家や、後期ゴシックの城壁などが、戦災を逃れオリジナルのまま残っている。あちこちでカエルの像を見かけるが、昔、周りを水堀で囲まれてカエルが多かったため街のマスコットになったのだとか。現在ホテルになっている城Schloss（☎06042-96470）が最大の見どころ。事前に予約をすれば内部にある博物館見学も可。❶の向かい側には50年代博物館（☎06042-950049 営14:00～17:00（日曜、祝日10:00～）、冬期15:00～17:00（日曜、祝日12:00～）休月曜 料€4）もある。

→城壁の保存状態もよい ↓レトロな50年代博物館

↓新しくなったアウトレット店 靴の展示も多い 皮革博物館

■バート・ホンブルク
●フランクフルト→S5 20分（15～20分毎/€4.90）❶：住Louisenstr. 58 ☎06172-1783710 営10:00～18:00（土曜～14:00）休日曜、祝日

■オッフェンバッハ
●フランクフルト→RE、RB約10分（€4.90）❶：住Salzgässehen 1 ☎069-840004170 営10:00～18:00

（土曜～14:00）休日曜、祝日

■ビューディンゲン
●フランクフルト→REでGelnhausen→RB 1時間2分（毎時/€8.50）❶：住Marktpl.9 ☎06042-96370 営10:00～17:00（土・日曜11:00～16:00）休10～3月の土・日曜、祝日
HP www.stadt-buedingen.de

ローテンブルクのマイスタートゥルンク歴史祭の一コマ

エリア 4

ロマンチック街道

ヴュルツブルク
ローテンブルク
ディンケルスビュール
ネルトリンゲン
アウクスブルク
フュッセン
シュヴァンガウ
ランツベルク

フランクフルト
ヨーロッパバス 1:35
ICE,IC 1:07〜23
ICE,EC 3:02〜5:23
ヴュルツブルク
ICE+ICE,IC,RB,RE+RB,RE+RE 1:00〜38
ヴァイカースハイム
RB+RB 1:01〜18
バス 0:24〜1:47
ヨーロッパバス 2:10〜20
クレクリンゲン
ALT 0:23、バス 1:02〜57
ICE+ICE, ICE+RE, RB+RE 2:11〜56
ローテンブルク
ヨーロッパバス 1:00〜1:15
ディンケルスビュール
ヨーロッパバス 0:30〜0:35
ネルトリンゲン
RB,RE+RB,IC+RB,RE+ICE 0:52〜1:37
ヨーロッパバス 1:05〜15
アウクスブルク
RB,RE+RE 1:39〜52
EC,IC,ICE 0:29〜37
ランツベルク
フュッセン
シュヴァンガウ
ヨーロッパバス 0:10
ミュンヘン

ハンブルク
ベルリン
フランクフルト
ミュンヘン

ロマンチック街道

城壁に囲まれた中世の街並み、おとぎ話の世界から飛び出したようなお城、街々を結ぶゆるやかな丘陵の牧歌的風景……。

"ロマンチック"をキーワードにさまざまな要素が真珠のように連なった、ドイツ観光のハイライト。ドイツの数ある"街道"の中でも、最も有名、かつ人気がある街道だ。ワインと学生街の古都として有名なヴュルツブルクを起点に、アルプスの麓の街フュッセンまで、全長約350km。歴史的にイタリアとの交易路として栄えた経緯もあり、途中の街々には、バロック調の街並み、ゴシック様式の教会、ルネサンス様式の建築物が残るなど、まさにヨーロッパの歴史文化を凝縮し、タイムカプセルに閉じ込めたような感がある。

また、途中のアウクスブルクを別とすれば、どの街も歩いて回れるような小規模な街ばかり。教会、美術館などの有名観光ポイントだけでなく、何気ない路地裏歩きなどに本当の魅力が隠されている。

教会の塔から街並を見下ろす

ローテンブルクの市庁舎横の噴水

KEYWORD

城壁歩き
[ローテンブルクほか]

中世の街並に出会えるのがこの街道の魅力のひとつ。中でもローテンブルク、ディンケルスビュール、ネルトリンゲンなどに共通しているのは、街を取り囲む城壁が今もそのまま残っていること。これらの城壁には、見張り用の塔があったり、巡回できるような通路がある。この城壁歩きが意外とおもしろい。中世の風景やロマンを一番身近に感じられる体験だ。

城壁にある通路

客向けのショーウィンドーなども、上からだとわからなくなり、より純粋な中世の街並を楽しめる。ローテンブルク、ディンケルスビュールなどもいいが、特にネルトリンゲンの塔は高さ約90mと高いのでおすすめ。

民俗祭
[ディンケルスビュールほか]

伝説に基づいた特色ある祭がある。有名なのはディンケルスビュールのキンダーツェッヒェとローテンブルクのマイスタートゥルンクの祭。出発前に観光局で日程をチェックしておこう。

教会の塔上り
[ネルトリンゲンほか]

教会の塔に上るのもおもしろい。地上から見ていて気になった観光

ノイシュヴァンシュタイン城
[フュッセン]

街道全体としてはお城や宮殿は少ない。しかし、フュッセン近郊のノイシュヴァンシュタイン城が必見に値する。最初

アドバイス

アクセス
一番便利で手っ取り早いのはヨーロッパバス（詳しくはp.119参照）。ただし、運行は原則4〜10月のみ。冬季は鉄道と路線バス、もしくはタクシーなどに頼らざるをえない。路線バスの時刻表は地元の❶で手に入るし、いわれているほど本数も少なくないが、路線バスはスーツケースなど大きな荷物を乗せるスペースがほとんどないため、あまりおすすめできない。ローテンブルク〜ディンケルスビュール間のように乗り換えが必要だったり、運転手によっては英語が不得手だったりもする。

なお、主な街で鉄道が通じていないのはディンケルスビュールとクレクリンゲンなど。

宿について
ロマンチック街道の街はどこも小さな街ばかり。そのせいか、高級ホテルに分類されるようなホテルでも、意外なほど規模は小さい。貴族の館を改造したようなホテルは部屋数も少なく、人気的。予定が決まっているなら早めに予約をした方がよい。宿のクラスにこだわらないならペンションなどの数は多い。また、この街道に限らず、最近は繁忙期と冬期などの料金体系の違い以外にも、ネット上の予約人気で、毎日料金が変動する宿も多い。その意味でも早めの予約をおすすめしたい。

ロマンチックな夜景も

フュッセンの街並はそのカラフルさで有名

からこのお城が目的という人も多いはず。ヴュルツブルクのレジデンツも見逃せない宮殿だ。

フランケンワイン[ヴュルツブルクほか]
ヴュルツブルクからローテンブルクにかけてはフランケンワインの産地。フランケンワインは辛口の白ワインとして有名。リースリング種だけでなくジルヴァーナー種のブドウもよく使われる（p.26参照）。そのためか独特の香味とのど越しに特徴がある。ボックスボイテルという扁平なボトルに詰められているのもおもしろい。

夜も美しいノイシュヴァンシュタイン城

ロマンチック街道
Romantische Strasse

ドイツ7大街道 ドイツ全図

ハンブルク
ベルリン
フランクフルト
ロマンチック街道
ミュンヘン

ヴュルツブルク **Würzburg**
p.120参照

タウアービショフスハイム **Tauberbischofsheim**
バート・メルゲントハイム **Bad Mergentheim**
ヴァイカースハイム **Weikersheim**

クレクリンゲン **Creglingen**

ローテンブルク **Rothenburg o.d.T.**
p.124参照

ヴァイカースハイム城が一番の見どころ

シリンクスフュルスト **Schillingsfürst**

ディンケルスビュール **Dinkelsbühl**
p.129参照

街並の美しさはこの街道でも随一。ファンシーショップも充実している

ネルトリンゲン **Nördlingen**
p.132参照

ドナウヴェルト **Donauwörth**

戦災を逃れたため、オリジナルの木組みの家が残る貴重な街

アウクスブルク **Augsburg**
p.133参照

ランツベルク **Landsberg**
p.142参照

ミュンヘン **München**
p.146参照

都会的な雰囲気だが旧市街は味わい深い

シュヴァンガウ **Schwangau**
p.137参照

ショーンガウ **Schongau**

フュッセン **Füssen**
p.137参照

ヴィース教会 **Wieskirche**
p.142参照

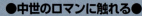

観光客は少ないが、その美しさは街道中一、二を争う

●中世のロマンに触れる●

ロマンチック街道は中世のロマンの街々に出合える、ドイツ国内のみならずヨーロッパでも一、二を争う人気の観光ルート。日本人観光客も多く訪れる。全長350kmの街道中には、教会、古城、温泉、民俗祭など、ドイツ観光を象徴するような存在の街が満載。これといった見どころがない街もあるが、石畳の歩道を散策したり、教会の塔に上ってオレンジ色の屋根の街並を観賞するなど、街全体が醸し出すトータルな雰囲気を楽しむのが通というものだ。

●移動手段●

4〜10月は街道沿いの街々を結ぶヨーロッパバス（p.119参照）が運行しているが、この時期を外すと鉄道の通っていない街（ディンケルスビュールなど）もあるので、路線バスやタクシーを組み合わせるなど、少々面倒な移動を覚悟しなければならない。

ヨーロッパバス活用移動術

ロマンチック街道の移動手段といえばヨーロッパバス（4～10月のみ）。初めてのドイツならおすすめ。日本語アナウンスやパンフもあり、窓から街並を見ながら楽しめる。

本音でガイド

予約は必須ではないがしたほうが無難。レイルバス類は2割引き。途中下車して1泊してもチケットは有効。トイレはなるべく休憩時間に駅などで。出発時間は絶対厳守、待ってくれない（荷物だけ最終目的地に）。宿も先に確保しておく。オーディオガイドの貸し出しあり（無料、要保証金）
●ディンケルスビュールへのローカルバス利用は、いったん電車でAnsbachに行き、バス805番でZOB/Schweden Wiese Am Staufer wall Dinkelsbul下車（※街に近い。逆行の場合も同様。所要時間約2時間、約1～2時間毎。料金€7.14～。土・日曜は本数が少ないので要注意）。

ローテンブルクに一泊して翌日移動が賢い。途中でローカルバスや鉄道利用も可能だが初心者には大変。たくさん回りたい人には個人タクシーもおすすめ。

フランクフルト
出発地。荷物はバスの下部に
◆乗場：中央駅南口 ZOBバス7～9番乗場

ヴュルツブルク
ここからスタートする手もあり◆乗場：駅前とレジデンツ広場

ローテンブルク
停車45分。出来れば一泊したい
◆乗場：シュランネン広場

ネルトリンゲン
停車30分。教会を見る
◆乗場：市庁舎前

ディンケルスビュール
停車30分。街並みを見るだけならOK
◆乗場：シュヴァイネマルクト

アウクスブルク
ちょっと大きな町なので後日再訪も◆乗場：駅前と市庁舎前

ヴィース教会
15分間停車。外から見るだけ。後日再訪したい
◆乗場：教会前

ホーエンシュヴァンガウ
ノイシュヴァンシュタイン城の麓
◆乗場：❶前

フュッセン
終点。事前に宿は確保しておく
◆乗場：駅前

ヨーロッパバス時刻表

8:00発	フランクフルト Frankfurt	20:30着
9:40着 / 10:10発	ヴュルツブルク Würtzburg	18:50発 / 18:35着
12:20着 / 13:05発	ローテンブルク Rotenburg	16:50発 / 16:05着
14:20着 / 14:50発	ディンケルスビュール Dinkelsbühl	15:05発 / 14:35着
15:25着 / 15:55発	ネルトリンゲン Nördlingen	14:05発 / 13:35着
17:10着 / 17:40発	アウクスブルク Augsburg	12:30発 / 11:45発
通過	ミュンヘン（中央駅）München	10:40発 / 10:40着
18:30着 / 18:30発	ランツベルク※※ Landsberg	9:50発 / 9:50発
19:25着 / 19:25発	ロッテンバッハ※※ Rottenbuch	9:10発 / 9:10発
19:35着 / 19:50発	ヴィース教会 Wieskirche	8:55発 / 8:35着
20:25着 / 20:25発	ホーエンシュヴァンガウ Hochenschwangau	8:05発 / 8:05発
20:30着	フュッセン Füssen	8:00発

※スケジュールは毎年変わるので注意（一部省略あり）。上記は2018年4月9日（フランクフルト発）～10月14日（フュッセン発）の時刻表。※※は事前リクエスト時のみ停車（☎0171-6532340/6512471）

予約先

＜ツーリングツアーズ＆トラベル社＞
MAP p.100-J Deutsche Touring GmbH
Am Römerhof 17. D-60486 Frankfurt am Main ☎069-719126-141/236 FAX 069-719126-156 HP www.touring-travel.eu
※フランクフルト～フュッセン間の場合、片道€108、往復€158。クレジットカード可（※1日1便。ユーレイルパス、ジャーマンレイルパスで2割可）

個人ハイヤーを借りきる

多少お金がかかっても効率よく多くの街を回るなら、個人ハイヤーを借りきる方法もある。「最大7人（大荷物6個）までシェア可で、ドイツどこでもリクエストがあれば運転兼ガイドで回ります」（藤島氏談）。◆ハイヤー藤島 ☎0172-6200878 HP www.fujishimatour.com

夕日に染まっていくマイン川のほとり

WÜRZBURG
ヴュルツブルク

p.11-H　人口=12.6万人　街の規模=徒歩で半日

ブドウ畑と教会文化。バロック調の古都で、陽気な学生とワインに酔う

- ★旧市街に残るバロック調、中世の街並
- ★ロマネスク様式の大聖堂など
- ★ユネスコ世界文化遺産のレジデンツ
- ★ワイン祭、モーツァルト音楽祭など
- ★銘酒揃い、フランケンワインの主要生産地
- ★2万人の学生が学ぶ大学都市

Access

●鉄道：フランクフルト→ICE（約1時間10分）またはRE（約1時間50分）他→ヴュルツブルク［1時間3〜4本／€29.70〜］、ミュンヘン→ICE（約2時間）→ヴュルツブルク［1時間2〜3本／€74］、ローテンブルク→RB（約15分）→シュタイナッハ（乗換）→RB（約45分）→ヴュルツブルク［1時間1本／€15.70］
●ヨーロッパバス：フランクフルト→（1時間35分）→ヴュルツブルク［1日1便／€25］、ミュンヘン→（7時間55分）→ヴュルツブルク［1日1便／€62］
●市内交通：トラム、バスがあり短距離（4駅まで）€1.35〜、1日券€5.10（郊外に泊まるなら利用価値大）。

Information

●観光案内所：＜マルクト広場横＞MAP p.121-A　住Falkenhaus am Markt　☎372398　FAX 373952　開1〜3月10:00〜16:00（土曜〜14:00)、4〜12月10:00〜18:00（5〜10月の土・日曜、祝日〜14:00）休1〜4月の日曜・祝日、12/24〜26・31、カーニバルの火曜
HP www.wuerzburg.de
●ユースホステル：MAP p.121-A　住Fried-Joseph Pl.2　☎4677860　FAX 416862
HP www.wuerzburg.jugendherberge.de
●ウェルカムカード：市内の観光スポット30ヵ所以上で割引が受けられる。€3

Route Advice

中央駅→（Theater Str.）→レジデンツ→大聖堂→ノイミュンスター教会→マルクト広場→アルテ・マイン橋→マリエンベルク要塞［全移動約1時間］

　街歩きはマルクト広場から。要塞はマイン川の対岸にある

　ロマンチック街道起点の街。紀元前1000年ごろにはすでにケルト人が住み着いていたという古都だ。中世には領主司教が治めていたのでキリスト教の影響が強く、**大聖堂**Dom、**ノイミュンスター教会**Neumünsterなど、ロマネスク様式の重要な教会もある。

　街はマイン川のほとりに広がっていて、大聖堂の正面からアルテ・マイン橋にかけての**大聖堂通り**Domstr.が旧市街の目抜き通りになる。この通りとマルクト広場周辺が街歩きの中心だ。駅前から延びる**カイザー通り**Kaiserstr.は、左右にデパートやショップが点在し活気がある。おしゃれなカフェでひと休みするなら、市庁舎向かいの広場がいいだろう。夏は外にテーブル席がオープン。学生たちで賑わう。

対岸の要塞から望む旧市街

　必見は世界遺産のレジデンツ 学生の集うバーでワインも

　マリエンベルク要塞以外の観光名所は、広場から徒歩10分以内で回れる。ここはフランケンワインの主要生産地で、ボックスボイテルという独特の形をしたワインボトルの発祥の地。ビュルガーシュピタール（p.123参照）、ユリウスシュピタールといった老舗のヴァインシュトゥーベ（酒場）が有名だ。また、**アルターク**

ボックスボイテルという、独特な形をしたボトル

ヴュルツブルクの市外局番☎0931

ロマネスク様式のノイミュンスター教会。7世紀末、この地に殉教した聖キリアンの墓の上に建てられている。内部にはリーメンシュナイダー（p.142）の母子像（左写真）もある

ラーネンAlter Kranen（MAP p.121-A）のすぐ裏にワインの試飲&販売所もある。
　観光ではレジデンツ（p.122参照）が必見。これを見るためだけでもこの街を訪れる価値がある。ここでは毎年6月にモーツァルト音楽祭が開かれる。ゴージャスな宮殿の間で王侯貴族気分が味わえる、クラシックファンには垂涎のプログラムだ。Mozartfest-Büro Der Stadt Würzburg（住Rückermainstr.2　☎372336　FAX373939　info@mozartfest-wuerzburg.de）にプログラムを請求して申し込む。また、1402年創立、過去14人ものノーベル賞受賞者を輩出している由緒ある大学があり、約2万人もの学生が住んでいる。学生が集まるカフェやレストランで交流を図るのも一興だ。

橋は戦災で破壊されたが、元通りに復旧された

アルテ・マイン橋 ★★
Alte Mainbrücke
map　p.121-A

●マルクト広場から徒歩4分

　マイン川を挟んで、対岸のマリエンベルク要塞のふもとにかかる石橋。この地にキリスト教を伝えたという聖キリアンなど、地元にゆかりのある聖者らの砂岩像が12体並ぶ。規模は小さいが、プラハのカレル橋とよく似た造りで美しい。

わがままレポート

レジデンツ
Residenz ★★★
map p.121-B

必見！世界最大級の天井フレスコ画

ユネスコの世界遺産にも登録されているバロック建築の一大傑作。18世紀、それまでマリエンベルク要塞に住んでいた領主司教が、居城を街中に移すために建てた宮殿だ。当時の若き天才建築家バルタザール・ノイマンの設計で、かのナポレオンも「ヨーロッパで一番美しい司教の住まい」と感嘆したとか。内部に入ると、すぐ左手に吹き抜けの高い階段がある。これが有名な階段の間だ。2階につづくだけのただの階段だが、そのアーチ状の天井一面に、天空に舞う神々と、4大陸を人格化した女神の壮大なフレスコ画が描かれている。訪れる者は、いきなりここで圧倒されるわけだ。

裏側は庭園になっていて市民も憩う

このフレスコ画の作者、ティエポロは、「飛ぶ足場」と呼ばれた簡単な足場を使って、たった13カ月で仕上げたという。2階の皇帝の間のフレスコ画も彼の手によるものだが、報酬は3年間の滞在で約€75万（現在の価値）だった。

2階に上がって最初の部屋は、全面白い漆喰の装飾が印象的な白の間で、その隣はうってかわってきらびやかなロココ様式の皇帝の間だ。これらの部屋では毎年6月に内外の一流音楽家を招いてモーツァルト音楽祭が開催される（p.121参照）。さらに右の奥には、黄金の装飾と鏡で四方を埋め尽くした鏡の間もある（ガイド付のみ見学可能）。

広さ600㎡の天井に描かれたフレスコ画

●マルクト広場から徒歩約8分　開9:00〜18:00（11〜3月は10:00〜16:30）　休12/24・25・31、1/1、カーニバルの火曜日　料€7.50、学生€6.50　☎355170
HP www.residenz-wuerzburg.de

皇帝の間。ふんだんに金を使用したロココ様式。修復が終え美しく甦る

黄金装飾の調度品。目がくらみそうだ

マリエンベルク要塞
Festung Marienberg ★★
map p.121-A

●レジデンツからバス9番（4〜10月のみ運行）でSchönborntor下車徒歩5分

マイン川対岸の丘の上にあり、街のシンボル的存在。13世紀初頭に、マリエン礼拝堂（706年建立）を囲むように築城したのが始まりだ。17世紀には、当時の司教ユリウス・エヒターによってルネサンス様式の城郭に改造され、現在残っている建物もほとんどがその当時のもの。武器庫跡のマインフランケン地方博物館 Mainfränkisches Museum（開10:00〜17:00（11〜3月は〜16:00）　休月曜、12/24・25・31、カーニバルの月・火曜［祝日の月曜は開館］　料€4、学生€3　☎205940）には、バロック絵画、彫刻などが展示されている。また、南翼の領主館博物館Fürstenbaumuseum（開9:00〜18:00（入場は17:30）　休月曜（祝日の場合開館）、10月末〜3月中旬　料€4.50、学生€3.50／2館共通券€6　☎3551750）2階には司教の部屋を再現した住居がある。

ヴュルツブルクの市外局番☎0931

近くに見えるが、丘の上なので上りは大変

Bürgerspital zum Hl.Geist Würzburg
ビュルガーシュピタール

1319年創業の老舗ヴァインシュトゥーベ（酒場）

有名ワイナリーのひとつ。貧しい人を助ける施療院として始まった。独特のコクがあるシルヴァーナー種の白ワインが自慢。大きな樽中のテーブル席も。

- map p.121-B
- ●マルクト広場から徒歩7分
- ■住所 Theater-Str.19
- ■TEL 352880
- ■FAX 3528888
- ■営業 10:00～24:00
- ■休日 12/24
- ■カード VISA, MC
- HP www.buergerspital-weinstuben.de
- ※樽中のテーブル席は予約した方がベター。ワインは1/4ℓ €4～

Weinstuben Juliusspital
ユリウスシュピタール

当地2大施療院のひとつ。白ワインと魚料理に定評がある

ワインはグラスで頼むとタンクから直接注いでくれる。とくに辛口の白ワインは上品でおすすめ。料理はツァンダーフィレなど魚料理が自慢。中庭も。

- map p.121-B
- ●中央駅から徒歩7分
- ■住所 Juliuspromenade 19（Klinikstr.側にWeingutもある）
- ■TEL 54080
- ■営業 11:00～24:00（料理～22:00）
- ■休日 無休
- ■カード VISA, MC
- HP www.weinstuben-juliusspital.de

Alte Mainmühle
アルテ・マインミューレ

アルテ・マイン橋のたもと。できれば窓側の席を

17世紀の水車小屋を改造してレストランに。橋と川向かいの要塞の眺めがよく雰囲気満点。ホッホツァイトエッセンは結婚式に出される料理、お試しを。

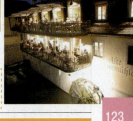

- map p.121-A
- ●マルクト広場から徒歩5分
- ■住所 Mainkai 1
- ■TEL 16777
- ■営業 10:00～24:00（温かい食事は11:00～22:00、LO22:30）
- ■休日 1/1、12/24は16:00まで
- ■カード VISA, MC, AMEX
- HP www.alte-mainmuehle.de

123
ヴュルツブルク

Würzburger Ratskeller
ラーツケラー

比較的安く気軽に入れる市庁舎のレストランだが、高級感がある。ワインも80種以上と豊富に揃う。

- map p.121-A
- ●マルクト広場のすぐ前
- ■住所 Langgasse 1
- ■TEL 13021
- ■FAX 13022
- ■営業 10:00～24:00（12/24～15:00）
- ■休日 12/24 VISA, MC, AMEX, DC, JCB
- HP www.wuerzburger-ratskeller.de

Backöfele
バックエーフェレ

内装は年季が入ってる昔の民家風で、伝統的な郷土料理とワインが自慢。夏は中庭も雰囲気がよい。

- map p.121-A
- ●マルクト広場から徒歩7分
- ■住所 Ursulinergasse 2
- ■TEL 59059
- ■営業 12:00～24:00（金・土曜～翌1:00、日曜～23:00）
- ■休日 12/24～26、1/1
- ■カード VISA, MC
- HP www.backoefele.de

Schlosshotel Steinburg
シュロスホテル・シュタインブルク

丘から見下ろす夜景がロマンチック

中央駅背後の丘の上。古城ホテルなので、内装は中世の趣を取り入れた優美なもの。郷土料理を供するレストランや、テラスからの夜景の美しさなども魅力。

- map p.121-A外
- ●中央駅前からタクシーで約15分
- ■住所 Reussenweg 2, Mittelerer-Steinburgweg 100
- ■TEL 97020
- ■FAX 97121
- ■料金 S-€128～170、T-€198～378
- ■部屋数 全69室
- ■カード VISA, MC, AMEX, DC, JCB
- HP www.steinburg.com

Best Western Premier Hotel Rebstock
ベストウエスタン・プレミア・レープシュトック

15世紀以降、増改築し、ロココ調のファサードは18世紀にできた。サービス、インテリアも秀逸。

- map p.121-A
- ●マルクト広場から徒歩8分
- ■住所 Neubaustr.7
- ■TEL 30930
- ■FAX 3093100
- ■料金 S-€110～、T-€184～、変動制、朝食別
- ■部屋数 全72室
- ■カード VISA, MC, AMEX, DC, JCB
- HP www.rebstock.com

ヴュルツブルガーホーフ Hotel Würzburger Hof ★★★ map p.121-B
●中央駅から徒歩5分 ■住所 Barbarossapl.2 ☎53814 FAX58324 ■S-€63～、T-€115～、変動制、朝食別 HP www.hotel-wuerzburgerhof.de

バベルフィッシュ Babelfish-Hostel ★ map p.121-B
●中央駅から徒歩2分 ■住所 Haugerring 2 ☎3040430 ■S-€45、T-€62、ドミ-€17～ HP www.babelfish-hostel.de

ジーゲル Pension Siegel ★★ map p.121-B
●中央駅から徒歩5分 ■住所 Reisgrubengasse 7 ☎52941 ■S-€39、T-€59 HP www.pension-siegel.com

●～€15 ●●€15～25 ●●●€25～50 ●●●●€50～
★エコノミー ★★カジュアル ★★★スタンダード ★★★★ラグジュアリー

ヴュルツブルクの市外局番☎0931

ローテンブルク
ROTHENBURG OB DER TAUBER

p.11-H　■人口＝1.1万人　■街の規模＝徒歩で半日

中世にタイムスリップ!?　まるで街全体がテーマパークのよう

- ★ 城壁に囲まれた中世の街並
- ★ 聖ヤコブ教会
- ★ 中世犯罪博物館、人形博物館など
- ★ マイスタートゥルンクの祭など
- ★ 充実したファンシーショップ
- ★ ツアヘルなどの地ビール
- ★ フランケンワイン
- ★ タウバー川沿いの散策
- ★ フランコニア料理

Access
●鉄道：フランクフルト→ICE（約1時間10分）→ヴュルツブルク（乗換）→RB（約45分）→シュタイナッハ（乗換）→RB（14分）→ローテンブルク［約1時間毎／€48］、ミュンヘン→RE（約1時間50分）→トロイッヒトリンゲン（乗換）→RB（1時間5分）→シュタイナッハ（乗換）→RB（14分）→ローテンブルク［約1時間5本／€44］●ヨーロッパバス：フランクフルト→（4時間20分）→ローテンブルク［1日1本／€45］、ミュンヘン→（5時間25分）→ローテンブルク［1日1本／€43］
●路線バス：ディンケルスビュール→（約1時間～2時間50分、1～3回乗り換え）→ローテンブルク［平日15本、土・日曜は減便／€9.52～（直通バス814番の場合）］

Information
❶観光案内所：MAPp.126-A　住Marktplatz2　☎404800　FAX404529　開9:00～18:00（土・日曜、祝日10:00～17:00）、11～4月9:00～17:00（土曜・12/31 10:00～13:00、11/27～12/23の土・日曜10:00～）　休11～4月の日曜・祝日、12/24　HP www.rothenburg.de
●ユースホステル：MAPp.127-C　住Mühlacker.1　☎94160　日曜不定休あり

Route Advice
鉄道駅→（AnsbacherStr.）→レーダー門→マルクス塔→市庁舎→プレーンライン→中世犯罪博物館→マルクト広場→聖ヤコブ教会→帝国都市博物館→ブルク庭園［全移動約1時間］

鉄道駅から旧市街まで徒歩15分。マルクト広場が中心

ドイツ一、二を争う人気観光地。その歴史は9世紀にさかのぼり、13世紀に帝国自由都市に制定され、17世紀頃まで手工業と商業で発展した。30年戦争後衰退するが、この街の

最も古い市壁の一部、マルクス塔。かつての入口

魅力は、その当時の面影を残す美しい中世的街並にある。壁で囲まれた旧市街は端から端まで15分ほど。中心は**マルクト広場**で、囲むように**市庁舎と市議宴会館**（❶もここ）が建つ。市庁舎は手前が16世紀に建てられたルネサンス様式で、高さ約60mの塔がある奥がゴシック様式。塔（開9:30～12:30、13:00～17:00※11～3月は土・日曜、クリスマス前などのみ　料€2.50）からの眺めもおすすめ。広場の裏手には**聖ヤコブ教会** St.Jakobs Kirche（開9:00～17:00（11、1～3月は10:00～12:00、14:00～16:00、12月10:00～16:45）　料€2.50、学生€1.50）もある。上階のリーメンシュナイダー作「聖血の祭壇」が見ものだ。

市壁歩き、公園の散策…街並の美しさを楽しみたい

毎年聖霊降臨祭の土～月曜（5、6月ごろ）と9月の帝国自由都市祭りに行われるのが**マイスタートゥルンク歴史劇**だ。中世、ドイツの大部分が戦場となった30年戦争当時の話。街を占領した旧教徒側の皇帝軍の将軍が、大杯につがれたワインを見て「これを一気に飲み干すものがいたら街を助けてやる」との難題を出した。それに応えた前市長のヌッシュが、3.25リットルのワインを一気飲み（まねしないように！）して街を救ったという（HP www.meistertrunk.de）。**帝国自由都市祭り**初日の松明行列と花火も見ごたえがある。

祭のない時期に訪れた人は、せめて市議宴会館の**仕掛け時計**を見てみよう。9:00～22:00の毎正時、時計横の窓が開いて人形が杯を飲み干す。名物だが、人形の動きは少ない。

市壁には監視通路があり、実際に上って散策できる

豚形のマスクをかぶせる罰もあった

中世犯罪博物館 ★★★
Mittelalterliches Kriminalmuseum
map　p.126-A

●マルクト広場から徒歩3分

　過去700年におよぶヨーロッパの法と刑罰の歴史を紹介。断頭台や首切り刀といった空恐ろしいものから、貞操帯、詐欺師にかぶせたという見せしめのマスクなど、ユニークな展示が3000点以上揃う。日本語解説文あり。

🏠Burggasse 3-5　🕐10:00～18:00(11～4月13:00～16:00)、入場は閉館の45分前まで　休無休　料€7、学生€4、家族券€17　☎5359
🌐www.kriminalmuseum.eu

ドイツ・クリスマスミュージアム ★★
Das Dautsche Weihnachtsmuseum
map　p.126-A

●マルクト広場から徒歩2分

　ケーテ・ヴォールファルト（p.127）のクリスマス・ヴィレッジ店内にある博物館。ツリーやオーナメント類はもちろん、サンタ像だけでも150体あり、中にはちょっと珍しい緑色のコートを着たものなど、歴史的コレクションが充実。

🏠Herrngasse 1　🕐10:00～17:00(12/24・31は～13:30、12/25～30と1/1～12は～16:30)　休1/13～20、ほか年度により変更あり　☎4093650　料€4、学生€2.50、子ども€2　🌐www.christmasmuseum.com

帝国都市博物館 ★★
Das Reichsstadtmuseum
map　p.126-A

●マルクト広場から徒歩3分

　13世紀後半からドミニコ修道尼院として使われていた建物。当時の家具や農具、ドイツ最古という調理場などを展示。

🏠Klosterhof 5　🕐9:30～17:30(11～3月13:00～16:00)　休12/24・31　料€6、学生€5　☎939043
🌐www.reichsstadtmuseum.rothenburg.de

ローテンブルクの市外局番☎09861

名物 pick up

名物菓子もメルヘンチック！素朴な味のシュネーバル

サクサクッとした歯ごたえ

　ロマンの古都にふさわしいメルヘンチックなお菓子がシュネーバル。英語だとスノーボール、つまり雪の玉。帯状の生地を丸めて揚げたもので、表面に粉砂糖をかけたものは本当に雪の玉のようでかわいい。もともとこの地方に伝わる祝い菓子で、結婚式などの、おめでたい席に食べることが多かったようだ。チョコレートやコーヒー、ナッツなどでコーティングしたものもあり、だいたい1個€2～。味はあまり甘くない。

職人の家 ★★
Alt Rothenburger Handwerkerhaus
map　p.126-B

●マルクト広場から徒歩5分

　13世紀末に建てられ、以降、様々な職人の仕事場として利用されてきた家。桶職人、織物師、靴職人など、かつての職人の職場をそのまま再現して展示してある。

🏠Alter Stadtgraben 26　🕐11:00～17:00(土・日曜10:00～、12月中旬～1/7は14:00～16:00)　休11月、1/8～復活祭まで　料€3、学生€2.50　☎94890
🌐www.alt-rothenburger-handwerkerhaus.de

あまり博物館ぽくない自然な展示がいい

ブルク庭園 ★★★
Burggarten
map　p.127-C

●マルクト広場から徒歩7分

　旧市街の西端にある庭園。眼下はタウバー峡谷で、遠くまで視界が開ける絶景。振り向くと町が小高い丘にあるのがわかり、その市壁際は絶好の撮影ポイント。

ぜひカップルで歩きたいロマンチックな庭園

ロマンチック街道　ローテンブルク

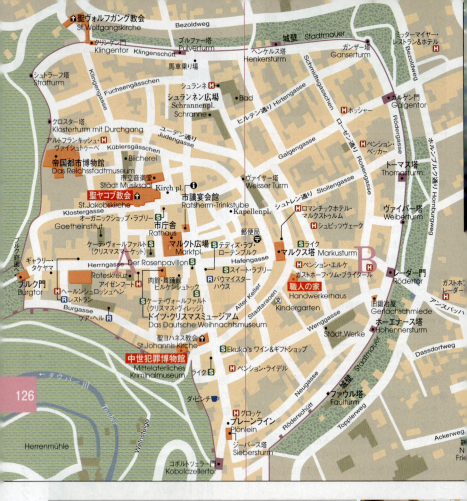

Herrnschloesschen Restaurant
ヘールンシュロッシュヘン レストラン
おしゃれでモダン&ライトな新感覚ドイツ料理

地元の新鮮食材にこだわったヘルシー&ライト感覚のモダン・ジャーマン。季節毎にメニュー変更あり。コースは3品€50くらいから。ホテルも大人気。

- map p.126-A
- ■マルクト広場から徒歩5分
- ■住所 Herrngasse 20
- ■TEL 873890（予約推奨）
- ■営 業 12:00〜14:00、18:00〜21:00（※ランチは中庭で別営業）
- ■休日 月・火曜
- ■カード VISA、MC、AMEX
- HP www.hotel-rothenburg.de（ホテル T-€225〜）

Zur Höll
ツア・ヘル

遅くまで営業しているので便利。建物は街で一番古く、1000年もの歴史。ビール、ワインとも人気。

- map p.126-A
- ■マルクト広場から徒歩3分
- ■住所 Burggasse 8
- ■TEL 4229
- ■営業 17:00〜（閉店時間は不定）
- ■休日 日曜、12/24・25・31
- ■カード 不可
- ※日本語のメニュー有り
- HP www.hoell-rothenburg.de

Baumeisterhaus
バウマイスターハウス

奥にある吹き抜けの中庭の席が自慢。ツアー客で込むときは、空いてる時間にカフェの利用を。

- map p.126-A
- ■マルクト広場から徒歩1分
- ■住所 Obere Schmiedgasse 3
- ■TEL 94700
- ■営業 10:00〜21:00（料理〜20:00）
- ■休日 1月後半2週間（年度により変更）
- ■カード VISA、MC
- HP www.baumeisterhaus-rothenburg.de

●〜€15　●€15〜25　●€25〜50　●●●€50〜

Check Check! もっと知りたい！ローテンブルクetc.

アンチエイジング効果のある海草美容クリーム€25〜

① まずはオーガニックショップ・ラブリー（下記参照）の姉妹店、スイート・ラブリーを紹介。クレープやスムージー、バウムクーヘンのほか、「639」という貴腐ワイン（p.23）や、爪切りのような小物のおみやげグッズも販売している。

一番人気のSTIXじゃがいもクリーム。美肌効果が抜群。大が€7.99。以上オーガニックショップ・ラブリー

② 日本人オーナーの厳選ワインが好評のEkuko'sワイン＆ギフトショップでは、ワインの国際郵送を信頼のクロネコヤマトで行っている。ちなみに、最近良く出るおみやげは、「ドリーム・ライト」というキャンドルホルダー。美しい花柄は、一つ一つが手作りのドイツ製だ。

ジェルで固めてグラスに閉じ込めた、美しい花模様の「ドリーム・ライト」€11.90〜

③ 最後は夜警のジョージさん。夜の20:00（※21:30〜はドイツ語、12月後半〜3月中旬は休業）にどこからともなくマルクト広場に現れる夜警姿のガイドさんだ。DVDも出すほどの有名人。堪能な英語でジョークを交え夜の町を案内してくれる。

ジョージさん。言葉がわからなくても楽しい

DATA

◆**Sweet lovely** MAP p.126-A 住Hafengasse4 営9:00〜18:00（日曜・祝日10:00〜） 休冬期の日曜 ☎9179016

◆**Ekuko's ワイン＆ギフトショップ** MAP p.126-A 住Untere Schmiedgasse 9 営9:00〜19:00（冬期〜18:00、日曜10:00〜18:00） 休冬期の日曜 ☎976447

Käthe Wohlfahrt
ケーテ・ヴォールファルト

クリスマス・ヴィレッジは必見！

店内に高さ5mの民家を造り、特大のツリーとともにクリスマスを再現。クリスマス博物館（p.125）も併設。「キンダートラウム」など、コレクターアイテムも。

map p.126-A
●マルクト広場から徒歩1分
■住所 Herrngasse 1
■TEL 4090
■営業 9:00〜17:00（日曜10:00〜、5/13〜クリスマスの日曜10:00〜18:00）
■休日 12/25〜4月の日曜・祝日（復活祭の日曜、月曜は除く）
■カード VISA, MC, AMEX, DC, JCB
HP www.kaethe-wohlfahrt.com

Leyk
ライク

木組みの家を陶器でかたどったコレクターアイテム。キャンドルも灯せる。本書持参で5％引き。

map p.126-A ●マルクト広場から徒歩4分
■住所 Untere Schmiedgasse 6 ■TEL 86763 ■営業 10:00〜18:00（1月末〜復活祭の土曜〜16:00） ■休日 12/25・26、1/1、12月末〜復活祭の日曜 ■カード VISA, MC, AMEX, DC, JCB HP www.leyk-shop.com

Organic Shop Lovely
オーガニックショップ・ラブリー

日本人の美人オーナーが選んだ自然派コスメのお店。ビンテージワインや手作りオリジナル石鹸も。

map p.126-A ●マルクト広場から徒歩1分
■住所 Gruenemarkt 3 ■TEL 8749026
■営業 9:00〜18:30（日曜・祝日10:00〜18:00）
■休日 クリスマスからイースターまでの日曜
■カード VISA, MC, AMEX, JCB HP organic-lovely.com

ローテンブルクの市外局番☎09861

Teddys Love Rothenburg
テディズ・ラブ・ローテンブルク

シュタイフやハーマンなど、豊富に揃うテディベアの専門店。オリジナル限定生産デザインもある。

map p.126-A ●マルクト広場から徒歩1分
■住所 Obere Schmiedgasse 1 ●TEL 933444
■営業 9:00～20:00（日曜10:00～18:00、1～4月～19:00）
■休日 1～3月の日曜・祝日 ■カード VISA、MC、AMEX、DC、JCB HP www.teddys-rothenburg.de

Birkenstock Shop
ビルケンシュトック
人気再燃中のブランド。観光地にあるショップとしては規模が大きく、ドイツでも有数の品揃え。

map p.126-A ●マルクト広場から徒歩2分
■住所 Obere Schmiedgasse 8 ●TEL 938647
■営業 9:00～18:30 ■休日 日曜
■カード VISA、MC、AMEX、DC、JCB
HP www.natuerlich-gehen.de

Hotel Eisenhut
ホテル・アイゼンフート
皇族も利用した最高級ホテル

16世紀に貴族の館として建てられたという。バロック調の内装やアンティークの調度品が重厚。貴族や皇族も利用する。眺めのいいビア・ガーデンあり。

map p.126-A
●マルクト広場から徒歩3分
■住所 Herrngasse 3-5/7
■TEL 7050
■FAX 70545
■料金 S-€94～174、T-€128～356、朝食€14
■部屋数 全78室
■カード VISA、MC、AMEX、DC、JCB
HP www.eisenhut.com

Romantik-Hotel Markusturm
ロマンチックホテル・マルクストゥルム
建物としては700年以上の歴史

オリジナルは1264年に建てられた税務署。ホテルとしても500年以上の歴史があり、当時の城壁の一部がまだ残っているのが自慢。日本語メニューがある。

map p.126-B
●マルクト広場から徒歩3分
■住所 Rödergasse 1
■TEL 94280
■FAX 9428113
■料金 S-€81～、T-€130～
■部屋数 全25室
■カード VISA、MC、AMEX、DC、JCB
HP www.markusturm.de

Altfränkische Weinstube
アルトフランキッシュ・ヴァインシュトゥーベ
中世が染み込んだ本物のアンティーク感を体感したいならここ。地下階はワインレストラン。

map p.126-A ●マルクト広場から徒歩約5分
■住所 Klosterhof 7 ■TEL 6404 ■料金 S,T-€89～、変動制 ■部屋数 全6室 ■カード VISA、MC、AMEX HP altfraenkische-weinstube-rothenburg.de

Mittermeier Restaurant & Hotel
ミッターマイヤー・レストラン＆ホテル
中世を売りにするホテルが多い中、ここはおしゃれなデザインホテル。レストランもグルメ志向。

map p.126-B ●マルクト広場から徒歩8分
■住所 Vorm Würzburger Tor 9 ■TEL 94540 ■料金 S-€75～、T-€85～、変動制 ■部屋数 全27室 ■カード VISA、MC、AMEX、DC HP villamittermeier.de

Hotel Schranne
ホテル・シュランネ
マイノールト夫妻が経営する温かいもてなしのホテル。レストランには日本語メニューもある。

map p.126-A
●マルクト広場から徒歩4分
■住所 Schrannenplatz 6 ■TEL 95500
■FAX 9550150 ■料金 S-€65～、T-€75～160
■部屋数 全48室 ■カード VISA、MC、AMEX、DC、JCB HP www.hotel-schranne.de

Glocke
グロッケ
典型的フランケン地方のホスピタリティー。併設のレストランでは魚、ジビエ料理が自慢。

map p.126-A
●マルクト広場から徒歩4分
■住所 Am Plönlein 1
■TEL 958990 ■FAX 9589922
■料金 S-€68～84、T-€96～155
■部屋数 全23室 ■カード VISA、MC、AMEX、DC、JCB

ホテル・シュピッツヴェーク Hotel Spitzweg ★★ map p.126-B
●マルクト広場から徒歩5分 ■住所 Paradeisgasse 2
☎94290 FAX無し ■S-€70～、T-€90～
■カード VISA、MC

ローテンブルガーホーフ Rothenburger Hof ★★ map p.127-C
●鉄道駅から徒歩1分 ■住所 Bahnhofstr.13
☎9730 FAX 973333 ■S-€47～69、T-€129
■カード VISA、MC、JCB

ペンション・ライデル Pension Raidel ★ map p.126-B
●マルクト広場から徒歩4分 ■住所 Wenggasse 3 ☎3115
■S-€45～、T-€69 HP gaestehaus-raidel.de

ペンション・エルケ Pension Elke ★ map p.126-B
●マルクト広場から徒歩5分 ■住所 Rödergasse 6 ☎2331
■S-€40～、T-€60～ HP www.pension-elke-rothenburg.de

ガストホフ・レーダートーア Gasthof Rödertor ★★ map p.126-B
●鉄道駅から徒歩7分 ■住所 Ansbacher Str. 7
☎2022 ■S,T-€85～、変動制 HP roedertor.de

ペンション・ベッカー Becker ★ map p.126-B
●マルクト広場から徒歩7分 ■住所 Rosengasse23
☎3560 FAX 3540 ■S-€35～、T-€58～

ローテンブルクの市外局番☎09861

DINKELSBÜHL
ディンケルスビュール

p.11-H　■人口=1.2万人　■街の規模=徒歩で半日

より素朴でリアル。戦災による被害がなく、本物の中世の景観を継承

城壁と水濠に囲まれた中世の街並　聖ゲオルク教会
キンダーツェッヒェ（子ども祭）　フランケンワイン

Access

●ローカルバス：ローテンブルク→（807番バス約50分）→Dombühl→（813番バス50分）→ディンケルスビュール（終点1つ手前のAm Stauferwall下車）［約毎時／€9.52～］
●電車とバス：アンスバッハ経由→（805番バス1時間）→ディンケルスビュール［1日5～6本／€7.14～］
●ヨーロッパバス：フランクフルト→（6時間20分）→ディンケルスビュール［1日1本／€52］、ミュンヘン→（3時間55分）→ディンケルスビュール［1日1本／€36］

Information

●観光案内所：＜マルクト広場横＞
MAP p.130-B　Altrathausplatz 14
☎902440　FAX902419　開9:00～18:00（土・日曜、祝日10:00～17:00）、11～4月は10:00～17:00　休無休
HP www.dinkelsbuehl.de
●ユースホステル：MAP p.130-A　Koppengasse 10　☎5556417

Route Advice

マルクト広場→ドイチェス・ハウス→聖ゲオルク教会→歴史博物館→ローテンブルク門→ローテンブルク池（門の外）［全移動約40分］

ローカルのバス停から中心まで徒歩15分。水濠沿いに城壁が残る

　すぐ隣のローテンブルクは、戦災で破壊されたあと再建された街だが、こちらは戦火を免れた本物の中世の街。築400年以上という古い木組みの家がごろごろしている。ローカ

城壁の外側からの景色。手前は水濠になっている

ドイチェス・ハウス。左右にも木組みの家が並ぶ

ル・バスで行く場合、発着所は城壁の外になるので注意。ヨーロッパバスは市庁舎の裏手の広場に乗りつける。鉄道はない。
　街はローテンブルクより小さい。メインストリートのゼークリンガー通りSegringer-str.は、端から端までほんの10分程度だ。中心のマルクト広場には**聖ゲオルク教会**と、通りを挟んで**ドイチェス・ハウス**（p.131参照）が面している。ファッハヴェルク（木組み白壁造り）ではもっとも美しい建物といわれ、現在はホテル兼レストラン。
　街歩きのポイントは路地裏歩きと、城壁沿いの水濠歩きだ。城壁は18の塔とともにほぼ完全に残っている。

名物祭りキンダーツェッヒェのころに訪れてみたい

　とくにおすすめなのは、**ローテンブルク門** Rothenburger Torを出たあと、左手にあるローテンブルク池から城壁や塔を眺めるポジションだ。池の手前は公園になっていてベンチに腰かけて休憩できるし、池にはアヒルやカモも泳いでいる。
　街の名物祭りが**キンダーツェッヒェ**（子ども祭）。これは30年戦争当時、新教徒側のスウェーデン軍が攻め込んできて街を焼き払おうとした時、街の子どもたちと娘ローレが身を投げだして哀願し、心動かされた将軍がそのまま兵を引き上げた、という故事にちなむ。以来、街を救った子どもたちに感謝する意味

夕暮れ時のローテンブルク池。幻想的な光景

ディンケルスビュールの市外局番☎09851

祭壇後部のステンドグラスは見応えがある

で、毎年7月第3月曜の前の金曜から翌週の日曜まで祭が開かれる。民俗衣裳に身を包んだかわいい子どもたちのパレードが見もの。

聖ゲオルク教会
St. Georgkirche ★★★

map p.130-A

●マルクト広場からすぐ

　どことなくネルトリンゲンの教会に似ているが、実は同じ建築家、ニコラウス・エゼラーの手による作品。ホール型教会としては南ドイツでもっとも美しいといわれ、その内部のホールの高さ、荘厳さは圧倒的。また、塔の階段（後期ロマネスク様式）は222段もある。もちろん上からの眺めは最高！

🏠Kirchhoeflein 6　🕘9:00～12:00、14:00～19:00

街角ワンショット

夜の街並もロマンチック！
ナイト・ウォッチマン登場

　マントをはおりランプをぶら下げ角笛を吹く中世風の格好をした老人。実は彼こそは、悪の手先から街を守るナイト・ウォッチマン（夜警）なのだ！彼は毎晩のように（4～10月21:00、11～3月は土曜のみ）教会の前に現れ、夜警と称して路地裏などを歌いながら案内（無料）してくれるうえ、見回り先でワインも飲ませてくれる。

レストラン前で。このあと、店からワインを1杯

（冬季～17:00、塔登頂は5～10月の金～日曜とバイエルン州の学校の夏休み期間の14:00～17:00）

🚫無休　💴塔の入場€2（教会内無料）

30年戦争当時の大砲。ビデオの上映などもある

3-D美術館 ★
Museum 3. Dimension

map　p.130-B

●マルクト広場から徒歩5分

　ホログラフィーやステレオグラムなど立体的に見える技法なら何でも展示しているユニークな美術館。ちょっぴりアダルトな写真も。

住Nördlinger Tor　開11:00～17:00（7・8月10:00～18:00）休11～3月の月～金曜、12/24・25、カーニバルの火曜　料€10、学生€8　☎6336　HP www.3d-museum.de

ディンケルスビュール歴史館 ★
Haus der Geschichte Dinkelsbuhl

map　p.130-B

●マルクト広場から徒歩3分

　この町の歴史を、その生活様式、絵画、武具など、さまざまな観点から約600点紹介。とくに30年戦争当時の展示が充実。

住Altrathausplatz 14　開9:00～18:00（土・日曜、祝日、11～4月10:00～17:00）休無休　料€4、学生€3　☎902180

だまし絵的な要素もあって楽しい

Deutsches Haus
ドイチェス・ハウス

街一番の美しさ。木組みの家

　マルクト広場に面する、かわいい木組みの家。1440年代建造といわれ、何段も階を重ねたルネサンス様式の外観が観光名物。レストランもある。

map　p.130-A
●マルクト広場から徒歩1分
住所　Weinmarkt 3
TEL　6058
FAX　7911
料金　S-€79～、T-€129～159、変動制
部屋数　全18室
カード　VISA, MC, AMEX, JCB
HP www.deutsches-haus-dkb.de

Hotel Goldene Rose
ゴールデネ・ローゼ

1450年建造。王族も利用する

　ドイツ全土でも十本の指に入るという歴史を誇るホテル。世界の王族の利用も多く、1891年にはイギリスのヴィクトリア女王も宿泊した。当時の写真もある。

map　p.130-A
●マルクト広場から徒歩1分
住所　Marktplatz 4
TEL　57750
FAX　577575
料金　S-€66～85、T-€88～138
部屋数　全33室
カード　VISA, MC
HP www.hotel-goldene-rose.com

Hezelhof Hotel
ヘーツェルホーフ・ホテル

木組みの家が超モダンホテルに変身

　16世紀の木組みの家で、中庭の美しさで観光名所でもあった場所が、外見はそのままに超モダンなデザインホテルに。中庭だけの見学も可能（€1）。

map　p.130-A
●マルクト広場から徒歩2分
住所　Segringer Str.7
TEL　555420
FAX　5554260
料金　S-€99～、T-€129～（ネット割引あり）
部屋数　全40室
カード　VISA, MC, AMEX
HP www.hezelhof.com

Hotel Eisenkrug
アイゼンクルーク

　部屋はアンティークな内装。ワインと郷土料理が自慢の2つのレストラン。料理は評価が高い。

map　p.130-A
●マルクト広場から徒歩2分　住所　Dr.Martin-Luther-Str.1　TEL　57700　FAX　577270　料金　S-€49～、T-€84～、変動制　部屋数　全20室　カード　VISA, MC, AMEX　HP www.hotel-eisenkrug.de

Flair Hotel Weisses Ross
ヴァイセスロス

　築450年と古く、かつては芸術家が集まるサロン的存在だった。家族経営感覚で気さくなもてなし。

map　p.130-A
●マルクト広場から徒歩2分　住所　Steingasse 12/17　TEL　579890　FAX　6770　料金　S,T-€90～、変動制　部屋数　全15室　カード　VISA, MC, AMEX　HP www.hotel-weisses-ross.de

ディンケルスビュールの市外局番☎09851

ロマンチック街道　ディンケルスビュール

NORDLINGEN ネルトリンゲン

p.11-K ■人口＝2万人 ■街の規模＝徒歩で半日

中世の城壁をほぼ完全に保存。
リース盆地に位置する円形の街

 城壁に囲まれた中世の町並
 聖ゲオルク教会（ダニエル）
★ リースクレーター博物館など

Access

●鉄道：フランクフルト→ICE（約1時間20分）→シュツットガルト（乗換）→RE（約1時間）→アーレン（乗換）→RB（約40分）→ネルトリンゲン［1時間1～2本／€81］、ミュンヘン→RE（約1時間20分）→ドナウヴェルト（乗換）→RB他（約30分）→ネルトリンゲン［1時間1～2本／€28.80］
●ヨーロッパバス：フランクフルト→（7時間20分）→ネルトリンゲン［1日1本／€57］、ミュンヘン→（2時間55分）→ネルトリンゲン［1日1本／€30］、ローテンブルク中央駅→（1時間10分）→ディンケルスビュール→（45分）→ネルトリンゲン［1日1本／€13］

Information

❶観光案内所：＜市役所裏の建物＞
住Marktplatz 2 ☎84116 FAX84113 開復活祭の土曜～10月9:00～18:00（金曜～16:30、土曜・祝日・7～8月の日曜10:00～14:00）、11月～復活祭の金曜まで9:00～17:00（金曜～15:30） 休11月～復活祭の金曜までの土・日曜・祝日、12/24～26・31、1/1 HP www.noerdlingen.de

 教会の塔に上ってリース盆地の景観を楽しもう

太古の昔に直径1.2km以上もの巨大隕石が落下してできたというリース盆地にあるネルトリンゲンは、直径1km程度の小さな街だ。中世の城壁がほぼ完全に残っている。
　街の中心に、後期ゴシック様式の聖ゲオルク教会St.Georgkircheが建つ（開9:00～18:00［7・8月～19:00、12月～17:00、3・4・10月10:00～17:00、1・2・11月10:00～16:00］料塔入場€3.50）。教会の塔は通称ダニエルと呼ばれ、高さ約90m、

聖ゲオルク教会。塔内部の吹き抜け空間もスリルがある

ネルトリンゲンの市外局番☎09081

ダニエル（塔）から見える街の景観

段数にして350段もある。上からだと、城壁の形が円形だとはっきりわかっておもしろい。
　街の特徴は、小さな街なのに博物館が充実していること。リース・クレーター博物館には、NASAの宇宙飛行士が訓練に訪れた関係で月の石が展示してある。
　郷土博物館も4階建てで規模が大きく、城門のひとつ、レプズィンガー門Löpsinger Torturmは壁博物館になっている。この5館と教会の塔には共通券ツーリスト・カード（3日間€12.50）もある。

リース・クレーター博物館 ★★
Rieskrater Museum

●マルクト広場から徒歩4分
　1500万年前の隕石の衝突と、それによるリース盆地形成を解説。衝突時の石片や、アポロ16号が持ち帰った月の石も展示している。
住Eugene-Shoemaker-Pl.1 開10:00～16:30（11～4月10:00～12:00、13:30～16:30） 休月曜、復活祭の金曜、12/24～26・31、1/1 料€4.50、学生€2.50 ☎84710

月の石。こんなところで出会えるとは

郷土博物館 ★
Stadtmuseum

●マルクト広場から徒歩3分
　15～16世紀の宗教画や、この地に縁の深い画家の作品など、このあたりの郷土博物館の中では一番見応えがある展示内容。
住Vordere Gerbergasse 1 開13:30～16:30 休月曜、11月中旬～3月中旬、イースターの金曜 料リース・クレーター博物館との共通券€4.50、学生€2.50 ☎84810

中世の宗教画は充実した展示内容

AUGSBURG アウクスブルク

p.11-K　■人口=28.9万人　■街の規模=徒歩で2日

2000年の歴史を経て、今なお時代の最先端をいくパワーを秘めた街

 ★マキシミリアン通り、旧市街レヒ運河周辺など
 ★大聖堂、聖ウルリヒ＆アーフラ教会など
 ★ドイツ・バロック美術館など
 ★旧市街の工房＆ショップなど
👤 ★レオポルト・モーツァルト、ディーゼルなど
 ★シュヴァーベン料理

Access

●鉄道：フランクフルト→ICE、EC、IC直行（約3時間20分）→アウクスブルク［1時間1〜2本／€73〜］、ミュンヘン→ICE、IC、RE、RB（約30〜50分）→アウクスブルク［1時間3〜4本／€14.60〜］、ネルトリンゲン→RB（約30分）→ドナウヴェルト（乗換）→RE（約30分）→アウクスブルク［毎時／€16］ ※フランクフルトからはマンハイムまたはヴュルツブルク、ニュルンベルク乗り換えあり。

●ヨーロッパバス：フランクフルト→（9時間10分）→アウクスブルク市庁［1日1本／€72］、ミュンヘン→（1時間5分）→アウクスブルク市庁［1日1本／€16］

●市内交通：バスとトラムが発達しており、短距離券（4駅まで）€1.45、1日券€6.40

Information

🛈観光案内所：＜市庁舎広場＞
MAP p.134-A　住Rathausplatz 1　☎502070
開8:30〜17:30（土・日曜、祝日10:00〜）、11〜3月9:00〜17:00（土・日曜、祝日10:00〜）
休無休
HP www.augsburg-tourismus.de
●ユースホステル：MAP p.134-B　住Untere Graben 6　☎7808890　FAX 78088929

Route Advice

中央駅→（Bahnhofstr.）→（Königsplatz）→モーツァルトハウス→大聖堂→市庁舎広場→市庁舎→フッゲライ→（Maximilian-Str.）→シェッツラー宮殿→聖ウルリヒ＆アーフラ教会
［全移動約3時間。Königsplatzからモーツァルトハウスへは市電2番利用］

華やいだマキシミリアン通りと、味のある旧市街

トリアーなどと並びドイツ最古といわれる街。紀元前15年にローマ皇帝アウグストゥスの一族によって建都されたという。

古代より交通の要衝として栄えたが、13世紀には帝国自由都市に昇格。15世紀以降は大富豪フッガー家などの台頭により、ルネサン

アウクスブルクの市外局番☎0821

ペルラッハの塔から市街地を見下ろす。左は市庁舎

ス文化の舞台ともなった。当時のフッガー家は、金融力では皇帝をもしのぐといわれ、今でもフッガー都市宮殿Fugger Stadtpalastなどに当時の栄光をしのぶことができる。

現在はバイエルン州第3の都市として賑わっている。街の中心は**市庁舎広場**（駅から市電2番でRathauspl.下車）だ。その正面には**市庁舎**（p.135参照）とペルラッハの塔Perlachturmが建つ。塔の高さは76mで、天気のいい日は上からアルプスを望める（開10:00〜18:00（クリスマス期間の金・土・日曜13:00〜19:00）休11月〜復活祭　料€2）。

旧市街散策のあとは、名物のシュヴァーベン料理に舌鼓

市庁舎前を南北に走る**マキシミリアン通り**Maximilianstr.は街のメインストリート。左右に一流ホテルや銀行、高級ショップなどが並ぶ。噴水も多く、広場のアウグストゥスの噴水から始まり、通りの中央ではマーキュリーの噴水、ヘラクレスの噴水がある。途中、テラス席を設けたカフェもあり、華やいだ雰囲気だ。

噴水をよく見かける。町並みのアクセント

また、ここはルターの宗教改革の舞台になった街。通りの南端には、宗教和議の象徴、

1602年建造のヘラクレスの噴水。ブロンズ像だ

ロマンチック街道

133

聖ウルリヒ＆アーフラ教会 St. Ulrich & Afraがある。新、旧両教が共生する珍しい教会だ。

　楽しみ方では、都会なのでショッピングが充実。広場裏手のAnnastr.周辺が、歩行者天国にもなっている。

　市庁舎裏手の旧市街の散策もおすすめだ。土地が一段低くなっていて、狭い路地沿いに水路（レヒ運河）が走るなど、下町情緒が感じられる。工房（p.135コラム参照）やブティックも多い。最大の見どころのひとつ、世界最初の社会福祉施設のフッゲライ（p.135参照）もこの地域にある。

シンメトリーな外観の市庁舎とペルラッハの塔

　また、食事は独自のシュヴァーベン料理が楽しみのひとつ。ラビオリのようなMaultaschenや、パスタの一種Spätzleなどがある。

↑街の中に別の街があるかのよう

←昔の生活空間をそのまま再現したフッゲライ博物館。当時の庶民の風俗もわかる

シェッツラー宮殿の祝祭の間Festsaal。私人が建てたとは信じがたい華麗さ

シェッツラー宮殿 ★★★
Schäzler Palais
map p.134-C

●市庁舎広場から徒歩7分
　ロココ様式の貴族の館。現在は州立絵画館なども併設し、デューラーの絵画などを展示。
⌂ Maximilian-Str.46　🕐 10:00～17:00　休 月曜　料 €7、学生€5.50　☎ 3244102

フッゲライ ★★★
Fuggerei

map p.134-B

●市庁舎広場から徒歩7分
　ヤコブ2世が建てた世界最初の社会福祉住宅。周りを塀で囲われ、古びた壁にはツタが絡まる。現在でも67軒が使用され、年間家賃は€0.88。一部は博物館。
⌂ Jakoberstr.26（博物館Mittlere Gasse 13）
🕐 8:00～20:00（10～3月9:00～18:00）
休 12/24　料 €4、学生€3　☎ 31988114
HP www.fugger.de

大聖堂 ★★
Dom
map p.134-A

●Stadtwerke（シュタットヴェルケ）（市電2番）より徒歩1分
　人物を描いたガラス色彩画としてはドイツ最古のステンドグラスや、旧約聖書の場面を描いた青銅の扉などは歴史的価値が高い。
⌂ Frauentorstr.1　🕐 7:30～18:00（日曜12:30～）
休 無休（メッセ等で入場制限あり）　☎ 31668511

市庁舎 ★★
Rathaus

map p.134-B

●市庁舎広場から徒歩1分
　1620年、建築家エリアス・ホルの指揮により建造。アルプス以北のルネサンス建築ではとくに重要なもので、3階の黄金の間Goldener Saalはその絢爛豪華な天井で有名だ。
🕐 10:00～18:00　休 特別な催しのある時　料 €2.50、学生€1　☎ 5020

最大の見どころ、黄金の間

モーツァルトハウス ★
Mozarthaus
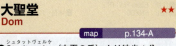
map p.134-A

●Mozarthaus（市電2番）より1分
　モーツァルトの父、レオポルトの生家。チェンバロ（ピアノの前身）の展示が目玉。コーターマイエがこれを演奏したCDも販売。
⌂ Frauentorstr.30
🕐 10:00～17:00（12/24・31～14:00）　休 月曜（復活祭と降臨祭は除く）、祝日
料 €3.50、学生€2　☎ 4507945

ロマンチック街道　アウクスブルク

旧市街はユニーク工房＆ショップの穴場！

マキシミリアン通りの東側、下町情緒が残る旧市街にはユニーク工房やショップ、ブティックが多い。アルテ・ズィルバー・シュミーデDie Alte Silber-schmiede（MAP p.134-B　⌂ Pfladergasse 10　☎ 38945）は代々金銀細工を営む家族が使った工房。歴史は約400年。装飾品€25～、ブローチ類€40～。トプフェライDie Töpferei（MAP p.134-B　⌂ Weisse-Gasse5　休 日・月曜　☎ 153511）は陶器の小物や食器の店。小さいネズミが乗ったかわいいカップ小€15、大€16。工房見学も可。

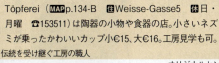

伝統を受け継ぐ工房の職人

アウクスブルクの市外局番 ☎ 0821

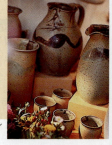

オリジナルセンスが光る小物

Bauerntanz
バウエルンタンツ
1572年創業。市庁舎の裏手にある家庭的シュヴァーベン料理の老舗

モーツァルトも訪れたというシュヴァーベン料理の老舗。シュヴァーベン風ケーゼシュペッツレ小€8.20、並€9.20などの人気メニューを賞味したい。

- map p.134-B
- 市庁舎広場から徒歩5分
- 住所 Bauerntanzgässchen 1
- TEL 153644
- FAX 37338
- 営業 11:00〜23:30 (LO 22:00)、12/31〜22:00
- 休日 12/24
- カード VISA、MC、AMEX
- HP bauerntanz-augsburg.de/

Die Ecke
ディー・エッケ
グルメ派におすすめしたい創作料理

グルメレストランといえばここ。コンチネンタル料理にタイ・カレーソースを使うなど、創造性豊かなインターナショナル料理。ジビエ料理も秀逸。

- map p.134-B
- 市庁舎広場から徒歩2分
- 住所 Elias-Holl-Pl.2
- TEL 510600
- FAX 311992
- 営業 11:30〜14:00、17:30〜23:00（料理〜22:00）
- 休日 12/24
- カード VISA、MC、AMEX
- HP www.restaurant-die-ecke.de

Romantik-Hotel Augsburger Hof
アウクスブルガーホーフ
スイートなムード漂う内装

ムードある内装でロマンチックに過ごしたい人におすすめ。家族経営の温かみある接客にも定評あり。雰囲気のいいバーも併設。モーツァルトハウスの向かい。

- map p.134-A
- ●Mozarthaus（トラム2番）から徒歩1分
- 住所 Auf dem Kreuz 2
- TEL 343050
- FAX 3430555
- 料金 S-€86〜115、T-€99〜140、変動制
- 部屋数 全36室
- カード VISA、MC、AMEX、DC、JCB
- HP www.augsburger-hof.de

Hotel Steigenberger Drei Mohren
シュタイゲンベルガー・ドライモーレン
目抜き通りの一等地に建つ

マキシミリアン通りの中央という最高のロケーション。アウクスブルクで一番の格式を誇る。通りに面したビストロはおしゃれなフレンチスタイル。

- map p.134-D
- 市庁舎広場から徒歩6分
- 住所 Maximilian-Str.40
- TEL 50360
- FAX 5036888
- 料金 S-€129〜、T-€144〜、変動制
- 部屋数 全132室
- カード VISA、MC、AMEX、DC、JCB
- HP www.steigenberger.com/hotels/alle-hotels

Dom Hotel
ドーム
テラス付きスイートがおすすめ

外観とは裏腹なモダンな内装。全体に静かな雰囲気で、テラス付きスイートからは大聖堂が見える。温水プール、フィットネス、サウナがあり、宿泊客は無料。

- map p.134-A
- ●StadtwerkeもしくはMozarthaus（トラム2番）より徒歩1分
- 住所 Frauentorstr. 8
- TEL 343930
- FAX 34393200
- 料金 S-€78〜、T-€98〜
- 部屋数 全52室
- カード VISA、MC、AMEX、DC、JCB
- HP www.domhotel-augsburg.de

Jakober Hof
ヤコバーホーフ
いざとなったら日本語が通じる

フッゲライのすぐ近く。料金が安く、バス付きは9部屋。ベットを増やしてトリプルにできる。宿の若奥さんは日本人。バー、レストラン（朝食のみ）もある。

- map p.134-B
- ●An der Fuggerei（トラム1番）下車。停留所の真前
- 住所 Jakoberstr.37〜41
- TEL 510030　FAX 150844
- 料金 S-€29〜、T-€39〜（ペンションタイプの価格）
- 部屋数 全41室
- カード VISA、MC、AMEX、DC、JCB
- HP www.jakoberhof.de

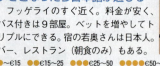

アウクスブルクの市外局番☎0821

FÜSSEN & SCHWANGAU
フュッセン&シュヴァンガウ

p.11-K　人口=1.5万人　街の規模=徒歩で半日

緑豊かな高級保養地。ノイシュヴァンシュタイン城への拠点として有名

 ノイシュヴァンシュタイン城／ルートヴィヒ2世

 テーゲルベルク山、周囲に点在する湖など／バート・フォーレンバッハ

Access

●鉄道：アウクスブルク→RB、REで直通またはBuchloeで1回乗換（1時間40分〜）→フュッセン［1時間1本／€23.50〜］、ミュンヘン→RB、REで直通またはKaufbeurenで1回乗換（約2時間）ほか→フュッセン［1時間1〜2本／€28.40］、※フランクフルトから€88〜

●ヨーロッパバス：フランクフルト→（12時間30分）→フュッセン［1日1本／€108］、ミュンヘン→（2時間40分）→フュッセン［1日1本／€27］

●路線バス：フュッセン→ホーエンシュヴァンガウ→シュヴァンガウ（循環バス［所要約15分］、1回券€2.30）※フュッセンからのバス最終は19:00ごろ（季節により異なるので注意）

●タクシー：フュッセン→（約8分）→ホーエンシュヴァンガウ（☎6222、7700、約€12）

Information

❶観光案内所：＜フュッセン＞MAP p.137-B
住Kaiser Maximilian Platz 1 ☎93850
FAX938520
開9:00〜17:00（土曜9:30〜13:30）
休日曜　HP www.fuessen.de
●ユースホステル：＜フュッセン＞
MAP p.137-A　住Mariahilferstr.5　☎7754

マリエン橋から見える白鳥城

街のしくみ
白鳥城が目的なら宿泊はホーエンシュヴァンガウが最適

フュッセンはロマンチック街道の終点。街道中、おそらくもっとも人気がある見どころ、**ノイシュヴァンシュタイン城（白鳥城）**への拠点でもある。周囲を湖や森林、草原に囲まれた高級保養地でもあり、ちょっと足をのばしてライヒェン通り。カフェは通りに席を出す

Kristall-Therme内。テルメは水着、サウナは裸

フュッセン&シュヴァンガウの市外局番☎08362

137

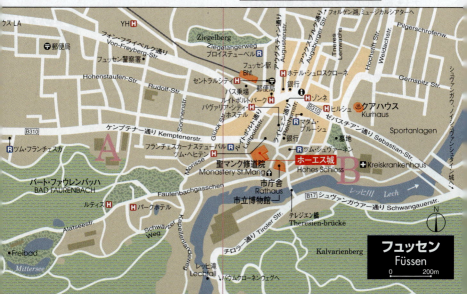

フュッセン Füssen　0　200m

ばせば、レッヒ川Lechやフォルゲン湖Forggenseeの美しい景観も楽しめる。

街でもっとも賑やかなのはライヒェン通りReichenstr.。観光客目当てのおみやげ物屋やカフェ、レストランが軒を連ねる。

見どころとしては、**ホーエス城の美術館**、**聖マンク修道院**Monastery St. Mongの中にある**市立博物館**（開2館共通11:00〜17:00［12〜3月13:00〜16:00］ 休月曜、祝日、11・12〜3月の月〜木曜 料2館共通€7［個別券€6、学生€4］ ☎903146）などがある。ロココ様式教会の傑作、ヴィース教会（p.142参照）もバスで行ける。

渓谷歩きに山登り。名城巡りに温泉と多彩な楽しみ

余裕があるなら周囲の自然散策もおもしろい。レッヒ川左を南に20分ほど上ると、**バウムクローネンウェグ**Baumkronenweg（開10:00〜17:00［4・11月〜16:00、入場30分前まで］ 休12〜3月 料€5）という、森の中空21mの高さを歩ける木組みの回廊がある。

ノイシュヴァンシュタイン城見学が目的なら、麓の村であるシュヴァンガウかホーエンシュヴァンガウHohenschwangauに宿をとるのがおすすめだ。周辺には**クリスタルテルメ**Kristall-Therme（営9:00〜22:00［金・土曜9:00〜23:00、12/31 9:00〜18:00、1/1 10:00〜22:00、火・金曜19:00〜は水着なしの混浴］ 休12/24 料2時間€14.50、サウナ+€6、貸しバスタオル€3、貸しバスローブ€5 ☎926940）があり、お城を眺めながら美容にいい塩水浴が楽しめたり、**テーゲルベルク山**Tegelberg(1720m)へのリフト（営9:00〜17:00[最終下り、冬期〜16:30] ※天候、季節変動あり 料往復€20.60、学生€20.20 ☎98360）などもある。

バウムクローネンウェグ。Walderlebniszentrumという施設から入場する

フュッセン＆シュヴァンガウの市外局番 ☎08362

この城のバルコニーからは白鳥城がよく見える

ホーエンシュヴァンガウ城 ★★
Schloss Hohenschwangau　map　p.138

●Hohenschwangauのバス停から徒歩約15分

ルートヴィヒ2世が幼少期を過ごした城。荒城を彼の父、マキシミリアン2世が1832年に買い取りネオゴシック風に改築した。入場券はネット予約（→p.141）が基本。

住Alpseestr.24 開9:00〜18:00（冬期10:00〜16:00※ガイドツアーのみ） 休12/24 料€13、学生€12（他館との共通券あり、p.141参照） ☎81128

ホーエス城 ★
Hohes Schloss　map　p.137-B

●フュッセン駅から徒歩13分

小高い丘の上のかつての大司教の離宮。現在は州立絵画ギャラリー。ミュンヘン出身画家の作品、後期ゴシックの絵画などを展示。

住Magnuspl.10 開11:00〜17:00（12〜3月13:00〜16:00） 休月曜、祝日、11・12〜3月の月〜木曜 料€6、学生€4 ☎903146

Check-Check! バイエルン王家博物館、珠玉の宝物！

2011年9月にオープンした、バイエルン王家（ヴィッテルスバッハ家）に関する博物館。家系図や肖像画はもちろん、ルートヴィヒ2世が実際にまとったコートや、金メッキの『ニーベルンゲンの卓上飾り』、さらに最後の王が金婚式にプレゼントされたニンフェンブルクの陶器も見られる。

MAP p.141
◆Museum Der Bayerischen Könige
🏠 Alpseestraße 27
🕐 10:00〜17:00
休 12/13・24・25、1/1
料 €11、学生€10（他館との共通券あり→p.141）
☎ 887250
HP hohenschwangau.de/museum_der_bayerischen_koenige.html

『ニーベルンゲンの卓上飾り』
© by Wittelsbacher Ausgleichsfonds, MdbK.
Foto: Marcus Ebener

Nostalgie-Restaurant Madame Plüsch
マダム・プルーシュ
こぢんまりと落ち着いた、隠れ家的レストラン

店名通りノスタルジーを感じさせる、民家の一室風内装の隠れ家的レストラン。料理も典型的ドイツ郷土料理で、魚料理も人気。席数は少ないので注意。

map p.137-B
●フュッセン駅から徒歩7分
●住所 Drehergasse 48
●TEL 9300949
●営業 11:30〜23:00（水曜 週間）、料理12:00〜21:00、キッチン休憩15:00〜17:00）
●休日 火曜、6月中旬の1
●カード 不可
HP www.madame-pluesch.de

Luitpoldpark-Hotel
ルイトポルトパーク
フィットネスもある充実した施設

フュッセンで一番の高級ホテル。レストラン、バーはもちろん、ジャクジープール、サウナ、フィットネスセンターもある。全室バス付きなのもうれしい。

map p.137-B
●フュッセン駅より徒歩1分
●住所 Bahnhofstr.1-3
●TEL 9040
●FAX 904678
●料金 S-€90〜、T-€130〜、変動制
●部屋数 全131室
●カード VISA、MC、AMEX、JCB
HP www.luitpoldpark-hotel.de

Hotel Schlosskrone
ホテル・シュロスクローネ
王室御用達のケーキが人気

2011年、東館を増設。新たに超豪華なスイートルームやフィットネスも。1896年創業の、オーストリア皇妃シシィも食べた王室御用達のケーキ＆カフェ店も健在。

map p.137-B
●フュッセン駅から徒歩3分
●住所 Prinzregenten Platz 2/4
●TEL 930180
●FAX 9301850
●料金 S-€79〜109、T-€99〜209、変動制
●部屋数 全62室
●カード VISA、MC、JCB
HP www.schlosskrone.de

Hotel Mueller
ホテル・ミューラー

眺めのいいお城の麓に位置し、シックで落ち着いた高級路線の内装。ショップやレストランも併設。

map p.138
●チケットセンターから徒歩1分 ●住所 Alpseestrasse 16 ●TEL 81990 ●FAX 819913 ●料金 T-€120〜270 ●部屋数 全40室 ●カード VISA、MC、AMEX、DC、JCB HP www.hotel-mueller.de

Park Hotel
パークホテル

地下にアロマテラピー浴ができるクア設備がある。レッヒ川近くで環境もいい。

map p.137-A
●フュッセン駅から徒歩15分
●住所 Fischhausweg 5 ●TEL 91980 ●FAX 919849 ●料金 S-€60〜、T-€94〜、変動制 ●部屋数 全19室 ●カード VISA、MC、DC HP www.parkhotel-fuessen.de

---

クアホテル・ルフティ Kur-Hotel Ruchti ★ map p.137-A
●フュッセン駅より徒歩15分 ●住所 Alatseestr.38
☎91010 FAX7213 料S-€53.10〜、T-€103.50〜

ハウスLAホステル Hous LA Hostel ★ map p.137-A
●フュッセン駅から徒歩7分 ●住所Welfenstr. 39
料ドミ-€18〜 ☎0170-624810（夜間は607366）

バヴァリア・シティ・ホステル Bavaria City Hostel ★ map p.137-B
●フュッセン駅から徒歩7分 ●住所 Reichenstr. 15 ☎9266980
料T-€24〜、ドミ-€18〜 ●チェックイン16:00〜21:00

シュロスブリック Hotel Garni Schlossblick ★ map p.138
●ホーエンシュヴァンガウのバス停より徒歩5分 ●住所 Schwangauer Str.7 ☎81649 FAX81259 料S-€45〜、T-€62〜

ゾンネ Hotel Sonne ★★★★ map p.137-B
●フュッセン駅より徒歩5分 ●住所 Prinzregentplatz1
☎9899040 料S-€79〜129、T-€109〜195

メインステーション Mainstation Hostel ★★ map p.137-A
●フュッセン駅から徒歩1分 ●住所 Bahnhofstr.10
料ドミ-€20〜 ☎9300975 ●受付8:00〜20:00

● 〜€15 ● €15〜25 ● €25〜50 ● €50〜
★エコノミー ★★カジュアル ★★★スタンダード ★★★★ラグジュアリー
※保養地税 1泊1人あたりフュッセン€1.50、ホーエンシュヴァンガウ€1.35

フュッセン&シュヴァンガウの市外局番☎08362

ロマンチック街道　フュッセン&シュヴァンガウ

Check-Check! おとぎの世界が目の前に！ロマンチック街道、感動のフィナーレ

ノイシュヴァンシュタイン城 ★★★
Schloss Neuschwanstein

ディズニーの『シンデレラ城』のモデルにもなった夢のお城へ！

マリエン橋からの雄姿

子どもの頃に絵本の中で見たような、不思議な懐かしさを感じさせてくれるノイシュヴァンシュタイン城（1869～86年築城）。『白鳥城』とも呼ばれる、このおとぎの国から飛び出したようなお城を建てたのは、ルートヴィヒ2世だ。王はワーグナーのオペラ『白鳥の騎士ローエングリン』や『タンホイザー』に心酔、その舞台となった中世騎士伝説の世界を、このお城で再現しようとしたという。

お城は急峻な岩場の上にある。麓の❶(バス停前)でまずはルートを確認。チケットも❶から2分ほどのチケットセンターで先に入手しておく。バスはホテル・リースルの前からマリエン橋まで。馬車はホテル・ミューラーからお城手前の売店まで。徒歩ルートは緑の中、お城までまっすぐだ。ペラート渓谷のルートも、天気がよくて時間があればおすすめ。帰路だけでも試す価値はある。ただ、足下が悪くすべりやすいので厳重注意。なお、お城の全景を見ることが出来るポイントは、上流にあるマリエン橋しかないので、先にバスで橋に行き、あとからゆっくりお城に向かうのが賢い。ただし、冬季に雪が降るとバスは運休、橋までの道路も封鎖される。

城内はガイドツアーでしか入れない。順番まで時間が余ったら、城の北側に下ると売店と展望台があるので活用しよう。入口があるのは2階で、この階と3階は使用人の部屋などを計画していたが完成されず、公開もされていない。なお館内は禁煙、撮影禁止だ。

ペラート渓谷は駐車場の奥、川に突き当たるまで歩く

アルプ湖（MAPp.141）散策も楽しい。餌付けされた白鳥がいる

チケット売場。並ぶ列を間違えないよう

お城の入城場所。チケットのツアー番号を確認して並ぶ

お城観光までの重要チェックポイント

1. チケットを買う（予約）

お城の入口ではなく、麓のチケットセンターで買う（訪問日2日前までにネットなどの予約を強く推奨）。列は向かって左側に並ぶ（中央はホーエンシュヴァンガウ城と事前予約チケット受け取り。右は団体ツアー向け)。ガイドは英語かドイツ語なので、日本語を希望の場合はオーディオガイドを指定。チケットには入場時間とツアーナンバーがある。その時間に遅れないように。

2. お城まで行く

麓からお城まではバス（€2.50、下り€1.50、往復€3）、馬車（€6、下り€3）、徒歩（無料）の3ルート。徒歩は渓谷沿いのルートもある。マリエン橋からの眺めを楽しむにはバスで行くのが一番早い。

3. ガイドツアーで城内へ

ガイドなしで勝手に入れない。ツアーナンバーが電子板に表示されるので自分の番号を確認。チケット購入時オーディオガイドを希望した場合は、ツアーで入城後、入口横の貸し出しカウンターで借りる。館内ツアー所要は約30分。

1階（EG）

4階（3St.）

ガイドツアーの流れと主な見どころ

① 控えの間 Unterer Vorplatz
ツアー入り口は2階。階段を上がって4階へ。壁にジグルド伝説（ジークフリート）を舞台にした世界が描かれている。この階と5階が王のための住居。

② 玉座の間 Thronsaal
吹き抜けスペースに燦然と輝く巨大なシャンデリア、黄金色がまぶしい半球状の玉座後陣、その玉座に至る大理石の階段など本城のハイライト。ビザンティン様式を取り入れつつ、後光の中のキリストが描かれる。

③ 食堂 Speisezimmer
テーブルに置かれた像は、ジークフリートが竜と戦うシーンをモチーフにしている。

④ 寝室 Schlafzimmer
ゴシック様式の内装で統一され、ベッドは緻密な彫刻がほどこされた樫の木で出来ている。

⑤ 居間 Wohnzimmer
壁の絵や、マジョリカ焼きの白鳥の置物など『ローエングリン』伝説をモチーフにした部屋。

⑥ 洞窟 Grotte
タンホイザー伝説に出てくるヴェーヌスの洞窟をモチーフに作られた。窓側は冬の園Wintergarten。

⑦ 歌人の間 Sängersaal
5階へ。ワーグナーがオペラの題材にした中世伝説、タンホイザー伝承。その歌合戦の舞台となったヴァルトブルク城（p.91）の大広間を再現すべく作られた。出来は本家以上とも。

⑧ 台所 Küche
1階に下りる。温水給湯、自動回転グリルなど、当時としては最新の設備を備えていた。

❷玉座の間　シャンデリアは重さ900kgもある。肝心の玉座は未完で存在しない

❹寝室のベッド　彫刻を彫るのに14人の職人が4年半もかかったという

❺居間　ルートヴィヒ2世はアーチで仕切られた小部屋で過ごすのを好んだという

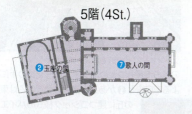
❼歌人の間　ルートヴィヒ2世在命中は使われることはなかったが、今では毎年、この広間でワーグナーのコンサートが開かれる

❽台所　ここがツアー最後の見どころ。2階に戻ってカフェや売店を利用してもいい

ロマンチック街道 / ノイシュヴァンシュタイン城

5階（4St.）
❷玉座の間　❼歌人の間

城の見学ルート

MAP p.138
●フュッセン鉄道駅前からバス73、78番→ホーエンシュヴァンガウHohenschwangau/Alpseestr.（所要8分）下車、徒歩約40分（またはバス、馬車も可※本文も参照）　⚄Neuschwansteinstr.20　⚆9:00～18:00（10～3月10:00～16:00）※閉館は客の出次第　⚇12/24・25・31、1/1　⚈€13、学生€12（ホーエンシュヴァンガウ城との共通券€25、バイエルン王家博物館との共通券€22、3館共通券€31.50）※予約は電話、FAX、インターネットで可、予約料＋€1.80。予約チケットは少なくとも入場1時間前にチケットセンターで受取らなければ無効になり、キャンセル料も発生。●チケットセンター：⚆7:30～17:00、10～3月8:30～15:00　☎08362-930830　HP www.hohenschwangau.de/ticketcenter.0.html

Check Check! 悲劇の彫刻家、リーメンシュナイダー

ティルマン・リーメンシュナイダー Tilman Riemenschneider。1460年頃生まれ、1531年に亡くなった。写真はヴュルツブルクのレジデンツ前、噴水にある彼の銅像

『両面の聖母子像』。マリエンベルク要塞 (p.122) 内のマインフランケン地方博物館で

リーメンシュナイダーは15〜16世紀にヴュルツブルクに工房を構え、多くの祭壇や墓碑を残した彫刻家。作品がすばらしいのはもちろん、その誠実な人柄で人望も厚く、ついには市長までも務めた。だが彼は、その後、ドイツ農民戦争で農民側を助けた罪で捕らえられ、財産を没収され、拷問で利き腕までも折られてしまう。死罪は免れたものの、最後まで罪を認めなかった彼は、歴史から葬られ、長らく忘れ去られることに。再び脚光を浴びるきっかけになったのは、没後300年ほども経ってから発見された彼の墓碑だったという。その間、作者不詳のまま愛された作品群は、今日でも南ドイツ各地の博物館や教会内に見ることができる。現代的な写実主義とは違った、心の表情を映し出すかのような繊細なリアリズムは、中世最後の時代精神をよく描き出している。

◆その他、リーメンシュナイダーの作品が見られる場所

プファルツ選帝侯博物館(p.227)、ゲルマン国立博物館(p.236)、シュトゥットガルト州立博物館(p.198)、バイエルン国立博物館(p.161)など。

クレクリンゲンのヘルゴット教会 Herrgottskirche (☎07933-338 開9:15〜18:00 [2・3月、11/1〜12/23、12/26〜30は13:00〜16:00、8/15〜31は〜18:30] 休2・3月、11/1〜12/30の月曜と12/24・25、12/31〜1/31 料€2、学生€1.5)の『聖母マリアの昇天』。最高傑作といわれる。クレクリンゲン(MAP p.117)はローテンブルクからタクシーで30分

LANDSBERG ランツベルク

p.11-K ■人口=2.8万人 ■街の規模=徒歩で半日

レヒ川のほとり。塩貿易の要所だった町は、街道屈指の美観を誇る

鉄道駅からレヒ川を渡り旧市街までは約10分。街の中心は美しい噴水を持つハウプト広場だ。その向かいにヴィース教会を建て、こ

ツィンマーマン作市庁舎のファザード

の地の市長もつとめたツィンマーマンの手による市庁舎と❶がある。最大の見どころは東の丘に建つゴシック様式のバイエルン門 Bayer Tor(開10:30〜12:30、13:00〜17:00 料€1 休11〜4月)。もちろん塔に上って景観を楽しみたい。対岸に見えるムッター塔 Mutterturmは地元画家ハーコマーの美術館。

Check Check! 牧場の奇跡〜ヴィース教会

村のキリスト像が涙を流したという奇跡から、その像を祀るために1746年に建てられたヴィース教会Wieskirche。設計はロココ芸術の頂点を極めたツィンマーマン。彼の生涯最高の傑作で、完成後の生涯を死ぬまでこの村で過ごしたという。天上を象徴した天井フレスコ画は圧巻。

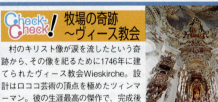

MAP p.144-A
●フュッセン駅からバス73、9606、9651番などで約45分。止まらない場合もあるので要確認。(平日7本、土・日曜6本。帰りのバスは平日は15:40が最終、土・日曜は14:00のみ)
☎08862-932930 開8:00〜20:00(10〜4月は〜17:00) 休無休 HP www.wieskirche.de

■ランツベルク
●ミュンヘン→RE→Kaufering でRBに乗換え 約50分(30分に1本)/€14.60。❶:❺Hauptplatz 152 ☎08191-128246

ミュンヘンの新市庁舎。手前の広場はいつも観光客でにぎわう

エリア 5

ミュンヘン&アルペン街道

ミュンヘン
レーゲンスブルク
パッサウ
ベルヒテスガーデン
プリーン
ミッテンヴァルト
オーバーアマガウ
ガルミッシュ・パルテンキルヒェン
リンダウ

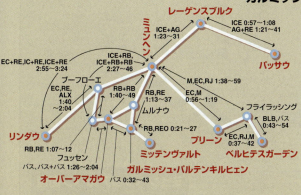

ミュンヘン＆アルペン街道

アルペン街道はドイツー、二を争う風光明媚な山岳リゾート地。東はオーストリア国境近くのベルヒテスガーデンから、西はボーデン湖畔のリンダウまで約480kmにおよぶ。

フレスコ画に彩られた民家の街並、牛が草を食むのどかな牧草地、そして2000m級の山々が連なるアルプスの雄大な景観など、隣国スイスに勝るとも劣らない自然の魅力でいっぱいだ。じっくり時間をかけて登山やハイキング、冬ならスキーを楽しむなど、リゾート目的の滞在をおすすめしたい。また、ルートヴィヒ2世が建てた3つの城もこの街道沿いにある。

そのアルプスの山々を間近に望む大都市がミュンヘン。ドイツでもとびきり明るく、人なつっこい人たちが多く住む街だ。世界的に知られるおいしいビール、名作揃いの美術館、そして質の高いオペラなどで有名。

アルペン街道のハイライトでもあるケーニヒス湖

ミュンヘン＆アルペン街道

アドバイス

アクセス　アルペン街道の場合、すべての街々を直接結ぶ交通機関はない。どうしても街道沿いに移動したいなら、レンタカーを借りるしかないだろう。鉄道利用の場合は、いったんミュンヘンを通ってから隣街に行くことがほとんど。路線バスをうまく使えるかがポイントになる（p.172参照）。

空路の場合、2002年からルフトハンザドイツ航空が成田-ミュンヘン間の直行便を就航している。また、便によってはフランクフルト経由で同日着が可能。ミュンヘンからベルリンなど他の大都市へは、鉄道よりも飛行機の移動が早いので急ぎの旅には便利。また、ミュンヘン市内の旅行代理店では、近郊や隣国へのツアーも各種企画しているので問い合わせてみよう。

KEYワード

自然
[アルプスの景観、湖など]
アルペン街道はどこも自然の景観に恵まれている。フュッセン以西、リンダウにかけてはアルゴイ地方と呼ばれ、なだらかな緑の牧草地などはまさに『アルプスの少女ハイジ』の世界。ドイツ最高峰ツークシュピッツェ山頂（p.184参照）からの景観もすばらしい。

スイスを思わせるアルゴイ地方

フレスコ画
[ミッテンヴァルト他]
ミッテンヴァルトやオーバーアマガウ、ガルミッシュ・パルテンキルヒェンなどでは、民家などの壁に描かれたファンタジーいっぱいのフレスコ画が見られる（p.178参照）。ゲーテはこれを"生きた絵本"と呼んだ。

民俗祭
[オクトーバーフェスト]
毎年9〜10月にミュンヘンで開催されるオクトーバーフェストは、世界最大のビール祭。世界中から観光客が集まり、とにかくビールを飲んで騒ぐ。地元の人との交歓が広がる（p.163参照）。

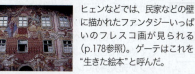
ルートヴィヒ2世の城
[リンダーホーフ城他]
メルヘンの世界を実現させたようなルートヴィヒ2世の城のうち、リンダーホーフ城（p.181参照）、ヘレンキームゼー城（p.176参照）の2つをアルペン街道沿いとして紹介。ノイシュヴァンシュタイン城はp.140を参照。

ビール
[ヴァイツェンビア他]
言わずと知れたビールの本場。とくに小麦と大麦を混ぜ、上面発酵させたヴァイツェンビアは人気が高い。

グルメ
[白ソーセージ他]
各種ソーセージがおいしい。ミュンヘン名物の白ソーセージは、ここへ来たならぜひ食べておきたいもの。ちょっと甘いマスタードをつけて食べるのが一般的。
バイエルン料理は全般的に豪快な肉料理が多い。シュヴァインハクセなどがその典型。

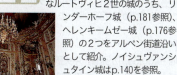
オペラ
[旧王宮レジデンツ劇場他]
ミュンヘンのオペラ座や旧王宮レジデンツ劇場は内装の美しさで有名。夏の音楽祭には超一流のオーケストラが集う。

MÜNCHEN
ミュンヘン

p.11-K　■人口＝146.4万人　■街の規模＝S、Uで4日

誰もが口を揃えて讃える南の都。歴代の国王が芸術とビールを愛し、市民はこの街を誇りに思う。自然と芸術と、そしてグルメ。調和のとれたこの街にふれてみよう。

- ★★ 聖母教会
- ★ アルテ・ピナコテーク、ドイツ博物館など
- ★ レジデンツ、ニンフェンブルク城など
- オクトーバーフェスト
- オペラ座、音楽祭
- 独特のヴァイツェンビア
- 白ソーセージ

新市庁舎前

INFORMATION
❶観光案内所

中央駅のものが一番大きいが混雑する。宿泊やコンサートのチケット手配など、親身になって相談にのってくれる。観光センター☎23396500

■中央駅構内／MAP切りとり-7、p.150-E 開9:00～20:00（日曜、12/26 10:00～18:00、12/24・31～16:00）休12/25、1/1

■新市庁舎内／MAP切りとり-15、p.151-G 開9:00～19:00（土曜～16:00、日曜・12/24・31 10:00～14:00、クリスマス期間の日曜10:00～16:00）休祝日、ファッシングの日・火曜
HP www.muenchen.de/tourismus

○ユースホステル
MAP p.148-F
住Wendl-Dietrichstr.20 U1 Rotkreuzpl.から徒歩5分 ☎20244490

○CVJM（YMCA）
MAP切りとり-13、p.150-E
住Landwehrstr.13 中央駅から徒歩10分 ☎552-1410
※27歳以上は€3の割増

●フランツ・ヨーゼフ・シュトラウス国際空港 ☎97500（総合）、97521475（サービスセンター）
HP www.munich-airport.de

ミュンヘンの市外局番☎089

✈ **フランツ・ヨーゼフ・シュトラウス（ミュンヘン）国際空港**

市街地から北東に約28.5km。フランクフルトに次ぎ、国内2位の規模を誇る巨大国際空港。2003年にはターミナル2がオープンした。ターミナル1と2は、間にセンターエリアとMAC（ミュンヘン・エアポート・センターの略）を挟んで向かい合う形。1の方はA～E（Eは到着のみ）のエリアに分かれ、レベル04にチェックイン機能が集中する。近郊列車やリムジンを利用するには、レベル03からセンターエリアに出る。

2の方は、到着がレベル03、出発がレベル04（Gエリア：シェンゲン条約加盟国行き）とレベル05（Hエリア：前記以外行き）に分かれる（ルフトハンザはこのターミナル2に乗り入れ）。

また、MACはイベントホールとして使われたり、レストラン、ショップが充実。特にレベル03にあるエアブロイ（HP www.munichi-airport.de/en/micro/airbraeu）は、空港内で自家醸造しているビアホール。さすがミュンヘンと話題を呼んでいる。空港から近郊の町へのバス便もある。

空港から市内へ
●Sバーン：空港地下駅にS8,1が発着。中央駅まで直通で約40分、€11.60。広域1日券€13、グループ広域1日券（大人5人まで有効）€24.30。早朝から深夜まで、約20分間隔で運行。
●エアポートバス：中央駅までルフトハンザの直通バスが、20分間隔で運行。片道€10.50、往復€17。HP airportbus-muenchen.de
●タクシー：市中心部まで約30km。約€60以上は覚悟のほどを。道路が空いていれば40分ぐらい。

POINT ミュンヘンの危機管理 近隣国からの難民の流入に伴い、物乞いやスリなども増加傾向。ブランド店の多い通りで狙われやすい。人前ではサイフを見せないように。オクトーバーフェストにはスリも大挙してやって来るという。

鉄道

ドイツ各地の諸都市とICEなどで、またヨーロッパの主要都市とECなどで結ばれる。ドイツ最南部の大都市であるため、特にイタリアやスイス、オーストリアとの便がいい。

■フランクフルト→ICE（約3時間30分）→ミュンヘン［1時間1～2本／€105］、ベルリン中央駅→ICE（約4時間30分～）→ミュンヘン［1時間に1本／€150］

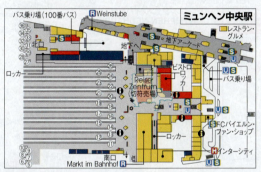

［市内交通］

U/S

市内の交通は、主に中心部を網羅するUバーンが1～8までの8路線、郊外と中心部を結ぶSバーンが1～8と20、27の10路線がある。なお S27 は平日のみの運行。U、S ともに運行時間は朝5時頃から24時頃まで。空港と市内を結ぶ S8 は他路線よりも長時間の運行。オリンピック公園やBMWの本社などへ行くときにはUが、ダッハウへ行くときにはS利用が便利。

市電／バス

ニンフェンブルク城やバヴァリア映画村などの郊外の観光地へ行くときには市電が便利。窓から景色が楽しめるので街の様子をつかみやすい。また深夜には、昼のバス路線を変更し、ナハト・ブスとして夜行バス運行もある。

駅前広場を走る市電

タクシー

タクシースタンドや有名ホテル前での利用が一般的だが、日本同様「流し」もある。基本料金€3.70。市内で待たせる場合は1時間毎に€28。最初の5kmは€1.90/km毎。スーツケース€0.60。呼び出しは☎21610か☎19410で€1.20。

●ミュンヘンシティツアーカード

市内公共交通機関が使い放題。美術館など各種観光施設の入場料などの割引特典がある。❶や切符の自販機で購入できる。1日券€12.90、3日券€24.90（全域€44.90）、5人までのグループ券€19.90。

🌐 www.easycitypass.com

●日本総領事館
MAP●切りとり-10、p.151-G ☎417604-0
住Karl-Scharnagl-Ring7 U3,4 5,6 Odeonspl.から徒歩5分

●ルフトハンザドイツ航空
☎0180-5838426／069-86799799 住フランツ・ヨーゼフ・シュトラウス空港ターミナル2

●中央駅内鉄道案内所（D.B Auskunftsstellen im Hauptbahnhof）☎23081055

●落とし物 Fundstellen
■夏期の場合、駅構内や列車内の落とし物はU-Bahn Infopoint（中央口地下のエレベーター側）へ。開7:30～12:00、12:30～16:00（火曜8:30～12:00、14:00～18:00、木曜8:30～15:00）
休無休 ☎21913240

■夏期以外及び市内の場合はFundstellen der Stadtverwaltungへ。
MAP p.148-J 住Oetztalerstr.19 開7:30～12:00（火・木曜8:30～12:00、14:00～18:00）
休土・日曜、祝日
☎23396045

●インターネットカフェ
■コーヒー・フェローズ Coffee Fellows
普通のコーヒーショップだが上階にPCもあり、端末を持ち込むと無線LANも使用可。
MAP●切りとり-7、p.150-E
●中央駅から徒歩3分 住Schützenstrasse 14 ☎59946818
営7:00～22:00（金～日曜8:00～）
休無休 料ドリンク代で無料
🌐 www.coffee-fellows.com

!すぐわかる! ミュンヘン街歩き

ミュンヘンは有名観光地だが、他のドイツの州都と同様、都市としては規模がかなり小さく、見どころが集中していて回りやすい。この範囲外ではニンフェンブルク城とオリンピックスタジアム近辺などが見どころだ。

A 中央駅周辺（特に南側）
主にビジネスホテルだが、ホテルが密集するゾーン。安宿も見つかる。

なんとグランドピアノ！を持ち込み演奏

B ノイハウザー～カウフィンガー通り
中央駅から中心部へまっすぐのメインストリート。左右にショップやデパートがある買い物ゾーン。観光客が多いのでストリートミュージシャンもよく見かける。

C マリエン広場～レジデンツ周辺
観光の中心にして街全体の中心。ビアホール（ホーフブロイハウスp.165）、教会（聖母教会p.159、聖ペーター教会）、博物館（レジデンツ内部p.159）などが徒歩圏内。

やっぱりここが中心

D ヴィクトアリエン・マルクト
野菜やくだもの、軽食屋など、基本的に庶民の市場（p.165）。

天気がよければ戸外のテーブルで軽食なども

E テアティナー～マキシミリアン通り
有名ブランドが軒を連ねるブランドショップゾーン（p.165）。

テアティナー通りのフュンフヘーフェ Fünf Höfe入口

F 北西部
アルテ、ノイエ、モダンのピナコテーク3館やレーンバッハ美術館がある文化ゾーン。中央駅から100番バスで行ける（p.160）。

G 北部（シュヴァービング）
大学があり、学生向けの個性的なショップが多い。レオポルト通りはシュヴァービング地区。有名バーなどがありナイトライフも充実。

小さくても個性的でショールーム的なカフェもある

H 東部（ハイトハウゼン）
イザール川対岸。住宅街だが、ちょっとおしゃれなショップやカフェが点在。

聖ペーター教会
St.Peter

聖母教会と新市庁舎にも塔があるが、この教会の塔に登るのが一番眺めがいい。前者2つが入った全景を納めることができる。ただし、エレベーターはなく、294段の階段を上る。

MAP ●切りとり-15、p.151-G
●マリエン広場から徒歩1分　住Rindermarkt 1
時塔9:00～18:30／冬期～17:30（ともに土・日曜、祝日10:00～）　料€3、学生€2

一番古い教区教会。塔の愛称はAlter Peter

おすすめ 半日コース

はじめてのミュンヘンで主な見どころを効率よく回る。夜は有名ビアホールでゆっくり。

アドバイス 早い時間だと美術館も開いていない。その場合は先に教会へ。あるいはヴィクトリアン・マルクトで買物もいい。

9:30 中央駅 ここからスタート

9:40 カールス広場 噴水の前で記念撮影

10:00 ノイハウザー～カウフィンガー通り ショップをのぞく、もしくは聖ミヒャエル教会を見る

11:00 マリエン広場 塔に上る（聖ペーター教会でもいい）、またはちょっと休憩して白ソーセージなど

12:10 ヴィクトリアン・マルクト 新市庁舎の仕掛け時計を見た後、食事はプショールやケーファーなどで

13:30 レジデンツ 博物館を見学。（周辺で買物orホーフガルテンを散策&休憩もいい）

15:00 ピナコテーク3館 Odeonsplatzから100番バスでピナコテークまでいける。3館全部回るのは難しいかも。できれば閉館までいたい

プショール
Der Pschorr ミュンヘン6大醸造所のひとつ、ハッカー・プショールのビアホール。ヴィクトリアン・マルクトすぐ近く。

MAP●切りとり-15、p.150-J
Viktualienmarkt 15　442383940
10:00～23:00　無休

トワイライト 散策コース

有名ビアホールは制覇、中心部は堪能したので、次はもっと違うミュンヘンも見てみたい、という人向け。北部のトゥルケン通りTürkenstr.には学生向けカフェやショップが集まる。レオポルト通りLeopoldstr.北部は著名人が集まるシュヴァービング地区、おしゃれなバーもある。

❶カフェ・プック Café Puck
バーカウンターもありカクテルでも有名。ハンバーガーのような軽食が人気。夕方まで朝食可。
Türkenstr.33　9:00～翌1:00　無休　2802280　HP www.cafepuck.de

❷アルター・シンプル Alter Simpl
その昔、舞台俳優などボヘミアンが集まったレストラン&バー。今でも100年以上の歴史が染み込んだ独特の雰囲気を楽しめる。
Türkenstr.57　11:00～翌3:00（金・土曜～翌4:00）※料理は閉店1時間前まで　無休　2723083

❸アクトホーフ Akthof
芸術の都ミュンヘンでアート活動？それならここ。通りから建物に入って中庭にある。月～木曜の夕方にデッサン教室などあり（要予約）。
Türkenstr.78　2809558
HP www.akthof.de

❹バッラベニ・アイス Ballabeni Icecream
自然素材だけ使ったBioなアイスで市内随一、いや、おそらく独一の人気店。休日は驚きの行列が出来るほど。味の評価もNo.1。
Theresienstr.46　11:30～22:30（冬期～21:00）　冬休みあり　90544186　www.ballabeni.de

❺ゴールドブラウン Goldbraun
宝飾&チョコレートというユニークな組合せの店。宝飾デザイナーのセンスで選んだチョコはおみやげにも最適。
Schllingstr.58　11:00～18:00（土曜～16:00）　日・月曜　27275535

❻バッハマイヤー・ホーフブロイ Bachmaier Hofbräu
伝統的バイエルンスタイルと最新ナイトスタイル感覚が融合したようなバー&レストラン。小さなグラスのビールもある。
Leopoldstr.50　11:00～24:30（金・土曜10:00～翌1:00）　無休　3838680

❼バパス Bapas
スペインの一品料理で飲むタパス・スタイルをバイエル料理に応用。昼はカフェ、夜はおしゃれなバーに。
Leopoldstr.56a　9:00～24:00（金・土曜～翌1:00）　日曜　HP www.cafe-mauerer.de

●ツアー情報

■サイト・シーイング・グレイライン社 住Schuetzenstr.9 ☎54907560
HP www.msr-muc.de
チケットは中央駅正面のデパート、カールシュタット前の切符売場やホテル、観光案内所で。出発は全てカールシュタット前から。

<市内観光バス>

①Hop-On Hop-Off Express Circle München
市内の主要観光ポイントを巡るツアー。4〜10月9:40〜17:30、11〜3月10:00〜16:00。20分毎に出発。所要1時間／料€17／休無休

②Hop-On Hop-off Grand Circle München
市内とオリンピック公園、ニンフェンブルク城などを観光。4〜10月9:40〜16:00、11〜3月10:00〜16:00。1時間毎に出発。途中下車して次のバスに乗るなど、自由に乗り降りができる。所要2時間30分／料1日券€22、2日券€27／休無休

③バヴァリア映画村と市内観光
市内観光をした後バヴァリア映画村へ。4〜10月の土・日曜のみ10:00出発。所要3時間／料€28

④市内とバイエルン・ミュンヘンサッカーツアー
2006年ワールドカップの会場、アリアンツ・アレーナとバイエルンミュンヘンの練習場を見学（サッカー開催の場合は、オリンピック公園を見学）。4〜10月の木・金曜10:00に出発。所要4時間／料€29

⑤ミュンヘン・ナイト・ツアー
ライトアップされた美しい夕景をいくつか見学した後、ホフブロイハウスでディナーとショーを楽しむ。その後オリンピック塔からの夜景をへてナイトクラブへ。料金にはホーフブロイハウス（p.165参照）での食事代（ドリンク別）とその他の入場料、およびナイトクラブのドリンク1杯が含まれる。軽装可。1日1回19:30出発。催行は4〜10月の金・土曜のみ。所要時間4時間／料€65

ミュンヘンの市外局番☎089

ミュンヘン・街のしくみ&楽しみ方

バイエルンの州都。ドイツ第3の大都市だが、日本人のイメージするような、いわゆる「大都会」ではなく、世界的規模の美術館や巨大ビアホールが存在する南ドイツ観光のハイライト。日本から直行便（ルフトハンザ）もある。

街のしくみ 街の中心、マリエン広場をベースに

中央駅に❶があり、その周辺には安宿やビジネスホテルなどが林立する。町の中心は、ここからSバーンで2駅ほど先のマリエン広場（MAPp.151-G）だ。ただし、途中をカールス広場からカウフィンガー通りなど歩行者天国の大通りで結ばれ、ショッピングストリートにもなっている。余裕があれば歩いてもいいだろう（p.152）。新市庁舎を中心にしたマリエン広場周辺には、有名ビアホールが点在し、北側にレジデンツ（p.159）をはじめ、主な見どころも半径600〜700m以内にある。南東側には巨大な市場、ヴィクトアリエン・マルクト（p.165）が

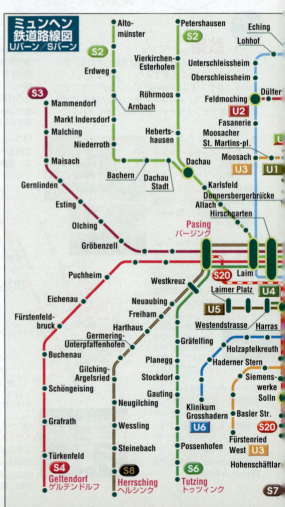

あり、野菜や果物、肉、チーズなどが並ぶ。またレジデンツ手前の**マキシミリアン通り**（p.165）は、ドイツ有数の高級ブランド店通り。まさに観光&生活両面で町の中心地だ。レジデンツからレオポルト通りを北に上がっていくと、かつてトーマス・マンなど文化人が住み、今も学生や芸術家が集まる**シュヴァービング地区**（p.152）がある。ここは大学が近く、カフェやギャラリー、劇場、映画館などが点在する文化エリア。特に夜になると賑わう。町の東側にはイザール川が流れ、その川岸手前北部にはイギリス以外では一番広いといわれる**イギリス庭園**（p.161）がある。また、対岸に渡ると、基本的に住宅街で大きな見どころは少ないが、おしゃれで小さなショップが点在するハイトハウゼン地区となっている。

聖母教会

100番バスが観光に便利
通称博物館ルート（MVG Museenlinie）と呼ばれる市内バスがある。実際は従来からある100番ルートを、中央駅の北口まで延長してより便利になったもの。ベルリンのもの同様、市内の主な美術・博物館を循環してくれる。10〜20分毎に運行。HP www.mvg.de から「Pläne→Minifahrpläne→StadtBus Linien」で検索。または上記QRコード利用。

ユニークミューニック

※ミューニックはミュンヘンの英語読み

2010年、日本からANAの直行便が就航されるようになって3割も日本人旅行者が増えたミュンヘン。定番の見どころだけ見て満足してしまうのはもったいない。ちょっと掘り下げるとまだまだおもしろいところや楽しみ方があるのだ。

伝統的なビールが人気のミュンヘンで、革新的なクラフト・ビールを専門に提供するビール・バー「タップ・ハウス」。CAMBAというメーカーのペールエールなどがおすすめ。

◆タップ・ハウスTap-House
MAP●切りとり-23外、p.149-L
住Rosenheimer Strasse 108
営17:00〜翌1:00（金・土曜〜翌2:00、日曜18:00〜）休無休
HP www.tap-house.de

ユニークな楽しみ方 ① kirche 教会

◆アザム教会 Asamkirche
市民の生活に溶け込んだ小さな教会。知らないと通り過ぎてしまう外観だが、内部は実はものすごく絢爛なロココ様式。元は芸術家アザム兄弟が私的に建てたもの。
MAP●切りとり-14、p.150-F
住Sendlinger Str. 32 営7:30〜18:00（金曜12:00〜、土曜8:00〜、日曜8:00〜15:00）料無料
細長い聖堂の奥には目もくらむ主祭壇が

ユニークな楽しみ方 ② Museums 美術館&博物館

「アルテ・ピナコテーク」のような本格的美術館以外にも、ワンテーマで見せる小さな博物館や、企画展で魅せる市民向けギャラリーなどもあり、時間に余裕がある人、マニアックな趣味の人におすすめ。

展示は広々としてカフェや書店も併設

◆ブランドホルスト美術館 Museum Brandhorst　ブランドホルスト夫妻が集めたこだわり作品。アンディ・ウォーホル、トゥオンブリーなど、ちょっと抽象的な私的作品が多い。MAP●切りとり-3、p.149-G 住Kunstareal（Theresienstr.35 a）営10:00〜18:00（木曜〜20:00）休月曜 料€7（学生€5、日曜€1）☎238052286 HP www.museum-brandhorst.de

◆オクトーバーフェスト博物館 Bier- Und Oktoberfest Museum　ジョッキやポスターなど。MAP●切りとり-15、p.151-G 住Sternckerstr.2 営13:00〜18:00（レストラン18:00〜24:00）休月・日曜 料€4、学生€2.5 HP www.bier-und-oktoberfestmuseum.de

◆おもちゃ博物館 Spielzeugmuseum　テディベアや人形など。MAP●切りとり-15、p.151-G 住Marienplatz15 営10:00〜17:30 休無休 料€4、子ども€1 HP www.spielzeugmuseum-muenchen.de

◆狩猟博物館 Deutsches Jagd- und Fischereimuseum　野生動物標本500体ほか。MAP●切りとり-14、p.150-F 住Neuhauser Str.2 営9:30〜17:00（木曜〜21:00）料€5、学生4 HP www.jagd-fischerei-museum.de

◆シャックギャラリー Schackgalerie　19世紀の傑作ドイツ絵画。MAP●切りとり-11、p.149-H 住Prinzregentenstr.9 営10:00〜18:00（第1・3水曜〜20:00）休月・火曜 料€4、学生€3、日曜€1 HP www.pinakothek.de/sammlung-schack

◆クンストハレ Kunsthalle　優れた企画展が多い。文具ショップもセンスがいい。MAP●切りとり-9、p.150-F 住Theatinerstr. 8 営10:00〜20:00（企画展中）休日曜・祝日 料企画毎異なる HP www.hypo-kunsthalle.de

オクトーバーフェスト博物館

おもちゃ博物館のテディベア

狩猟博物館。釣り魚に関する展示もある

Restaurant & Geschäft
ユニークな楽しみ方 ③ レストラン&ショップ

定番の有名ビアホール以外にも、工夫を凝らした各国料理のレストランや、国際的観光地だけあって、ひと味違うユニークなショップもある。

市内に2店舗ある。写真は本店

写真はチーズベーコン。

◆ハンバーガライ Hamburgerei 最近人気の本格志向ハンバーガー。注文してから出来上がるまでページでの呼び出し待ち、セルフで受け取りに行く。具は細かく指定できる。写真はチーズベーコン。MAP●切りとり-1、p.150-A 住Brienner Str. 49 営11:30~22:00（金~土曜は~23:00） 休無休 HP www.hamburgerei.de

◆パラスト・ディ・ヴィンデ Palast der Winde 市内随一と評判の北インド料理。MAP●切りとり-20、p.150-J 住Hans-Sachs-Str.8 営11:30~14:30、17:30~23:00 休土曜午前 ☎263278 HP www.palastderwinde.de

◆ベルーガ Chocolaterie Beluga とってもキュートなオリジナル・チョコ&カフェ店。休憩はもちろん、おみやげ探しにも。おすすめはチョコ・キューブ。木さじが付いていて、ホットミルクに入れて混ぜるとショコラテができる。MAP●切りとり-15、p.151-G 住Viktualienmarkt 6 営10:00~21:00（日曜12:00~20:00）休無休 HP www.chocolateriebeluga.de

左がチョコ・キューブ。リキュール付きタイプ

◆ドゥフト&シューンハイト Duft & Schoenheit 自然派コスメと香水の専門店。特に香水類はオリジナルなど300種以上揃う。MAP●切りとり-14、p.150-F 住Sendlinger Str. 28（アザムホーフ内）営10:00~14:00、14:30~19:00（土曜10:00~16:00）休日曜 HP www.brennessel-muenchen.de

◆麺処匠 Noodle Soop Takumi 麺は札幌の西山食品から取り寄せるという市内初のラーメン店。MAP p.149-G 住Hessstr. 71 営12:00~15:00、17:00~22:00（土曜は通し営業、日曜・祝日~21:00）休無休 ☎528599（予約制無し）HP www.takumi-noodle.com

写真は味噌。日本と変わらない

ユニークな楽しみ方 ④ Unterhaltung & usw. エンターテイメント&その他

◆プリンツレゲンテン劇場 Prinzregententheater バイロイトの祝祭劇場と同じような構造。MAP●切りとり-18、p.149-H 住Prinzregentenplatz 12 ☎218502 HP www.theaterakademie.de

◆ガスタイク Gasteig コンサートホールや劇場など。ミュンヘン・フィルハーモニー管弦楽団の本拠地。MAP●切りとり-23、p.151-L 住Rosenheimerstr.5 ☎480980 HP www.gasteig.de

◆バイエルン国立歌劇場 Nationaltheater Bayerische Staatsoper オペラだけでなくバレエでも有名。コンサートも。MAP●切りとり-9、p.151-G 住Max-Joseph-Platz 2 ☎218501 HP www.staatsoper.de ※チケット購入はHP www.muenchenticket.de

◆シティ・セグウェイ・ツアーズ Muenchen City Segway Tours セグウェイに乗って市内観光。MAP●切りとり-8、p.150-F 住Karlspl. 4 集合10:00（ミニツアーは16:00、他ツアー毎に異なる）料ミニツアー2時間30分€59~ 休冬期 HP www.citysegwaytours.com/munich

◆萩原観光ガイド 観光局公認資格保持者による安心ツアー。E-mail mohikanmeriri@yahoo.co.jp

◆ユーロラインズ（チューリング）Euro Lines (Touring) MAP●切りとり-7外、p.149-G 住Hackerbrücke 4 営10:00~22:30（日曜16:00~）☎54587000

◆スズキ Japanische Feinkost Suzuki 地元向け日本食材店。料理教室なども開催。MAP●切りとり-15、p.151-K 住Rumfordstr.40 営10:00~19:00（土曜~18:00）休日・祝日 ☎21669555 HP www.feinkost-ysuzuki.com

◆フローウントブンター Froh-und-Bunter 陶器の彩色体験（€15~）。焼き上がるまで1週間ほど。MAP●切りとり-15、p.150-J 住Sebastiansplatz 11 営11:00~20:00（土曜10:00~）※予約推奨 ☎38989256 HP www.froh-und-bunter.de

名物 pick up 白ソーセージ Weisswurst

仔牛の肉と香辛料で作るゆでソーセージ。昔は保存がきかないので午前中に食べる習慣だった。保冷技術が発達した今でも、伝統にこだわる店では午前中のみ。ビクトアリエン・マルクト入口付近の肉屋さんでは奥に立ち食いコーナーあり。

フローウントブンター。ちょっとしたアート体験

皮はむいて甘いマスタードで食べる

ミュンヘン ユニークミュニック

●**有名ビアホール**
（本文紹介の店は除く）

◆パウラナー・ノックハーベルク Paulaner Nockherberg
MAP p.149-L 住Hochstr.77
休12/24 ☎4599130 醸造所直結のレストランとビアガーデン。

◆レーヴェンブロイケラー Löwenbräukeller MAP p.149-G 住Nymphenburgerstr.2
休12/24 ☎526021 全2000席と広いビアホール。

◆パウラナー・イム・タール Paulaner im Tal MAP p.149-K
住Tal 12 無休 ☎2199400
1524年からの伝統を誇る。一応パブだが、雰囲気はビアホール。ランチは安めなので人気。

◆シュナイダー・ブラウハウス Schneider Bräuhaus im Tal
MAP ●切りとり-15, p.151-G
住Tal 7 無休 ☎2901380
シュナイダー直営の歴史的な店。

文化の背景を知ろう

ミュンヘンの始まりは、ドナウ川にそそぐイザール川のこのほとりに、修道僧が細々と入植し始めたことだったといわれる。ちなみに都市名の語源はmunichen＝小僧なのだとか。12世紀に入って、ヴィッテルスバッハ家が支配。塩交易や、荷物の集積、中継地として栄える。特に1328年、時の国王ルートヴィヒが、神聖ローマ帝国の皇帝に選出されてから大きく発展した。17世紀半ば、選帝侯マキシミリアン1世の治世には「北のローマ」と呼ばれるほどに繁栄。19世紀初頭にはバイエルン王国が成立した。歴代の国王は芸術育成に熱意を見せ、美術館、劇場などを建築。「イザール河畔のアテネ」と呼ばれるように。19世紀後半、その王国を継ぐのが有名なルートヴィヒ2世だ。王はR.ワーグナーの音楽に耽溺し、側近たちの離反から謎の死をとげ、王国も統一ドイツに組み込まれたが、長年独自の発展をしてきたため、今でも無骨な北ドイツとは違う華やかな文化を持つ。

王家の宝物が満載のレジデンツ

Check-Check! 7月はカルテンベルクの騎士ショー

王家の末裔が住み、同経営のビール会社があるカルテンベルク城。ここで毎年7月、世界最大の騎士ショーが行われる。鉄仮面を被り戦装束に身を包んだ騎士たちによる馬上試合（実際はショー）で、出陣のパレードや演舞が見もの。騎士たちのやり取りもコミカルで楽しめる。スタジアム周辺には、小ステージでの歌や寸劇、中世の市場を再現したショップの出店や、焚き火でグリルした中世風バーベキューなどもあり、雰囲気はローテンブルクの歴史祭りなどに似ている。ビールはもちろんカルテンベルクビール。

ショップの店員も中世の衣装

試合の前に派手な演出で登場

MAP p.148-I外
◆Schloss Kaltenberg ●S8 Geltendorfからバス ☎01806-113311（ホットライン） HP www.ritterturnier.de 期間は7月の金～日曜3週間 ※観光局などで要確認 料座席€35～、立見席€27

Check-Check! 欧州最大のテルメでリラックス

ミュンヘン郊外のエルディングには、温泉プール（水着）、サウナ施設（裸）、療養温泉、ウォータースライダーからなる欧州最大規模を誇る総合テルメ施設がある。温泉プールは開閉式のルーフがあり、全天候対応。サウナはアロマスチームなど25種あり、フィンランドのケロ・ハウス（ログハウス）を模した部屋も。ウォータースライダーは、なんと全長1400mもの長さがある。

MAP p.148-J外
◆Therme Erding ●中央駅→Altenerding（S2）約40分）から左手（西側）に降りて徒歩15分 時10:00～23:00（土・日曜・祝日9:00～）※ウォータースライダー平日は13:00～21:00） 休無休 料温泉施設2時間€25～、1日券€40（週末割増料金、サウナ追加料金などあり） ☎08122-5500 HP www.therme-erding.de

旅の疲れをリラックスムードが落としてくれる

見どころ

新市庁舎
Neues Rathaus ★★★
map ●切りとり-15、p.151-G

●S1他 Marienpl.（マリエンプラッツ）からすぐ

20世紀初頭に完成したネオゴシック様式の建物。イースターの金曜をのぞく毎日11:00と正午（3～10月は17:00も）仕掛け時計を見ようと多くの人が集まる。仕掛けは上段がヴィルヘルム5世の結婚式、下段は謝肉祭の踊り。

住Marienpl. 開10:00～19:00（クリスマス時期を除く10月～4月～17:00） 休10～4月の土・日曜、祝日 料€3

塔はエレベーターで上がれる

聖母教会
Frauenkirche ★★
map ●切りとり-15、p.150-F

●S1他 Marienpl.（マリエンプラッツ）から徒歩2分

赤い巨大な屋根と二つの塔が印象的な教会。1488年に完成した後期ゴシック建築様式の傑作で、内部にはマリアの昇天を描いた祭壇画や、ヴィッテルスバッハ家の墓所などがある。塔は2018年8月現在修復中のため入れない。

開7:30～20:30
休無休
☎2900820

街のランドマーク的存在

聖ミヒャエル教会
St. Michaels Kirche ★★
map ●切りとり-14、p.150-F

●S1他 Marienpl.（マリエンプラッツ）から徒歩8分

ルネサンス式カトリック教会。反宗教改革の一環として1597年完成。大祭壇中央に"悪魔と闘う聖ミヒャエル"の祭壇画がある。半筒状ドームは世界で2番目に大きい。地下墓所にはルートヴィヒ2世も眠る。

住Neuhauser Str. 6 開8:00～19:00（月曜10:00～、火曜～20:15） 休無休

古代彫刻美術館
Glyptothek ★★
map ●切りとり-2、p.150-A

●U2,8 Königspl.（ケーニヒスプラッツ）から徒歩2分

アテネのアクロポリスを思わせる美術館。ルートヴィヒ1世が大好きなギリシャ彫刻を陳列するために作ったもの。特にエーゲ海、エギナ島の神殿の破風彫刻は必見。

住Königspl.3 開10:00～17:00（木曜～20:00）
休月曜 料€6、学生€4、日曜€1
☎286100

ミュンヘン

159

わがままレポート

レジデンツ
Residenz ★★★
map ●切りとり-9、p.151-C

●Marienpl.（マリエンプラッツ）から徒歩約10分

栄華を極めた王室の殿堂！

バイエルンの支配者、ヴィッテルスバッハ王家の居城だったのが、ここレジデンツ。14世紀末の着工以来延々と拡張を続け、最終的に現在の形になったのは19世紀半ばのルートヴィヒ1世の頃。ここで見逃せないのが、レジデンツ博物館内の神話時代も含め121人の歴代国王の肖像画を展示した「先祖画ギャラリー」。空間はすべて金色を中心とした装飾で埋め尽くされ、その豪華さには驚かされる。また、ルネサンス様式の大広間アンティカリウムAntiquariumには古代彫刻が並び、地上階奥のキュビリエ劇場は、まさに息をのむ美しさ。財宝館には、惜し気もなく宝玉を使い、細部まで精密に作られた、龍と戦う聖ゲオルギウスの像がある。

住Rasidenzstr. 1 開9:00～18:00（10月中旬～3月10:00～17:00）
※午前と午後で一部開放場所が変わる 休12/24・25、カーニバルの火曜 料レジデンツか財宝館片方のみの場合€7、学生€6。コンビチケット€11、学生€9。☎290671

聖ゲオルギウスの像

ギゼラ女王の十字架

先祖画ギャラリー

ノイエ・ピナコテーク ★★★
Neue Pinakothek
map ●切りとり-2、p.149-G

● U2,8 Königspl. または 市電27 Theresien-str. /Alte Pinakothekからすぐ

　新しい芸術奉安所（古代ギリシャに由来）という館名どおり、19世紀以降の絵画を中心に展示。とくに19世紀末のユーゲントシュティールの耽美的な作品に、秀逸なものがある。グスタフ・クリムトの小品『音楽』やエゴン・シーレの『苦痛』は必見。他にゴッホの『ひまわり』やモネの『アルジャントゥイユの橋』、ゴーギャンの作品なども見られる。

住Barerstr.29　開10:00〜18:00（水曜〜20:00）休火曜、5/1、12/24・25・31　料€7、学生€5、日曜€1　☎23805195

ゴッホの作品もさりげなく展示

アルテ・ピナコテーク ★★★
Alte Pinakothek
map ●切りとり-2、p.149-G

● U2,8 Königspl. または 市電27 Theresien-str. /Alte Pinakothekからすぐ

　世界6大美術館のひとつと評されるほど収集作品が充実しており、ゆったりと名画を鑑賞できる。ルネサンス期のラファエロの『聖母子像』、レンブラントの『自画像』などが有名。とりわけスペイン絵画にはすばらしいものが多く、エル・グレコの優しい表情のキリストやヴェラスケスの貴族の青年などがとても印象的。2018年7月、4年半におよぶ改装が完了。完全展示が楽しめる。

住Barerstr.27　開10:00〜18:00（火曜〜20:00）休月曜、5/1、12/24・25・31、カーニバルの火曜　料€4、学生€2、日曜€1　☎23805216

ヨーロッパの名画約7000点を収蔵

モダン・ピナコテーク ★★★
Pinakothek der Moderne
map ●切りとり-3、p.150-B

● 市電27、バス100 Pinakothekenから徒歩2分

　欧州最大級規模の現代美術館。建物は巨大な円柱形の吹き抜けを持つ斬新な構造で、シュテファン・ブラウンフェル設計。総展示面積1万5千㎡と広く、ダリ、ピカソ、マティス、パウル・クレー、ウォーホル、クリムト、カンディンスキーなどの巨匠の作品がずらり。20世紀以降のモダンアートを集大成している。地階のデザイン部門では、家電や家具、車などの身近なインダストリアルの展示もあり、展示の仕方自体が芸術的インスタレーションとなっている。ほかにも1階は特別展ほか建築、グラフィックがあり、カフェ、ミュージアムショップも併設。

住BarerStr.40　開10:00〜18:00（木曜〜20:00）休月曜、12/24・25・31、カーニバルの火曜、5/1　料€10、学生€7（日曜€1）　☎23805360
HP www.pinakothek.de

ピカソの作品。青の時代の名作も

ダリのシュールな作品

日常で出合う工業製品のデザインもアート

巨大な円柱形の吹き抜け、ロトンダ

名画の前で美術史の授業

手前の円柱形のビルが博物館

レーンバッハ美術館 ★★
Lenbachhaus
map 切りとり-2、p.150-A

● U2,8 Königspl.から徒歩2分

19〜20世紀にかけて活躍し、経済的にも成功を収めた画家レーンバッハの自宅をそのまま使った美術館。社交家でもあった彼の趣味を反映して、凝った内外装となっている。彼の死後、館は市に寄贈され、『青騎士』と呼ばれる前衛芸術家の絵画を中心に展示。とくにフランツ・フォン・シュトックの耽美的な作品『サロメ』や、ヤウレンスキーの『舞踏家ザッハロッフの肖像』などは必見。

住 Luisenstr.33　開 10:00〜18:00 (火曜〜20:00)
休 月曜、12/24・31、カーニバルの火曜
料 €10、学生€5　☎23332000

ドイツ博物館 ★★★
Deutsches Museum
map 切りとり-22、p.151-K

● 市電17 Deutsches Museumからすぐ

かなり早くから機械化が進んだドイツの科学や文明の発達の歴史を、なるべく実物を用いて説明している。内燃機関や往年の名飛行機メッサーシュミットなどが所狭しと並べられている。展示物によっては自分で触って、仕組みを確かめることも可能。

住 Museumsinsel 1　開 9:00〜17:00
休 祝日、12/24・25・31、1/1
料 €12、学生€4、分館Verkehrszentrumなどとの共通券€19　☎2179333

バイエルン国立博物館 ★
Bayerisches Nationalmuseum
map 切りとり-11、p.151-D

● バス100 Nationalmuseumから徒歩2分

主にゴシックからルネサンス期の南ドイツの郷土美術、とくに彫刻関連が充実。中世に活躍したリーメンシュナイダーの作品も収蔵。

住 Prinzregenstr.3　開 10:00〜17:00 (木曜〜20:00)　休 月曜　料 €7、学生€6 (日曜€1)　☎2112401

BMW博物館 ★★
BMW Museum
map p.149-C

● U3 Olympiazentrumから徒歩5分

2008年にリニューアルオープン。展示面積が5000㎡に拡大、90年以上の同社の歴史やコンセプトを、26のテーマで125点展示。コンセプトカーや芸術的なインスタレーションもある。ショップ、レストランも併設。販売、展示機能を持つ複合施設、BMW Weltの隣。

住 Am Olympiapark 2　開 10:00〜18:00　休 月曜 (復活祭の月曜、祝日は除く)、1/1、12/24〜26・31
料 €10 (子ども€7)　HP www.bmw-welt.com

イギリス庭園
Englischer Garten
map 切りとり-4、p.149-D・H、p.151-D

● U3,6 Universitätから徒歩5分

約200年前、時の領主が練兵場を造ろうとしたのを、アメリカ人科学者が公園の建設を具申してできた。イーザール川の東側、9万㎡という広大な敷地に、自然と中国の塔や日本の茶室などの人工的造物が調和を見せる。

郊外の見どころ

バヴァリア映画村で撮影のナマの迫力を間近に見よう！

戦前からあるテレビ、映画の撮影所を一般に公開。ガイド付きで所内を巡る。役者が火ダルマになるスタントショーは迫力満点。また『ネバー・エンディング・ストーリー』のコーナーは特撮の謎解きがおもしろい。また、4Dアドベンチャーシネマも迫力の体感だ。

MAP p.148-I　市電25 Bavariafilmplatzから徒歩10分　開 9:00〜18:00 (11月上旬〜4月上旬10:00〜17:00) ガイドツアーは所要1時間30分、スタントショーと4Dフィルムが加わると3時間30分　料 €13.50 (子ども€11.50) ※＋スタントショー＋4Dシネマコンビチケット€27.50 (子ども€22)　HP www.filmstadt.de

ミュンヘン 見どころ

Check-Check! 美しい庭園に囲まれた王家の夏の離宮で傾国の美女に出会う

ニンフェンブルク城
Schloss Nymphenburg ★★★

バイエルン選帝侯フェルディナント・マリアが1662年、息子の誕生を記念し夏の別荘として建築。その後も世代を経て拡張工事が行われ、バロック、ロココ様式などが混在することになった。第二次大戦で戦災を受けなかった貴重な宮殿のひとつ。名前の由来は入口の大ホールに描かれたニンフ（妖精）のフレスコ画。ヴィース教会（p.142）を手がけたツィンマーマンの描いたものだ。見どころは、ルートヴィヒ1世が、自身の愛人など、理想の美女36人を描かせた絵画が並ぶ、南翼の美人画ギャラリーや、ルートヴィヒ2世が誕生した部屋など。庭園にある、ロココ様式のきらびやかな狩猟用別館、アマリエンブルクAmalienburgと、厩博物館Marstallmuseumの王家の馬車コレクションや、ニンフェンブルク磁器のコレクションも見ごたえ充分だ。もちろんヴェルサイユ宮殿庭園を手本にした美しい庭園そのものの散策も楽しい。

庭園側からみた本館

↗入口の大ホール。→ミュージアムショップ。クオリティーが高い

MAP●切りとり-18右、p.148-A
● 市電17 Schloss Nymphenburgから徒歩5分 ⏰9:00〜18:00（10〜3月10:00〜16:00） 休1/1、カーニバルの火曜、12/24・25・31 料全施設€11.50、学生€9（冬期€8.50、学生€6.50）/城のみ€6、学生€5 ☎179080 HP www.schloss-nymphenburg.de

←踊り子ローラはルートヴィヒ1世の退位の原因になった。↑ルートヴィヒ2世が生まれた寝室

ブーフハイム美術館
Buchheim Museum ★★
map p.148-I外

● S6 Starnberg下車後フェリーでBernriedなど。冬季はBernreidの鉄道駅から徒歩20分

映画『Uボート』の原作者であり、画家でもあり、美術出版社も経営するブーフハイム氏のプライベート・コレクション。彼自身の作品はもちろん、キルヒナーやロットルフなど、ドイツ表現派（ブリュッケ）の作品が充実している。夏は周囲の自然散策も楽しい。

住Am Hirschgarten 1 D-82347 Bernried ⏰10:00〜18:00（11〜3月〜17:00） 休月曜、12/24・31 料€8.50（学生€4） ☎08158-997020
HP www.buchheimmuseum.de

わがままレポート

ダッハウ強制収容所
KZ-Gedenkstätte Dachau ★★★
map p.148-I

ナチス第3帝国の狂気の跡

ミュンヘンの北西に、ダッハウという緑豊かで静かな住宅街がある。1933年、ここにユダヤ人やナチスに反対する人々を拘束すべく、強制収容所が造られた。以降、国内や周辺諸国にいくつも造られた同種のものの、さきがけとなった。

多くの罪なき人々が「労働すれば自由になれる」と銘うたれた門をくぐり、そして死んでいった。むごい医学人体実験などが行われ、その犠牲者は数万人といわれる。人間の狂気の部分を直視し、その反省を踏まえたうえで、平和について考えたい。

死体焼却炉

●ダッハウ鉄道駅からバス726番10分、KZ-Gedenkstätte下車徒歩3分 ⏰9:00〜17:00 休12/24 料オーディオガイド（英語）€4、学生€3、ガイドツアー€3.50（所要2時間30分、11:00と13:00に） ☎08131669970

電流が流された有刺鉄線

世界最大の民俗祭！オクトーバーフェスト

本音でガイド 特別版

初日のパレードにはビール会社の山車も出る

まるっきり遊園地のノリ。絶叫系の乗り物もある

特大テントのビアホール

ドイツといえばビール、ビールといえばミュンヘン、ミュンヘンといえばオクトーバーフェスト。

ということで、オクトーバーフェストはドイツを代表する、いや、世界を代表する民俗祭である。なにしろこのお祭、ビールを飲む、ただひたすら飲む、飲みまくっちゃう、というとんでもないお祭。データでみると、毎年ここを訪れる人は600万人、消費されるビールは500〜600万リットル！（※1）会場となる広場に建てられた超ウルトラ特大スーパーテントのビアホールは、一番大きなもので1万人ものキャパシティを誇る。それがビール会社（一部ワインなど）ごとに14テントも並ぶのだ。ここまでされると、どうだ、参ったか、と言われても、へへーと頭を下げて恐れ入るしかない。

ただし、問題がない訳でもない。なにしろ規模が大きくて有名なお祭りだから、世界中から観光客がワッと押し寄せてくる。これでもか、これでもか、と押し寄せてくる。そうなるとホテルがすぐに満杯になったり、料金もいつもより高くなってしまうのである（※2）。

もちろん、特大テントのビアホールもどこも満杯。座るところを探すのがひと苦労で、借りてきたネコのようにおとなしい人は、ただボーゼンと「私の席がニャアー」とでも泣くしかないのだ（※3）。

ところがどっこい、実はここがこのお祭りのいいところ。ここに来る外国人は、イタリア人やブラジル人など陽気なラテン系も多く、ふだんはお堅いドイツ人も、この時ばかりはハメを外す。たとえばテーブルの上に上がって雄叫びを上げ、パンツを下げる親父が出没したり、周囲にはやしたてられ、あろうことか胸をはだける女性が拝めたりするので

ある。席がないから相席になるが、これが結局、絶好のナンパのきっかけ。若い人同士はすぐ仲良くなっちゃったり……（※4）。

もともと1810年にルートヴィヒ皇太子（後のルートヴィヒ1世）と王女テレーゼの結婚式の祝典に始まる祭りが、どこでどうすればここまで変わり果ててしまうのか（笑）。

期間中、広場は遊園地にもなっている。また、お祭らしさを味わいたい人は、最初の2日間に、市の中心から広場までパレードがあるのでそれを狙うといいだろう。

知らない人に声をかけられたりビールをおごられたりする

※1 ジョッキはマースと呼ばれる1リットル入り。おつまみの定番はニワトリの丸焼き。
※2 まったく空室がなくなるというほどでもないが、近郊に宿をとって電車で通ってもいい。
※3 期間中混雑の少ない日もあるが、席が見つからない時は、ウエイトレスに声を掛けて探してもらおう。
※4 ビール会社ごとに客層に特徴がある。ホーフブロイハウスは外国人が多く、混雑することで有名。

Data

Theresienwiese（オクトーバーフェスト会場）MAP p.149-G ●テレージエンヴィーゼ U4,5 Theresienwiese Ｓ Hackerbrücke、U3,6 Goetheplatzからそれぞれ徒歩4分 期間：毎年10月の第1日曜を最終とする16日間。2019年は9月21日〜10月6日

Zum Dürnbräu
ツム・デュルンブロイ

珍しい肉料理が自慢の老舗

建物は新しいが、創業500年というミュンヘンでも有数の歴史を誇るレストラン。少し奥まったところにあるが、地元の人に人気があり昼夜を問わず賑わっている。特色はバイエルン産の雄牛を使った豪快な肉料理。メニューには牛の体を21分割した絵を表示、どの料理にどの部分の肉を使っているかがひと目でわかる。口の周りの肉をサラダにしたオクセンマウル・ザラートE12.50や、1頭から2枚しか取れないというフレーダーマウス（冬期のみ）など、この店ならではの珍しい料理も。その日のメニューにエンテEnte（鴨料理）があればおすすめ。皮がぱりっとしておいしい。ビールは地元のシュパーテンを選びたい。

豚肉のロースト、シュバイネブラーテン

map ●切りとり-15, p.151-G	■営業 9:00〜24:00 (12/24〜22:00)	HP www.zumduernbraen.com
●マリエン広場から徒歩5分	■休日 12/25	
■住所 Dürnbräugasse 2	■カード VISA, MC, AMEX	
■TEL 222195		

ゆっくり食事が楽しめそうな落ち着いた雰囲気も二重マル

Kreutzkamm
クロイツカム

落ち着いた雰囲気のカフェで本場の高級バウムクーヘンを

1825年ドレスデン創業。戦災でミュンヘンに移ったあとも伝統レシピを継承。高級菓子なので探すと意外に少ないバウムクーヘンが定番。おみやげにも。

map ●切りとり-9, p.150-F	■営業 8:00〜19:00 (土曜8:30〜、日曜・祝日12:00〜)	■カード VISA, MC, AMEX, DC, JCB
●マリエン広場から徒歩6分	■休日 10〜4月の日曜	※ 市電19番 Lenbachpl.近く Pacellistr.5にも店舗あり
■住所 Maffeistr.4		
■TEL 293277		

Haxnbauer
ハクセンバウアー

名物の豚肉料理をどうぞ

この街でもっとも有名な、豚肉の専門レストラン。入口のグリルに豚のスネ肉がぐるぐると回転していて、店の外にも香ばしい匂いが漂ってくる。

map ●切りとり-15, p.151-G	■営業 11:00〜24:00(23:00LO)	HP restaurant/haxnbauer
●マリエン広場から徒歩5分	■休日 無休	
■住所 Sparkassenstr.6	■カード VISA, MC, AMEX	
■TEL 2166540	HP www.kuffler.de/en/	

Landersdorfer und Innerhofer
ランダースドルファー・ウント・インナーホーファー

高級路線の本格グルメだが、気さくに入れる雰囲気

新鮮食材にこだわったシェフにお任せのコース料理のみで、メニューなしという店。嫌いな食材を伝えると避けてくれる。コースは最低でE70ほどから。

map ●切りとり-14, p.150-F	■営業 11:00〜15:00 (13:30LO)、18:00〜翌1:00 (21:30LO)	■カード VISA, MC, AMEX
●マリエン広場から徒歩10分		HP www.landersdorferundinnerhofer.de
■住所 Hackenstrasse 6-8	■休日 土・日曜	
■TEL 26018637		

Augustiner-Keller
アウグスティナー・ケラー

市内最古にして人気No.1の巨大ビア・ガーデン

1807年には氷を使って地下でビール冷やしていたという。現在は5000席の巨大ビアガーデンでもある。自慢のEdelstoffはちょっと珍しい木樽詰めビール。

map p.149-G	■営業 10:00〜翌1:00 (食事〜23:00 ビアガーデンは11:30〜)	※ 夏期のみ
●中央駅から徒歩8分		■カード VISA, MC, DC, AMEX
■住所 Arnulfstrasse 52	■休日 無休 (ビアガーデン)	HP www.augustinerkeller.de
■TEL 594393		

ミュンヘンの市外局番☎089　　●〜€15　●€15〜25　●●€25〜50　●●●€50〜

Zum-Augustiner(Restaurant und Bierhalle)
アウグスティナー・レストラン
街の中心にある、ビール会社直営のレストラン

天気がいいときには外のテラスで、肌寒い時には趣ある店内で飲むもよし。いつも賑やかで、白ソーセージ（€5.80）がとくにおいしいと評判。

map ●切りとり-14, p.150-F
- ●カールス広場から徒歩2分
- ●住所 Neuhauserstr.27
- ●TEL 23183257
- ●営業 10:00～24:00(ラストオーダーは温かい料理～23:00、冷たい料理23:30)、12/24～15:00
- ●休日 12/25
- ●カード VISA, MC, AMEX, JCB
- HP www.augustiner-restaurant.com

Hofbräuhaus
ホーフブロイハウス
大人数で騒ぐのに最適なビアホール

地上階は相席で、すぐにいろいろな国の人と仲よくなれて、楽団の演奏も楽しい。3階のフェストザールでは、ほぼ毎晩18:30から民族ショーがみられる。

map ●切りとり-15, p.151-H
- ●マリエン広場から徒歩6分
- ●住所 Platzl 9　●TEL 290136100
- ●営業 9:00～23:30、3階の民族ショーの入場は18:30～、ショーは19:45～22:00。ただしカトリックの祝日は休演
- ●休日 無休
- ●カード VISA, MC, AMEX, JCB
- HP www.hofbraeuhaus.de

EMIKO Restaurant&Bar
エミコ レストラン&バー

ちょっと高級路線でモダンアレンジはあるが、味は確かな日本食。立地もよくルーフテラス席も。

map ●切りとり-15, p.151-G
- ●住所 Viktualienmarkt 6 (Louis Hotel内)
- ●TEL 41111908111　●営業 18:00～翌1:00（食事は～23:30）
- ●休日 無休
- ●カード VISA, MC, AMEX
- ●マリエン広場から徒歩5分
- HP www.louis-hotel.com

Take Don
タケ丼

庶民の味が恋しくなったらここ。牛丼やチキンオムライス丼、カレーライスなど。値段も安め。

map p.149-G
- ●市電20,21,22ほかSandstr.から徒歩5分
- ●住所 Erzgiessereistr.32　●TEL 23710781
- ●営業 11:30～16:00　●休日 日・月曜
- ●カード 不可　HP facebook.com/takedontakedon

ブランドショップは通りごとに探す

有名ブランドショップは同じ立地に集まるので通りごとに探せば効率よく回れる。

ペルーザ～マキシミリアン通り
MAP ●切りとり-9・15・16, p.151-G

プラダ、ティファニー、ヴェルサーチ、ルイ・ヴィトン、モンブラン、ディオール、シャネル、カルティエ、エルメス、フェラガモ、グッチなど

ヴィーン～テアティナー通り
MAP ●切りとり-15・9, p.151-G・C

ヘンケル、ブリー（Salvatorstr.2）、ニンフェンブルク、ヴェンペ、タグホイヤーなど

ヴィクトアリエン・マルクトでおみやげ探し

ここは庶民の市場。野菜や果実は眺めるだけでも楽しい。ではおみやげ物は？ グート・ツム・レーベンはLebe Gesund直営。全商品オリジナルで生産工程から徹底してノンケミカル。パン類はビタミン破壊を避け、なんと石臼の粉引き器を使って作る。ペーストや、日持ちのするレープクーヘンなどがおすすめ。ホーニックホイゼルは各国のハチミツが揃

MAP ●切りとり-15, p.151-K
Data
- ◆Gut Zum Leben　●マリエン広場から徒歩5分（マルクトの奥のほう）　営7:00～18:30（土曜～16:00 ※変動あり）　休日曜
- ◆Honighäus'l　●マリエン広場から徒歩4分（マルクト中ぐらい）　営9:00～18:00（土曜～17:00）　休日曜

う専門店。飴やグミはもちろん、ハンドクリームやローソクなどもある。

Holunder Blüten Sirup。ニワトコの花シロップ。6倍くらいに薄めて飲む。さわやか

蜜蝋を使ったハンドクリーム

グート・ツム・レーベン　　ホーニックホイゼル

行者ニンニクのようなBärlauch。味見できるのでぜひ

緑の十字はドイツ産の印なんだとか

Alois Dallmayr
ダルマイヤ

300年以上の老舗。高級デリカテッセン

欧州18王朝から御用達として重用されたという超有名店。高級デパ地下の雰囲気で何でも揃う。特にローストコーヒーや紅茶が有名。2階はレストラン。

map ●切りとり-15、p.151-G
- ●マリエン広場から徒歩5分
- ■住所　Dienerstr. 14-15
- ■TEL　21350
- ■営業　9:30～19:00（クリスマス市時期、復活祭頃などに時間変更あり）
- ■休日　日曜、祝日
- ■カード　VISA、MC、AMEX
- HP www.dallmayr.com

Oberpollinger
オーバーポリンガー

ありそうでなかった高級志向デパート

ルイ・ヴィトン、プラダなどスーパーブランドが集まる超高級デパート。総面積5万3千㎡は国内2位。最上階レストランからの眺めがよい。

map ●切りとり-14、p.150-F
- ●カールス広場から徒歩2分
- ■住所　Neuhauser Str. 18
- ■TEL　290230
- ■営業　10:00～20:00
- ■休日　日曜
- ■カード　VISA、MC
- HP www.oberpollinger.de

Item Shop
アイテム・ショップ

ゲームや漫画、映画などのキャラクターグッズなど、ちょっとオタクなアイテムを豊富に揃える。

map ●切りとり-21、p.151-K　S1~4,6~8 Isartorから徒歩3分　■住所　Baaderstr. 1 a　■TEL　80925608　■営業　12:00～20:00　■休日　日曜　■カード　VISA、MC
HP facebook.com/MunichItemShop

Semikolon Klassik Papeterie
セミコロン

機能性とデザイン、そして何よりカラフルな色使いで人気の文房具ブランド。発祥の本店がここ。

map p.149-C　U2,8 Hohenzollernplatz 駅から徒歩4分　■住所　Hohenzollnstr.65　■TEL　2725492　■営業　10:00～19:00（土曜～16:00）　■休日　日曜・祝日　■カード　VISA、MC
HP semikolon-onlineshop.com

Weissglut Concept Store
ヴァイスグリュト

高感度なアーティストによる、デザイン志向のアクセサリーや雑貨、服飾のコンセプトショップ。

map p.149-C　●U3,5 Giselastr.から徒歩約4分　■住所　Hohenzollnstr.8　■TEL　38869368　■営業　11:00～19:00（土曜10:30～18:00）　■休日　日曜・祝日　■カード　不可
HP weissglut-design.de

Manufactum
マヌファクトゥム

物によっては生産設備ごと買い取って往年の銘品を復刻。懐かしの良品なども。パン屋さんも併設。

map ●切りとり-15、p.151-G　●マリエン広場から徒歩5分　■住所　Dienerstr.12　■TEL　23545090　■営業　9:30～19:00（ファッシングの火曜～14:00）　■休日　日曜　■カード　VISA、MC
HP www.manufactum.de

★★★★ Vier Jahreszeiten Kempinskihotel München
フィーア・ヤーレスツァイテン・ケンピンスキーホテル・ミュンヘン

由緒あるホテルで優雅なひとときを

1858年創業のミュンヘンを代表する最高級ホテル。創立には王族も深くかかわった。現在は世界的な高級ホテルチェーンとして、伝統と暖かいホスピタリティに定評がある。1972年のオリンピックを契機に新館を増設、1997年に数億円かけて改装、古く重厚な内装に、防火などの安全施設や最新のデジタル回線などの設備を完備。予約時に日本人と告げれば、緑茶や日本語新聞の無料サービスがある。本館は天井も高く落ち着いた感じで新館はモダンな雰囲気。宿泊者はプールが無料で利用できる。レストラン「ビストロ」の朝食ビュッフェは大人気。

map ●切りとり-16、p.151-G
- ●オペラ座から徒歩3分
- ■住所　Maximilianstr.17
- ■TEL　21250　■FAX　21252000
- ■料金　S-€255～、T-€330～、朝食€42、変動制
- ■部屋数　全306室
- ■カード　VISA、MC、AMEX、DC、JCB
- ■日本　00531-65-0007
- HP www.kempinski.com/en/muenchen/hotel-vier-jahreszeiten

四季をモチーフにしたロビー

ミュンヘンの市外局番☎089

Platzl Hotel
プラッツル・ホテル

環境に優しいと表彰された

旧市街の中心にありながら静かで落ち着いた雰囲気のホテル。節水やゴミ分別などで環境に優しいと認定された。宿泊客に窮屈な思いをさせない。全室バス付。

map ●切りとり-15、p.151-G
- ●オペラ座から徒歩3分
- ■住所　Sparkassenstr.10
- ■TEL　237030
- ■FAX　23703800
- ■料金　S-€145〜、T-€195〜、変動制、早期予約割引あり
- ■部屋数　全167室
- ■カード　VISA、MC、AMEX、DC
- HP www.platzl.de

Hotel Gautinger Hof
ホテル・ガウティンガーホーフ

郊外の高級住宅街にある

シュタルンベルク湖近くの住宅街、文化財にも指定されている建物がホテルに。経営は美人女将のイズミさん。日本人らしいきめ細かいサービスがうれしい。

map p.148-I
- ●S6 Gautingから徒歩2分
- ■住所　Pippinstr. 1
- ■TEL　8932580
- ■FAX　8508925
- ■料金　S-€79〜、T-€110〜
- ■部屋数　全22室
- ■カード　VISA、MC、AMEX
- HP www.gautingerhof.de

Cortiina Hotel
コルティナ・ホテル

こだわりサービスとデザイン

アンチケミカル素材や寝心地にこだわったベッド。オリジナルデザインの調度品。マリアージュの紅茶を用意するなど細やかなサービス。観光に至便な立地。

map ●切りとり-15、p.151-G
- ●マリエン広場から徒歩6分
- ■住所　Ledererstr. 8
- ■TEL　2422490
- ■FAX　242249100
- ■料金　S-€120〜、T-€168〜、朝食€24.50、変動制
- ■部屋数　全75室
- ■カード　VISA、MC、AMEX
- HP www.cortiina.com

Hotel Königshof
ホテル・ケーニヒスホーフ

名前(王様の館)の通りゴージャス！

大規模ではないが、そのロケーションの良さと内装の豪華さ、サービスなどで市内トップを争う高級ホテル。ベストレストランに選出されたレストランも。

map ●切りとり-8、p.150-E
- ●中央駅から徒歩約5分
- ■住所　Karlsplatz 25
- ■TEL　551360
- ■FAX　55136113
- ■料金　T-€250〜、朝食€35、変動制
- ■部屋数　全87室
- ■カード　VISA、MC、AMEX、DC、JCB
- HP www.geisel-privathotels.de

Anna Hotel
アンナ・ホテル

華美を廃したスタイリッシュな内装で、サービスも控えめ。無線LANと部屋のミニバーは無料。

map ●切りとり-8、p.150-E　●中央駅から徒歩5分
- ■住所　Schützenstr.1　■TEL　599940
- ■FAX　59994333　■料金　S-€165〜、T-€185〜、朝食€20
- ■部屋数　全75室　■カード　VISA、MC、AMEX、DC、JCB　HP www.annahotel.de

The Tent
ザ・テント

名前の通り巨大テントの中にベッドを並べた格安ホステル。共同キッチンあり。キャンプも可。

map p.148-A　市電17 Botanischer Gartenから徒歩10分　■住所　In den Kirschen 30
- ■TEL　1414300　■営業　6〜10月(夏期のみ)
- ■料金　ドミ€12.50〜(ベッドなし持参寝袋€9)
- ■部屋　600㎡　■カード　不可　HP www.the-tent.com

ユーロY.H.ミュンヘン　Euro Youth Hotel München ★ map p.150-E
- ●中央駅から徒歩3分　■住所 Senefelder Str.3
- ☎5990880　■料金 S-€49.50〜、T-€76〜、ドミ€23〜、朝食€4.90、変動制　HP euro-youth-hostel.de

ホテル・アンバ　Amba ★★ map p.149-G
- ●中央駅北口左1分　■住所　Arnulfstr.20　☎545140
- FAX 54514555　■料金 S-€39〜、T-€49〜、朝食€14.50、変動制

ホテル・ドライレーヴェン　Drei Löwen ★★★ map p.150-E
- ●中央駅南口から徒歩2分　■住所　Schillerstr.8
- ☎551040　FAX 55104905　■料金 S-€79〜、T-€109〜、朝食€15

ウォンバッツ　Wombat's City Hostel ★ map p.150-E
- ●中央駅から徒歩1分　■住所 Senefelderstr.1
- ☎59989180　■料金 T-€40〜、ドミ€27〜、朝食€4.90、変動制　HP www.wombats-hostels.com

A&Oハッカーブリュック　A&O Hackerbrücke ★ map p.148-F
- 市電16,17 Marsstr.から徒歩1分　■住所 Arnulfstr.102　☎4523595800
- ■料金 S-€51〜、ドミ€16〜、朝食€7　HP www.aohostels.com

エヌハーホテル　NH Hotel München Bavaria ★★★ map p.150-A
- ●中央駅北口正面　■住所　Arnulfstr.2　☎54530
- FAX 54532255　■料金 S-€147〜、T-€163〜

★エコノミー　★★カジュアル　★★★スタンダード　★★★★ラグジュアリー

REGENSBURG
レーゲンスブルク

p.11-I　■人口＝14.9万人　■街の規模＝徒歩で半日

**古い石畳の小路がノスタルジック
ドナウ河畔の上品で優美な貴婦人**

歴史を感じさせる小道　大聖堂
帝国議会博物館　レーゲンスブルク・ソーセージ
静かに流れるドナウ川

Access
●鉄道：ミュンヘン→ALX、RE（約1時間30分）→レーゲンスブルク［1時間毎／€29.70］、ニュルンベルク→ICE、RE（約1時間）→レーゲンスブルク［1時間1本／€23.20〜］

Information
●観光案内所：MAPp.168　住Rathauspl. 4
☎5074410　開9:00〜18:00（土曜〜16:00、日曜・祝日9:30〜16:00、11〜3月の日曜・祝日〜14:20）　休12/25、1/1
HPwww.tourismus.regensburg.de/en
●ユースホステル：MAPp.168　住Wöhrdstr. 60　☎4662830　FAX46628320

Route Advice
大聖堂→市庁舎広場→ハイド広場→市立博物館→石橋→ヴァルハラ神殿→水運博物館→トゥルン＆タクシス城　［全移動約6時間］

**旅人に安らぎを与える
2000年の歴史を誇る街**

　この街の起源は古代ローマ時代までさかのぼる。のちにバイエルンの最初の首都として発展した、皇帝街道の中心地でもある。

　旧市街はまるで時が止まったかのように昔の面影がある。珍しいローマ時代の城門も今に残る。入りくんだ細い路地をさまようと、なんともいえない風情ある街角に出合えて心がときめく。小粋な専門店が並び、ショーウィンドーをのぞくだけでも楽しい。

　街の中心にそびえるのはケルンのそれにも匹敵する**大聖堂**Dom。ここではドイツ最古の少年合唱団の歌声をぜひ聞いてみよう。**旧市庁舎**で博物館の見学をしたら、そのまま**ハイド広場**Haidplatz周辺を散策するのがいい。

ドイツ最古のソーセージを頬張ったあとはドナウ川遊覧を

　歩き疲れたらドナウへ行こう。2018年まで改修予定のドイツ最古の**石橋**Steinerne Brückeのたもとには、やはりドイツ最古のソーセージ屋がある。炭焼きのレーゲンスブルク・ソーセージはカリッとした歯ごたえが最高だ。

　ドナウ川遊覧（p.169）もおすすめ。ゆったりとした川の流れに身をまかせると、河畔の緑の丘に白亜の**ヴァルハラ神殿**が姿を現す。

　時間に余裕があれば、ドナウ水運博物館や歴史博物館、ビジターセンター（開10:00〜19:00、料無料）にも寄ってみたい。8世紀に建てられた侯爵家の居城**トゥルン＆タクシス城**でも夢を見ることができる。19世紀ごろ改装された華麗な城内は必見の価値がある。

昔の面影が残る美しい街並

街の北側のプレタ・ポルタリアの門

レーゲンスブルクの市外局番☎0941

大聖堂 ★★★
Dom
map　p.168

●中央駅から徒歩10分

　バイエルン地方を代表するゴシック建築が、この2本の105mの塔をもつ大聖堂だ。ここのドームシュパッツェン（大聖堂のスズメ達）というドイツ最古の少年合唱団は、なんと1000年も続いており、日曜朝10:00にその清らかな歌声を聞くことができるが、くれぐれも礼拝の邪魔をしないように。 開6:30～19:00（4・5・10月～18:00、11～3月～17:00）　休無休　料入場無料。ガイドツアー€6、学生€4　☎5971662

内部の芸術品も美しい

帝国議会博物館（旧市庁舎）★★
Reichstagsmuseum
map　p.168

●大聖堂から徒歩3分

　石橋の南西に、最も古い部分は14世紀建造という旧市庁舎がある。カール大帝の時代からここで政治的に重要な帝国議会や諸侯会議が開かれていた。恐ろしい拷問道具もある。 佳Altes Rathaus　開＜ガイドツアー＞4～10月9:30～12:00、13:30～16:00（30分毎、15:00は英語）、11月～1/6・3月は10:00～15:30に6回（14:00が英語）、1/7～2月は10:00～15:00に4回　休12/24・25、1/1、カーニバルの火曜　料€7.50、学生€4　☎5073442

この建物の一部が帝国議会博物館

ヴァルハラ神殿 ★★★
Walhalla
map　p.144-B

●駅前からバス5番で約30分、Dnaustauf　Reifldingerstr.下車徒歩10分
（ドナウシュタウフ）
（ライフルディンガーシュトラーゼ）

　街の東約11km、高さ96mの丘にギリシア風の神殿がある。バイエルン王のルートヴィヒ1世が1830～42年に建てたもの。厳かながら明るい雰囲気で、高い天井の立派な内部には121人のドイツの偉人の胸像がある。正面階段からの眺めもすばらしい。バスで行くのもいいが、4月下旬～10月上旬は街から船が毎日出ている（上記以外も土・日曜も便あり）。往復€14.80。 佳Walhalla-Str. 48, Donaustauf　開9:00～17:45（10月～16:45、11～3月10:00～11:45、13:00～15:45）　休12/24・25・31、カーニバルの火曜　料€4、学生€3　☎09403-961680　船便は HP www.donauschifffahrt.eu

アテネのパルテノン神殿を模して建てられた

知られざる小さな異国の街へ
美しき青きドナウの船の旅

　天気さえ良ければ、のんびりと船で見知らぬ街へ行くのもいい。まずはレーゲンスブルクの石橋の船乗場からパッサウとは反対方向へ向かおう。左手の丘の上にルートヴィヒ1世が建てた円形の解放記念堂Befreiungshalleが見える。この街がケルハイムKelheimでここから川は2つに分かれる。

　船を乗り換え左へ進むとヴェルテンブルクWertenburgに着く。ここには有名な大きな修道院がありビール醸造所もある。また、リーデンブルクRiedenburgへ行く便もある。途中、ヨーロッパでもっとも長い木製の橋をくぐる。橋が低いので、「甲板にいる人はしゃがんでくださーい」などというのどかなアナウンスがあったりする。鍾乳洞がある岩山を過ぎると、崖の上にプルン城Schloss Prunnが見える。リーデンブルクは小さな街。ここには貴重なクリスタル博物館がある。

＜遊覧船＞●ケルハイム行き（開5月下旬～9月上旬の火・土曜　料€19.50、往復€25.50）
HP schifffahrtklinger.de
※ケルハイムからヴェルテンブルク行きは多数有り（HP personenschiffahrt-stadler.de）
※リーデンブルク行きは本数が少ないので注意（HP www.schiffahrt-kelheim.de）

広大な自然の中での船旅はきっと心に残るだろう

Beim Dampfnudel-Uli
バイム・ダンプフヌーデル・ウリ

なつかしいドイツ版おふくろの味

店主のウリさんが作る蒸しパンのようなデザート、ダンプフヌーデルンが名物。近隣の地ビールと、かわいい内装も売り。

- map p.168
- ●大聖堂から徒歩2分
- ■住所　Watmarkt 4
- ■TEL　53297
- ■営業　10:00～17:01（土曜～15:01）
- ■休日　日～火曜、祝日

Historische Wurstkuchl
ヒストーリッシェ・ヴルストクッヘル

石橋のたもとにある850年続いた世界で一番古いソーセージの店

緑色のかわいらしい店。炭で焼いたレーゲンスブルク・ソーセージは皮がカリッとしていて忘れられない味。ドナウ川を見ながらビールと一緒にどうぞ。

- map p.168
- ●大聖堂から徒歩5分
- ■住所　Thundorferstr.3
- ■TEL　466210
- ■営業　9:00～19:00
- ■休日　無休
- HP www.wurstkuchl.de

Brauerei Gaststaette Kneitinger
クナイティンガー

内装も雰囲気満点の老舗。エーデルピルスと10～4月はボック（アルコール度数が高い）が名物。

- map p.168外
- ■住所　Arnulfsplatz 3　■TEL　52455
- ■営業　9:30～24:00（料理11:00～23:00）
- ■休日　無休
- ■カード　VISA, MC, DC, AMEX　HP reichinger.info

Regensburger Weissbrauhaus
レーゲンスブルガー・ヴァイスブラウハウス

ヴァイスビア2種とヘルとドゥンケルを醸造。100mlづつ全部試せるビア・プローベがおすすめ。

- map p.168　●大聖堂から徒歩7分
- ■住所　Schwarze Baeren Strasse 6
- ■TEL　5997703　■営業　10:00～翌1:00
- ■休日　無休　■カード　VISA, MC
- HP www.regensburger-weissbrauhaus.de

Altstadthotel Arch
アルトシュタットホテル・アルヒ

12世紀建造の貴族も住んだ館

歴史的な意味から改築が禁止されていたため、多種の様式の部屋が残っている。ホテルを横から見ると名前の由来のノアの方舟に見えてくるから不思議。

- map p.168
- ●市庁舎広場から徒歩2分
- ■住所　Haidplatz 2-4
- ■TEL　58660
- ■FAX　5866168
- ■料金　S-€89～、T-€99～
- ■部屋数　全65室
- ■カード　VISA, MC
- HP regensburghotel.de

Hotel Münchner Hof
ホテル・ミュンヒナーホーフ

細かな気配りを感じるホテル

旧市街中心にある古い建物を利用した家族経営の一流ホテル。落ち着いていて温かな雰囲気。部屋やバスルームは広く美しい。料理が自慢のイタリアンレストランもある。

- map p.168
- ●市庁舎広場から徒歩3分
- ■住所　Tändlergasse 9
- ■TEL　58440
- ■FAX　561709
- ■料金　S-€83～107、T-€107～174
- ■部屋数　全59室
- ■カード　VISA, MC, AMEX, DC
- HP www.muenchner-hof.de

Hotel Kaiserhof am Dom
カイザーホーフ・アム・ドーム

大聖堂前のうぐいす色の洋館

14世紀からある礼拝堂をホテルに改築。大窓から光が差し込むホールは、今も昔の名残がある。客室は少し狭いが、スタッフがさわやか。

- map p.168
- ●大聖堂から徒歩1分
- ■住所　Kramgasse 10-12
- ■TEL　58535-0
- ■FAX　58535-95
- ■料金　S-€75～、T-€99～135
- ■部屋数　全20室
- ■カード　VISA, MC, AMEX
- HP www.kaiserhof-am-dom.de

レーゲンスブルクの市外局番☎0941

●～€15　●●€15～25　●●●€25～50　●●●●€50～
★エコノミー　★★カジュアル　★★★スタンダード　★★★★ラグジュアリー

PASSAU
パッサウ

p.11-L　■人口＝5.1万人　■街の規模＝徒歩で半日

まるでおとぎの国のような、ドナウ、イン、イルツの3つの川が出合う街

- 風光明媚な国境の町
- 世界で一番大きなパイプオルガンのある大聖堂
- パイプオルガンのコンサート
- 国境が近いのでチェコやオーストリア製の品も
- ドナウ、イン、イルツの3つの川

Access
●鉄道：ミュンヘン→RE（約2時間15分）、RE＋ICE（2時間40分）→パッサウ［各2時間毎／€38.70〜56.50］、ニュルンベルク→ICE（約2時間）→パッサウ［2時間毎／€51.50］

Information
❶観光案内所：☎955980＜駅前＞値Bahnhofstr.28　開9:00〜12:00、12:30〜17:00（土・日曜、祝日10:30〜15:30、復活祭の金曜は〜16:00）　休10月〜復活祭の日曜、祝日
＜市庁舎広場＞値Rathausplatz 3　開8:30〜18:00（土・日曜、祝日9:00〜16:00）、10月〜復活祭8:30〜17:00（金曜〜16:00、土・日曜、祝日10:00〜15:00）　休無休　※12:00〜12:30昼休み　HPwww.passau.de　●ユースホステル：値Oberhaus 125　☎493780

街のしくみ
オーストリア、チェコにほど近い、美しき水の都

約1.8万本のパイプを使用（大聖堂）

「地球上でもっとも美しい七都市のひとつ」とフンボルトが称えた街。街には3つの川が流れており、旧市街はまるで船のようにドナウ川とイン川の間に横たわっている。

駅を出て右方向に進むと、5分ほどでそこはもう旧市

堂々とした白亜の大聖堂

街。青いタマネギ型の塔が目印の、ひときわ大きな聖シュテファン大聖堂Domへ行こう。壮麗な内部の装飾がすばらしいうえに、なんと世界最大のパイプオルガンがある。毎年5月2日〜10月の夏期とクリスマスにはオルガンコンサートが開催される（開月〜土曜12:00〜12:30、料€5、学生€2／祝日以外の木曜19:30〜、料€10、学生€5 HPbistum-passau.de/dom-st-stephan/dommusik）。昼は込むので早めに。

楽しみ方
国境の町には、多種多様なみやげ物があふれる

ドナウ川の対岸の崖上にはオーバーハウス砦Veste Oberhausがある。崖上からは3つの川の合流地点も見える。絵本に出てきそうなかわいらしい塔を持つのは市庁舎。隣のホテル・ヴィルダーマン内のグラス博物館Passauer Glasmuseum（開9:00〜17:00　料€7、学生€5　☎35071）は必見だ。約3万点もの色鮮やかなボヘミアングラスが展示されており、250年に渡るグラスの歴史をかいま見られる。

国境の街パッサウは、オーストリアの民族衣装やチェコのボヘミアングラス、ハンガリーの食料品などの店があり、買物が楽しい。雰囲気のある小路も多いので、心ゆくまで街を歩きたい。

オーバーハウス砦から見た大聖堂と旧市街

★ Hotel Wilder Mann
ホテル・ヴィルダーマン

エリザベートら世界のVIPを迎えてきた歴史的ホテル。華麗で重厚なインテリアに圧倒される。

●市庁舎広場から徒歩1分
■住所　Am Rathausplatz　■TEL　35071
■FAX　31712　■料金　S-€60〜、T-€70〜
■部屋数　全48室　■カード　VISA, MC, AMEX, DC, JCB

★★ Hotel Passauer Wolf
ホテル・パッサウアーヴォルフ

ドナウ川沿いの抜群の立地にある。自慢は街で3本の指に入るといわれるレストラン。

●大聖堂から徒歩3分
■住所　Untere Donaulände 4　■TEL　931510
■FAX　9315150　■料金　S-€61〜、T-€81〜
■部屋数　全39室　■カード　VISA, MC, AMEX

パッサウの市外局番☎0851　　★エコノミー　★★カジュアル　★★★スタンダード　★★★★ラグジュアリー

アルペン街道
Alpen Strasse

スイス、オーストリアに国境がまたがるボーデン湖に面したリゾート地。湖ではボート遊びもできる

リンダーホーフ城
リンダーホーフ城への拠点となる街。独自の木彫りの人形でも有名。フレスコ画もある

リンダウ Lindau
p.186参照

ケンプテン Kempten

ボーデン湖

ブレゲンツ Bregenz（オーストリア）

インメンシュタット Immenstadt

フュッセン Füssen
p.137参照（ロマンチック街道）

シュヴァンガウ Schwanga

●ドイツ山岳リゾートの中心●
なだらかな丘に広がる牧草地、澄んだ紺碧の湖、後方にはうっすらと雪をいただくアルプスの山々。隣国スイスのような高峰こそないが、その起伏に富んだ自然の美しさはヨーロッパ随一。山岳リゾートとして夏は登山、冬はスキーにと、アクティブに過ごせるのが最大の魅力。ルートヴィヒ2世の建てた3つの城もこの街道沿いにある（ノイシュヴァンシュタイン城はロマンチック街道で紹介）。

●移動の手段●
残念ながら都市間すべてを直接結ぶ鉄道はない。鉄道だけで移動するには、いったんミュンヘンを経由することになる。代わりに路線バスが非常に発達しているので、短い都市間ならバスの利用が現実的だ。とくにフュッセン～オーバーアマガウ～ガルミッシュ・パルテンキルヒェン間は本数も多くて便利。

●旅行シーズン●
ベストシーズンは5月中旬～9月ごろだが、ガルミッシュ・パルテンキルヒェン、ミッテンヴァルトなど、スキーが楽しめる街は冬でも賑わう。リゾート地なので、どの時期を選ぶにしても長期滞在をおすすめしたい。

アルゴイ地方 Allgäu
フュッセン～リンダウ間はアルゴイ地方と呼ばれ、とくに風光明媚な区間。途中のケンプテンKemptenまでバスを利用すると車窓からの景色に感動できる。

アドバイス
バスは土・日曜、祝日の本数は減るが、時刻表の書かれ方は日本のように平日用と土・日曜用とに分かれていない。バスの時刻を表す数字の前にaやxなど記号が付いていて、欄外に「aのバスは土・日曜運休」、というような説明がある。
また、1日乗車券（ターゲスカルテ）を買うと、目的地が遠かった場合、単発の乗車券を買うより安くなるということがよくある。元の場所にまた戻る場合は往復券（リュックファーチケット）を買っておくとよい。乗車の際は、どうするのが一番安いのか運転手に確認するとよいだろう。
時刻表や料金など詳細は、www.rvo-bus.deで確認を。

車窓からはみずみずしい緑が広がる

小さな街だが人気は高い。ヴァイオリン作りと、街の家々を彩るフレスコ画で有名

キーム湖に面したリゾート地。見どころは湖の島に建つヘレンキームゼー城。駅から桟橋まではミニSL列車で行く

ドイツ7大街道

ドイツ全図

- ハンブルク
- ベルリン
- フランクフルト
- ミュンヘン
- アルペン街道

ミュンヘン München

バート・テルツ Bad Tölz

オーバーアマガウ Oberammergau
p.179参照

テーゲルンゼー Tegernsee

ミッテンヴァルト Mittenwald
p.177参照

ガルミッシュ・パルテンキルヒェン Garmisch-Partenkirchen
p.182参照

インスブルック Innsbruck（オーストリア）

プリーン Prien
p.175参照

キーム湖

ローゼンハイム Rosenheim

ライト・イム・ヴィンクル Reit im Winkl

赤い屋根のスイス風の家並がかわいい小さな街。スキーリゾート地としても知られる。

ベルヒテスガーデン Berchtesgaden
p.174参照

ドイツ最高峰、ツークシュピッツェへの登山口。冬はウィンタースポーツのメッカでもある

街道中で1、2を争う高級山岳リゾート地。スパイ小説によく登場するヒトラーの山荘がある

ガルミッシュ・パルテンキルヒェンの山並

BERCHTESGADEN
ベルヒテスガーデン

p.11-L　■人口=7804人　■街の規模=徒歩で半日

山間の湖にこだまするトランペットの調べ。ドイツ屈指の山岳景勝地

 ★ケールシュタイン山、ケーニヒス湖など　 ★アドルフ・ヒトラー

Access

●鉄道：ミュンヘン→M（約1時間50分）他→フライラッシング（乗換）→BLB（約55分）他→ベルヒテスガーデン[毎時/€36.40〜]、ザルツブルク→S、BRB（1時間16分）→ベルヒテスガーデン[1時間1本/€10]
●バス840番：ザルツブルク→（49分）→ベルヒテスガーデン[1時間1〜2本/€5.80]

Information

●観光案内所：<駅前>Königseer Str. 2 ☎6565070 FAX6565079 開8:30〜18:00（土曜9:00〜17:00、日曜9:00〜15:00、冬期8:30〜17:00（土曜9:00〜12:00、日曜9:00〜15:00）休冬期の祝日 HPwww.berchtesgaden.com

 バスで日帰りできる近郊の景勝地を探訪しよう！

アルペン街道、東端の起点。ドイツを代表する山岳景勝地で、街の南側、ヴァッツマン山一帯は国立公園に指定されている。すぐ隣はザルツブルク（オーストリア）だ。

駅を下りたら目の前が川。❶はその川に向かって左側の橋を渡ったところにある。街の中心地は、駅裏手の高台。観光客向けのみやげ物屋が多いのはマルクト広場周辺。その北には、城（参事会修道院）Schlossがあり、内部が昔の工芸品や調度品の博物館（開10:00〜13:00、14:00〜17:00 [10/16〜5/15は11:00〜14:00]　休土曜、10/16〜5/15の日曜・祝日、7/31〜8/7、12/24・31、カーニバルの水曜　料€9.50、学生€4）になっている。

日帰り人気スポットはケーニヒス湖、ケールシュタインハウス、トロッコで地中に入る岩塩鉱山Salzbergwerk（開9:00〜17:00[11月〜4月11:00〜15:00]　休夏期以外の一部休日　料€17、学生€15.50）。

街の宿ではHotel Wittelsbach（料S-€

城Schloss。手前は広場になっている

ベルヒテスガーデンの市外局番☎08652

聖バトロメー僧院。湖の中間あたり

75〜、T-€102〜　☎96380）が庶民的な宿。湖畔のHotel Schiffmeister（料S-€65〜、T-€135〜　☎96350）や、HOTEL Königsee（料S-€64〜、T-€108〜　☎6580）もいい。

ケールシュタインハウス(鷹の巣) ★★
Kehlsteinhaus （Eagle's Nest）

●鉄道駅からバス838番に乗りDokumentation Obersalzbergで849番に乗り換え、Kehlstein parkplatz下車

ケールシュタイン山頂にあるヒトラーの別荘で、現在はレストラン。標高1834m、眼下に広がるパノラマは絶景だ。金ピカ（真鍮製）のエレベーターも名物。

開8:00〜17:00　休10月中旬〜5月中旬　料ツアー€24.50　HPwww.kehlsteinhaus.de/english

ケーニヒス湖 ★★★
Königssee

●ベルヒテスガーデン駅からバス841番（1時間1〜2本）で約10分

山間の断崖に挟まれた美しい湖。静かな電動の遊覧船があり、35分ほどで聖バルトロメー僧院St.Bartholomäに到着。終点はSalet Obersee（夏期のみ）だが、ここで降りて構わない（チケットも料金が違う）。引き返しのボートは30分毎に来るので、時間の許す限り滞在していい。途中、ヴァッツマン山の大岩壁を前にガイドがトランペットを演奏、山間にこだまする清澄な音色は名物。僧院隣のレストランの川マス料理が美味。

僧院（左）で引き返すボートは往復で€15

PRIEN AM CHIEMSEE
プリーン（キーム湖）

p.11-L　■人口＝1.06万人　■街の規模＝徒歩で半日

州最大の湖"バイエルンの海"に
浮かぶヘレンキームゼー城

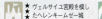 ヴェルサイユ宮殿を模したヘレンキームゼー城
 バイエルンの海と呼ばれるキーム湖

Access

●鉄道：ミュンヘン→M、EC（約1時間）他→プリーン[1時間1～2本／M€20.50、EC€23]、ベルヒテスガーデン→RB（約50分）他→Freilassing（乗換）→M（約40分）他→プリーン[1時間1本／€21.30～]

Information

🛈観光案内所：＜旧市庁舎前通り＞
🏠Alte Rathausstr.11　☎69050　FAX690540
🕐8:30～18:00（土曜8:30～16:00）、10～4月は8:30～17:00
休日曜、祝日（10～4月は土曜も）
HP www.prien.de

 街のしくみ
 楽しみ方

街から島上の城へは
ミニSLとフェリーで

バイエルンの海と呼ばれるキーム湖Chiemseeは州最大の湖。街はその湖畔に位置し、夏はウォータースポーツなどを楽しむ行楽客で賑わう。しかし、ここの最大の見どころは、ルートヴィヒ2世が、湖に浮かぶ島に建てたヘレンキームゼー城（p.176参照）だ。

夏は駅構内に🛈がある。街自体は駅周辺が中心だが、観光が目的なら迷わず湖畔の桟橋Stockへ。距離にして2km足らずだが、バスかミニSL（下記参照）があり、乗場は駅に隣接している。

湖の定番、ヨットやボート遊びも楽しめる

湖には、お城の建つヘレン島のほか、フラウエン島などがあり、遊覧フェリーが1時間2～3便程度出ている。湖が気に入ったら、両島まとめて周辺の港も一周するクルージング（所要2時間30分、料€13　HP www.chiemsee-schifffahrt.de）も楽しい。

また、ヨットハーバー、テニスコートなど、レジャー施設が充実したヨットホテル・キームゼー（🏠Harrasserstr.49　料S,T-€99～　☎6960　FAX5171）のようなリゾートホテルもある。

島内は緑が多く、船着き場から城までは馬車も

小さくても本物！　ミニSL
（蒸気機関車）で桟橋まで

プリーンの駅から湖畔の桟橋までは徒歩でも約30分の距離。しかしここには短いが正真正銘、本物のSLが運行している。といってもこのSL、遊園地を走っていそうな、とっても小さくてかわいいミニSL！なのだ。110年以上も現役で活躍していて、いまだに蒸気を噴き、石炭で動く。時間的には短い旅だが、駅から桟橋までの間の景観は意外に緑も多くて充分に楽しい。バス便もあるが、こちらの方がおすすめ。5～9月は毎日運行。

●Chiemseebahn　料€4～、10:15～18:15（土・日曜、祝日も同じ）1時間ごとに運行し、所要約8分
☎6090（上記クルーズと同経営）

出力110馬力。蒸気にはロマンがある

照れるぽっぽ屋

プリーンの市外局番☎08051

わがままレポート

ヘレンキームゼー城
Schloss Herrenchiemsee ★★★
map p.144-B

ルートヴィヒ2世の肖像画

まるで未完のヴェルサイユ？

**ルートヴィヒ2世、最後にして最大の城。
国家財政を傾けるほどの費用を投入**

ルートヴィヒ2世が建てた3つの城のうち、ノイシュヴァンシュタイン城（p.140）とリンダーホーフ城（p.181）は有名だが、実はその規模において、前述2つの城をしのぐのがこの城だ。内容については比較のしようがないが、投入した費用については間違いなくNo.1。国家財政が傾いたとまでいわれている。

城はなぜか、へんぴなヘレン島（そのほとんどが森に覆われている）に建てられていて、島までは駅からミニSL（p.175参照）とフェリー（20〜30分毎、所要約15分 料往復€11、ミニSL料込み）を乗り継いで行く。

到着してまず最初に驚くのは、その前面に広がるフランス式庭園。そして、なぜかそこにはラトナの泉が……。そう、それはまさしくヴェルサイユ宮殿の庭園なのである。（残念ながら規模は本家よりも小さい！）

鏡の間。これを見ればパリまで行かなくていい？

実はこの城の建設に先立って、ルートヴィヒ2世は2度に渡ってパリを訪問したことがある。その際、ヴェルサイユ宮殿に感銘を受け、太陽王ルイ14世に心酔し、この城の建設を思いついたという。もちろん、内部もそのコピーのオンパレード。見学は、ガイドが付くツアー（所要約40分）が定時（英語は午前、午後2回ずつ）に出る。

すべてがマイセンの磁器で作られた磁器の間など興味深い部屋も多いが、圧巻はやはり鏡の間。本家の鏡の間をもしのぐ絢爛さは見事だ。ただし、王はこの城にたった9日間しか滞在できず、その後、謎の死を遂げ、城も未完のまま。

ルートヴィヒ2世博物館König-Ludwig-II-Museumも併設。
開9:00〜18:00（10〜3月は9:40〜16:15 休12/24、25、31、1/1、ファッシングの火曜日 料€9、学生€8（博物館込み、特別展の場合€11） ☎68870

黄金をふんだんに使ったタンス

第一控室。左のタンスはベッコウ＆金張りの逸品

Garden Hotel Reinhart
★★★ ガーデンホテル・ラインハルト

湖に面した極上リゾート

桟橋から湖に向かって左側。プール、サウナはもちろん、ビューティ＆ウェルネスなど、リゾート地にふさわしいプログラムが充実。レストランでは新鮮魚介料理を賞味したい。平日は近くのゴルフ場（18ホール）の予約もしてくれる。

プリーンの市外局番☎08051

● 桟橋から徒歩約2分
■住所　Erlenweg 16
■TEL　6940
■FAX　694100
■料金　S-€95〜、T-€130〜（ともに屋内プールとサウナ利用料込み）
■部屋数　全65室
■カード　VISA、MC、AMEX、JCB
HP www.reinhart-hotel.de

★エコノミー　★★カジュアル　★★★スタンダード　★★★★ラグジュアリー

MITTENWALD
ミッテンヴァルト

p.11-K　■人口＝7410人　■街の規模＝徒歩で半日

フレスコ画で彩られた山麓の美しい街。
ヴァイオリン作りでも有名

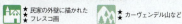
★★ 民家の外壁に描かれた　★★ カーヴェンデル山など
　　 フレスコ画

Access

●鉄道：ミュンヘン→RB（約1時間51分）→ミッテンヴァルト［1時間1本／€26.40］、ガルミッシュ・パルテンキルヒェン→RB（約20分）→ミッテンヴァルト［1時間1本／€4.90］
●路線バス9608番：ガルミッシュ・パルテンキルヒェン→(約30分)→ミッテンヴァルト［1～2時間1本／1日券€10.20］

Information

❶観光案内所：＜市庁舎横＞ MAP p.177
住Dammkar-Str.3　☎33981　FAX2701
開8:30～18:00（土曜9:00～12:00、日曜・祝日～12:00、10月上旬～1月上旬の平日～17:00）　休3月中旬～4月と11月の土・日曜
HP alpenwelt-karwendel.de.de
●ユースホステル： MAP p.177外
住Buckelwiesen 7　☎1701　休11/15～12/27

 街見学は半日で充分。周辺にトレッキングに出かけよう

標高912m、アルペン街道中、最高所にある保養地。街はカーヴェンデル山（p.178参照）の麓に開けている。中世に、イタリアとの交易路沿いの街として栄えた歴史があり、マティアス・クロイツがヴァイオリン作りの技術を伝えてからはヴァイオリン産業が発達した。

駅周辺は殺風景だが、街の目抜き通り**オーバーマルクトObermarkt**は華やいだ雰囲気。カフェやみやげ物屋が多いだけではなく、北端の**カトリック教会**から銀行にいたるまで、ほとんどの建物の壁面に**フレスコ画**（p.178参照）が描かれているのだ。見て歩くだけでも充分楽しい。

街から2000m級の山まですぐに行けてしまう

1泊以上するなら、ぜひ周辺の山や丘に足をのばしてもらいたい。歩くのがつらい人には駅前から**ワンダー・ウント・ゲステブス**Wander und Gastebus（宿泊カードAlpenweltCardがあれば無料 ※宿泊客は宿でもらえる）というバスが毎日出ている（9:20、11:05、14:15、16:00 ※5～10月のみ）。近隣のクライスKlais、クルンKrun、ワルガウWallgauという村まで行く（所要40分）。途中、気に入ったレストランや湖で下車して散策し、次のバスを待ってもいい。

オーバーマルクト。奥にはカトリック教会が見える

ホテル・アルペンローゼ横で。近隣の農民が作る乾し草人形

ミッテンヴァルトの市外局番☎08823

ヴァイオリン形ボトルのリキュール

チターという弦楽器

黄色のバス。ほかに赤い路線バスも利用可

街角ワンショット

民家の壁を彩る美しいフレスコ画

街でよく見かけるのが民家などの壁面に描かれたフレスコ画。200年ほど前、教会に絵を描く目的で街に滞在した絵師が、世話になった民家にお礼の意味で絵を描いたのが始まり。今では、まるで街全体がキャンバスのようだ。とくにIm Gries近辺のものが古く、キリスト教を題材にしたものが多い。

上の天使は立体的だが実は彫刻

また、この3エリアなら、前述のAlpenwelt Cardで赤い通常の路線バスも無料で利用できるようになった。ほかにも特典として、Kranzberg-Sesselbahnという山岳リフトの上りか、下りのどちらかが無料で利用できたり、ガルミッシュ・パルテンキルヒェンのプール施設Alpspitz-Wellenbadが無料で利用できるなど特典がある。詳細は❶で確認を。

カーヴェンデル山 ★★★
Karwendel
map　p.177外

●ロープウェイ乗場まで駅から徒歩15分

駅を挟んで街の背後にそびえ立つ標高2385mの高峰。ロープウェイKarwendelBahn（営9:00～16:30［6～9月は8:30～18:00］、約30分間隔　料往復€26.50、片道€16.50）があり、山頂近くの2244m地点までは所要約6分。山上にはレストランがある。登山技術に自信があるなら帰りはトレッキングでもいい。途中に山小屋もある。

山の手前には小川も流れている

ヴァイオリン博物館 ★★
Geigenbaumuseum
map　p.177

●駅から徒歩7分

マティアス・クロイツ以降、300年におよぶ街のヴァイオリン製作の歴史を展示。200年以上前のヴァイオリンや世界の弦楽器なども見られる。2005年リニューアルし、展示室もモダンになった。

住Ballenhausgasse 3　開10:00～17:00（夏期以外11:00～16:00）　休月曜、11月中旬～12月中旬　料€5.50、学生€4.50　☎2511　工房の様子を再現した部屋が興味深い

マティアス・クロイツの像

★★ **Hotel Alpenrose**
ホテル・アルペンローゼ

食事はチターの伴奏付きで

600年の歴史が染み込んだ建物と、田舎の素朴さを感じさせるサービス。人気のレストランでは、この地方の民族楽器、チターの伴奏でディナーを楽しめる。

map　p.177
●駅から徒歩6分
■住所　Obermarkt 1
■TEL　92700
■FAX　3720
■料金　S-€34、T-€82～
■部屋数　全18室
■カード　VISA、MC、AMEX

★★ **Hotel Rieger**
ホテル・リーガー

サウナ、プール（宿泊客無料）などの設備が充実している。眺めのいいテラスカフェも利用したい。

map　p.177
●駅から徒歩10分　■住所　Dekan-Karl-Platz.28
■TEL　92500　■FAX　9250250
■料金　S-€51～、T-€88～
■部屋数　全40室　■カード　VISA、MC、AMEX

★★ **Gästehaus Franziska**
ゲストハウス・フランツィスカ

大通りの端で静かな環境、ロッジ的雰囲気。スイートルームが€110程度と安いのも特徴だ。

map　p.177
●駅から徒歩10分
■住所　Innsbrucker Str.24　■TEL　92030
■FAX　920349　■料金　S-€52～、T-€90～
■部屋数　全19室　■カード　VISA、MC

★エコノミー　★★カジュアル　★★★スタンダード　★★★★ラグジュアリー

ミッテンヴァルトの市外局番☎08823

OBERAMMERGAU
オーバーアマガウ

p.11-K　■人口=5415人　■街の規模=徒歩で1日

伝統の木彫り人形と民家を彩るフレスコ画。郊外にはリンダーホーフ城も

- フレスコ画に彩られた民家など
- 10年に1度のキリスト受難劇
- リンダーホーフ城
- アルプスの山々に囲まれた景観

Access

●鉄道：ミュンヘン→RB（約1時間）→Murnau（乗換）→RB（約40分）→オーバーアマガウ［1時間0～1本／€22.70］
●路線バス9606番：フュッセン→（約1時間25分）→オーバーアマガウ［1日5～6本／1日券€10.20※乗り換えあり］、ガルミッシュ・パルテンキルヒェン→（約40分）→オーバーアマガウ［約1時間1本／1日券€10.20］
※フュッセンのバス乗場は駅前2番。

Information

🅘観光案内所：＜保養客センター横＞
MAPp.179　🏠Eugen-Papst-Str.9a
☎922740　FAX922745　🕘9:00～18:00（土曜～13:00）　休日曜、祝日　HPwww.ammergauer-alpen.de　●ユースホステル：MAPp.179
🏠Malensteinweg 10　☎4114

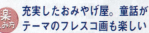

充実したおみやげ屋。童話がテーマのフレスコ画も楽しい

　ミッテンヴァルト（p.177参照）と同様、民家などの壁面に描かれたフレスコ画が印象的な村。**リンダーホーフ城**（p.181参照）への起点でもある（バスは駅前から出ている）。

　村の中心となるのは**ドルフ通り**Dorfstr.。左右に村の伝統民芸品である**木彫り人形**などを扱った店が並ぶ。小さな村だが店は多く、ウインドーショッピングするだけでも楽しい。18世紀以降の木彫工芸品などを収集した**郷土博物館**Oberammergau Museum（🏠Dorfstr.8　🕘10:00～17:00　休月曜、11月上旬～3月下旬　料€3.50、受難劇場との共通券あり）

　フレスコ画のテーマは宗教的なものが多いが、「赤ずきんち

オーバーアマガウの市外局番☎08822

村全体の家並も見どころのひとつ

ゃん」など、童話を題材にしたものも。エッターラー通りEttalerstr.を南に下ると、孤児院の壁面に「ヘンゼルとグレーテル」なども見られる。

　村で10年に1度上演される**キリスト受難劇**Passion Spielも世界的に有名。1633年に流行したペストで村が無事だったのを感謝して演じたのが始まり。

ちょっと珍しい、童話を題材にしたフレスコ画

ミュンヘン&アルペン街道

179

オーバーアマガウ

赤頭巾ちゃんのワンシーンが描かれた民家

ピラトゥースハウス ★★
Pilatushaus
map　p.179

●駅から徒歩7分
地元のフレスコ画家Franz Seraph Zwinkの最高傑作で壁面を彩られた家。内部は、木彫り、彩色、陶芸など、工芸家のワークショップになっている。2階は展示場。
🏠 Ludwig-Thoma-Str.10
🕐 5/中旬～10月中旬13:00～17:00
休 月曜　※見学は自由
作品を買うこともできる

pick up 村人の1割が彫刻家？ 伝統の木彫り人形

この村の民芸品として名高い木彫り人形。キリスト教を題材にしたものが多く、淡い色調の彩色と、人形の衣服のシワまでなめらかに再現する繊細な表現が特徴。村人の1割が彫刻家といわれるほど工房も多い。そんな中、ひと味違うのが、国際ハンドワークメッセで金賞を受賞した工房、**クルッカー Klucker**（☎4656 🏠 Josef-Mayr-Gasse 5 🕐 9:00～12:00、14:00～18:00［土曜～13:00］休 日曜　見学可［要電話予約］ MAP p.179）。有名なモーレスケンダンサー像（€1480～6600）を再現するなど、ほかにはない作品が多い。€10程度の品もある。

表情や仕草が生き生きとしてる

村人や動物を描写した作品も

Hotel Maximilian
ホテル・マキシミリアン
高級路線ならここ。自家醸造ビールも

設備の確かな高級ホテルならここ。レストランの味も確かで、特に店内タンクの自家醸造ビールはクラフトビールとしても絶品。食事だけでも利用したい。

map　p.179
●駅から徒歩15分
■住所 Ettaler Strasse 5
■TEL 948740
■FAX 9487449
■料金 S-€145～、T-€195～
■部屋数 26室
■カード VISA、MC、AMEX、DC、JCB
HP www.maximilian-oberammergau.de

Hotel Alte Post
ホテル・アルテポスト
500年以上の歴史を誇り、レストランの天井も400年前のもの。立地とホスピタリティーも良い。

map　p.179　　●駅から徒歩10分
■住所 Dorfstr.19　■TEL 9100
■FAX 910100　■料金 S-€59～、T-€78～
■部屋数 全39室　■カード VISA、MC、AMEX、DC
HP www.altepost.com

Hotel Schilcherhof
ホテル・シルヒャーホーフ
バイエルン式家族経営ホテル。温かなおもてなしが高評価。駅からも近く、手前の花壇もきれい。

map　p.179　　●駅から徒歩5分
■住所 Bahnhofstr.17　■TEL 9740
■FAX 3793　■料金 S-€50～、T-€96～
■部屋数 全26室　■カード VISA、MC、AMEX
HP www.hotel-schilcherhof.de

Parkhotel Sonnenhof
パークホテル・ゾンネンホーフ
川のほとりの閑静な宿。プール、サウナ完備（宿泊者無料）。6歳以下は無料。全室バルコニー付。

map　p.179
●駅から徒歩15分
■住所 König-Ludwig-Str.12　■TEL 9360
■FAX 3047　■料金 S-€75、T-€135
■部屋数 全55室　■カード VISA、MC、AMEX、JCB

Pension Enzianhof
ペンション・エンツィアンホフ
館内はすべて手作り家具を置いて温かい雰囲気。改装され清潔感もあり、居心地がよい。

map　p.179
●駅から徒歩15分
■住所 Ettaler Str.33　■TEL 215　■FAX 4169
■料金 S-€47～59、T-€70～98
■部屋数 全16室　■カード VISA、MC

★エコノミー　★★カジュアル　★★★スタンダード　★★★★ラグジュアリー

オーバーアマガウの市外局番☎08822

わがままレポート

リンダーホーフ城
Schloss Linderhof ★★★
map p.144-A

絢爛妖美なファンタジー城

**具現化したルートヴィヒ2世のファンタジー。
オペラを上演しようとした「ヴィーナスの洞窟」は必見！**

手前はテラス付の階段になっている

　ルートヴィヒ2世が手がけた3つの城のうち、唯一完成（1879年）した城。隠遁用のプライベートな別邸として建てられたため、人里離れた渓谷にある。

　王がパリ訪問の際、感銘を受けたというヴェルサイユ宮殿のトリアノン宮を模し、華美極まるロココ調の内装と個人的な幻想を満足させるためのさまざまな仕掛けに特徴がある。

象牙製のシャンデリア

　たとえばまず、正面の噴水。中央の金箔の女神像だけでも充分なのに、水柱の高さがなんと30m！　いくら噴水好きでもそこまでやるか、と言いたくなる。内部で有名なのが**魔法の食卓**だ。なんと、料理が並んだテーブルが、エレベーター式に階下からせり上がってくるという仕掛け。普通は思い付いてもやらないことを堂々とやってくれているのが気持ちいい。

　個々の部屋も小ぶりだが工夫がすごい。**鏡の間**は、文字通り4面鏡張りのめまいがするような部屋。王はこの部屋に捕らえた鹿を放ち、その鹿が鏡に映った自分の姿にとまどう様を見て喜んだという。この部屋には象牙でできたシャンデリアや、250年間動き続けているスイス製の時計もある。

　しかし、この城の圧巻は裏手にあるヴィーナスの洞窟（夏季のみ見学可）だ。人工の洞窟だが、中に小さな池があり、当時の最新技術によってライトアップされた中、そこに金ぴかの小舟を浮かべて、タンホイザーのオペラを鑑賞するつもりだったという（2022年まで改修）。

妖しい光に包まれるヴィーナスの洞窟

ほかにも、ムーア人のあずま屋（マウリッシャー・キオスク）、フンディングの小屋などがある。

●オーバーアマガウからバス9622番（日中は約1時間毎、便数は5〜10本、季節変動あり）で約30分。内部見学は、ある程度人数が揃ってからガイドが先導して回る方式。 開9:00〜18:00、10月中旬〜3月は10:00〜16:30　休12/24〜25、12/31、1/1、カーニバル中の火曜　料€8.50、学生€7.50（冬期€7.50、学生€6.50）　☎92030

天井のフレスコ画

よく見ると画の一部が立体になっている

ガルミッシュ・パルテンキルヒェン
GARMISCH PARTENKIRCHEN

p.11-K　■人口＝2.7万人　■街の規模＝徒歩で1日

**天国に一番近いドイツ！　目指すは
ドイツ最高峰ツークシュピッツェだ**

 ★旧市街のフレスコ画が描かれた街並
 ★ツークシュピッツェ、パルトナッハ渓谷など
 ★クアパーク前のショッピングエリア
★リヒャルト・シュトラウス

Access
●鉄道：ミュンヘン→RB（約1時間22分）→ガルミッシュ・パルテンキルヒェン［1時間1本／€23.20］、ミッテンヴァルト→RB（約24分）他→ガルミッシュ・パルテンキルヒェン［1時間1本／€4.90］
●路線バス：フュッセン→バス9606番（約2時間15分 ※73番、9651番でEchelsbacher Brüche乗換も可）→ガルミッシュ・パルテンキルヒェン［1日4〜5本／€10.20（1日券）］

Information
❶観光案内所：＜クアパーク横＞
MAP p.183-B
住Richard-Strauss-Pl.2
☎180700　FAX180755
開9:00〜17:00（土曜〜15:00）　休日曜
HP www.gapa.de/en
●GaPaカード：市のオンラインシステムに加盟している宿で発行されるカード。加盟していない宿はビジターズカードを発行。両者とも「Musik im Parkのコンサートが無料」「カジノ入場とシャンパンが1回無料」「各種ガイドツアーや博物館入場料割引」などの特典が付く。GaPaだけの特典として、市内バスのほかRVOの近郊路線9608番（ミッテンヴァルト行き）、9606番（エッタール、オーバーアマガウ行き）、9622番（エッタールからリンダーホーフ城行き）なども無料になる。

周囲をアルプスの山々が取り囲む

街のしくみ・楽しみ方
街は2つに分けられる。賑やかなのはガルミッシュ側

ドイツアルプス、山岳リゾートの中心地。ドイツ最高峰ツークシュピッツェ（p.184参照）への登山口としても名高い。

街は、駅を挟んで東のパルテンキルヒェン側と西のガルミッシュ側に分かれる。

新しく登場したGaPaカード。宿泊カードの発展形

これは、もともと2つの街だったのを、1936年の冬季オリンピック招致のため合併したからだ。ガルミッシュ側には、国際会議場、**カジノ Spielbank**（営15:00〜翌2:00［金・土曜〜翌3:00、スロットは12:00〜］休無休 料スロット入場€0.50、ほか主要ゲーム€2.50　☎95990 ※要パスポート、ネクタイ、ジャケット着用）などがあり、**クアパーク前Am Kurpark**周辺のショッピングエリアも充実。パルテンキルヒェン側の中心は**ルートヴィヒ通り**

クアパーク前の通り

ガルミッシュ・パルテンキルヒェンの市外局番☎08821

Ludwigstr.周辺。ほかは少々閑散としているが、壁面にフレスコ画が描かれた古い民家が残っているなど、雰囲気には趣がある。

周辺にはツークシュピッツェのほかにアルプシュピッツェAlpspitze(2628m)、ヴァンクWank(1780m)などの山があり、夏は登山、冬はスキー(p.185参照)と、山岳スポーツにはこと欠かない。夏にはクアパークでクラシックコンサートも開催。

聖アントン教会／哲学者の道 ★★
St.Anton／Philosophenweg
map p.183-A

●バス　Ludwigstr.(ルートヴィヒシュトラーセ)から徒歩15分

丘の中腹にある教会。金箔が印象的なロココ様式の祭壇や、聖アントンをモチーフに描かれた天井フレスコ画などが見もの。途中、山道脇には小さな礼拝堂が並んでいる。**哲学者の道**は、街からもっとも気軽に行ける散策コース。教会を見たあと、山道を下ろう。

教会だけではなく周辺の景観も見どころ

パルトナッハ渓谷 ★★★
Partnachklamm
map p.183-A外

●バス　Olympia-Skistadion(オリンピア スキースタディオン)から徒歩20分

両脇に高さ約80m(！)の断崖絶壁がそびえ立つ山峡の渓流。川面近くに、岩壁をえぐるように歩道が造られている。自然愛好家におすすめしたい隠れた名所。吊り橋もある。オリンピア・スキースタジアムから小川沿いに山の方。
料€5（GaPaカードなどの利用可）

アイプ湖 ★★
Eibsee
map p.182、p.183-B外

●バス　Eibsee(アイプゼー)から徒歩2分

周囲を森に囲まれた紺碧の湖。ツークシュピッツェの麓に位置し、山頂から一気にケーブルカーで下りたところにある。湖畔には貸しボート屋もある。周囲の遊歩道を散策するのも楽しい。

下山後ぜひ立ち寄りたい

アルペン街道

わがままレポート

ツークシュピッツェ
Zugspitze ★★★
map p.144-A、p.182、p.183-B外

ツークシュピッツェ登頂記

ピッケル片手に何度も転落しそうになりながら……というのはウソ。誰でも気軽に登頂できちゃう！

車窓からの景色も見もの

日本に富士山があるように、ドイツにはツークシュピッツェがある。ドイツに行ってこの山に登らないのは、たとえていうなら新宿に行って都庁に上らないようなもの？ ふだんは山に興味がない人にも、ぜひ登頂をおすすめしたい。

標高2964m、山頂は寒いので服装に注意。真夏といえども水着にビーチサンダルは厳禁。セーターと運動靴ぐらいは用意しよう。あとはまっすぐツークシュピッツェ登山鉄道駅Zugspitze Bahnhof（☎7970 営8:15～14:15 ※1時間毎。季節、天候で変動あり HPzugspitze.de）へ。ルートには2通りあ

乗客の代わりに苦労する車両

って、アプト式鉄道で2600mのツークシュピッツプラット駅Zugspitzplattまで上り、そこからロープウェイに乗り換えて山頂駅を目指すか、麓のアイプ湖Eibseeまで行き、そこから一気にロープウェイで山頂駅まで行くかである。チケット（往復€56、3日券€94、レイルパス割引あり）はラウンドになっていてどちらのルートをとってもかまわない。登山の気分を味わいたいなら、上りで鉄道、下りでロープウェイだ。

最初に電車に乗る時は、座席は進行方向、向かって右側がおすすめ。途中、山すそを行くとき、車窓から眺める草原の景色がすばらしいのだ。

混雑時は帰りの整理券を先に確保する

途中のトンネル。すごく長い

どこまでも山頂が続く。まるでオリンポス神にでもなった気分だ

山を上るルートは中腹でトンネルに入る。これがけっこう長いのだが、途中、左側に「ベルリンの上2000m」の表示があったりして笑える。

思わず十字架にしがみつく

こうして苦労の末？あっという間（所要約1時間20分）に山頂駅に到着（レストランもある）。そこから十字架の建つ頂上へは、ほんの40～50mだ。ところが「ここからは安全の保障なし」の立て札があってドキッ。見下ろすとすぐ足下に数10万m（そう感じる）もの谷底が…。しかし山頂の眺めは別世界、命をかける（笑）価値がある。夏でも残雪があるのでくれぐれも注意のこと。

一歩間違えると奈落の底が……

冬は白銀パラダイス！　ウィンタースポーツの名所

街が本領を発揮するのは冬。1936年の冬季オリンピック開催の実績が示すとおり、ここはウィンタースポーツのメッカなのだ。もっとも一般的なのはやはりスキー。ツークシュピッツェ頂上にあるスキー教室Ski-Schule Zugspitze ☎8466 (HP) www.skischule-zugspitze.de) ではスキー板、スノーボード、ウェアなどがレンタルできる。スキー教室のほか、スノーボード教室もある。詳しくは現地❶に問い合わせよう。

自分の技術に合ったゲレンデを選ぼう

Werdenfelser Hof
ヴェルデンフェルサーホーフ
フォークダンスと民族音楽。ちょっと騒がしいが楽しい店

毎夜7時からバイエルン地方の民族音楽を演奏。子どもが踊るフォークダンスのシュープラッフラーも楽しい。ザウアーブラーテンなど南ドイツ料理。

 map p.183-A
- ●バスLudwigstr.から徒歩2分
- ■住所 Ludwigstr.58
- ■TEL 3621
- ■FAX 79614
- ■営業 10:00～24:00
- ■休日 月曜
- ■カード VISA、MC
- (HP) www.werdenfelser-hof.de
- ※宿も併設

Schatten Hotel Gasthof
シャッテン
レストランとしても評価が高い

建物は典型的なこの地方の木組スタイルで、そのホスピタリティと郷土料理レストランの評価が高い。眺めのいい中庭も自慢。火・土曜は伝統音楽の演奏もある。

map p.183-A
- ●駅からバス1、2番で5分、Schnitzschul/Ludwigstr.下車徒歩5分
- ■住所 Sonnenbergstr.10-12
- ■TEL 9430890
- ■FAX 94308999
- ■料金 S-€70～、T-€90～（シーズン変動）
- ■部屋数 全22室
- ■カード VISA、MC
- (HP) www.hotel-schatten.de

H+Hotel Alpina
ホテル・アルピーナ
室内プール、サウナも完備

新聞社社主が、プライベートロッジを造る予定だったのを変更してできたホテル。山小屋風の外観だが、中は意外に広く、フィットネス施設やプールも完備。

map p.183-B
- ●駅から徒歩10分
- ■住所 Alpspitzstr.12
- ■TEL 7830
- ■FAX 71374
- ■料金 S-€89～、T-€95～、変動制
- ■部屋数 全65室
- ■カード VISA、MC、AMEX
- (HP) www.h-hotels.com

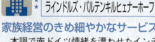
Reindl's Partenkirchner Hof
ラインドルズ・パルテンキルヒェナーホーフ
家族経営のきめ細やかなサービス

木調で南ドイツ情緒を漂わせたインテリア。オーナーシェフはパリのマキシミリアンで修行した名コック。バルコニーからの山岳風景のよさと何拍子も揃う。

map p.183-A
- ●駅から徒歩5分
- ■住所 Bahnhofstr.15
- ■TEL 943870　■FAX 94387250
- ■料金 S-€95～、T-€133～、変動制、6歳未満は無料
- ■部屋数 全63室
- ■カード VISA、MC、AMEX、DC、JCB
- (HP) www.reindls.de
- ※10月下旬～12月上旬は休業

Eibsee Hotel
アイプゼー・ホテル
アイプ湖でボート遊び

アイプ湖側にテーブルを並べたレストランからはツークシュピッツェが眼前に迫る。山岳リゾートの条件を高レベルでクリア。市内からバスで約30分。

map p.183-B外
- ●Eibseeケーブルカー駅から徒歩2分
- ■住所 Am Eibsee 1-3
- ■TEL 98810
- ■FAX 82585
- ■料金 S-€122～、T-€152～、変動制
- ■部屋数 全120室
- ■カード VISA、MC、AMEX、DC、JCB
- (HP) www.eibsee-hotel.de

ガルミッシュ・パルテンキルヒェンの市外局番☎08821

★～€15　★★€15-25　★★★€25～50　★★★★€50～
★エコノミー　★★カジュアル　★★★スタンダード　★★★★ラグジュアリー

アルペン街道　ガルミッシュ・パルテンキルヒェン

リンダウ
LINDAU

p.11-K　■人口＝2.5万人　■街の規模＝徒歩で半日

南国っぽい明るさが魅力。ボーデン湖に浮かぶレトロなリゾートタウン

 ★石畳の路地歩きなど
 ★マキシミリアン通り周辺のブランドショップなど
★ボーデン湖

灯台から見下ろした港の様子。夜もロマンチック

Access
●鉄道：ミュンヘン→RE（乗換1回）、ALX（2時間41分）→リンダウ［2時間1～2本／€39.70］、フュッセン→RE、RB（約1時間）他→カウフボイレンKaufbeuren（乗換）→RE、ALX（約1時間45分）→リンダウ［1時間1本／€35.70］

Information
●観光案内所：＜駅正面＞住Alfred-Nobel-Platz 1 ☎260030 FAX260026 開10:00～18:00（日曜～13:00、水曜10:00～12:30、14:00～18:00）休無休 HP www.lindau.de
●フェリー：Vorarlberg Lines HP www.Vorarlberg-lines.at
●ユースホステル：住Herbergsweg 11 ☎96710

街のしくみ／楽しみ方
湖でボート遊びか、街でショッピング。路地歩きも楽しい

　オーストリア、スイスに国境をまたがるドイツ最大の湖、ボーデン湖Boden-See。街はその東端に、出島のように浮かんでいる。

　駅を下りるとすぐ正面が❶、右手が港だ。港の入口右側には、高さ33mの灯台Neuer Leuchtturm（開好天時の11:00～18:00 料€2.10）が建ち、左側にはバーバリアンライオンLöwenmoleの像がある。

　街の中心はマキシミリアン通りMaximilian-Str.だ。かつての貴族の館が並び、ブランドショップやカフェも多い。両側には石畳敷きの細い路地がいくつかのびている。アンティークショップなど個性的な店もあり、ちょっ

とレトロでいい雰囲気。探検してみよう。

　お楽しみはボート遊び（4～10月）。足こぎボートは1時間€15（5人乗り）、モーターボートは1時間€40（6人乗り）。貸しボート屋は島内2ヵ所、❶で問い合わせよう。フェリーで花の島、マイナウ（p.210参照）への日帰り（1日2～3便、片道€17.50）もできるし、オーストリアのブレゲンツへの便（1時間毎、€6.20）などもある。

マキシミリアン通り

↑島内の貸しボート屋

旧市庁舎
Altes Rathaus ★

●駅から徒歩5分

　1422年から1436年にかけて建てられたという歴史ある建物。壁画には街の歴史がフレスコ画で細密に描かれている。内部のホールは豪華なゴシック様式だが、現在は公文書保管や図書館として使われている。ちなみに1496年、ここで帝国会議が開催された。

マキシミリアン通り裏側の壁面

Hotel Bayerischer Hof
ホテル・バイエリッシャーホーフ

港に面したカフェがおしゃれ

　駅を下りてすぐ。港に面した一等地に建つ最高級ホテル。手前の眺めのいいカフェが人気。また、プールからも湖を眺めることができる。

●駅から徒歩1分
■住所　Bahnhofsplatz
■TEL　9150
■FAX　915591
■料金　S-€116～243、T-€166～420（5歳までの子どもは無料）
■部屋数　全104室
■カード　VISA、MC、AMEX、DC

リンダウの市外局番☎08382

★エコノミー　★★カジュアル　★★★スタンダード　★★★★ラグジュアリー

テュービンゲンのマルクト広場と市庁舎

エリア 6

ファンタスティック街道 & 黒い森

バーデン・バーデン
カルフ
シュトゥットガルト
テュービンゲン
メーアスブルク
コンスタンツ
ウルム
フライブルク

ファンタスティック街道＆黒い森

バーデン・バーデンのカラカラ浴場

メーアスブ

ファンタスティック街道＆黒い森

- p.224 ハイデルベルク Heidelberg
- マンハイム Mannheim
- ルートヴィヒスハーフェン Ludwigshafen
- p.124 ローテンブルク Rothenburg
- p.244 ハイルブロン Hellbronn
- シュヴェービッシュ・ハル p.232 Schwäb. Hall
- p.129 ディンケルスビュール Dinkelsbühl
- カールスルーエ Karlsruhe
- プフォルツハイム Pforzheim
- シュトゥットガルト p.196 Stuttgart
- エスリンゲン Esslingen
- ゲッピンゲン（メルクリン博物館）Göppingen
- フランス
- p.190 バーデン・バーデン Baden-Baden
- p.195 カルフ Calw
- ストラスブール Strasbourg
- テュービンゲン p.202 Tübingen
- メッツィンゲン Metzingen
- p.204
- ギーンゲン（シュタイフ・ワールド）Glengen
- オッフェンブルク Offenburg
- 黒い森 p.216 Schwarzwald
- フロイデンシュタット Freudenstadt
- ロイトリンゲン Reutlingen
- リヒテンシュタイン城
- シュヴァーベンジュラの洞窟群
- ウルム p.211 Ulm
- ドナウ川 Donau
- p.133 アウグスブルク Augsburg
- ラール Lahr / Schw
- 黒い森野外博物館
- ヘッヒンゲン Hechingen
- ホーエンツォレルン城
- ミュンヘン p.146 München
- フルトヴァンゲン Furtwangen
- ロットヴァイル Rottweil
- アルプシュタット Albstadt
- エビンゲン Ebingen
- p.214 フライブルク Freiburg
- シャウインスラント Schauinsland
- トゥットリンゲン Tuttlingen
- ジークマリンゲン城 Sigmaringen
- メーアスブルク p.206 Meersburg
- オクセンハウゼン（博物館鉄道）Ochsenhausen
- メミンゲン Memmingen
- ランツベルク p.142 Landsberg a.L.
- シュヴァンガウ p.137 Schwangau
- p.210 マイナウ島
- ジンゲン Singen
- フリードリヒスハーフェン p.210 Friedrichshafen
- ケンプテン Kempten
- オーバーアマガウ p.179 Oberammergau
- p.208 コンスタンツ Konstanz
- リンダウ p.186 Lindau
- バーゼル Basel
- ブレゲンツ Bregenz
- フュッセン p.137 Füssen
- ガルミッシュ・パルテンキルヒェン p.182 Garmisch-Partenkirchen
- スイス
- オーバーストドルフ Oberstdorf
- オーストリア
- インスブルック Innsbruck

- ハンブルク
- ベルリン
- フランクフルト
- ミュンヘン

0 100km

ドイツ南西部を縦断するファンタスティック街道は、「古城」や「ゲーテ」など単一のテーマで構成された他の街道とは異なり、「ファンタスティックなドイツ」の要素をふんだんに盛り込んだ、夢あふれる街道。起点は永遠の大学街ハイデルベルク（本書では古城街道の一部としてp.224〜で紹介）で、ボーデン湖畔のコンスタンツまで全長は約400km。

温泉街、文豪の故郷、いにしえの学生街。皇帝居城、木組みや、フレスコ画が描かれた家々が並ぶメルヘンチックな街並。キリスト教世界でも有数の大聖堂や美術品。自然もまた、黒い森（シュヴァルツヴァルト）、丘陵（シュヴァーベンアルプ）、川（ラインやドナウ）、湖（ボーデン湖）と、変化に富む。

ひとつの街道としてイメージをまとめるには多少の想像力が必要だが、この街道を旅すれば、日本人がドイツと聞いて思い浮かべるさまざまな風景や文化、街並など、そのほとんどに接することができるはずだ。

アドバイス

アクセス　このエリアの鉄道の2大幹線は、フランクフルト〜マンハイム〜シュトゥットガルト〜ウルム〜ミュンヘンの路線と、フランクフルト〜フライブルク〜バーゼルを結ぶ路線。この両線は、1時間に1〜2本ほどの割合でICE、EC、ICが走っているので、時刻表の必要もないほど。カルフ、テュービンゲンへはシュトゥットガルトを拠点に。

ボーデン湖周辺は、空路でも鉄道でも、フリードリヒスハーフェンか、スイスのチューリヒを拠点に行動すると便利だ。

気候・服装　北国のドイツにしては比較的温暖な地域。真夏には30℃を超える日も多いが、空気が乾燥しているため気温のわりに過ごしやすく、春〜秋は快適な旅行が楽しめる。冬も、シュヴァルツヴァルト以外は積雪はほとんどなく、コートやセーターを用意しておけば充分。真冬の1、2月より、11月〜12月中旬の方が曇天の日が多く寒さを感じる。温泉やクア施設が多いので、水着やタオルを用意しておくと楽しみも広がる。

キーワード

ヘルマン・ヘッセ
[カルフ他]

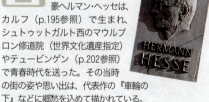

ドイツを代表する文豪ヘルマン・ヘッセは、カルフ（p.195参照）で生まれ、シュトゥットガルト西のマウルブロン修道院（世界文化遺産指定）やテュービンゲン（p.202参照）で青春時代を送った。その当時の街の姿や思い出は、代表作の『車輪の下』などに郷愁を込めて描かれている。

温泉
[バーデン・バーデン他]

ヨーロッパ屈指の温泉保養地であるバーデン・バーデンをはじめ、この地方では各地に温泉が湧出している。シュヴァルツヴァルト周辺に多く見られる◯◯バート、バート××という名前の街は温泉の湧く街。その多くには、カラカラ浴場のような、観光客でも気軽に利用できるクア施設も充実している。また、各種スポーツや森林浴、エステなどと合わせた、美容と健康づくりも盛んに行われている。

シュヴァルツヴァルト
（黒い森）
[シュヴァルツヴァルト]

南北が200km、東西が40〜80kmという広大な森のほとんどは山地で、最高点はフェルトベルクの標高1493m。山中には、ドナウ川や、ライン川の支流がいくつもの谷を刻み、それぞれの谷ごとに独特の言葉や民俗衣装が残る。

主要産業は当然林業だが、観光地としてもヨーロッパでは古くからよく知られていたところで、保養や避暑地として多くのリゾート客を集めてきた。森林浴発祥の森としても知られている。

シュヴァーベンの郷土料理

ドイツ料理というと豚肉、ポテト、ソーセージのイメージが強いが、フランスやイタリアに近いこの地方では独特のパスタや川魚料理が名物で、日本人には親しみやすい味。南ドイツ風パスタとでもいうべきシュペッツェレや、カネロニのようなマウルタッシェンなどがシュヴァーベン料理の代表格。珍味にはボーデン湖産のウグイのキャビアがあり、ワインによく合う。

イクラより少し小粒なウグイのキャビア

BADEN-BADEN
バーデン・バーデン

p.11-J　■人口＝5.4万人　■街の規模＝徒歩で1日

**ヨーロッパ屈指の高級保養地で
王侯貴族の優雅な気分を味わう**

 ★ バルトライト博物館、州立美術館など
 ★ クアハウス、祝祭劇場など
 ★ シュヴァルツヴァルト
 ★ 高級レストランが多い
 ★ 新宮殿、旧城
 ★ 世界のブランド品
 ★ ブラームス、ドストエフスキーなど多数
 ★ カラカラ浴場、フリードリヒ浴場

Access
●鉄道：フランクフルト→ICE（約1時間20分）→バーデン・バーデン、または→ICE（約1時間10分）→カールスルーエ（乗換）→RE（約20分）→バーデン・バーデン、［ともに2時間1本／€47］

Information
❶観光案内所：Touristinformation
MAP p.190　住 Trinkhalle Kaiserallee 3
☎ 275200　FAX 275202
⏰ 10:00〜17:00（日曜、祝日14:00〜）　休 1/1
HP www.baden-baden.de
住 ユースホステル：**MAP** p.190外
住 Hardbergstr.34　☎ 52223

旧城から眺めたバーデン・バーデンの市街地

温泉プールやショッピングぜいたくに過ごしたい

バーデン・バーデンのような温泉保養地では、欧米の人々は2〜3週間ほど滞在するのが普通。その間、半日は美術館見学やショッピング、またはハイキングやテニス、ゴルフ、乗馬などで汗を流す。半日は**カラカラ浴場**などの温泉施設で過ごし、夜にはドレスアップしてレストランやコンサート、カジノへ向かう。長期滞在が無理だとしても、2〜3日は滞在して、その雰囲気を味わってみたい。

噴水のあるレオポルト広場

温泉は市街の北東南には緑濃い公園

バーデン・バーデンの中心街は、駅から5kmほど。201番のバスで街の中心の**レオポルト広場** Leopoldsplatz付近まで行くとよい。旧城とブラームスハウス以外の主な見どころやホテルはこのレオポルト広場から徒歩10分の圏内にまとまっている。広場を中心に南北に延びる**ランゲ通り** Lange Str.や**リヒテンターラー通り** Lichtentaler Str.、東西に走る**ソフィーエン通り** Sophien Str.が代表的なショッピングストリート。市街地の南には、オース川に沿って、緑豊かな並木道の**リヒテンターラー・アレー**がのびる。

バーデン・バーデンの市外局番 ☎ 07221

バーデン・バーデン Baden-Baden

わがままレポート
バーデン・バーデンの温泉施設巡り ★★★

文字どおりの"温泉"の街

ドイツ語で「バーデン」とは入浴することを意味する。つまりこの街は、街の特徴がそのまま名前になった、なんともストレートでわかりやすい街なのだ。この地で温泉が発見されたのはおよそ2000年前のローマ帝国時代。ヨーロッパを代表する温泉保養地となったのは、フリードリヒ浴場などの温泉施設やホテルなどが整った18世紀後半のこと。夏場には各国の王侯や政治家、著名な音楽家や文人たちが避暑を兼ねてこの街に集い、「ヨーロッパの夏の首都」とまで称えられるようになった。現在でも1日80万リットルものお湯が湧出し、四季を通じた温泉リゾートとして世界中から観光客を集めている。なお、バーデン・バーデンのホテルでは宿泊すると1人1泊あたり€3.80の保養地税が取られる。

カラカラ浴場
Caracalla-Therme　map　p.190

●レオポルト広場から徒歩5分

900㎡以上もの広い敷地に建つ現代的な温泉センター。どちらかといえば療養を主としたフリードリヒ浴場に対し、よりレジャーやスポーツ感覚で楽しめる施設だ。館内には屋内外の温水プール、打たせ湯、ジェットバス、泡風呂、サウナなどの温泉施設に加え、カフェまで揃っている。なおここではサウナを除き水着着用が義務。入口脇のショップで、水着やタオル、キャップなどを購入できる。
開8:00～22:00
休12/24・25
料2時間€16、3時間€19、1日券€23　☎275940
HP www.carasana.de/en

屋内プールでは医師の指導によるリハビリも

カラカラ浴場屋外の流れるプール

フリードリヒ浴場
Friedrichsbad　map　p.190

●レオポルト広場から徒歩4分

1877年に完成したルネサンス様式の宮殿を思わせる豪華な浴場。なかでも大天蓋のあるローマ・アイリッシュ浴場が見事。水着をつけず案内に従って各浴場を巡るシステム。月・木・土曜以外は終日混浴。
開9:00～22:00（12/31～20:00）、入場は20:00まで（12/31は18:00まで）　休12/24・25　料3時間€25、マッサージ付3時間30分€37
☎275920　※カラカラ浴場と同経営

外観はまさに宮殿のようだ

トリンクハレ
Trinkhalle　map　p.190

●レオポルト広場から徒歩4分

トリンクハレとは飲泉場。ここの温泉水は多少塩っぱくて苦味もあり、それほどおいしくはない。豪華な建物は、1839～42年に建てられたギリシャの神殿風。❶もある。
開10:00～17:00（土曜14:00～）　休1/1

回廊にはこの地方の伝説を描いたフレスコ画も

クアハウス
Kurhaus
map　p.190　★

●レオポルト広場から徒歩3分

　このクアハウスは、レストラン、コンサートホール、カジノ（20歳以下は不可）がある温泉宿泊客のための娯楽と社交用の施設。なかでもカジノはドイツ最大、最古のもので、多くの王侯貴族や文化人たちも訪れている。入場にはパスポートとフォーマルな服装が必要。午前中には施設見学のガイドツアーもある。
開14:00〜翌2:00（金・土曜14:00〜翌3:30）※ゲームにより異なる　休11/1・15・18・22、12/24・25、復活祭の金曜　料入場€5（スロット€1）＜ガイドツアー＞開9:30、10:15、11:00、11:45（11月〜3月10:00、10:45、11:30）　料€7　☎30240（カジノ）

ドストエフスキーの『賭博者』はここで執筆された

旧城
Altes Schloss
map　p.190外　★

●レオポルト広場からタクシーで15分

　1102年に建てられ、16世紀には廃墟となっていたが、19世紀に地元の建築家によって廃墟を生かす形で補強され、橋がかけられたり内部にレストラン（現在廃業）が造られるなど、観光スポットとして人気を博するようになった。内部には世界最大のエオリアンハープ（風で鳴るハープ）がある。バス便はないので徒歩（1時間）かタクシー利用。タクシーで約€10。ハイキングコースの一部になっているので、ゆっくり周囲の自然も楽しんでみたい人、廃墟のロマンに魅かれる人におすすめ。とくに入場料や開館時間はない

廃墟となった旧城

フリーダ・ブルダ現代美術館
Museum Frieder Burda
map　p.190　★★

●レオポルト広場から徒歩6分

　ピカソの後期作品や、ロットルなどのドイツ表現主義の作品、あるいは60年代以降の現代絵画など、いわゆるクラシカルモダニズムからコンテンポラリーアートまで豊富にコレクション。建物もニューヨークの有名建築家の設計で、周囲の景観にとけ込むよう工夫されている。州立美術館に隣接する。
住Lichtertaler Allee 8B　開10:00〜18:00　休月曜、12/24・31　料€14、学生€11、州立美術館と共通券あり　☎398980
HP www.museum-frieder-burda.de

州立美術館
Staatliche Kunsthalle
map　p.190　★

●レオポルト広場から徒歩6分

　リヒテンターラー・アレー入口の高級住宅街の一角に建つ美術館で、建物は1908年に建築家ヘルマン・ビーリングとヴィルヘルム・フィターリによって造られたもの。企画展が中心で、古典的な宗教画や風景画から現代作家の作品まで、展示は幅広く充実。

同時に2〜3の企画展が催されることもある

住Lichtentaler Allee 8a　開10:00〜18:00（12/25〜1/1は12:00〜）　休月曜、12/24・31　料€7、学生€5、金曜無料　☎30076400

ブラームスハウス
Brahmshaus
map　p.190外　★★

●レオポルト広場から徒歩25分またはバス1番でブラームス広場Brahms-Pl.下車徒歩3分

　ドイツの偉大な作曲家ブラームスは、1865〜1874年の10年間をこの家で暮らし、その間にドイツ・レクイエムや交響曲1番、2番などを完成させている。現在は記念館として、彼が使っていた家具やピアノ、直筆の楽譜、書簡集、写真などが展示されている。
開月・水・金曜15:00〜17:00（日曜・祝日10:00〜13:00）　休12/24〜1/6　料€3

クララ・シューマンとの親交を物語る資料や、デスマスクなど、貴重な展示物が多い

Medici
メディチ

各国VIP御用達のゴージャスレストラン

各国王室のVIPも訪れる名物レストラン。日本人板前が握る寿司バー、120種以上のタバコが揃うシガーキャビネットなど。料理はインターナショナル。

map p.190
- ●レオポルト広場より徒歩5分
- ■住所 Augstaplatz. 8
- ■TEL 2006
- ■営業 18:00～翌1:00（金・土曜～翌2:00)
- ■休日 12/24
- ■カード VISA、MC、AMEX、DC、JCB
- HP www.medici.de
- ＊寿司バーは日・月曜と職人の夏休み期間中は休業

Café König
カフェ・ケーニヒ

1898年創業！全国的に有名なケーキ＆カフェの老舗

チョコ＆ケーキに定評があり、欧州のベストチョコ店の一つに選ばれてる。この地方の名物、シュヴァルツヴェルダー・キルシュトルテは試してみたい。

map p.190
- ●レオポルト広場から徒歩2分
- ■住所 Lichtentaler Str. 12
- ■TEL 23573
- ■営業 8:30～18:30、店舗9:30～18:30（日曜10:30～）
- ■休日 12/25・26（ショップは日曜休）
- ■カード VISA、MC、DC、AMEX
- HP www.chocolatier.de

Stahlbad
スタールバート

肩の凝らないオシャレ系モダングルメレストラン

オシャレな雰囲気を手軽に楽しみたい人向け。料理はちょっと地中海風な、流行りのモダン・ヨーロピアンスタイル。

map p.190
- ●レオポルト広場から徒歩5分
- ■住所 Augustaplatz 2
- ■TEL 24569
- ■FAX 390222
- ■営業 12:00～23:30
- ■休日 無休
- ■カード VISA、MC、AMEX、DC
- HP www.stahlbad.com

193

Namaskaar
ナマスカー

インド人のオーナーとシェフによる本格派インド料理

数種のカレーにナンやライスを組み合わせたセットがおすすめ。辛さはマイルドとスパイシーからセレクト。食後には自家製のマンゴ・ラッシーを。

map p.190
- ●レオポルト広場から徒歩1分
- ■住所 Kreuz Str.1
- ■TEL 24681
- ■FAX 290679
- ■営業 12:00～14:30、18:00～23:00
- ■休日 火曜、12/24
- ■カード VISA、MC
- HP www.namaskaar.de
- ＊席数が少ないので予約をした方がよい

Der Kleine Prinz
デア・クライネ・プリンツ

愛らしい星の王子様でいっぱいのホテル

客室からレストラン、そのメニューにまでサン・テグジュペリの『星の王子様』が登場するロマンチックなホテル。『星の王子様』の部屋のほか、インテリアのすべてをローラ・アシュレイのデザインで揃えた部屋など、客室は全室異なる造り。天蓋付きのベッドやジャクジーバスのように設備にもさまざまな工夫が凝らされ、特に女性やハネムーナーに人気が高い。また、最上階には暖炉や書斎コーナー、サンデッキ、キッチンまで付いた広々としたペントハウスがあり、こちらは家族連れにおすすめだ。午後にはハイティーも楽しめるので、早めにチェックインしよう。

目印は外壁に描かれた『星の王子様』

インテリアも選び抜かれた物ばかりでセンスの良さがうかがえる

map p.190
- ●レオポルト広場から徒歩7分
- ■住所 Lichtentaler Str.36
- ■TEL 346600
- ■FAX 3466059
- ■料金 S-€135～、T-€185～
- ■部屋数 全41室
- ■カード VISA、MC、AMEX、JCB
- HP www.derkleineprinz.de

バーデン・バーデンの市外局番☎07221　　～€15　●●€15～25　●●●€25～50　●●●●€50～
★エコノミー　★★カジュアル　★★★スタンダード　★★★★ラグジュアリー

★★★★ Radisson Blu Badischer Hof
ラディソン・ブル・バーディッシャーホーフ

街で唯一、今や貴重な内湯の部屋がある

温泉街バーデン・バーデン。ここには数多くの温泉付きホテルがあるが、個別の部屋のバスまで温泉が引かれている内湯があるのは、かつて僧院だったという歴史あるここの旧館だけ。巨大でゴージャスな吹き抜け空間も必見。パーク・レストランといったガストロノミーはもちろん、温泉プールやエステも完備。予約の際、内湯のある旧館希望なら、モナスタリー・ウィングの部屋と指定しよう。

巨大な柱はなんと木でできている

旧館。人気があるので予約は早めに

温泉プール。水着を用意しておこう

map p.190
- ●レオポルト広場から徒歩8分
- ■住所　Lange Str. 47
- ■TEL　9340　■FAX　934470
- ■料金　S-€112〜、T-€149〜 朝食付き、変動制
- ■部屋数　全162室
- ■カード　VISA、MC、AMEX、DC、JCB
- HP www.radissonblu.com/hotel-baden-baden

★★★★★ Brenners Park-Hotel & Spa & Villa Stéphanie
ブレナーズパークホテル&スパ&ヴィラ・ステファニー

街を代表する最高級ホテル

ヨーロッパ有数の高級リゾート、バーデン・バーデンの中でも最高級のホテル。広々とした豪華な客室、ブレナーズ・スパ、どこをとっても超一流の名にふさわしいホテルだ。ヨーロッパの温泉といえばエステやフィットネスが付きもの。この宿にもヴィラ・ステファニー（営8:00〜20:00、☎900602要予約）という、メディカルサービスも整った専用の別館があり、宿泊客でなくても、近年人気のデトックスや減量フィットネスの本格的なプログラムが利用できる（長期滞在者向け）。

ホテル前はLichtentaler Allee

専任のバトラー（執事）付きサービスも

map p.190
- ●レオポルト広場から徒歩8分
- ■住所　Schillerstr. 4/6
- ■TEL　9000
- ■FAX　38772
- ■料金　S-€260〜、T-€510〜、変動制
- ■部屋数　全104室
- ■カード　VISA、MC、AMEX、DC、JCB
- HP www.oetkercollection.com

★★★ Aqua Aurelia Suitenhotel
アクア・アウレリア・スィーテンホテル

2009年オープンのモダンなホテル。カラカラテルメに直通路がある。全室バルコニー付きスイート。

map p.190　●駅からバス205番でCaracalla下車1分
- ■住所　Vinsentistr.1　■TEL　18330　■FAX　183318
- ■料金　S,T-€180〜（金・土曜€200〜）　■部屋数　全47室
- ■カード　VISA、MC、AMEX
- HP www.aquaaurelia.de

★★ Hotel Laterne
ホテル・ラテルネ

築300年の、かわいい木組み民家風。部屋は少ないが改装済み。下が雰囲気の良いレストラン。

map p.190　●レオポルト広場から徒歩5分
- ■住所　Gernsbacher Str.10　■TEL　3060
- ■FAX　38308　■料金　S-€70〜、T-€95〜（朝食付き）
- ■部屋数　全10室　■カード　VISA、MC、AMEX
- HP hotelsbaden-baden.de

★★ Hotel Haus Reichert
ホテル・ハウス・ライヒャート

小規模だが、町の中心で便利。朝食はビュッフェスタイル。1階にはおしゃれなビストロもある。

map p.190　●レオポルト広場から徒歩1分
- ■住所　Sophienstr.4　■TEL　9080　■FAX　29534
- ■料金　S-€69〜、T-€99〜　■部屋数　全24室
- ■カード　VISA、MC、AMEX、JCB
- HP hotel-haus-reichert.com

★★★ Atlantic Parkhotel
アトランティック・パークホテル

クアハウス前に建ち、客室はクラシックなゴージャス空間を演出。オース川に面したレストランも人気。

map p.190　●レオポルト広場から徒歩1分
- ■住所　Goethepl. 3
- ■TEL　3610　■FAX　26260
- ■料金　S-€129〜、T-€229〜
- ■部屋数　全53室　■カード　VISA、MC

★エコノミー　★★カジュアル　★★★スタンダード　★★★★ラグジュアリー

CALW
カルフ

p.11-J　人口＝2.3万人　街の規模＝徒歩で半日

文豪ヘルマン・ヘッセの故郷で
名作の舞台を巡る

★木組みの家並　★ヘルマン・ヘッセ博物館
★シュヴァルツヴァルト　★ヘルマン・ヘッセの出身地でいくつもの作品の舞台

Access

●鉄道：フランクフルト→ICE（約1時間20分）→シュトゥットガルト（乗換）→RE（約50分）→プファルツハイム→RE（30分）→カルフ［1時間に2～3本／€51～］※プファルツハイムまで乗換方法はいろいろある。また、シュトゥットガルトからS6でヴァイル・デア・シュタットまで行き、バス670番に乗り換える方法も本数が多く早くて安い。

Information

🛈 観光案内所：Stadtinformation（市庁舎内）
📍 Sparkassenplatz 2　☎167399
FAX 167398　🕐 9:30～16:30（土曜 ～12:30）、10～4月は9:30～13:00、14:00～16:30　休 日曜、祝日、10～4月の土曜　＊宿泊予約不可
HP www.calw.de

シュヴァルツヴァルトに抱かれた、山間の小さな街

街の中心はマルクト広場で、広場の周囲に**ヘッセの生家**、**ヘッセ博物館**、**市教会**などがまとまってある。街そのものは小さく、徒歩で30分もあれば一巡できるほど。ヘッセの名作『車輪の下』にもたびたび登場する**ニコラウス橋**は、マルクト広場の南。その手前のヘッセ広場には、ヘッセのレリーフが刻まれた噴水がある。マウルブロン修道院を退学したあと、若き日のヘッセが働いていたペロー時計製作所は、ナーゴルト川の下流、郷土博物館の斜め向かいに往時とさほど変わらぬ姿で残っている。

ニコラウス橋上の礼拝堂は1400年ごろ建てられた

マルクト広場を取り巻く美しい木組みの家々

小説の舞台を訪ねてみればヘッセ作品により愛着がわく

カルフ訪問の主要な目的は3つ。まずは文豪ヘルマン・ヘッセの足跡や作品の舞台巡り。次に、美しい木組み家屋が連なる街並の散策。3番目は、カルフを基点に、牧歌的な田園風景が広がるアルトブルクや、修道院と夏の演劇祭で有名なヒルザウなど、小さいながらも魅力的な周辺の村々を訪ね歩くこと。また、シュヴァルツヴァルトの観光やハイキングの拠点としても便利だ。

ヘッセ生家は広場の東側、南から2軒目

ヘルマン・ヘッセ博物館 ★★
Hermann Hesse-Museum

●カルフ駅から徒歩5分

マルクト広場の北側の建物の3階がヘルマン・ヘッセ博物館。館内にはヘッセ作品の初版本や直筆原稿、自作のスケッチや水彩画など、ヘッセ関係の貴重な資料が展示されている。また世界各地を旅したヘッセの姿や、昔のカルフの街の様子を伝える写真も数多く集められ、ファンならずとも見逃せない。

住 Marktplatz 30　開 11:00～17:00（11～3月～16:00)、冬期の金曜はグループのガイドツアーのみ　休 月曜、イースターの金曜、12/24・25・31　料 €5、学生€3

展示品にはヘッセ愛用の眼鏡や万年筆などもある

カルフの市外局番 ☎07051

STUTTGART
シュトゥットガルト

p.11-K ■人口=62.3万人 ■街の規模=[S]、[U]で2.5日

**世界的な企業が集まる南西ドイツの
中心地は、緑豊かな文化都市**

- ★ 州立美術館、ベンツ博物館など
- ★ ルートヴィヒスブルク、ソリチュードなど
- ★ カンシュタット・フォルクスフェスト、クリスマスマーケットなど
- ★ オペラ、バレエ、ミュージカル
- ブランド品、ワイン、博物館グッズ
- ビュルテンベルガー、バーデン
- シュヴァーベン料理
- カンシュタット温泉、エステ

新宮殿とその手前の公園。市民の憩いの場

郊外の見どころへは、[U]と[S]を利用しよう

ダイムラー・クライスラー（ベンツ）、ボッシュ、ドイツIBMなどの国際企業が本社を置き、産業都市のイメージが強い街だが、実は中央駅のすぐ近くにまでブドウ畑が広がる、街全体が公園のような趣のある都市でもある。そのシンボルが街中央のシュロスガルテンからヴィルヘルマ動植物公園、キルレスベルク公園まで5kmにもおよぶU字形の緑地帯で、グリューネ・U（緑のU）と呼ばれている。また中央駅前から南西に延びるこの街のメインストリート、ケーニヒ通りKönigstr.は1kmもある歩行者天国。ドイツ自動車産業の中心とは思えないほど歩行者に対する配慮がなされた街で、屋台のプレッツェルでもかじりながらの、のんびり街歩きが楽しめる。

世界でもトップレベルのシュトゥットガルト・バレエ団、バッハ・アカデミー、ヨーロッパ音楽フェスティバル、シュトゥットガルト交響楽団、各種ミュージカルと、文化活動も盛ん。興味のある人はスケジュールのチェックをお忘れなく。

Access

●鉄道：フランクフルト→ICE（約1時間18～30分）→シュトゥットガルト［1時間1～2本／€69］※ICでは€49、ミュンヘン→ICE（約2時間19分）→シュトゥットガルト［1時間1本／€59］※EC、ICは€55
●空路：フランクフルトから40分、ベルリン（テーゲル）から1時間15分、ほか、ドイツ国内やヨーロッパの主要都市との間に路線がある。
●空港から市内へ：[S2,3]で中央駅まで27分。
●市内交通：[U]、[S]、市電、バスがある。料金は各交通機関共通のゾーン制、1回券は€2.50、1日券€7。
＜3日券（VVS 3-Tage Ticket）＞市内交通の共通乗車券で、ホテル宿泊者のみ利用可能。中心部€14、広域用は€19.50など。購入は❶や各ホテルで。ルートヴィヒスブルク、マールバッハ、エスリンゲンへは広域用が利用可能。

Information

●観光案内所：i-Punkt（中央駅前）
MAP p.198-B 住Königstr.1A ☎2228100
FAX 2228111 開9:00～20:00（土曜～18:00、4～10月の日曜・祝日10:00～17:00、11～3月の日曜・祝日10:00～16:00）休無休
●シュトゥットカードプラス：[U][S]乗り降り自由。市内の博物館、動物園、劇場などの入場料が無料もしくは割引に。観光バスが20%割引。購入は❶で。72時間券€47。
HP www.stuttgart-tourist.de
●ユースホステル：MAP p.198-B
住Haussmannstr.27 ☎6647470

Route Advice

中央駅→シュロスガルテン→州立絵画館→新宮殿→シュロス広場→旧宮殿→マルクト広場→ケーニヒ通り→カルヴァー通り→［Stadtmitte→[S1]→Dimlerstadion］→メルセデス・ベンツ博物館［全移動約1時間40分］

ケーニヒ通りのストリート・パフォーマー

シュトゥットガルト州立絵画館 ★★★
Staatsgalerie Stuttgart　　　map p.198-B

●[U1,2,4,9,11,14] Staatsgalerieから徒歩5分

ドイツでも有数の充実したコレクションを誇る美術館。旧館（1～27室）には19世紀以前のドイツ、オランダ、イタリアの宗教画などが、アート感覚あふれる新館（28～42室）には、近代、現代美術の作品が展示されている。28室にはピカソ、マチス、セザンヌなどを展示

なかでも30〜34室のドイツ表現主義を中心としたコレクションは秀逸。
🕐10:00〜18:00(木曜〜20:00、12/31は〜14:00、1/11は12:00〜) 休月曜、イースターの金曜、8/15、12/24・25 料€7、学生€5、水曜無料
☎470400 HP www.staatsgalerie.de

メルセデス・ベンツ博物館 ★★★
Mercedes-Benz Museum
map p.197

●S1 Gottlieb Daimler Stadionから徒歩10分

総展示面積約1万7000㎡。1886年の最初のエンジン付馬車から、最新のレーシングカーまで、地上8階地下1階の新ビルにベンツの歴史がぎっしり。日本語の音声ガイド(ストラップはおみやげ)あり。

🕐9:00〜18:00(入場17:00) 休月曜、12/24・25・31 料€10、学生€5 ☎1730000
HP www.mercedes-benz.com/museum

↑エレベーターで最上階まで昇り、スロープを降りながら展示を見る
➡レーシング・シミュレーター。レーサー気分を体感(別料金)

現代アート美術館 ★★
Kunstmuseum Stuttgart
map p.198-B

●U5,6,7他 Schlossplatzから徒歩2分

全面ガラス張りのキューブ状の建物で、複雑な内部構造もユニークで必見。企画展がメインで、内容は時期により違う。眺めのいいルーフトップのレストラン、キューブも自慢。

🕐10:00〜18:00(金曜〜21:00) 休月曜、カーニバルの金曜、12/24〜26・31 料€6、学生€4 ☎21619600

シュトゥットガルトの市外局番 ☎0711

キューブ状のグラスハウス。内部構造も独特

ポルシェ博物館 ★★
Porsche Museum
map p.197

●S6 Neuwirtshaus (porscheplatz)から徒歩1分

2009年にリニューアル。建物のデザインもポルシェチックに斬新で、内部もたっぷりのスペースに。理念、歴史、テーマ展示の3つのエリアからなり、最初期の希少モデルから、誰もが知っている911など、ポルシェ歴代の名車が80台ずつ揃う。レストランやショップもあり、技術的な展示も詳しく知りたいなら日本語オーディオガイドも借りられる。

🕐9:00〜18:00 休月曜、12/22〜25・31、1/1 料€8、学生€4 ☎91120911

スーパーカー世代には懐かしいモデルも

ファンタスティック街道&黒い森

197

シュトゥットガルト周辺
Stuttgart, Umgebung

Check Check! ミュンヘンに負けないもう一つのビール祭り

カンシュタット・フォルクスフェスト
Cannstatter Volksfest MAP p.197

ネッカー川の右岸、ベンツ博物館のある北西一帯がカンシュタット。ブダペストに次ぐ欧州2位の湧出量がある温泉や、ブンデスリーガのサッカー会場などレクリエーション施設が揃う。

ここでの名物が毎年9〜10月の2週間にわたって催される、表題のビール祭り。ミュンヘンのオクトーバーフェスト（p.163）に匹敵する盛大な民俗祭で、巨大なビアテントや遊園地が並び、ビア樽を積んだ馬車が行き来するなど、雰囲気もそっくりだ。日本での知名度はまだ低いが、観光客が少ないので、よりディープなドイツを堪能できる。

バンド演奏とともに大ジョッキがつぎつぎと空く

旧宮殿（州立博物館） ★★
Altes Schloss（Württembergisches Landesmuseum）
map p.198-B

● U4,5,6,7,15 Schlossplatz（シュロスプラッツ）から徒歩3分

新宮殿は一般に開放されていないが、旧宮殿は州立博物館として公開されている。建造は1562年。石造りの塔や石畳の中庭、それを囲む回廊など、城として見物するだけでも雰囲気はたっぷり。

館内には、先史時代の遺跡から、ケルトの装飾品、教会の聖遺物、宮殿の陶磁器類のコレクションなど、シュヴァーベンの歴史を語る多くの品が展示されている。

開 10:00〜17:00　休 月曜、祝日　料 €5.50、学生€4.50、※2018年は入場無料　☎89535111

シラーの像が立つシラー広場に面した旧宮殿

幸福の豚博物館
Schweine Museum

map p.197 ★★

● U9 Schlachthofから徒歩6分

豚はドイツでは幸福のシンボル。そんな豚に関する様々なグッズを集めた世界最大の豚専門博物館。ぬいぐるみや骨董品、フィギュアや絵画など、世界中から集めたアイテムは5万点以上。例えば豚の貯金箱だけで2000アイテムもあり、それらがテーマ別に28の部屋に分かれて展示されている。ショップはもちろん、本格的レストランとビアガーデンも併設。

住 Schlachthofstrasse 2a　営 11:00～19:30
休 無休　料 €5.90、学生€5　TEL 66419600
HP www.schweinemuseum.de

キッチンをテーマに。鍋の中のぬいぐるみがシュール

釣りネコ民芸品？と思いきや、やっぱり豚
入口で巨大な豚がお出迎え

Weinstube Schellenturm
ヴァインシュトゥーベ・シェレントゥルム

1564年に建てられた塔の内部が、そのままワインレストランに

名物のケーゼ・シュペッツレ（チーズをのせたドイツ風パスタ）や、季節の野菜や魚を活かした郷土料理が、地ワインとともに味わえるレストラン。

map p.198-B
● U1,4/2 Rathausから徒歩3分
住所 Weber Str.72
TEL 2364888
FAX 2262699
営業 17:00～24:00
休日 日曜、祝日
カード 不可

Calwer Eck Bräu
カルヴァー・エック・ブロイ

ビール醸造所の直営レストランで、できたての生ビールを

街の中心にあり、手ごろな料金と相まって常に賑わいをみせているビアハウス。店の奥にある醸造所は見学可能。持ち帰り用のビールも販売している。

map p.198-A
● S1-6 U4,14/2 Stadtmitteから徒歩3分
住所 Calwer Str.31
TEL 22249440
FAX 50484422
営業 11:00～24:00（金・土曜～翌1:00、日曜10:00～23:00、祝日17:00～）
休日 無休
カード VISA、MC、AMEX

Stuttgarter Stäffele
シュトゥットガルター・シュテッフェレ

シュヴァーベンの民芸風レストランで郷土料理とワインを

民芸品を飾った木造民家風の本館、地下ワインケラーは石組み穴蔵風、本館向かいのカフェバーは薬局風と、趣向を凝らした内装。中庭のテラス席も人気。

map p.198-B
● S1,6 Feuerseeから徒歩3分
住所 Buschle Str.2a+b
TEL 664190
FAX 66419250
営業 11:30～14:30、18:00～22:30（土・日曜、祝日18:00～22:30）
休日 12/24
カード VISA、MC、AMEX

Tokio Dining
トキオ・ダイニング

ラーメン、寿司、うどんがある日本食堂。元日本名誉総領事長がオーナー。麺類が充実している。

map p.197
● U14 Mineralbäderから徒歩7分　住所 Steubenstr.12
TEL 50443102　営業 12:00～14:30、18:00～22:30（日曜・祝日17:30～21:30、LO終業30分前）　休日 月・祝日のランチ　カード VISA、MC、AMEX　HP www.tokiodining.de

Nodle 1
ヌードル1

おしゃれで気軽なアジア系エスニック軽食。とくに、ベトナム系米麺フォーを使った麺などが人気。

map p.198-B
● U1,2,4 Rathausから徒歩5分
住所 Wilhelmsplatz 1　TEL 86020186
営業 11:30～23:00（木・金曜～23:30、土曜13:00～23:30、日曜13:00～22:00）　休日 無休　カード 不可

シュトゥットガルトの市外局番 0711

● ～€15　●● €15～25　●●● €25～50　●●●● €50～

Check Check! シュトゥットガルトのショッピングガイド

この町は南西ドイツきってのショッピングパラダイス。デパートではブロイニンガー（MAPp.198-B）が有名。ディオールやプラダ、グッチといった高級ブランドを擁する。ドイツ一美しいといわれるマルクトハレ（MAPp.198-B）もあり、青果店などが軒を連ねる。その南東、ボーネンフィアテル（MAPp.198-B）という一角には個性的なショップが点在。また、古い木組みの家の残るカルヴァー通り（MAPp.198-A）にも、おしゃれなカフェやレストランがあり、北側には並行してショッピング・アーケードがある。

しかし高級店が多いので、逆におみやげ選びは難しい。定番は、ベンツやポルシェ博物館のミュージアムグッズや地元のワインだが、近年、新宮殿の広場向かいにケーニヒスバウ・パサージェン（MAPp.198-B）という庶民的アーケードもオープン。ドラッグストアや雑貨店もあるので覗いてみよう。

ドイツではブタはラッキーアイテム。よく見かける

上：ケーニヒスバウ・パサージェン内部。家電量販店もある／下右：敏感肌用クリームsebamed。Rossmanで／下左：旅行用チューブ入り洗濯洗剤！ドラッグストアは意外におみやげの宝庫

デザイン性に重きを置いた生活雑貨ショップ、デザインフォーラムdesignforum（営10:00～20:00 休日曜　ケーニヒスバウ・パサージェン内）

★★★★ Graf Zeppelin グラフ・ツェッペリン

郷土料理のレストランも好評

街一番の格式を誇る高級ホテル。外観は地味だがクラシック・エレガンスを基調にゴージャスな内装。サウナ、プールなどの設備、各種レストランもある。

map p.198-B
- ●中央駅から徒歩1分
- ■住所　Arnulf-Klett Pl. 7
- ■TEL　20480
- ■FAX　2048542
- ■料金　S,T-€169～、変動制
- ■部屋数　全170室
- ■カード　VISA, MC, AMEX, DC, JCB
- HP www.steigenberger.com　※上部タブ「HOTELS」からstuttgartを選択

★★★ Dormero ドルメロ

市南郊の文化施設の中に建つ

少し街の中心から離れるが、その分料金の割に設備が充実。フィットネス＆スパは宿泊客は20％オフ。アイスクリーム店やハンバーガー店も併設。

map p.197
- ●U3 SI-CentrumSalzackerから徒歩1分
- ■住所　Plieninger Str.100
- ■TEL　7210
- ■FAX　7212009
- ■料金　S,T-€104～、変動制
- ■部屋数　全454室
- ■カード　VISA, MC, AMEX, DC, JCB

★ Sautter ザウター

中心から少し離れた閑静な場所でアットホームな雰囲気。同経営のレストランも郷土料理が評判。

map p.198-A
- ●U4,9 Schloss Johannesstr.から徒歩1分
- ■住所　Johannes Str.28
- ■TEL　61430
- ■FAX　611639
- ■料金　S-€62～、T-€83～
- ■部屋数　全53室
- ■カード　VISA, MC, AMEX
- HP www.hotel-sautter.de

★ Rieker リーカー

清潔でシンプル。ビジネスホテル風だが接客はフレンドリーで、中央駅向かいだが静かな夜を過ごせる。

map p.198-B
- ●中央駅から徒歩1分
- ■住所　Friedrich Str.3
- ■TEL　2296580
- ■FAX　229658100 ※ホットライン0800-600-8081
- ■料金　S-€42～、T-€55～、変動制
- ■部屋数　全66室
- ■カード　VISA, MC, AMEX

★ Hotel Motel One Stuttgart Hauptbahnhof モーテルワン・ハウプトバーンホフ

過剰サービスは廃し、設備のわりに安価なことで有名。ここは特に中央駅に近く便利。W-LAN無料。

map p.198-B
- ●中央駅から徒歩3分
- ■住所　Lautenschlagerstrasse 14
- ■TEL　3002090
- ■FAX　30020910
- ■料金　S-€79、T-€94
- ■部屋数　全231室
- ■カード　VISA, MC, AMEX, DC
- HP www.motel-one.com

ロイヤル Royal ★★ map p.198-A
●S1-6,U4他 Stadsmitteから徒歩5分　■住所 SophienStr.35　☎6250500　FAX 628809　■S-€69～、T-€103～、変動制

アストリア Hotel Astoria ★★ map p.198-A
●S1-6,U4他 Stadsmitteから徒歩3分　■住所 Hospitalstr.29　☎4408000　■S-€35～、T-€45～
HP stadthotels-erkurt.de

アレックス30 Alex30 Hostel ★ map p.198-B
●U5,6他 Olgaeckから徒歩3分　■住所 Alexanderstr.30　☎8388050　■ドミ-€25～　HP www.alex30-hostel.de

★エコノミー　★★カジュアル　★★★スタンダード　★★★★ラグジュアリー

シュトゥットガルトの市外局番☎0711

郊外の見どころ

ルートヴィヒスブルク宮殿
Ludwigsburg

MAP p.197

●シュトゥットガルト中央駅から S4,5 で約20分、城は駅から徒歩15分

毎年5〜10月には宮殿音楽祭が催されている

ヴュルテンベルク大公家の離宮として建てられた豪華な宮殿。18の建物に452の部屋があり、「シュヴァービアン・ベルサイユ」の別名を持つ。城の周囲に広がる30haものバロック庭園はドイツ最大規模で、一角にはメルヘンの庭も。城内の工房で作られる磁器は、マイセンと並ぶ高い評価を得ており、独特のうろこ模様や網目模様が特徴的な逸品だ。宮殿にはそれらの磁器の博物館のほか、モード博物館などの見どころもある。

シュトゥットガルト西郊の森に囲まれた丘に建つゾリトゥーデ宮殿もヴュルテンベルク大公家の離宮。1767年に建てられた、ロココの華麗な宮殿だ。

●ルートヴィヒスブルク宮殿
開ガイドツアーは10:00〜17:00 30分毎(冬期は回数減)。庭園は7:30〜20:30 休無休 料宮殿€7(博物館などは追加料金が必要) ☎07141-186400

●ゾリトゥーデ(ソリチュード)宮殿
開10:00〜17:00(11〜3月13:00〜16:00) ※内部見学はツアーのみ可) 休月曜、12/24・31 料€4、学生€2 ☎0711-696699

絵付けはすべて手描きで

ゾリトゥーデ宮殿は中央駅から92番のバスで約30分

マールバッハ・アム・ネッカー
Marbach am Neckar

MAP p.197

●シュトゥットガルト中央駅から S4 で約30分

ネッカー川を見下ろす丘の上の小さな街で、ドイツの代表的作家シラーの生地。シラー生家は駅から徒歩約10分。街の南にはドイツ文学館とでもいうべきシラー国立博物館があり、大勢のドイツの作家たちの作品やオリジナル原稿、写真などが展示されている。

●シラー国立博物館 開10:00〜18:00(12/24・31は午前中のみ) 休月曜、12/25・26 料€9、学生€7 ☎07144-848601 HP www.dla-marbach.de

シラーの生家(開9:00〜17:00、冬期10:00〜16:00 休12/24〜26・31 料€3、学生€1.50 ☎07144-17567)

エスリンゲン・アム・ネッカー
Esslingen am Neckar

MAP p.197

●シュトゥットガルト中央駅から S1 で約15分

ネッカー川河畔のエスリンゲンは、中世の面影が色濃く残る街。街の周囲はブドウ畑が広がる丘陵だ。その上に、1314年から建造が始まった、珍しい木造の屋根付き城壁と塔が連なっている。旧市街にある1420年建造の旧市庁舎は、天文時計とカリヨンの音で有名。8〜13世紀の3つの教会や、マルクト広場を囲む木組みの家も美しい。

エスリンゲン駅から旧市街まで徒歩約5分

TUBINGEN
テュービンゲン

p.11-K　■人口＝8.6万人　■街の規模＝徒歩で半日

数多くの詩人や哲学者、科学者が その青春代を過ごした街

- ★ 旧市街の石畳の路地と木組みの家並
- ★ シュティフト教会、ベーベンハウゼン修道院

- ★ ホーエンテュービンゲン城など
- ★ ホーエンツォレルン城など

- ★ ヘッセ、ヘーゲル、ヘルダーリン他多数
- ★ テュービンゲン大学、シュティフト神学校、学生街の雰囲気

Access

●鉄道：シュトゥットガルト→IRE、RE（42分〜1時間9分）→テュービンゲン［1時間1〜2本／€15.10］
●バス828番：シュトゥットガルト空港→市内€7.15

Information
🛈観光案内所：Verkehrsverein　MAPp.203
🏠An der Neckarbrücke　☎91360　FAX35070
🕘9:00〜19:00（土曜10:00〜16:00、5〜9月日曜・祝日11:00〜16:00）　休冬期の日曜、祝日　HPwww.tuebingen-info.de
●ユースホステル：MAPp.203外
🏠Hermann-Kurz-Str. 4　☎23002

Route Advice
エーベルハルト橋→プラタナスの小径→ホーエンテュービンゲン城→エバンゲーリッシュ・シュティフト→ヘルダーリンの塔→シュティフト教会→マルクト広場／市庁舎［全移動約1時間］

城に登って眺めを楽しむと同時に、街の構造も把握しよう

　ネッカー川に臨む小山の上に築かれた**ホーエンテュービンゲン城**。その東から北の山麓に旧市街は広がっている。旧市街の中心は市庁舎のある**マルクト広場**から**シュティフト教会**がある**ホルツマルクト**Holzmarktにかけて。教会の向かいには、若き日の文豪ヘッセが働いていた**ヘッケンハウアー書店**が今も変わらず営業を続けている。
　旧市街の道は、坂道やカーブが多く、やみ

学生街だけあって街の規模のわりにカフェが多い

黄色い壁のとんがり屋根がヘルダーリンの塔

くもに歩き回るとすぐに居場所がわからなくなってしまうが、それほど広い街ではないので迷うことはない。鉄道駅や🛈、郵便局は川の南側にある。

学生街の自由で活発な雰囲気を味わいながらの街歩き

　人口の4割が学生や大学関係者で占められているこの街は、その全体が巨大な大学の構内といった趣。世界各国からの学生が集まるテュービンゲンは、気さくで開放的で安全、変化に富んだ街並が魅力的、と街歩きの楽しさが存分に味わえるところだ。
　さほどの戦災にあわ

市庁舎には2面の天文時計が

ずにすんだ旧市街には、ヘッセや大哲学者ヘーゲルも歩いたであろう小路が、往時とそれほど変わらぬ姿で残されている。石畳の路地に並ぶ木組みの家の中には、窓枠が歪んでいたり、建物全体が傾いているものも見受けられる。そのような建物内には、書店や文具店、レコード・CD店、陶器の工房、木製品、茶やワインの専門店など、ユニークでおしゃれ

街を見渡す丘に立つホーエンテュービンゲン城
テュービンゲンの市外局番☎07071

な店がいっぱい。安くて居心地のよいカフェや学生酒場も随所にある。旧植物園やプラタナスの小径などの公園や緑地も多く、一服する場所にもこと欠かない。

ホーエンテュービンゲン城（博物館）★★
Schloss Hohentübingen (Museum)
map p.203

●マルクト広場から徒歩5分

街を見渡す高台に建つホーエンテュービンゲン城。そのもっとも古い部分の建造は11～12世紀までさかのぼり、現在のような形が整ったのは16世紀ごろ。城内は大学の研究室として使われてきたが、1997年からその一部が博物館として一般公開されるようになった。展示は古代ギリシャ、ローマの遺物が中心で、大学での最新の研究成果が反映されている。

開10:00～17:00（木曜～19:00）　休月・火曜、12/24・25・31　料€5、学生€3　☎2977384

アルタミラの洞窟壁画を再現したコーナーも

プラタナスの小径 ★★
Platanenallee
map p.203

●マルクト広場から徒歩5分

ネッカー川の川中島に、延々1kmと続くプラタナスの並木道。川の対岸に建ち並ぶ大学や神学校を眺めながら、哲学的な思索にふけるには

春の新緑、秋の紅葉ともに美しい並木道

最高のシチュエーション。5～10月には、学生船頭が操るシュトッハーカーンという舟で周囲を一周できる。乗船場はヘルダーリンの塔の前。

シュティフト教会 ★
Stiftskirche
map p.203

●マルクト広場から徒歩3分

大学の創始者、エーベルハルトにより建てられた後期ゴシックの塔のある教会。エーベルハルトや、街の名士、諸侯も眠る墓所がある。

開9:00～16:00　休無休
料€1（塔／夏期の金～日曜のみ）　☎79525420

テュービンゲン大学など ★★★
map p.203

テュービンゲン大学の創設は1477年。当時の大学本館がシュティフト教会の斜め向かいにあるアルテ・アウラ（旧大学）だ。近くのミュンツ通り20番はドイツ最古の学生牢（見学は❶へ）。南に下って川岸に出たところが、ツヴィンゲルという13世紀以来の市の城壁跡。その一部がヘルダーリンの塔で、精神錯乱に陥った詩人ヘルダーリンが、36年もの間ここで暮らしていた。その西側はブルゼという学生の寄宿舎兼教室。少し坂を上ったところが、プロテスタント系の神学校、エバンゲーリッシュ・シュティフト。1589年には後の自然科学者ケプラーが入学。1790年ごろには、ヘーゲル、ヘルダーリン、シェリングが寮の同室に住んでいたという。

とっておき情報

テュービンゲン近郊のアウトレットショップ

テュービンゲン東のメッツィンゲンMetzingenの街の郊外には、Outlet City Metzingenがある。ナイキ、ラコステなどスポーツブランドや、バリー、ヒューゴ・ボス、リーバイスなど男性ブランドが多い。ちょっと離れた2エリアに分かれているが、鉄道駅からシャトルバスがあるので、興味のある人はのぞいてみては。 www.outletcity.com/en/metzingen

最近人気のヒューゴ・ボスのショップ

Neckarmüller
ネッカーミュラー

河畔のテラスで、店内の醸造釜直送のできたて生ビールを

エーベルハルト橋横のビア・レストラン。店内に置かれた巨大な醸造釜の周りや川岸に席が設けられている。午後の早い時間から学生たちで込み合う店。

map p.203
- ●マルクト広場から徒歩5分
- ■住所 Garten Str.4
- ■TEL 27848
- ■FAX 27620
- ■営業 10:00～翌1:00（日曜～24:00）
- ■休日 年末年始数日
- ■カード VISA、MC、AMEX、DC（€10以上のみ有効）
- www.neckarmueller.de

Weinstube Forelle
フォレレ

名前の通り、鱒料理が自慢。歴史的な建物の雰囲気もいい

建物は350年以上の歴史。絵も1869年のもの。料理は上流のほうから厳選して取り寄せる鱒料理が自慢。魚ソーセージやSchwabisch Albのラム肉料理も。

map p.203
- ●マルクト広場から徒歩5分
- ■住所 Kronenstr.8
- ■TEL 5668980
- ■営業 11:45～15:00、17:45～23:00（水～日曜は通し営業、LOは30分前）
- ■休日 火曜
- ■カード VISA、MC
- www.weinstube-forelle.de

Landhotel Hirsch
ラントホテル・ヒルシュ ★★★

おいしい料理と居心地の良さ

街の郊外、修道院で有名なベーベンハウゼンにある家庭的なホテル。シュヴァーベン料理のレストランも好評。食事のためだけに市内から通う人もいるほど。

map p.203外
- ●中央駅からバス10分、Bebenhausen下車徒歩3分
- ■住所 Schönbuch Str.28
- ■TEL 60930
- ■FAX 609360
- ■料金 S-€88～、T-€155～
- ■部屋数 全12室
- ■カード VISA、MC
- landhotel-hirsch-bebenhausen.de

Krone
クローネ ★★★★

伝統とアットホームな雰囲気

創業以来300年近く、現在のシュラーゲンハウフ家の経営になってから100年以上という伝統を誇る。シックな家具やフレンドリーな対応に、歴史を感じさせる。

map p.203
- マルクト広場から徒歩8分
- ■住所 Uhland Str.1
- ■TEL 13310
- ■FAX 133132
- ■料金 S-€103～、T-€133～、変動制
- ■部屋数 全50室
- ■カード VISA、MC、AMEX、JCB
- www.krone-tuebingen.de

Domizil
ドミツィル ★★★

モダン感覚のおしゃれなホテル

ネッカー河畔にある明るくポップなホテル。サウナやアスレチックも備え、雰囲気あるバーも好評。料金は€10ほど高いが、川側の部屋を予約したい。

map p.203
- ●マルクト広場から徒歩8分
- ■住所 Wöhrd Str.5-9
- ■TEL 1390
- ■FAX 139250
- ■料金 S-€119～、T-€149～
- ■部屋数 全79室
- ■カード VISA、MC、AMEX
- ＊川側の部屋は€10ほど高い
- hotel-domizil.de

● ～€15　●● €15～25　●●● €25～50　●●●● €50～
★エコノミー　★★カジュアル　★★★スタンダード　★★★★ラグジュアリー

テュービンゲンの市外局番☎07071

わがままレポート

ホーエンツォレルン城 ★★★
Burg Hohenzollern

map p.188-A

ドイツ皇帝の故郷

●テュービンゲン→IRE、HZL（約19〜27分）→ヘッヒンゲン［1時間1〜2本／€5、1日券€8.70］→タクシー（約15分／片道約€15〜17）→城下駐車場→専用シャトルバス（約5分／€2、往復€3.30）、または徒歩（約20分）→城 ※Hechingen駅から城下駐車場までバス300番で夏期平日11:25、13:25の2本（夏期の土・日曜は10、44、305番など本数も多い。1日券も有効）

晴れた日には城からの眺望もすばらしい

シュヴァーベンの丘陵の頂に王冠を載せたような姿でそびえる城が、ドイツでももっとも美しい城のひとつといわれるホーエンツォレルン城。この山上に初めて城が築かれたのは11世紀のこと。その後1423年に全壊したが、1867年にフリードリヒ・ヴィルヘルム4世によって現在のような姿に再建された。もともとはシュヴァーベン地方の領主であり、のちにプロイセン王からドイツ皇帝となったホーエンツォレルン家の居城で、現在もドイツ最後の皇帝、ヴィルヘルム2世の子孫が所有している。

城内はドイツ語か英語のガイドツアーでのみ見学できる。スタートは、壁から天井まで一面にホーエンツォレルン家の系図が描かれた家系樹の部屋。図書室、書斎、王女の部屋、新旧2つの礼拝堂、宝物室などを順番に回っていくが、なかでも宝物室の品々とそれにまつわる逸話（フリードリヒ大王の命を救った煙草入れや、人間不信に陥り犬だけを愛したその晩年など）が興味深い。

城内にはシュヴァーベン料理のレストランがあり、日本人の結婚式も受け付けている。
🕐10:00〜17:30（11/1〜3/15は〜16:30、12/31〜15:00、1/1 11:00〜16:30）休12/24
料€12、学生€10 ☎07471-2428 HP burg-hohenzollern.com

中庭には本物の大砲が展示

多くの王の頭上に戴かれたプロイセン皇帝の王冠

高い天井と磨き込まれた床の大広間

ファンタスティック街道＆黒い森

205

テュービンゲン

郊外の見どころ

ズィグマリンゲン城 ★★
Schloss Sigmaringen

●テュービンゲン→IRE、HZL（約1時間11〜28分）→ズィグマリンゲン［1時間0〜2本／€8.30、1日券€14.40］→徒歩（10分）→城

MAP p.188-A 開9:00〜17:00（11/2〜3/27は10:00〜16:00）休1・2月、12/24・25・31、1/1、カーニバルの火曜 料€9.50、学生€8.50 ☎07571-729221 ℹ HP www.schloss-sigmaringen.de

豪華な王の居室や寝室はため息が洩れるほど

ドナウのほとりに建つホーエンツォレルン家のもうひとつの城で、12世紀から増改築を重ねてきた。ガイドツアーでのみ見学可。なかでもドイツ最大ともいわれる武具のコレクションは見逃せない。

赤い屋根が印象的な街並

MEERSBURG
メーアスブルク

p.11-K　■人口＝5715人　■街の規模＝徒歩で半日

メルヘンチックな湖畔の街で、ボーデン湖の魚料理と白ワインを

 ★木組みの家並と石畳の道
 ★ドロステ博物館、ツェッペリン博物館など
 ★旧城、新城
 ★メーアスブルガー
 ★ボーデン湖
 ★アネッテ・ドロステ・フュルスホフ、ツェッペリン
 ★ボーデン湖の魚料理

Access

＊メーアスブルクには鉄道が通っていない。コンスタンツからのフェリーが便数も多く便利。
●フェリー：コンスタンツ→フェリー（約30～50分）→メーアスブルク［15～30分毎／€6.20］、マイナウ島→フェリー→メーアスブルク［15～30分毎／€7.20］
●バス：フリードリヒスハーフェン→バス（約35分）→メーアスブルク［1～2時間1本／€3.60］

Information

❶観光案内所：Gästeinformation
MAP p.206-B　**住** Kirchstr.4　**☎** 440400
FAX 4404040　**開** 9:00～12:30、14:00～18:00（土・日曜、祝日10:00～14:00）
休 無休
HP www.meersburg.de

  小さな街だが移動は大変 特産ワインを味わう時間も充分に

石畳の道の両側には、木組みの家やカラフルな外壁の家。まるでおもちゃの街に迷いこ

リゾート地なので、日曜でも店が開いている

んだようなメーアスブルクは、ドイツでも女性に人気の高い湖畔のリゾートタウン。

街は城や市庁舎のある上町と、湖畔の下町とに分かれ、その間はかなり急な坂道や階段で結ばれている。上町の博物館などを見損ねると、あとで引き返すのが大変なので、スケジュールは慎重に考えよう。

昼間は上町の城や博物館の見学、夕方からはボーデン湖畔のカフェやワインバーでのんびりというのが、この街での基本的な過ごし方だ。

絵本に出てきそうな街並

湖畔のゼー・プロムナードにはカフェが多い

旧城（博物館）★★★
Altes Schloss
map p.206-A

●マルクト広場から徒歩5分

城のもっとも古い部分の建造は7世紀にまでさかのぼる。現在でも人が暮らしている城としてはドイツ最古の城のひとつで、内部は博物館。重厚な門扉、ツタの絡まる石組みの壁、角が擦り減って丸みを帯びた床石、狭い階段下にある薄暗い地下牢。中世の騎士物語に登場するような城が、当時のそのままの姿で大切に残されている。城の一角には、ドイツロマン派の女流詩人、アネッテ・フォン・ドロステ・ヒュルスホフ（旧20DM札の人物）が住んでいた部屋も保存されている。

開3〜10月9:00〜18:30、11〜2月10:00〜18:00 休無休 料€12.80、学生€10 ☎80000

城内には非常に古いスタイルの武器も展示

新城 ★★
Neues Schloss
map p.206-B

●マルクト広場から徒歩3分

18世紀建築のバロック宮殿。階段の間や大広間は必見。館内の一部は博物館になっている。

開9:00〜18:30（11〜3月の土・日曜12:00〜17:00） 休11〜3月の月〜金曜 料€5 ☎8079410

城の庭園からは湖が一望

メーアスブルク州立ワイナリー ★★
Staatsweingut Meersburg
map p.206-B

●マルクト広場から徒歩3分

この地は、上質なワインの産地としても有名。ワインのテイスティングや購入はここで。日本への発送も条件により可能。

開9:00〜18:00（土曜16:00、日曜11:00〜） 休冬期の日曜、祝日 料無料 ☎446744

ショップは左記の時間内営業、醸造所見学は❶へ

Romantikhotel Residenz am See
レジデンツ・アム・ゼー
湖畔のシックなプチホテル

港の東、湖沿いの公園やプール施設の向かいに建つホテル。客室やテラスからは、湖やスイスアルプスまでもが見渡せる。豪華ではないが、上品で落ち着いた雰囲気。

map p.206-B
●マルクト広場から徒歩10分
■住所 Uferpromenade 11
■TEL 80040
■FAX 800470
■料金 S-€129〜、T-€234〜
■部屋数 全25室
■カード VISA、MC
❶ hotel-residenz-meersburg.com

Hotel-Weinstube Löwen
ホテル・ヴァインシュトゥーベ・レーヴェン
創業400年の歴史あるホテル

オレンジ色の壁を覆う緑のブドウの葉。鮮やかな色彩でマルクト広場に彩りを添えているレーヴェン。魚料理と地ワインが楽しめる居心地の良いレストランも好評。

map p.206-B
●マルクト広場前
■住所 Marktplatz 2
■TEL 43040
■FAX 430410
■料金 S-€55〜、T-€95〜
■部屋数 全24室
■カード VISA、MC、AMEX、JCB
❶ www.hotel-loewen-meersburg.de

Zum Bären
ツム・ベーレン

六角形のとんがり屋根の出窓がかわいい、400年の歴史を誇るホテル＆レストラン。

map p.206-B ●マルクト広場前
■住所 Marktplatz 11
■TEL 43220 ■FAX 432244
■料金 S-€52〜、T-€90〜
■部屋数 全20室 ■カード 不可

Wilder Mann
ヴィルダー・マン

湖に面した眺めのよい場所にある。シュロの木で囲まれたテラスレストランが人気。

map p.206-A ●マルクト広場から徒歩10分
■住所 Bismarckplatz 2
■TEL 9011 ■FAX 9014
■料金 S-€70〜、T-€95〜
■部屋数 全31室 ■カード VISA、MC、AMEX

メーアスブルクの市外局番☎07532

★エコノミー　★★カジュアル　★★★スタンダード　★★★★ラグジュアリー

KONSTANZ
コンスタンツ

p.11-K ■人口＝8.4万人 ■街の規模＝徒歩で半日

宗教都市、大学都市、リゾート地
いくつもの顔を持つ国境の街

- ★ 戦災を免れたフレスコ画の家並
- ★ 大聖堂、宗教会議など
- ★ 市立博物館、ヤン・フス博物館など
- ★ ボーデン湖
- ★ ツェッペリンほか
- ★ ボーデン湖の魚料理

Access

＊空路で直接コンスタンツに向かう場合は、スイスのチューリヒ空港利用が便利
●鉄道：フランクフルト→ICE、IC、IRE、RE（4時間11〜26分）他→コンスタンツ［1時間1本／€85］、チューリヒ→IR（1時間17分）→コンスタンツ［1時間1本／€28］

Information

❶観光案内所：Tourist Information Konstanz GmbH（中央駅北側）
MAPp.208 住Bahnhofplatz.43 ☎133030 FAX133060 開4〜10月／9:00〜18:30（土曜〜16:00、日曜10:00〜13:00）、11〜3月／9:30〜18:00 休祝日、11〜3月の土・日曜
HP www.konstanz.de
●ユースホステル：MAPp.208外 Zur Allmannshöhe 16 ☎32260

ショッピングは旧市街南部で
夜はニーダーブルクに行こう

北はライン川、東はボーデン湖、南はスイス国境、西は道の中央に公園があるラウベ通り。コンスタンツの旧市街は、極めてわかりやすい境界を持つ。南北が約1km、東西は500mほどで、旧市街内は徒歩で充分だ。

街のシンボル、**大聖堂**の周辺一帯はニーダーブルクと呼ばれ、狭く曲がりくねった路地の間に多くの学生酒場や郷土料理レストランがあるなかなか楽しい地域。旧市街の南部は、大きなスーパーや個性的なショップが並ぶショッピングエリア。

旧市街の中心からスイスとの国境までは徒歩約10分。パスポートを持っていれば、散歩気分で気軽に訪問できる。

かつての旧市街南口がシュネッツ門

街の北部、新市街の湖畔は街一番の高級住宅地

建物自体がキャンバス
旧市街全体がギャラリーの街

コンスタンツには、ボーデン湖遊覧や、大聖堂をはじめとする歴史的建造物の見学などいくつもの楽しみがあるが、最もおもしろいのは旧市街の散策と建物ウォッチング。

スイスとの国境に位置し、戦災を免れたコンスタンツには、14世紀頃からの建物が数多く残る。そのような建物には、カラフルなフレスコ画や、家の建造年、文字が読めない人のためにその家の商売を図案化したものなど、さまざまな絵や文字が描かれている。

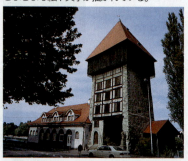

ライン河口のラインの塔は街の防衛施設

ボーデン湖と港周辺
Bodensee & Gondelhafen ★★
map p.208

●コンスタンツ駅から徒歩3分

ボーデン湖畔最大の街コンスタンツは、湖航路の拠点。港には多くのフェリーや遊覧船、ヨットが行き交い、リゾート気分を高めてくれる。港の北の**公会議場**Konzilgebäudeは、1417年の教皇選挙が行なわれた建物。その正面には、飛行船の発明家の**ツェッペリン伯爵記念碑**Zeppelindenkmalが立っている。公会議場の北は**市民庭園**Stadtgarten。その先のインゼルホテルは、元々は1238年に建てられたドミニコ会修道院で、ツェッペリン伯爵は1838年にここで生まれた。ライン川を渡った北岸にも、湖に沿って美しい遊歩道が続いている。

公会議場は1388年に穀物倉庫として建てられた

大聖堂
Münster ★
map p.208

●コンスタンツ駅から徒歩10分

創建は1052～89年で、その後何度も増改築され、さまざまな時代様式の入り混ざったスタイルになっている。主祭壇は1453年に、オルガンは1518年にルネサンス様式で作られた気品あるスタイル。大鐘は7750kgもあるもの。高さ76mの塔に上ると、旧市街や湖を一望できる。1414～18年にはこの地で宗教史上に残る会議が催され、1416年には異端者として告発されたヤン・フスに、この教会で有罪の判決が下された。

荘厳で華麗な大聖堂の内陣

開8:00～18:00（礼拝中は見学禁止） 休無休 料無料 ☎90620 ＜塔見学＞開10:00～17:00（日曜12:30～17:30） 休11～3月 料€2

★ Steigenberger Inselhotel
シュタイゲンベルガー・インゼル
ボーデン湖のシンボル的存在

ライン河口の島にあるホテル。13世紀に修道院として建てられ、19世紀にはツェッペリン伯爵家の居城だった。歴史や格式など、すべてにおいて超一流。

map p.208
●コンスタンツ駅から徒歩5分
■住所　Auf der Insel 1
■TEL　1250
■FAX　26402
■料金　S-€163～、T-€249～、変動制
■部屋数　全102室
■カード　VISA, MC, AMEX, DC
HP www.steigenberger.com

Hotel Halm Konstanz
ホテル・ハルム・コンスタンツ
伝統と格式ある高級ホテル

駅や港のすぐ傍で、旧市街の入口というロケーション。東側の部屋からは港や湖が一望できる。リラクゼーション施設も完備しており、優雅な気分を満喫したい。

map p.208
●コンスタンツ駅から徒歩1分
■住所　Bahnhofplatz 6
■TEL　1210
■FAX　21803
■料金　S-€115～、T-€140～、変動制
■部屋数　全99室
■カード　VISA, MC, AMEX
HP www.hotel-halm.de

★ Barbarossa
バルバロッサ
旧市街の時計塔のあるホテル

オーベルマルクトに面した建物は1419年建造。フロントの木の梁などに往時の姿を残している。雰囲気のいいレストランもある。バス付きの部屋でも比較的安い。

map p.208
●コンスタンツ駅から徒歩5分
■住所　Obermarkt 8-12
■TEL　12899-0
■FAX　12899-700
■料金　S-€55～、T-€90～
■部屋数　全55室
■カード　VISA, MC, AMEX, DC
HP hotelbarbarossa.de

シフ・アム・ゼー　Schiff am See ★★★ map p.208外
●コンスタンツ駅からタクシーで10分　住William-Graf-pl.2
☎31041　FAX31981　料S-€79～、T-€109～

シュタット・ホテル　Stadt Hotel ★★ map p.208
●コンスタンツ駅から徒歩8分　住Bruderturmgasse 2
☎9046-0　FAX9046-46　料S-€70～、T-€110～

コンスタンツの市外局番☎07531

★エコノミー　★★カジュアル　★★★スタンダード　★★★★ラグジュアリー

郊外の見どころ

花と文化の島・マイナウ島 ★★★
Insel Mainau　MAP p.188-A

●コンスタンツから4番のバスで約20分。コンスタンツ駅、メーアスブルクからフェリー、遊覧船で約20〜45分

　ドイツ、スイス、オーストリア3国にまたがるボーデン湖に浮かぶマイナウ島。中世には500年にわたりドイツ騎士団が所有し、1732年にはバロックの宮殿と付属のチャペルが建てられた。現在の所有者は、ドイツのバーデン大公とスウェーデン王の血を引くスウェーデンのレナート・ベルナドッテ伯爵。温暖な気候を利用して、世界中から珍しい花や樹木を移植。また、植物に関する知識や生育法の教室を開いたり、コンサートや展覧会、ノーベル賞受賞者の講演会を催すなど、花と文化の島作りを続けてきた。現在ではヨーロッパ有数の植物公園として、大勢の観光客を集めている。

　45haの島内には、400種9000本

6月にはバラ、9月にはダリアのコンテストがある

のバラが植えられたイタリア式庭園、バナナ、ゴムなど熱帯の植物を集めた熱帯園（冬は巨大ビニールハウス）、世界中の蝶を集めた昆虫館などの施設が設けられ、春のチューリップから晩秋の紅葉まで、四季を通じてさまざまな植物が島内を彩る。島内は起伏に富んでいるが、車椅子での見学コースや、木肌の触感と点字の解説で目の不自由な人たちが植物と触れ合えるコーナーが設けられるなど、きめ細かな配慮がなされている。

〈庭園施設〉 開島自体は日の出から日没まで（個々の施設はそれぞれ営業時間あり） 休無休 料€21（10月下旬〜3月下旬は€10） ☎3030 HP www.mainau.de

宮殿の一部は島の歴史や様子を伝える博物館

美しいロココ調の教会では、結婚式も受付け中

フリードリヒスハーフェン ★
Friedrichshafen　MAP p.188-B

　ボーデン湖北岸の街、フリードリヒスハーフェンは、ICE停車駅のウルムから急行で約1時間10分。フランクフルトやベルリンを結ぶ空港もあり、湖航路の拠点ともなっている、ボーデン湖周辺やアルペン街道の旅の基点の街だ。かつてツェッペリン伯爵がこの街で飛行船の製造を行ったことを記念して、港の隣にはツェッペリン博物館が設けられている。館内には1937年に事故で失われたヒンデンブルク号の実物大模型や、飛行船に関する資料、写真、実際の部品、現在開発中の未来型飛行船などが展示されている。

スイスやオーストリアへの船も出入りする港

〈ツェッペリン博物館〉 住See Str. 22 開9:00〜17:00（11〜4月10:00〜、12/31 10:00〜14:00） 休11〜4月の月曜、12/24・25・31 料€9 HP www.zeppelin-museum.de

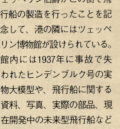
博物館の前には模型の飛行船が

旧市街の中心アデナウアー広場

ULM
ウルム

p.11-K ■人口=12.4万人 ■街の規模=徒歩で1日

大河ドナウの水面に影を映す
世界一高い塔がある大聖堂の街

 ★旧市街、フィッシャーフィアテル、城壁と塔
 ★ウルムの大聖堂、ヴィブリンゲン修道院など
 ★ウルム博物館、エドウィン・シャーフ美術館など
 ★ドナウ川祭「ナバダ」など
 ★ドナウの川魚料理、シュヴァーベン料理
 ★ドナウ川、シュヴァーベンアルプ
 ★アインシュタイン、アルブレヒト・ベルリンガーなど
★ウルム大学、ベンツ研究所、サイエンスパークなど

Access
●鉄道：フランクフルト→ICE（2時間17分）→ウルム［2時間1本／€73］

Information
●観光案内所：Ulm-Neu-Ulm Touristik GmbH
MAP p.211-A 住Münsterplatz 50 ☎1612830 FAX 1611641 開9:30～18:00（日曜・祝日11:00～15:00）1～3月の土曜～16:00（クリスマス市の時は～18:00）、クリスマス市の日曜・祝日11:00～ 休1～3月の日曜・祝日 HP www.tourismus.ulm.de
●ウルムカード：市内電車やバス、街案内が無料の他、いろいろな特典がある。1日用€12、2日用€18。
●ユースホステル：MAP p.211-A外
住Grimmelfinger Weg 45 ☎384455

Route Advice
中央駅→パン文化博物館→大聖堂広場／大聖堂→市庁舎→ウルム博物館→肉屋の塔→城壁→フィッシャーフィアテル［全移動約40分］

ウルムの市外局番 ☎0731

大聖堂の左はウルムの斜塔、肉屋の塔

ランドマークは大聖堂の塔、ノイウルムまでも徒歩圏内

ウルムの旧市街は、大聖堂のある大聖堂広場を中心に、東西が1km、南北は500mほど。ドナウ対岸の*ノイウルム*を含めても南北が1kmくらいで、観光は徒歩で充分。大聖堂の塔を目印にすれば迷わない。

体力自慢の人は塔に挑戦
水辺の散歩の時間も充分に

大聖堂や市庁舎の見学、博物館や美術館めぐりとともにウルムでの楽しみは、かつて街を囲んでいた城壁やドナウの岸辺、フィッシャーフィアテル（漁師の一角）と呼ばれる運河沿いの街並を散策すること。時間に余裕のある人なら、街の周りにいくつか残る要塞や、ノイウルムに足をのばして、エドウィン・シャーフ美術館や郷土博物館、給水塔などを見学に行ってもいい。

大聖堂の塔からの眺望

ファンタスティック街道＆黒い森

211 ウルム

大聖堂 Münster ★★★
map p.211-A

●大聖堂広場前

　161.53mという世界一の高さを誇る塔と、ケルンに次いでドイツで2番目の大きさの大聖堂はウルムのシンボル。1377～1890年まで、500年以上の時をかけて建てられた。141mの高さまで768段の階段を使って上ることができる。内陣の美術工芸品やステンドグラスも必見。オルガンのコンサートも開催。

圖9:00～19:00（10～3月10:00～17:00、塔の見学時間は1時間短く、さらに土・日曜と冬期は10:00～）、クリスマス市～18:00（塔は～15:45） 休無休 入塔料：€5、17歳までの学生€3.50 ☎3799450

晴れた日には塔の上からアルプスまで見える

市庁舎 Rathaus ★
map p.211-A

●大聖堂広場から徒歩1分

　建物は1370年の建造のゴシック様式。当初は商店で、1419年から市庁舎となった。壁には昔のドナウ船などの壁画が描かれ、館内にはベルブリンガー（右下コラム参照）の飛行機の模型が展示されている。

建物の壁面には色鮮やかな壁画が

圖8:00～16:00（金曜～13:00）
休土・日曜、祝日

フィッシャーフィアテル（漁師の一角）Fischerviertel ★★★
map p.211-A

●大聖堂広場から徒歩3分

　旧市街南部の、いく筋もの川がドナウに注ぐ一帯。古い木組み家屋や水車が残るこの地域は、かつての川漁師や漁具職人の居住地で、昔の街の面影がもっともよく残されているところ。現在は川魚料理レストランやアンティークの店、工芸品の工房などが並び、街歩きの楽しさが満喫できる。

川沿いに下るとドナウ川にたどり着く

ウルム博物館 Museum Ulm ★★
map p.211-B

●大聖堂広場から徒歩2分

　ウルムや近郊の発掘品や美術工芸品などが展示され、この地方の歴史や風土を知ることができる。クレーやカンディンスキーなど、ドイツ表現派を中心とした近現代美術も展示。
圖11:00～17:00（企画展時の木曜～20:00） 休月曜、12/24・25・31 料€8 ☎1614330

とくに先史時代の発掘品のコレクションが充実

パン文化博物館 Museum der Brotkultur ★★
map p.211-A

●大聖堂広場から徒歩5分

　パンと穀類専門の博物館で、建物は以前、食塩の保存倉庫だったもの。麦の栽培、収穫に始まって、パンができ上がるまでの製造工程や道具、歴史などについての楽しい展示が続く。
圖10:00～17:00（1/1は13:00～、7月の祭日時は～13:00）
休12/24・25・31、イースターの金曜 料€4、学生€3 ☎69955

実物大のパン焼き窯などパン工場も再現

ウルム出身の著名人

ウルムは旧市街などの過去と、科学技術関係の研究所が集まった未来の2つの顔を持つ街。その先端科学技術の街ウルムを代表する偉人が、アインシュタインと、「ウルムの仕立て屋」ことアルブレヒト・ベルブリンガー。彼は1811年に人類初の飛行を試みた（ドナウに墜落）人物だ。

旧武器庫前の広場にはこんな噴水もある

ウルムの市外局番☎0731

Zur Forelle
ツア・フォレレ

名前(マス)の通り魚料理で有名。もちろん季節素材の郷土料理も。川に面したテラス席も人気。

map p.211-A　●大聖堂広場から徒歩約5分
- ■住所　Fischergasse 25
- ■TEL　63924　■営業　11:30～14:30、17:00～23:00(土曜～21:30、日曜～21:00)　■休日　無休
- ■カード　VISA, MC, DC　HP zurforelle.com

Gerber Haus
ゲーバー・ハウス

伝統的シュヴァーベン料理。マウルタッシェンのスープ、ツヴィーベルロストブラーテンなど。

map p.211-A　●大聖堂広場から徒歩約5分
- ■住所　Weinhofberg 9
- ■TEL　1755771　■営業11:30～14:30、17:30～23:00
- ■休日　無休　■カード　VISA, MC
- HP www.gerberhaus.de

Schiefes Haus
シーフェスハウス

ウルムの観光名所がホテルに

漁師の一角にある1443年建造の木組み家屋。外観はシーフェス(傾いた)の名前のとおり。館内も往時のままに保たれているが、バスルームなどは最新の設備が整う。

map p.211-A
- ●大聖堂広場から徒歩5分
- ■住所　Schwörhausgasse 6
- ■TEL　967930
- ■FAX　9679333
- ■料金　S-€109～、T-€119～
- ■部屋数　全11室
- ■カード　VISA, MC
- HP www.hotelschiefeshausulm.de

シュテルン　Stern ★★ *map* p.211-A
●大聖堂広場から徒歩7分　■Stern-Gasse 17　☎15420　FAX155299　■S-€80～90、T-€98～125

ブリックストーン　Brickstone Hostel ★ *map* p.211-B外
●ノイ・ウルム駅から徒歩12分　■Schützenstr.42　■ドミ-€19～　☎7082559　※受付10:00～11:30、17:30～19:30

ウルマー・シュトゥーベン　Ulmer Stuben ★ *map* p.211-A
●中央駅から徒歩7分　■Zinglerstr.11　☎962200　FAX 9622055　■S-€71.50～、T-€96～

ボイムレ　Hotel Bäumle ★★ *map* p.211-A
●大聖堂から徒歩2分　■Kohlgasse 6　☎62287　■S-€70～82、T-€98～112　HP www.hotel-baeumle.de

---

わがままレポート

ドイツおもちゃ街道
子供のころの夢を追って ★★

ウルムの近郊には楽しいおもちゃゆかりの街がいっぱい。城や教会見物もいいけど、しばし童心に戻って、子供のころの夢をもう一度思い出してみてはいかが?

シュトゥットガルトへの途中のゲッピンゲンGöppingenには、世界的に有名な鉄道模型製作所メルクリンMärklinの本社と、その作品を展示している楽しい博物館(圏10:00～18:00［日曜11:00～］ 闲祝日 料無料 ☎07161-608289)がある。

ウルムからRBで40分ほど北のギーンゲンGiengen(Brenz)には、テディベアファンあこがれのシュタイフがある。2005年、この工場に隣接してシュタイフ・ワールドという体感型博物館ができた。内容はかなり子供向けだが1階にはショップもあり、限定のミュージアムベアも売っている。

おもちゃではないが、ウルム南のオクセンハウゼンOchsenhausenの博物館鉄道Öchsle-bahn (1日2往復。料片道€12、往復€16。☎07352-922026)は、復活した本物のSLが走る鉄道。その西の温泉町ザウルガウSaulgau郊外のジーセン尼僧院St.Siessenは、フンメル人形の発祥の地。さらにその南のラーヴェンスブルクRavensburgはドイツおもちゃ産業の中心地でもある。

シュタイフ社の歴史とか希少ベアの展示もあるが、ぬいぐるみが仕掛けで動く体感型優勢の子供向け

SLからICEまでが走り回る夢の鉄道王国

5～10月の土・日曜、祝日に運行(7・9月は木曜も)

シュタイフ・ワールド　Die Welt von Steiff
MAP p.188-B　■Margarete-Steiff-Platz 1　☎07322-131500　圏10:00～18:00(12/24・31は～13:00、入場は閉館1時間前)　闲12/25・26, 1/1、イースターの金曜　料€10、子ども€6(6歳以下と身長125cm以下無料)　HP www.steiff.de

---

★エコノミー　★★カジュアル　★★★スタンダード　★★★★ラグジュアリー

フライブルク
FREIBURG IM BREISGAU

p.11-J ■人口=22.6万人 ■街の規模=徒歩で半日

ハプスブルク家の文化を伝える
シュヴァルツヴァルトの南玄関

- ★旧市街、城門など
- ★大聖堂など
- 古代史博物館、アウグスティーナ博物館など
- シュヴァルツヴァルト
- マリー・アントワネットなど
- フライブルク大学、関連施設

Access
●鉄道：フランクフルト→ICE（2時間5～10分）→フライブルク［1時間1～2本／€69］

Information
❶観光案内所：Freiburg Wirtschaft und Touristik GmbH & Co. KG
MAPp.214-A ✉Rathauspl. 2/4 (旧市庁舎内)
☎3881880 FAX38111498 開8:00～20:00（土曜9:30～17:00、日曜10:30～15:30）、10～5月8:00～18:00（土曜9:30～14:30、日曜10:00～12:00）休無休 HPvisit.freiburg.de
●ユースホステル：MAPp.214-B外 Kartäuserstr.151 ☎67256

ランドマークは大聖堂
旧市街の南西部は大学地域

旧市街はリンクという環状道路の内側で、500m四方ほど。市電も走っているが、旧市街だけなら徒歩でも充分。旧市街の中心は、ベルトルト通りとカイザー・ヨーゼフ通りの

市庁舎広場。右が大聖堂、左は聖マルティン教会
交差点付近で、銅像がある。レストランやショップもこの付近に集まっている。

旧市街の散策は、時が経つのも忘れてしまいそう

500年に渡ってハプスブルク家の支配下にあったフライブルクは、他のドイツの街とはひと味異なった明るい南方的な雰囲気が漂う街。大学街なので、散策中に一服するのに手ごろなカフェも多い。
街のシンボルの**大聖堂**見物。森から流れ下る清流が足元を流れる街路に沿って、カラフルな家や石造りの門塔などを眺めながらの**旧市街の散策**。忘れてならないのが**シュヴァルツヴァルト観光**。この3つがフライブルクの楽しみの基本形だ。

市電が似合うのどかな街

2つの塔が目印、ルネサンス様式の市庁舎

フライブルク Freiburg Im Breisgan
0 200m

大聖堂／大聖堂広場／カウフハウス商館 ★
Münster/Münsterplatz/Kaufhaus

map　p.214-B

●中央駅から徒歩10分

　一面に繊細な彫刻が施され、ヨーロッパでもっとも美しいゴシック建築のひとつと讃えられているフライブルクの**大聖堂**。現在の**大聖堂広場**にマーケットが開かれたのは1120年。ここに教会の建築を命じたのはツァーリンゲン大公ベルトルド5世で、着工は1200年ころ。当初は後期ロマネスクで、のちにフレンチゴシックに変更、1513年に完成した。

　堂内は中世美術の宝庫。なかでもハンス・バルトウンク・グリーンによって1516年に造られた大祭壇は見事。高さ116mの塔に上ると、旧市街やシュヴァルツヴァルトを一望できる。

　大聖堂広場を挟んで大聖堂と向かい合う、2つのとんがり屋根の赤い建物が**カウフハウス商館**。1520～30年にかけて建てられたこの街を象徴する商館だ。

＜大聖堂＞ 開10:00～17:00（日曜・祝日13:00～19:30）、ミサ中の見学禁止　休無休　料無料

塔は9:30～16:45（日曜・祝日13:00～17:00）　休11月～4/1の月曜　料€2

郊外の見どころ

シャウインスラント ★★
Schauinsland

MAP p.188-A

　市内からもっとも気軽に行けるシュヴァルツヴァルトの展望台。市電2番の終点Dorfstr.からバス21番でロープウェイ乗場へ。山上駅から10分ほど歩けば標高1284mの山頂に到着する。周囲には美しい森が広がり、ハイキングコースもよく整備されている。

HP www.schauinslandbahn.de

中央駅から山頂まで約1時間

博物館巡り ★★
Museum

map　p.214

　アウグスティーナ博物館（料€7）は、クラナッハなどの中世絵画や工芸品などをメインに展示。**古代歴史博物館**（料€4）は、ライン流域に住んでいたケルト人や古代ローマ人の発掘品を収蔵。この他、**現代美術館**（料€7）、**人類自然博物館**（料€5）、**市歴史博物館**（料€3）など、フライブルクにはユニークな博物館が多い。

開10:00～17:00（市立博物館共通）　休月曜

コロンビ公園にあるかつての宮殿が古代歴史博物館

ファンタスティック街道&黒い森

215

フライブルク

Colombi Hotel　コロンビ・ホテル
伝統と現代が調和したホテル

の隣にあるフライブルクで一番の高級ホテル。格式を感じさせる雰囲気とプールなどの諸施設も完備した機能性を併せ持つ。レストランはミシュランの星付き。

map　p.214-A
- ●大聖堂広場から徒歩7分
- ■住所　Rotteckring 16
- ■TEL　21060　■FAX　2106620
- ■料金　S-€208～、T-€269～（季節により週末割引あり。朝食付き）
- ■部屋数　全112室
- ■カード　VISA、MC、AMEX、DC、JCB

HP www.colombi.de

Zum Roten Bären　ツム・ローテン・ベーレン
ドイツ最古のホテルのひとつ

建物の建造は1120年、ホテルの営業は1311年からという700年近い伝統を誇る。郷土料理のレストランも好評で、創業以来の歴史を刻んだワイン倉が見事。

map　p.214-B
- ●大聖堂広場から徒歩5分
- ■住所　Oberlinden 12
- ■TEL　387870
- ■FAX　3878717
- ■料金　S-€79～、T-€129～（スイート€179）
- ■部屋数　全25室
- ■カード　VISA、MC、AMEX、JCB

HP roter-baeren.de

ステイン StayInn Freiburg Hostel ★★　map p.214-A
●中央駅から徒歩10分　■住所 Stühlingerstrasse 24a　☎36360573　■S,T-€58～　受付9:00～22:00（土・日曜11:00～21:00）

オーバーキルヒ Oberkirch ★★　map p.214-B
●大聖堂広場から徒歩1分　■Münsterplatz 22　☎2026868　FAX 2026869　■S-€79.40～、T-€134～

フライブルクの市外局番☎0761

★エコノミー　★★カジュアル　★★★スタンダード　★★★★ラグジュアリー

シュヴァルツヴァルト(黒い森)
バーデン・バーデン〜フェルトベルク

ドライブガイド
(Schwarzwald Hochstrasse)
黒い森高原道路を行く

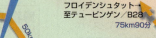

山上にある湿原に囲まれた氷河期の名残の湖。周辺一帯は自然保護地域に指定され、木道のハイキングコースが整備されている。山腹の駐車場からは、上りは徒歩約1時間30分。

マルクト広場を中心に水車の羽根状に造られた美しい街並のある、黒い森内部の中心都市。広大なクアパークでは、毎年7月にグルメの祭「ルクル」が開催される。

バート・ヴィルトバート→
至ブフォルツハイム／B294
25km30分

バート・ヴィルトバート
Bad Wildbad

フロイデンシュタット→
至テュービンゲン／B28
75km90分

N

50km50分

40km60分

ヴィルトゼー

Wildsee

25km40分

トラウベ・
トーンバッハ

フロイデンシュタット
Freudenstadt

B294
15km20分

ザックマン
H

H

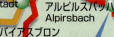
Alpirsbach

ゲロルト
ザウアーの滝
Geroldsauer
Wasserfall

バーライス

バイヤスブロン
Baiersbronn

バーデン・バーデン→
至カールスルーエ／BAB5
45km30分

B500
40km50分

ムンメルゼー
Mummelsee

25km30分
B28

25km30分 B33

バーデン・バーデン

Baden-Baden
→p.190参照

黒い森高原道路
Schwarzwald
Hochstrasse

修道院の教会、古くから醸造されているビール、ガラス工芸で有名な町。町の中心近くにあるガラス工房は見学が可能、ショップも併設されている。

グータッハ→
至オッフェンブルク／B33
35km40分

バーデン・バーデンから少し山に入ったところにある。道路からは、川に沿った森の中の道を30分ほど歩く。黒い森では珍しく落葉樹が多く、新緑や黄葉が美しい。

高原道路のすぐそばにある、森に抱かれた小さな湖。湖畔にはレストランやみやげ物店、広い駐車場(無料)のほか、ボートや遊歩道も整備されている。

黒い森高原道路の中でも、稜線上を走るこの付近の眺望が最もすばらしい。モミやトウヒなどの針葉樹林とその間に広がる草原を縫って、爽やかな高原ドライブを満喫できるところだ。

アクセス

●車：ここで紹介する黒い森高原道路Schwarzwald Hochstr.は、黒い森パノラマ街道、バーデンのワイン街道、ドイツ時計街道などと交差しながら、黒い森のほぼ中央を南北に縦貫する道。バーデン・バーデンから入るのが一般的だが、黒い森の北側のBAB 8、西側のBAB 5、東側のBAB81の3本のアウトバーンからのアクセスルートもある。B500の大部分と、途中で交差するB28、B33、B31などの幹線道路は、山中の道とはいえ完全2車線で走りやすい。急坂や急カーブが連続して注意したいのは、バーデン・バーデンの町外れと、トリベルク、フロイデンシュタットの町の前後。冬季は雪が深く、チェーンが必要な場合もある。
●鉄道：フランクフルト方面からフロイデンシュタットへは、シュトゥットガルト経由で約2時間50分。トリベルク〜ドナウエッシンゲン〜コンスタンツ方面へは、オッフェンブルクからIREかREに乗り換えると直通で移動できる。ティティゼーへはフライブルクからRBで38分。すべての町を電車とバスだけで移動するのは難しい。

黒い森野外博物館Schwarzwalder Freilichtmuseum Vogtsbauernhofは、郊外の国道沿い（B33）にあり、この地方の古い民家など展示する野外博物館。レストラン、みやげ物屋も並ぶ。
〔☎07831-93560 ◎9:00～18:00（8月～19:00）入場は1時間前まで ◎11月上旬～3月下旬 ⓢ€10（学生€9）〕 Ⓗ www.vogtsbauernhof.de

■シュヴァルツヴァルト（黒い森）

森林浴発祥の森として知られ、欧州ではリゾート地として人気が高く、スポーツを楽しむ人も多い。特産品として鳩時計や木工工芸品、郷土料理ではマスなどの川魚料理や生ハム、季節により野生の鳥獣肉（ヴィルト）を使ったジビエ料理が有名。サクランボから作ったキルシュヴァッサー（蒸留酒）や、シュヴァルツヴァルダー・キルシュトルテ（ケーキ）も美味。※この地区ではシュヴァルツヴァルト・カード［3日間有効 ⓢ€39.50、ファミリー（大人2人＋17歳までの子ども3人まで）€119、ユーロパーク1日分含む€70（ファミリー€245）］を利用するとお得。100以上の博物館などが無料になる。各町のⒾで購入しよう。Ⓗ www.schwarzwald-tourismus.info

ドナウ・エッシンゲン→
至コンスタンツ／BAB81
85km60分

ドナウエッシンゲン
Donaueschingen

黒い森から流れ下るブリガッハ川とブレーク川にドナウ源泉の水が合流して、悠久の大河ドナウはこの街から流れ始める。フュルステンベルク侯爵の宮殿（写真はドナウの泉）や市教会なども有名。

周辺に特産の時計工房やショップが多く、7段からなるドイツ最長の滝（163m）でも有名［●料金所から徒歩10分 ◎9:00～18:00（天候によって～19:00）、冬期は天候による。ⓢ€5、学生€4.50 Ⓗ www.triberg.de

街の中心近く。古代から21世紀までの世界中の時計約8500点を展示している時計博物館［☎07723-9202800 ◎9:00～18:00（11～3月10:00～17:00）⊘無休 ⓢ€6、学生€5］がある。
Ⓗ deutsches-uhrenmuseum.de

40km40分

グータッハ
Gutach

トリベルク
Triberg
B500

Hヴェーレ

10km15分
B33

フルトヴァンゲン
Furtwangen

B500
35km40分

B31
40km55分

ヘクセン
ロッホ

ティティゼー
Titisee

ティティゼー→
至チューリヒ
（スイス）／B500
95km100分

50km60分

グータッハ→
至フライブルク／B294

カンデル／Kandel

シュルッフゼー
Schluchsee

標高1242mの展望台で、冬はゲレンデになるところ。途中のヘクセンロッホには、珍しい2連の水車が現役で働いている。西側からの上り坂は、急坂、急カーブが連続する。

ティティゼー→
至フライブルク／B31
35km35分
B31

15km25分

フェルトベルク
Feldberg

B317
70km90分

フェルトベルク→
至バーゼル（スイス）／B317

フライブルク
→p.214参照

黒い森の最高地点で、標高は1493m。広々とした眺望を満喫できる山頂までは、駐車場からリフトで約10分、徒歩で30分ほど。山頂からはハイキングコースが整備されている。

車でも鉄道でも容易に行け、黒い森南部観光の中心地となっている。湖面には遊覧船やボートが行き交い、北岸周辺には数多くのホテルや土産物店が集まり人気のカフェもある。

ファンタスティック街道＆黒い森

217

シュヴァルツヴァルト

シュヴァルツヴァルトのホテル

ヨーロッパ有数のリゾート、シュヴァルツヴァルトは森林浴発祥の森で、随所に温泉も湧いている。森に抱かれた高原や温泉街では、快適なホテル探しに事欠かない。

↑シュヴァルツヴァルトシュトゥーベは小メニュー€180〜
←全ての部屋がバルコニー付き

Hotel Traube Tonbach
トラウベ・トーンバッハ

自然とグルメとレジャーを満喫

知識豊富なソムリエもいる

木調のインテリアをベースに、屋内&屋外プールやサウナ、エステ&スパといった設備を完備。テニスはもちろん、近隣のゴルフコースとも提携。さらにミシュランの3つ星レストランSchwarzwaldstubeを併設するなどドイツ指折りの名ホテルだ。接客もすばらしく、客数に比して多めの従業員300人を配置している。2013年に改装、拡張された。

map p.216
- ●バイアスブロン駅から車で8分
- ■住所　Tonbachstrasse 237
- ■TEL　07442-4920（Schwarzwaldstubeは夏期休暇有。早めに予約を）
- ■FAX　07442-492692
- ■料金　S-€179〜249、T-€249〜719
- ■部屋数　全153室
- ■カード　VISA, MC, DC, JCB
- HP www.traube-tonbach.de

Parkhotel Wehrle
パルクホテル・ヴェーレ

文豪が好んだ料理を食すグルメ・ホテル

シュヴァルツヴァルトのほぼ中央に位置するトリベルクにある。近くには、森の民家を何軒も集めた野外博物館や時計博物館もあり、シュヴァルツヴァルト観光の中心地だ。このホテル・ヴェーレの建造は1707年。館内の随所に昔の田舎の館の面影が残る、伝統あるホテル。郷土料理レストランで供される森の川魚料理が有名で、かの文豪ヘミングウェイが毎日ディナーに食べ続けたというマスのコースメニューを味わうことができる。

客室にはアンティークの家具が

プールやサウナを完備している

map p.217
- ●トリベルク駅から徒歩10分
- ■住所　Garten Str. 24
- ■TEL　07722-86020
- ■FAX　07722-860290
- ■料金　S-€85〜、T-€155〜（5歳までの子どもは無料）
- ■部屋数　全52室
- ■カード　VISA, MC, AMEX, DC, JCB
- HP parkhotel-wehrle.de

Bareiss
バーライス

爽やかな高原リゾートホテル

街郊外の緑の丘に立つ高原リゾート。ゆったりとした客室。異なった内容の5つのレストランや一年中楽しめる温泉プールなど、各種施設が充実している。

map p.216
- ●バイアスブロン駅からバス5分
- ■住所　Hermine-Bareiss-Weg 1
- ■TEL　07442-470
- ■FAX　07442-47320
- ■料金　S-€254〜、T-€500〜（朝・夕食付き）　■部屋数　全99室
- ■カード　レストラン&ブティック　VISA, MC, DC／ホテル　ECあるいはチェックのみ
- HP www.bareiss.com

Hotel Sackmann
ザックマン

ミシュランの2つ星レストランが自慢

牧歌的環境でじっくり堪能したいのはその独創料理。郷土料理をベースに地中海風やアジア風などさまざまなアレンジ。4コースメニュー€135。

map p.216
- ●S41 Karlsruheから約1時間20分、Schwalzenbergから徒歩2分
- ■住所　Murgtalstr. 602
- ■TEL　07447-2890
- ■FAX　07447-289400
- ■料金　S-€98〜、T-€152〜（朝・夕食付き）
- ■部屋数　全66室、アパートマン7室
- ■カード　VISA, MC, AMEX, DC, JCB
- HP www.hotel-sackmann.de

★エコノミー　★★カジュアル　★★★スタンダード　★★★★ラグジュアリー

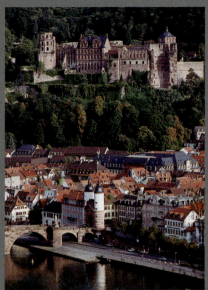

「哲学者の道」から望むハイデルベルク城と旧市街

エリア 7

古城街道
ハイデルベルク
シュヴェービッシュ・ハル
ニュルンベルク
バンベルク
バイロイト
クルムバッハ
ハイルブロン

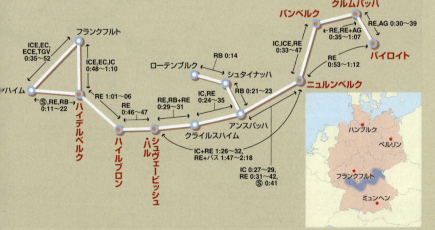

古城街道

ドイツにある古城は、総数約2万という驚くべき数。中でもこの古城街道、特にネッカー川の流域は数多くの古城が集まっている地域だ。跳ね橋が架かる深い濠やベルクフリートと呼ばれる高い塔がそびえる、中世の戦闘用の城。夜毎華麗な舞踏会が催された、優美な近世の王侯貴族の宮殿。騎士たちの夢の名残りを留める数多くの古城が、中世への旅人を待ち受けている。

マンハイムからチェコのプラハに至る約1000kmの古城街道の旅では、古城めぐりや武器や甲冑を展示した博物館見学はもちろんのこと、伝説を今に伝える劇や祭にも参加してみたい。ロマンチックな古城ホテルで過ごす一夜も、旅の思い出に忘れ難い印象を刻んでくれるはずだ。

ハイルブロンの聖マリア教会

アドバイス

旅行シーズン 旅のベストシーズンは、気候も良く、さわやかな5月〜9月。この時期には各地で演劇や音楽祭、ワインやビールの祭りも開催されるので、イベントに合わせて旅行スケジュールを組むのも旅の楽しみのひとつ（祭の日付は年によって変わることもあるので、事前に観光局などで確認を）。もっとも、冬にもクリスマス市などのイベントがあり、冬枯れの木立の中にたたずむ古城もなかなかの風情。ただし、一部の古城ホテルなどには冬季休業するところもあるので、注意が必要だ。

KEYーワード

鉄腕ゲッツ [ゲッツェンブルク、ホルンベルク]

戦いで失った右腕の代わりに鉄の義手を付けて戦闘に臨んだことから「鉄腕ゲッツ」と呼ばれた、ゲッツ・フォン・ベルリヒンゲン男爵。ゲーテの戯曲の主人公として描かれた、ドイツで最も高名な騎士。特に自由を求めつつも獄死するラストシーンは、多くの人々に感銘を与えた。実際の「鉄腕ゲッツ」は、1480年にゲッツェンブルクで生まれ、ホルンベルクで82歳の天寿を全うした。

ホルンベルクのゲッツ肖像

騎士や貴族の爵位

騎士達に与えられる爵位は、基本的に公爵、侯爵、伯爵、子爵、男爵の5種類で、この並び順に従ってランクが高い。さらに特別な身分や役職を加えて呼ばれることもある。例えば選帝侯とは、神聖ローマ帝国皇帝を選挙する権利を有する侯爵家のこと。ファミリーネームの前にフォン（VON）という称号が付く人々は、貴族の一員を意味している。

城の名称

ドイツ語でお城を意味する言葉は、ブルク（Burg）、シュロス（Schloss）、レジデンツ（Residenz）の3種類。このうちブルクは、おもに古い時代の戦闘時の防御用の城を指し、住居として建てられた城をシュロスと呼ぶことが多い。レジデンツは、17～18世紀以降に市街地に建てられた大宮殿のことをいう。

古城街道のワインとビール

古城街道の西半分、ハイルブロンを中心としたネッカー川流域や、ボックスボイテルと呼ばれる独特の丸っぽいボトルで有名なフランケン地方は、ドイツではライン、モーゼルに次ぐワインの産地。この地の主流は白のトロッケン（辛口）タイプ。

ヴュルテンベルガーの白ワイン

一方、古城街道の東側はビール文化圏。ドイツでも有数のビールの街、クルムバッハや、薫製ビールで知られるバンベルク、ピルスナータイプ発祥の地であるチェコのプルゼニュ（ピルゼン）など、世界的に有名なビールの産地が連なっている。

リヒャルト・ワーグナー

1813年ライプツィヒに誕生。同年父が亡くなり、翌年の母の再婚相手は俳優だった。彼は21歳で音楽監督になり、『タンホイザー』、『ローエングリン』、『ニュルンベルクのマイスタージンガー』など次々とオペラを発表。1835年に女優ミンナと結婚するが、指揮者で弟子にもあたる友人の妻コジマに恋をし、人妻の立場のまま3人の子どもを生ませる。彼女らの名はエバ、イゾルテ、ジークフリートとそのまま劇中に登場する。1872年バイロイト音楽祭が始まった年に、二人は再婚。リストの娘のコジマは、166cmのワーグナーに対し大柄で、年も娘のように離れていたが、彼の最大の理解者だった。ワーグナーは1883年死亡。ルートヴィヒ2世は彼の作品に心酔し、バイロイトの博物館には彼がオペラに出演した写真もある。熱狂的ファンが多くバイロイト音楽祭の人気は高い。

ハイデルベルクのコルンマルクト

Burgen Strasse
古城街道

●アクセス

　鉄道の便がいいのは、フランクフルト直行のICEやICで結ばれているマンハイム、ハイデルベルク、ニュルンベルク。他の街へはこの3都市を起点にローカル鉄道やバスを乗り継ぐことになる。ICE停車駅のシュトゥットガルトからハイルブロン、シュヴェービッシュ・ハルへ、同じくヴュルツブルクからローテンブルク、アンスバッハ、バンベルクなどに向かうルートもある。
　5月中旬～9月下旬には、ローテンブルク～ニュルンベルク間に、OVFフランケン社のバスがそれぞれ1日1往復運行している。
　ネッカー川には船便もあり、ハイデルベルク～ハイルブロン間で利用できる。（詳細はp.230参照）。

ドイツ7大街道（ドイツ全図）

ハンブルク
ベルリン
フランクフルト　古城街道
ミュンヘン

「哲学者の道」から眺めたハイデルベルクの旧市街。城は街の東端の丘の上に建っている

- マンハイム Mannheim
- ハイデルベルク Heidelberg p.224参照
- ネッカーゲミュント Neckargemünd
- エーベルバッハ Eberbach
- ハイルブロン Heilbronn p.244参照
- シュヴェービッシュ・ハル Schwäbisch Hall p.232参照
- ローテンブルク Rothenburg p.124参照
- アンスバッハ Ansbach
- ニュルンベルク Nürnberg p.233参照
- エルランゲン Erlangen
- フォルヒハイム Forchheim
- バンベルク Bamberg p.238参照
- コーブルク Coburg p.223参照

ハイルブロンはこの地方最大の街で、ワインの集積地。毎年9月には盛大なワイン祭が催される

ドイツの小ヴェネツィアとうたわれるバンベルク。橋上の旧市庁舎が有名

街道のハイライト。クリスマス市、ソーセージ、おもちゃなどが有名

エーレンブルク宮殿内、中央肖像画はエルンスト1世

松ぼっくりを燃料に焼く名物ソーセージ。ドイツ一おいしいという評価も

Coburg　コーブルク
MAP p.220-B

　古城街道のほぼ中央だが、人口わずか4.1万人、交通の便がやや悪いこともあって北バイエルンの秘都とも呼ばれる。しかし、歴史的に欧州各国王室と縁が深かったことから、宮殿や城が4つもある隠れた観光名所。最大の見所は街の東の丘に建つコーブルク城 Veste Coburg。ドイツ有数の規模を誇り、甲冑などの武具はもちろん、デューラーやクラナッハの絵画コレクションもある。また丘の麓、旧市街には、この地を治めた公爵家の居城だったエーレンブルク宮殿 Schloss Ehrenburg がある。3翼の豪奢なバロック様式で、公爵家次男が結婚したヴィクトリア女王の部屋も見どころ。

DATA
●鉄道駅から徒歩10分　㊒Herrngasse 4
⏰9:30～17:30（土曜10:00～14:00）　🚫日曜
☎09561-898000　🌐www.coburg-tourist.de

チェコまで延びた古城街道
　ヘプからはチェコ領だが、かつて同じ神聖ローマ帝国に属するなど、共通の古城文化を持つことから同じ街道として紹介している。特にプラハ（p.244）のプラハ城は圧倒的な規模と威厳をもってプルタヴァ川の上にそびえ、この街道のフィナーレを飾るにふさわしい。

カルロヴィ・ヴァリ Karlovy Vary
クルムバッハ Kulmbach　p.244参照
ヘプ Cheb
チェコ領
プラハ Praha　p.244参照
マルクトレドヴィッツ Marktredwitz
バイロイト Bayreuth　p.242参照
プルゼニュ Plzeň

ワーグナーのファンであれば一度は訪れてみたい街。祝祭歌劇場は一見の価値がある

[古城街道のイベントカレンダー]

2月　四旬節のカーニバル（各地）

3月　ゾンマータークト（ハイデルベルク）

4月　復活祭（各地）

5月　ヴァルハラ・ビール祭（エバーマンシュタット）、聖体降臨際のプロセッション（フランケン地方各地）、マイスタートゥルンク歴史祭（ローテンブルク）、菓子と泉の祭（シュヴェービッシュ・ハル）、騎士の夕べ（ニュルンベルク）

6月　城の花火大会（ハイデルベルク7月、8月にも開催）、ネッカー川祭（ハイデルベルク）、演劇祭（ディンケルスビュール～8月）

7月　ロココ祭（アンスバッハ）、旧市街祭（クルムバッハ）、音楽祭（バイロイト～8月）、ビール祭（クルムバッハ～8月）

8月　シュロス・フェストシュピール（ハイデルベルク）、バッハ音楽祭（アンスバッハ隔年）、古城音楽祭（ツヴィンゲンベルク）、ザンクトキルヒヴァイ（バンベルク）、フォルクスフェスト（ニュルンベルク）、ツンフトマルクト（バート・ヴィンプフェン）、帝国自由都市祭（ローテンブルク）

9月　ワイン祭（ハイルブロン）、秋祭とワインビレッジ（ハイデルベルク）、旧市街祭（ニュルンベルク）、モーツァルト音楽祭（シュヴェッツィンゲン宮殿）

10月　収穫祭（各地）

11月下旬～12月下旬　クリスマス市（ハイデルベルク、ローテンブルク、ニュルンベルク、コーブルクなど各地）

HEIDELBERG
ハイデルベルク

p.11-G　■人口=16万人　■街の規模=徒歩で2日

**大勢の優れた学者を輩出し
多くの詩人に賞賛された街**

- ★ 旧市街
- ★ プファルツ選帝侯博物館など
- ★ ハウプト通り
- ★ 多くの学者や文化人、ノーベル賞受賞者が7人
- ★ 聖霊教会、イエズス教会など
- ★ ハイデルベルク城
- ★ バーデンワイン
- ★ ハイデルベルク大学、旧校舎、学生牢、大学図書館など

哲学者の道から眺めた、城と川と旧市街

「哲学者の道」で思索にふけり、学生酒場で盛り上がろう

　世界的に有名な観光地としての熟成も進み、名所見物、郷土料理レストラン、ショッピングと、観光客のさまざまな要求に応えてくれる充実した内容を持つ街。城や博物館などの見どころも多いので充分な見学時間が必要。だがそれ以上に、学生街ならではの自由でフレンドリーな雰囲気を味わう時間（哲学者の道や大学街周辺の散策、学生酒場での宴会など）を充分に用意しておきたい。

Access

●鉄道：フランクフルト→EC、IC（52～55分）→ハイデルベルク［1時間1本／€23］
●バス：フランクフルト空港→エアポート・シャトルバス（約60分）→ハイデルベルク・クラウンプラザホテル［片道€25、往復€46］
HP Frankfurt-airport-shuttles.de

Information

観光案内所：Tourist Information
＜中央駅前＞MAPp.224-A外 住Willy-Brandt-Platz1 ☎5844444 FAX584644444 開9:00～19:00（日曜、祝日10:00～18:00）、11～3月は9:00～18:00（12/24・31～13:30） 休11～3月の日曜、祝日、12/25 ＜市庁舎内＞MAPp.225-C 住Marktplatz 10 開8:00～17:00 休土・日曜、祝日、12/24・31 ＜ネッカームーンツ広場＞MAPp.225-C 住Neckarmünzplatz 開9:00～18:00（日曜、祝日と11～3月10:00～17:00） 休1～3月 ●ハイデルベルクカード：市内交通と城、学生牢、博物館など観光施設の入場料が無料または割引に。1日券€15、2日券€17、家族2日券（大人2名・子ども3名まで他）€36など。購入は❶などで。
HP www.heidelberg-marketing.de ●トラムとバス：1回券€2.60、1日券（個人€6.70、2人€9.40、5人€17.50） ●ユースホステル：MAPp.224-A外 ●バス32番ほかで→31番に乗換 住Tiergartenstr.5 ☎651190

街のしくみ
**旧市街だけなら徒歩で充分
中央駅からは市電かバスで**

　旧市街は中央駅から多少離れている。駅前から5、21番の市電でBismarckplatzへ、または32番のバスでUniversitätsplatzへ行くのが便利。直接城へ向かう際は、33番のバスのBergbahnで下車しケーブルカーで。
街で最古のカフェ・クネーゼルKnösel（MAPp.225-B）の名物チョコ「学生のキス」

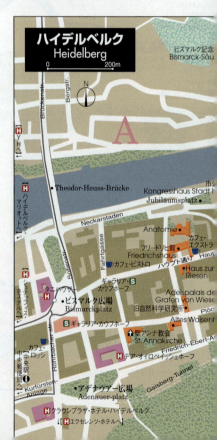

ハイデルベルク
Heidelberg
0　　　200m

大講堂は1885年に創立500年を記念して建造

ハイデルベルク大学 ★★
Heidelberg Universität
map　p.225-B

●マルクト広場から徒歩5分

　1386年、プファルツ選帝侯ループレヒト1世により創立された、600年以上の歴史を誇るドイツ最古の大学。

　観光客でも見学可能な施設は、旧校舎Alte Universität、大学図書館Universitätsbibliothek、学生牢など。大学広場を挟んで、北側には1712～1728年に建てられた旧校舎、南側には1931年に建てられた新校舎がある。

＜大学図書館展示室＞ Plöck107-109
開10:00～18:00　休祝日　無料　☎542393

ハイデルベルクの市外局番 06221

壁や天井などに描かれた学生たちの芸術作品（!?）

学生牢 ★★★
Studentenkarzer
map　p.225-B

●マルクト広場から徒歩5分

　かつてドイツの大学には独自の裁判権を有し学生牢が存在した。旧校舎の地下にあった牢が、1778年に裏手のアウグスティーナ小路に移転され、1914年まで使用されていた。昔の牢は悲惨だったらしいが、移転後は牢内でもかなり快適な生活を送っていたようで、入牢が一種のステイタスになっていたらしい。

開10:00～18:00（11～3月～16:00、カーニバルの火曜～12:00）　休11～3月の日曜（日曜は講堂のみ休館）　料€3、学生€2.50（講堂、大学博物館の入場も含む。ハイデルベルクカードで割引）

☎543554

古城街道

わがままレポート

ハイデルベルク城
Schloss Heidelberg
map p.225-C ★★★

ゲーテも愛したドイツ屈指の荒城のロマン

ネッカー川を挟み、旧市街を手前にケーニヒシュトゥールの北斜面中腹にそびえるこの城の雄姿は、各種観光ポスターなどにも起用される。まさにこの街を象徴するドイツ有数の観光名所だ。もっとも、ここはひとつの城というより、城壁と塔、庭園、そして代々の選帝侯が中庭を囲むように建てた城館の集合体とでもいうべき城で、元々は城砦として13世紀頃建てられたといわれる。17世紀の三十年戦争以降、プファルツ継承戦争の舞台となるなど破壊と再建を繰り返し、落雷と火災のあと18世紀には廃墟として石切り場に成り果てた。しかし19世紀頃から荒城のロマンに魅せられた人々により現状維持保存の努力がなされ、1903年にはフリードリヒ館、1934年にはゴシック内装による婦人館王の間などが復元され現在に至る。

お城へは麓から徒歩かケーブルカーを利用。徒歩の場合、ケーブルカー駅に向かって左手に階段と坂道があり、階段を登ると城正面、坂道を辿るとテラス横の入口にたどり着く。城正面からは、チケット売り場の左手にオーディオガイド貸し業者もありわかりやすい。

一般入場券で見学できるのは、中庭と美しい城庭園、旧市街の眺めがすばらしいフリードリヒ館裏手のテラス、世界最大規模で直径7m、長さ8.5m、約22万2千ℓのワインの大樽、そして薬事博物館だ。婦人館王の間や、フリードリヒ館内のチャペルなど、城館の内部の見学には別途ガイドツアー（別料金）に参加する必要がある。また夏季には中庭の舞台でコンサートや戯曲を上演するなど文化施設としても利用されている。

❶中庭から見たフリードリヒ館。この向こうがテラス

❷地下にあるワインの大樽 領民から税として集めたワインの貯蔵に使用。130本の樫の幹が使われたという。実際に使用された木樽としては世界最大。隣の販売所にグラス付きワイン（€4、グラスのみは€2.5）あり

❸樽正面のペルケオ像 大酒飲みの道化師で、この樽の番人だった。隣の仕掛け時計の取っ手を下に引くとサプライズが

❹テラスの足跡 王妃と不貞にあった若い騎士が、部屋の窓から飛び降りて逃げるとき出来た跡とか。サイズが合う人は遊び人という

❺城門の取っ手 ヒビが入っている。伝説では、王がこれを噛み切った者に城を明け渡すと布告すると、最後に魔女が現れ噛み切ろうとしたが果たせなかった

❻文豪ゲーテも座ったという庭園の石造りのベンチ

❼崩れたままの火薬塔 17世紀フランス軍により爆破されたといわれている

❽薬事博物館 10のテーマに別れ、5室目の薬の材料部屋には、ハリーポッターに登場するマンドレイクも展示されている

DATA
● 中央駅→Rathaus/Bergbahn（バス33番で約15分）下車後徒歩10分、またはマルクト広場から徒歩15分
⌂ Schloss Heidelberg ☎658880 ⏰8:00～18:00（最終入場17:30 12/24・31は～13:00） 休12/25（中庭はOK） €一般入場（登山電車往復料金込）：€7（学生€4）
※ハイデルベルクカードで無料
◆英語による城館内ガイドツアー 11:15～16:15（1時間毎、11～3月の平日は11:15、12:15、14:15、16:15の4回）城館内ガイドツアー：€5、学生€2.50 ※ハイデルベルクカードの割引はなし
◆薬事博物館 10:00～18:00（11～3月は～17:30）（入館は閉館20分前まで、12/25休）
HP www.deutsches-apotheken-museum.de

現在の橋は5代目で、初めて石で造られた橋

プファルツ選帝侯博物館 ★★
Kurpfälzisches Museum
map　p.225-B

●マルクト広場から徒歩10分

　ハイデルベルク周辺で発掘された古代の収集品や、リーメンシュナイダー作『十二使徒祭壇』など、中世からロマン派にかけての美術品が展示されている。建物自体も1712年に建てられた当時の代表的な邸宅、パレ・モラスで、豪華な宴会場や応接間などはじつに見事。カフェのある入口は中庭を通り抜けた奥だ。

🕐10:00～18:00　休月曜、5/1、12/24・25・31、1/1、カーニバルの火曜　料€3、学生€1.80（ハイデルベルクカードで割引）　☎5834020

カール・テオドール橋～哲学者の道 ★★
Karl-Theodor-Brücke～Philosophenweg
map　p.225-B

●マルクト広場から哲学者の道まで徒歩20分

　旧市街から哲学者の道に向かう際に渡るのが、通称アルテ・ブリュッケ（古い橋）と呼ばれるカール・テオドール橋。橋と橋門が造られたのは1788年。対岸に渡り、細くて急なシュランゲンヴェークを登ったところが「哲学者の道」で、四季折々の花や樹木に彩られた気持ちの良い散歩道だ。ここからの城と旧市街の眺めは戯曲『アルト・ハイデルベルク』の世界そのものだ。

右手奥の絵は「十二使徒祭壇」リーメンシュナイダー作

郊外の見どころ
神聖ローマ帝国の皇帝たちが眠る「カイザードーム」

　1981年に世界遺産に登録されたシュパイヤー大聖堂 Dom zu Speyer。全長134m、世界最大のロマネスク様式建造物だ。4つの塔と大きな石造りのアーチ天井が特徴で、その優雅さもドイツ随一。皇帝コンラート2世の命により自らの墓所として1030年頃起工、その後も後継の皇帝やドイツ王が葬られた。地下霊廟では、その棺を拝観することが出来る。

MAP p.220-A　●ハイデルベルク中央駅→SpeyerHbf（S3で約50分）下車後バス→Domplatz（565番で約10分）または中央駅から直通の717番バスで1時間30分　🕐9:00～19:00（日曜12:00～17:00）11～3月は9:00～17:00　☎06232-102118　料地下霊廟€3.50

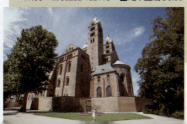

街角ワンショット
写真撮影とその穴場ポイント

　景観を楽しみながら撮影の散策には、午前中に城へ行き、哲学者の道は夕方にしたほうがいい。その理由は、城のバルコニーから眺める旧市街、哲学者の道からの橋や城は、これらの時間帯が順光で、景色がもっとも美しく見えるときなのだ。また、日本人旅行者があまり行かない穴場といえば、山上のテレビ塔と、聖霊教会の塔の上。ともに市街地を見渡す格好の展望台となっている。

テレビ塔はケーブルカーの終点から徒歩3分

ハイデルベルクの市外局番☎06221

Check-Check! おみやげ探しのデパート活用法

ハイデルベルクはフランクフルトから近く、旅の最初か最後になることが多い町。ここでおみやげをまとめ買いする人も多い。そこで活用したいのが庶民的なデパート、ギャラリア・カウフホーフだ。一見、観光客には縁のない地元向けのデパートだが、実は中規模以上の店舗には、必ずおもちゃ売り場にシュタイフのぬいぐるみが、文具売り場にはモンブランやラミーが、キッチン売り場にはWMFやフィスラー、最近人気のNICIも、アクセサリー売り場で見つかる。気になる免税だが、会計後まとめてサービスセンターで手続きしてくれるので、専門店ほど品揃えは豊富ではないが、安価に効率よく探せる。また最上階はセルフサービスのレストランになってる。

❶ドイツ全土、ほぼどこにでもあるデパートなので利用価値大。Kuchenprofi社の実用おみやげの定番、❷ビーラーと❸エッグタイマー。チョコは❹「Reger」「Heilemann」「Schwermer」「Asbach」などがドイツ製。❺NICIも必ずある

MAP p.224-A
■GALERIA Kaufhof ■Hauptstr. 30 ■9:30～20:00 ■日曜 ※Bismarckplatzにもある。

Schnookeloch
シュノーケロッホ
場の雰囲気で酔いたい老舗学生酒場

1703年創業、学生が集まる老舗酒場。木製テーブルの落書きや壁に飾られた記念写真など雰囲気満点。マックス・ウェーバーも常連だった。宿も併設。

map p.225-B
●マルクト広場から徒歩5分
●住所 Haspelgasse 8
●TEL 138080
■営業 11:30～24:00（金・土曜～翌1:00）
■休日 無休
■カード VISA、MC
■HP www.schnookeloch-heidelberg.de

Zum Roten Ochsen
ツム・ローテン・オクセン
戯曲『アルト・ハイデルベルク』に描かれた酒場

1703年創業の学生酒場兼郷土料理レストラン、大学コーラス部員の溜まり場だった店。日本語メニューもあるが、団体に占拠されることも多い。

map p.225-C
●マルクト広場から徒歩4分
●住所 Haupt Str.217
●TEL 20977 ●FAX 164383
■営業 17:00～ 最長で23:00（4月中旬～10月下旬）11:30～14:00も営業。食事のLO21:30)
■休日 日曜、祝日
■カード VISA、MC
■HP www.roterochsen.de

Vetter Alt Heidelberger Brauhaus
フェッター・アルト・ハイデルベルガー・ブラウハウス
11.7％、世界有数のアルコール度数の高いビールに挑戦

店内に置かれた巨大な醸造釜からできたて生ビールが楽しめるビア・レストラン。料理も格安で、ボリュームたっぷり。予約するのがおすすめ。

map p.225-B
●マルクト広場から徒歩1分
●住所 Steingasse 9
●TEL 165850
■FAX 165857
■営業 11:30～24:00（金・土曜～翌2:00）※料理～23:00)
■休日 無休
■カード VISA、MC、AMEX、DC、JCB
■HP www.brauhaus-vetter.de

KulturBrauerei
クルトゥアブラウエライ
すぐとなりが醸造所。新鮮オリジナルビールを

料理は郷土料理。自家醸造所がすぐ隣。普通のピルス以外にも、ヤーレスツァイトを頼めば四季折々の新鮮ビールが楽しめる。ビン詰め持ち帰り可。

map p.225-C
●バス11番Neckarmünzgpl.から徒歩1分
●TEL 502980
■住所 Leyergasse 6
■営業 7:00～10:30（朝食、日曜8:00～）、11:30～最大で24:00（食事のLO22:00～23:00)
■休日 12/24
■カード €50以上で可。VISA、MC、EC
■HP www.heidelberger-kulturbrauerei.de ※ホテルも併設。

ハイデルベルクの市外局番☎06221

●～€15 ●●€15～25 ●●●€25～50 ●●●●€50～

Romantikhotel Zum Ritter St.Georg
ツム・リッター・ザンクト・ゲオルク

観光名所がロマンチックホテルに

建物の創建は1592年。17世紀にたてつづけに起こった30年戦争とプファルツ継承戦争で街は壊滅的な被害を被ったが、その戦禍を免れた、ハイデルベルクに現存する最古の民家。ホテルとしての創業は1705年で、300年以上続く老舗ホテル。後期ルネサンス調の建物は、ユグノー派でフランスから亡命してきたシャルル・ベリエにより建てられたもので、フランスの雰囲気を伝える優雅な姿。北側の部屋からは目の前に聖霊教会が、南側の部屋からは城を間近に眺められる。建物の内部見学を兼ねて訪れる人も多い郷土料理のレストランでは、シュヴァルツヴァルトの伝統的な鳥獣肉料理（野生の鹿や猪、兎などを使った料理）の人気が高い。

ひと部屋ごと異なるエレガントな客室

ツム・リッター（騎士の家）の名はファサード上部を飾る騎士像に由来

map p.225-B
- ●マルクト広場前
- ■住所　Haupt Str.178
- ■TEL　705050
- ■FAX　70505150
- ■料金　S-€79〜、T-€152〜、変動制
- ■部屋数　全37室
- ■カード　VISA, MC, AMEX, DC, JCB
- HP www.hotel-ritter-heidelberg.com

Heidelberg Marriott Hotel
ハイデルベルク・マリオット・ホテル

ネッカー川に臨む高級ホテル

旧市街からは多少遠いが、中央駅に近く、評判の高いビール＆ワイン酒場もある。アクセスは便利。プールやフィットネスセンターなどの施設も充実している。

map p.224-A外
- ●マルクト広場から徒歩と市電で約25分
- ■住所　Vangerow Str.16
- ■TEL　9080
- ■FAX　908660
- ■料金　S・T-€136〜、変動制
- ■部屋数　全234室
- ■カード　VISA, MC, AMEX, DC, JCB
- HP www.marriott.com

Der Europäische Hof
デア・オイロペイッシェホーフ

街一番の豪華で優美なホテル

ハイデルベルク最高級のホテル。ホールから客室までヨーロピアンテイストのエレガンスが漂う。噴水のある中庭や、17世紀の様式で造られたレストランが好評。

map p.224-A
- ●マルクト広場から徒歩15分
- ■住所　Friedrich-Ebert-Anlage 1
- ■TEL　5150
- ■FAX　515506
- ■料金　S-€139〜、T-€228〜、変動制
- ■部屋数　全117室
- ■カード　VISA, MC, AMEX, DC
- HP www.europaeischerhof.com

Exellenz Hotel
エクセレンツ・ホテル

伝統と現代が同居するホテル

アデナウアー広場の近くにある創業100年のホテル。客室はシックで落ち着いた雰囲気。スタッフは皆フレンドリーで、市内観光の相談など気軽に応じてくれる。

map p.224-A外
- ●マルクト広場から徒歩20分
- ■住所　Rohrbacher Str.29
- ■TEL　9150
- ■FAX　164272
- ■料金　S-€139〜、T-€159〜、変動制
- ■部屋数　全47室
- ■カード　VISA, MC, AMEX
- HP the-heidelberg.de

Hotel Perkeo
ホテル ペルケオ

旧市街の中央で観光に便利。地上階はレストランで上がホテル。スタッフが非常に親切。朝食付き。

map p.225-B
●中央駅からBismarck Pl.（バス33、34番 市電21番など5分）下車徒歩7分
- ■住所　Hauptstr. 75
- ■TEL　14130
- ■FAX　141337
- ■料金　S-€97〜、T-€125〜
- ■部屋数　全24室
- ■カード　VISA, MC, AMEX, JCB

hotel Garni am Kornmarkt
アム・コルンマルクト ★★

map p.225-C
●マルクト広場から徒歩1分　■住所 Kornmarkt 7　☎905830　FAX 28218
■S-€68〜、T-€145〜　■カード VISA, MC

Lotte Backpackers Hostel ★
ロッテ

map p.225-C
●バス33番 Rathaus/Bergbahnから徒歩7分　■住所 Burgweg 3
☎7350725　■T-€64〜、ドミ-€23〜　HP www.lotte-heidelberg.de

Steffis Hostel ★
シュテッフィス・ホステル

map p.224-A外
●中央駅から徒歩3分　■住所 AlteEppelheimerStr. 50　☎7782772　■T-€50〜、ドミ-€23〜　■カード VISA, MC, AMEX, DC, JCB　HP www.hostelheidelberg.de

★エコノミー　★★カジュアル　★★★スタンダード　★★★★ラグジュアリー

古城街道　ハイデルベルク

ネッカー川古城巡り／ドライブガイド
マンハイム～ハイルブロン

全長1000kmにおよぶ古城街道でも、ネッカー川沿いのマンハイム～ハイルブロン間は、とくに古城が多く集まっている。城内を博物館にしている城や古城ホテルも多く、街道内でも人気の高い地域。

古城巡りには、移動の自由度が高くスケジュールも組みやすいレンタカーが便利。標識や路面もよく整備され、快適なドライブを堪能できる。また、この区間は鉄道が併走し船便もあるので、時間があるなら鉄道併用でかなりの場所を周れる。

至フランクフルト　85km65分

マンハイム　Mannheim
20km25分
ハイデルベルク　Heidelberg →p.224参照
10km15分
ネッカー・ゲミュント　Neckar-Gemünd
5km5分
ネッカー・シュタイナッハ　Neckar-Stainach
10km10分
ヒルシュホルン　Hirschhorn
10km10分
エーベルバッハ　Eberbach

マンハイムは古城街道の起点の街。1720～60年にかけて建造されたプファルツ選帝侯宮殿はバロック様式の宮殿としてはドイツ最大級の規模。写真は街のシンボルの給水塔

街を見下ろす山腹に12～13世紀にかけて建てられた4つの城がある。15世紀のゴシック様式の教会も有名

■アクセス

●車：ハイデルベルク～グンデルスハイム間はネッカー川沿いのB37～27を行く。B37や27は全線2～4車線で、急坂や急カーブもなく走りやすい道。マンハイム、ハイデルベルクからネッカー川左岸（南側）の川岸の道を東へ。ネッカー・ゲミュントで橋を渡り、川の右岸（北側）へと移る。

ヒルシュホルン城へ行く際には標識に従って市街地方面へ。モスバッハへは、いったんネッカー川から離れ東へ約5分。他の街は道路沿いにあるので、城入口の案内標識に注意していれば楽に行ける。

グンデルスハイムでB27と別れ、橋を渡って再び左岸に移る。ここからハイルブロンまではカーブや分岐の多い田舎道をたどることになるので、「Burgen Strasse」の看板や方面標識、城入口の案内などを見落とさぬよう気を付けたい。グッテンベルクへ向かう道や、ハインスハイム、バート・ヴィンプフェンの市内は、一部に道幅の狭い箇所があるので注意したい。

●鉄道：ハイデルベルク～ハイルブロン間は1時間に2～4本、約1時間、€18.20。

●船：ハイデルベルク～エーベルバッハ間、ハイルブロン～グンデルスハイム間などに街道の街に寄港する便がある。季節や曜日により変わるので事前に❶などで確認を。

電車だけでも行ける、バート・ヴィンプフェン

町並み自体の美しさで行く場所を選ぶなら、この町を真っ先におすすめする。とくに大きな観光スポットがあるわけではないが、坂道が多く、狭い路地いっぱいに木組みの民家がせり出している旧市街の街並は、ローテンブルクなどと並んでドイツ全土でも指折りの美しさ。頑張って丘の上に上ってみよう。屋根が青い「青い塔」が目じるし。ネッカー川を見下ろす絶景が楽しめる。

ネッカー川対岸から街を臨む

■バート・ヴィンプフェン Bad Wimpfen
●ハイデルベルク→RE、S（直通または1、2回乗換／約40分～1時間30分）→［1時間に2本／€13.50］ MAP p.220-A ❶：Hauptstr.45 ☎07063-97200 開10:00～12:00、14:00～17:00（土曜は午前中のみ）休日曜、11月～復活祭の土曜 HP badwimpfen.de

エーベルバッハ城は現在は城址としてのみ残るが、市街には市壁や塔が残されている。街のシンボルは猪で、随所に像やグッズを売る店がある

ウェーバーの『魔弾の射手』ゆかりの城。バーデン大公の私的な住居だが、8月の3週間はシュロスコンサートが催される

ホルンベルク城

マルクト広場を中心に、パルムシェスハウスなど、木組み家屋が連なった美しい町並が広がる。白い塔が印象的な市庁舎は1559年の建造

塔のある巨大な直方体のホルンネック城はドイツ騎士団の城で、建造は13世紀。現在城内は老人ホームと、騎士団ゆかりのルーマニアの工芸品などを集めたジーベンビュルギッシェス博物館

10km10分

ツヴィンゲンベルク Zwingenberg

15km15分

至ヴュルツブルク
100km90分

5km5分
モスバッハ Mosbach

オーブリッヒハイム Obrigheim

10km10分

ネッカー・ツィンメルン Neckar-Zimmern

H ブルク・ホルンベルク

5km5分
グンデルスハイム Gundelsheim

5km10分
ネッカーミュールバッハ Neckarmühlbach

H シュロス・ハインスハイム

H シュロスホテル・ゲッツェンブルク

15km20分

バート・ヴィンプフェン Bad Wimpfen →p.230参照

グッテンベルク城は12世紀に建造され、戦乱の破壊を受けずに現在まで残されている。ゲミンゲン男爵家の私的な城だが、一部は博物館として公開中。猛禽類の飼育と鷹狩りのショーも見学できる

15km20分

至シュヴェービッシュ・ハル

70km60分

55km50分

ハイルブロン Heilbronn→p.244参照

至シュトゥットガルト

バート・ヴィンプフェンのシンボル的存在「青い塔」。ここは神聖ローマ皇帝が滞在した皇帝都市で、12世紀以来の城址や街並が残る。坂道を上がるときに見上げる街並のシルエットは本当に美しい

古城街道

231

ネッカー川古城めぐり

■古城博物館データ
●シュロスマンハイム（マンハイム）
開 10:00～18:00　休 月曜　12/24・25・31
料 €7、学生€3.50　☎0621-2922891
●ジーベンビュルギッシェス博物館（グンデルスハイム）
住 Schlossstr.28　開 11:00～17:00
休 月曜、12/24・25・31、1/1　料 €3
☎06269-42230
●城の博物館（グッテンベルク城）
開 10:00～18:00（11・3月の土・日曜 12:00～17:00）　休 1・2・12月　料 €5
●鷹狩りのショー（グッテンベルク城）
開 9:00～11:00（訓練11:00、15:00）、11月・3月12:00～17:00（訓練15:00）、天候により変更あり　休 12～2月　料 €11（博物館との共通券€14）　☎06266-388

SCHWÄBISCH HALL
シュヴェービッシュ・ハル

p.11-H　■人口=3.9万人　■街の規模=徒歩で半日

美しい中世都市の面影が残る
製塩と貨幣鋳造で栄えた街

★木組み家屋、石畳の路地や階段、木の橋など
★聖ミヒャエル教会、コンブルク（ベネディクト派修道院）
★ハレ・フランケン博物館、ホーエンローエ農村博物館
★野外劇（6～8月）、ケーキと泉の祭
★シュヴァーベンワイン

塔の完成は1156年。正面階段は54段で幅は70m

Access
●鉄道：ハイデルベルク→S、IC、REなど（途中2～3回乗り換え便約2～3時間）→シュヴェービッシュ・ハル［1時間に1～2本／€29～］、シュトゥットガルト→RE、RBほか（1～2回乗り換え約1時間30分）→シュヴェービッシュ・ハル［1時間1～2本／€19.40～］

Information
❶観光案内所：🏠Hafenmarkt 3　☎751246
FAX751397　🕘9:00～18:00（土・日曜10:00～15:00、10～4月は9:00～17:00）🈺10～4月の日曜、12/24・31
HP www.schwaebischhall.de　●ユースホステル：🏠Langenfelderweg 5　☎41050

～16世紀に建てられた聖ミヒャエル教会St. Michaelkircheと、**ハレ・フランケン博物館**Hällisch-Fränkisches Museum。また、石段を上り下りしたり、路地から路地をたどってみたり、足の赴くままの旧市街の散策が楽しい。聖ミヒャエル教会前の階段で催される屋外演劇などを観劇するプランもある。

中州にある木の橋とズルファー塔

郊外では、12～16世紀にかけて造られた壮麗な僧院**コンブルク**Die Comburgや、15～19世紀の農家や旅館などを数十軒集めた巨大な博物館村**ホーエンローエ農村博物館**Hohenloher Freiland Museumへ行くのもおもしろい。

バロック様式の市庁舎

駅から旧市街まで徒歩約10分
旧市街の南東には城壁も残る

ネッカー川支流のコッヒャー川の谷間に開けた街。川の斜面に造られた旧市街には細い坂道や石段が錯綜し、迷路のような趣があるが、狭い街なので迷うことはない。

街の中心は聖ミヒャエル教会と市庁舎の間のマルクト広場。南西に向かうと、石畳の坂道や木組みの家が織り成す街並を抜けて、木の橋が架かる川の中洲へ。北のゲルビンガー小路も塔や木組み家屋が残る美しい通り。

農村博物館は市内から7番のバスで約15分

小さな街だが見どころは多い
郊外も回るなら1泊はしたい

ゆっくり時間をかけて見物したいのは、12

Der Adelshof
デア・アデルスホーフ

郷土料理レストランも好評

450年の歴史あるホテル。2012年にリニューアルされ、エントランスやロビーは現代的な明るい造りとなったが、廊下やレストランなどには風格が漂う。

●マルクト広場前
■住所　Am Markt 12-13
■TEL　94419638
■FAX　7589890
■料金　S-€95～、T-€130～
■部屋数　全44室
■カード　VISA、MC、JCB
HP www.romantikhotels.com/en/hotels/romantik-hotel-der-adelshof-schwaebisch-hall

シュヴェービッシュ・ハルの市外局番☎0791　★エコノミー　★★カジュアル　★★★スタンダード　★★★★ラグジュアリー

カイザーブルク前のティアゲルトナートア広場

NURNBERG
ニュルンベルク

p.11-H 人口＝51.2万人 街の規模＝徒歩で1日

"神聖ローマ帝国の小さな宝石箱"と称されるバイエルン州第2の都市

- 城壁に囲まれた中世の街
- 膨大なコレクションのゲルマン国立博物館
- ドイツでもっとも有名なクリスマス市
- ドイツの誇る大画家デューラー
- 聖ローレンツ教会、聖ゼバルドゥス教会
- 街のシンボル、カイザーブルク
- 『ニュルンベルクのマイスタージンガー』の舞台
- 白くて小さなニュルンベルクソーセージ

Access
●鉄道：ミュンヘン→ICE（1時間3～17分）→ニュルンベルク［1時間1本／€57］、フランクフルト→ICE（約2時間）→ニュルンベルク［1時間1本／€58］

Information
●観光案内所：＜中央駅前＞ MAP p.234-D
住Königstr.93 ☎23360 開9:00～19:00（日曜・祝日10:00～16:00、12/24・31～12:00）
休1/1、12/25・26／＜中央広場＞ MAP p.234-A 住Hauptmarkt18 ☎2336135 開9:00～18:00（5～10月の日曜・祝日10:00～16:00、カーニバルの火曜～12:00、12/24・31～14:00）、クリスマス市時期9:00～19:00（日曜10:00～）休11～4月の日曜（クリスマス市を除く）、復活祭の金曜、11/1、12/25・26、1/1・6
●ニュルンベルクカード：市内・近郊の交通機関、主な博物館が無料。2日間有効€28。
HP tourismus.nuernberg.de
●ユースホステル：MAP p.234-A 住Burg 2 ☎2309360 ※p.237参照

Route Advice
職人広場→聖ローレンツ教会→中央広場（美しの泉と聖母教会）→旧市庁舎→カイザーブルク→デューラーの家→玩具博物館→ゲルマン国立博物館［全移動約3時間］

クリスマス市（マーケット）、玩具、ソーセージで有名な街

旧市街は城壁でぐるりと囲まれており、中世の街の規模としてはとても大きい。第二次世界大戦で大きな被害を受けたが、今は元通り修復され、中世の面影が強く残る、観光客が絶えない美しい街になった。ここはまたヒトラーに異常に愛された街でもあった。

ワーグナーのオペラ『ニュルンベルクのマイスタージンガー』はこの街が舞台。冬のクリスマス市はドイツ国内でももっとも有名。おもちゃの街としても知られている。

散歩のおともにレープクーヘン、ソーセージをお忘れなく

駅を出ると、すぐに城壁が目に入る。高さ40m、幅18mもの丸い塔が建つケーニヒ門から旧市街に入ると、昔の職人の家々を再現した**職人広場**Handwerkerhofo。ここからホテルや店が並ぶケーニヒ通りを行くと、ペグニッツ川につき当たる。

博物館橋Museumsbrückeから右手を眺めると**聖霊老院**Heilig Geist Spitalがある。この景色はニュルンベルク名物のお菓子レープクーヘンの化粧箱のデザインにも使われるほど美しい。

マーケットが開かれている中央広場には、高さ19mの噴水、**美しの泉**Schöner Brunnenがある。鉄格子にはめ込まれている金の輪を、願いごとを唱えながら3回転し、他人に話さなければそれが叶うそうだ。その南側には芸術的な装飾が美しい**聖母教会**があり、毎日12時に仕掛け時計の人形が動く。

拷問房のすさまじさに驚かされる**旧市庁舎**を見たら、高台の古城**カイザーブルク**に行こう。城の前には、画家**デューラーの家**がある。そのままデューラー通

張出し窓が美しいヴァイスゲルバー小路

黄金に輝く40の像で成り立つ「美しの泉」

りを下がっていくと**ワイン広場**に出る。右斜めに広がる**ヴァイスゲルバー小路**Weissgerbergasseは、この街でもっとも情緒あふれる一角。**ワインハウス**などマックス橋周辺の景色も、忘れ難い美しさだ。

　ゲルマン国立博物館、玩具博物館、DB（ドイツ鉄道）博物館、自然史博物館など、街中に多くある博物館はどれも非常に充実しており、一見の価値がある。

　ドイツで一番ともいわれる**ニュルンベルガーソーセージ**もぜひ味わってほしい。見るにつけ、食べるにつけ、このロマンチックな都をきっと気に入るだろう。

聖母教会。仕掛け時計に出てくるのはカール4世と7人の選帝侯

職人広場（MAP p.234-D 開10:00〜18:00〔レストラン11:00〜22:00〕休無休 ※店舗による）みやげ店や軽食店が並ぶ

東側の旧皇帝厩舎は現在ユースホステル

カイザーブルク ★★★
Kaiserburg
map　p.234-A

●中央広場から徒歩10分

　最初の城塞はなんと1050年に築かれた。以来、皇帝の居城として火災や増築を経て現在の姿に。城の内部には皇帝の間、騎士の間、ロマネスク様式の二重礼拝堂などがあり、ガイドツアーで見学できる。丸いジンベル塔に上れば、城壁に囲まれた赤茶色の街が一望できる。城内にカイザーブルク博物館も併設している。

圏9:00〜18:00（10〜3月10:00〜16:00)
休12/24・25・31、1/1、カーニバルの火曜
料€7、学生€6（博物館共通）☎2446590

デューラーの家 ★★
Dürerhaus
map　p.234-A

●中央広場から徒歩9分

　カイザーブルクの前に、1420年ごろ建てられた木組みの家がある。画家アルブレヒト・デューラーは1509年から亡くなる1528年までここに住み、創作活動をした。当時のままの台所や再現された居間など、彼の暮らしぶりがよくわかる。また美術館として、彼の作品の複製や、写真などを展示している。モダンな増築部分ではさまざまな展覧会が催されている。

住Albrecht Dürer Str.39
圏10:00〜17:00（木曜〜20:00、土・日曜〜18:00、1/1 13:00〜）休7〜9月とクリスマス市時期以外の月曜、12/24・25・31、カーニバルの月曜　料€6、学生€1.50　☎2312568

中世の雰囲気を漂わす広場にマッチしたデューラーの家

聖ゼバルドゥス教会 ★★★
St.Sebaldus Kirche
map　p.234-A

●中央広場から徒歩1分

　1050年に僧ゼバルドゥスが礼拝堂を建立。のちにロマネスクおよびゴシック様式で現在の教会が建てられた。フィッシャー作のゼバルドゥスの墓碑、梨の木でできた後光と冠のマリアが見もの。

圏9:30〜18:00（1〜3月〜16:00)
休12/24、復活祭の日曜　料無料（入塔料€5）
☎225613

パイプオルガンも見事だ

ヘンカーシュテークとワインハウス ★★★
Henkersteg und Weinstadel
map　p.234-A

●中央広場から徒歩10分

　死刑執行人の小橋という意味のヘンカーシュテークは14世紀に造られた屋根付の美しい橋。大きなワインハウスは、1448年にハンセン氏病患者収容の目的で建てられた。16世紀からはワイン蔵、貧民の収容所として使用され、現在は学生寮。隣の貯水塔も含めた絶妙のアンサンブルは必見。

ヘンカーシュテーク内もぜひ歩いてみよう

DB（ドイツ鉄道）博物館 ★★★
DB Museum in Nuremberg
map　p.234-C

●中央駅から徒歩10分

　ドイツ最古の交通史博物館。175年以上に及ぶドイツ鉄道史を1万点以上の展示で紹介。ドイツ最初の蒸気機関車の復元機など実物車両も25台展示。通信博物館も併設。

住Lessingstr.6　圏9:00〜17:00（土・日曜、祝日10:00〜18:00）休月曜（復活祭、降霊節の月曜は除く）、復活祭の金曜、5/1、12/24・25・31
料€6、学生€5　☎0800-32687386

ニュルンベルクの市外局番☎0911

古城街道　ニュルンベルク

とっておき情報

ドイツで最大、最美のクリスマス市

この街のクリスマス市は、ルターが17世紀に始めた。おもちゃやツリー飾りが愛らしく、名物の桃人形はぜひ購入したい。温かく甘いグリューワイン、レープクーヘンなど胃袋も満足！ 地元の人が特に好きなのが、炒めてソースをかけた、シャンピニオンと呼ばれるマッシュルーム。他には焼きぐりからドイツ風あんまんまで多彩だ。市は混雑するので朝か晩が狙い目。クリスマス4週前の金曜から12月24日まで。時間は10:00〜21:00（12月24日〜14:00）。www.christkindlesmarkt.de

ゲルマン国立博物館 ★★★
Germanisches Nationalmuseum
map p.234-C

● 中央駅から徒歩8分

芸術に関してはドイツでも最大規模の博物館。先史時代の出土品から中世の芸術品、近代の絵画など今日までの芸術様式変遷を網羅し、衣装、家具など市民の生活品から、世界一の収集数を誇る。
Kartäusergasse 1 10:00〜18:00（水曜〜21:00） 月曜、12/24・25・31、カーニバルの火曜 €8、学生€5（水曜18:00以降は無料） ☎13310

50万冊の文化資料を誇る

新美術館 ★★
Neues Museum
map p.234-D

● 中央駅から徒歩5分

デザインとモダンアート。主に50年代以降の産業デザインをアートとして展示したり、メディアを駆使した実験的な作品を展示。
Klarissenplatz 10:00〜18:00（木曜〜20:00） 月曜（祝日は除く）、12/24・25・31、イースターの金曜 €5、学生€4、日曜€1 ☎2402036 www.nmn.de

玩具博物館 ★★★
Spielzeugmuseum
map p.234-A

● 中央広場から徒歩5分

玩具製造の街ならではの博物館。1300年頃のペルーの人形、30㎡の模型鉄道など、古今東西のさまざまな玩具が見られる。人形の家にいたっては、もはや芸術の域。ガスや蒸気を取り入れた玩具もこの街で発明された。オリジナルグッズも買える。
Karlstr.13-15 10:00〜17:00（土・日曜〜18:00、玩具見本市期間は〜20:00） 月曜（市の開催中は無休）12/24・25・31、カーニバルの月曜 €5、学生€3 ☎2313164

夢のある人形の家。驚くほどよくできている

ヒトラーが愛した街に残るナチズムの傷あと

旧市街から4kmほど南東のドゥッツェント湖畔に、ローマのコロセウムさながらの建物が突如現れる。これはヒトラーが建てた会議堂なのだ。さらにパレードのためのドイツスタジアムも。どちらも未完だが、会議堂内部にはDokumentationszentrum（9:00〜18:00［土・日曜、祝日10:00〜］ 12/24・25・31 €6、学生€1.50 ☎2315666 www.museen.nuernberg.de）があり、ナチスと暴力の記録を展示。対岸には、ヒトラーが160万人を前に演説した巨大なツェッペリン広場の跡がある。彼はこの街で悪名高いニュルンベルク法を制定した。ほんの50数年前、党大会が開かれた場所は今や市民の憩いの場になっている。中央駅から市電6、8番で12分、Doku-Zentrum駅で下車。

今は市民の憩いの場になっている

Bratwursthäusle
ブラートヴルストホイスレ

常に客が絶えない、炭火焼きソーセージ（ヴルスト）が定番の店

ヴルストはザウアークラウト（酢漬けキャベツ）やカルトッフェルザラート（ジャガイモサラダ）などの付け合わせと本数を選ぶ。缶入りは10本€6.50〜。

- map p.234-A
- ●市役所横
- ■住所 Rathausplatz 1
- ■TEL 227695
- ■営業 10:00〜22:00 (L.O. 21:30)
- ■休日 日曜、祝日、12/24・31
- ※セルバドス教会のそばにある姉妹店ゴールデナー・ポストホルンは12/24・31〜15:00、12/25、1/1、イースターの金曜は休み

Zum Gulden Stern
ツム・ゴールデンシュテルン

地元では絶大な人気。世界一古い？というソーセージレストラン

わかりづらい場所にあるが、1419年創業の老舗中の老舗で、中世の雰囲気を漂わせる店内は見るだけでも価値あり。ソーセージ6本と付け合わせ€8。

- map p.234-C
- ●中央駅から徒歩15分
- ■住所 Zirkelschmiedsgasse 26
- ■TEL 2059288
- ■営業 11:00〜22:00 (12/24・31〜15:00)
- ■休日 無休
- ■カード VISA、MC、EC、AMEX、JCB
- HP www.bratwurstkueche.com

Lebkuchen Schmidt
レープクーヘン・シュミット

600年前からの伝統のレシピ

ニュルンベルク名物レープクーヘンはナッツの粉を使ったクッキーとケーキの中間のような菓子でやみつきになる味。缶がおしゃれでみやげにいい。

- map p.234-A
- ●中央広場から徒歩1分
- ■住所 Plobenhofstr.6
- ■TEL 225568
- ■営業 9:00〜18:30（土曜〜16:00）
- ■休日 日曜
- HP www.lebkuchen-schmidt.com

Töpferei Am Dürerhaus
テップフェライ・アム・デューラーハウス

カイザーブルク城前。手前がカフェで奥がショップ。かわいい陶器は伝統の高温で焼き上げた丈夫なもの。

- map p.234-A
- ●カイザーブルク前
- ■住所 Neutormaure 25　■TEL 226585
- ■営業 12:00〜18:00（カフェは天候により〜17:00とか24:00までとか）　■休日 月・火曜、1〜2月
- HP www.cafe-im-atelier.de

Eisenbahn Dörfler
アイゼンバーン・デルフラー

鉄道模型専門店。貴重な40〜50年代のメルクリンも充実している。全アイテムは5万点以上。

- map p.234-C
- ●U1 Opernhausから徒歩8分　■住所 Färberstr. 34/36
- ■TEL 227839　■営業 9:30〜18:00（土曜14:00、10〜2月の土曜〜16:00）　■休日 日曜
- ■カード VISA、MC　HP www.eisenbahn-doerfler.de

Burghotel Nürnberg
ブルクホテル・ニュルンベルク

旧市街の中心でも静かな立地

リーズナブルな料金で充実の内容のホテル。和やかな雰囲気で、プールやサウナもある。ロフトを備えたスイートもあったりして、それぞれ個性的。

- map p.234-A
- ●中央広場から徒歩5分
- ■住所 Lammsgasse 3
- ■TEL 238890
- ■FAX 23889100
- ■料金 S-€66〜146、T-€87〜187
- ■部屋数 全55室
- ■カード VISA、MC、AMEX、DC、JCB
- HP www.burghotel-nuernberg.de

Hotel Deutscher Kaiser
ドイチャー・カイザー

100年以上の歴史がありヒトラーの常宿でもあった。駅に近い抜群のロケーション。

- map p.234-D
- ●中央駅から徒歩7分
- ■住所 Königstr.55
- ■TEL 242660　■FAX 24266166
- ■料金 S-€92〜288、T-€109〜348　■部屋数 全52室
- ■カード VISA、MC、AMEX、DC、JCB

アヴェニュー・ホテル Avenue Hotel ★★★　map p.234-C
●U1 Weisser Turmから徒歩5分　■住所 Josephsplatz 10
■244000　■S-€64〜、T-€84〜、変動制　HP www.hotel-avenue.de

ユーゲントゲステハウス Jugendherberge Nuernberg ★　map p.234-A
●U2,3 Plärrer経由バス36番 Burgstr.下車徒歩5分
■住所 Burg 2　■2309360　■ドミ€32.40〜（古城ユース）

ファイブリーズンズ Five Reasons Hotel & Hostel ★　map p.234-C
●中央駅から徒歩10分　■住所 Frauentormauer 42
■99286625　■ドミ€18〜、T-€49〜　HP www.five-reasons.de

ニュルンベルクの市外局番☎0911

★エコノミー　★★カジュアル　★★★スタンダード　★★★★ラグジュアリー
●〜€15　●●€15〜25　●●●€25〜50　●●●●€50〜

BAMBERG バンベルク

p.11-H　■人口＝7.6万人　■街の規模＝徒歩で1日

川のせせらぎも優雅なドイツ一美しい街は、ユネスコ世界文化遺産

★★絵に描いたような小ベニス地区

★★聖ミヒャエル教会

★★司教区博物館

★★新宮殿

★★バンベルク交響楽団

★★スモークビールのラオホビア

★★ロマン派作家ホフマン

★★タマネギとひき肉が入ったバンベルガーツヴィーベル

Access

●鉄道：ニュルンベルク→RE、S（43〜57分）→バンベルク［1時間1〜3本／€11.90］、ミュンヘン→ICEほか（約1時間45分〜2時間）→バンベルク［1時間1本／€66］
●市内交通：駅から市中心部まで徒歩で15分。バス（€1.70、1日券€4.40）もある。

Information

❶観光案内所：**MAP**p.239-B　☎2976200
住Geyerswörthstr.5　開9:30〜18:00（土曜〜16:00、日曜・祝日〜14:30、カーニバルの火曜・12/24・31　〜12:30）　休1/1、カーニバルの金曜、11/1、12/25・26
●バンベルクカード：市内の公共交通機関が乗り放題。各種割引あり。3日間有効€14.90
HP www.bamberg.info
●ユースホステル：**MAP**p.239-A　住Unterer Kaulberg 30　☎29952890

Route Advice

旧市庁舎→ガイヤースヴェルト城→小ベニス地区→大聖堂→旧宮殿→新宮殿→聖ミヒャエル教会→ホフマンの家→アルテンブルク［全移動約3時間］

街のしくみ　ほろ酔い気分でカトリックの古都を歩く

　夢を見ているような街並のバンベルク。美しい風景と、伝統芸術でもある砂岩でできた家に彫られている石像はぜひ鑑賞したい。

色鮮やかな花が窓際を飾る小ベニス地区の家々

ガイヤースヴェルト城から見たバンベルク市街

　観光の起点はレグニッツ川の橋上の**旧市庁舎**。かつて川で街を市民地区と司教地区に分けていたためこの場所に建てられた。その前にそびえるのが**ガイヤースヴェルト城** Schloss Geyersworth。地元民も知らない穴場の塔があるので抜群の眺めを楽しもう。隣には❶がある。そこからは川沿いに漁師の古い家々が並ぶ小ベニスと称される地区へ。

楽しみ方　街歩きのあとは、名物のラオホビアがいやしてくれる

　旧市庁舎のある橋からゆるやかな坂道を歩くと、広々とした**大聖堂広場**Domplatzに着く。中世ドイツ建築の傑作といわれる**大聖堂**では、**バンベルクの騎士**Bamberger Reiterという彫刻をお見逃しなく。隣には皇帝と司教の居城だった**旧宮殿**が建つ。木造回廊に囲まれたロマンチックな中庭があり、ここでは毎年7月に野外劇が催される。

たいへん珍しい15世紀建造の橋上の旧市庁舎

　広場の向かいに建つ**新宮殿**では、皇帝の間での演奏会もある。新宮殿の庭から見える塔のある建物は**聖ミヒャエル教会**。ここから景色のよい**水城コンコルディア**の方面へ南下してみよう。情緒あふれるいくつかの小道が続いている。時間が許せば**古城アルテンブルク**まで足をのばしたい。また、バンベルクにはなんと、30種ものオリジナルビールがあり、とくにラオホビアは有名。当然ビアガーデンも多く、ボリュームたっぷりのフランケン料理もおいしい。さらに、バンベルクは交響楽団のレベルの高さでも有名。5〜10月の毎土曜12時（受付は11時半まで）には大聖堂でオルガン演奏会がある。

バンベルクの市外局番☎0951

大聖堂
Dom

★★★　map p.239-A

●旧市庁舎から徒歩5分

　1012年に建立されたが火災のため1237年に再建。内部には彫刻芸術の名作が並び、なかでも「バンベルクの騎士」（1230年ごろ）は最高傑作。建立者皇帝ハインリヒ2世と妃の豪華な墓石もある。内部に司教区博物館Diözesanmuseumがある。

🕐9:00〜18:00（日曜13:00〜)、11〜4月9:00〜17:00（日曜13:00〜)
休無休
＜司教区博物館＞開10:00〜17:00　休月曜、12/24・25・31、1/1、1/7〜カーニバルの水曜　料€4、学生€3

約千年前の華麗な皇妃クニグンデのマント

新宮殿のテラス、背後には聖ミヒャエル教会

新宮殿
Neue Residenz

★★★　map p.239-A

●旧市庁舎から徒歩5分

　1703年に完成した司教の宮殿。幾千ものバラが咲き乱れる庭と周囲の景色は絶妙。

🕐9:00〜18:00（10〜3月10:00〜16:00)
休12/24・25・30、1/1、カーニバルの火曜
料€4.50、学生€3.50　☎519390

聖ミヒャエル教会
St.Michaelkirche

★★★　map p.239-A

●大聖堂広場から徒歩10分

　1015年に修道院として設立された。改修工事で内部不可。フランケン醸造博物館も併設。

＜博物館＞開13:00〜17:00（土・日曜、祝日11:00〜)　休月・火曜、11〜3月　料€4、学生€3.50　☎53016　HP www.brauereimuseum.de

4本の塔を持つ壮麗な大聖堂は街のシンボル

古城街道

旧宮殿
Alte Hofhaltung ★★★
map p.239-A

門のユーモラスな彫刻に注目

●旧市庁舎から徒歩5分

街を流れる2つの川を表す重厚な門をくぐると、ルネサンス様式の堂々とした旧宮殿が建つ。内部はフランケン地方の歴史博物館。中世に迷い込んだかのような中庭が美しい。

住Domplatz 7　<博物館>開9:00～17:00　休月曜、11～4月は特別展示のみ開館　料€7、学生€6　☎871142

Schlenkerla シュレンケルラ
バンベルク名物の燻製ビール・ラオホビアにいざ挑戦

木組みの内装で親しみやすい雰囲気。この店のビールは濃い色と味わい、独特な香りで有名。玉ネギの肉詰めビアソース掛け（Zwiebelで通じる）も名物。

map p.239-A
- ●旧市庁舎から徒歩3分
- ■住所 Dominikanerstr.6
- ■TEL 56050
- ■営業 9:30～23:30
- ■休日 12/24～26・31、1/1、カーニバルの火曜
- HP www.schlenkerla.de

Nepomuk ネポムック

レグニッツ川を望む

せせらぎの音が聞こえるロマンチックなホテル。レストランではすばらしい眺めと洗練された料理が楽しめる。宿泊客に自転車の貸し出しあり。

map p.239-A
- ●旧市庁舎から徒歩5分
- ■住所 Obere Mühlbrücke 9
- ■TEL 98420
- ■FAX 9842100
- ■料金 S-€98～、T-€128～（朝食€5～）
- ■部屋数 全24室
- ■カード VISA、MC、AMEX
- HP www.hotel-nepomuk.de

Hotel Bamberger Hof Bellevue バンベルガーホーフ・ベレビュー

窓からは旧市街が一望

外観やロビーは欧州の高級ホテルらしくエレガント。各部屋はモダン、東洋、クラシカル風と個性があり、スイートの天蓋付きベッドが圧巻。ビストロもある。

map p.239-B
- ●駅から徒歩9分
- ■住所 Schönleinsplatz 4
- ■TEL 98550
- ■FAX 985562
- ■料金 S-€115、T-€165
- ■部屋数 全50室
- ■カード VISA、MC、AMEX、DC、JCB
- HP www.hotelbambergerhof.de

Messerschmitt メッサーシュミット

飛行機王メッサーシュミットが所有していた15世紀建造の洋館。部屋ごとにインテリアが違う。

map p.239-B
- ●駅から徒歩8分
- ■住所 Langestr. 41　■TEL 29780-0
- ■FAX 29780-29　■料金 S-€95～、T-€160～、変動制
- ■部屋数 全17室　■カード VISA、MC、AMEX、DC
- HP www.hotel-messerschmitt.de

Tandem Hotel タンデム・ホテル

川沿いで眺めがよく家族経営でアットホームな雰囲気。小規模だが設備は十分。Wifiあり。

map p.239-A
- ●市庁舎から徒歩10分
- ■住所 Untere Sandstrasse 20　■TEL 51935855
- ■料金 S-€70～、T-€90～
- ■部屋数 全8室　■カード VISA、MC
- HP www.tandem-hotel.de

Barockhotel am Dom バロックホテル・アム・ドーム

大聖堂下手にある黄色のバロック調ホテル。落ち着いた雰囲気で年配のゲストにも人気。

map p.239-A
- ■住所 Vorderer Bach 4　●大聖堂から徒歩2分
- ■TEL 54031　■FAX 54021
- ■料金 S-€84～、T-€99～　■部屋数 全19室
- ■カード VISA、MC、AMEX、JCB

アルト・バンベルク　Hotel Alt Bamberg ★★★　map p.239-B
- ●旧市庁舎から徒歩5分　■住所 Habergasse 11　☎986150
- FAX9861539　S-€45～、T-€65～　www.hotel-alt-bamberg.de

ホテル・アンドレス　Hotel Andres ★★　map p.239-B
- ●駅から徒歩5分　■住所 Heiliggrabstrasse 1　☎980260
- S-€50～、T-€69～、変動制　www.andres-hotel.de

バックパッカーズ　Backpackers Bamberg ★　map p.239-B
- ●駅から徒歩5分　■住所 Heiliggrabstrasse 4　☎2221718
- S-€29、ドミ-€17～　www.backpackersbamberg.de

バンベルクの市外局番☎0951

●～€15　●●€15～25　●●●€25～50　●●●●€50～
★エコノミー　★★カジュアル　★★★スタンダード　★★★★ラグジュアリー

古城ホテル

ネッカー川を見下ろす山上に、あるいは深い森の奥に、そこに暮らした多くの騎士の栄光と怨念をそのまま封じ込めて、中世以来の姿でひっそりと建つ古城。その内のいくつかが、古城ホテル&レストランとして現代に蘇っている。アクセスの不便な城が多いが、古城街道の旅の思い出に、一度足を運んで、中世の夢とともに一夜を過ごしてみてほしい。

ホルンベルク城の斜面は一面のブドウ畑

Burg Hornberg
ブルク・ホルンベルク

鉄腕ゲッツが暮らした城

ゲーテの戯曲でも語られたドイツでもっとも高名な騎士「鉄腕ゲッツ」こと、ゲッツ・フォン・ベルリヒンゲン男爵が1517年から死亡した1562年まで住んでいた城。現存する主塔の建造は1084年にまでさかのぼる。現在の城主はゲミンゲン男爵で、当主は13代目。近世に建てられた館の部分を使って、1953年から古城ホテル&レストランとして営業を始めた。また、中世の廃城の部分は博物館として公開されている。城ではワインの醸造と販売も行われ、ネッカーの渓谷を見渡すレストランで味わうことができる。

シックで快適なゲストルーム

テラスレストランからはネッカー川を一望　城では結婚式も行うことができる

map p.231
- ●ネッカー・ツィンメルン駅から車10分（駅までの送迎あり）
- ■住所　Burg Hornberg
- ■TEL　06261-92460
- ■FAX　06261-924644
- ■料金　S-€78〜100、T-€140〜190
- ■部屋数　全24室
- ■カード　VISA, MC
- HP www.burg-hotel-hornberg.de

Schlosshotel Götzenburg
シュロスホテル・ゲッツェンブルク

鉄腕ゲッツの生まれた城

現在もなおゲッツ一族の子孫、ベルリヒンゲン男爵家所有の城で、城を囲む濠や跳ね橋など、往時の面影を伝えている。6〜8月に催されるゲッツの演劇も有名。

map p.231
- ●ヤクーストハウゼン駅から車10分
- ■住所　Schlossstr. 20, 74249 Jagsthausen
- ■TEL　07943-94360
- ■FAX　07943-9436200
- ■料金　S-€89〜、T-€129〜
- ■部屋数　全27室
- ■カード　VISA, MC, AMEX
- HP www.schlosshotel-goetzenburg.de

Burg Colmberg
ブルク・コルムベルク

1000年の歴史を誇る高台の古城

12世紀の古文書に名前が出てくるほど古く、内装もホーエンツォレルン家が支配していた中世の時代の雰囲気をよく残す。高台に位置し、丘陵の眺望も抜群。

map p.220-B
- ●ローテンブルクからタクシーで20〜30分。またはバス バス732番 でColmberg Rathaus下車、徒歩約20分
- ■住所　An der Burgenstr.
- ■TEL　09803-91920
- ■FAX　09803-262
- ■料金　S,T-€110〜
- ■部屋数　全25室
- ■カード　VISA, MC, AMEX
- HP www.burg-colmberg.de

Schloss Heinsheim
シュロス・ハインスハイム

森に抱かれたバロックの城館

ラクニッツ男爵家の城館で、建造は1810年。上記3つの中世の城に比べ、明るくエレガントな雰囲気。結婚式もできる。近くには18ホールのゴルフコースもある。

map p.231
- ●グンデルスハイム駅から車20分
- ■住所　Gundelsheimer Str.36, Bad Rappenau
- ■TEL　07264-95030
- ■FAX　07264-4208
- ■料金　S-€85〜、T-€90〜
- ■部屋数　全42室
- ■カード　VISA, MC, AMEX
- HP www.schloss-heinsheim.de

古城街道　バンベルク／古城ホテル

BAYREUTH
バイロイト

p.11-H ■人口=7.3万人 ■街の規模=徒歩で半日

オペラファン憧れの街で、天才音楽家ワーグナーの足跡をたどる

- ★リヒャルト・ワーグナー ★祝祭歌劇場
- ★バイロイト音楽祭
- ★新宮殿、エレミタージェ宮殿
- ワーグナー博物館
- ワーグナー、リスト、ヴィルヘルミーネ

Access
●鉄道：ミュンヘン→ICE（約1時間15分）→ニュルンベルク（乗換）→RE（58分～1時間9分）→バイロイト［1時間1～2本／€71］

Information
観光案内所：MAP p.242 住Opernstr.22 ☎88588 FAX885755 開9:00～19:00（土曜～16:00、5～10月の日曜10:00～14:00）休11～4月の日曜、1/1、復活祭の金曜 HP www.bayreuth.de ●ユースホステル：MAP p.242外 住Universitätsstr.28 ☎764380

街のしくみ 最高の劇場とともに本場のオペラを堪能する

18世紀、イギリスの王妃になる予定だった

「幻想と平和の家」と呼び、ワーグナーが住んだ館

プロイセン王女ヴィルヘルミーネは、この地を治める辺境伯に嫁ぐ。賢く芸術的才能にあふれた彼女は、バイロイトを芸術の都にするべくロココ様式の**新宮殿**Neues Schlossや**辺境伯歌劇場**などを建てた。まずは街の中心にあるこれらの名建築を鑑賞しよう。辺境伯歌劇場は2012年に世界遺産に登録された。

楽しみ方 バイロイト音楽祭は無理だとしてもワーグナーの世界はそこかしこに

歩いても半日で回れるほど小さなこの街は、毎年開催される「バイロイト音楽祭」（7月下旬～8月下旬）で世界的に有名。リヒャルト・ワーグナーが1872年に始めたもので、現在はひ孫のカタリーナとエファ・ワーグナー・パスキエが総指揮を務めている。この音楽祭は超一流の公演として知られ、世界中からワーグナーファンが集まる。なんとチケットは最低8年間応募し続けなければ手に入らないといわれるほど人気がある。

ワーグナーが妻コジマと住んだ家は現在**ワーグナー博物館**になっている。ここでは彼の幻想的なオペラの世界に魅了される。東側にはコジマの父、天才ピアニストのリストが晩年を過ごした家、**フランツ・リスト博物館**Franz-Liszt-Museumがある。隣は作家ジャン・パウルの博物館。裏手には、**ホーフガルテン**が広がっている。また、郊外の**エレミタージェ宮殿**と庭園も見逃せない。

ワーグナーと良妻コジマは屋敷の裏庭に眠る

5週間の音楽祭のためだけの、ぜいたくな劇場

壁には帯状に「ニーベルンゲンの歌」の絵画が並ぶ

リヒャルト・ワーグナー祝祭劇場
Richard Wagner Festspielhaus ★★★
map p.242

●中央駅から徒歩20分、またはバス305、329番でBayreuth Am Festspielhaus下車

ワーグナーがルートヴィヒ2世の援助で建てた世界最高峰の劇場。2018年6月現在、修復工事は完成したが、ガイドツアーの再開は9月以降の予定。
<ツアー> 開9・10月は10:00、11:00、14:00、15:00。11月は土曜14:00のみ、12〜4月は10:00と14:00のみ 休月曜、11月、音楽祭中(7〜8月)とそのリハーサル中(6〜7月) 料€7 ☎78780

辺境伯歌劇場
Markgräfliches Opernhaus ★★★
map p.242

●観光案内所から徒歩3分

ドイツに現存する唯一のバロック式劇場。黄金色に輝く場内の装飾はまさに豪華絢爛。2018年修復工事が完了し、見学再開。
開9:00〜18:00(10〜3月10:00〜16:00) 休12/24・31、1/1、カーニバルの火曜 料€8、学生€7 ☎7596922

ワーグナー博物館(ヴァーンフリート荘)
Richard Wagner Museum (Haus Wahnfried) ★★★
map p.242

●中央駅から徒歩10分

『タンホイザー』などのオペラ作品、ワーグナー一族が指揮するバイロイト音楽祭、ルートヴィヒ2世との関係を表す資料や、本人の愛用の品々は、ファンでなくとも興味深い。2015年にリニューアルされ、博物館も併設。
<博物館> 開10:00〜17:00(7・8月は〜18:00) 休7・8月を除く月曜、12/24 料€8 ☎757280 HP www.wagnermuseum.de

噴水を抱くように建つエキゾチックな太陽の神殿

ナポレオンも称賛した辺境伯歌劇場

エレミタージュ
Hofgarten Eremitage ★★★
map p.242外

●中央駅からバス302番Eremitage下車すぐ

街の5km東方にある壮大な庭園。1718年建造の旧宮殿と1753年建造の新宮殿が美しく映えている。太陽の神殿が見事。
<新宮殿> 開9:00〜18:00(10/1〜15は10:00〜16:00) 休10/16〜3月 料€5.50、学生€4.50、辺境伯歌劇場との共通券€12 ☎7596937

	Hotel Goldener Anker ★★
	ホテル・ゴルデナー・アンカー

シックなレセプションが印象的な街最古のホテル。主な見どころに近く、観光に便利。

map p.242 ●観光案内所から徒歩3分
■住所 Opernstr.6 ■TEL 7877740 ■FAX 65500
■料金 S-€98〜135、T-€168〜235
■部屋数 全35室 ■カード VISA、MC、AMEX
HP www.anker-bayreuth.de

	Hotel Bayerischer Hof ★★
	ホテル・バイエリッシャーホーフ

プールや中庭があり、くつろげる駅前のホテル。客室によって差があるので確認を。

map p.242 ●中央駅から徒歩1分
■住所 Bahnhofstr.14 ■TEL 78600 ■FAX 7860560
■料金 S-€81〜、T-€93〜、変動制
※週末は割引料金あり ■部屋数 全49室
■カード VISA、MC

バイロイトの市外局番☎0921

★エコノミー ★★カジュアル ★★★スタンダード ★★★★ラグジュアリー

山上にそびえるプラッセンブルク城

塔や怪物型の雨どいが印象的な聖キリアン教会

KULMBACH
クルムバッハ
p.11-H ■人口：2.6万人 ■街の規模＝徒歩で半日

HEILBRONN AM NECKAR
ハイルブロン
p.11-H ■人口：12.4万人 ■街の規模＝徒歩で半日

バイエルンの小都の自慢はビールと古城。城には30万の錫人形が眠る

バイロイトの北23kmにある、ビール醸造で有名な街。毎年7月最終土曜から9日間開催されるビール祭も人気。駅を出て左に行くと見える大きなホール内に❶がある。そこから南に下りマルクト広場へ行こう。18世紀の市庁舎があり、ロココ様式のファサードが美しい。北に進むとWehrturmという塔がある。近くには1691年建造の**ラングハイマー修道院**Langheimer Klosterhofがある。そのまま山道を登ると、1135年に建造され1562年に再建された**プラッセンブルク城**Plassenburg（開9:00～18:00［11～3月10:00～16:00］ 休12/24・25・31、1/1、カーニバルの火曜 料入城と錫人形博物館は各€4、共通券€7）に出る。直通バスは町の中央駐車場から30分毎に運行。夏期8:40～17:20、オフシーズンは9:40～16:10。

「聖なる泉」の湧く街はドイツ有数のワインの産地

市街地の中央をネッカー川が流れ、中央駅は川の西側に、聖キリアン教会など主な見どころは東側にある。橋のたもとには、ネッカー川を下る遊覧船の乗場がある。

市内で見逃せない建築物が**聖キリアン教会**と**市庁舎**。教会の裏手には、2000年前に発見されこの街の名前の由来ともなった「**聖なる泉（ハイリゲン・ブルンネン）**」がある。教会は13～15世紀の建造。市庁舎前のマルクト広場では、毎年9月中旬に盛大なワイン祭が催される。

市庁舎は15世紀のゴシック建築

Check-Check! 古城街道の東端、プラハへ

古城街道はドイツ国内だけで完結していない街道。文化的、歴史的につながりの深いチェコのプラハがその終点だ。そのプラハは、とにかく街並の美しさが欧州屈指。尖塔が立ち並ぶ様子から「百塔の都」と呼ばれることも。ビールはピルスナータイプ発祥の地、ドイツに劣らず美味しいし、肉料理にも定評がある。主な見どころは「プラハの春」で有名な**ヴァーツラフ広場**、絶景で知られる**カレル橋**、**天文時計（旧市庁舎）**、**プラハ城**など。鉄道で行くときはベルリン～ドレスデン方面から行くのが便利だ。

プラハ城から旧市街を見下ろす

「プラハの春」で有名なヴァーツラフ広場（実際は通り）

MAP p.11-I
●ベルリン→EC 4時間20分（1日7本）／€70.40
☎221-714714 開月～木曜8:00～17:00（金曜～16:00）
HP www.praguecitytourism.cz/en/contacts www.visitprague.cz/en/
※安宿Hostel Mango ☎＋420-608051457
HP hostelmango.cz

■クルムバッハ
●ニュルンベルクからバイロイトまたはリヒテンフェルスLichtenfelsまたはバイロイト乗換→RE他約1時間30～50分（1時間2～3本）／€27.50～ ❶：個Buchbindergasse 5 ☎09221-95880 開9:00～18:00（土曜10:00～13:00） 休日曜、11～3月の土曜・祝日
HP www.kulmbach.de

■ハイルブロン
●ハイデルベルク→S、RE、RB 1時間～1時間40分（直通もしくは1～2回乗換／1時間2～4本）／€18.20～ ❶：個Kaiserstr.17 ☎07131-562270 開10:00～18:00（土曜～16:00） 休日曜・祝日、12/24・31、1月初旬に2日間 HP www.heilbronn-tourist.de

対岸から望む大聖堂（ケルン）の夜景

エリア 8

ルール地方＆ライン川 モーゼル川流域

デュッセルドルフ
ケルン
ボン
アーヘン
ミュンスター
エッセン
マインツ
リューデスハイム
コブレンツ
トリアー
ザールブリュッケン
ベルンカステル／クース

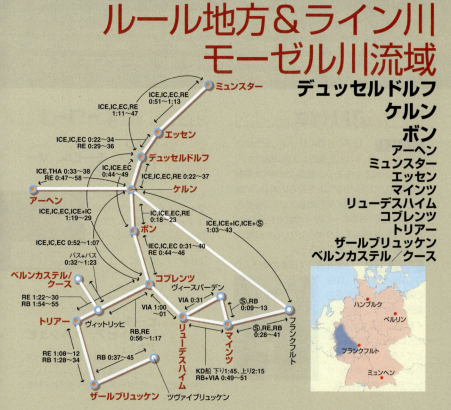

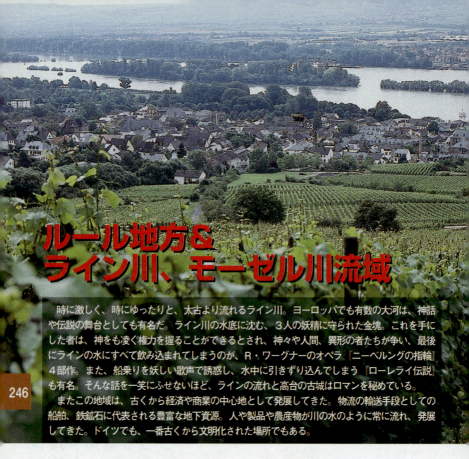

ルール地方＆ライン川、モーゼル川流域

　時に激しく、時にゆったりと、太古より流れるライン川。ヨーロッパでも有数の大河は、神話や伝説の舞台としても有名だ。ライン川の水底に沈む、3人の妖精に守られた金塊。これを手にした者は、神をも凌ぐ権力を握ることができるとされ、神々や人間、異形の者たちが争い、最後にラインの水にすべて飲み込まれてしまうのが、R・ワーグナーのオペラ『ニーベルングの指輪』4部作。また、船乗りを妖しい歌声で誘惑し、水中に引きずり込んでしまう『ローレライ伝説』も有名。そんな話を一笑にふせないほど、ラインの流れと高台の古城はロマンを秘めている。

　またこの地域は、古くから経済や商業の中心地として発展してきた。物流の輸送手段としての船舶、鉄鉱石に代表される豊富な地下資源。人や製品や農産物が川の水のように常に流れ、発展してきた。ドイツでも、一番古くから文明化された場所でもある。

アドバイス

アクセス　川下りをのんびり楽しみたいのなら、船が一番。それも高速船より遅い船の方が、静かなうえ味わいもある。鉄道は短時間の移動には便利。フランクフルトを起点に川沿いに走っていくので、車窓も楽しめる。いくつかの古城をはじめ、あのローレライの岩も見られる。レンタカーを使えば、よりゆったりとした日程で、きめ細かな旅が楽しめるだろう。

気候・服装　年間を通じて日本の本州より少し寒い程度だが、昨今の異常気象により気温の変化が激しい。調節のきく服装の用意が必要だ。とくに船上は風が吹くととても寒い。強い川の照り返しを防ぐための、サングラスや帽子も必携。

KEYWORD

ワイン [ライン、モーゼル、ザールワインなど]
ドイツワインでもっとも有名なのがこの地方のワイン。とくにモーゼルの通称"ドクトール"は銘酒として知られる。主としてリースリング種の白ワインだが、アール川周辺では赤ワインもある。秋は、各地でできたての地ワインが楽しめる（詳しくはp.26参照）。

ビール [アルトビア、ケルシュビアなど]
デュッセルドルフなら赤褐色のアルトビア、ケルンでは黄色で淡色のケルシュビアというように、地元の人にこよなく愛されている

リューデスハイム。奥を流れるのがライン川

エーレンブライトシュタイン要塞からの眺め

ルール地方&ライン川、モーゼル川流域

247 アドバイスとキーワード

ビールが多い。また、ボンのボウンシュやミュンスターのピンクスミューラーなど、個性的な自家製造のビールを出す店もある。ワインばかりでなく、各地のローカルビールを味わうのも旅の楽しみのひとつといえる。

お祭
[ケルン、コブレンツ、リューデスハイム周辺など]

ケルンなどのカーニバル（2月ごろ）、ライン川周辺の花火（8月ごろ）、リューデスハイム周辺のワイン祭（8〜9月ごろ）デュッセルドルフ周辺の聖マルティンの提灯行列（11月ごろ）などがある。

メインストリートではパフォーマンスをよく見かける

お城
[ミュンスター地方の水城、エルツ城など]

ライン川、モーゼル川周辺は古城が多いことでも有名。ミュンスターやボンの大学は、城をそのまま校舎に転用している。古城ホテルとして実際に宿泊が可能な城（p.278参照）も多く、一部をユースホステルとして人気を博している要塞などもある（p.275参照）。また、意外に知られていないが、ミュンスター周辺にはヨーロッパ屈指の美しさを誇る水城が点在する（p.267参照）。

水辺に浮かぶヒュルスホーフ城（p.267参照）

デュッセルドルフ

DUSSELDORF

p.10-D ■人口=61.3万人 ■街の規模=Uで1日

いくつもの掘割や池、そして
ライン川に囲まれた、豊かな水の街

- ★ライン河畔の散歩道
- ★ベンラート城
- ★流行の発信地
- ★ゲーテ博物館など
- ★独特の演目のオペラ座
- ★独特のアルトビア

ライン河畔の遊歩道は市民の格好の憩いの場

Access

- ●鉄道：フランクフルト→ICE（約1時間40分）→デュッセルドルフ［1時間1～2本／€86］、ハンブルク→IC（約3時間40分）→デュッセルドルフ［1時間1～2本／€86］、ケルン→IC、ICE、RE（約20～30分）→デュッセルドルフ［1時間に4～6本／€11.50（REの場合）～18］
- ●空路：市の中心より10kmほど北に空港がある。パリ約85分、ロンドン約90分、ベルリン約70分。
- ●空港から市内へ：S11やREで約10分（€2.80）、タクシーで約20分（€28程度）。
- ●市内交通：街の中心をUとSが網羅し、また市電やバスもある。短距離券（Kurzstrecke）で20分間3駅以内まで€1.60、1日券€7。

Information

- ❶観光案内所：＜中央駅前＞ MAP p.251-I 住Immermannstr. 65b ☎17202844 営9:30～19:00（土曜~17:00）休日曜
- ＜旧市街＞ MAP p.250-D 住Marktstr./corner Rheinstr. ☎17202840 営10:00～18:00 休無休
- ●デュッセルドルフカード：市内中心部の公共交通機関が乗り放題、ほとんどの美術館・博物館が無料になる。1日間有効€9、2日間有効€14。購入は❶または主要ホテルで。
- HP www.duesseldorf.de
- ●ユースホステル：MAP p.250-D外 住Düsseldorfer Str.1 ☎557310 FAX572513

Route Advice

ケーニヒスアレー→（Bolkerstr.）→旧市街→ライン川沿いの遊歩道→（Mühlenstr.）→K20州立美術館→ホーフガルテン→ゲーテ博物館→（Jacobistr.）→中央駅→（S6 D.Benrath駅）→ベンラート城［全移動約2時間］

街のしくみ 買物はケーアレーで、食事やビールは旧市街で楽しもう！

この街の中心はケーニヒスアレーKönigs-allee（通称ケー）という並木道。全長600mほどの掘割が残り、その両側にある道はナポレオンが整備したという。ここには世界の一流ブランドショップが競うように並ぶ。その街路樹と水面と建物の調和の美しさから、小パリともいわれ、地元の人も誇りにしている。他のドイツの都市とはかなりタイプが異なり、とくに新緑のころの美しさは格別だ。現在、市中心部では地下鉄工事が行われており、同時にケーニヒスアレー北端からホーフガルテンにかけても再開発が進行中。

このケーアレーから川側が旧市街。料理自慢や地ビール自慢の店が多い。とくに"ドイツで一番長いカウンター"と異名をとるボルカー通りBolker Str.には、両側にびっしりと名物のアルトビアを飲ませる店が連なる。この通りには詩人ハイネの住んでいた家がある。今は文学書専門の書店（MAP p.250-D ※一部カフェ）となり、ユダヤ系のハイネにちなんでヘブライ語表記の番地もある。週末の夜は時間がたてばたつほど旧市街界隈は賑わう。治安も比較的いい。

少し込み入った道をぶらぶら歩いて、不意に視界が広がったらそこはライン川。河畔は

街角ワンショット

今も灯るガス灯のロマン

1826年にロンドンから伝わったドイツのガス灯。本場ロンドンにも900基しか残っていないといわれる中、この街では17000基ものガス灯が現役だ。旅行者が行きやすいのは、R ツム・ユーリゲ（MAP p.250-D）周辺だろう。初夏の夕暮れ時などは、街灯を眺めながらアルトビアの杯を傾けるのも一興だ。

デュッセルドルフの市外局番 ☎0211

この街でビールといえば……

郷土意識の強いこの街の人にとって一番の誇りがアルトビア。独特の濃い褐色は、長期間の低温熟成によってもたらされ、上面発酵独特のまろやかな味わいが特徴。樽から注ぐ時に、炭酸の圧力を使わないのもおもしろい。このビールを飲みながら地元サッカーチームを応援するのが、土地っ子の無上の喜びだとか（最近弱いが）。なお、そんな時には、永遠のライバル（？）ケルンのことは絶対に口にしないように。

ぜひ試してみたい地ビール

遊歩道になっている。オープンテラスでひと休みする地元の人や観光客、パフォーマーや若者たちで賑わう。とくに休日の晴れた午後は、とても楽しい雰囲気に包まれる。観光船も発着しているのでひと時の船遊びも一興。

エンターテインメントも充実。日本食が恋しい人はイマーマン通りへ

この街でぜひおすすめしたいのがオペラ座 Deutsche Oper Am Rhein（MAP p.250-E 住Heinrich-Heine-Allee16a ☎892 5211）をはじめとするエンターテインメント。市内にはバラエティ、ミュージカル、政治風刺劇などを上演するさまざまな劇場がある。人形劇のマリオネット劇場Marionetten-Theater

ユーリゲ・ビアホール前

（MAP p.250-G 住Bilker Str.7 ☎328432）は大人も子供も楽しめる内容で評判が高い。デュッセルドルフ交響楽団の定期演奏会からロックコンサートまで幅広い内容を誇るトーンハレTonhalle（MAP p.250-A 住Ehrenhof 1 ☎8996123）など音楽シーンも充実。

また、日系企業も多く、とくに中央駅から市街へとのびるイマーマン通り周辺の地区は日航ホテルのほかに、日本食レストラン、日本食材店、旅行会社などが集まっており、日本からの旅行者にはなにかと便利だ。日本総領事館もこの通りにある。さらに、毎年6月頃には、日本デー（Japan-Tag）という日本文化紹介イベントがライン川岸で行われ、日本からも著名人が参加。最終日は日本の打ち上げ花火で締めくくられる。

イマーマン通りのラーメン店、匠で

K20州立美術館 ★★★
K20 Kunstsammlung Nordrhein-Westfalen
map p.250-E

● U70、74、75、76、77、78、79 Heinrich-Heine-Alleeから徒歩5分

20世紀絵画を収集展示する美術館。とくに具象から抽象へと至る時代の代表作家の作品は見応えがある。クレーの『Black prince』やピカソの『アームチェアの女』、シャガールの『ヴァイオリン弾き』など、価値の高い作品も多い。なお、旧市街の南側カイザー池畔には現代アートを扱ったK21州立美術館（MAP p.250-G）があり、スタイリッ

とっておき情報
アポロ劇場でバラエティショーを楽しもう！

コミカルなショーやアクロバットショーなど、言葉がわからなくても充分楽しめるバラエティショー。併設のレストランでは、ライン川を眺めながらのムード満点の食事も。
＜アポロ劇場＞ MAP p.250-G 住Apollo-Platz1 営ショータイム20:00（土曜16:00と20:00、日曜14:00と18:00）休月・火曜、一部水曜 €25.50～45.50 ☎828-9090
HP www.apollo-variete.com

ピカソの作品の前で

シュな雰囲気にあふれる。
住Grabbepl. 5 開10:00〜18:00(第1水曜〜22:00、土・日曜、祝日11:00〜) 休月曜 料<1館のみ>€12、学生€10、<2館共通>€18、学生€14 ※展示内容により変更あり ☎8381204

クンスト・パラスト美術館 ★★
Museum Kunstpalast
map p.250-A

● U78,79 ノルトシュトラーセ Nordstr.から徒歩7分
デュッセルドルフやライン地方に縁の深かった作家の作品が中心。ルーベンスなど所蔵作品は10万点にも及び、ルネサンスから現代美術に至るまで、幅広く展示されている。別館のガラスコレクションも見応えがある。
住Ehrenhof 4-5 開11:00〜18:00(木曜〜21:00) 休月曜 料€5 ※企画展などは別料金 ☎56642100

レベッケ博物館・水族館 ★★
Löbbecke Museum und Aquazoo
map p.250-A外

● U78,79 ノルトパルク・アクアツォー Nordpark/Aquazooからすぐ
水族館と博物館が併設され、軟体動物とチョウの収集で有名。当地の薬剤師、民間学者のレベッケ氏の収集物からスタートした。館内中央の熱帯ホールのワニが大人気。週末や休暇シーズンは混むので注意。
住Kaiserswerther Str.380 開10:00〜18:00 休クリスマスなど一部の祝日 料€9、6〜18歳まで€5 ☎27400200

ハインリヒ・ハイネ研究所 ★
Heinrich-Heine-Institut
map p.250-G

● U70,74,75,76,77,78,79 シュタインシュトラーセ Steinstr./ケーニヒスアレー Königsalleeから徒歩8分
自筆原稿や初版本などのハイネに関する資料が充実しており、ハイネファン必見。
住Bilkerstr.12-14 開11:00〜17:00 (土曜13:00〜) 休月曜 料€4、学生€2 ☎8992902

ゲーテ博物館(イェガーホーフ城) ★★
Goethe Museum (Schloss Jägerhof)
map p.251-C

● U70,74〜79 Heinrich Heine Alleeから徒歩12分、市電707 Schloss Jägerhofから徒歩3分
ある書籍商が集めたゲーテに関する資料を展示。3万点以上の収集物と、わかりやすい展示内容は、フランクフルトのそれをも凌ぐ。ファウストの直筆原稿や、森鷗外の訳書も。
住Jacobistr.2 開11:00〜17:00 (土曜13:00〜) 休月曜 料€4、学生€2 ☎8996262

ゲーテとこの城の直接の関係はないようだ

Check-Check! おしゃれなウォーターフロント

メディエンハーフェン ★★
Medienhafen

テレビ塔や、波型の不思議なフォルムのビルが建つ、河畔の再開発地区。メディア系企業が集まることからこう呼ばれる。周辺にはリドLido（川の中州）などのレストランが何軒かあり、週末はおしゃれなデートスポットとして人気。もちろん建築好きにもおすすめ。

TV塔が目印。建物はフランク・O・ゲーリーが設計

MAP p.250-G外
- 中央駅から 市電704 でStadttor下車徒歩5分
- Lido 営18:00〜22:00（ラウンジ15:00〜翌1:00）
- 休日曜、祝日 ☎15768730

郊外の見どころ

人類の種の起源？ ネアンデルタール博物館

ネアンデルタール人の頭骨は、デュッセルドルフ郊外の「ネアンデルタールの森」から1856年に発見された。本物の骨はボンの博物館に移されたが、ここには人類の進化がよくわかる博物館がある。

- MAP p.247 S28 Neandertalから徒歩5分
- 開10:00〜18:00 休月曜 料€9（子ども€5）、特別展€7（子ども€3.50）、共通券€11（子ども€6.50） HP www.neanderthal.de

ムービー・パーク・ジャーマニーで楽しく遊ぼう

『アイス・エイジ』など人気映画のアトラクションや、ジェットコースターなどがある欧州最大の映画テーマパーク。

- MAP p.247 ● Düsseldorf→Feldhausen（乗換あり、約1時間30分） 開10:00〜18:00（夏休み〜20:00） 休11〜3月、9月一部など ※HP要確認 料€39.50（子ども€30、ネット予約割引あり） HP www.moviepark germany.de

美しいベンラート城と広い庭園で、ゆったりと過ごそう

ライン川流域でもっとも美しいと評判。1773年に選帝侯カール・テオドールの離宮として建てられた後期ロココ様式の代表的な建築物。内部の見学は1時間毎のツアーのみ。

- MAP p.247 U74 市電701 Schloss Benrathから徒歩10分 開11:00〜17:00 休月曜 料€10、内部のヨーロッパ造園博物館€6、共通券€14

ピンクの外壁が印象的

Zum Schiffchen
ツム・シッフヒェン

創業370年の伝統を誇り、ナポレオンも訪れた店

店名にちなんだ帆船が目印。老舗だが気軽に入れて値段もリーズナブル。ナポレオンが1811年に座った場所には胸像が飾られている。中央駅に2号店あり。

map p.250-D		
●カール広場から徒歩3分	■FAX 134596	■カード VISA、MC、AMEX、DC、JCB
■住所 Hafenstr.5	■営業 12:00〜24:00（料理〜22:30）	HP www.brauerei-zum-schiffchen.de
■TEL 132421	■休日 日曜、祝日	

Tante Anna
タンテ・アンナ

旧市街で一番の格式と内容を誇る店。予約は必ず

創業170年以上、家族経営の名物店。16世紀の教会を改造したアンティーク調の店内には銀の燭台などあり雰囲気満点。ワインの品揃えも自慢。要予約。

map p.250-D		
●K20州立美術館から徒歩5分	■FAX 132974	■カード VISA、MC、AMEX
■住所 Andreasstr.2	■営業 18:00〜23:00	HP www.tanteanna.de
■TEL 131163	■休日 日曜、祝日（メッセ期間中は営業）	

デュッセルドルフの市外局番☎0211

● 〜€15　●● €15〜25　●●● €25〜50　●●●● €50〜

Im Füchschen
イム・フュックスヒェン
自慢のビールは、僅かに残る苦味と甘さが特徴のドライ

赤い狐の看板が目印。料理はライン風ザウアーブラーテンが名物。ビールはもちろん自家醸造アルトビア。ビア樽をテーブル代わりに立ち飲みもよし。

- map p.250-D
- ●K20州立美術館から徒歩6分
- ■住所 Ratinger Str.28
- ■TEL 1374716
- ■FAX 1374747
- ■営業 9:00～翌1:00（金・土曜、祝前日～翌2:00、日曜～24:00）
- ■休日 12/25・31、1/1
- ■カード VISA, MC, AMEX
- HP fuechschen.de

 ### Schweine Janes
シュヴァイネ・ヤネス

店頭でグリルするシュヴァインハクセで有名な、気軽に入れる名物店。豚サンドがおすすめ。

- map p.250-D
- ●U70,74～79 Heinrich-Heine-Alleeから徒歩7分
- ■住所 Bolkerstr.13　■TEL 131449
- ■営業 11:00～翌1:00（金・土曜～翌3:00）　■休日 無休
- ■カード 不可　HP schweinejanes.juisyfood.com

 ### Pinocchio
ピノキオ

洞窟のようなインテリアのピッツェリア。陽気なイタリア人のおじさんが窯で焼く本格ピザが人気。

- map p.250-D
- ●U70,74～79 Heinrich-Heine-Alleeから徒歩7分
- ■住所 Altestadt 14　■TEL 131422
- ■営業 12:00～翌1:00　■休日 12/24・25・31
- ■カード VISA, MC

Heinemann
ハイネマン
地元の人気No.1！高級菓子ならここ

2代目社長の斬新経営で、とにかくデザインがおしゃれ。かわいいハチの形のチョコなど、贈り物にもぴったり。2階はカフェになっていてケーキもおいしい。

- map p.250-E
- ●U70,74～79 Heinrich-Heine-Alleeから徒歩5分
- ■住所 Kö-Passage, Martin-Luther.pl.32　■TEL 132535
- ■営業 9:00～19:00（土曜～18:30、日曜10:00～18:00）
- ■休日 無休
- ■カード VISA, MC, AMEX, DC
- HP www.konditorei-heinemann.de

Steigenberger Parkhotel
シュタイゲンベルガー・パークホテル
ケーアレーが散歩道

ケーアレーの北端に位置する最高級ホテル。スタッフの気品あふれる温かなもてなしが気持ちいい。夏にはテラスレストランでの食事も可。

- map p.250-E
- ●U70,74～79 Heinrich-Heine-Alleeから徒歩2分
- ■住所 Königsallee 1a
- ■TEL 1381810
- ■FAX 1381592
- ■料金 S-€195～、T-€235～、変動制
- ■部屋数 全130室
- ■カード VISA, MC, AMEX, DC, JCB

 ### Hotel Düsseldolf Mitte
ホテル・デュッセルドルフ・ミッテ

ビジネスタイプだが中心部の立地は観光にも至便。ホテル宿泊カードで、市内交通無料に。

- map p.250-H　●中央駅から徒歩7分
- ■住所 Graf-Adolf-Str.60　■TEL 1697860
- ■FAX 169786100　■料金 S,T-€69～、変動制
- ■部屋数 92部屋　■カード VISA, MC, AMEX, DC
- HP www.amanogroup.de/en/hotels/duesseldorf-mitte

 ### Hotel St.Georg
ザンクト・ゲオルク

観光に至便な旧市街の一等地にあり、リッチな設備。さらに料金は控えめでサービスもいい。

- map p.250-D　●U70,74～79 Heinrich-Heine-Alleeから徒歩5分　■住所 Hunsrückerstr. 22
- ■TEL 602230　■FAX 60223500　■料金 S-€49～、T-€69～　■部屋数 全24室　■カード VISA, MC, AMEX
- HP www.altstadthotel-stgeorg.de

バーン・ホテル Bahn-Hotel ★　map p.251-I
●中央駅から徒歩3分　■住所 Karlstr.74
☎360471　FAX364629　■S-€50～、T-€69～（朝食別）

ゲステハウス・グルッペロ Gästehaus Grupello ★　map p.250-H
●中央駅から徒歩6分　■住所 Grupellostr.4
☎362615　FAX353909　■S-€34～49、T-€46～79

バックパッカーズ Backpackers Düsseldolf ★　map p.250-H外
バス725番 Corneliusstr.下車徒歩3分　■住所 Fürstenwall 180　☎3020848　■ドミ-€18.50～
HP www.backpackers-duesseldorf.de

ホテル・ニッコー Hotel Nikko Düsseldorf ★★★★　map p.251-I
●U70,74～79 Oststr. から徒歩2分　■住所 Immermannstr.41
☎8340　FAX161216　■S/T-€95～（朝食別、メッセ期間を除く）

アルト・デュッセルドルフ Alt Düsseldorf ★　map p.250-D
●U70,74～79 Heinrich-Heine-Alleeから徒歩5分　■住所 Hunsrückerstr.11　☎133604　FAX133978　■S-€49～、T-€69～

ホテル・コメット Hotel Komet ★　map p.251-I
●中央駅から徒歩3分　■住所 Bismarckstr.93　☎93079209
FAX97719550　■S-€35～、T-€60～、変動制

★エコノミー　★★カジュアル　★★★スタンダード　★★★★ラグジュアリー

KÖLN
ケルン

 p.11-G ■人口=107.6万人 ■街の規模=Uで1日

ローマ時代から栄えた歴史の街。
オーデコロン発祥の地でも有名

- ★ フィッシュマルクト周辺の旧市街
- ★ 大聖堂
- ★ 多彩な美術・博物館がある
- ★ カーニバル
- ★ 名物ケルシュビール

Access

●鉄道：フランクフルト→ICE（約1時間10〜25分）→ケルン［1時間1〜2本／€75］、デュッセルドルフ→IC、ICE、RE（約20〜30分）他→ケルン［1時間4〜5本／€13〜18］、ボン→IC、RE（約30分）→ケルン［1時間4〜5本／€7.90〜11.50］、ハンブルク→IC、ICE（約4時間）→ケルン［1時間1〜2本／€91〜101］
●市内交通：旧市街の中心部だけの観光なら徒歩で充分。、バスの最短区間料金€1.90（1日券€8.60）。

Information

❶観光案内所：＜大聖堂そば＞MAPp.255
⌂Kardinal-Höffner-Pl.1 ☎346430 FAX 34643429 ◷9:00〜20:00（日曜、祝日10:00〜17:00）日本語地図あり。
●ケルンカード：ケルン市内のみ有効。市内公共交通機関が乗り放題の他、博物館の入場料などが2〜5割引。❶で購入可。24時間券€9（5人までのグループ用€19）
HP www.cologne-tourism.com
●ユースホステル：MAPp.255外 ⌂Siegesstr.5 ☎814711

Route Advice

大聖堂→ヴァルラーフ・リヒャルツ美術館→ホーエ通り散策→Obenmarspf.→旧市庁舎と広場→聖マルティン教会→フィッシュマルクト→ライン河畔散策→シュニュットゲン美術館→Neumarkt、Krebsgasse→オペラ座［全移動約1時間］

見どころは大聖堂を中心に メッセ会場は対岸にある

ケルンといえば**大聖堂**。その大聖堂は、中央駅を出ると目の前にそびえ立っている。まさに街のシンボルだ。大聖堂前広場を横切っ

街で見かけた花屋

ケルンの市外局番☎0221

対岸から望む大聖堂の雄姿

た先、左手の歩行者天国の道が、ショッピングゾーンとして有名な**ホーエ通り**Hohestr.。カウフホーフなどのデパートが並ぶ道といくつも交差し、賑わいはより増してくる。

ホーエ通りの人込みに疲れたら、適当な道を左折するといい。ビルの影からライン川と開けた空が見えるはずだ。**旧市庁舎**の前のローマ時代の遺跡発掘を見て、そのまま川に向かうと、**フィッシュマルクト**Fischmarktという小さな広場に出る。周辺の建物がかわいらしく、絵になる広場だ。このあたりは旧市街でも一番の中心で、名物の地ビール、**ケルシュビール**を飲ませる店も多い。

大聖堂だけでも充分なのに、他にもまだある意外な楽しみ

メッセの会場があるのは、中央駅のある岸からライン川を挟んだ対岸側。とくに見どころがあるわけではないが大聖堂の写真（特に夜景）は、こちら岸からの方が撮りやすい。

また、ケルンは毎年フォトキナ（写真関連のメッセ）が行われる写真の街として有名。大聖堂周辺にはカメラ店も多い。

豊富な美術館、ギャラリー巡りをはじめ、

街角ワンショット
ホーエンツォレルン橋に、永遠の愛を誓う南京錠

対岸のメッセ駅へは、Hohenzollernbrücke MAPp.255という鉄橋が架かっている。この橋のフェンスには、なぜか数え切れない南京錠が。実はこれ、カップルが名前と記念日を刻み、永遠の愛を誓いフェンスに施錠した後、鍵を川に投げ入れた跡なのだ。カップルで旅している人は試してみては。

他の橋では見かけない。なぜかこの橋でだけ

プール感覚のクラウディウス・テルメ

ホーエ通りでのショッピング、ケルシュビールと、楽しみは多い。

意外なところでは、専門誌でドイツ全土でNo.2に選ばれたことがあるというテルメ施設もある。鉄泉まで備えた本格的なもので、もちろんプール、サウナ、各種マッサージもある(Claudius Therme：●Deutz駅前からバス150番で7分 🕘9:00〜24:00 休12/24 料2時間€18.50※スパ+サウナ［土・日曜、祝日€20.50］ ☎981440)。また、この施設のすぐ脇には対岸の動物園へのロープウェーKölner Seilbahn (営3月中旬〜11月上旬 10:00〜18:00 ☎5474184)もあり、ライン川の眺めがいいのでカップル客に好評。

オーデコロン4711とケルシュビール

ケルン人の郷土の誇りといえば、大聖堂と香水（オーデコロン）4711、サッカーのFCケルン、そしてケルシュビールだ。

4711は18世紀末、修道士が書いた調合法をもとに製品化したもので、柑橘系のさわやかな香りが特徴。その後ナポレオンの占領下、各住居に番地が与えられ、この本店についた番号が4711。ナポレオン軍が撤収する際、おみやげにこの香水を買い求め、それがパリッ子に大評判となった。ちなみにオーデコロンとは、フランス語で「ケルンの水」という意味。オペラ座広場前にある本店(MAP p.255 大聖堂から徒歩10分 🕘9:30〜18:30、土曜〜18:00 休日曜 ☎27099910)では、この香水がディスプレイの蛇口から流れている。

ケルシュビールは、大麦に小麦を少し混ぜて上面発酵させたもので、淡い色と独特の苦みが特徴。それを細い小さなグラスで飲む。ケーベスと呼ばれるウェイターは、あらかじめ注いだグラスを持って客の間を泳ぐように回る(p.24参照)。

ルール地方&ライン川、モーゼル川流域 / ケルン

本店はGlockengasse 4にある

おみやげに人気のオーデコロン4711

わがままレポート

大聖堂
Dom
map p.255

天に伸びる尖塔は挑戦か

高さ157m、ゴシック様式としては世界最大の建築物(※)で、世界遺産でもある。1248年に着工、宗教改革などの影響から資金難に陥るなど中断期間が長く、完成したのはなんと600年以上経た1880年だった。内部には中央祭壇と、その裏に、東方の三賢者の遺物を収めたという三賢王の聖櫃などがあり必見。他にもキリスト受難や生誕逸話などを描いたステンドグラス、最古の秘儀祭壇クララ祭壇、千年以上の前の彫刻作品ゲロ大司教の十字架などもある。宝物殿は左手奥の方。なお、塔には、正面向かって右手にある登頂口（地下近くにショップ、トイレもある）を利用する。

❶完成当時は高さでも世界最高の建造物だった
❷宝石や真珠、カメオなどで贅沢に飾られている
❸左側のステンドグラス（ルートヴィヒ1世が寄贈したバイエルン窓は右側）
❹聖母マリア聖像。信者が宝石で飾り付けるので別名シュミックマドンナ

※高さのみだとウルムの大聖堂p.212のほうが高い
●中央駅から徒歩1分　🕐6:00～21:00（日曜・祝日13:00～16:30、11～4月～19:30）、＜塔＞9:00～18:00（3・4・10月～17:00、11～2月～16:00）　🚫イースターの金曜
💴入塔料€4、学生€2。宝物殿€6、学生€3。塔と宝物殿の共通券€8、学生€4　☎17940555

ローマ・ゲルマン博物館
Römisch-Germanisches Museum
map p.255

●中央駅から徒歩3分

2000年の昔、ケルンがローマの植民地だったことを如実に物語る、古代遺跡から発掘された美術品などを展示する博物館。とくに、当時の商家の食堂の床に描かれた、ギリシャ神話の酒神ディオニソス（バッカス）のモザイクは必見。縦10m、横7mもあり巨大だ。当時の文化レベルの高さがうかがえる。この博物館自体、遺跡の上にその遺跡を保護する形で建てられている。

🕐10:00～17:00（第1木曜～22:00）　🚫月曜、12/24・25・31、1/1、カーニバルの時期
💴€6.50、遺跡との共通券€9　☎24438

酒神ディオニソスのモザイク

ケルンの市外局番 0221

ヴァルラーフ・リヒャルツ美術館
Wallraf-Richartz Museum
map p.255

●中央駅から徒歩8分

中世に、ケルンを中心とするラインラント地方で活躍した画家の宗教画を主体に、現代美術までをも網羅する美術館。名もない画家の絵から、レンブラントやルーベンスなどといった巨匠の作品まで、中世の素朴な民衆たちの信仰心が感じられる作品が多い。他にセザンヌやドガ、モネ、ルノワールなどの印象派にも、秀逸な作品が見られる。ただしジャンルが混在しており雑多な印象は免れない。

🕐10:00～18:00（第1・3木曜～22:00）　🚫月曜、11/11、12/24・25・31、1/1、カーニバルの時期
💴€9、学生€5.50　☎22121119

➡旧市庁舎に隣接

←さまざまなジャンルの作品がある

遺跡もまた展示の一部となっている

コルンバ美術館 ★★
Kolumba Art museum
map　p.255

●中央駅から徒歩7分
　第二次世界大戦で廃墟になった同名のゴシック教会の上に、廃墟をそのままに、上に継ぎ足す形で建てられた宗教&現代美術館。スイスの著名建築家ズントーが設計、建物自体が建築作品としても価値がある。もともとケルン大司教区美術館として、教会美術などを展示していたが、2007年に現在の建物が完成&移転してから現代美術の展示と融合するスタイルになった。廃墟の下に残っているローマ時代の教会の遺跡も見ることができる。

住Kolumbastr.4　開12:00〜17:00　休火曜　料€5、学生€3　☎9331930　HPwww.kolumba.de

チョコレート博物館 ★★★
Schokoladenmuseum
map　p.255
ショコラーデンムゼアム

●バス133番 Schokoladenmuseum下車徒歩すぐ
　世界的にもまれな、チョコレートの製造過程を見せる博物館。ライン川にせり出した、まるでガラスの軍艦のような建物が印象的だ。
　生のカカオの実から、どのようにしてチョコレートができるかは、意外に興味深い。入場券にはチョコがひと切れオマケについてくる。また、できたてのチョコを食べさせてもらえるコーナーには、子供はもちろん、大人も大喜び。チョコの歴史の展示もある。

開10:00〜18:00（土・日曜、祝日11:00〜19:00）　休11月の月曜　料€11.50、学生€7.50　☎9318880
できたての生チョコが食べられる

ピカソの展示コーナー。傑作も多い

ルートヴィヒ美術館 ★★★
Museum Ludwig
map　p.255

●中央駅から徒歩3分
　20世紀以降の現代美術を収蔵。ウォーホルに代表されるポップアート、マックスエルンストやダリに代表されるダダイズムやシュルレアリスム作品、そしてピカソに代表されるキュービズムなどの傑作が揃う。特にピカソはバルセロナやパリに次ぐ世界3番目の収蔵数を誇る。企画展も評価が高い。

開10:00〜18:00（第1木曜〜22:00）　休月曜　料€12、学生€8　☎22126165

シュニュットゲン美術館 ★★
Museum Schnütgen
map　p.255
ノイマルクト

●U1,3,4,7,9,16,18 Neumarktから徒歩5分
　キリスト教に関する作品を収集し、教会を改造して造られた宗教美術館。庶民の信仰心を反映したような作品が多く、とくに木彫彩色天使像の優美な表情は、見る者の感動を誘う。

開10:00〜18:00（第1木曜〜22:00、他の木曜〜20:00）　休月曜　料€6、学生€3.50　☎22131355

現代アートのメッカでアートギャラリー巡り

　ケルンは毎年7万人規模の入場者がある現代アートのメッセ、Art Cologneが開かれる現代アートのメッカ。そのためギャラリーが多く、その数は全部で100を超える。たとえばGalerie Boiserréeは駅から近くて入りやすく、50年代以降の作品、なかでも版画が自慢で若手の作品などもある。Galerie Seippelも展示スペースが広く斬新なインスタレーションの展示などがありおもしろい。詳しいマップやスケジュールは❶で小冊子があるので、ギャラリー巡りをしてみよう。

ピカソ展をしていたGalerie Boiserrée

Brauhaus Sion
ブラウハウス・ジオン
ケルシュビール醸造所の直営店。名物は50cmのソーセージ！

創業1318年のジオンビール直営店。ビール1杯€1.80。大人気のソーセージ"Prinz Frank 1"（1人前€11.90、野菜付）の長さにびっくり。

map p.255
- ●大聖堂から徒歩5分
- ■住所 Unter Taschenmacher 5-7
- ■TEL 2578540
- ■営業 11:30～24:00（金・土曜11:00～翌1:00）
- ■休日 無休
- ■カード VISA、MC、AMEX
- HP www.brauhaus-sion.de

Sünner im Walfisch
ズナー・イム・ヴァルフィッシュ
5リットルも可！ドライな飲み口

ほかよりかなりドライな飲み口のケルシュが自慢。なんと縦に1mくらいあるサーバに3または5ℓ入れて飲み倒せる。店舗が狭いので予約したほうがいい。

map p.255
- ●大聖堂から徒歩13分
- ■住所 Salzgasse 13
- ■TEL 2577879
- ■営業 17:00～翌1:00（金～日曜、祝日12:00～）
- ■休日 無休
- ■カード MC
- HP www.walfisch.de

Puszta Hütte
プースタ・フュッテ
グラーシュ(ハンガリー起源、ドイツで進化したシチュー)の専門店。気に入ったら缶入りみやげも。

map p.255
- ●U3,4,16,18他 Nuemarktから徒歩1分
- ■住所 Fleischmengergasse 57
- ■TEL 239471
- ■営業 10:00～20:00
- ■カード VISA、MC
- HP puszta-huette.de

Pasta Bar
パスタ・バー
小規模だが高評価のイタリアン。パスタは手打ちで、ハムなどの素材選定も絶妙、ワインも自慢。

map p.255
- ●U16,18他 Barbarossapl.から徒歩1分
- ■住所 Salierring 46
- ■TEL 9386311
- ■営業 17:00～22:00
- ■休日 日・月曜
- ■カード 不可
- HP www.pastabar.de

258

Buchhandlung W. König
ヴァルター・ケーニヒ書店
安売りもあるヴィジュアル専門店

建築、イラスト、写真、デザイン、歴史、民俗などジャンルは様々だが、ヴィジュアル本なら何でも扱う専門書店。ケルン最大規模で、値引きコーナーもある。

map p.255
- ●U3,4,16,18 Appellhofplatzから徒歩7分
- ■住所 Ehrenstrasse 4
- ■TEL 205960
- ■営業 10:00～19:00
- ■休日 日曜
- ■カード VISA、MC、AMEX、DC
- HP www.buchhandlung-walther-koenig.de

Historische Senfmühle
マスタード博物館
伝統の味を再現、ソーセージも

1810年製造の石臼と15世紀頃からの伝統のレシピで作るマスタード専門店。なぜかカレー味やジャムもある。手前が店舗、奥は小博物館（ガイドツアーのみ）。

map p.255
- ●U1,5,7,9 Heumarktから徒歩7分
- ■住所 Holzmarkt 79-83
- ■TEL 20532340
- ■営業 10:00～18:00、土・日曜、祝日11:00～19:00
- ■休日 12/25・26、1/1、カーニバル時期
- HP www.senfmuehle.net
- ※小博物館のガイドツアー料金は€2.50

Farina-Haus
ファリナ・ハウス(香水博物館)
1709年創業、現代香水生みの親

1709年創業、オー・デ・コロンを最初に発明した本家のショップ＆博物館。もともと貴族向けの高級品として販売していた。博物館は1時間毎のガイド付きで。

map p.255
- ●大聖堂から徒歩5分
- ■住所 Obenmarspforten 21
- ■TEL 3998994
- ■料金 博物館ツアー€5（所要45分）
- ■営業 10:00～19:00（日曜11:00～17:00）
- ■休日 無休
- ■カード VISA、MC、AMEX、DC、JCB
- HP farina.org、店は HP farina1709.com

ケルンの市外局番☎0221

●～€15 ●€15～25 ●●€25～50 ●●●€50～

郊外の見どころ

廃墟好き、工場好き、アート好きな人向けの産業遺産

工業大国、ドイツならではのユネスコ世界遺産がツォルフェライン炭坑産業遺産群。1847年から稼動、1986年に最後の採掘、1993年に閉鎖された石炭採掘立坑群やコークス工場跡が広大な敷地内に開放されている。

一番有名な第12立坑（Shaft12）に隣接してルール博物館やレッド・ドット・デザイン博物館があるほか、レストランやプール、イベントスペースなどもあり、ちょっとしたテーマパークになっている。

目印の第12立坑。この近くに博物館や主な施設が集まっている

MAP p.247 ●ケルン中央駅→エッセンEssen中央駅（REで約1時間）→ツォルフェラインZollverein駅（市電107番で15分）
住 Fritz-Schupp-Allee 14
開 ビジター・センター10:00～18:00（※施設により異なる）
HP www.zollverein.de

Hotel im Wasserturm
ホテル・イム・ヴァッサートゥルム

レストラン自慢の高級ホテル

100年前に造られた給水塔を、モダンなホテルに蘇らせた。内装はフランス人デザイナーのプートマンが担当。料金は高めだが（これでも下げた）、その価値はある。

map p.255
● U3,4,16,18 Poststr.から徒歩2分
住 Kaygasse 2
TEL 20080 ■FAX 2008144
料金 S-€107～、T-€124～、変動制
部屋数 全88室
カード VISA、MC、AMEX、DC、JCB
HP www.hotel-im-wasserturm.de

Excelsior Hotel Ernst
エクセルシオール・ホテル・エルンスト

中央駅すぐそばの高級ホテル

中央駅と大聖堂の間にある、交通の便がとてもいい高級ホテル。150年を超える伝統を誇り、サービスも申し分ない。外の騒音もまったく気にならない。

map p.255
●中央駅から徒歩1分
住 Domplatz/Trankgasse 1-5
TEL 2701
FAX 2703333
料金 S-€169～、T-€198～、変動制
部屋数 全140室
カード VISA、MC、AMEX、DC、JCB
HP www.excelsiorhotelernst.com

Aparthotel Adagio Köln City
アダージョ・ケルン・シティ

アパートタイプとして長期滞在も可能。最大の特徴はキッチン設備があり、自炊ができること。

map p.255
● U16,18 Poststr.から徒歩5分 住 Blaubach 3
TEL 170520 FAX 17052333 料金 S,T-€99～
メンバー割引き有り 部屋数 全116室
カード VISA、MC、AMEX HP www.adagio-city.com

ibis Budget Köln Messe
イビス・バジェット・ケルン・メッセ

メッセ会場近くで、どちらかというとビジネス向きだが、立地は観光にも至便。料金も格安。

map p.255外
● S6 他KölnMesseから徒歩7分 住 Brügelmannstr. 7 TEL 88745620 FAX 88745625
料金 S-€49～、T-€54～ 部屋数 全167室
カード VISA、MC、AMEX HP www.accorhotels.com

ヴォーングマインシャフト Die Wohngemeinschaft Köln ★★ map p.255外
● U1,7,12,15 Rudolfplatzから徒歩8分 住 Richard-Wagner-Str.49
98593091 S-€52～、ドミ-€20～ HP www.hostel-wohngemeinschaft.de

ブラックシープ Black Sheep Hostel ★ map p.255
● U12,15,16,18 Barbarossaplatzから徒歩5分 住 Barbarossaplatz 1
30290960 S-€50.57～、T-€19.91～ HP www.blacksheephostel.de

ホステル・ケルン HOSTEL KÖLN ★ map p.255
● U1,3,4,7,9,16,18 Neumarktから徒歩7分 住 Marsilstein 29
9987760 S-€69～、ドミ-€32.50～ HP www.hostel.ag

ステーション・ホステル Station Hostel for Backpackers ★ map p.255
●中央駅から徒歩5分 住 Marzellenstr.44-56
9125301 FAX 9125303 S-€35～、ドミトリー€18～

パスポイント Y.H.Pathpoint map p.255
●中央駅から徒歩5分 住 Allerheiligenstr. 15 13056860
ドミ-€19.90 HP www.pathpoint-cologne.de

ブランデンブルガーホーフ Brandenburger Hof ★ map p.255
●中央駅から徒歩4分 住 Brandenburgerstr.2-4
122889 FAX 135304 S-€55～、T-€70～

★エコノミー ★★カジュアル ★★★スタンダード ★★★★ラグジュアリー

BONN
ボン

p.11-G ｜人口＝32.2万人 ｜街の規模＝Ｕとバスで1日

旧西ドイツの首都から、欧州統合後の総合情報発信基地を目指して脱皮中

- ★ ライン河畔の美術館、博物館群
- ★ ハイネも学んだ大学校舎
- ★ ベートーベンホールで優雅なひと時を
- ★ 楽聖ベートーベンの生地

Access

●鉄道：フランクフルト→ICE、IC（約1時間45分～2時間）→ボン[乗換便も含め1時間3～4本／€45.50～80.50]、デュッセルドルフ→IC、RE（約45分～1時間）→ボン[1時間2～3本／€18.50～]、ケルン→IC、RE（約30分）→ボン[1時間4～5本／€7.90～]
※ライン川の対岸を走るローカル線もある。
●市内交通：Ｕバーンやバスが走り、美術館巡りなどに重宝する。1日券（€8.60）やボン・レギオ・ウェルカムカードが便利。

Information

❶観光案内所 p.261-A ㊟Windeckstr. 1/Am Münsterplatz ☎775000 FAX775077 開10:00～18:00（土曜～16:00、日曜・祝日～14:00） HP www.bonn.de
●ボン・レギオ・ウェルカムカード：24時間有効。市内のみ有効のウェルカムカードは€10（ファミリー券€19）。❶の他、バス・Ｕバーンのチケット売場やホテルなどで購入可。市内の公共交通機関や、主要な博物館・美術館が無料。
●ユースホステル p.261-C外 ㊟Haager Weg 42 ☎289970 FAX2899714

Route Advice

ミュンスター寺院→（Bonnga.）→ベートーベンの生家→→ボン大学、展望台→→国立絵画館→→中央駅→（バス604～607番）Alfred-Bucher-str.）→シューマン記念館　[全移動約1時間]

ライン川に沿って開けた古都。のんびり1日かけて歩きたい

ボンの中央駅を降りると、意外に小さな駅前広場と右手にバスターミナルがある。そこを渡った正面の、商店が建ち並ぶ**ポスト通りPoststr.**がこの街のメインストリート。通りを進むと、やがて通りの名のとおり中央郵便局に着く。その郵便局前が**ミュンスター広場Münsterplatz**で、ベートーベンの立像とミュンスター寺院がある。❶は郵便局の西側の

ボンの市外局番☎0228

ボンといえばやはりこの人、ベートーベン

建物にある。
　ミュンスター寺院前からRemigiusstr.を北に行くと、花市が立つ小さな広場Remigiuspl.に出る。その先には食品市の立つ大きな広場があり、これが**マルクト広場Markt**。いわばボン市民の台所だ。この広場右に面したかわいらしい建物が旧市庁舎。

ベートーベンの生家から質の高い美術館群まで文化の旅

マルクト広場から左奥の**ボン小路Bonnga.**を行った左に、ベートーベンの生家がある。また近くには、彼が洗礼を受け、子どものころにはオルガンを弾いていた、**レミギウス教会St. Remigius Kirche**もある。

シューマンがいた元サナトリウム。今は記念館

　散策に飽きたら、**ボン大学**そばにある小高い展望公園に上るといい。昔の大砲がそのまま置かれ、近景のラインの悠久の流れと、遠景の美しい山々（通称7つの山）が、旅の疲れをゆっくりとほぐしてくれるだろう。
　植物園となっている**ポッペルスドルフ宮殿**（p.261-C ㊟Meckenheimer Allee 169 ☎735523）や、**シューマン記念館Schumannhaus**（p.261-C外 ㊟Sebastianstr.182 ☎773656 開11:00～13:30、15:00～18:00 休月・土・日曜 料無料）へはバス利用が便利。

ベートーベンの生家
Beethoven-Haus ★★★
map p.261-A

●マルクト広場から徒歩4分

　1770年に屋根裏で生まれ、22歳まで暮らした。愛用のピアノや楽譜などを展示。隣接する新館には、彼の唯一のオペラ作品を約20分、3Dでヴァーチャル上演する「フィデリオ21世紀」や、全ての作品のデジタルアーカイブを端末で自由に視聴できるコーナーもある。
開10:00～18:00（11～3月～17:00、日曜・祝日11:00～17:00）
休1/1、12/24～26・31、他　料€6、学生€4.50
HP www.beethoven.de

ミュンスター寺院
Bonner Münster ★★★
map p.261-A

●中央駅から徒歩7分

　ロマネスク建築様式からゴシックに移る過渡期の、最高傑作といわれる教会。11世紀にその礎が築かれ、以降続々と増築されていった。特に12世紀中葉に建てられた八角形の尖塔は、アルプス以北では随一の美しさといわれる。1314年には、フリードリヒ"ハンサム"王、1346年にはカール4世の神聖ローマ帝国皇帝の戴冠式が行われた。　開10:00～12:00、12:45～16:00（日曜14:00～17:00）　休無休　料無料　☎985880　※2018年現在改修工事中

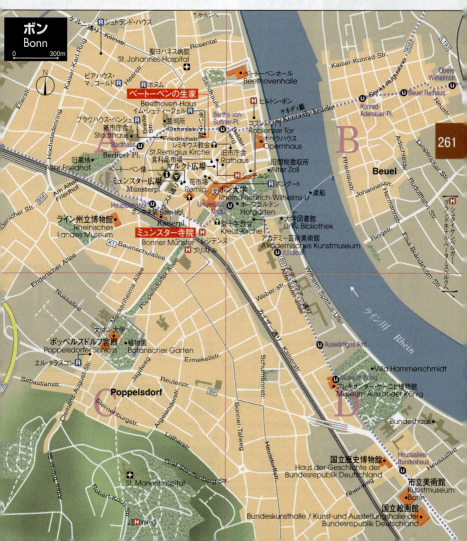

わがままレポート

ボンの美術館巡り ★★★
map p.261-D

歴史と美術を同時に勉強！

ライン川沿いに並んでいる美術館群。一番奥が国立絵画館Bundeskunsthalle（料約€15、展示内容による）。屋上の3つの三角錐の塔が印象的だ。ここでは絵画のみならず、建築や技術、インテリアの分野まで、広く企画展示している。

隣の市立美術館Kunstmuseum（料€7、以上2館共通券€18.70、特別展等により料金の変動あり）も、斬新なデザイン。マックス・エルンストやキ

建物自体がすでに芸術

ルヒナーなど、20世紀絵画の収集で有名だ。

その先が国立歴史博物館Haus der Geschicte（料無料）。近・現代ドイツの歴史を豊富な映像と資料で解説。ヒトラーや東西冷戦下のベルリンでのケネディ米大統領の演説、さらにベルリンの壁崩壊と東西ドイツの統合など。まさに激動の歴史が、負の遺産も含め展示されている。また、実物の初期型VWビートル、BMWの昔のバイクや乗用車などは、マニア垂涎。なお、各美術館とも月曜および大晦日等は休館。

ボン大学 ★
Universität
map p.261-B

●U 16,63,66～68 Universität/Markt下車すぐ
ウニヴェルズィテート・マルクト

ケルン選帝侯の居館として、1705年に建てられた壮麗な宮殿。現在はボン大学の校舎として使われている。濃い黄色の外壁がとても美しく、印象的。1777年に火災、1944年に戦災で2度焼失したが、そのつど再建されてきた。宮殿の正門にあたる、コトブッサー門の天使像もすばらしい。

ライン州立博物館 ★★
Rheinishes LandesMuseum Bonn
map p.261-A

●中央駅から徒歩5分

ライン地方の石器時代から現代に至る歴史を、9つのテーマ別に紹介。単に漠然と遺跡を並べるのではなく、生活様式の変遷、絵画など美術関連の展示などテーマ別に分かれている。目玉はネアンデルタール人の遺跡。
開11:00～18:00（土曜13:00～）　休月曜
料€8、学生€6　HP www.rlmb.lvr.de

Brauhaus Bönnsch
ブラウハウス・ベンシュ
ここでしか飲めない自家醸造ビールをお試しあれ

ボン唯一の、自家醸造のビアレストラン。店奥のタンクで作るビールの味は端麗ですっきり。指の形にくぼんだ独特のグラスでいただく（1杯€1.80～）。

map p.261-A	■TEL 650610	休日　無休
●ミュンスター広場から徒歩10分	■営業 11:00～翌1:00（金・土曜～翌3:00、日曜・祝日12:00～翌1:00）	■カード VISA、MC
■住所 Sterntorbrücke 4		HP www.boennsch.de

Steigenberger Grandhotel Petersberg
シュタイゲンベルガー・グランドホテル・ペータースベルク ★★★★

連邦政府がVIPのために建てた迎賓館ホテルだが、一般の利用も可。「7つの山」の中にある。最高級。

map p.261-B外　　●中央駅から車で約30分
■住所 53639 Königswinter　■TEL 02223-740
■FAX 02223-74443　■料金 S,T-€135～、変動制
■部屋数 全99室　■カード VISA、AMEX、DC、JCB
HP www.steigenberger.com/hotels/alle-hotels/deutschland/koenigswinterbonn

Stern Hotel
シュテルン・ホテル ★★★

マルクト広場に面して建つ、美しい外観の由緒あるホテル。週末割引がある。

map p.261-B　　●中央駅から徒歩10分
■住所 Markt 8　■TEL 72670　■FAX 7267125
■料金 S-€110～（週末€95～）、T-€155（週末€145～）
■部屋数 全80室　■カード VISA、MC、DC、JCB
HP www.sternhotel-bonn.de

ボンの市外局番 ☎0228

★エコノミー　★★カジュアル　★★★スタンダード　★★★★ラグジュアリー
●～€15　●●€15～25　●●●€25～50　●●●●€50～

AACHEN
アーヘン

p.11-G ■人口＝24.5万人 ■街の規模＝徒歩で半日

オランダ、ベルギーとの国境の街へ
はカップとタオル、水着を持参

 ★世界文化遺産の大聖堂　★クーヴェン博物館など
★カール大帝も大好きだ
った温泉

Access

●鉄道：デュッセルドルフ→RE（約1時間30分）→アーヘン［1時間2～3本／€23］、ケルン→RE（約1時間）→アーヘン［1時間2本／€17.50］
●市内交通：市バス€1.60～。中央駅と旧市街が少し離れている（徒歩20分程度）。バス利用なら中央駅から14番でElisenburunnen下車が❶に近くわかりやすい。

Information

❶観光案内所：＜フリードリヒ・ヴィルヘルム広場＞
MAP p.263　住Friedrich-Wilhelm-Pl.
☎1802950　FAX1802969　開10:00～18:00（土・日曜、祝日15:00、12/26～3/31の土曜～14:00）　休12/25～3/31の日曜・祝日
HP www.aachen-tourismus.de
●ユースホステル：MAP p.263外　住Maria-Theresia-Allee 260　☎711010　FAX7110120

 　温泉とカジノを
心ゆくまで楽しむ

この街の歴史は古く、紀元前3世紀には早くも北征してきたローマ人が温泉を見つけ、入植した。その後8世紀後半にはゲルマン系フランク族の国王カール大帝がこの地を都と定め、現在に至る繁栄の基礎を築いた。そんなアーヘンの観光の中心は旧市街に集中している。中央駅からバスもあるが、徒歩でもゆっくりと下って20分弱（旧市街から戻る時は上りになるのでバス利用が楽）。

旧市街の入口フリードリヒ・ヴィルヘルム広場Friedrich-Wilhelm-Platzに❶がある。ここは旧市街と新市街を結ぶバスの発着ポイントでもある。

この❶に隣接する形でギリシャ神殿風の円形の建物があるが、これが温泉噴出口。壁の中央にポツンと吐水口が付いている。また、その裏手の広場には、ローマ時代の遺跡を展示した小パビリオンもある。このような噴出口は旧市街にいくつかあり、市民が日常的に飲用しているのが見られる。

この❶の裏手を少し行くと大聖堂広場Münsterplatzに出る。観光名所の**大聖堂**や宝物館、ゴシック様式の立派な建物でカール大帝の肖像画などが見られる**市庁舎**（開10:00～18:00　料€6）や大富豪の邸宅を再現した**クーヴェン博物館**などがある。❶を東にまっすぐ行くとジュールモント・ルートヴィヒ美術館Suermondt-Ludwig-Museum（開10:00～17:00〔最終入館16:30〕休月曜　料€6、学生€3）。重厚な外観からすれば驚くほど、外光をふんだんに取り入れた内装が印象的。収蔵品も多岐に渡る。美術館から環状線を南下、ガードの手前右折で中央駅。

アーヘンの市外局番☎0241

この街のシンボルの大聖堂

ルール地方＆ライン川、モーゼル川流域

ドームは復活の象徴「8」を暗喩する八角形

大聖堂
Dom ★★★
map　p.263

●中央駅から徒歩20分
　世界で初めてユネスコ世界遺産に登録された12遺産の一つ。786年、カール大帝により宮殿教会として建立。時代を追うごとに増築されたため、ロマネスク様式やゴシック様式などが混在。特にビザンチン様式の影響が強い内部の壮麗さには目を奪われる。
　歴代神聖ローマ帝国皇帝の戴冠式が執り行われた場所であり、カール大帝の墓所でもあるため、カイザー（皇帝）ドーム（大聖堂）とも呼ばる。入口正面向かって左手側の別棟（少し離れた場所）に宝物館もある。
🏠Domhof 1　🕐7:00～19:00（1～3月～18:00)、宝物館は10:00～18:00（月曜～13:00、1～3月～17:00)　🚫無休（礼拝時などは入場不可）　💰無料（宝物館は€5）　☎47709145
HP www.aachendom.de

クーヴェン博物館
Couven Museum ★
map　p.263

●中央駅から徒歩20分
　この街が生んだ大富豪、クーヴェン兄弟が収集したロココ調の家具を展示した小博物館。家具以外にもタイルや当時の壁飾りなど調度品もすばらしい。18～20世紀初めごろまでの、古き良き時代の富豪の豊かな暮らしがかいま見られる。インテリアに興味がある人は必見。
🕐10:00～17:00　🚫月曜
💰€6、学生€3　☎4324421
HP www.couven-museum.de

小さな博物館なので見逃さぬよう

Hotel 3 Koenige
ホテル・ドライ・クーニケ ★★

かわいい家族経営の小さなホテル。マルクト広場のすぐ近く。朝食はビュッフェ式で無料W-LANも。
map p.263　　　●大聖堂から徒歩3分
■住所 Buechel 5　■TEL 48393/4　■FAX 36152
■料金 S-€105、T-€129　■部屋数 全10室
■カード VISA、MC、AMEX
HP www.h3k-aachen.de

ドイツ流温泉施設でリラックス

　この町はもともと、紀元前、古代ローマ帝国の時代に、温泉保養地として見出され発展した町。今でもあちこちに飲泉所があり、温泉の町としても有名だ。しかも、旅行者にも敷居が低めの、現代的なアミューズメント志向の温泉施設「カルロス・テルメCarolus Thermen」もあり人気になっている。市民公園の一部に、テルメエリア（内外温泉プールあり、水着着用）やサウナエリア（男女とも水着は付けない）、レストラン、エステなどの複合施設があるもので、滞在時間により料金が異なる仕組み（サウナ利用時は高め）。
　もちろん温泉なので、効能はリューマチや筋肉痛、通風などに効くとい

メインの屋内テルメ空間。夜はライトアップされる

われ、炭酸水素を多く含むので、美肌効果も期待できる。ただし、温度は34～38度と若干低め。

◆カルロス・テルメCarolus Thermen Bad Aachen　MAP p.263外　●マルクト広場から徒歩約20分　🏠Passstr.79（市民公園Stadtgarten内）　🕐9:00～23:00（入場～21:30、入浴～22:30）　💰2時間30分€12～、同サウナ込み€26～（日曜・祝日€13～、同サウナ込み€28～）　🚫無休　☎182740　HP www.carolus-thermen.de

オスマンスタイルのサウナ。施設内は男女混浴

★エコノミー　★★カジュアル　★★★スタンダード　★★★★ラグジュアリー

MUNSTER
ミュンスター

p.10-D　■人口＝31.2万人　■街の規模＝バスで1日

**歴史と文化が育んだ学生の街。
美しい自然と郊外の水城も魅力**

- ★ 旧市街
- ★ 大聖堂など
- ★ 司教の居城や水城
- ★ 自家醸造の店
- ★ ミュンスター大学

Access

●鉄道：ケルン→IC、RE（約2時間）→ミュンスター［1時間3本／€37〜42］、ハンブルク→IC、ICE（約2時間15分）→ミュンスター［1時間毎／€60］、フランクフルト→IC、ICE、RE（約3〜4時間）→ミュンスター［乗換便含め1時間2〜4本／€78〜106］
●市内交通：市バスが発達、中央駅から旧市街や郊外に行く時に便利。1日券（平日は9:00以降）€5.20、4回券€10.80、バスの中での購入は割高

Information

●観光案内所：MAPp.265 住Heinrich-Brüning-Str.9 ☎4922710 FAX4927743 開10:00〜18:00（土曜〜13:00）休日曜、祝日
HP www.stadt-muenster.de/en/tourismus
●ユースホステル：MAPp.265外 住Bismarckallee 31 ☎530280 FAX5302850

**世界史の舞台となった街を
地元っ子気分でそぞろ歩き**

　ミュンスターの歴史は古く、8世紀後半に時のカール大帝がザクセン人をキリスト教化すべく、宣教師リュートガーを派遣。805年に彼が修道院を建立、これがこの街の発展の礎となった。以後、修道院を中心とした神学系の研究と、オランダとの国境が近いせいもあり、商取引が盛んなことから、順調に発展をつづけてきた。

　1648年、全ドイツを荒廃させた30年戦争を終結させたウェストファリア（ヴェストファーレン）条約がこの地で結ばれた。現在、**市庁舎**にその平和協定が締結されたホールが残されている。1780年にはミュンスター大学が創立、現在ではとくに先端医療の分野で有名になった。

ミュンスターの市外局番☎0251

落ち着いた旧市街の通り

　この街は中央駅を中心とした新市街と、**大聖堂**を中心とした旧市街、大学地区、そして郊外の**アー湖**Aaseeに代表される田園地帯の4つに分けられる。各地域は市バスで結ばれ気軽に移動できる。旧市街には大聖堂や市庁舎、州立美術館などがあり、徒歩で充分に回れる広さだ。さらに駅寄りの**ザルツ通り**Salzstr.に面した周辺は、18世紀にこの地で活躍した建築家ヨハン・コンラート・シュランの設計した**クレメンス教会**など優れたバロック建築が多いことから、「バロックの島」と呼ばれる。

　旧市街の次は、郊外の**ミューレンホーフ野外博物館**や動物園に足を延ばそう。夏ならアー湖のGoldene橋から船（4〜10月10〜17時の毎時00分・周遊券€9.50）で行くのもいい。また、旧市街の反対側、中央駅の北東には、通称**ハーフェン**Hafenwegと呼ばれるナイトスポットがあり、川沿いにはおしゃれなカフェやレストラン、バーが並び、夜毎、この街の学生たちでにぎわう。

ルール地方＆ライン川、モーゼル川流域

265 ミュンスター

堂々たる大聖堂

宗教美術に関する展示は充実している

大聖堂 ★★★
Dom
map p.265

●中央駅から徒歩20分

　古くは805年、カール大帝の時代に起源を発するが、現在見られる聖堂は13世紀に約40年の歳月をかけて造られた。その後何度も増改築されたが、ドイツ・ゴシック建築の中でも代表作と評される。内部には巨大な聖クリストフォロスの像や、毎日12時に人形たちが挨拶をする天文時計がある。2018年7月現在、宝物館は閉館中。

開6:30～19:00（日曜・祝日～19:30）休無休
料無料　＜宝物殿＞開11:00～16:00　休月曜
料€3、学生€2　☎4956700

市庁舎 ★★
Rathaus
map p.265

●大聖堂から徒歩5分

　1648年にこの場所で、ウェストファリア条約がオランダとスペインの間に結ばれ、30年戦争は終結した。14世紀に造られた建物自体は第二次世界大戦で崩壊したが、戦後忠実に復旧された。現在、条約締結に使われたホールは平和の間Friedenssaalとして公開されている。

＜平和の間＞開10:00～17:00（土・日曜、祝日～16:00）　休月曜　料€2、学生€1.50（日本語音声のガイドツアーは事前申込）　☎4922724

LWL文化美術博物館 ★★
LWL-Museun fuer Kunst und Kurtur
map p.265

●大聖堂から徒歩1分

　ウエストファリア地方の1000年に及ぶ文化と美術に関するコレクションを収集し展示している。見どころは中世の宗教美術やアウグスト・マッケなど。

住Domplatz 10　開10:00～18:00（第2金曜～22:00）　休月曜　☎590701　料€8、学生€4（※企画展は別）　HP www.lwl.org/LWL/Kultur/museumkunstkultur/

ピカソ美術館 ★★
Kunstmuseum Pablo Picasso Münster
map p.265

●大聖堂から徒歩5分

　ドイツで初めてのピカソ専門美術館。もっとも、作品はリトグラフがほとんどで、習作など800点以上の作品を収蔵。常設の他に、世界各地のピカソ作品を集めた企画展も随時開催されているのでファンは要注目。

住Picassoplatz 1　開10:00～18:00　休月曜
料€10、学生€8
HP www.kunstmuseum-picasso-muenster.de

ミューレンホーフ野外博物館 ★
Mühlenhof-Freilichtmuseum
map p.265外

●バス14番 Mühlenhof下車徒歩10分

　17～18世紀の農村の生活を、当時の風車や農家を移築して再現した博物館。展示品はすべて当時の物なので、往時の農民や職人たちの生活が偲ばれる。園内にはクジャクも放し飼いになっている。バスでMühlenhof下車、進行方向しばらく直進し、左折。動物園などはさらにバス停ひとつ先にある。

開10:00～18:00（最終入館17:00）　休12/24～26・31、1/1　料€5　☎981200
HP www.muehlenhof-muenster.org

のどかな時間が流れる

Check-Check! 中世貴族の華麗な水城を訪ねて

ミュンスター地方には多数の「水城」Wasserburgがあることで有名。城の周囲に水をめぐらせた城のことだが、戦乱の時代、平野部の多いこの地方では、敵の侵略を防ぐための要塞として必然的に生み出されたものだった。かつては3000もの城や館があったといわれる。現在では保存状態のいい城が100ほど残り、"ミュンスターの真珠"と呼ばれている。観光局では見学ツアーを組んだり（夏季20人以上）、サイクリングを推奨したりと、旅行者の便宜をはかっている。

建築家ヨハン・コンラート・シュランが、自身の夏の別荘として建てたルーシュハウスRüschhausは、市内より7km、5番のバスで行ける。ここは、後に女流詩人アンネッテ・ドロステ・ヒュルスホフ（かつて

ヒュルスホーフ城全景

の20DM紙幣の図案に採用されるなど、ドイツで敬愛されている女性）が住んだことでも有名。現在、館内に彼女の小さな展示室がある。庭には自由に出入りできるのでぜひ美しい庭園と館を鑑賞したい。
前述のアンネッテが1797年に生まれたのが、ヒュルスホーフ城Burg Hülshof。市の西郊外に位置し、バスT64番（Roxel Bahnhotで乗車）が通る。池側から見るその姿は本当に美しい。ここにもアンネッテの記念室がある。
他にもノルトキルヒェンNordkirchen、フィッシェリンクVischeringなどの城が有名。ただ、バスの便が悪いのが残念だ。

ルーシュハウス

■ルーシュハウス　Haus Rüschhaus　MAP p.265外
圏11:00～16:00（4・10月12:00～15:00、土・日曜、祝日11:00～15:00）※13:00を除く毎正時のガイドツアーでのみ見学可　休月曜、11～3月
料€5、ヒュルスホーフ城との共通券€8

■ヒュルスホーフ城　Barg Hülshoff　MAP p.265外
圏11:00～18:30（3月下旬・11月は11:30～17:00）
休12月～3月上旬、3月下旬・11月の月・火曜
料€5、学生€3.50　☎02534-1052（ルーシュハウスと共通）
　www.burg-huelshoff.de

Brauerei Pinkus Müller
ブラウエライ・ピンクス・ミューラー
200年地元の人に愛されている味どころ

1816年創業の歴史あるビール醸造所兼レストラン。一番のおすすめは、小麦と大麦をブレンドさせたアルトビール。料理のメニューも豊富だ。

map p.265
●市庁舎から徒歩15分またはバス停Rosenpl.から徒歩2分
住所 Kreuzstr.4-10
TEL 45151
FAX 57136
営業 12:00～24:00
休日 日曜・祝日
カード 不可
　www.pinkus.de

Parkhotel Schloss Hohenfeld Münster
パークホテル・シュロス・ホーエンフェルト
豊かな緑の中の長期滞在型ホテル

郊外の動物園裏手の広大な緑地内にある。貴族の館を改築したホテルでコンドミニアムもある。プールやソラリウム、近くにはゴルフ場もある。

map p.265外
●中央駅から バス1番 Ackermann下車 徒歩約10分
住所 Dingbängerweg 400
TEL 02534-8080
FAX 02534-7114
料金 S-€69～、T-€89～
部屋数 全96室
カード VISA, AMEX, MC, DC
　www.hotel-muenster-hohenfeld.de

Hotel Horstmann
ホテル・ホルストマン

駅から至近で安さが魅力の宿。西口を出てホテル・コンティの裏手にある。1階は薬局。

map p.265
住所 Windthorststr. 12　TEL 417040
FAX 4170415　料金 S-€62～、T-€82～
部屋数 全25室　VISA, MC, AMEX, DC
　www.hotel-horstmann.de

SLEEP-STATION
スリープ・ステーション

2004年オープン。マンションの一角を改造したホステル系安宿。チェックインできる時間に注意。

map p.265外　●中央駅から徒歩5分
住所 Wolbecker Str. 1　TEL 4828155　FAX 無し　料金 S-€35～、ドミ-€17～　部屋数 全59ベッド
カード 不可　　www.sleep-station.de
※チェックイン8:00～12:30、16:00～21:30

ミュンスターの市外局番 ☎0251

●=€15　●●=€15～25　●●●=€25～50　●●●●=€50～
★エコノミー　★★カジュアル　★★★スタンダード　★★★★ラグジュアリー

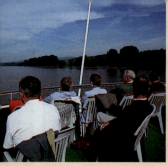

ライン川下りハイライト
ロマンチック・ライン（マインツ～コブレンツ）を行く

スイス山中に水源を発し、オランダで北海に注ぐライン川は、全長1320kmにおよぶヨーロッパ最級の川。紀元前、ゲルマン民族はこの川を挟んでローマ軍と戦ったといわれる。ドイツ人にとっては"父なる川"。川沿いには伝説に彩られた古城や岩山が並び、周辺は白ワインの主要生産地としても知られるブドウ畑が広がる。

↙ケルンヘ

↓オリジナルは13世紀建造。19世紀にシンケルが新ゴシック様式で再建

←ここでモーゼル川と合流。街の対岸にはエーレンブライトシュタイン要塞が建つ

コブレンツ Koblenz →p.274参照

モーゼル川 Mosel

シュトルツェンフェルス城

ブラウバッハ Braubach

マルクスブルク城

↑13世紀初頭建造。難攻不落だったため中世の建築当初の雰囲気を残す

↑14世紀築城。名前の由来は隣のネコ城の家臣が軽蔑の意を込めてネズミ城と呼んだため

ボッパルト Boppard

↓もともとは通行税徴収のためのお城。一部、古城ホテルになっている

ザンクト・ゴアスハウゼン St.Goarshausen

ネズミ城

←通過するときは耳を澄ましてみよう。妖精の美しい歌声が聞こえるはず、はないか

ラインフェルス城

ローレライ

ザンクト・ゴアール St.Goar

オーバーヴェーゼル Oberwesel

カウプ Kaub

シェーンブルク城

プァルツ城

→通行税徴収のため14世紀築城。川の中州に立つ

シューレック城

バッハラッハ Bacharach

アスマンスハウゼン Assmannshausen

リューデスハイム Rüdesheim →p.272参照

↑バッハラッハの丘の上に建つ。オリジナルは12世紀建造。現在は一部ユースホステルとして利用

↓13世紀に築城。トリアー大司教の持ち城だった。狭い崖の上に立つ

ライヒェンシュタイン城

アスマンスハウゼン城

ネズミの塔

ラインシュタイン城

ライン川 Rhein

ビンゲン Bingen

ライン川下り

0　　5km

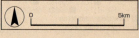

→ロマンチック・ラインで一番の賑わいをみせる街。ここではとにかくワインを楽しみたい

●川下りルート

ライン川下りは通常マインツを出発してケルンが終点（約185km）。しかし本当にライン川らしい景色が見られるのは"ロマンチック・ライン"と呼ばれるリューデスハイムからコブレンツまでの約70kmの区間。それ以外の区間は工場地帯的なところもあるので、時間を節約したければリューデスハイムから乗船してコブレンツ、あるいはその手前のザンクト・ゴアスハウゼンで下船すればよい。実際、旅行会社が企画する大半のツアーもそのスケジュールになっている。

●定期観光船の定番はKD社

ライン川下りを楽しむ観光船を運行する会社は数社あるが、中でも定番として知られているのがKD社によるものだ。

船内ではワインなどの飲み物や、サンドイッチなどの軽食の販売があり、デッキにテーブルとイスを並べて、次々と現れる左右の古城やブドウ畑の景観などを楽しみながらリラックスできる。音声ガイド（英語、ドイツ語など）による古城の解説もあり、『ローレライ』の岩を通り過ぎる際には音楽を流して盛り上げるなど、細やかな演出もうれしい。

運航は基本的に3月下旬から10月下旬。時期と曜日によって便数は増減する。マインツ～コブレンツ間の直行便はなく、増便する7～8月でも、途中のリューデスハイムかボッパルトで乗換が必要。最も見どころの多いリューデスハイム～ボッパルト間は1日5～6便ある。冬季はかなりの減便、減区間で運航。要予約。

料金はリューデスハイム～コブレンツ片道€42.20、往復€49.20など。誕生日は無料になる。

データ

KD社（Köln-Düsseldorfer Deutsche Rheinschiffahrt AG）：住Frankenwerft 35,50667 Köln ☎0221-2088318 FAX0221-2088345
HP www.k-d.com

アドバイス

ジャーマンレイルパス、ユーレイルパスが使えるが、乗船前にあらかじめ駅で使用開始日を入れてもらうこと。乗船場では受け付けてくれない。船の時刻表はフランクフルトの駅や川沿いの街の🛈、乗船場で手に入る。

●KD社ライン川観光船・時刻表（2018年4月14日～10月14日の例）
※一部省略。時刻と本数は季節により変動するので、現地で最新情報を要チェック
※表中の★印の便は、1913年建造の蒸気船「ゲーテ号」利用

09:00			14:00	Koblenz（コブレンツ）	13:10			18:10	20:10
	10:05		15:05	Braubach（ブラウバッハ）	12:20			17:20	19:20
09:00	11:00	13:00	14:00	16:00	Boppard（ボッパルト）	11:50	12:50	13:50	16:50	18:50
10:10	12:10	14:10	15:10	17:10	St.Goarshausen（ザンクト・ゴアルスハウゼン）	11:05	12:05	13:05	16:05	18:05
10:20	12:20	14:20	15:20	17:20	St.Goar（ザンクト・ゴアール）	10:55	11:55	12:55	15:55	17:55
10:50	12:50	14:50	15:50	17:50	Oberwesel（オーバーヴェーゼル）	10:35	11:35	12:35	15:35	17:35
11:05	13:05	15:05	16:05	18:05	Kaub（カウプ）	10:25	11:25	12:25	15:25	17:25
11:30	13:30	15:30	16:30	18:30	Bacharach（バッハラッハ）	10:15	11:15	12:15	15:15	17:15
12:30	14:30	16:30	17:30	19:30	Assmannshausen（アスマンスハウゼン）	09:45		11:45	14:45	16:45
13:00	15:00	17:00	18:00	20:00	Bingen（ビンゲン）	09:30	10:30	11:30	14:30	16:30
13:15	15:15	17:15	18:15	20:15	Rüdesheim（リューデスハイム）	09:15	10:15	11:15	14:15	16:15
★	19:05	20:00		Wiesbaden-Bieb.（ヴィースバーデン）	08:45		09:45		★
	19:30	20:30		Mainz（マインツ）	08:30		09:30		

↑カッツェンエルンボーゲン伯が築城。「カッツ」がネコを意味するためネコ城と呼ばれる

ヴィースバーデン Wiesbaden →p.110参照

マインツ Mainz →p.270参照

マンハイムへ→

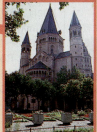

↑赤時刻は7・8月と9月～10月14日の金～月曜、青時刻は7・8月と9月～10月14日の火～日曜

←ライン川下り起点の街。出発は朝早いので、街を観光するには1泊以上したい

MAINZ
マインツ

p.11-G　■人口＝21万人　■街の規模＝バスと徒歩で1日

大司教の威光を今に残す歴史ある街。
ライン川下りの起点としても有名

- 木組みの家が残るキルシュガルテン一角
- ★ドイツ三指に入る大聖堂や聖シュテファン教会など
- ファスナハト（カーニバル）、ワイン祭
- ★ワイン交易の中心地
- 活版印刷の父、グーテンベルク
- ヨハネス・グーテンベルク大学

Access

●鉄道：フランクフルト→S8、ICE、RE（約40分）→マインツ［1時間4〜5本／€8.50〜17］、コブレンツ→ICE、IC、RE（約1時間）→マインツ［1時間2〜3本／€21.70〜25］
●KD社ライン観光船：コブレンツ→（10時間30分）→マインツ［乗継利用で1日1便／€58.80］、リューデスハイム→（2時間15分）→マインツ［1日2便／€20.20］※季節・天候により変動あり、レイルパス類使用可
●市内交通：バス、市電があり短距離券（3駅まで）€1.70。1日券€5.35〜

Information

❶観光案内所：〈市庁舎広場向かい〉MAPp.271
住Brückenturm Rheinstr.55　☎242888
FAX242889　⑨9:00〜17:00（土曜10:00〜16:00）
休日曜・祝日
HPwww.mainz-tourismus.com
・ユースホステル：MAPp.271外　住Otto-Brunfels-Schneise 4　☎85332

旧市街だけなら歩きで充分。ワイン酒場も魅力

この街にドイツ初の大司教座が置かれたのは742年。以来帝国領の中心として発展。ドイツ最大のワイン集散地としても知られる。

駅から観光の中心となる**大聖堂**Dom周辺までは、バス（Höfchen下車）利用が無難。❶やライン川下りの乗船場（Rheingoldhalle／Rathaus下車）まで共通のバス路線は55、57、60、61番だ。

歴史のある街だけに教

↑ファヴォリテ・パークホテル

➡エーレンフェルスのワイン酒場は人気

威厳に満ちた大聖堂の外観。入口横のカフェも老舗

会、博物館が多く、**ローマ・ゲルマン博物館**（住Kurfürstliches Schloss　※2020年予定の移転準備のため閉館中）など以外は大聖堂から近い。

木組みの残る古い街角と、ライン地方最大のワイン祭

デパートなど大型店で賑わっているのは**ルートヴィヒ通り**Ludwigs-Str.。個性的なショップ、カフェなどを楽しむなら**キルシュガルテン**Kirschgarten、**アウグスティーナ通り**Augustiner-Str.周辺がおすすめだ。木組みの家が残る古い街並も見られる。

祭では、毎年8月末と9月上旬の週末に開催される**ワイン市**がライン川周辺では最大規模のワイン祭。ばらの月曜日Rosenmontag（2019年は3月4日）に行われるカーニバルパレードも有名。

旧市街の木組みの家

街に泊まるなら大聖堂裏手の**ホーフ・エーレンフェルス**Hof Ehrenfels（住Grebenstr.5-7　S-€68〜、T-€90〜　☎9712340）が穴場。細い路地に面し、600年前には尼僧院だったという。下町っぽいワイン酒場もあり、いつも地元客でいっぱいだ。

郊外だが、ちょっとリッチに過ごしたい人には**ファヴォリテ・パークホテル**Favorite Parkhotel（住Karl-Weiser-Str.1　S-€145〜175、T-€175〜205　☎80150／Mainz Römisches Theater駅から徒歩10分）がおすすめ。ライン川を見下ろす高台に位置し、プール、サウナ完備、植物園もある。

マインツの市外局番☎06131

各国の印刷機や印刷の歴史がわかる展示

グーテンベルク博物館 ★★
Gutenberg Museum
map p.271

●大聖堂から徒歩1分

活版印刷を発明（1440年）したグーテンベルクは当地出身。館内には彼が印刷した世界最古の活版印刷本や、当時彼が使っていた物と同タイプの機械で印刷して見せる実演コーナーもある。

住 Kleine Liebfrauenpl.5　開9:00～17:00（日曜11:00～）　休月曜、祝日　料€5、学生€3、子ども€2　☎122640

気分はグーテンベルク？

大聖堂 ★★★
Dom
map p.271

●バス54～57、60～65、70・71番ほか Höfchen/Listmannから徒歩3分

ドイツ三大聖堂のひとつ。975年に起工、1000年以上の歴史を誇る。堂内の支柱を飾るのは、歴代大司教達の貴重な墓碑彫刻。奥の回廊は博物館（開10:00～17:00〔土・日曜11:00～18:00〕）、休月曜、料€5）。

住 Markt 10　開9:00～18:30（11～2月～17:00）、土曜9:00～16:00、日曜・祝日12:45～15:00、16:00～18:30（11～2月～17:00）

大聖堂は200年以上をかけて完成

聖シュテファン教会 ★★
St. Stephanskirche
map p.271

●トラム50～52番Am Gautorから徒歩3分

14世紀建立のゴシック様式教会。戦災にあったが修復された。1978年にはシャガールが、ユダヤーキリスト教協調のシンボルとして、青を基調とした美しいステンドグラスをデザインした。

住 Weissgasse 12　開10:00～17:00（日曜12:00～）、11～2月10:00～16:30（日曜12:00～）　休日曜の午前　※見学自由

教会内部が青い光に包まれる

街角ワンショット
大聖堂前の広場は朝市の舞台、生のドイツに触れるチャンス

大聖堂前の広場に出かけてみよう。毎週火・金・土曜には朝市（7:00～14:00）が立つ。デパートなどではあまりお目にかかれない自家製品がいっぱい！ ハチの巣から作ったロウソクなどもある。

花売り。広場には土地っ子が集う

リューデスハイム
RÜDESHEIM

p.11-G　■人口=9892人　■街の規模=徒歩で半日

「ロマンチック・ライン」起点の街。
フルーティーな白ワイン生産で有名

- ★ワイン祭、ラインの火祭り（花火）など
- ★ブドウ畑とニーダーヴァルト
- ★ラインガウ地方の主要ワイン生産地
- ★ラインガウ地方の郷土料理

Access

●鉄道：フランクフルト→RB（約1時間10分）→リューデスハイム［1時間毎／€12.20］、コブレンツ→RB（約1時間）→リューデスハイム［1時間1本／€15.10］
●KD社ライン観光船：マインツ→（1時間30分）→リューデスハイム［1日2便／€20.20（往復€23.20）］

Information

ℹ観光案内所：＜ライン通り＞MAPp.272-B
🏠Rheinstr.29a　☎906150　FAX 9061599
🕘9:00～18:00（土・日曜10:00～16:00）
🚫無休　HP www.ruedesheim.de
●ユースホステル：MAPp.272-B外
🏠Jugendherberge 1　☎2711

ブドウ畑の景観とワイン酒場が集まるつぐみ横丁

ライン川下りのハイライト、「ロマンチック・ライン」は、この街からコブレンツ（p.274）までの区間だ。フルーティーな味わいの白ワイン（リースリング種）の生産でも名高く、

つぐみ横丁の賑わい。かなり狭い路地だ

街にはワインシュトゥーベ（酒場）やワインケラーなどがたくさんある。

通称、つぐみ横丁Drosselgasseと呼ばれる、144mの路地がこの街の名物。狭い道の両脇には多くの酒場が密集し、夜になると生バンドの演奏をバックに、客はダンスやゲームで盛り上がる。騒がしいのが苦手なら、周辺のワインケラーでじっくりワインを。ヤコブ・クリストJakob Christ（🏠Grabenstr.17　🕘16:00～23:00　🚫月・火曜　☎2572）のように自家製ワイン（グラス1杯€2程度～）

ヤコブ・クリスト。ピノノワール種の赤ワインもある

庶民的なイタリアン、ダニ。家族経営でフレンド

ゴンドラに乗ってニーダーヴァルトへ！
ブドウ畑とライン川の景観を楽しもう

街の後背のなだらかな丘の斜面には、緑の絨毯のようなブドウ畑が広がっている。その丘の頂上には展望台があって、その向こうはニーダーヴァルト（森）。ゴンドラリフトSeilbahn（片道€5.50、往復€8）に乗って行くことができる。 上までの距離約1.4km、所要約10分

途中、畑の上を行く時の眺めは最高！頂上にはドイツ帝国再建（1871年）を祝したゲルマニアの女神像も立っている。西側のヤークト城Jagdschloss前からチェアリフトでアスマンスハウゼンAssmannshausen（隣街）側に下りることもできる。

ライン川の眺めもいい

喧噪を離れて名もない路地を歩くのも楽しい

と軽食が楽しめるワイングートもある。味本位で郷土料理にもこだわらないなら、人気のイタリアン、ダ・トニRistrant Da Toni（住Marktstr.27 営11:00～23:00 休無休 ☎4522）もおすすめ。内装はおしゃれだが、高級路線ではなく、良心的価格のピザやパスタが楽しめる。

また、周辺に大きな規模の博物館はないが、築1000年になる古城、ブレムザー城Brömserburgは内部がワイン博物館（住Rheinstr.2 営10:00～18:00〈入館～17:15〉 休11月～2月 料€5、学生€3）になっている。

自動演奏楽器博物館（ブレムザー館）★★
Siegfried's Mechanisches Musikkabinett
map p.272-A

●駅から徒歩7分

かつての貴族の館、Brömserhofの内部は、18世紀以降の珍しい自動演奏楽器が350機以上も揃う博物館。ドイツ最大のコレクションを誇り、1908年製のフェルグントオルガンなど貴重なものも多い。実際に音が出、専門知識がなくても楽しい。日本語のテキストもある。

住Oberstr.29 営10:00～16:00（事前予約で22:00まで可） 休1～2月 料4人以上で要予約。約45分のガイドツアーでのみ見学可。€7.50、学生€4
※❶で

珍品が一堂にそろう

ルール地方&ライン川、モーゼル川流域

273

Breuer's Rüdesheimer Schloss
ブロイヤース・リューデスハイマー・シュロス

ワイン醸造所、レストランも有名

全室違うデザインだが華美を廃したモダンなセンスで統一。レストランはつぐみ横丁に面し、300種ものワインを用意。オーナーが親日的。

map p.272-A
●駅から徒歩7分
住 Steingasse 10
TEL 90500
FAX 905050
料金 S-€89～、T-€129～
部屋数 全26室
カード VISA、MC、AMEX、DC
HP www.ruedesheimer-schloss.com
※12月中旬～2月中旬は休業

Pension Post
ペンション・ポスト

おみやげ屋さんも併設。当家に嫁いだメグミさんが観光の相談に。ペンション形式で事前に要予約。

 p.272-A ●駅から徒歩5分
住 Rheinstr. 12 TEL 40600（18:00まで）
FAX 無し 料金 S-€60～、T-€82～
部屋数 全13室 カード VISA、MC、AMEX、JCB
HP www.pensionpostlauter.de

Hotel Lindenwirt
ホテル・リンデンヴィルト

つぐみ横丁に面し、レストラン併設。名物は大きなワイン樽で作ったツイン部屋（6部屋のみ）。

map p.272-A ●駅から徒歩5分
住 Drosselgasse/Amselstr.4 TEL 9130
FAX 913294 料金 S-€69～、T-€89～
部屋数 全79室 カード VISA、MC、AMEX、DC、JCB
HP www.lindenwirt.com

リューデスハイムの市外局番☎06722　　★エコノミー　★★カジュアル　★★★スタンダード　★★★★ラグジュアリー

KOBLENZ
コブレンツ

p.11-G　■人口=11.3万人　街の規模=徒歩で1日

ローマ時代から要塞都市として発展。
「父なるラインと母なるモーゼル」が合流

★ ミュンツ広場周辺の旧市街やラインアンラーゲン
★ エーレンブライトシュタイン要塞、エルツ城など
★ ライン川沿いに並ぶワインシュトゥーベ
★ ラインの火祭り

Access

●鉄道：フランクフルト→IC、ICE、RE、VIA（約1時間30分～2時間15分）→コブレンツ［1時間1～3本／€28.40～34］、ケルン→IC、ICE、RE（約55分～1時間40分）→コブレンツ［1時間3本／€21.90～26］、トリアー→RE、RB（約1時間25分～2時間）→コブレンツ［1時間2本／€25.20］
●KD社ライン観光船：マインツ→（11時間25分）→コブレンツ［乗継利用で1日1便／€58.80］
※季節、天候などで変動。レイルパス可

Information

●観光案内所：＜Forum Confluentes＞
MAPp.275　住Zentralplatz 1　☎19433
FAX1291620　開10:00～18:00　休一部の祝日
＜中央駅＞MAPp.275
住Bahnhofplatz 7　☎8921348
開9:00～17:00（金曜～16:00）　休土・日曜、祝日　HPwww.koblenz-tourism.com
●ユースホステル：MAPp.275　住Festung Ehrenbreitstein　☎972870

エーレンブライトシュタイン要塞からの眺望

対岸から街並を鑑賞。ライン、モーゼルの雄大な流れに感動

ライン川沿いの主な見どころはこの街で終わる。そのためクルーズの終点（起点）として利用されることが多い。

乗船場あたりの河畔にはワインシュトゥーベ（酒場）が何軒も並んでいる。ラインの流れを横目に、ここで旅の疲れをいやすのも一興。乗船場からは、ドイチェス・エックDeutsches Eckへも歩いて2～3分、そのまま旧市街まで歩いても10分程度だ。ただし、中央駅に出るならバス（1番、€1.90）を利用したい。

名物レストラン"ヴァインドルフ"

歩くと30分かかる。

中央駅から旧市街に抜けるレーア通りLöhrstr.は、途中から歩行者天国で、地元民が集うショッピングストリート。突き当たりのプラン広場Am Planやミュンツ広場Münzpl.周辺は古代ローマ人の居住地があったところ。2本の尖塔が印象的なロマネスク様式の聖母教会Liebfrauenkircheなどがある。

ロマンティックな並木道から夜は"ヴァインドルフ"へ

乗船場前の通りを南に下ると、5分ほどで緑が美しい並木道、ラインアンラーゲンRheinanlagenにつながる。この辺は選帝侯の城Kurfürstl. Schlossの裏庭にあたり、カップル向けのロマンチックな遊歩道だ。

夕方16:00以降、ライン川の夕景を見ながら楽しく食事ができるのがヴァインドルフWeindorf（住Julius-Wegler-Str. 2　☎1337190　営12:00～24:00［日曜11:00～］休火曜）。1926年のワインショーのための会場で、現在はレストラン。ワインが1杯€3.90～。ホテルはホーエンシュタウフェンHohenstaufen（住Emil-Schüller-Str.41-43　☎30140　料S-€75～、T-€85～）など、駅前周辺に多くある。

旧市街。かつてフランス領だったこともある

新装したホーエンシュタウフェン

コブレンツの市外局番☎0261

丘の上の要塞。対岸まで渡し船もある

エーレンブライトシュタイン要塞 ★★
Festung Ehrenbreitstein
map p.275

●バス10、460番Ehrenbreitstein Bahnhofか
ら徒歩15分。ドイチェス・エックからロープ
ウェイ（3月末～10月末の営業）で10分

　小高い丘に立つ要塞。10世紀末ごろ築城、
現在残っているのは19世紀に修復されたもの。
市街が一望のもとに見渡せる。建物の一部はユ
ースホステルや州立博物館などになっている。
開10:00～18:00（11～3月～17:00）　休無休
料€7、ロープウェイ往復とのセット€13.80。ロ
ープウェイ往復料金€9.90　HP seilbahn-koblenz.de

ドイチェス・エック ★★
Deutsches Eck
map p.275

●KDライン乗船場から徒歩3分

　ライン川とモーゼル川の合流地点。ビルの
4階ほどの高さ（23m）の台座（107段）に、
ヴィルヘルム1世の巨大な騎馬像が立つ。騎馬像は第
二次大戦で破壊され、1990
年代に再建された。

近くで見ると迫力がある

ドイチェス・エックとは
「ドイツの角」という意味

郊外の見どころ

質実剛健なエルツ城Burg Eltz。いかにもドイツ的な名城

　ドイツを代表する名城のひと
つ。といっても華美な装飾はなく、
実用に徹した本物の中世の城。
12世紀ごろ本格的に築城され、
その後、16世紀末まで何度も増
築されている。難攻不落だった
ため当時のままの内装が残り、
増築の年代に合わせて違う様式
の部屋が見られる。見学の際は
ガイド（英語の場合は要事前申込）
が付く。5～10月の土・日曜、祝日に Treis-
Karden駅前からバス330番がエルツ城駐車
場まで運行（城前までシャトルバスあり）。
平日はMoselkern駅からタクシーか徒歩で2
時間弱。MAP p.247
開9:30～17:30　休11
～3月　料€10、学生
€6.50（宝物庫の見学料
込み）☎02672-950500
HP www.burg-eltz.de
周囲の景観もすばらしい

内部にレスト
ランやショッ
プも併設

コブレンツ
Koblenz

TRIER
トリアー

p.11-G ■人口=11.5万人 ■街の規模=徒歩で1日

「第二のローマ」とも呼ばれる2000年以上の歴史を誇るドイツ最古の街

- 街角に残るローマ時代の遺跡群、中央市場など
- 大聖堂、聖母教会など
- 州立ライン博物館、マルクスの生家など
- モーゼルワイン、ドイツ最古のワインケラーなど

Access
●鉄道：ケルン→IC、RE（約2時間40分〜3時間10分）→トリアー［乗継便も含め1時間2本／€36.70〜46］、コブレンツ→RE、RB（約1時間25分〜2時間）→トリアー［1時間2本／€25.20］ ※フランクフルトからは€45.10〜

Information
●観光案内所：＜ポルタ・ニグラ横＞
MAP p.276 住An der Porta Nigra
☎978080 FAX9780876 開9:00〜18:00（日曜日、1〜2月は10:00〜17:00）
休1〜2月の日曜、12/25・26、1/1
HP www.trier-info.de
●トリアーカード：市内バスの無料のほかに主要観光物件などが割引。€9.90で3日間有効、観光案内所などで。
●ユースホステル：MAPp.276外 住An der Jugendherberge 4 ☎146620

夜はライトアップされるポルタ・ニグラ

街歩きの中心は中央広場周辺、効率よく回る観光バスもある

紀元前16年にローマ皇帝アウグストゥスが建都。ローマ帝国西域の中心として"ローマ・セクンダ（第二のローマ）"といわれるほど繁栄した。街には当時の遺跡や、その後の歴史的建造物が多く残っている。

街に散在する遺跡をすべて徒歩で回るのはきつい。途中、**カイザー浴場**あたりで休憩しよう。**選帝侯の宮殿**Kurfurstl. Palaisが近くにあり、その手前に美しい庭園もある。効率よく市内観光するなら**ローマエクスプレス**（営10:00〜18:00［11・12・3月と1・2月の土・日曜〜17:00］ 料€9、所要35分）というバスで。ポルタ・ニグラ前から30分〜1時間毎に出ている。

ドイツ有数の古都は、ローマ遺跡と中世建築の宝箱

街の中心は**中央広場**Hauptmarkt。ドイツ最古の広場のひとつだ。その中央の**マルクトクロイツ（十字架）**Marktkreuzは、958年に市場開設権授与を記念して建てられたもの（18世紀修復、オリジナルは市立博物館に保存）。広場を囲むように、カフェやショップなどがある。歴史ある教会も多く、**大聖堂**Domは主にロマネスク様式（11世紀以降）で、隣の**聖母**

選帝侯の宮殿手前にある庭園

教会Liebfrauenkirche（開10:00〜18:00、〔土曜10:00〜16:30、日曜・一部祝日12:30〜、11〜3月は11:00〜17:00〕）は、ドイツ最初のゴシック様式（13世紀）。この場所には4世紀（ローマ時代）にはすでに教会が存在していたという。大聖堂の東側向かいには付属の博物館Museum am Domもある。（開10:00〜18:00〔11〜3月9:00〜17:00、冬期の日曜、祝日13:00〜〕休月曜 料€7、学生€5.50）。3万枚以上の断片から復元したコンスタンティヌスの天井画が最大の見どころ。

街は思想家マルクスの故郷でもあり、**カール・マルクスの生家**Museum Karl-Marx-Haus（住Brückenstr.10 開9:00〜18:00、11〜3月は10:00〜17:00〔月曜13:00〜〕休12/23〜26、31、1/1他 料€5、学生€3.50）には彼の書簡などの展示がある。

ローマ時代の遺跡群 ★★★
Römische Ruinen
map p.276

ポルタ・ニグラPorta Nigraは周囲6.4kmものローマ市壁の北門として2世紀後半に建てられた。黒い門を意味し、砂岩のブロックを鉄のかすがいで留めただけの構造。上にも上がれる。**カイザー浴場**Kaiserthermenは4世紀後半、コンスタンティヌス帝が造らせた大浴場の跡。250m×145mの広さは同種の施設では最大規模。**円形劇場**Amphitheaterは1世紀後半に造られた2万座席の劇場。

開9:00〜18:00（季節により変動） 休無休（冬期閉鎖あり） 料各€4、学生€3（ライン州立博物館との共通券として各種共通券Antiken Card€12〜がある） HP www.zentrum-der-antike.de

実際は一度も使われなかったというカイザー浴場

ドイツワイン発祥の地？
ドイツ最古のワインケラーも

モーゼル川のほど近くに建つトリーア慈善協会 Vereinigte Hospitien（MAP p.276 住Krahnenufer 19 開8:00〜12:30、13:30〜17:00〈金曜〜16:00〉休土・日曜 ☎9451210）には、ドイツ最古のワインケラーがある。330年ごろ、コンスタンティヌス帝が造ったワイン貯蔵庫がそのルーツ。自慢のワインは巡礼僧（聖ヤコブ）のラベルが目印。その味わいはナポレオンも気に入って保護したという。個人で内部を訪れるのは難しいが、試飲と販売はOK。ぜひ立ち寄ってみよう。

円形劇場。強者どもが夢のあと……

ライン州立博物館 ★★
Rheinisches Landesmuseum Trier
map p.276

●中央広場から徒歩15分

ドイツ最重要考古学博物館のひとつ。古代ローマ部門が充実。モザイク作りの床、ディアトレトグラス、ワイン運搬船の石像などがある。

住Weimarer Allee 1 開10:00〜17:00 休月曜 料€8、学生€6 ☎97740
HP www.landesmuseum-trier.de

Altstadt Hotel
アルトシュタットホテル ★★

ポルタ・ニグラすぐ近く。貴族の館風の外観が目を引く。隣のRömischer Kaiser（☎9770100）と同経営。

map p.276 ●中央広場から徒歩5分
- 住所 Porta-Nigra-pl.
- TEL 9770200 FAX 9770299
- 料金 S-€84〜、T-€105〜、変動制
- 部屋数 全56室 カード VISA, MC, AMEX, DC, JCB

Warsberger Hof
ヴァルスベルガーホーフ ★

もともとコールピングハウスという巡礼者のための宿泊施設だが、一般客も利用が可能。

map p.276 ●中央広場から徒歩2分
- 住所 Dietrichstr.42
- TEL 975250 FAX 9752540
- 料金 S-€39〜、T-€69〜、ドミ-€22.50
- 部屋数 全65室 カード VISA, MC

トリーアの市外局番☎0651

★エコノミー　★★カジュアル　★★★スタンダード　★★★★ラグジュアリー

フランスまでは車で10分程度。トラムもある

マルクト広場

SAARBRÜCKEN ザールブリュッケン
p.11-G ■人口=18万人 ■街の規模=徒歩で半日

ここまで来ればフランスはすぐそこ。
陽気な地元民とカフェで語ろう

ザールラント州の州都。第二次大戦後フランス保護領となっていたが、1957年にドイツに復帰。文化的にはフランスの影響が強く、町の中心である聖ヨハン・マルクトSt.Johanner Markt周辺には、開放的な雰囲気のカフェやビストロが多い。ザール川右岸はショッピングエリアとしても充実。ドイツで最も美しいバロック建築といわれる**ルートヴィヒ教会**Ludwigskircheがある左岸は落ち着いた雰囲気だ。他の見どころとしてはドイツ印象派などを収蔵した**近代美術館**Moderne Galerieなど。また郊外のVölklingenには、ユネスコ世界遺産に登録されている**製鉄所**Völklinger Hütte（開10:00〜19:00、冬期〜18:00 料€17、学生€15、火曜16:00以降無料）がある。

Bernkastel-Kues ベルンカステル/クース
p.11-G ■人口=7.0千人 ■街の規模=徒歩で半日

流域屈指のワイン生産地。
美しい景観と街並も人気

モーゼル川中腹、大きく川が蛇行する地点にあり、川を挟んで東がベルンカステル、西がクースだ。古くから良質な葡萄畑のあるワイン生産地として知られ、その中世的街並と景観の美しさから観光地としても人気。バスはクース側に停まるが、❶は川を渡って対岸にある。見どころとしてはクース側に**聖ニコラウス施療院**があり、この敷地内に**ワイン博物館**とVinothekという、130銘柄におよぶモーゼルワインを一同に集めた試飲所（開10:00〜18:00、11〜3月は11:00〜17:00 料入場無料、試飲は€12〜18）がある。また、マルクト広場から南側、丘の上にある古城は**ランツフリート城**。かつてはトリアー大司教の夏の別荘だったが、現在はワインレストラン。

Check-Check! ライン川沿い古城ホテル

ライン川流域を旅するなら、古城ホテルに宿をとりたい。なかでもブルクホテル・アウフ・シェーンブルクは、アンティークな内装とテラスから見下ろすライン川の景観で、シュロス・ラインフェルスも、そのサービス、ロケーションで、評価が高い。リューデスハイム隣町のホテルクローネ・アスマンスハウゼンも博物館のような内装でおすすめ。

一部博物館になっているHotel Krone Assmannshausen

◆Burghotel Auf Schönburg (オーバーヴェーゼルÖberwesel駅からタクシーで10分) MAPp.Z68 ☎06744-93930 料S-€120〜、T-€220〜 休1〜3月 ◆Schloss Rheinfels (St.Goar駅からタクシーで5分) MAPp.278 ☎06741-8020 料S-€95〜、T-€130〜 ◆Hotel Krone Assmannshausen (駅から徒歩5分) ☎06722-4030 MAPp.278 料S-€95〜、T-€150〜

Check-Check! アイフェル山地

モーゼル川北側一帯はアイフェルEifel（MAPp.247）という地域。一番高いところでも747mしかないが、小火山が散在する起伏に富んだ地形が特徴。噴火口に水がたまったマールMaarという火山湖の景観が素晴らしい。ダウンDaun（❶ ☎06592-95130 HP www.daun.de）や、モンシャウMonschau（❶ ☎02472-80480 HP www.monschau.de）などの町がある。

ザールブリュッケンの市外局番●0681

■ザールブリュッケン
●フランクフルト→ICE、RE（約2〜3時間）→ザールブリッケン[1時間1〜2本／€42.70〜54.50]
❶ 住Bahnhofstr. 31 ☎0681-95909200 開9:00〜18:00（土曜10:00〜16:30）休日曜、祝日
HP www.saarbruecken.de

■ベルンカステル/クース
●フランクフルト→IC、ICEほか（約1時間30分）→コブレンツ→RB（約1時間）→Bullay→バス（約1時間20分）／€38.20〜
❶ 住Mozel-Gäste-Zentrum Gestade 6 ☎06531-500190 開9:00〜17:00（土曜10:00〜、日曜10:00〜13:00、11〜3月9:30〜16:00、11〜2月の土・日曜11:00〜14:00）休1〜3月の土・日曜

ランツフリート城

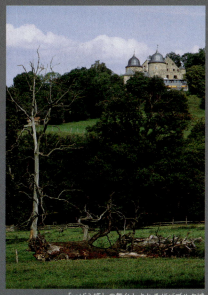

エリア
9

「いばら姫」の舞台とされるザババブルク城

メルヘン街道

ハーナウ
シュタイナウ
アルスフェルト
マールブルク
カッセル
ゲッティンゲン
ハン・ミュンデン
ボーデン・ヴェルダー
ハーメルン
ブレーメン
ゴスラー
ヴェルニゲローデ
クヴェートリンブルク

メルヘン街道

　グリム兄弟が生まれたハーナウを起点に、音楽隊で有名なブレーメンまでの約600km。メルヘン街道は、グリム兄弟の足跡をたどりつつ、さまざまなメルヘンの舞台を訪ねる街道。

　グリム兄弟が少年時代を過ごしたシュタイナウ、大学生活を送ったマールブルク、メルヘン収集を行ったカッセル、大学教授として招かれたゲッティンゲン。また、「いばら姫」のザバブルクや、「ネズミ捕り男」のハーメルンなど、伝説や民話を伝える街が、物語が成立した当時とさほど変わらぬ姿で迎えてくれる。

　ハルツ山地は、再統一までは東西の国境地帯で、近づくことが難しかった地域。美しい木組みの家並や「ヴァルプルギス」などの伝説の舞台がよく保存されている。

KEYWORD

ヴァルプルギスの夜 [ハルツ山地]

　4月30日の深夜、ほうきに乗った魔女がブロッケン山に集まって悪魔と宴会を開くという「ヴァルプルギスの夜」。ゲーテの『ファウスト』にも描かれた魔女の集会場とされる巨石遺跡が、ブロッケン山頂やターレの山上に残る。ゴスラーなど山麓の街で、4月30日にヨーロッパ中の魔女(!?)が集まって催される祭りも人気。ほかにもハルツ山地には多くの伝説が残る。伝説的な英雄、赤ひげ王フリードリヒ1世・バルバロッサはハルツ山中で永遠の生命を保ちながらドイツを見守るという話や、ターレの山上に伝わる白馬伝説『ロストラッペ』など。なお、霧の日に巨大な人影が虹の輪の中に現われる「ブロッケンの妖怪」は、自分の姿が霧に映るという自然界の光学現象だ。

ブロッケン山頂

木組み家屋

　この地域は、数多くの美しい木組み家屋（ファッハヴェルクFachwerk）が見られる。とくに、メルヘン街道のアルスフェルト、ハン・ミュンデン、ゲッティンゲン、ハルツ山麓のヴェルニゲローデなどの町並が有名。ゴスラーやクヴェートリンブルクのように、ユネスコの世界文化遺産に指定されている街もある。ハーメルンやヘクスター周辺には、梁などに美しい彫刻や銘文が施されたヴェーザー・ルネサンス様式の木組み家屋が残る。

ドイツロマン派の人々 [マールブルクなど]

　19世紀初頭は、ドイツ全土がナポレオンの支配下に置かれていた時代。マールブルク大学教授のサヴィニーや、その友人である詩人のブレンターノ、小説家のアルニムといったロマン派の人々は、ドイツ的なるもの

ハーナウ市庁舎前
のグリム兄弟像

「ブレーメン音楽隊」像

アドバイス

左のグリム兄弟像
足元のプレート

アクセス メルヘン街道でアクセスに便利な街は、フランクフルトやハンブルク、ハノーファーなどの大都市と直通のICEやICで結ばれている、ハーナウ、マールブルク、カッセル、ゲッティンゲン、ブレーメンの各街。ほかの街へは、上記の街を起点に、ローカル鉄道やバスに乗り継ぐことになる。

　長らく東西冷戦時代の国境地帯だったハルツ山地は、いまだ、東西を結ぶアクセスがよくない。ゴスラー、ヴェルニゲローデ、クヴェートリンブルクへはハノーファーから行くと早い。ベルリンから向かう場合はブラウンシュヴァイクやマクデブルク経由が便利。両地域間はローカル線で乗り換えなど時間がかかるが、本数は約1時間毎にある。

を模索しつづけ、ドイツ語を話す人々の統一と独立国家を求めていた。サヴィニーの教え子でもあるグリム兄弟のメルヘン収集と出版も、そのような活動の一環として進められたものだった。

聖女エリザベート
[マールブルク]

　ハンガリーの王女として1207年に生まれ、1231年にマールブルクで24歳の若さで亡くなったエリザベート。その短い生涯の最期の数年を、貧しい者や病める者のために尽くし、死後は聖女として祭られた。エリザベート教会は彼女の墓の上に建てられ、内陣にはエリザベートの黄金の棺や像が安置されている。

マールブルク城から眺めた
エリザベート教会

メルヘン街道
Märchen Strasse

●メルヘンの舞台●
　童話『ヘンゼルとグレーテル』などに描かれた、昼なお暗い深い「森」は、周辺の開発が進み、残念ながらあまり残されてはいない。それでもザバブルク城（p.295参照）周辺のティアガルテンやラインハルツの森、カッセルのヴィルヘルムスヘーエ宮殿公園の奥、あるいは『ホレおばさん』の物語の舞台とされているカッセル東のマイシュナー山地周辺には、樹齢数百年を経たカシやナラなどの巨木がそびえ、「メルヘンの森」を彷彿させる。

　『星の銀貨』などに登場するイバラの茂る「荒野」も現在は見ることはできない。イメージにもっとも近い存在はニーンブルク東方の、リューネブルク（p.325参照）などのハイデと呼ばれる原野だろう。

　『赤ずきん』の故郷といわれるシュヴァルムシュタットの近くには、昔ながらの村の共同パン焼き窯や水車を使った粉挽き小屋が、またミンデン周辺の運河沿いには数多くの風車が残されている。

●旅行シーズン●
　ドイツでは5～9月が旅行のベストシーズンとされている。とくにメルヘン街道では、この期間中に限り「鉄ひげ博士」「ネズミ捕り男」「ブレーメンの音楽隊」などの野外劇が催されるので、なるべくこの時期に訪れたい。また、劇のほとんどは日曜のお昼前後に上演されるので、その時刻に合わせた移動や、込み合う週末の宿の確保など、旅行プランは慎重に立てよう。

ドイツ7大街道 ／ ドイツ全図
ハンブルク／ベルリン／メルヘン街道／フランクフルト／ミュンヘン

ユネスコ世界遺産に！
　2004年にブレーメンの市庁舎とローラント像が、2013年にヴィルヘルムスヘーエ宮殿公園が、2014年にヘクスター近郊の帝国僧院コルヴェイが世界遺産に登録された。

グリム兄弟が大学生活を送ったマールブルクは、現在でもドイツ有数の大学都市として有名

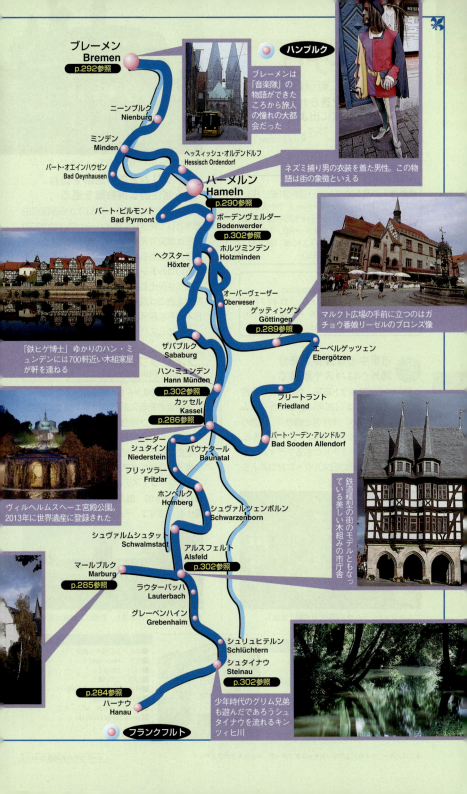

HANAU
ハーナウ

p.11-H　■人口＝9.5万人　■街の規模＝徒歩で半日

**グリム兄弟像に見送られて
メルヘン街道の旅に出よう**

 ★ハーナウ博物館、ゴルトシュミーデハウスなど
 ★ハーナウ伯のフィリップスルーエ宮殿
★グリム兄弟の生誕地

Access
●鉄道：フランクフルト→ S8・9 RE、RB、ICEなど（約15～30分）→ハーナウ中央駅→バス1、2、5番（約10分）→市街中心［頻発／€8.50～］、フランクフルト→RB、RE（約25分）→ハーナウ西駅→バス10番（約2分）市街中心［1時間1本／€8.50］

Information
❶観光案内所：Tourist-Information
🏠 Am Freiheitsplatz 3　☎ 427798
FAX 4277915　開 9:30～18:00（土曜～15:00）
休 日曜　HP www.hanau.de

左が兄のヤーコプで右が弟のヴィルヘルム・グリム

グリム兄弟の足跡を訪ね
個性的な博物館を巡る

　850年の歴史があり、1303年から帝国自由都市として発展してきたハーナウ。かつての街並は戦災で失われたが、市庁舎のように再建された建物もある。そのひとつ、美しい木組みのゴルトシュミーデハウスは、内部は金銀細工や現代工芸作家の作品を集めた美術館。街の北西には温泉クア施設があり、その中に日本人形も展示された**人形博物館**がある。ヴィルヘルムスバート駅下車、徒歩約10分。

市街中心は徒歩で充分
郊外へはバスや鉄道で

　街の中心は**マルクト広場**。広場北側は市庁舎で、その前には1896年に造られたグリム兄弟像がたたずみ、市庁舎北側のランク通りには、グリム一家の家の跡にプレートが残る。その北はバスターミナルのあるフライハイト広場で、さらに北の旧マルクトにはゴルトシュミーデハウスがある。

ゴルトシュミーデハウスの北には城跡と庭園も

フィリップスルーエ宮殿 ★★
Schloss Philippsruhe

●マルクト広場から5、10番のバスで10分

　市街地の南西にあるバロック様式の宮殿。館内はハーナウ博物館として公開され、かつてのハーナウ伯の宮廷生活や、ハーナウ周辺の歴史を知ることができる。グリム兄弟関連の展示や優雅なカフェもあり、5～7月にはメルヘン・フェスティバルも催される。
開 11:00～18:00　休 月曜
料 €4、学生€3、子ども€1　☎ 2951799

城の南にはマイン川が流れ、西側には庭園が広がる

Zum Riesen
ツム・リーゼン

日本びいきの夫婦が経営する宿

　かつてナポレオンも泊まったことがある由緒あるホテル。オーナーのクノフ夫妻は日本への留学経験があり、片言の日本語で市内観光案内などもしてくれる。

●マルクト広場から徒歩3分
■住所　Heumarkt 8
■TEL　250250
■FAX　250259
■料金　S-€70～、T-€96～
■部屋数　全56室
■カード　VISA、MC、JCB
HP www.hanauhotel.de

★エコノミー　★★カジュアル　★★★スタンダード　★★★★ラグジュアリー

ハーナウの市外局番☎06181

MARBURG
マールブルク

p.11-H　■人口=7.5万人　■街の規模=徒歩で1日

**多くの学者や文化人を輩出した
ドイツ屈指の大学街は坂道の街**

 旧市街の木組み家屋、石畳の坂道や路地
  エリザベート教会、聖母マリア教会など
 大学文化史博物館（城内）など
 ヘッセン方伯の城
グリム兄弟、サヴィニー、ハイデッガーなど多数
マールブルク大学と学生街

Access
●鉄道：フランクフルト→IC、RE、HLB（55分～1時間15分）→マールブルク［1時間1～2本／€15.80］

Information
●観光案内所
⊠Erwin-Piscator-Haus Biegenstr. 15
☎99120　FAX991212
■9:00～18:00（土曜10:00～14:00）
休日曜、祝日
HP www.marbururg-tourismus.de
●ユースホステル：⊠Jahnstr.1　☎23461

 **駅から、教会経由なら徒歩
旧市街へ直行するならバスで**

　ラーン川西岸の山上に方伯の城があり、その山裾を巻くように旧市街が広がっている。駅は川の対岸。Bahnhofstr.を直進し、突き当たりを左折すると**エリザベート教会**で、ここまで約10分。旧市街まではさらに10分ほど。**旧市街**に直行するなら、4番のバスでErwin-Piscator-Hausまで行くのもいい。大学の近くにあるカルチャーセンターで、❶も同じ建物内にある。

エリザベートの霊廟やステンドグラスは必見

川岸から眺める旧市街の街並と方伯の城

 **石段だらけの街に疲れたら
学生酒場やカフェで休憩**

　城や、ドイツ最古のゴシック様式のエリザベート教会の見物が終わったら、学生街の面影を色濃く残す旧市街の散策へ。その中心は市も立つ市庁舎前の**マルクト広場**。ここから西に延びるBarfusserstr.や、東に向かうMarktgasseとその突き当たりから北に向かうWettergasse周辺にはさまざまなショップやおしゃれなカフェ、陽気な学生酒場が点在しているので、のぞいて見るのも面白い。

方伯城（大学文化史博物館）★★
Landgrafenschloss
(Universitätsmuseum für Kulturgeschichte)

●マルクト広場から徒歩約10分
　13～16世紀にかけて建てられた城で、ルターらが宗教問答を行ったことでも有名。城内は先史時代から近代までの発掘品や美術工芸品を展示する美術館＆歴史博物館。
■10:00～18:00（11～3月～16:00）　休月曜
料€5、学生€3　☎2825871

テラスからは北、東、南、3方向の街並が一望

 Welcome Hotel Marburg
ウェルカムホテル・マールブルク

市街中心の街一番のホテル
　旧市街へのエレベーターの正面に建つ高級ホテル。ホテルのある建物にはショッピングアーケードがあり、中には中国料理店やインターネット・カフェあり。

●中央駅から徒歩15分
■住所　Pilgrimstein 29
■TEL　9180
■FAX　918444
■料金　S-€126～、T-€156～
■部屋数　全150室
■カード　VISA、MC、AMEX、DC
HP www.welcome-hotel-marburg.de

マールブルクの市外局番☎06421

★エコノミー　★★カジュアル　★★★スタンダード　★★★★ラグジュアリー

KASSEL
カッセル

p.10-E ■人口＝19.9万人 ■街の規模＝徒歩、市電で2日

交通やグリム兄弟の事跡、全てにおけるメルヘン街道の中心都市

 ★フリデリチアヌム、グリム兄弟博物館など多数

 ★ヴィルヘルムスヘーエ宮殿、レーヴェンブルク

 ヘッセン州北部の中核都市で、各種ショップが多い

 ★グリム兄弟など

★クーアヘッセン浴場

カッセルの市外局番☎0561

Access
●鉄道：フランクフルト→IC、ICE、RE他（約2～3時間）→カッセル・ヴィルヘルムスヘーエ駅［1時間2本／€39.40～56.50］、ハンブルク→IC、ICE（約2時間30分）→カッセル・ヴィルヘルムスヘーエ駅［1時間2本／€86.50］
＊カッセル・ヴィルヘルムスヘーエ駅から市内へは、市電で約20分

Information
❶観光案内所：Kassel-Marketing GmbH
＜カッセル・ヴィルヘルムスヘーエ駅構内＞
MAPp.286-A 住Bahnhof Wilhelmshöhe
☎34054 FAX315216 開10:00～13:00、14:00～18:00（土曜10:00～14:00）休日曜、祝日
＜市内＞MAPp.287
住Wilhelmstr.23 ☎707707 FAX7077169
開9:00～18:00 休日曜、祝日
HPwww.kassel.de
●カッセルカード：市内交通（市電、バス）乗り放題、博物館などの入場料割引。2人で24時間€9、2人で72時間有効€12。❶で購入
●ユースホステル：MAPp.286-B
住Schenkendorfstr.18 ☎776455

ヘッセン州北部の中心都市
市内の移動は市電を利用

　市街の中心部と、市街西の丘陵にあるヴィルヘルムスヘーエ宮殿公園の2カ所が、カッセル観光の中核。その間にあるアクセスの拠点がヴィルヘルムスヘーエ駅で、❶もこの構

ヴィルヘルムスヘーエ宮殿公園中腹から宮殿を見下ろす

内にある。ヴィルヘルムスヘーエ駅から宮殿は1番、市街へは1、3、7番の市電を利用。市街中心部は徒歩で充分。

博物館見学は時間をたっぷり 温泉や買物の楽しみも

　国際美術展ドクメンタの開催地として知られるカッセルには、p.287で紹介する博物館以外にも、近現代美術を展示している新絵画館や、自然科学博物館、市立博物館など、充実したコレクションを持つ博物館が数多い。これらの博物館巡りに丸1日、広大なヴィルヘルムスヘーエ宮殿公園周辺の観光にも1日は必要。最低でも2日ぐらいは滞在したい。

街の中心はケーニヒ広場

総合文化施設として整備されたカッセル中央駅

ヴィルヘルムスヘーエ宮殿公園 ★★★
Schlosspark Wilhelmshöhe

map　p.286-A

●ヴィルヘルムスヘーエ駅からヘラクレス像まで市電3番Druseltalドルーゼルタール行き終点で乗換え、バス22番でHerkulesヘラクレス下車所要約30分(停車バス停は運転手に要確認)。宮殿へは、市電1番で約5分Wilhelmshoehe (Park) 下車後徒歩約10分

2013年に世界遺産に登録された市内観光の白眉。郊外の丘陵部に、総面積240ヘクタールという広大なスペース、17世紀から造られ始めた英国風景式庭園だ。丘陵部の頂上には高さ70mの台座の上にヘラクレス像が佇み、その下の辺りからカスカーデンと呼ばれる階段状の噴水水路がある。

年4回しかやらない夜間の「水の芸術」

ここを流れる水が途中いくつかの仕掛け(橋や人工滝)を下り、最終的に宮殿前の噴水に到達すると、その落差で最大50m以上も水が吹き上がる仕組み。

この噴水水路に水を流すイベントは「水の芸術 Wasserspiele」と呼ばれ、特に夜のライトアップ時には、遅くまで水の流れに沿って下りながら観光する見物客で混雑する。

頂上まで徒歩で登頂するのはかなりきつい。ヘラクレス像を間近で見たい場合は市電とバスで台座まで行こう。台座の近くにはヴィジター・センターもある。下方の宮殿は内部が博物館と美術館になっていて、古代コレクションから、レンブラント、ルーベンス、ヴァン・ダイクのような古典の巨匠、さらにマックス・エルンスト、ロヴィス・コリントなど近代画まで幅広く収蔵。

意外に古典期の傑作が多い

🏠Schlosspark 1　🕐水の芸術：5/1〜10/3の水・日曜、祝日の14:30〜15:40頃(6〜9月の第1土曜のみ夜22:00もしくは21:00頃〜)。宮殿美術館：10:00〜17:00(水曜〜20:00)　🚫月曜　💰€6、学生€4　※水の芸術は無料

ヘッセン州立博物館 ★★
Hessisches Landesmuseum in Kassel

map　p.287

●ケーニヒ広場から徒歩10分

1階は先史〜古代の遺跡や発掘品の展示。2階はヨーロッパを中心に中国やイスラム文化圏など、世界中の壁紙を集めた珍しい壁紙コレクションで有名。2016年に改装され新しくなった。

🕐10:00〜17:00(木曜〜20:00)　🚫月曜、12/24、25、年末年始　💰€6、学生€4　☎316800

他館との共通券もある

フリデリチアヌム美術館 ★★
Museum Fridericianum

map　p.287

●ケーニヒ広場から徒歩5分

ヨーロッパ最古の美術館で、5年に1度開催されるドクメンタDocumentaなど、国際美術展の主会場となる。次回のドクメンタは2022年に開催される予定。🕐11:00〜17:00(木曜〜20:00)　🚫月曜　💰企画による。多くはヘッセン州立博物館との共通券€10

フリデリチアヌム美術館

カッセルの市外局番 0561

メルヘン街道　287　カッセル

わがままレポート

グリム兄弟の足跡 ★★★
その生涯と、緑の街、そしてグリムワールド誕生

ユネスコ記憶遺産として登録されている「子どもと家庭の物語（グリム童話）」
(C)Kassel Marketing GmbH | Fotograf Paavo Blåfield

　グリム兄弟の兄ヤーコブは1785年1月4日に、弟ヴィルヘルムは1786年2月24日に、ハーナウ (p.284) で生まれ、1791年に父の仕事の関係で父の生まれ故郷でもあったシュタイナウ (p.302) に引っ越した。

　しかし1796年、父が急死すると一家は経済的な苦境に陥った。兄弟はカッセル (p.286) で宮廷の女官長をしていた伯母に引き取られ、ここで中高等学校に進む。

　1802年、ヤーコブはマールブルク大学 (p.285) に入学、弟も翌年入学する。

　大学卒業後カッセルに戻った2人は、ヴィルヘルムスヘーエ宮殿の図書館に勤める傍ら、メルヘンの収集を始める。1812年のクリスマスに『グリム童話集』の第1巻を発行。その後何度も改訂の作業を繰り返し、最終形は第7版にあたる。

　その後、文学者としての地位を不動のものとし、世界的に名を知られるようになったのは周知の通り。2人の活躍がカッセルと縁が深いこともよくわかる。

　そのカッセルに、2015年、グリムワールドという体験型博物館が誕生した（グリム博物館は閉館）。総面積1600㎡、総工費2000万ユーロという力の入れようで、単に静的に展示するだけでなく、なるべくインタラクティブにグリムの世界を体感できる現代アート感覚の展示になっており、さまざまなイベントも企画されている。

ヘッセン州立博物館前のグリム兄弟像

階段を上がって屋上から周囲の景色を楽しむこともできる ©Jan Bitter, 2015

◆グリムワールド Grimmwelt Kassel　MAP p.287
●市電1,3,5番、バス500番他Rathaus（市庁舎）から徒歩約10分　■Weinbergstrasse 21
開10:00〜18:00（金曜〜20:00）　休月曜
料€8、学生€6　HP www.grimmwelt.de

 ★★★ Schlosshotel Bad Wilhelmshöhe
バート・ヴィルヘルムスヘーエ
宮殿公園の隣。リゾート滞在ならここ

リゾートタイプの高級ホテル。外観は若干レトロだが客室の設備は充実。レストランはもちろん、特にスパ施設に力を入れている。立地は宮殿公園のすぐそば。

map p.286-A
●市電1番 Wilhelmshöhe(park)から徒歩5分
■住所　Schlosspark 8
■TEL　30880
■料金　S-€100〜、T-€120〜
■部屋数　全130室
■カード　VISA、MC、AMEX、DC
www.schlosshotel-kassel.de

 ★★★ Kurfürst Wilhelm I.
クアフュルスト・ヴィルヘルムI
各種施設が揃ったホテル

便利なヴィルヘルムスヘーエ駅前のホテル。宿泊客の特典として、市内公共交通網のフリー・チケットがもらえる。ホテル滞在期間中有効。

map p.286-A
●ヴィルヘルムスヘーエ駅前
■住所　Wilhelmshöher Allee 257
■TEL　31870
■FAX　318777
■料金　S-€90〜、T-€98、変動制
■部屋数　全42室
■カード　VISA、MC、AMEX、DC
www.kurfuerst.bestwestern.de

ベストウェスタン Best Western Plus Kassel City ★★★★ map p.287
●ケーニヒ広場から徒歩3分
■Spohrstr.4　☎72850　■S-€85〜、T-€105〜（朝食別）
※見本市等により料金変動あり　■部屋数　全128室

シュヴァイツァー・ホーフ Hotel Schweizer Hof ★★★ map p.286-A
●市電1番 Kunoldstrasseから徒歩1分
■Wilhelmshöher Allee 288　☎93690
■S-€90〜、T-€110〜　■部屋数　全98室

カッセルの市外局番☎0561
★エコノミー　★★カジュアル　★★★スタンダード　★★★★ラグジュアリー

GÖTTINGEN
ゲッティンゲン

p.10-E　■人口=11.9万人　■街の規模=徒歩で半日

**グリム兄弟も教鞭をとった
ドイツ四大大学都市のひとつ**

- 旧市庁舎、マルクト広場、木組み家屋
- 楽器博物館、市立博物館など
- ヘンデル音楽祭、国際オルガン祭など
- ガチョウ番娘リーゼル
- ゲッティンゲン大学、学生牢
- 詩人ハイネも語ったソーセージ
- ノーベル賞受賞者40人以上、グリム兄弟など

Access
●鉄道：フランクフルト→IC、ICE（約1時間45分）→ゲッティンゲン［1時間2本／€53～］、ハンブルク→IC、ICE（約2時間）→ゲッティンゲン［1時間2本／€65～］

Information
●観光案内所：＜旧市庁舎内＞ⓗMarkt 9
☎0551-499800　團9:30～18:00（土曜10:00～、日曜、祝日10:00～14:00）　休11～3月の日曜、祝日
ⓗ www.goettingen-tourismus.de
●ユースホステル：ⓗHabichtsweg 2
☎0551-57622

街のしくみ
見どころはマルクト広場から半径300～400mに集まる

ICE停車駅のゲッティンゲンは、メルヘン街道では、カッセル、ブレーメンと並んでアクセスに恵まれた街。

市街地の中心は旧市庁舎前の**マルクト広場**で、中央駅から徒歩約6～7分。市内の主な見どころもマルクト広場からすべて徒歩圏内で行くことができ、おまけにその道の多くは歩行者天国という、街歩きの好きな人にとっては魅力的な街といえる。

大講堂内にはグリム兄弟の胸像も飾られている

街の中心マルクト広場。旧市庁舎内の壁画も見事

楽しみ方
**充実した大学関連の博物館
酒場では名物のソーセージを**

ハイデルベルク、テュービンゲン、マールブルクとともに、ドイツの四大大学都市のひとつ。マルクト広場に立つのは学生たちの永遠のアイドル、ガチョウ番娘リーゼル像。街には大学関連の見どころや学生のたまり場となっているカフェや学生酒場、本屋やCD、ステイショナリーグッズのショップなども多く、学生街ならではの楽しみが詰まっている。

市立博物館Städtisches Museumのほか、ブリューゲルの作品もある**大学美術コレクション**Kunstsammlung der Universität Göttingen、古楽器などを展示する**大学楽器博物館**Musikinstrumentensammlung der Universität Göttingen（大学の2館は團日曜10:00～16:00のみ、料各€3）もある。大講堂にある**学生牢**Studentenkarzerの見学はⓘでの申し込みが必要（※所要45分程度、有料）。

市内には、現在はレストランのユンケルンシェンケJunkernschänkeなど、15～16世紀の美しい木組みの家も多く残る。また建物の壁面には、グリム兄弟をはじめ、かつてその家に下宿していた著名人の名を刻んだプレートが掲げられているので、知っている名前を探して歩こう。

世界一キスを受けたという娘リーゼル

学生牢の落書きはハイデルベルクよりアートフル

メルヘン街道

マルクト広場の結婚式の家（右）と聖ニコライ教会

HAMELN ハーメルン

p.10-E　■人口＝5.7万人　■街の規模＝徒歩で1日

**ネズミ捕り男の伝説で有名な街は
美しい館と中世の香りに満ちた街**

- ★ヴェーザー・ルネサンス風の木組み家屋
- ★大聖堂、聖ニコライ教会
- ★ライストハウス、シュティフツヘレンハウス
- ★ヘメルシェンブルク
- ★ネズミ捕り男（笛吹き男）
- ★ネズミのしっぽ、ネズミパン

Access

●鉄道：ハノーファー→ S5 （約45分）→ハーメルン［1時間2本／€12.80］

Information

🛈観光案内所：Touristinformation Hameln
MAP p.290　住Deisteralee 1　☎957823
FAX 957840　開9:00〜18:00(土曜9:30〜15:00、日曜〜13:00、11月〜聖木曜日の平日〜17:00、同期間の土曜〜13:00)　休11月〜聖木曜日（4月頃）の日曜・祝日　HP www.hameln.de
●ユースホステル：MAP p.290外
住Fischbeckerstr. 33　☎3425

　**楕円形の旧市街は徒歩で
回るのに手ごろな大きさ**

旧市街は直径500mほどの楕円形。中心は**結婚式の家**前の**マルクト広場**で、ここで交差するOsterstr.とBäckerstr.がこの街のメインストリート。この通りの両側やヴェーザー川との間、旧市街の東南の一角は、中世以来の街の雰囲気が色濃く残されているエリア。ヴェーザー川の河岸は、中世以来の古めかしい製粉所も残る気持ちのいい散歩道。

　**木組みの街並を歩きながら
伝説とロマンの世界に遊ぶ**

ネズミ退治の報酬の約束を守らなかったハーメルン市民に対して街の子どもたち130人を連れ去ったという、**ネズミ捕り男**（笛吹き男）

八角形の塔が珍しい大聖堂は、12世紀の建造

の伝説で有名なハーメルン。この街での楽しみのひとつは、野外劇や博物館などで、伝説の世界とその裏に潜む歴史的な事実に触れること。もうひとつは、ヴェーザー・ルネサンス様式と呼ばれる、たくさんの紋様や文字で飾られた木の梁や出窓のある、14〜17世紀に建てられた美しい家並の見物だ。5月中旬〜9月中旬の日曜正午から上演される約30分の**野外劇（無料）**は人気が高いので、週末の宿の予約は早めに。水曜16:30〜はミュージカル劇（無料）を上演。

 **ハーメルンの
ネズミグッズ**

中世のハーメルンは製粉所が多く、ネズミの被害も甚大なものがあった。そのようなところからもネズミ捕り男の伝説が生まれたようだ。かつては街に災厄をもたらしたネズミも、今はさまざまな愛らしいグッズに変身し、ハーメルン名物として活躍中。ぬいぐるみやネズミ形の堅パンは、みやげ物屋や🛈の売店で。

名物のネズミの堅パン。食べることもできるが!?

結婚式の家／ネズミ捕り男の野外劇 ★★★
Hochzeitshaus/Rattenfänger-Festspiele
map p.290

●マルクト広場前

一角に❶もある1610〜17年に建てられた館。マルクト広場に面した舞台では、市民によるネズミ捕り男の野外劇が上演される。壁面には鐘とネズミ捕り男の仕掛け時計があり、美しい音色を響かせている。
＜仕掛け時計＞13:05、15:35、17:35（音楽のみ9:35、11:35）＜野外劇＞5月中旬〜9月中旬の毎日曜12:00〜、ミュージカル劇は毎水曜16:30〜

野外劇でのよい席の確保は早めに

ネズミ捕り男の家 ★
Rattenfängerhaus
map p.290

●マルクト広場から徒歩5分

1603年に建てられたルネサンス様式の家で、現在はレストラン。ネズミの尻尾に見立てた細切り豚肉の料理Flambierte Rattenschwaenzeが名物（夜のみ可、予約推奨）。建物脇の舞楽禁制通りBungelosen-Str.は、伝説の中で子どもたちが連れ去られた通りで、今でも音楽や舞踏は禁止だ。
営11:00〜15:00、18:00〜22:00（金〜日曜は通し営業、料理は各30分前まで）
休無休 ☎3888

ハーメルン博物館 ★★
Museum Hameln
map p.290

●マルクト広場から徒歩3分

ライストハウスとシュティフツヘレンハウスの2棟からなる博物館。前者は1589年築の豪商の館で、ヴェーザー・ルネサンスの傑作とされている。内部はネズミ捕り男に関する資料や絵を集めた展示室。後者は1558年建造の木組みの館で1階はカフェ。
開11:00〜18:00 休月曜、聖金曜日、12/24・31、1/1
料€5、学生€4
☎2021215

シュティフツヘレンハウス2階は資料館

郊外の見どころ
ヘメルシェンブルク城
Schloss Hämelschenburg

●駅からバス40番で30分Hämelschenburg下車

1437年建造のヴェーザー・ルネサンス様式の城。豪華な暖炉や図書室は必見。
MAP p.281 開ガイドツアー10:00〜17:00、4・10月11:00〜16:00（13:00を除く毎正時）
休11〜3月。4〜10月は月曜のみ休み
料€7.50 ☎05155-951690

濠に囲まれた城。水車が回る庭園も美しい

Hotel Zur Krone
ホテル・ツア・クローネ

木組みの外観も美しいホテル

旧市街の中心近くに建ち、建造は1645年。ホテルとしての営業は1世紀を超える。木組みの太い梁をそのままインテリアとして活かした、ペントハウスが好評。

map p.290
●マルクト広場から徒歩3分
■住所　Osterstr. 30
■TEL　9070
■FAX　907217
■料金　S-€76、T-€102
■部屋数　全32室
■カード　VISA、MC、AMEX、DC
HP www.hotelzurkrone.de

Zur Börse
ツア・ボーゼ

オスター通りから少し奥まったところに建つ。市街中心に近いわりに部屋は閑静。

map p.290　●マルクト広場から徒歩3分
■住所　Osterstr. 41a　■TEL　94940　■FAX　25485
■料金　S-€54.40〜、T-€76.50〜
■部屋数　全31室　■カード　VISA、MC、AMEX、DC、JCB
HP www.hotel-zur-boerse.de

Christinenhof
クリスチネンホーフ

旧市街に建つ木組み建築。館内は現代的で明るく、プールやサウナなどの施設も揃う。

map p.290　●マルクト広場から徒歩4分
■住所　Alte Marktstr. 18　■TEL　95080　■FAX　43611
■料金　S-€93〜、T-€130〜
■部屋数　全43室　■カード　VISA、MC
HP www.christinenhof.de/

ハーメルンの市外局番☎05151　★エコノミー　★★カジュアル　★★★スタンダード　★★★★ラグジュアリー

BREMEN
ブレーメン

p.10-E　人口=56.6万人　街の規模=徒歩で1日

音楽隊が目指したように、昔も今もドイツ北部の憧れの都

 マルクト広場、ベットヒャー通り、シュノーア地区など

 聖ペトリ大聖堂、聖母教会など

 海外博物館、ロゼリウスハウスなど

 ヴェーザー川、北海、シャクナゲ庭園など

 シュノーア地区などの手工芸品、アクセサリーなど

 ブレーメンの音楽隊、野外劇

Access

- ●空路：フランクフルト→(約1時間)→ブレーメン　＊空港→市電6番(約20分)→市内
- ●鉄道：ハンブルク→IC、ME (55分〜1時間15分)→ブレーメン [1時間2本／€25.80〜]、ハノーファー→IC、RE (約1時間5〜20分)→ブレーメン [1時間1〜2本／€26.60〜]

Information

- ❶観光案内所：Tourist-Information＜電話サポート＞☎3080010　開8:30〜18:00（土曜9:30〜13:00）休日曜　＜中央駅内＞MAP p.292　住In Bahnhofplatz　開9:00〜18:30（土・日曜9:30〜17:00）＜ベットヒャー通り＞MAP p.292　住Böttcherstr. 4　開9:30〜18:30（土曜〜17:00、日曜10:00〜17:00）開10:00〜18:30（11〜3月の土・日曜〜16:00）休12/24、31　www.bremen-tourismus.de
- ●エアレーブニスカード：市内交通無料、博物館などの入場割引。1日券／大人1名+子供2名€9.50、5名まで€20.50。購入は❶で
- ●ユースホステル：MAP p.292　住Kalkstr. 6　☎163820

市街地区域は広大だが見どころは旧市街に集中

観光の中心となる旧市街は、ヴェーザー川と堀に囲まれた地域。中央駅から市電も走っているが、徒歩でも10分ほど。旧市街内の観光も徒歩で充分だ。その中心はローラント像のあるマルクト広場で、市庁舎や聖ペトリ大聖堂などの歴史的建造物に囲まれている。

広場の南西がベットヒャー通り。シュノーア地区は旧市街南部。広場から北西に延びるオーバー通りObernstr.や、その北側のロイドパッサージュLloydpassage周辺がショッピング街。

旧市街入口のゼーゲ通り

ブレーメンの市外局番☎0421

ブレーメンのシンボル、市庁舎と聖ペトリ大聖堂

博物館見学と旧市街の散策　カフェやビアホールも随所に

ベルリン、ハンブルクと並んで、1都市で州と同じ機能と権限を持つ特別市のブレーメンは、さまざまな文化施設が整い、1200年の歴史を伝える街並もよく保存されている。マルクト広場〜ベットヒャー通り〜シュノーア地区と続く街並を散策しながら、途中の博物館を見学したり、ショッピングをしたりというのがブレーメンの基本的な楽しみ方。

時間に余裕があれば、**船舶博物館**や**海岸動物園**のあるブレーマーハーフェンや、北海のビーチリゾートのクックスハーフェン、古い港街の面影を残すフェーゲサック港などを訪ねてみるのもよいだろう。

市庁舎北西の「音楽隊」。ロバの足にさわると幸運があるという

Route Advice

中央駅→ゼーゲ通り→市庁舎／マルクト広場→ベットヒャー通り→シュノーア地区　[全移動約30分]

市庁舎内部の見学は独、英語のガイドツアーで

マルクト広場
Marktplatz ★★★
map p.292

●中央駅から徒歩10分

　市庁前に立つローラント像（p.282）は、自由と市民権の象徴。**市庁舎**の建造は1410年。1612年の改装で、ルネサンス風の華麗なファサードが設けられた。現在世界遺産になっている。地下の**ラーツケラー**はドイツ各地のワインを600種も揃えてあるレストランだ。2本の尖塔が天を衝く**聖ペトリ大聖堂**は、789年に基礎が築かれ、1042年に着工。内部には中世の文化財や彫刻を収めた**ドーム博物館**があり、塔に上れば街を一望できる。広場南の

シュッティングは1537年建造のかつてのギルドハウス。

海外博物館
Übersee Museum ★★
map p.292

●中央駅から徒歩1分

　中央駅の西側にある巨大な博物館。かつて大海原を駆け巡ったブレーメンの船乗りや商人が世界各地から持ち帰った品々をベースに、世界の自然、文化、美術工芸品などを展示している。1階はアジアとオセアニア、2階は南北アメリカやアフリカのコーナー。3階には20世紀前半のブレーメンの港や倉庫、商店の姿が再現され、興味深い。

開9:00～17:00（土・日曜10:00～）　休月曜、12/24・25、1/1、イースターの祝日
料€7.50

1階の中央には日本の茶室や庭園も造られている

メルヘン街道 ブレーメン

Check-Check! 街並自体がメルヘン！

ベットヒャー通りとシュノーア地区 ★★★
Böttcherstrasse / Schnoorviertel

　コーヒー貿易で財を成した商人、ロゼリウスが、1902〜34年に私財を投じて造らせたベットヒャー通り。100mほどの短い通りだが、大きめの特注レンガを使って中世の街並を再現した美しい一角だ。マルクト広場方向からの入口には、上部に金のレリーフがあり、入ると左手にガラス細工など手工芸品を扱うエリアとヴォルプスヴェーデ派の女流画家、パウラ・モーダーゾーン＝ベッカーPaula Modersohn-Beckerの作品を集めた美術館がある。右にはブレーメンの音楽隊グッズなど扱うおみやげ屋さんがあり、ロゼリウスの美術コレクションを展示するロゼリウスハウスRoselius-Hausは、通りの中ほどの東側だ。その隣には、マイセン製**グロッケンシュピール**（鐘）もある。鐘は屋根と屋根の間にあり、正午以降（毎正時18時まで。冬期は12、15、18時）に鳴るとき、左下の仕掛け時計にツェッペリンやリンドバーグなどの肖像が現れる。ほか

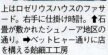

上はロゼリウスハウスのファサード。右手に仕掛け時計。↑石畳が敷かれたシュノーア地区の通り。→ベットヒャー通りに店を構える飴細工工房

に映画館、レストラン、カジノ、❶などもあり、まるでアミューズメントパーク。

　街の南東に広がる、石畳の入り組んだ細い路地裏散策が楽しいシュノーア地区は、旧市街では珍しく戦災を免れた地区。15〜16世紀に建てられた中世の街並が残っている。おしゃれなカフェ、レストラン、アンティークやアクセサリーショップなどが点在し、非日常的空間を演出してくれる。

ベットヒャー通りの入口。右はアクセサリー工房

MAP p.292

■Roselius-Haus / Paula-Becker-Modersohn-Haus　●マルクト広場から徒歩約2分　開11:00〜18:00　休月曜、12/24、31　料€8（両館共通）
■Schnoorviertel　●ベットヒャー通りから徒歩3分

郊外の見どころ

ヴォルプスヴェーデ ★★
Worpswede　MAP p.281

●中央駅からバス670番で約50分（片道€4.45）

ヴォルプスヴェーデは、ブレーメンの北のトイフェル湿原にある、森に抱かれた閑静な芸術家の村。

森に抱かれたハウス・イム・シュルー

ドイツの村といえば、広場を中心に家が寄り集まってできた集村が一般的だが、ここでは家と家との間に森や畑、湿原が広がり、全体が自然公園のような趣がある。

19世紀の末ごろから、フリッツ・マッケンゼン、ハインリヒ・フォーゲラー、パウラ・モーダーゾーン=ベッカーといった画家や彫刻家、詩人、工芸作家たちがこの村に集まり創作活動を行なった。

現在でも何人もの作家が暮らし、多くの美術館や工房、工芸品のショップなどが集まっている。

この緑豊かな環境を求めて、

フォーゲラーのアトリエ、バルケンホーフ

街角ワンショット

ブレーメンの音楽隊・野外劇

観光シーズン中は「ブレーメンの音楽隊」の野外劇が、市庁舎北の教会前広場Domshofで上演され、訪れた人の気を集めている。ミュージカル仕立ての演出で、ドイツ語がわからなくても楽しめる。

5〜9月の日曜12:00の1回上演

Katzen-Café　カッツェン・カフェ

各国VIPも訪れる名物店。料理は地中海風。火・土曜の夜、木・金曜の昼には寿司も食べられる。

map p.292
●マルクト広場から徒歩13分
■住所　Schnoor 38　■TEL　326621
■営業　12:00〜17:00、18:00〜24:00　■休日　12/24・31
■カード　VISA, AMEX, DC　HP www.katzen-cafe.de

Schüttinger　シュッティンガー

店内にタンクがある自家醸造所兼レストラン。15:00〜19:00はビール割安。料理は軽食感覚。

map p.292　●マルクト広場から徒歩3分
■住所　Hinter dem Schütting 12-13　■TEL　3376633
■営業　12:00〜翌1:00、土・日曜11:00〜22:00　■休日　無休
■カード　AMEX, DC　HP www.Schuettinger.de
※夏期の営業終了は天候次第。

★★★ Dorint Park Hotel Bremen　ドリント・パルク・ホテル・ブレーメン

白亜の宮殿のような豪華ホテル

中央駅北口から徒歩5分。公園内の池に面した街一番のホテル。客室はクラシカルからモダンまでさまざまに趣向を凝らし、日本風インテリアの部屋もある。

map p.292外
●中央駅から徒歩5分
■住所　Im Bürgerpark
■TEL　34080
■FAX　3408602
■料金　S-€102〜、T-€159〜、変動制（朝食別）
■部屋数　全175室
■カード　VISA, MC, AMEX
HP hotel-bremen.dorint.com

GastHaus Bremer Backpacker Hostel　ガストハウス

ホステルながら部屋が清潔で設備も充実。ホテル（S-€49〜、T-€79〜、朝食€8.50）も併設。

map p.292　●中央駅から徒歩7分
■住所　Emil-Waldmann-Strasse 5-6　■TEL　2238057
■FAX　2238102　■料金　S-€31, T-€46, ドミ-€18（夏期割り増し）　■部屋数　18室　■カード　VISA, MC, AMEX
HP www.bremer-backpacker-hostel.de

スター・イン・ブレーメン　Star Inn premium Bremen ★★★　map p.292
●中央駅から徒歩1分　■住所　Bahnhofsplatz 5-7
☎FAX 30120　■S-€69〜、T-€92〜（朝食€16）

タウンサイド・ホステル　Townside Hostel Bremen ★　map p.292外
●市電1E, 10他Humboldtstr.から徒歩3分　■住所　Am Dobben 61-62　☎78015　■S-€32〜、ドミ-€15〜　HP townside.de

ブレーメン・シティ　Best Western Hotel Bremen City ★★★　map p.292
●中央駅から徒歩5分　■住所　Bahnhofstr. 8　☎30870
■S-€48〜、T-€68〜、変動制　HP www.bestwestern.de

〜€15　　€15〜25　　€25〜50　　€50〜
★エコノミー　★★カジュアル　★★★スタンダード　★★★★ラグジュアリー

ブレーメンの市外局番0421

メルヘン街道の古城ホテル

　グリム童話に収録されたメルヘンは、最終的に200話（改訂第7版）を数える。その中でも比較的よく知られている『いばら姫』と『ラプンツェル』ゆかりの城が、古城ホテルとして営業中。
　憧れのメルヘンのお城の天蓋付のベッドで眠れば、一夜だけでも気分はすっかりお姫様。

外壁はイバラならぬツタに覆われている

Dornröschenschloss Sababurg
ザババルク城

動物の名が付いた客室は1室ごとに異なった造り

　カッセルの北に広がるラインハルツの森。樹齢数100年を超えるカシの巨木がそびえる森に抱かれた古城ホテルが、『いばら姫』の物語の舞台といわれるザババルク。
　建造は1334年で、ヘッセン公の狩猟の城館として使われていたが、19世紀には廃城となっていたこともあった。ホテル＆レストランとして営業を始めたのは1959年で、城内ではコンサートも催される。ドイツに数ある古城ホテルの中でも、もっとも人気の高いホテルなので、週末は常に込んでいる。また、夏休みにはかなり早めに予約をした方がいい。城を取り囲むティアガルテンは、1571年に造られたヨーロッパ最古の自然動物園。

ティアガルテンから眺めたザババルク

周囲は緑豊かなラインハルツの森林地帯

ロマンチックな城内のレストランも評判が高い

map p.281
- ●カッセルからREで約20分のホーフガイスマー、またはハン・ミュンデンから、バスまたはタクシー約20分
- ■住所　Hofgeismar (Sababurg 12)
- ■TEL　05671-8080
- ■FAX　05671-808200
- ■料金　S-€110〜、T-€140〜（連泊割引あり）、朝食€15
- ■部屋数　全18室
- ■カード　VISA、MC、AMEX、DC
- HP www.sababurg.de

Burg Trendelburg
トレンデルブルク城

城の麓は木組み家屋が並ぶトレンデルブルク村

ラプンツェルの塔は高さ約38m

　ディーメル川に臨む小高い丘にそびえる円塔のある城。トレンデルブルクは、グリム童話の『ラプンツェル』の挿絵のモデルとして描かれたところから、メルヘンのお城として人気が高い古城ホテル。城の建造は13世紀にまでさかのぼり、太い木の梁がはしる客室やアンティークの家具など、物語の世界がそのままに残されている。

map p.281
- ●カッセルからREで約20分のホーフガイスマーから、バスまたはタクシー約20分
- ■住所　Steinweg 1, Trendelburg
- ■TEL　05675-9090
- ■FAX　05675-9362
- ■料金　S-€110〜、T-€155〜
- ■部屋数　全22室
- ■カード　VISA、MC、AMEX
- HP www.burg-hotel-trendelburg.com

GOSLAR
ゴスラー

p.10-E　■人口＝5.1万人　■街の規模＝徒歩で半日

木組みの家並が美しい皇帝都市
鉱山、木工、魔女伝説のハルツ山

 ★中世以来の木組み家屋の家並、城壁や塔
 ★鉱山博物館、ゴスラー博物館、ツヴィンガー博物館など
 ★木彫り工芸品、魔女人形など

 ★皇帝居城
 ★ヴァルプルギスの夜・魔女の集会（毎年4/30夜）
 ★ハルツ山地

Access
●鉄道：ハノーファー→ERX（約1時間5分）→ゴスラー［1時間に1本／€20.60］

Information
🅘観光案内所：Tourist-Information
MAP p.296　住Markt 7　☎78060
FAX780644　営9:15～18:00（土曜9:30～16:00、日曜～14:00)、11～3月9:15～17:00（土曜9:30～14:00)　休11～3月の日曜、祝日
HP www.goslar.de
●ユースホステル：MAP p.296外
住Rammelsberger Str. 25　☎22240

 マルクト広場とゴーゼ川周辺は、古い建物が多く残る地域

　ゴスラー駅から旧市街の**マルクト広場**まで、賑やかな商店街のRosentorstr.を通って10分ほど。主な見どころは、マルクト広場を中心に、徒歩で10～15分圏内に収まっている。

　1000年以上の歴史を誇るゴスラーでは、旧市街に残る建物のうち、3分の2は19世紀半ば以前、170軒は16世紀半ば以前に建てられたもの。こうした建物は、マルクト広場の南側、**皇帝居城**から**聖アンネ礼拝堂**にかけての一帯に数多く残っているので、梁に刻まれた建築年を確認しながら、この周辺の路地を探索してみるとおもしろい。

　駅から旧市街の外周に沿って、Mauerstr.～Breite Str.～Kornstr.～Glockengiesserstr.と回ると、随所でかつての城壁跡や城門、塔などを目にすることができる。

皇帝居城の駐車場で出会った、衛兵姿のおじさん

渋くてシック、グレーな色をしたゴスラーの街並

中世の街並の散策とユニークな博物館巡り

　石畳の路地をたどりながら、14～15世紀の年代が刻まれた建物ウォッチングが観光の最大のポイント。小さいながらも見応えのある博物館巡りもおもしろい。ハルツ山地の自然や昔の街の様子を展示した**ゴスラー博物館**。城塔内にある**ツヴィンガー博物館**。**楽器と人形の博物館**。**メンヒェハウス**（近代美術館）は1528年建造の木組み家屋内にある。

 ハルツ山地の木彫りグッズと魔女人形

　楽器と人形の博物館の南に建つ旧修道院病院の中庭に、ガラスや陶磁器など工芸品の工房とショップが並んでいる。なかでもハルツ山地の木材を使った木工はゴスラーの伝統工芸のひとつ。玩具やアクセサリーはおみやげにも喜ばれそう。

　もうひとつの名物は、ヴァルプルギスにちなんだ魔女人形。市内のみやげ店ならどこでも置いている。

木工のHolz Studio
営11:00～17:00
休月曜、1～3月不定休

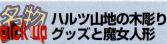

皇帝居城 ★★
Kaiserpfalz
map　p.296

●ゴスラー駅から徒歩15分

11世紀にハインリヒ3世が築いた城を模して1879年に再建。壮麗な帝国の間や、地下礼拝堂は必見。

開10:00～17:00（11～3月～16:00）、12/25・26・31日11:00～15:00　休12/24、1/1　料€7.50

城の手前のドーム入口の間は11世紀の建築物

マルクト広場 ★★
Marktplatz
map　p.296

●ゴスラー駅から徒歩10分

中央にある噴水は1230年ごろの建造で、上の金の鷲はゴスラーのシンボル。広場西の市庁舎は端正なゴシック建築。2階の宣誓の間に描かれた壁画が見事。市庁舎の向かいには、坑夫の人形が行進する仕掛け時計がある。

火・金曜の午前中には市が立つ

郊外の見どころ
ラメルスベルガー鉱山博物館
Rammelsberger Bergbaumuseum
MAP p.296外

●ゴスラー駅よりバス803番で約10分

ゴスラーの中世の繁栄は、970年に発見され、銀、銅、錫などを産出したこの鉱山によるもの。現在は廃鉱となっているが、ヨーロッパ最古の鉱山としてユネスコの世界遺産にも登録されている。一部の坑道を博物館として公開し、さまざまなコースのガイドツアーを実施。

開9:00～18:00（冬期～17:00、最終ツアーは15:30）　休12/24、31　料€9、博物館とガイドツアー€16～　☎7500

坑内見学はヘルメットを装備して約1時間ほど

巨大な水車が地の底で回っている

★★★ Kaiserworth
カイザーヴォルト
街の名物建築がホテルに

マルクト広場に面して建つ重厚な構えの4つ星ホテルは、約500年前に建てられたゴシック建築で、市内の美しい建物のひとつに数えられている。

map　p.296
- 住所　Markt 3
- TEL　7090
- FAX　709345
- 料金　S-€69.50～、T-€82、変動制
- 部屋数　全65室
- カード　VISA、MC、AMEX
- HP www.kaiserworth.de

★★★ Goldene Krone
ゴルデネ・クローネ
城門塔近くの木組み家屋

街の中心からは多少遠いが、その分静かで落ち着いた環境。建物は1733年建造の木組み家屋。昔の居酒屋風の壁画が描かれた郷土料理レストランも好評。

map　p.296
- 住所　Breite Str. 46
- TEL　34490
- FAX　344950
- 料金　S-€55～70、T-€75～120
- 部屋数　全17室
- カード　VISA、MC
- HP www.goldene-krone-goslar.de

★★★ Der Achtermann
デア・アハターマン
駅に近く諸設備が整った高級ホテル。建物の一部にはかつての城壁を利用している。

map　p.296　●ゴスラー駅から徒歩2分
- 住所　Rosentorstr. 20
- TEL　70000　FAX　7000999
- 料金　S-€73～、T-€103～
- 部屋数　全154室　カード　VISA、MC、AMEX、DC、JCB

★★★ Hotel Alte Münze
アルテ・ミュンツ
旧市街の中心。古い部分は17世紀の石壁が残るなど趣があるが、内部は最新に。サービスも良い。

map　p.296　●ゴスラー駅からから徒歩10分
- 住所　Münzstr.10-11
- TEL　22546　FAX　18416
- 料金　S-€69～、T-€89～　部屋数　全28室
- カード　VISA、MC、AMEX、DC　HP www.hotel-muenze.de

ゴスラーの市外局番☎05321

★エコノミー　★★カジュアル　★★★スタンダード　★★★★ラグジュアリー

ヴェルニゲローデ
WERNIGERODE

p.10・E　■人口＝3.3万人　■街の規模＝徒歩で半日

木組みの家並が美しい城下町
ブロッケン山行きSLはこの街から

 ★木組み家屋の家並、市庁舎
★ヴェルニゲローデ城
 ★ハルツ山地（ブロッケン山）、ブロッケン現象
 ★ブロッケン山の魔女伝説とバルバロッサ

Access

●鉄道：ベルリン→RE（約1時間40分）→マグデブルク乗換→HEX（1時間10分）→ヴェルニゲローデ［1日5本／€43.60～］、ハノーファー→ERX（約1時間10分）→ゴスラー→RE、HEX（約35分）→ヴェルニゲローデ［1時間1本／€29～］

Information

🛈観光案内所：Wernigerode Tourismus GmbH　MAP p.298　住Marktplatz 10　☎5537835　FAX5537899　開9:00～19:00（土曜10:00～16:00、日曜10:00～15:00、11～4月の平日～18:00）　休12/25、1/1
HP www.wernigerode-tourismus.de
●ユースホステル：MAP p.298外
住Am Eichberg 5　☎606176

 駅は街外れ。見どころやホテルはマルクト広場周辺に集中

　街の中心は、市庁舎前のマルクト広場。旧市街の見どころは、広場を中心にして徒歩で10分圏内にある。ヴェルニゲローデ駅は街の北にあり、Rudolf-Breitscheid-Str.～Breite Str.と歩いて、約15分。城は街の南東の山上。広場から徒歩で約20分だが、市内観光ガイド付きのビンメルバーンとシュロスバーンというSL型のバスもある（€4、往復€6）。ハルツ鉄道に乗車する際は、旧市街からだとヴェステルントーアWesterntor駅利用が便利。

ヴェルニゲローデ
Wernigerode
0　300m

街のシンボル、市庁舎は木組み建築の最高傑作

 城と市内の観光に1日
ブロッケン山観光にもう1日

　旧市街を一望できる城へは午前中に上った方がいいだろう。下りはバスでもいいが、森の中を歩いても10分ほど。カフェやレストランで昼食、休憩後、午後は旧市街の木組み家屋の街並や博物館の見学。これがヴェルニゲローデ観光1日コースの基本パターンだ。

城へはSL型バスに乗って行こう

ヴェルニゲローデ城　★★
Schloss Wernigerode
map　p.298

●マルクト広場からバス10分、または徒歩20分

　ハルツの山並を見渡す、標高350mのアグネスベルクの山上にそびえる城。12世紀初頭にゴシック様式で建造され、1671～76年にはバロックの、19世紀にはネオゴシックの改築がなされ、現在の姿になった。城内は封建博物館で、壮麗なホールや礼拝堂、豪華な家具や暖炉など、ヴェルニゲローデ伯爵家が居城として使用していた19世紀のままに保存されている。
開10:00～18:00（11～4月10:00～17:00、土・日曜、祝日～18:00）　休11～4月の月曜　料€7、学生€6　☎553040

建物外部の梁の彫刻もじっくり鑑賞したい

木組み家屋巡り
Fachwerkhäuser ★★★
map p.298

●マルクト広場から徒歩10分

市庁舎裏の花時計の隣は、1680年に建てられた元・水車小屋のシーフェスハウスSchiefes Haus(傾いた家)。Kochstr.のクラインステスハウスKleinstes Hausは、間口1.7mと

クラインステスハウス

いう街一番の小さな家。Breite Str.の4番地は装飾が美しい1529年建造のカフェ・ウィーン。95番地は馬の頭が飾られたクレルッシェ・シュミーデKrellsche Schmiedeで、中は博物館。街で一番古いはHeinterstr.48番地で、1400年ごろの建造。

 Ringhotel Weisser Hirsch
ヴァイサーヒルシュ

マルクト広場の木組みホテル

1539～44年に建てられた木組み家屋。洗練されたインテリアとフレンドリーなスタッフが好評。新館にはおしゃれなスイートルームもある。

map p.298
●マルクト広場前
■住所　Marktplatz 5
■TEL　267110
■FAX　26711199
■料金　S-€92～、T-€128～、変動制
■部屋数　全49室
■カード　VISA、MC、AMEX、JCB
HP www.hotel-weisser-hirsch.de

 Am Anger
アム・アンガー

ほうきに乗った魔女が目印。1996年に開業した、清潔感あふれる木組み家屋のホテル。

map p.298　●マルクト広場から徒歩15分
■住所　Breite Str. 92-94
■TEL　92320　■FAX　923250
■料金　S-€50～、T-€90～　■部屋数　全40室
■カード　VISA、MC　HP www.hotel-am-anger.de

 Travelcharme Hotel Gothisches Haus
ゴーティシェス・ハウス

木組みの外観と、アトリウム風の明るい館内。各種の施設も充実した高級ホテル。

map p.298　●マルクト広場より徒歩1分
■住所　Marktplatz 2
■TEL　6750　■FAX　675555
■料金　S-€100～、T-€128～、変動制
■部屋数　全116室　■カード　VISA、MC、AMEX

★エコノミー　★★カジュアル　★★★スタンダード　★★★★ラグジュアリー

わがままレポート

ブロッケン山
Brocken
map p.281

SL列車で伝説の山へ

ブロッケン山はハルツ山地の最高峰。といっても標高は1142mだが、ここから北の海との間にこれ以上高い山はなく、山頂からの眺望はすばらしい。

昔から「ブロッケンの妖怪」と呼ばれる光学現象や、ゲーテの『ファウスト』に描かれたヴァルプルギスの魔女の祭でもよく知られている山だ。山頂には、ブロッケン博物館や

ブロッケン博物館は開9:30～17:00　休無休　料€4

ビュッフェ付き列車の運行もある

高山植物園などの施設がある。

このブロッケン山へ、ヴェルニゲローデからSL列車が運行されていて、観光客に人気。所要時間は片道1時間40分～2時間。料金は片道が€28、往復は€43。森や渓谷を眺めながらのんびりとハルツ山中を行くSLの旅は、鉄道ファンでなくとも楽しみだ（HP www.hsb-wr.de）。

途中駅のDrei Annen Hohneから、ハルツ山地を縦断してNordhausen Nordまで行くと、カッセルやライプツィヒ方面に向かうこともできる。

山頂周遊のハイキングコース

ヴェルニゲローデの市外局番 ☎03943

QUEDLINBURG
クヴェートリンブルク

p.10-E　■人口=2.5万人　■街の規模=徒歩で半日

ユネスコ世界文化遺産登録の見事な木組み家屋が残る街並

 ★木組み家屋の家並
 ★城博物館、木組み家屋博物館など
 ★クヴェートリンブルク城
★魔女伝説、ロストラッペ

Access

●鉄道：ベルリン→RE（約1時間40分）→マグデブルク（乗換）→HEX（約1時間15分）→クヴェートリンブルク［1時間1本／€42.80］、ハノーファー→IC（約1時間20分）→マグデブルク（乗換）→HEX（約1時間15分）→クヴェートリンブルク［1時間1本／€45］

Information

❶観光案内所：Quedlinburg-Information
住Markt 4　☎905624　FAX905629　開9:00～18:00（日曜10:00～15:00）、11～4月9:00～17:00（金・土曜～18:00）
休11～4月の日曜
HPwww.quedlinburg.de

街のしくみ　城壁と緑地帯に囲まれた旧市街はすべて徒歩圏内

1000年以上の歴史を誇る古都クヴェートリンブルク。ほとんど戦災にあわなかった**旧市街**には、バロック、ルネサンス以降、各時代の建物が見事に保存され、1994年にはユネスコの世界文化遺産の指定を受けている。

まず、旧市街中心部を目指そう。駅を出て小川を渡りBahnhofstr.をまっすぐ行くと、程なくTurnstr.に。これを斜め右に曲がると、ほんのすぐ先にHeiligegeiststr.があり、この道を左折して道なりに行く。途中、小川を渡り10分ほどで、扇状に奥が広くなっているマルクト広場に出るだろう。その奥、ツタの絡まる建物が**市庁舎**だ。正面左手には自由を象徴する**ローラント像**が立っている。ブレーメンのものより素朴な造りでかわいい。❶は向かって右手にある。

広場の北東は、特に古い街並が保存されている地域。町全体では1200軒もの木組み家屋が残っているといわれ、なかでも、

高台の城からは、ハルツ山塊の眺望もすばらしい

マルクト広場北の市庁舎（左側）は1310年の建造

広場南のWordgasseには、14世紀初頭に建てられた**ドイツ最古の木組み家屋、Standerbau**が残っており、内部は**木組み家屋博物館Fachwerk Museum**（開10:00～17:00、アドヴェント3週までの土・日曜10:00～16:00　休木曜、11～3月（アドヴェントを除く）　料€3）になっている。

楽しみ方　ドイツ屈指の美しい街並を散策。丘の上の城も必見

最大の見どころは、南西の丘にある**城山Schlossberg**（開10:00～18:00［11～3月は～16:00］　休月曜、12/24・25・31、1/1　料€3.50）と、隣の**聖ゼルヴァティウス教会Stifskirche St.Servatius**（開10:00～18:00［11～3月は～16:00］　休月曜、12/24・25・31、1/1　料€4.50）だろう。前者はザクセン朝初代国王ハインリヒ1世の居城として919年に建てられ、後者はその王の死後、女子修道院として使われていた城に、後から付属する形で増設されたもの。ロマネスク建築の傑作として知られ、内部にハインリヒ1世とその妻の墓や宝物館もある（城と教会のコンビチケット€7）。

レストランならマルクト広場と城の途中、Blasiistr.14にあるリュッデ（Lüdde　開11:00～24:00［日曜～22:00、1～3月の火～金曜17:00～］　休1～3月の月曜　☎705206）というビアハウス。店内に大きなタンクがあり、郷土料理と自家醸造のビールが楽しめる。

店内のタンク。ブラウンビールはかなり甘口

ロマンチックホテル・アム・ブリュール　Romantik Hotel am Brühl ★★★
●駅からタクシーで5分　住Billungstr.11　☎96180　料S-€115、T-€130～、変動制　HPwww.hotelambruehl.de

リングホテル・テオファノ　Ringhotel Theophano ★★★
●マルクト広場1分　住Markt 13-14　☎96300　料S-€75～、T-€95～、変動制　HPwww.hotel-theophano.de

Check Check! 「ヴァルプルギスの夜」は魔女の祭りで盛り上がろう!

毎年4月30日、ハルツ山地方では、各地で「ヴァルプルギスの夜（※1）」という魔女の祭りが行われる（※2）。この祭りは、魔女や悪魔がパレードを行い、焚き火を囲んで酒宴を開いた後、ほうきにまたがりブロッケン山を目指して飛んでいく、というもの（※3）。ターレではヘクセンタンツプラッツ（※4）が会場になる。もちろん本物の魔女が現れる訳ではないが、ハリー・ポッターは出てくる（かもしれない）。

というのも、このお祭り、期間中は、❶の職員まで魔女の衣装に身を包み、参加する地元住民たちも、それぞれ独自の魔女や悪魔の仮装をして会場に現れるのだ。町やその年毎にイベントの内容は変わるが、だいたい共通しているのは、魔女や悪魔の姿に仮装すること、夜に焚き火を行い、その周りでダンスをすることなど。ソーセージなどの出店があったり、パレードがあることも多い。場所によっては、なぜか魔女コンテストやら、ミュージシャンを招いてのステージコンサートなどがある場合もある。もともとは古代からの伝承で、ブロッケン山で春を迎える儀式として行われていた祭りが原型なのだとか。夜遅く（というより明け方）まで騒ぐ祭りなので、交通手段の確保など帰路には充分注意しよう。

こんなかわいい女の子も、将来立派な魔女になるのだろうか…

ターレの❶：住Bahnhofstr.1 ☎03947-7768000
開8:00～18:00（土・日曜、祝日9:00～15:00）休無休
HP www.bodetal.de
※1　ヴァルプルギスというのは、779年に亡くなり後に聖人となった修道女の名前。魔女の魔法や疫病に対する守護聖人で、5月1日は彼女の記念日。
※2　ターレの他、ゴスラー、シールケSchierkeなど、全部で20カ所以上で行われるという。
※3　ゲーテの「ファウスト」で紹介された。
※4　ヘクセ＝魔女、タンツ＝踊り。

観光客もびっくりの職員

それぞれの魔女スタイルで

郊外の見どころ

魔女伝説の山へ
ターレ　Thale MAP p.281

クヴェートリンブルクからのローカル線がハルツ山塊にぶつかり行き止まったところにできた小さな町がターレ。

謎めいた雰囲気が漂うハルツ地方でも、とりわけ多くの伝説に彩られた町だ。ボーデ川の渓谷を挟んで、町の南の山上には魔女伝説、西の山にはロストラッペの伝説が残る。

ターレ駅から徒歩で10分ほど行くと、町外れの森の中に、南の山へ向かうゴンドラリフト乗場と、西の山に登るチェアリフト乗場が並ぶ場所に出る。ゴンドラリフトを降り右に進むと、森が開けたところに環状列石が並ぶ魔女の集会場、ヘクセンタンツプラッツに出

山上からはターレやクヴェートリンブルクを一望

る。左手に進むと、魔女の儀式、集会の様子を展示した博物館、ヴァルプルギスホールと、野外劇やコンサートが催されるベルクシアターがある。

チェアリフトを降り20分ほど山上を歩くと、姫を救うため断崖を飛び越えた馬の蹄の跡が残る、ロストラッペの舞台へ行くことができる。

不気味な雰囲気の博物館

みやげ物屋の店頭には魔女人形が

六角形の出窓の塔が愛らしい市庁舎

フルダ川西岸の展望台から見た美しい市街地

ALSFELD
アルスフェルト
p.11-H　■人口=1.6万人　■街の規模=徒歩で半日

まるでおもちゃの街のような
美しい木組み家屋が並ぶ旧市街

1512年に建てられた市庁舎をはじめ、木組家屋が並ぶ旧市街は、欧州文化財保護都市の指定を受け、鉄道模型やおもちゃのモデルにされるほど。駅から東向きにMainzergasseを左折後5分ほどで**旧市街**。マルクト広場周辺には、**市庁舎、ワインハウス、結婚式の家、おもちゃ博物館**などの見どころが集中。広場南西Rittergasseには郷土博物館と❶がある。

赤ずきん風の民俗衣装の女の子の像

HANN-MÜNDEN
ハン・ミュンデン
p.10-E　■人口=2.4万人　■街の規模=徒歩で半日

木組み家屋と鉄ひげ博士の街
ヴェーザー川船旅の出発点

フルダ川とヴェラ川の合流点、ヴェーザー川の起点にある、緑豊かな木組み家屋の街。その歴史は12世紀に遡り、旧市街には700軒近くの木組み家屋が軒を連ね、城壁や塔も残っている。駅から北西に向かって10分ほどで市庁舎、❶のある**マルクト広場**。夏季はここで**鉄ひげ博士**（Dr.アイゼンバート：やぶ医者の代名詞だが実際はまじめで新しい治療法を試みたという）の野外劇がある。ヴェーザー川の遊覧船も名物。

街中には鉄ひげ博士の名を冠した薬局もある

STEINAU AN DER STRASSE
シュタイナウ
p.11-H　■人口=1万人　■街の規模=徒歩で半日

グリム兄弟の子供時代と
さほど変わらぬ小さな街

駅から東に約15分でグリム兄弟通りに。細くて曲がりくねったこの道の左端に**グリム兄弟記念館**（開10:00～17:00　休無休　料€6［シュタイナウ博物館と共通］）があり、その右手、噴水のある広場を挟んで東側に**市庁舎**と❶、西側に週末にメルヘン劇が上演される**マリオネット劇場**、広場奥にルネサンス様式の城がある。

メルヘン「カエルの王子」像

BODENWERDER
ボーデンヴェルダー
p.10-E　■人口=5.5千人　■街の規模=徒歩で半日

ホラ吹き男爵の故郷は
ヴェーザー川に沿った美しい街並

ヴェーザー河畔の小さな街の中心に、市庁舎や博物館などがまとまってある。Grossestr.には木組み家屋と**男爵の噴水**、記念碑も。
この街の周辺の、ヘクスターHöxter、ホルツミンデンHolzminden、ウスラーUslarerなどの街にも、ヴェーザー・ルネサンスの華麗な装飾が施された木組み家屋が数多く残る。

■シュタイナウ
●フランクフルト→RE54分（毎時）／€15.80　❶：Brüder-Grimm-Str. 70　☎06663-96310　開8:30～12:00、13:30～16:00（金曜8:30～13:00、土・日曜13:30～15:30）　休祝日、11～3月の土・日曜
■アルスフェルト
●フランクフルト→IC、ICEほか約55分→Fulda→HLB約45分（1時間毎）／€15.80～41　❶：Markt 3

☎06631-182165　開9:30～18:00（土曜・冬期の平日は10:00～15:30、冬期の土曜～13:00）　休日曜
■ハン・ミュンデン
●カッセル・ヴィルヘルムスヘーエ→RE16分（1時間1本）／€7.10　❶：Lotzestr.2　☎05541-75313　開9:30～17:00（火・金曜～15:00、土曜10:00～15:00）、11～4月9:30～16:00（金曜～13:00）　休日曜、祝日、冬期

土曜
■ボーデンヴェルダー
●ハノーファー→S5約45分→ハーメルン→バス520番約40分（1時間毎）／約€14.30
❶：Münchhausenplatz1　☎05533-40541　開9:00～12:00、14:00～17:00（土曜10:00～12:30、11～3月の平日9:00～12:00）　休日曜、祝日、冬期の土曜

リューベックのシンボル的存在、ホルステン門

エリア 10

ハンブルク&北ドイツ

**ハンブルク
リューベック**
リューネブルク
ツェレ
ハノーファー
シュターデ
メルン
シュヴェリーン
ロストック
シュトラールズント
アウトシュタット

トラヴェミュンデ　IC,RE 0:48〜1:02　シュトラールズント
RB 0:16〜17　RE+EC
リューベック　RE+RE 1:44〜53
RE 0:42〜45　RE 0:47〜54　ロストック
パート・クライネン
ハンブルク　IC,RE　バス 1:30
Ⓢ,Ⓢ+ME,ME　0:51〜　バス+RE 1:24〜25
0:50〜1:01　1:45　シュヴェリーン
シュターデ　RE 0:27〜29
RE 0:47〜59
メルン
RE,IC 0:22〜42　ビューヒェン
ICE,IC,ME　RB 0:36〜59
0:25〜50
ICE,IC 1:15〜37　リューネブルク
ICE,IC 0:37〜44
IC,ME　ICE,IC 0:49〜1:08
0:17〜26　ツェレ
ハノーファー　ヴォルフスブルク
ICE,IC,END 0:30〜58　（アウトシュタット）

ハンブルク
ベルリン
フランクフルト
ミュンヘン

ハンブルク&北ドイツ

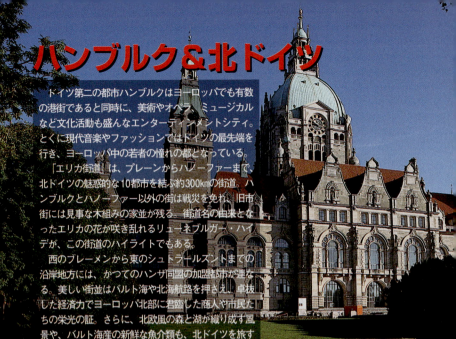

ドイツ第二の都市ハンブルクはヨーロッパでも有数の港街であると同時に、美術やオペラ、ミュージカルなど文化活動も盛んなエンターテインメントシティ。とくに現代音楽やファッションではドイツの最先端を行き、ヨーロッパ中の若者の憧れの都となっている。

「エリカ街道」は、ブレーメンからハノーファーまで、北ドイツの魅惑的な10都市を結ぶ約300kmの街道。ハンブルクとハノーファー以外の街は戦災を免れ、旧市街には見事な木組みの家並が残る。街道名の由来となったエリカの花が咲き乱れるリューネブルガー・ハイデが、この街道のハイライトでもある。

西のブレーメンから東のシュトラールズントまでの沿岸地方には、かつてのハンザ同盟の加盟都市が連なる。美しい街並はバルト海や北海航路を押さえ、卓越した経済力でヨーロッパ北部に君臨した商人や市民たちの栄光の証。さらに、北欧風の森と湖が織り成す風景や、バルト海産の新鮮な魚介類も、北ドイツを旅する際の大きな楽しみだ。

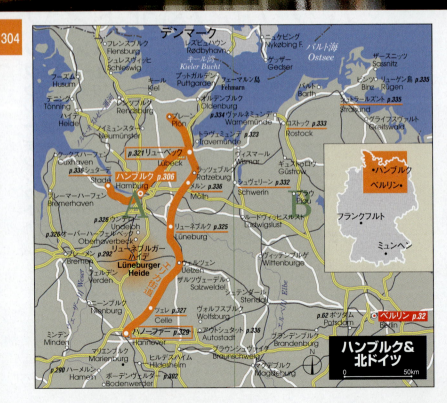

堀に囲まれたリューベック旧市街地

ハノーファー市庁舎。ドームの上は展望台になっている

アドバイス

アクセス　ハンブルクを中心とした鉄道網が発達し、エリカ街道や北ドイツのほとんどの街までスムーズに到達できる。シュターデやメルンなどローカル線沿線の街でも、1時間あたり1〜2本と比較的運行本数が多く、鉄道旅行者にとってはうれしい地域。東部のシュベリーンやロストック、シュトラールズント、リューゲン島へは、ベルリンからも直行列車が運転されている。

　全体に平坦な地形なので、冬季を除き、レンタカードライブも楽しめるが、旧東ドイツ圏では今でも道路の改良工事が多く、思わぬところで渋滞に巻き込まれることがある。

気候・服装　夏季は、空気も乾燥し、爽やかな晴天がつづいて旅行には最適の季節。日中はかなり気温も上がるが、日没後は冷え込むこともあるので、真夏でも長袖のシャツや薄手の上着を用意しておいた方がいいだろう。

　冬季はさぞかし寒いだろうと思われがちだが、北海に流れ込む暖流（メキシコ湾流）の影響で、意外にもアルプス山麓の南ドイツより暖かい日が多い。ハンブルクの1月の日中の平均気温は2℃、夜間でも−3℃ほど。とはいってもやはりそれなりの防寒対策は必要。とくに足元は、積雪や路面の凍結に備えて、滑りにくい靴を選ぼう。

キーワード

ハンザ都市同盟　ハンザとはもともと「商人仲間」の意味。通商、交易上の利益保護を目的として結成されたもので、王侯貴族の支配を受けない皇帝直属の自由都市の連合体。その最盛期は13世紀後半から15世紀にかけてで、ドイツ北部を中心に100以上の加盟都市があった。車のナンバープレートの頭に「H」の文字を持つ都市（ハンブルク＝HH、リューベック＝HLなど）の多くは、かつてのハンザ都市。

建物の尖塔はハンザ都市の特徴

ハイデとエリカ[リューネブルガー・ハイデなど]　ハイデは氷河によってもたらされた、膨大な量の砂や砂利が風雨にさらされて生まれた地形で、地味は痩せ、背の低い灌木とエリカだけが生育する原野。この荒々しい原野を、夏の一時期だけ赤紫の絨毯に変えてしまうエリカ（英語名はヒース）は、8〜9月にピンク、赤、紫などの可憐な花を結び、最近では鑑賞用としての人気も高まっている。

シュレスヴィヒ・ホルシュタイン音楽祭　毎年6月末から約2カ月に渡って、ハンブルクやリューベックなど北ドイツの各地で催される大音楽祭で、世界中から一流のオーケストラやピアニスト、シンガーが参加する。期間中に100回以上を超えるといわれるコンサートは、古城や教会、野外劇場をはじめ、農家の牛舎や納屋などで開催されることもある。内容も幅広く、クラシックから現代音楽まで、あらゆるジャンルをカバーしている。日程など詳細は各❶へ。

シーフード[各地]　北海とバルト海に面したこの地方では、当然、新鮮なシーフードが食卓を飾ることが多い。ウナギスープAalsuppe、酢漬けニシンMatjesfilet、カレイ、舌ビラメ、サーモンなどのグリルやムニエルがその代表格。シーフード専門のレストランも多く、ヴァルネミュンデなど、港街の漁港近くには、魚のフライやソテーのサンドイッチの屋台もある。

小ウナギのブツ切りを煮込んだアールズッペ

HAMBURG
ハンブルク

p.10-B　■人口=182.2万人　■街の規模=徒歩、⑤、⑪で3日

近代的な大都会というイメージのハンブルク。だが街の創立は8〜9世紀ごろまでさかのぼり、中世にはハンザ都市として繁栄した、華やかな歴史に彩られている。

- 旧市街、港や倉庫街
- 聖ミヒャエル教会、聖ニコライ教会、聖ペテロ教会など
- ハンブルク市立美術館、美術工芸博物館、アルトナ博物館など
- アーレンスブルク
- ミュージカル、オペラ、ライブハウス、ビートルズなど
- ハンブルクブランド（ジル・サンダー、ヨープ）など
- ハンブルク大学（とくに日本学科）
- アールズッペなどバルト海のシーフード、ラプスカウスなどの郷土料理

ハンブルクの鉄道駅
市内の中央駅Hauptbahnhof、ダムトーア駅Dammtor、アルトナ駅Altonaと、郊外のハールブルク駅Harburgの4駅がメイン。各駅とも⑤や⑪と接続。ほとんどのICEやICはアルトナ駅が終点なので、中央駅で下車するときは乗り過ごさないようにしよう。
●市内交通
HP www.hvv.de

アルスター運河越しの市庁舎

✈ ハンブルク国際空港 Flughafen Hamburg
ドイツ、ヨーロッパの主要都市と結ばれている。日本からはフランクフルト空港乗り継ぎが便利で、乗り継ぎ時間を含め所要は約13時間。ベルリンからは約50分。ルフトハンザドイツ航空など主要航空会社はターミナル4に発着する。

空港から市内へ
■Sバーン：⑤1が空港まで延びたため、乗換なしで市内中心部まで行けるようになった。ハンブルグ・エアポート駅から中央駅まで、10分間隔で所要24分。料金€3.30。
■タクシー：市の中心部まで約30分、約€25。

🚆 鉄道によるアクセス
ドイツ各都市とICEなど、ヨーロッパの主要都市とECなどで結ばれる。フランクフルト→ICEほか（約4時間30分）→ハンブルク［1時間1〜2本／€104〜］、ベルリン→ICE（約1時間45分）→ハンブルク［1時間1本／€81］

市内交通
市内交通は、Uバーン、Sバーン、Aバーン（郊外鉄道）、バス、**定期運航船**など、ハンブルク交通連盟（HVV）加盟のすべての交通機関が共通料金で、相互の乗り換えが可能。チケットはゾーン制で、€2.20、€3.30、€5.30、€7.20、€8.80などがあるが、ほとんどの範囲が€3.30以内。9-Uhr-Tageskarte（€6.40〜）は平日9:00〜翌6:00有効、14歳以下の子どもは3人同伴まで無

時計塔がそびえる中央駅。構内にある多くのレストランやショップは、日曜でも営業している

ハンブルクの市外局番☎040

POINT ハンブルクの危険地帯

総じて治安状態はよいが、注意したいエリアは夜間の中央駅構内や東口ホテル街の裏道一帯と、レーパーバーンの裏通り。凶悪犯罪は少ないが、ジャンキーや浮浪者、酔っ払いが多く、不快な目に合うこともある。

料（6歳以下は常に無料）。購入は駅の自動券売機で。ハンブルクカードがあれば、すべてのHVVが乗り放題。改札はないがときどき車内検札があるので、切符やカードは常時携帯を。

U/S/A
市内の鉄道には、Uが1、2、3、4の4路線、Sが1、2、3、11、21、31の6路線、Aが1、2、3の3路線あって、SとUの全路線は中央駅で接続している。運行時間は4:30頃〜24:00前後。

バス
バスターミナルZOBは中央駅の南東。路線数や便数は多いが、経路が複雑なので、まず路線図を入手しよう。U、S、一般バス便が終了した深夜から早朝の間は、市庁舎前広場から600番台の深夜バスが各方面へ運行。

タクシー
タクシースタンドの利用が基本だが、路上で手を上げてつかまえることができる。基本料金は€3.20で、以後4kmまで1kmごとに€2.35、5kmから9kmまでは1kmごとに€2.10、そのあと10km以降は1kmごとに€1.45ずつ加算される。☎211211、666666ほか。

●ハンブルクカード
市内交通（HVV）乗り放題、11ヵ所の市立の美術館、博物館の入場料、市内観光、港巡りなどが割引になる特典がある。購入はホテルか市内3ヵ所のⓘで。
1日券：大人€10.50（15歳未満の子ども3人同行可）、グループ用大人€18.50（5人）
3日券：大人€25.90（15歳未満の子ども3人同行可）、グループ用€44.90（5人）
5日券：大人€41.90（15歳未満の子ども3人同行可）、グループ用大人€74.50（5人）

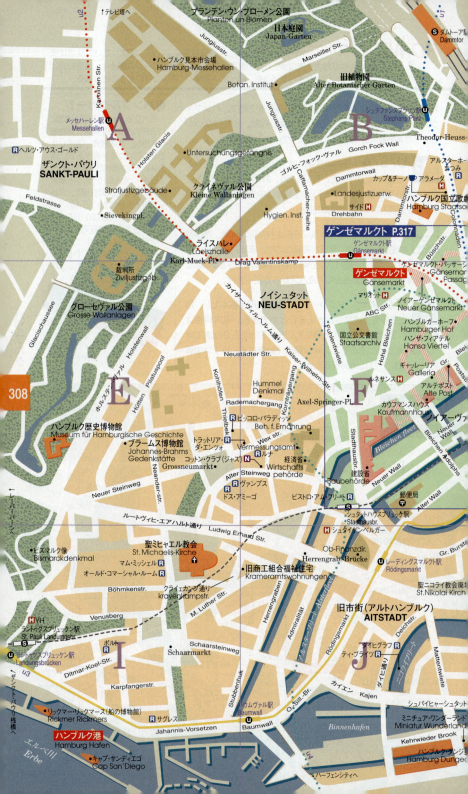

INFORMATION

❶観光案内所
<中央駅構内>
MAP p.309-H ☎30051300 開9:00〜19:00(日曜・祝日は10:00〜18:00、12/24は10:00〜16:00、1/1は11:00〜18:00) 休無休

<ハンブルク港>
MAP p.307-A (4番、5番桟橋の間) ☎30051300 開9:00〜19:00 (日〜水曜〜18:00、12/24〜14:00、12/26・31は10:00〜18:00) 休1/1

<ハンブルク空港内>
住ターミナル1、2の到着エリア ☎50751010 開6:00〜23:00 休無休 ＊ホテルの空室情報はターミナル4の到着ロビーで HP www.hamburg.de

●ユースホステル：MAP p.308-I 住 Alfred Wegener Weg 5 ☎5701590

●ツアー情報 (下記のほか各種ツアーあり。詳細は❶で。)
■市内観光 (2階建てバス)：中央駅〜アルスター湖〜市庁舎〜旧市街〜レーパーバーン〜港〜倉庫街 所要約90分 料€18.50 HP www.top-tour-hamburg.de
■アルスター湖遊覧：ユングフェルンシュティーク発 10:00〜18:00(10/5〜11/1は〜17:00、11:00〜16:00間は30分毎) 所要約1時間 料€16
■運河めぐり：ユングフェルンシュティーク発 9:45〜15:45(夏期〜17:45)、1日3便 (夏期増便) 所要約2時間 料€20 HP alstertouristik.de
■ハンブルク・ビア・ツアー Hamburg Beer Tour：最低6カ所の醸造所やバーを巡るビール飲みツアー。ほかと違うのは、近年人気が高まりつつあるクラフト・ビールに的を絞って、実際に作っている人の話も聞けること。ほかでは飲めないユニークなビールに出合える。営土曜16:00〜(所要3時間半、英語) 料€35 HP alternativehamburg.com

---

ハンブルク・街のしくみ&楽しみ方

ベルリンに次ぐドイツ第二の大都会ハンブルク。規模が大きく見どころも各所に点在しているので、じっくり見るには数日必要。また欧州屈指のエンターテインメント・シティでもある。

街のしくみ 楽しみ方 ヨーロッパ有数の港町！

●中央駅周辺

中央駅には北口と南口があり、東西の駅前広場に出られる。❶は北口東側。北口西側にはハンブルク美術館があり、その先はアルスター湖畔。南口東側には美術工芸博物館や中央郵便局、バスターミナルがある。東側の駅前一帯はホテル街。西側広場から市庁舎方面に向かう**メンケベルク通り** Mönckebergstr.は、デパートや専門店が並ぶストリート。

●旧市街

市街南部の港の周辺一帯が、**アルトハンブルク**（MAP p.308-J）と呼ばれる**旧市街**。ダイヒ通り Deichstr.は、運河沿いに17〜18世紀頃の倉庫群が並ぶ、ハンブルクでも最も美しい通りのひとつ。聖ミヒャエル教会東のクライエンカンプ通り Krayenkamp-str.の旧商工組合福祉住宅 (p.320参照)は、17世紀頃のハンブルクの典型的な住宅様式のままに残されており、その内の1軒が博物館として公開されている。

●シャンツェ地区

シュテルンシャンツェ Sternschanze駅周辺は、通称シャンツェ（MAP p.307-A）と呼ばれ、学生、アーティストたちが集う若者向けのエリア。エスニックなレストランや雑貨屋、前衛

ハンブルクの市外局番 ☎040

シャンツェ地区の賑わい

的なバーなどが多くあり、ちょっと猥雑な雰囲気だが、新しい文化の発信地として知られる。シャンツェンシュテルン (p.320) のような安宿も何軒かある。

●ザンクト・パウリ

「世界で最も罪深い1マイル」と呼ばれるレーパーバーンReeperbahn（MAPp.307-A）を中心とした歓楽街。きらびやかなネオンに彩られたレストランやナイトクラブ、セックスショップなどが軒を連ね、一晩中人通りが絶えない。健全な店も多いが、路地奥や客引きのいる店は避けたほうが無難。表通りの「OKマーク」のある店なら一応安全。「飾り窓」で有名なヘルベルト通りHerbertstr.は、女性と未成年者は立ち入り禁止。

レーパーバーン

●郊外の見どころ

郊外にあるアーレンスブルク城（S4 Ahrensburg下車徒歩15分）は1595年に建てられたルネサンス様式の華麗な城。エリカ街道のシュターデ (p.336) やメルン (p.336) は、宿泊施設が少ないので、ハンブルクを基点に往復すると便利。リューネブルガー・ハイデ (p.326) へも、ハンブルク発着のバス＆馬車ツアーがある。

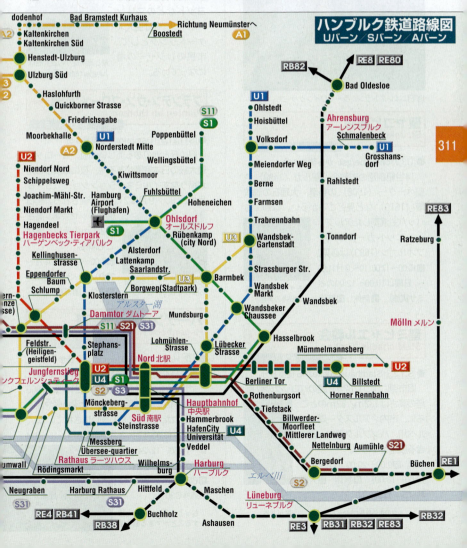

見どころ

市庁舎
Rathaus ★★
map　p.309-G

●U3 Rathaus（ラートハウス）から徒歩1分

1886～97年建造のネオ・ルネサンス様式の建物で、高さ112mの塔を持つハンブルクのシンボル。豪壮な階段ホールや、華麗な壁画で彩られた大広間など館内の一部は、ガイドツアー（独語、30分毎）で見学できる。
開11:00～16:00（土曜～17:00、日曜～16:00）
休無休（ツアーは不定休）料€5 ☎42831-2064

地下にはレストラン、ラーツワインケラーも

聖ヤコビ教会
St. Jakobi Kirche ★★
map　p.309-G

●U3 Mönckebergstr.（メンケベルクシュトラーセ）から徒歩1分

14世紀創建の市教会。聖ルカ（1499）や聖ペーター（1508）の祭壇、大理石の説教壇（1610）など見どころが多い。なかでもバッハも演奏したアルプ・シュニットガー作のパイプオルガン（1693）は必見。
開10:00～17:00（10～3月11:00～、日曜は10:00～12:00のみミサ実施）休無休 料無料

モダンな塔の外装は戦後の再建

聖ミヒャエル教会
St. Michaelis Kirche ★★
map　p.308-I

●S,1,2,3 Stadthausbrücke（シュタットハウスブリュッケ）から徒歩8分

旧市街に建つ1762年創建のバロックの教会。塔の高さは132m。82mのところに、市内やアルスター湖、エルベ川、ハンブルク港を一望できる展望台がある。
〈塔〉開9:00～20:00（11～4月10:00～18:00）休無休 料入塔料€5 ☎376780

12:00にパイプオルガンの演奏がある

ハンブルクの市外局番☎040

西岸のアルスター公園には日本の桜も見られる

アルスター湖
Alster See ★★
map　p.309-C・D・G

ハンブルクは市街面積の10％が水面という水の都で、橋の数はベネチアよりも多くヨーロッパ一。アルスター湖は、13世紀初頭に造られた184ヘクタールの人造湖。大都会の風景に潤いを与え、夏はヨットなどのマリンスポーツ、冬は巨大スケートリンクとして、市民のレジャーの場になっている。

湖と運河巡りの遊覧船はJungfernstieg乗場から

プランテン・ウン・ブローメン公園
Planten un Blomen ★★
map　p.308-A・B

●S11,21,31 Dammtor（ダムトーア）から徒歩1分

緑の丘と池のある美しい公園。ヨーロッパ最大級の日本庭園がある他、夜には噴水と光が織りなすイルミネーションショー（5～8月の22:00、9月は21:00）が催される。植物園やメッセ会場、高さ約280mのテレビ塔なども隣接。
開7:00～23:00（4月～22:00、10～3月～20:00）

園内には茶室と日本庭園も設けられている
休無休 料無料

ハーゲンベック動物園
Hagenbeck Tierpark ★★
map　p.307-A外

●U2 Hagenbecks Tierpark（ハーゲンベックス ティアパーク）から徒歩7分

檻や柵を使わない飼育をしているということで世界的に有名な動物園。約210種、1860匹の動物が、人間用の通路とは深い堀や藪で隔てられただけで、放し飼いにされている。
開9:00～18:00（7～8月～19:00、10/15～3/4は～16:30、12/24・31～13:00）休無休
料€20、水族館€14、共通券€30

もっとも身近に動物と接することができる動物園

Check-Check! 港めぐりとハーフェン・シティ

ハンブルク港 ★★★
Hamburg Hafen (Hafen City)

総面積は87k㎡もある広大な港

　ハンブルク港は北海から100kmほど内陸にさかのぼっているが、1万トンクラスの大型船が行き来するドイツ第1の巨大港。毎月1000隻以上の船が出入りし、年間取り扱いコンテナ数は800万TEUに及ぶ。

　港観光の中心は❶や遊覧船乗場があるザンクト・パウリ桟橋 St. Pauli Landungsbrücken（S1~3、U3 Landungsbrückenから徒歩2分）だ。建物向かって右側には深さ24m、長さ427mの旧エルベトンネル Alter Elbtunnelへと降りる大型エレベーター（歩行者無料）があり、地下経由で対岸の中州に渡ることが出来る。

　毎日曜開催のフィッシュマルクトは、ここから西に徒歩8分ほど。魚以外の花や果物、雑貨まであり、隣接する建物内 Fischauktionshalleでは、何故かバンドのライブ演奏で朝から盛り上がる。またこのすぐ手前にはU-434という旧ソ連潜水艦が係留されていて、内部を博物館として公開中だ。

　逆に桟橋の東側に行くと、5分ほどで1896年建造のリックマー・リックマースという3本マストの帆船があり、こちらも内部が博物館とレストラン。さらにその先5分ほどの桟橋にはキャプ・サンディエゴという南米航路の貨客船だった船が繋がれ、やはり博物館になっている。

　少し離れて東側の中州あたりは、レンガ作りの倉庫が並ぶ倉庫街。2015年にハンブルクの倉庫街として世界遺産に登録されたこの近辺155haのエリアは、欧州最大規模の都市再生プロジェクト『ハーフェン・シティ』として再開発中だ。すでに国際海事博物館は完成、新コンサートホールのエルプ・フィルハーモニーも2017年についに完成。居住区なども含めた最終計画は2020年頃完成予定だが、倉庫博物館、税関博物館があるなど、すでに観光地として充分魅力的なエリアとなっている（p.315も参照）。

　また時間があるなら郊外西のウェルカム・ポイント Willkomm-Höftも面白い。出入りする500t以上の船に国旗と国歌でお迎えの挨拶（日中のみ）をする施設。レストランもある。

通称Uボート、U-434。内部は狭いがメカ好きにはたまらない複雑な構造

ちょうど100年ほど前にできたトンネル

データ	
◆FISCHMARKT 300年の歴史がある朝市。毎週日曜日開催 MAP p.307-A 開5:00~9:30（11~3月は7:00~）	歩10分 開10:00~18:00 休無休 料€13、学生€9.50
◆UBoot U-434 MAP p.307-A 開9:00~20:00（日曜11:00~） 料€9、学生€6	◆Elbphilharmonie MAP p.307-B ● バス111番またはS3 Landungsbrückenから バス72番 Elbphilharmonieなど 開9:00~24:00（Plaza）料無料 ※要整理券、予約は€2 HP elbphilharmonie.de
◆Rickmer Rickmers MAP p.308-I 開10:00~18:00（窓口17:30まで）料€5、学生€4	
◆Cap San Diego MAP p.308-I 開10:00~18:00 料€7、学生€4	◆Zollmuseum（税関博物館） MAP p.309-K 開10:00~17:00 休月曜 料€2
◆Internationales Maritimes Museum MAP p.309-K ● U1 Messbergから徒	◆Willkomm-Höft MAP p.307-A外 S1 Wedelから バス189番 でElbstrasse下車

やっと完成したElbphilharmonie。中央あたりが展望スペースのPlaza

本物の黄金でできた帆船模型

1893年の処女航海では、香港まで行った

国際海事博物館。11階建てで、展示は船模型だけで約3万7000点など世界最大級

2階奥のムンクやクレーの展示は秀逸

ハンブルク美術館／ゲーゲンヴァルト美術館 ★★★
Hamburger Kunsthalle/Galerie der Gegenwart
map p.309-D・H

●中央駅から徒歩1分

　ゴシックから現代美術までの膨大なコレクションを有する美術館。なかでも19世紀からドイツ表現主義に至る作品群や、エッチングが充実。中世絵画では、マイスター・ベトラム作の『グラボーの祭壇』が見逃せない。
　北隣には1997年に開館したゲーゲンヴァルト美術館があり、ウォーホルなど60年代以降の現代美術を展示。
<両館共通>開10:00〜18:00（祝前日以外の木曜〜21:00）休月曜 料€14、学生€8（木曜17:30以降€8、学生€5）☎428131200

両美術館は地下でつながり、料金は共通

美術工芸博物館 ★★
Museum für Kunst und Gewerbe
map p.309-H

●中央駅から徒歩2分

　古代から現代に至る彫刻、陶磁器、家具などの工芸品の充実したコレクションを誇る。コンサートや日本茶室での茶会なども開催。オーディオヴィジュアルによる作品紹介も。
開10:00〜18:00（木曜〜21:00）休5/1、12/24・31 料€12（木曜17:00以降€8）、学生€8（ハンブルクカード有効）☎428134880

ユーゲントシュティール関係の展示は世界有数

ハンブルクの市外局番040

1650年から現代に至る精密な街の模型は必見

ハンブルク歴史博物館 ★★
Museum für Hamburgische Geschichte
map p.308-E

●U3 St.Pauliから徒歩5分

　昔の街並を再現した模型など、ハンブルクの歴史や文化を知るためには格好の博物館。とくに、帆船から豪華客船までの船や、港の発達の様子を展示した航海関係室が充実。
開10:00〜17:00（土・日曜〜18:00）休火曜、12/24・31、1/1、5/1 料€9.50、学生€6（ハンブルクカード有効）☎428132100

アルトナ博物館 ★★
Altonaer Museum
map p.307-A

●アルトナ駅から徒歩5分

　かつてはハンブルク郊外の港街だったアルトナ。貿易港のハンブルクとは少し異なった、漁村としての一面もあった昔の姿をさまざまな形で再現した博物館。街や船の模型をはじめ、漁師の道具や民家、19世紀末ごろの商店などの展示が興味深い。膨大な船首像のコレクション、18〜19世紀の村を描いた絵画などの展示も充実。
開10:00〜17:00（土・日曜〜18:00）休月曜、5/1、12/24・31、1/1 料€8.50、学生€5（ハンブルクカード有効）☎4281350

藁葺きの居酒屋をレストランとして再現

ブラームス博物館 ★★
Johannes-Brahms-Museum
map p.308-E

●U3 St.Pauliから徒歩7分

　ハンブルク出身の作曲家ブラームスが使用した机やピアノ、関連資料を展示する博物館。生家は空襲で消失し、記念碑だけが残る。
開10:00〜17:00 休月曜、12/24・25・31、1/1 料€5、学生€3 ☎41913086

博物館のあるPeterstr.は18世紀の街並を再現

イェーニッシュ公園 ★★
Jenisch-Park

map　p.307-A外

● S1,11 Klein Flottbek(クライン フローベック)から徒歩10分

ハンブルクでも有数の高級住宅地、エルプシャウゼーの一角にある公園。エルベ川を望む段丘上の、多くの樹木と一面の芝生に彩られた緑豊かな環境にある。

園内にある白亜の建物イェーニッシュハウスは18世紀ごろの貴族の住居で、館内を公開。調度品など、往時の貴族の暮らしぶりを知ることができる。エルンスト・バーラッハハウスでは、郷土の作家、エルンスト・バーラッハの100点あまりの彫刻と、版画やデッサンを展示。視力障害者が作品に触れて鑑賞する

イェーニッシュハウスの見学はスリッパでこともできる。

［イェーニッシュハウス］開 11:00～18:00　休火曜、12/24・31、1/1　料€5.50、学生€3.70（ハンブルクカード有効）／［エルンスト・バーラッハハウス］開 11:00～18:00　休月曜（祝日の場合は開館）料€7、学生€5

Check Check! ハンブルクのエンターテインメント

ブラームスが生まれ、ビートルズがデビューした街ハンブルクは、ヨーロッパでも有数のエンターテイメント・シティー。クラシックはもちろん、オペラ、バレエ、ミュージカル、ライブなど、あらゆる楽しみが集まっている。1678年創立の**ハンブルク国立歌劇場**（MAP p.308-B）では、毎年8月末～6月末にオペラとバレエの公演が行われる。オペラは毎シーズン、新演出の作品を発表。来日公演でお馴染みの天才振り付け師ジョン・ノイマイヤー率いるハンブルクバレエの人気も高い。音楽ホールとしては100年以上の歴史があるライスハレ（MAP p.308-A）と、2017年に本拠地が完成したあとに改名した北ドイツエルプフィルハーモニー管弦楽団（p.313）がある。

ヨーロッパ大陸で初めてミュージカルが上陸したハンブルク。**港内劇場**（MAP p.307-A）では『ライオン・キング』が、**オペレッタハウス**（MAP p.307-A）では『キンキー・ブーツ』が、**ノイエ・フローラ**（MAP p.307-A）では『Palamour（シルク・ドゥ・ソレイユ）』などが上演されている。

マニアじゃないから、もっとお気軽なエンターテインメントを、という人には**フィッシュマルクト**（MAP p.307-A）の日曜午前のライブ（p.313）もおすすめ。地元バンドの懐かしのロックで盛り上がる。

やっと完成したエルプフィルハーモニー。世界最高峰の音楽空間を提供。建築物としても興味深いので、景観を楽しみたい人にもおすすめ

朝から踊るフィッシュマルクト

倉庫街、人気のアミューズメント施設！

倉庫街には人気のアミューズメント施設がいくつかある。**ハンブルク・ダンジョン**というスリラー館は、街の大火やバイキングの来襲などの暗黒史を、お化け屋敷形式（?）で紹介したユニークな施設。言葉の問題はあるが充分楽しめるだろう。また同じ建物にある**ミニチュア・ワンダーランド**は、世界最大の鉄道ジオラマが自慢。なんと約3500㎡の広さに、レールだけで約9km！という圧倒的なスケール。未だに増築中という。精巧なつくりと15分毎に昼夜が入れ替わる演出など、普段は鉄道模型に興味のない大人もきっと大満足！

●ハンブルク・ダンジョン Hamburg Dungeon
MAP p.308-J　U3 Baurmwallから徒歩8分
住Kehrwieder2　開10:00～17:00、入館は閉館1時間前まで
休12/24　料€25.50 ※ネット購入で3割引き
●ミニチュア・ワンダーランド Miniatur Wunderland
MAP p.308-J　開9:30～18:00（火曜～21:00、金曜～19:00、土曜8:00～21:00、日曜・祝日8:30～20:00）休無休　料€15、子ども€7.50　HP www.miniatur-wunderland.de
◆エンターテインメント関連
●国立歌劇場　HP www.hamburgische-staatsoper.de
●ハンブルクバレエ　HP www.hamburgballett.de
●エルプ・フィルハーモニー　HP www.elbphilharmonie.de/en/how-to-book ※チケット予約の説明ページ
●ミュージカル関連　HP www.stage-entertainment.de

ジョン・ノイマイヤーの『白鳥の湖』

線路だけで9kmあるという

ハンブルクのショップ／レストラン／ホテル

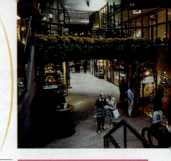

ショッピングなら市庁舎からゲンゼマルクト周辺にブランドショップが集中していて便利。旧市街や港付近には郷土料理レストランが多い。ナイトライフを過ごすならザンクトパウリで。ホテルが集中しているのは、中央駅周辺やアルスター湖畔。

Jil Sander
ジル・サンダー
ドイツ・トップデザイナーの本丸

シンプルでシャープななかに機能性を兼ね備え、素材や仕立ての確かさにも定評があるジル・サンダー。この町出身なので、いわばフラッグシップショップ。

map p.317
- ●市庁舎から徒歩3分
- ■住所　Neuer Wall 43
- ■TEL　3741290
- ■営業　10:00～19:00（土曜~18:00）
- ■休日　日曜
- ■カード　VISA、MC、AMEX、DC、JCB

NIVEA Haus Hamburg
ニベア・ハウス
体験型新スタイルのショップ

意外にコスメ関連も充実のニベア。それらを使ったエステ体験を堪能できる新感覚店。メイク、マッサージ、フットケアなど気軽に体験（予約推奨）。カフェも併設。

map p.317
- ●S1,2,3 U1 Jungfernstiegから徒歩5分
- ■住所　Jungfernstieg 51
- ■TEL　82224740
- ■営業　10:00～20:00
- ■休日　日曜
- ■カード　VISA、MC
- HP www.nivea.de/nivea-haus/nivea-haus

Europa Passage
オイローパ・パッサージェ
市内最新・最大のショッピングモール

地下1階地上4階、4億3千万ユーロを投じた120店ほどが入る巨大ショッピングモール。庶民的な店舗が多く、気軽に利用できる。セルフサービスの軽食店もある。

map p.309-G
- ●市庁舎から徒歩3分
- ■住所　Ballindamm 40
- ■TEL　30092640
- ■営業　10:00～20:00、レストラン 10:00～23:00（土曜8:00～、日曜~20:00）
- ■休日　ショップは日曜、アーケード自体は深夜1:00～5:00開
- HP www.europa-passage.de
- ※営業時間、休日は店舗により異なる

Manufactum Warenhaus
マヌファクトゥム

古き良き時代のクラフトマンシップを伝える、クオリティの高い小道具や雑貨の復刻版など。

map p.309-K　●U1 Messbergから徒歩2分
- ■住所　Fischertwiete 2（im Chilehaus）
- ■TEL　30087743　■営業　10:00～19:00
- ■休日　日曜　■カード　VISA、MC
- HP www.manufactum.de

Oschätzchen
オーシェッツェン

世界中から集めた高級食材や、高品質＆デザインの食器雑貨、おみやげにも最適なチョコなど。

map p.317　●S1~3,U1,2 Jungfernstiegから徒歩1分
- ■住所　Jungfernstieg 16-20（Alsterhaus内4G）
- ■TEL　34107790　■営業　10:00～20:00
- ■休日　日曜　■カード　VISA、MC、AMEX
- HP www.oschaetzchen.com

Fischereihafen-Restaurant
フィッシャライハーフェン・レストラン
魚介料理なら味と人気で市内No.1の店

魚介料理を売りにする観光客向け名物店は多くあるが、味と人気で選ぶならここ。エルベ川に面した眺望も抜群、バーも併設していて夜の雰囲気も楽しめる。

map p.307-A　●S1,2,3 Hamburg Königstr.から徒歩10分
- ■住所　Grosse Elbstr. 143
- ■TEL　381816
- ■営業　11:30～22:00（金・土曜~22:30）
- ■休日　無休
- ■カード　VISA、MC、AMEX
- HP fischereihafenrestaurant.de

ハンブルクの市外局番☎040

〜€15　　€15~25　　€25~50　　€50~

Oberhafenkantine
オーバーハーフェンカンティーネ
港に近く、場所は不便だが味は抜群

1920年代築、港湾労働者の食堂だった小さな店。なぜか少し傾いているのが名物。ちょっと高いがハンバーガーとフリカデレが絶品。

map p.309-L
- U1 Steinstrasseから徒歩10分
- 住所 Stockmeyerstrasse 39 (鉄道橋の下)
- TEL 32809984
- 営業 12:00〜22:00 (火曜17:00〜、日曜〜17:30)
- 休日 無休
- カード 不可
- HP www.oberhafenkantine-hamburg.de

ゲンゼマルクト周辺のショッピングアーケード

ジル・サンダー、ヨープ、ラガーフェルトなど、そうそうたるデザイナーを輩出してきたハンブルク。店の種類やその内容、オリジナルブランドなど、ショッピングの楽しみに関しては文句なくドイツで一番。ヨーロッパ

ゲンゼマルクト・パッサージェ。モダンで大衆的

ルイ・ヴィトンなど高級店が軒を連ねる

全体でも、パリ、ミラノ、ロンドンに次ぐ位置を占めている。

なかでもブランドショップが集中しているのはアルスター運河北側のノイアーヴァル Neuer Wallを中心とした一角。ルイ・ヴィトン、エルメス、グッチなどファッション系はもちろん、モンブランやローゼンタールといった実用系ブランドまで範囲は広いが、他都市と比べると観光客が少なめで、逆に稀少モデルなど手に入れやすい。

また、この周辺は、いわゆる買い物スポットが全部で26カ所、パッサージェだけでも13カ所もあり欧州最大規模。特に街並と渾然一体となったパッサージェ巡りは見るだけでも楽しい。重厚

なレンガ作りでノスタルジーを感じさせるハンザ・フィアテル、個性的なブティックの多いガレリア、落ち着いた大人向けのハンブルガーホーフなどそれぞれ個性的。変わった店ではヴィトンなどのアンティーク物を扱うオッテン・フォン・エメリッヒもガレリア内にある。包丁や食器で知られるヘンケルスはゲンゼマルクト・パッサージェを出て北側だ。

- ● Otten von Emmerich 🏠 Galleria Passage Grosse Bleichen 21 🕐 10:00〜19:00 (土曜〜18:00) 休日曜 HP www.ottenvonemmerich.de
- ● Sanrio 🏠 Gänsemarkt passage 🕐 10:00〜20:00 休日曜 TEL 35019833

明るいガラス張りのハンザ・フィアテル

ゲンゼマルクト Gänsemarkt

Deichgraf
ダイヒグラフ
1769年の火災で唯一焼け残った建物内の魚介レストラン

旧市街の面影がもっともよく残るダイヒ通りの運河沿い。店内にはアンティークの家具や船具が飾られ、港街情緒たっぷり。週末や窓際の席は予約を。

- map p.308-J
- ●U3 Rodingsmarktから徒歩5分
- ■住所 Deichstrasse 23
- ■TEL 364208 ■FAX 364268
- ■営業 12:00～15:00、17:30～22:00（土曜17:00～22:00）
- ■休日 日・月曜
- ■カード VISA、MC、AMEX、DC
- HP www.deichgraf-hamburg.de

Old Commercial Room
オールド・コマーシャル・ルーム
創業は1795年。ハンブルクの伝統の味を伝え続けるレストラン

聖ミヒャエル教会の正面にあるレストラン。インテリアに船具を用いた港街らしい店内。名物のラブスカウスは€16.90。日本語メニューあり。

- map p.308-I
- ●S1,2,3 U3 Landungsbrückenから徒歩10分
- ■住所 Englische Planke 10
- ■TEL 366319
- ■FAX 366814
- ■営業 12:00～23:00
- ■休日 無休
- ■カード VISA、MC、AMEX、DC、JCB
- HP www.oldcommercialroom.de

Gröninger
グレーニンガー
自家醸造のビールは、街で一番のうまさと評判！

レンガ壁の店内には醸造用の巨大タンクが並び、でき立てのビールが楽しめる。料理は格安のセルフサービス方式。「Brauhaus Hanseat」も同系列店。

- map p.309-K
- ●U1 Messbergから徒歩7分
- ■住所 Willy-Brandt-Str.47
- ■TEL 570105100
- ■営業 11:00～深夜（土曜・祝日17:00～、日曜15:00～22:00）
- ■休日 無休
- ■カード VISA、MC
- HP www.groeninger-hamburg.de

Schönes Leben
シェーネス・レーベン
ハーフェン・シティの新スタイル。カフェ＆ショップ＆レストラン

大型博物館ができるなど開発が進むハーフェン・シティ。観光客が多いせいかショップも併設。カフェとしても雰囲気が良い。朝食時はビュッフェあり。

- map p.309-K
- ●U1 Messbergから徒歩10分
- ■住所 Alter Wandrahm 15
- ■TEL 180482680
- ■営業 11:00～23:30（土・日曜10:00～）
- ■休日 無休
- ■カード VISA、MC
- HP www.schoenes-leben.com

Oma's Apotheke
オーマズ・アポテーケ
店名はなぜか"おばあちゃんの薬局"居酒屋感覚で人気

薬局だった訳ではなく、100年ほど前のおばあちゃんの料理が人を元気にする料理だったからとか。今は普通のメニュー。内装はちょっと薬局風で独特。

- map p.307-A
- ●S3,21 U3 Sternschanzeから徒歩2分
- ■住所 Schanzenstrasse 87
- ■TEL 436620
- ■営業 9:00～翌1:00（金・土曜～翌2:00）
- ■休日 無休
- ■カード 不可
- HP www.omas-apotheke.com

Schanz-Elysée
シャンツ・エリーゼ

シャンツェ地区（p.319）のお手軽ビストロ。各種クロック（トースト）が人気。サッカー放送も。

- map p.307-A
- ●S11,21,31 Sternschanzeから徒歩8分
- ■住所 Schanzenstr.3
- ■TEL 436424
- ■営業 11:00～23:00（金曜～翌1:00、土曜12:00～24:00、日曜15:00～）
- ■休日 無休
- ■カード 不可
- HP schanz-elysee.de

Ratsherrn Schanzenhoefe
ラッシャーン・シャンツェンフェーへ

レストラン、醸造工場などの複合施設。ショップには各国350種以上のクラフトビールを常備。

- map p.307-A
- ●S21,31 Sternschanzeから徒歩2分
- ■住所 Lagerstrasse 28b
- ■TEL 800077750
- ■営業 12:00～翌1:00（金・土曜～翌2:00、日曜10:00～、※料理は～22:00頃）
- ■休日 無休（ショップは日曜）
- ■カード VISA、MC、AMEX
- HP www.schanzenhoefe.de

●～€15　●€15～25　●●●€25～50　●●●●€50～

Check-Check! ハンブルクのカフェ

市庁舎からゲンゼマルクトにかけてのショッピングエリアには、おしゃれなカフェも多くある。ゴディバGodivaはベルギーの有名チョコレート店直営。ここのテラス（夏季のみ）から運河越しの市庁舎の眺めは定番。チョコ付きのドリンクセットを。アルスターパヴィリオン内のアレックスAlexも、内アルスター湖に面した眺めのいいカフェ、休憩にぴったり。

シャンツェ地区探検のすすめ

SバーンのシュテルンシャンツェSternschanze駅を降りた西側、シャンツェン通りSchanzenstr.とシュルターブラット通りSchulterblattに囲まれたあたりは、とくに雑貨店やバーなどが多く集まるアングラっぽい雰囲気のシャンツェ地区（p.310）。おすすめは、小さいけど、とってもおしゃれなフレンチビストロ、ラ・ファミーユLa Famille。クレープやクロックがおいしい。飲み物には地元ハンブルクのコーラ、fritzを。

◆ゴディバ　MAP p.317
住 Alsterarkaden12
☎ 343709　⏰ 10:00～19:00　休 日曜

◆アレックス　MAP p.317
住 Jungfernstieg54　☎ 3501870
⏰ 8:00～翌1:00（金・土曜～翌2:00、日曜9:00～）　休 無休

◆ラ・ファミーユ　MAP p.307-A
住 Schulterblatt 62　☎ 435384
⏰ 12:00～23:30（金・土曜、祝日～24:30、日曜～22:30）　休 無休

La Famille。映画のワンシーンのよう

コーラは地元産のfritz

 Hindukusch
ヒンドゥークシ

珍しいアフガン料理。学生街ということもあり料金は安い。肉まんのようなマントゥ€12.50などがおすすめ。

map p.307-B
● S21,S31 Dammtorから徒歩10分
● 住所　Grindelhof 15　■ TEL　418164
● 営業　12:00～24:00　■休日　無休　■カード　不可
HP www.hindukushi-hamburg.Jimdo.com

 Daruma
だるま

在住日本人のたまり場的居酒屋。焼き鳥、餃子、麺類、おつまみ、惣菜まで€10～45程度。

map p.309-L
● U1 Steinstrasseから徒歩7分
● 住所　Stadtdeich 1　■ TEL　326632
● 営業　18:00～23:00　■休日　日曜
● カード　VISA, MC　HP daruma.foodpearl.com

 Hotel Residenz Hafen Hamburg/Hotel Hafen Hamburg
レジデンツ・ハーフェン・ハンブルク／ハーフェン・ハンブルク

港を臨むロマンチックなホテル

エルベ川の段丘状に建ち、文字通りハンブルク港が一望に。2棟のホテルが隣接し、それぞれのレストランやバーなどの施設が9通り利用できる。

map p.307-B
● U1～3,U3 Landungsbrückenから徒歩5分
● 住所　Seewarten Str. 9
■ TEL　311130　■ FAX　3111370601
■ 料金　S,T-€80～、変動制（朝食€20）
■ 部屋数　全125室、ハーフェン230室
■ カード　VISA, MC, AMEX, DC, JCB
HP www.hotel-hafen-hamburg.de

 Fairmont Hotel Vier Jahreszeiten Hamburg
フィーア・ヤーレスツァイテン・ハンブルク

ハンブルクを代表するホテル

1997年に創業100周年を迎えた、内アルスター湖畔の最高級ホテル。サービスから施設まで、すべてに渡り超一流の質とエレガンスに包まれている。

map p.309-C
● 市庁舎から徒歩6分
● 住所　Neuer Jungfernstieg 9-14
■ TEL　34940
■ FAX　34942600
■ 料金　S-€250～、T-€285～、変動制（朝食€39～）
■ 部屋数　全156室
■ カード　VISA, MC, AMEX, DC, JCB
HP www.fairmont.com/vier-jahreszeiten-hamburg

 Louis C. Jacob
ルイ・ツェー・ヤーコプ

眺望も雰囲気も超一流

1791年創業の老舗ホテルが、リニューアルオープン。市街西郊の高級住宅地、ブランケネーゼに、エルベ川に面して建つプライベート感あふれる高級ホテル。

map p.307-A外
● S1,11 Blankeneseからバス36番Sieberling Str.下車徒歩1分
● 住所　Elbchaussee401-403
■ TEL　82255405　■ FAX　82255444
■ 料金　S-€185～、T-€225～（朝食€35）
■ 部屋数　全85室
■ カード　VISA, MC, AMEX, DC, JCB
HP www.hotel-jacob.de

Check-Check! 大都会の片隅、古きよき時代の面影を残す一角

ハンブルクといえば、ドイツでも1、2を争う大都会、若者が最も住みたいと憧れる街でもある。そんなコスモポリスの片隅に、ひっそりと昔ながらの面影を残す一角がある。旧商工組合福祉住宅だ。ここはもともと、17世紀に建てられた商工組合の遺族のための福祉住宅で、現在は、木組みの建物のまま、両脇におみやげ物屋さんが立ち並ぶ観光名所になっている。当時の未亡人のための部屋の様子も、小さな博物館になって保存されているので覗いてみるのもいいだろう。また小径の奥にはレストランがあって地元郷土料理や魚料理が楽しめる。入口がわかりづらいので注意。

外から隔絶された別世界。ハンブルク市内では最も古い建物の一つ

アンティーク系のおみやげ屋。他にもカフェや雑貨系のお店も

博物館は数部屋しかないが、寂しげな当時の暮らしがしのばれる

Data
MAP p.308-J
◆旧商工組合福祉住宅 Krameramtswohnungen
- U3 Rödingsmarktから徒歩8分 ●Krayenkamp 10 ■博物館 10:00～17:00（11～3月の土・日曜～18:00）■火曜、11～3月の平日 ■€2.50、学生€1.70
- ■レストラン Krameramtsstuben ■12:00～24:00（料理～22:00）■無休 ☎365800

East Hotel イースト・ホテル ★★★
温かみのある曲線的で有機的なデザイン。サービスも充実。汎アジア料理のレストランも人気。

map p.307-A ●U3 St.Pauliから徒歩7分
■住所 Simon von Utrecht Str.31 ■TEL 309930 ■FAX 30993200 ■料金 S,T-€110～、変動制 ■部屋数 127部屋 ■カード VISA, MC, AMEX
HP www.east-hamburg.de

The Side Hotel サイド・ホテル ★★★
業界人に人気のおしゃれなデザインホテル。フュージョンレストラン&バーあり。2018年改装済。

map p.308-B ●U2 Gänsemarktから徒歩5分
■住所 Drehbahn 49 ■TEL 309990 ■FAX 30999399 ■料金 S、T-€145～ ■部屋数 178部屋 ■カード VISA, MC, AMEX, DC, JCB
HP www.side-hamburg.de

Baseler Hof バーゼラーホーフ ★★★
アルスター湖近くに建つ、料金、雰囲気、ロケーションとも手ごろな中級ホテル。

map p.309-C ●U1 Stephansplatzから徒歩5分 ■住所 Esplanade 11 ■TEL 359060 ■FAX 35906918 ■料金 S-€81～、T-€121～ ■部屋数 全167室 ■カード VISA, MC, AMEX, DC, JCB
HP www.baselerhof.de

25h Hotel HafenCity 25アワーズ ホテル ハーフェンシティ ★★★
船乗りの家をコンセプトにしたデザインホテル。気さくな接客と、実用的でラフなスタイルが身上。

map p.307-B ●U4 Überseequartierから徒歩5分 ■住所 Überseeallee 5 ■TEL 257777255 ■料金 S-€155～、T-€165～（変動制、早期予約割引有） ■部屋数 170室 ■カード VISA, MC, AMEX, DC, JCB
HP www.25hours-hotels.com/en/hotels/hamburg/hafencity

Aussen Alster アウセン・アルスター ★★★
アルスター湖近くのおしゃれなプチホテル。中庭の創作料理のレストランも好評。

map p.307-B ●U1 Lohmühlenstrasseから徒歩5分 ■住所 Schmilinsky Str.11 ■TEL 284078571 ■FAX 284078577 ■料金 S-€110～150、T-€145～195 ■部屋数 全27室 ■カード VISA, MC, AMEX, DC, JCB

Kempinski Hotel Atlantic Hamburg ケンピンスキー・アトランティック・ハンブルク ★★★★
創業は1909年。アルスター湖畔に立つ、各国のVIPの利用も多い白亜の高級ホテル。

map p.309-D ●中央駅から徒歩5分 ■住所 An der Alster 72-79 ■TEL 28880 ■FAX 247129 ■料金 S-€169～、T-€199～（朝食€35）（週末割引有り）■部屋数 全252室 ■カード VISA, MC, AMEX, DC, JCB

ホテル・アラメーダ Hotel Alameda ★★ map p.308-B
S1ほか Altonaから徒歩7分 ■住所 Kleine Rainstr.24-26 ☎39919191 ■S-€50～、ドミトリー€24～

ホテル・ベルヴュー Relaxa Hotel Bellevue ★★★ map p.307-B
U1 Lohmühlenstr.から徒歩7分 ■住所 An Der Alster 14 ☎284440 FAX 28444222 ■S-€67～、T-€91～、変動制

リリィエンホーフ Hotel Lilienhof ★★ map p.309-D
●中央駅から徒歩3分 ■住所 Ernst-Merck-Str.4 ☎241087 FAX 2801815 ■S-€35～、T-€45～

ホテル・フュルストビスマルク City Partner Hotel Fürst Bismarck ★★★ map p.309-H
●中央駅から徒歩1分 ■住所 Kirchenallee 49 ☎790251640 FAX 790251645 ■S-€72～、T-€95～（朝食€14）

シャンツェンシュテルン Schanzenstern Altona ★ map p.307-A
S1,2ほか Altonaから徒歩7分 ■住所 Kleine Rainstr.24-26 ☎39919191 ■S-€50～、ドミトリー€24～

インスタントスリープ Instant Sleep ★ map p.307-A
U3 Sternschanzeから徒歩8分 ■住所 Max. Brauer. Allee 277 ☎43180180 FAX 43180801 ■ドミトリー€12～

★エコノミー　★★カジュアル　★★★スタンダード　★★★★ラグジュアリー

LÜBECK
リューベック

p.10-B ｜人口＝21.7万人 ｜街の規模＝徒歩で2日

「ハンザ同盟の女王」と賛えられた世界文化遺産指定の美しい街並

- ★ ユネスコ世界文化遺産に指定された街並
- ★ 聖母マリア教会、大聖堂、カタリーナ教会など
- ★ ホルステン門、ブッデンブロークハウスなど
- ★ 聖母マリア教会のパイプオルガンコンサート
- ★ ロートシュポン
- ★ バルト海、トラヴェミュンデ
- ★ トーマス・マン
- ★ バルト海の魚介料理、マルチパン

Access
●鉄道：ハンブルク→RE（約40分）→リューベック［1時間1〜2本／€14.50］

Information
●観光案内所：Lübeck Tourist Board MAP p.322 ＜ホルステン門脇Welcome Center＞
⌂Holstentorplatz 1 開9:00〜19:00（土曜10:00〜16:00、日曜・祝日10:00〜15:00）、1〜3月・9・10月の平日〜18:00、11月の平日〜17:00（9〜11月の土曜10:00〜15:00）、12月はアドヴェント1週まで夏期同様に変則 休1〜3月と11月の日曜（12月は除く）、12/24・25、1/1
☎8899700 HP www.luebeck-tourismus.de
●ハッピーデイカード：リューベックの市内交通とトラベミュンデへのバス、DBが乗り降り自由、市内の博物館、市内や運河などのツアーが割引となる。24時間券€12、48時間券€14、72時間券€17、購入は❶またはホテルで。
●ユースホステル：MAPp.322 ⌂Mengstr.33
☎7020399、MAP p.322外 ⌂Am Gertrudenkirchhof 4 ☎33433

Route Advice
ホルステン門→聖ペトリ教会→市庁舎→聖母マリア教会→ブッデンブロークハウス→カタリーナ教会→聖アンナ博物館→大聖堂
［全移動1時間30分］

街を一望できる聖ペトリ教会に登れば、概要を把握できる

リューベックの旧市街は、トラヴェ川とト

聖母マリア教会は13〜14世紀に市民の手で建てられた

旧市街の外側から、川面越しの風景もいいもの

ラヴェ運河に挟まれた川中島。南北は約2km、東西は1kmほどで、その中心はマルクト広場。南北に走る市庁舎前のブライテ通りと、その東に並行するケーニヒ通りが、街のメインストリートになっている。中央駅からマルクト広場までは、東に向かい、リンデン広場、ホルステン門を通って、徒歩約10分。駅前からも旧市街内にもバス便があるが、歩くのが楽しい街なので、ほとんど必要は感じない。

見どころが集中している旧市街は時間をかけてゆっくり歩こう

さほど広くない旧市街だが、市庁舎をはじめ、教会や博物館などのさまざまな見どころが数多く集まっている。p.324で紹介しているレストランも食事をするだけという以上に、その建物自体が歴史的建造物で見応えのあるものばかり。聖ペトリ教会西のGr. Petersgrube Str.など、街並自体も美しい。名所だけを走り回れば半日で観光を終わらせ

旧市街の北の入口は、写真右のブルク塔

聖ペトリ教会の塔は9:00〜20:00（1・2月10:00〜18:00、10〜12月10:00〜19:00） 料€4

ハンブルク＆北ドイツ

321

リューベック

ることもできるが、それではあまりにもったいない。2日ほどは滞在して、料理から路地裏まで「ハンザの女王」の街を充分に楽しみたい。

ホルステン門（歴史博物館）★★★
Holstentor (Museum)
map p.322

●マルクト広場から徒歩5分

リューベックのシンボルとなっている、2本の優美な塔を持つ市城門。1464〜78年に建てられた石組みの堅固な門で、現在内部は市の歴史博物館として利用されている。門の先の南側に立つ倉庫群は、中世には「白い金」と呼ばれ、リューベックに繁栄をもたらしたリューネブルク産の塩を貯蔵したもので、1579〜1745年の建造。

開10:00〜18:00（1〜3月11:00〜17:00）休1〜3月の月曜、1/1、12/24・25・31 料€7、学生€3.50 ☎1224129

ピックアップ
ロートシュポンとマルチパン

北の街、リューベックの名物はロートシュポンという赤ワイン。もちろんこの近辺でブドウが作れるわけもなく、元となるワインはフランス産の物。だが、この地の気候がワインの熟成に最適で、本国よりおいしくなっていると好評である。またアーモンドの粉で作られたマルチパン（マジパン）はリューベック生まれのお菓子ということはご存知？ 購入は市庁舎向かいの老舗カフェ・ニーダーエッガーなどで。

ロートシュポンは市内の主なレストランで

ロートシュポンのソフトクリームも販売中

市庁舎のブライテ通り側にはルネサンス様式の美しい階段がある

昔の市の模型や、バルト海交易の資料を展示

自らの重みで傾いているのがわかるホルステン門

市庁舎 ★★★
Rathaus
map p.322

●マルクト広場前

ハンザ都市同盟の盟主としてバルト海一円に君臨したリューベックの、富と権威の象徴。黒煉瓦造りの建物と緑の尖塔で知られる。建造開始は1226年。16世紀にはルネサンス様式で増改築がなされた。2つの大きな風穴が開いた北壁が、13世紀から残る最も古い部分。謁見の間Audienzsaalなど、内部も見ごたえがある。世界最大級のパイプオルガンがある市庁舎北の聖母マリア教会には、空襲で破壊された鐘が残されている。

開ガイドツアー／11:00、12:00、15:00（土曜13:30） 料€4

リューベックの市外局番☎0451

リューベック Lübeck

ブッデンブロークハウス（マン兄弟記念館）★★★
Buddenbrookhaus (Heinrich und Thomas Mann-Zentrum)
map　　　p.322

●マルクト広場から徒歩1分

『魔の山』などの作品で知られるノーベル賞作家、トーマス・マン。兄のハインリッヒも、日本に紹介された作品は少ないが、多くの文学作品を残している。このマン兄弟が生まれ育った街がリューベック。ブッデンブロークハウスは近世の豪商だったマン一族の館で、この家を舞台に一族の盛衰を描いた名作が『ブッデンブローク家の人々』。現在はマン兄弟記念館として、その生涯や作品を展示。
開10:00～18:00（1～3月は11:00～17:00）
休1月～2月中旬の月曜　料€7、学生€3.50
☎1224190　HPwww.buddenbrookhaus.de

戦争中亡命していたアメリカ関連の資料も豊富

聖母マリア教会北の建物は白いルネサンス様式

アーチが美しい旧修道院のホール

博物館めぐり ★★★
Museums
map　　　p.322

●マルクト広場から徒歩3～10分

　リューベックには城門や教会、かつての貴族の館などを利用した博物館が数多くある。**ブルク門西隣**のブルククロスターは2015年に**ハンザ美術館**（開10:00～18:00　休12/24　料€12.50、学生€11）としてオープン。19世紀のワイン商人が建てた宮殿風の館、**ベーンハウス／ドレーガーハウス**（開10:00～17:00〈1～3月11:00～〉休月曜、1/1、12/24・25・31）ではムンクなどの絵画を鑑賞できる。**カタリーナ教会**（開12:00～16:00〈土曜11:30～〉休水曜、10～2月　料€2）は宗教美術の博物館、2018年に修復が完了。聖ペトリ教会の西には**人形博物館**（開10:00～18:00〈11～3月～17:00〉※劇場とも改装閉館中、2019年初頭再開予定）と**人形劇場**を。旧市街南部の**聖アンナ博物館**（開10:00～17:00〈1～3月11:00～〉休月曜　料€12、学生€10）は近年リニューアルされ、美術ホールも併設。中世の宗教祭壇、地元絵画などのほか、ホールでは現代美術の企画展も。

郊外の見どころ

バルト海のビーチリゾート
トラヴェミュンデ　Travemünde

　かつての大交易都市リューベックの外港、トラヴェミュンデ（MAPp.304-A）は、バルト海のビーチリゾートで、北欧へのフェリーやバルト海クルーズのベースとなっているドイツの北のゲートウェイ。リューベック市内からは、鉄道で約20分、または30・40番の2階建てバスで約40分。トラヴェ川の船便もあり、1時間30分ほど。

　バルト海沿いには延長2.5kmの美しいビーチが続き、市内にはリゾート客目当てのシーフードレストランも多い。

　フェリーで渡った対岸には、4本マストのバーク型帆船、「パサート」号が係留されている。

■トラヴェミュンデ ❶:＜シュトラント駅内＞住Bertlingstr. 21　☎8899700　開9:30～18:00（6～8月の土・日曜10:00～16:00。復活祭～5月、9・10月の土曜10:00～15:00、同期間の日曜、祝日11:00～）休11月～復活祭までの土・日曜、12/24・25、1/1

夏は大勢の海水浴客でにぎわう

夏期には船内見学が可能

リューベックの市外局番☎0451

Historischer Weinkeller
ヒストリッシャー・ヴァインケラー
聖霊養老院内の3軒のレストラン。メニュー、料金を見比べて
13世紀建造の救貧院の地下にあり、他にホスピッツ・ショッペン・ワインシュトゥーベと、ポテト料理のカルトッフェル・ケラーがある。

- map p.322
- ●マルクト広場から徒歩7分
- ■住所 Koberg 6-8
- ■TEL 76234
- ■FAX 75344
- ■営業 11:30～23:00（金・土曜～23:30、日曜～22:00、21:30LO）
- ■休日 無休
- ■カード VISA、MC、DC
- HP www.kartoffel-keller.de

Haus der Schiffergesellschaft
船員組合の家
1535年に建てられた船員ギルドハウスがそのままレストランに
中世以来の家具や船板で作ったテーブルに、帆船の模型や船具が飾られた、海の香りがあふれる店内。料理は、当時の船員や市民の食事や魚料理が中心。

- map p.322
- ●マルクト広場から徒歩5分
- ■住所 Breite Str. 2
- ■TEL 76776
- ■FAX 73279
- ■営業 10:00～24:00（料理11:30～22:00）
- ■休日 無休
- ■カード MC、VISA
- HP www.schiffergesellschaft.de

Ristorante Roberto Rossi im Schabbelhaus
ロベルト・ロッシ・イム・シャッベルハウス
バルト海交易で財を成した豪商の館を利用したレストラン
豪壮な邸宅の広間や中庭を使い、当時の家具もそのままにレストランとして営業。料理は本格イタリアンで、パスタ類や新鮮なシーフード料理が好評。

- map p.322
- ●マルクト広場から徒歩3分
- ■住所 Mengstr.48-52
- ■TEL 72011
- ■FAX 75051
- ■営業 12:00～14:30、18:00～23:00
- ■休日 日・月曜
- ■カード VISA、MC、AMEX、DC
- HP www.schabbelhaus.de

Radisson Blu Senator Hotel
ラディソン・ブルー・セナトーア
リューベックーの高級ホテル
ホルステン門北側のトラヴェ川に面したホテル。ゆったりとした客室。プールなどの設備も整う。川越しにマルクト教会や旧市街が望める、明るいカフェも人気。

- map p.322
- ●マルクト広場から徒歩5分
- ■住所 Willy-Brandt-Allee 6
- ■TEL 1420
- ■FAX 1422222
- ■料金 S,T-€133～（朝食別€20）、変動制
- ■部屋数 全224室
- ■カード VISA、MC、AMEX、DC、JCB
- HP www.senatorhotel.de

Ringhotel Jensen
リングホテル・イェンセン
旧市街の一角、トラヴェ川を挟んで塩倉庫と向かいあう。魚料理レストランを併設。

- map p.322
- ●マルクト広場から徒歩5分
- ■住所 An der Obertrave 4-5
- ■TEL 702490
- ■FAX 73386
- ■料金 S-€65～、T-€93～
- ■部屋数 全42室
- ■カード VISA、MC、DC、AMEX、JCB
- HP www.hotel-jensen.de

Baltic hotel Lübeck
バルティックホテル・リューベック
中央駅に近くビジネス寄りだが旧市街へも行きやすく観光利用も。フロント受付時間に注意。

- map p.322
- ●中央駅から徒歩5分
- ■住所 Hansestr.11
- ■TEL 85575 ※6:30～22:00に到着できない場合は事前連絡が必要
- ■料金 S-€40～、T-€80～
- ■部屋数 全20室
- ■カード VISA、MC
- HP baltic-hotel.de

Hotel Excelsior
エクセルシオール
中央駅近くに建つ中級ホテル。豪華さはないが、シックな雰囲気で落ち着ける。

- map p.322
- ●マルクト広場から徒歩10分
- ■住所 Hansestr. 3
- ■TEL 88090
- ■FAX 880999
- ■料金 S-€65～、T-€79～
- ■部屋数 全81室
- ■カード VISA、MC、DC、AMEX、JCB
- HP www.hotel-excelsior-luebeck.de

Hotel zur Alten Stadtmauer
アルテン・シュタットマウア
旧市街南部の聖アンナ博物館近くに建つ。白い外観が印象的で、家庭的なプチホテル。

- ■住所 An der Mauer 57
- ■TEL 73702
- ■FAX 73239
- ■料金 S-€52～、T-€72.50～
- ■部屋数 全25室
- ■カード VISA、MC
- HP www.hotelstadtmauer.de
- ●マルクト広場から徒歩10分

●～€15　●●€15～25　●●●€25～50　●●●●€50～
★エコノミー　★★カジュアル　★★★スタンダード　★★★★ラグジュアリー

リューネブルク
LUNEBURG

p.10-B ｜人口=7.4万人 ｜街の規模=徒歩で半日

塩がもたらした富と栄光、当時の
繁栄を偲ばせる旧市街や博物館

- 旧市街、マルクト広場、川沿いの風景
- ドイツ塩博物館、ビール醸造博物館など
- 聖ヨハネス教会など
- リューネブルガー・ハイデ

Access

●鉄道：ハンブルク→ICE、IC、ME、MER（約30～50分）→リューネブルク駅［1時間3～5本／€8.80～］

Information

❶観光案内所：Tourist-Information
MAPp.325 住Am Markt ☎0800-2205005
FAX2076644 開9:30～18:00（5～10月・12月の土曜～16:00、日曜10:00～16:00。1～4月と11月の土曜～14:00、4・11月の日曜10:00～14:00。復活祭前日、12/24・31～13:00） 休1～3月の日曜、12/25・26、1/1 URLwww.lueneburg.info
●ユースホステル：MAPp.325外
住Soltauerstr.133 ☎41864 FAX45747

街のしくみ
**細く曲がった旧市街の通り
攻略にはまず地図をゲット**

旧市街は直径600mほどの範囲。街歩きの起点となるのは、❶のある市庁舎前のマルクト広場。リューネブルク駅からは、西に向かって川を2本渡り、徒歩約10分。マルクト広場は街の中心ではなく、北に片寄ったところにある。市内の主な見どころは、ハイネの家もあるこのマルクト広場周辺、古いクレーンなどがあるイルメナウ川付近、市街南東の聖ヨハネス教会があるアム・ザンデ広場、市街南西のドイツ塩博物館など、四方に分散している。移動は徒歩で充分だが、まず❶で市内観光の順路が記入された地図と日本語のしおりを手に入れよう。

川沿いには倉庫や水道塔、水車が建ち並ぶ

壁画が見事な市庁舎内の見学はガイドツアーで

楽しみ方
**街並散策と博物館見学後は
エリカの花咲くハイデ観光へ**

中世から近世にかけてリューネブルクに富と栄光をもたらした製塩業。工場自体は1980年に閉鎖されたが、その遺産はこの街の観光に今でも大いに貢献している。最盛期には、ハンブルクを凌ぐ繁栄を見せたという塩商人たちの館。その商人の財力の証ともいえる豪華な市庁舎や聖ヨハネス教会とその収蔵品。珍しい塩の博物館。旧市街の街並見物がこの街の楽しみのひとつ。

もうひとつの目玉は、エリカが咲き乱れるハイデ（原野）訪問。バスと馬車を組み合わせたツアー（申し込みは❶）が便利。市庁舎前12:00発、17:30着で、出発は8月～9月末の土曜。所要約5時間30分。料金は€41.90。最小催行20名以下の場合は中止

さまざまな様式の建物が並ぶアム・ザンデ広場

リューネブルク Lüneburg

ドイツ塩博物館 ★★
Deutsches Salzmuseum
map　p.325

●マルクト広場から徒歩10分

　かつての製塩工場の一部を利用し、リューネブルクの「塩」に関するさまざまな事柄を網羅した珍しい博物館。中世の塩坑やその製塩、道具類、当時の街の姿に始まり、1980年まで使われていた現代の製塩機械などを展示。

住Sülfmeisterstr. 1
開9:00～17:00
休12/24～26・31、1/1
料€7、学生€6
HP salzmuseum.de

巨大スーパー左手の塩運搬用の貨車が博物館の入口

ビール醸造博物館 ★★
Brauereimuseum
map　p.325

●マルクト広場から徒歩7分

　水質に恵まれたリューネブルクはビール造りも盛ん。17世紀には84もの醸造業者があった。ここは1485年以来ビール造りを続けてきたクローネン醸造所Kronen-Brauhaus内にある博物館で、ビール造りの技術や道具を展示。

住Heiligengeiststr.39-41　開12:00～17:00
休月曜　料€3
☎759950

ドイツ人のビールに対する愛情と執念がうかがえる

Hotel Bargenturm ★★
ホテル・バルゲントゥルム

ドイツ塩博物館近くのホテル。外観もインテリアもモダンアートの美術館のような造り。

map p.325	●マルクト広場から徒歩7分
住所　Vor der Sülze 2	TEL　7290
FAX　729499　料金　S-€99～、T-€135～
部屋数　全40室　カード　VISA, MC, DC
HP www.hotel-bargenturm.de

Hotel Bergström ★★★
ホテル・ベルクシュトレーム

イルメナウ川に面した高級ホテル。西駅と旧市街の中間という便利なロケーション。

map p.325	●マルクト広場から徒歩6分
住所　Bei der Lüner Mühle	TEL　3080
FAX　308499　料金　S-€90～、T-€105～（朝食€19）
部屋数　全125室　カード　VISA, AMEX, DC, MC, JCB
HP www.bergstroem.de

リューネブルクの市外局番04131

★エコノミー　★★カジュアル　★★★スタンダード　★★★★ラグジュアリー

本音でガイド

花の季節だけではない！ハイデは一年中観光シーズン

　一面、赤紫に咲き乱れるエリカの花。エリカ街道の由来になった観光の白眉的光景ではあるが、この土地の本当の魅力は実はその農村体験にあり、花などまったくない時期でも十分楽しめる。たとえば、一面茶褐色の原野はグリム童話の『星の金貨』に出てくるファンタジー的世界そのもの。ちょっと異世界的な光景が美しい。馬車で道を行けば、周囲に羊や馬の牧場、民家を改造したカフェやレストランもそこここにあり、その牧歌的光景だけで満足できるだろう。ペンションに泊まり、馬車や貸し自転車でじっくり散策したい。おみやげはエリカの花を使ったブーケやぬいぐるみ、ハチミツなど。羊の肉料理も名物だ。

馬車ツアーは乗り合いと貸し切りの2種類がある

MAP p.304-A

●リューネブルク中央駅からRadbus5777番（夏期の土・日曜、祝日のみ、8:20位から一日4本程度、無料）で約1時間　※ハイデはハンブルク-ハノーファー間91100㎢の自然公園で、園内はRing 1～4の4本の循環バス（夏期毎日運行、無料 ※一方向循環）があり、Radbusから乗り換える。おすすめ拠点はオーバーハーフェルベック村（Radbus→Ring2でOberhaverbeck下車）、ウンデロー村（Radbus→Ring 3でUndeloh下車）など。
◆関連ページ HP www.lueneburger-heide.de
◆循環バス HP www.naturpark-lueneburger-heide.de
◆Undeloh HP undeloh.de

Radbus。後ろに自転車を積めるようになってる

花が終わった後のハイデも美しい

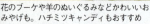
花のブーケや羊のぬいぐるみなどかわいいおみやげも。ハチミツキャンディもおすすめ

CELLE
ツェレ

p.10-E　■人口=7万人　■街の規模=徒歩で半日

色鮮やかな木組み家屋が連なる絵本から抜け出たような街並

- ★ 木組みの家が連なる旧市街
- ★ ツェレ城
- ★ ボーマン博物館
- ★ ゾフィ・ドロテーアなど公爵家の人々、バッハなど

Access

●鉄道：ハンブルク→ICほか（1時間7分）→ツェレ［2時間1本／€33］、ハノーファー→IC（18分）または、S6、S7、ME（約25〜45分）→ツェレ［1時間3本／€10〜］

Information

❶観光案内所：Tourismus Region Celle
MAP p.327　🏠Markt 14-16　☎909080
開9:00〜18:00（土曜10:00〜16:00、日曜と聖霊降臨祭11:00〜14:00）10〜4月9:00〜17:00（土曜、12/25・26、1/1 10:00〜13:00）10〜4月の日曜　HP www.celle-tourismus.de
●ユースホステル：MAP p.327外　住Weghausstr.2　☎53208

川に囲まれた旧市街の道はほとんどが歩行者天国

アラー川とその支流に囲まれた300m四方ほどの旧市街。しかし、この中に500軒以上の木組み家屋が軒を連ねている。そのどれもが、赤や緑、ピンクなど鮮やかなカラーリングが施され、梁には彫刻や、その家の主の信条などが彫り込まれている。ドイツには木組み家屋の街並を誇るところは多いが、その密集度や美しさで1、2を競う街であるのは間違いない。この旧市街まで、駅からはBahnhof Str.を東へ。バスも走っているが、歩いても15分ほど。街の中心に市庁舎、❶、市教会がまとまってあり、旧市街の西にツェレ城、南にはフランス庭園が広がっている。

左はボーマン博物館。市教会の塔は72.5m

城から東へ延びるシュテッヒバーンの街並

ツェレ城（ヘルツォーク城）★★
Herzogschloss
map　p.327

●マルクト広場から徒歩3分

　この地に最初の城が築かれたのは、アラー川の上流3kmのところにあった古ツェレから街が今の位置に移ってきた1292年のこと。現在の城は、17世紀に領主のツェレ公爵によりルネサンス様式で建てられたもので、のちにバロック様式に改装。再び原形に戻す工事が始められたが中断したままなので、現在は両方の様式が入り混じった形態。城内に残る代々の公爵や夫人たちの居室、陶磁器のコレクションなどはガイドツアーで見学できる。

開10:00〜17:00（11〜4月11:00〜16:00）休月曜　料€8、学生€5　☎12373

右の塔はルネサンス、左の塔はバロック様式

ハンブルク&北ドイツ

327

リューネブルク／ツェレ

旧市街と木組み家屋
Altstadt und Fachwerk
★★★

map p.327

ツェレ城の向かいの建物の2階は**ボーマン博物館**Bomann Museum。農業をはじめ、手工業、軍事から玩具に至るまで、ニーダーザクセン周辺の文化を幅広く展示している。その東隣は**市教会**Stadtkirche。創建は1308年で、塔の上からは城や街並を一望できる。博物館と教会の間の通りが**カーラント小路**Kalandgasseで、ツェレの旧市街でも古い街並がもっともよく保存されている一角。教会横のシュテッヒバーンStechbahnには、1471年に落馬して死んだオットー公爵の追悼の蹄鉄が埋め込まれている。

旧市街はどこを歩いてもこのような家並がつづく

旧市庁舎地下のラーツケラーは600年以上の歴史がある、この地方でもっとも古い居酒屋。市庁舎南側の**ホッペナーハウス**Hoppenerhausは1532年の建造で、ツェレでもっとも大きく美しい木組み家屋とされている。旧市街東のAm Heiligen Kreuz 26の建物は1526年の刻字がある市内最古の木組み家屋。

＜ボーマン博物館＞開11:00～17:00（1/1 13:00～16:00） 休月曜、12/24・25・31 料€8
☎124555
＜市教会塔＞開11:00～16:00
休日・月曜 料€1
※16:45（土・日曜は9:45も）にトランペットによる讃美歌演奏あり

市庁舎の向かいには❶がある

ホッペナーハウス前には獅子の噴水がある

 Tiroler Stub'n
チロラー・シュトゥーベン
南ドイツ出身のシェフとツェレ出身の奥さん

南・北ドイツ出身のオーナー夫妻が切り盛りする、木彫インテリアのアットホームな店。店名通り南ドイツ料理が自慢。最近はホテルにも注力、T-€99。

map p.327
- ●マルクト広場から徒歩6分
- ■住所 Alten Cellertor str.9
- ■TEL 6793 ■FAX 909927
- ■営業 17:30～20:30（金・土曜）、11:30～14:30（日曜）
- ■休日 月～木曜
- ■カード VISA、MC、AMEX、DC
- ■HP www.tiroler-stubn.de

 ★★★★ **Fürstenhof Celle**
フュルステンホーフ・ツェレ
王侯貴族の暮らしを満喫

ツェレ公爵ヴィルヘルムによって1670年に建造されたバロック様式の宮殿がホテルに。繊細な彫刻や壁画に彩られた館内は、貴族の賓客になった気分にさせる。レストランはミシュランの星付き。

map p.327
- ●マルクト広場から徒歩7分
- ■住所 Hannoversche Str.55/56
- ■TEL 2010
- ■FAX 201120
- ■料金 S-€110～、T-€140～
- ■部屋数 全73室
- ■カード VISA、MC、AMEX、DC
- ■HP www.fuerstenhof-celle.com

 ★★ **Hotel Am Hehlentor**
アム・ヘーレントーア

旧市街の北側。赤煉瓦と古い木組みのかわいらしいホテル。部屋は広めで、裏庭があり民家の趣。

map p.327 ■鉄道駅からバス9,12,13番ほかで、Celle Schlosspl.下車徒歩5分 ■住所 Nordwall 62-63 ■TEL8856900 ■FAX 88569013 ■料金 S-€73～、T-€99～ ■部屋数 全16室 ■カード VISA、MC、AMEX ■HP www.hotel-am-hehlentor.de

---

 ★★★ **Hotel Borchers**
ホテル・ボルヒャーズ

旧市街中心の❶のすぐ裏手。1572年に木組みとレンガで建てられたシックなホテル。

map p.327 ●マルクト広場から徒歩1分 ■住所 Schuhstr.52 ■TEL 911920 ■FAX 9119244 ■料金 S-€75～、T-€90～ ■部屋数 全19室 ■カード VISA、MC、AMEX、DC ■HP www.hotelborchers.com

---

ツェレの市外局番☎05141

●～€15 ●€15～25 ●●€25～50 ●●●€50～
★エコノミー ★★カジュアル ★★★スタンダード ★★★★ラグジュアリー

HANNOVER
ハノーファー

p.10-E　人口=53.3万人　街の規模=徒歩と市電で2日

ハノーファー王朝栄光の証、ヘレンハウゼン王宮庭園とメッセの街

- 復元された旧市街
- マルクト教会、エギディエン教会など
- 歴史博物館、ヴィルヘルム・ブッシュ博物館など
- ヘレンハウゼン王宮庭園、マリエンブルク
- オペラ座、ジャズなどのライブハウス
- ブランドショップ多い、ギャラリー・ルイーゼなど

市庁舎のドームから眺める復元された市街中心部

Access

- 鉄道：ハンブルク→ICE（約1時間15～30分）→ハノーファー［1時間2本／€48］、フランクフルト→ICE、IC（2時間20～40分）→ハノーファー［1時間1本／€76～］
- 空路：ハノーファー・ランゲンハーゲン国際空港へフランクフルトから約1時間、ミュンヘンから1時間5～15分。
- 空港から市内へ：S5で約17分［30分毎／€3.50～］

Information

- ❶観光案内所：Hannover Tourismus GmbH　MAPp.330　Ernst-August-Platz 8　☎12345-111　FAX12345-112　開9:00～18:00（土曜10:00～17:00、日曜と11～3月の土曜10:00～15:00）　休11～3月の日曜　HP www.hannover.de
- ハノーファーカード：市電とバス乗り放題で博物館・美術館等が割引になる。1日券€9.5、2日券€15、3日券€18。購入は❶で。
- ユースホステル：MAPp.329-B　Ferdinand-Wilhelm-Frick-Weg 1　☎1317674
- 市内交通：市内電車は、中央駅周辺では地下を走り（入口表示はU）、郊外は路面電車（停留所表示はH）となる。

昼は庭園や博物館巡り　夜は食事やオペラ観劇へ

ニーダーザクセン州の州都で、北ドイツの経済や文化の中心地。第二次世界大戦で市街地のほとんどが消失したが、市街中心部にはかつての旧市街も一部復元され、周辺はドイツでも屈指の近代都市として再生した。ドイツの10大メッセ（見本市）のうち、5つが開かれるメッセの街でもある。

市域も広く、博物館なども多いので、市内電車とハノーファーカードが有効。ショッピングやオペラ観劇などの楽しみもある。

ゲオルゲンガルテン

ハノーファー / Hannover

ヘレンハウゼン王宮庭園 ★★★
Herrenhäuser Gärten

map　p.329-A

●U4,5　Herrenhäuser Gärtenから徒歩1分

1666年から1714年にかけて造られた「バロックの宝石」、グローサーガルテンを中心に、ロマンチックな並木や池が配されたゲオルゲンガルテン、2500種のランのコレクションがあるベルクガルテン、大学北のヴェルフェンガルテンの4つからなる庭園。なかでも木立や花壇が幾何学的に配されたグローサーガルテンが美しい。

開9:00～20:00（4・9月～19:00、3・10月～18:00、2月～17:30、11～1月16:30）　休無休　料€8、学生€5（冬期€6、学生€4.50）

園内には絵画館やオランジェリーの施設も

グローサーガルテンの庭園劇場では野外劇も上演

ヴィルヘルム・ブッシュ博物館 ★★
Wilhelm-Busch-Museum

map　p.329-A

●U4,5　Schneiderberg/W.Busch Museumから徒歩5分

『マックスとモーリッツ』の作者として知られる19世紀の絵本画家、ヴィルヘルム・ブッシュの作品を展示。他にもコミック作家やイラストレーターの企画展を随時開催している。庭園の中なので散策も楽しい。カフェも併設。

開11:00～18:00　休月曜、12/24・31　料€6、学生€4

ゲオルゲンガルテンの宮殿を使った博物館

ハノーファーの市外局番☎0511

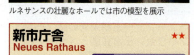

ルネサンスの壮麗なホールでは市の模型を展示

新市庁舎 ★★
Neues Rathaus

map　p.330

●U3,7,9　Markthalle-Landtagから徒歩5分

1913年に完成したハノーファーのシンボル。ドーム上から市街やマッシュ湖が一望できる。

開9:00～18:00（土・日曜、祝日10:00～16:30、冬期の平日11:00～16:30）　休12/24～26・31、1/1　料無料、＜展望台＞9:30～18:00（土・日曜10:00～）　休10月～3月中旬　料€3.50、学生€2　☎1680

シュプレンゲル美術館 ★★
Sprengel Museum

map　p.329-B

●U1,2,8　Schlägerstr.から徒歩5分

ドイツ表現主義からシュールリアリズムを中心とした20世紀美術の充実したコレクションを持つ美術館。1階にはピカソ、エルンスト、ココシュカなど、地下ではクレー、ミロ、ムンクなどの作品を展示。

開10:00～18:00（火曜～20:00、1/1 13:00～）ガイドツアー／火曜18:30、木曜12:00　休月曜、聖金曜日、5/1、12/24・25・31　料€7、学生€4、1/1無料　☎16843875

郊外の見どころ

世界遺産の街、ヒルデスハイムと王家の離宮、マリエンブルク

ヒルデスハイム（MAPp.304-A）はハノーファーの南、REかRBで30分ほどの街。大聖堂や聖ミヒャエリス教会など多くの教会建築と宗教美術が世界遺産に指定。マリエンブルク（MAPp.304-A）はハノーファー王家の夏の離宮で、ヒルデスハイムの西10kmほど。山上に建つネオ・ゴシックの美しい城館で、その一部は博物館。

王家の家具や武器を展示

その他の見どころ

▼ハノーファー動物園　年間100万人以上の入場者を記録する人気の動物園。MAPp.329-B　住Adenauerallee 3　時10:00〜18:00　休無休　料€26.50（冬期€15.50、オンライン割引きあり）☎280740

▼歴史博物館　400年に渡るハノーファーの歴史や民俗を中心に、現代史まで幅広い展示。MAPp.330　住Pferdestrasse 6　時11:00〜18:00（火曜〜20:00）　休月曜、聖金曜日、1/1、5/1、10/3、12/24・25・31、1/1　料€5、学生€4（金曜は無料）☎16843945

▼アウグスト・ケストナー博物館　外交官であったケストナーのコレクションを中心に古代エジプトから現代ヨーロッパに至る、5000年に渡る文化財、美術品を展示。MAPp.330　住Trammpl. 3　時11:00〜18:00（水曜〜20:00）　休月曜、聖金曜日、5/1、7月第1日曜、昇天祭、12/24・25・31、1/1　料€5、学生€4（金曜は無料）☎16842730

🍴 Broyhan Haus
ブロイハン・ハウス
中世の有名ビールマイスターの民家がレストランに

1537年建造で民家としては街でも最古級、有名なビールマイスターの家だったという。料理は典型的ドイツ料理。2階がレストラン、地下がケラー。

 map p.330
U3,7,9,10 Markthalle-Landtag から徒歩5分

- 住所　Kramerstr.24
- TEL　323919
- 営業　11:00〜翌1:00頃（料理は〜22:00）
- 休日　無休
- カード　VISA, MC, AMEX, DC
- HP　www.broyhanhaus.de

🍴 Ständige Vertretung
シュテンディゲ・フェアトレートゥング
ケルンから輸送したケルシュが飲める大人気店

モダンな建物だが、中は庶民的でボリュームたっぷりの典型的ドイツ料理。前首相のシュレーダー氏もお気に入りの店。ケルシュが飲める。

 map p.330
U1,2,8ほか Aegidientorplatz から5分

- 住所　Friedrichswall 10
- TEL　2138690
- 営業　11:00〜23:30頃（料理は〜23:00）
- 休日　無休
- カード　VISA, MC, AMEX
- HP　www.staev-hannover.de

🏨 Kastens hotel Luisenhof
カステンス・ホテル・ルイゼンホーフ

オペラ座の隣、一番の繁華街に位置する150年以上の歴史を誇る高級ホテル。レストランも評価が高い。

 map p.330
U3,7,9 Kröpcke から徒歩5分

- 住所　Luisen Str. 1-3
- TEL　30440　FAX　3044807
- 料金　S-€125〜、T-€147〜
- 部屋数　全146室
- カード　VISA, MC, AMEX, DC, JCB
- HP　www.kastens-luisenhof.de

🏨 Sheraton Hannover Pelikan Hotel
シェラトン・ハノーファー・ペリカンホテル

万年筆メーカー、ペリカンの歴史ある工場を改装したホテル。N.Y.スタイルのおしゃれなバーも。

 map p.329-B
U3,7,9 Pelikanstr. から徒歩1分

- 住所　Pelikanplatz 31
- TEL　90930　FAX　9093555
- 料金　S、T-€104〜（朝食€25）
- 部屋数　全147室
- カード　VISA, MC, AMEX, DC, JCB
- HP　www.sheratonpelikanhannover.com

🏨 Avalon Bed & Breakfast
アヴァロン

ちょっとアールヌーヴォーな洋館。内装は部屋毎にテーマが違う。アパート部屋、自転車貸出しも有。

 map p.329-B
U3,7,9 Lister Platz から徒歩5分

- 住所　Ferdinand-Wallbrecht-Strasse 10
- TEL　62626338　FAX　62626339
- 料金　S-€70〜、T-€90〜
- 部屋数　全15室
- カード　VISA, MC, AMEX
- HP　www.avalon-hannover.de

🏨 Hotel Amadeus
アマデウス

川を渡って中心から外れるが、スタイリッシュな内装で設備が良く、その割に格安で満足度は高い。

 map p.329-A
市電9 Bernhard-Caspar-Str. から徒歩5分

- 住所　Fössestr. 83a
- TEL　219760　FAX　なし
- 料金　S-€76、T-€85〜（週末割引きあり）
- 部屋数　全129室
- カード　VISA, MC, AMEX, DC
- HP　www.hotelamadeus.de

●〜€15　●●€15〜25　●●●€25〜50　●●●●€50〜
★エコノミー　★★カジュアル　★★★スタンダード　★★★★ラグジュアリー

シュヴェリーン
SCHWERIN

p.10-B　■人口＝9.6万人　■街の規模＝徒歩で半日

**メクレンブルクの文化の中心地
ハンザの古都は7つの湖を持つ**

- ★ 旧市街
- ★ 州立博物館、歴史博物館、野外博物館など
- ★ 大聖堂など
- ★ シュヴェリーン城
- ★ シュヴェリーン湖など多くの湖と森

マルクト広場の大聖堂の塔からは街を一望できる

楽しみ方　充実した城内展示や博物館 古都の散策、湖の自然探勝も

　11～12世紀ごろの建物も残る**旧市街**の散策と、**城**や**大聖堂**、**博物館**の見学が観光の基本コース。ただし、東西統一後に始められた旧市街の修復の完成には、もう数年かかりそう。時間があれば、湖上巡りの遊覧船に乗って、豊かな自然が残された**カニンヒェンヴェルダー島**Kaninchenwerderまで行ってみよう。

Access
●鉄道：ハンブルク→IC（約50分）、RE（約1時間20分）→シュヴェリーン［1時間1本／€27.70～］

Information
❶観光案内所：Schwerin-Information
🏠Am Markt 14　☎5925212　FAX555094
🕘9:00～18:00（土・日曜10:00～17:00）、10～3月は10:00～17:00（土曜10:00～14:00）　休10～3月の日曜、12/24～26、1/1　HPwww.schwerin.com
●ユースホステル：🏠Waldschulweg 3　☎3260006

街のしくみ　旧市街と城の観光は徒歩 城庭園や野外博物館はバスで

　たくさんの湖に囲まれた旧市街の中心は、市庁舎、大聖堂、❶がある**マルクト広場**。城は広場の南東、徒歩6～7分。手前に**州立博物館**Staatliches Museumと**州立劇場**Staatstheater、遊覧船乗場がある。

シュヴェリーン城 ★★★
Museum Schloss Schwerin

●**マルクト広場から徒歩7分**

　2つの湖の間に浮かぶ島に建つ城が現在の姿になったのは19世紀中ごろ。ネオ・ルネサンスを基調に、さまざまな様式が入り混ざり、独特の美しさと調和を保っている。城内は博物館として公開され、メクレンブルク大公の玉座の間やギャラリーを見学できる。

🕘10:00～18:00（10月中旬～4月中旬10:00～17:00）
休月曜　料€8.50、学生€6.50　☎5252920

17世紀ごろの農家が並ぶ野外博物館は6番のバスで

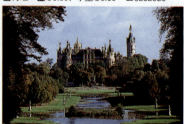

バロック様式の城庭園はヨーゼフ・ペーターの作

★★ AMEDIA Plaza Schwerin
アメディア・プラザ・シュヴェリーン

湖畔の新しい高級ホテル

　オストルファー湖に面した街一番の高級ホテル。フィットネスルームなどの施設も整い、レストラン「マルコ・ポーロ」も好評。マルクト広場まで徒歩約10分。

●中央駅からバス11番でBrunnenstr.下車（ブルンネンシュトラーセ）
■住所　BleicherUfer 23
■TEL　57550
■FAX　5755777
■料金　S-€66～、T-€70～（朝食€15）
■部屋数　全99室
■カード　VISA、MC、AMEX、JCB、DC
HP plazahotels.de/schwerin.html

シュヴェリーンの市外局番☎0385

★エコノミー　★★カジュアル　★★★スタンダード　★★★★ラグジュアリー

ROSTOCK
ロストック

p.10-B　人口=20.7万人　街の規模=徒歩で1日

バルト海交易で栄えたハンザ都市
800年の歴史が刻まれた旧市街

- ★ 旧市街の街並、城壁、塔など
- ★ 聖母マリア教会、ペトリ教会、ニコライ教会など
- ★ 海事博物館、文化歴史博物館、クレーペリン門など
- ★ バルト海、フィッシュラント~ツィングストなど
- ★ ヴィルヘルム・ピーク(ロストック)大学
- ★ バルト海のシーフード

Access
●鉄道：ハンブルク→IC（約1時間50分）、RE（約2時間20分）→ロストック［1時間1本／€39.80〜］、ベルリン→RE（約2時間40分）→ロストック［2時間1本／€44.70〜］

Information
🄘 観光案内所：Information-Rostock
MAP p.333　住Universitätsplatz 6（Barocksaal）　☎3812222　FAX3812601　開10:00〜18:00（土・日曜〜15:00）、11〜4月10:00〜17:00（土曜〜15:00）　休11〜4月の日曜
HP www.rostock.de
●ロストックカード：市電乗り放題、各種入場割引。24時間有効€12、48時間有効€16。

Route Advice
シュタイン門→市庁舎→聖母マリア教会→クレーペリン通り→大学広場→クレーペリン門→港→ペトリ教会→ニコライ教会→クー門→城壁
［全移動約1時間］

街のしくみ　旧市街の中心はノイアーマルクトとクレーペリン通り

旧市街は東西が約1.5km、南北は1km弱の楕円形。かつてその外周を囲んでいた城壁の3分の1ほどと、城門や塔が随所に残る。北側はヴァルノウの河港。旧市街南西の城壁外には緑濃い公園が広がる。

ロストックの市外局番☎0381

ハンザ都市特有の7本の塔を持つ市庁舎は1250年ごろの建造

三角形の大学広場と、1419年創立の大学

中央駅から旧市街までは、歩くと15分ほどで、市電も使える。旧市街内は徒歩で充分。ヴァルネミュンデへはSバーンで約30分の他、船でも行ける。

楽しみ方　教会や博物館、旧市街散策に疲れたら、魚介レストランへ

豊富でユニークな内容を持つ、いくつもの教会と博物館巡り。特徴ある破風や色彩など、北欧の香りを漂わせる街並と、港や倉庫街、城壁沿いの散策。この2つを通して、800年に渡るハンザ都市の歴史に触れたい。

またここは、その規模に比べて飲食店が多い街。バルト海産の魚介類も存分に味わおう。

聖十字架修道院内は現在、文化歴史博物館

ハンブルク&北ドイツ

333

シュヴェリーン／ロストック

クレーペリン通り ★★★
Kröpeliner Strasse
map p.333

　ノイアーマルクトとクレーペリン門を結ぶロストックのメインストリート。終日歩行者天国で、ノイアーマルクト〜大学広場の間には、祭日などにはいくつもの屋台が並ぶ。通りに面して各時代の特色ある破風を持った建物が並んでいるが、五段破風屋根の家や旧牧師館が美しい。大学広場の東南には大公宮殿のバロックのホールがあり、その横手には新しいショッピングアーケードも造られている。かつての城門で武器庫のクレーペリン門は、現在は文化歴史博物館分館。

階段状や三角型など、色も形もさまざまな破風

ロストックの教会 ★★
Kirchen

　聖母マリア教会Marienkircheは、14世紀末に建てられた十字形のバジリカ様式。1472年製の天文時計をはじめ、ブロンズの洗礼盤やバロックのオルガンなど見どころも多い。この街最古のニコライ教会Nikolaikircheには、祭壇下に抜け穴が、屋根裏には住居がある。ペトリ教会Petrikircheの巨大な尖塔は、市民の寄付によって1994年に取り付けられた。

ペトリ教会の塔から市街地が一望できる

ロストックの博物館 ★★
Museums

　交易、海運で栄えたロストックには、海に関する博物館が多い。**造船・海運博物館**Schiffbau-und Schifffahrtsmuseum（開10:00〜18:00 [11〜3月〜16:00]　休月曜　料€4　☎12831364）では、航海や造船、ハンザ同盟の歴史を展示。**郷土博物館**ヴァルネミュンデHeimatmuseum Warnemünde（開10:00〜18:00 [10〜4月、復活祭の土・日曜〜17:00]　休月曜、聖金曜日、12/24・31　料€3　☎52667）では、漁業や漁師の生活などの展示が見られる。**聖十字架修道院内の文化歴史博物館**Kulturhistorisches Museum Rostock（開10:00〜18:00　休月曜　料無料　☎2035910）には16〜19世紀のオランダ絵画が、**クレーペリン門**Kröpeliner Tor（開10:00〜18:00　休祝日　料€3　☎1216415）では市の歴史を紹介。

造船・海運博物館では珍しい海運貨幣などの展示も

郊外の見どころ
ヴァルネミュンデ　Warnemünde

　ビーチリゾートで北欧航路の拠点。港沿いのアルター・シュトローム通りは、古い漁師の家々と魚介類のレストランや船員居酒屋などが並び港街情緒たっぷり。先端には1898年建造の灯台と、500mの防波堤がつづく。MAP p.304-B

港沿いには魚屋の屋台が並び、賑わう

Pentahotel Rostoch ★★★★
ペンタホテル・ロストック

旧市街中心に建つ高級ホテル

2009年、新しく生まれ変わった。部屋もスタイリッシュなデザインホテル系の内装に。レセプションとバー＆レストラン＆ラウンジが合体したロビーもおしゃれ。

map p.333
- ●ノイアーマルクトから徒歩6分
- ■住所　Schwaansche Str.6
- ■TEL　4970700
- ■FAX　4970902
- ■料金　S,T€79〜（朝食別€17）、変動制
- ■部屋数　全151室
- ■カード　VISA, MC, AMEX, DC, JCB
- HP www.pentahotels.com/destinations/europe/germany/rostock

シュタイゲンベルガー・ゾンネ **Steigenberger Hotel Sonne** ★★★★ map p.333
- ●ノイアーマルクトから徒歩1分　■Neuer Markt 2
- ☎49730　■S,T€85〜（朝食別€19）、変動制

ジェリーフィッシュ **Jellyfish Hostel** ★ map p.333
- ■市電1〜6他 Steintor（シュタイントーア）IHKから徒歩2分　■Beginberg 25
- ☎4443858　■ドミ€15〜、S€30〜　HP www.jellyfish-hostel.com

ロストックの市外局番 ☎0381　　★エコノミー　★★カジュアル　★★★スタンダード　★★★★ラグジュアリー

STRALSUND
シュトラールズント

p.10-C ｜人口＝5.9万人 ｜街の規模＝徒歩で半日

古い港町の面影を残すハンザ都市
バルト海、リューゲン島観光の拠点

 ★ 古い港町のたたずまい、市庁舎など
 ★ ニコライ教会、聖マリア教会など
 ★ 海洋博物館、文化歴史博物館など
 ★ バルト海、リューゲン島

Access
●鉄道：ハンブルク→IC（約2時間50分）→シュトラールズント［2時間1本／€58］、ベルリン→IC（約2時間50分）、RE（約3時間10分）→シュトラールズント［1時間1〜2本／€45.90〜］

Information
❶観光案内所：Stralsund-Information
住Alter Markt 9　☎24690　FAX246922
開10:00〜18:00（土・日曜、祝日〜15:00）、11〜4月は10:00〜17:00（土曜〜14:00）
休11〜4月の日曜
HP www.stralsundtourismus.de

港町情緒を味わいながら旧市街や教会を巡る

旧市街は、海と運河といくつかの池に囲まれた島のようなところ。中央駅からTribseer Damm〜Tribseer Str.を東に7〜8分歩くと、聖マリア教会Marien Kirche前のノイアーマルクトNeuer Marktに出る。旧市街の中心はこの広場と、市庁舎、ニコライ教会Nikolaikirche前のアルターマルクトAlter Markt。双方を結ぶオッセンレイヤー通りOssenreyer Str.は街一番のショッピング街。メンヒ通りMönch Str.には、文化歴史博物館Kulturhistorisches Museumとドイツ海洋博物館Deutsches Meeresmuseumがある。

7本の尖塔がそびえる市庁舎

入るとすぐクジラの骨格標本が吊られているオツェアノイム

さらに東の港方面には、白い外観が特徴的なオツェアノイムOzeaneum（住Hafenstrasse 11　営9:30〜20:00、10〜5月〜18:00　料€17、学生€12　※海洋博物館とのコンビチケットもあり）という水族館と博物館が一体になった新型施設が出来、人気になっている。城壁や城門も残る旧市街には、石畳の通りの両側にかつての豪商の館や漁師の家が並び、古い港町の面影が色濃く漂う。

街の東は港で、遊覧船乗場や魚市場、倉庫などが並ぶ活気ある一角。

郊外の見どころ
豊かな自然とビーチリゾート
国内最大の島、リューゲン島

リューゲン島（MAPp.304-B）はバルト海に浮かぶドイツ最大の島。複雑に入り組んだ海岸には豊かな自然が残され、その多くが国立公園に指定されている。

ドイツ人にとってのリューゲン島は、貴重なビーチリゾートとしての意味が大きいが、沖縄など美しいビーチに恵まれた日本人にとっては、海水浴より、北辺の島の荒々しくも美しい自然鑑賞や、バルト海の古い港町の散策の方が楽しみは大きいはず。島内観光のポイントは、北端のアルコナ岬Kap.Arkonaや、東海岸にある白い岩壁が連なる「王の座」Königstuhl周辺、南部の城や狩猟の館など。

リューゲン島観光の際は、バルト海航路の港町サースニッツSassnitzや、クア施設も整ったビーチリゾートのビンツBinzを拠点にすると便利。

この周辺では一番人気のビンツ。周辺へのアクセスと宿泊施設が充実

シュトラールズントの市外局番☎03831

旧港の周辺には魚料理のレストランも多い

マルクト広場の市庁舎内には郷土博物館もある

STADE
シューデ

| p.10-B | ■人口=4.7万人 | ■街の規模=徒歩で半日 |

MÖLLN
メルン

| p.10-B | ■人口=1.9万人 | ■街の規模=徒歩で半日 |

エルベ川の古い港街は、かつてはハンブルクより栄えたハンザ都市

　かつては塩の交易港としてハンブルクをもしのいだという栄光の歴史をもつ。戦災を免れたため、旧市街や旧港周辺にはルネサンス様式の市庁舎やレンガ造りの家並が盛時を偲ばせるように残されている。旧市街自体は徒歩で2時間程度の大きさ。

　街の中心部は小高い丘の上のアム・ザンデ広場で、鉄道駅は南に10分ほど。一番北側が旧市街だ。❶も旧市街の北側にある。アム・ザンデ広場と旧港の間が、古く美しい家並が残る一角だ。

湖と森に抱かれた自然公園内の、オイレンシュピーゲルゆかりの街

　メルンはラウエンブルク湖沼自然公園内の、湖の青と、森の緑に、赤い屋根の家並が映える美しい保養地。駅から北へHaupt Str.を5分ほど歩くと、木組みの家並が続く旧市街。❶は、旧市街の中心地に建つHistorischen Rathaus内。北よりの少し小高いマルクト広場が旧市街の中心地。伝説的ないたずら者、ティル・オイレンシュピーゲルの町としても有名で、マルクト広場の聖ニコライ教会には彼の墓標が、広場の向かいにはオイレンシュピーゲル博物館がある。

Hoker Str.などに残る古い街並

アルテスラントはフルーツの産地

ティルは、1350年にこの街で死んだと伝えられる

Check-Check! 自動車の町！アウトシュタット

　フォルクスワーゲンが、その工場に隣接する形で自社グループの車や経営理念などを紹介したユニークな施設。傘下のランボルギーニやアウディなど、ブランドごとの体感パビリオンやカスタマーセンター、リッツカールトンホテルなどからなる。観光客でも楽しめるZeithausツァイトハウスという博物館には、歴史的名車、希少車が展示されている。

MAP p.304-A
Autostadt（Wolfsburg市内）
●ハノーファー→IC・RE（32〜58分）[30分毎]／€16.50〜
❶Stadt Brücke（Wolfsburg駅から5分）　⏰9:00〜18:00　休12/24・31　€15、学生€12
☎0800-288678238
HP www.autostadt.de

■シューデ
●ハンブルク→ME（48分）、S（59分）（1時間1本）／€8.80　❶：
🏠Hansestr. 16　☎04141-776980　⏰10:00〜18:00（土・日曜、祝日〜15:00）11〜3月は10:00〜17:00（土曜〜15:00）
休10〜3月の日曜、祝日
HP www.stade-tourismus.de

■メルン
●リューベック→RE約30分（毎時）／€8.55　❶：🏠Am Markt 12
☎04542-7090　⏰10:00〜18:00（土・日曜〜17:00）、9〜4月は10:00〜17:00（土・日曜10:00〜15:00）　休12/24〜26・31、1/1
HP www.moelln-tourismus.de

Germany

日本編 トラベルインフォメーション

■ 旅のスタイルを選ぶ
■ 個人手配旅行で行く
■ ホテルを予約する
■ 旅の必需品の入手法
■ 旅の情報収集
■ おすすめURL集／気候と服装
■ 旅のしたく・携帯電話
■ 空港への行き方＆空港ガイド

☑ 出発3日前
やることチェックリスト

☐ 持ち物チェックリストで荷物をチェックする。
☐ パスポートのコピーをとる。
☐ パスポート紛失時のための証明写真を用意する。
☐ 銀行で日本円をユーロに両替する。
☐ 宿泊ホテルやツアー会社の連絡先を家族や知人に知らせる。
☐ 新聞を留め置きにする。
☐ 空港への電車、バスの乗車時刻を確認する。

日本での準備編
旅のスタイルを選ぶ

パッケージツアーに登場する主な都市例
- 北東部：ベルリン、ドレスデン、ハンブルク、ポツダム、マイセン
- 中部：フランクフルト、ニュルンベルク、ヴュルツブルク、ハイデルベルク、ローテンブルク、マインツ
- 南部：ミュンヘン、バーデン・バーデン、フュッセン

●パッケージツアーのルート例
・ルックJTB／ベルリンから始まるドイツの見どころ巡りグーテンタークドイツ8日間
・JALパック／ライン川古城ホテルと珠玉のロマンティック街道8日間
・ベストBUY／とっておきのドイツ 8日間
・インプレッソ／ロマンティック街道ドイツ&アルザスとパリ8日間

エアとホテルの予約なら
●エクスペディア
■http://expedia.co.jp
世界最大の総合オンライン旅行会社。航空券とホテルの予約ができ、値段の比較もかんたん。ホテルは最低価格保証と安心。

パッケージツアーを利用する

往復の航空券やホテルへの宿泊、食事などがセットになったパッケージツアー。これは添乗員やガイドの有無、宿泊するホテルのグレードなどによって値段が異なり、普通はパッケージごとにそれぞれブランド名が付けられている。なお、パッケージツアーには旅程保証という制度があり、ツアー内容に変更があった場合は料金の1〜15%の範囲で代金の補償があるほか、不慮の事故に対しての特別補償などもあり、安心感がある。

チェックPOINT
ドイツのパッケージツアーの傾向として、ドイツのみの滞在で終わらず、周辺のオーストリアやスイス、あるいはパリ、ロンドンまでも周遊するタイプのものが多い。また格安タイプや、一都市に長く滞在するものも、他国と比べると少ない。

ツアーブランドを検討する

たとえばエイチアイエスは、自由旅行が主体の一番の売れ筋「チャオ」、添乗員が同行する「インプレッソ」など、多様なブランドを用意している。さらに旅行会社によっては、ユニークな企画手配旅行のブランドなどもあり、個人で予約が難しい旅のプランも一緒に考えてくれる。

●主な旅行会社のツアーブランド

	第1ブランド	第2ブランド	その他
JTB	ルック	JTBお買得旅	旅物語（通信販売）
近畿日本ツーリスト	ホリデイ	———	クリッキー
日本旅行	ベスト	ベストBUY	Webコレクション
H.I.S.	インプレッソ	チャオ	エクステージ（ビジネスクラス）
ジャルパック	JALパック		JMBツアー

＜スケジュールのための注意点＞
●祝祭日や見本市をチェック
旅のベストシーズンは冬季をのぞいた4〜10月ごろだが、この期間でも「見本市（メッセ）」の時期はホテルが込むので外した方がよい。見本市が目当てなら話は別だが、仮に部屋が空いていても宿泊料金は高くなる。最新の見本市の情報やスケジュールはドイツ観光局で手に入る。また、劇場や美術館が休みになることが多い祝祭日や月曜日にも注意したい。

●出発日を検討する
旅行会社のツアーや格安航空券の値段は、出発する時期によって大きな変動がある。たとえば、定番のロマンティック街道などのパック型ツアーの場合、安い時期の6月や11月なら30万円台で行けるが、ゴールデンウィークや8月、年末などの繁忙期は50万円近くと、実に10数万円の差がある。日程にゆとりがあれば、できるだけ安い時期に出かけたい。また近年の傾向として、1・2月など冬場はツアー休止の商品も多い（詳細はp.342-343の出発日検討カレンダーを参照）。

フランクフルトのモーターショー

※インターネットで航空券やホテルの照会・予約・決済までを一気に行うダイナミックパッケージというスタイルもある。自分の好きに旅程を組める点が個人手配旅行に近いが、旅行商品としてはパッケージツアーと同じ募集型企画旅行なので、旅程保証の対象となる。

個人手配旅行で行く Part 1

観光向け小都市が各地に点在しているドイツでは、パッケージ旅行で回れる都市が限定されるので、ぜひ個人手配旅行に挑戦してみたい。旅に必要なアイテムは限られている。手配の手間は面倒に思えるが、慣れれば意外に簡単だ。予定と予算を自由に組めるメリットは、手配の手間をカバーして余りある。

 （1）格安航空券、正規割引航空券

航空券には大きく分けて正規航空券、正規割引航空券、格安航空券などがある。

正規航空券は1年有効、予約変更・払い戻し可、季節変動なし、などの特徴があり、使い勝手はよいが、値段は高い。

格安航空券は、旅行会社が、航空会社からツアー用などに大量に安く購入した航空券を、個人客にもバラ売りするもので、往復は短期FIXになりがちで、各種変更も制限が多く、季節など需給の関係であまり安くならないこともある。

自由化により航空会社が割引料金を設定できるようになり、早期割引制度などで格安航空券以上に安くなっている。格安航空券があまり安くない場合は、ネットで航空券を探してみよう。最近は、特に海外の航空会社が、席が埋まらない場合、かなり安く販売することも多く、格安航空券より安いものも見つかるケースが多い。その際に便利なサイトがエクスペディアやスカイスキャナー、ITA Software（右記参照）。ルートや搭乗日などを選んで検索すると、全世界の航空券から選び出してくれる。

 （2）鉄道フリーパス（レイルパス）

レイルパスとは、有効期間内なら、どこまで乗っても、どこで降りても自由なパス。きっぷをいちいち購入する必要がなく、長距離移動が多いなら料金的にもお得になる。ドイツ国内だけで有効な「ジャーマンレイルパス」と欧州全体で有効な「ユーレイルパス」などがある。有効車両（1等車か2等のみか）や有効日数もさまざまだ（詳しくはp.368）。

ただし、ドイツの場合、100km以上のきっぷは2日間有効（途中下車可）なので、1泊しながら中・短距離を移動するなら、通常のきっぷでも充分かもしれない。また州毎に州内移動が自由な1日有効のレンダーチケット（p.365）というのもある。

ネットを使った購入法

便利なのがネットで各航空会社の最安値を一括検索できるシステム。航空会社ごと、あるいは代理店ごとの格安航空券も含めて、希望日のフライトで一番安い航空券を探し出してくれる。下記の4サイトは比較的操作がわかりやすく、実際に安いことが多いのでおすすめです。
エクスペディア
■http://www.expedia.co.jp
スカイスキャナー
■www.skyscanner.jp
ITA Software（英文）
■matrix.itasoftware.com
トラベルコちゃん
■www.tour.ne.jp/w_air

"わがまま歩き"を実現できる旅のコンシェルジュ

◆ウェブトラベル
https://www.webtravel.jp
blueguide@webtravel.jp

「こんな旅行にしたい」というイメージはあっても、「パッケージツアーではなかなか希望のものがない…」「個人手配ではサポートがなく不安」というときには、旅の専門家にオーダーメイド旅行を依頼することもできる。その国・エリアに詳しいトラベルコンシェルジュと相談しながら、自分だけの旅行を企画・手配までしてもらえる。

＜航空券購入時のチェックポイント＞

■**マイレージサービス**
各社、航空券のフライト距離や搭乗クラスなどに応じて、ポイントを付与するサービスを行っている。基本的に会員になってカードなどを発行してもらい、チェックインのときに加算を申請するだけだ。ポイントは他の提携サービスで利用できたり、貯まるとタダで航空券が手に入ったりする。

■**燃油サーチャージ、空港税など**
空港税や燃油サーチャージといって、航空券そのものではない料金が加算される。避けることができない料金でもあるので、これらの料金が込みなのか、最初からよく確認しよう。

■**荷物の重量制限**
最近の傾向として、機内預けの荷物の重量制限や、持ち込める手荷物の大きさ制限が、昔より厳密に。重量オーバーすると追加料金が発生するので要注意だ。

日本での準備編

個人手配旅行で行く Part 2

長距離バス利用法

長距離バス会社で圧倒的にシェアがあり格安なのがフリックスバスFlixBus（注※）だ。その予約方法例を紹介。
①ネットにアクセス。
②目的地、出発日などを入力し、search（探す）をクリック。
③その日の搭乗可能便が出てくるので利用したい便のreserve seat（座席予約）をクリック。
④右上のshopping cartに料金がでるので、その下のbook（予約）をクリック。
⑤搭乗者の名前を入力proceed to payment（支払いに進む）。
⑥クレジットかペイパル支払いか選び、eメールを入力してbuy（購入）をクリック。
⑦カード番号など入力してpay nowをクリック。
⑧支払いが完了すると先ほどのeメール宛にeチケットが送られてくる。

あとは搭乗時にその画面をドライバーに見せるだけ（座席の指定はない）で乗れる。
 global.flixbus.com
※2015年、MeinFernbusと合併したので正式にはMein Fernbus FlixBusという。

車体横のラゲージスペースにスーツケースを積み込む

ヨーロッパ・バスの後部には自転車も積める

心強いアイテム（3）長距離バス

2013年、鉄道と重複するバスの長距離路線運行が自由化され、各社バス会社がその運営に乗り出し競争が激化。2015年に入って大規模な合併があったり、競争に敗れて撤退する会社も出るほどの騒ぎになっている。この結果、人気路線は、料金が安いだけでなく本数も多く、利便性も向上。ドイツでもバスで中・長距離の移動が当たり前になりつつある（p.17参照）。

ただし鉄道と違い、駅できっぷを買うのではなく（窓口があるのは大都市だけ）、ネットで予約して、そのままネット経由でクレジットカードなどで支払うのが普通なので、慣れれば簡単だが英文ということもあり最初は敷居が高いかもしれない。

もちろん、観光地の路線バス（短距離）なら、日本と同様にバスに乗車する際、運転手さんに行き先を告げ、その場で料金を支払って乗り込めばいい。

また、観光に特化したバスとしては、有名なヨーロッパ・バス（p.119参照）というのがあり、毎日1便、電車で行きづらいロマンチック街道を運行している。

心強いアイテム（4）レンタカー

現地で借りれば割安な場合もあるが、言葉の問題など難点も多い。手続きが不安な人はドイツに営業所を持つレンタカー会社へ直接連絡するか、旅行代理店で手配してもらうこともできる。

● ドライビングクーポン（日本での特典付き予約）

大手なら予約・支払いとも日本で行うと割安なクーポンがある。ハーツ（☎0120-489-882）の場合、1～2日用、3～5日用などがあり、エコノミーのマニュアル車で1万2100円、1日当たり6200円～（現地での手数料、国税、道路使用料、空港での貸し出しの際の空港使用料は別途かかる）。代理店のみで販売。対人対物保険は含む。

心強いアイテム（5）オプショナル＆手配型ツアー

旅の材料を「航空券」「ホテルクーポン」「鉄道パス」などに分けて、自由に組み合わせる手配型ツアーというものもある。たとえば「ホテルクーポン」の場合、代理店がホテルの予約や料金の支払いまで代行してクーポン化してくれる。現地に泊まる際に、そのクーポンをホテルに提示すればそのまま宿泊できる仕組みだ。代理店によっては近郊のクルーズや市内バスツアーなどのオプショナルツアーの手配も可能。ただし、現地集合タイプはガイドが英語の場合も多いので要確認。

● オプショナル・ツアーがある旅行代理店

■みゅう（ヨーロッパ個人旅行）☎03-6880-1514　■アイ・ティ・エス（クラフト）☎0120-354-535　■H.I.S.☎03-5360-4881

ホテルを予約する

🏃 日本からの予約

時期によって込んでいることもあるので、旅慣れた人以外は、最初の日だけでも日本からあらかじめホテルを予約しておいたほうが無難。予約には以下のような方法がある。

①旅行代理店や、利用する航空会社に依頼する
手数料はかかるが、価格帯など希望をいえばリストから探して予約してくれる。もっとも簡単な方法。

②日本にあるレップ（ホテルの予約代理店）を利用する
ホテルチェーンには専用の予約代理店がある場合が多い。同系列のホテルだけ扱う会社と多種のホテルを予約できる場合がある。手数料は不要で、普通は支払いも現地清算できる。

③自分でインターネットやFAXを使い、直接申し込む
ネット予約はハードルが高いようだが、慣れればこれほど便利で簡単な方法はないと思えるだろう。最近は、宿泊料が時価で変動するホテルが多くなり、そのほとんどがネット予約。割引料金がある場合も多い。FAXは最低でも英文が必要。

🏃 インターネット予約

予約の主流はネット予約だ。それも個々のホテルのホームページからだけでなく、一括検索出来る予約サイトから、条件に合った空いている部屋を探すのが当たり前の時代。具体的にはエクスペディア、ブッキングドットコム、アゴダなどのサイトが有名で、手数料はかかるが、その日の一番安い部屋を探したり、客の評価の高い順に検索したり出来る。直接予約するより安くなることもある。

●おすすめ予約サイト
- ■エクスペディア　HP www.expedia.co.jp
- ■アゴダ　HP www.agoda.com　口コミ数多く安宿にも強い
- ■ブッキングドットコム　HP www.booking.com　掲載数は一番多い
- ■ホステルワールド　HP www.japanese.hostelworld.com　ホステルの掲載数とセンスは一番

ホステルワールドの画面。日本語対応だが、最初の都市検索ではアルファベット入力。あとは基本的にクリックするだけ。レイアウトが秀逸で使いやすい

eメール予約の注意点（FAXでもほぼ同様）

①宛先：ホテル名を明記する
②宿泊する人数：子供が一緒の場合はそれも書いておこう
③到着予定日時
④出発予定日時
⑤部屋の種類：シングルルーム single room、ダブルルーム double room、（ダブルベッド double bed／ツインベッド twin bed）など
⑥設備：日本のようにバスタブが備えてあるホテルばかりではない。シャワー付shower、バス付bath-tub、ジャクジー付jacuzziなど、希望をあらかじめ伝える必要がある
⑦予約者氏名
⑧住所
⑨自宅の電話番号（市外局番の0は除く）
⑩支払い方法：現金の場合はby cashと表記。使用できるクレジットカードも要確認
⑪「E-mailによる予約確認のお返事をお待ちしております」の一文を最後にそえる

主要ホテルレップリスト

IHGワールドワイド（日本）予約センター（インターコンチネンタル、ホリデイ・イン、クラウンプラザ）	0120-455-655	www.ihg.com
ケンピンスキーホテル予約センター	00531-65-0007	www.kempinski.com
マリオットインターナショナル予約センター	0120-142-890	www.marriott.co.jp
ザ・リーディングホテルズ・オブ・ザ・ワールド	0120-086-230	jp.lhw.com
ホテリスタ	03-3980-7160	hotelista.jp
ベストウエスタンホテル東京予約センター	1-800-937-8376	www.bestwestern.jp

※エクスペディア（p.338）ではホテルのみの予約もできる

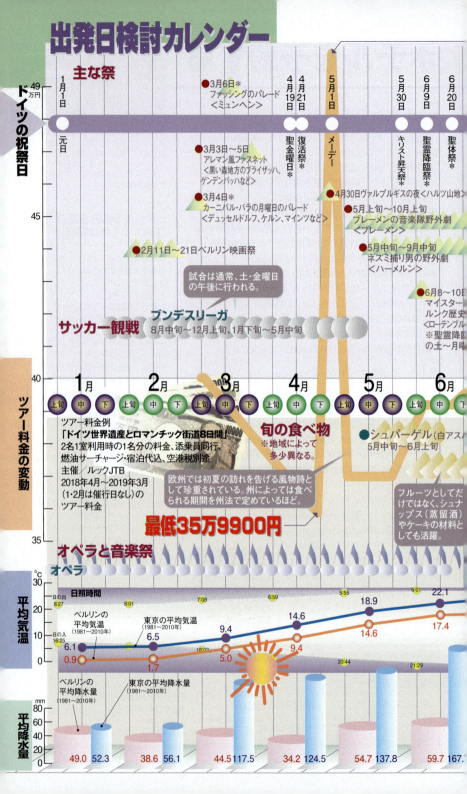

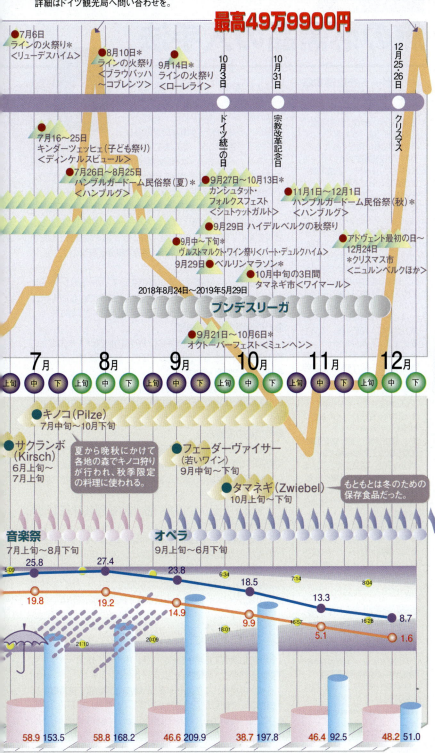

日本での準備編

旅の必需品の入手法

パスポートを取得するための必要書類

① 一般旅券発給申請書1通
各都道府県旅券課で入手可能
② 戸籍抄（謄）本1通
6カ月以内に発行されたもの。ただし有効期限内のパスポートを持っている場合、記載事項に変更がなければ不要
③ パスポート用顔写真1枚
6カ月以内に撮影したもので、縦45mm×横35mmの縁なしで無背景の写真。顔の縦の長さが70〜80％。正面向きで無帽、カラーでもモノクロでもよい。写真の裏面に申請者の氏名を記入。詳細は窓口の資料参照
④ 本人確認の書類（コピー不可）
次のいずれかひとつを提示。失効後6カ月以内のパスポート、運転免許証、船員手帳、電気工事士免状、写真付きマイナンバーカードや住基カード、身体障害者手帳、官公庁職員身分証明書など公益法人が発行した写真付身分証明書など。
下記の場合はアとイから各1つ、またはアから2つ。イのみ2つは認められない
ア：健康保険、国民健康保険、船員保険などの被保険者証、共済組合員証、国民年金、厚生年金、船員保険年金の手帳か証書、共済年金、恩給などの証書、申請書に押印した印鑑の印鑑登録証明書と実印
イ：母子健康手帳、写真付会社身分証明書、学生証、写真のある公の機関が発行した資格証明書、失効パスポート（失効後6カ月を越えるもの）

国際学生証を取得するための必要書類

① 申込書
② 写真（縦3.3cm×横2.8cm）1枚
③ 学生証のコピーまたは在学証明証または休学証明書1通
④ 手数料1,750円（郵送の場合2,300円）
詳細は🅗http://www.isicjapan.jpへ

🛂 パスポート（旅券）
Passport

海外旅行の必需品であり、外国にいる日本人の身柄を日本国政府が保証してくれる文書となる。海外滞在中の身分証明書でもある。パスポートは有効期限が5年用と10年用の2種類（20歳未満は5年期限のみ）があり、それぞれの発給手数料は10年用1万6000円、5年用1万1000円、12歳未満6000円。支払いは現金のみでクレジットカードは不可。

なおドイツ入国に際しては、パスポートの残存有効期間を確認しておくこと。ドイツを含むシェンゲン協定加盟国を出国するとき、出国日より3カ月以上の残存期間が必要なので注意。

● **新規申請**
住民登録している都道府県の申請窓口（パスポートセンター等）で申請できる。必要書類は事前に調べ、すべて揃えて申請を。取得には6〜10日間（休日をのぞく）かかるので早めに。

● **有効期限内の切替申請**
パスポートを持っている場合、残存有効期間が1年未満なら更新の申請ができる。余裕をもって切り替え申請をしよう。

● **その他の変更・申請**
結婚による姓の変更などの訂正申請、住民登録地以外での申請、代理人申請、紛失による再発行などは、各都道府県の旅券窓口やパスポートセンターなどへ問い合わせを。

● **申請後の受領方法**
申請時に渡された受理票の交付日から6カ月以内に申請した旅券窓口で受領しなければ失効するので注意。受領は年齢に関係なく申請者本人のみ。代理人による受け取りはできないので注意。

🛂 ビザ（査証）・ETIAS（欧州渡航情報認証制度）
Visa　ETIAS

ビザは相手国政府が発行する許可証のこと。ドイツは観光目的で3カ月以内の滞在であれば不要だが、2021年1月以降、ビザ無しで渡航する場合は事前にETIASの申請が必要となる（2020年2月時点）。詳細・最新情報は渡航先国の在日大使館、総領事館やhttp://etias-euvisa.com/等で必ず事前に確認を。

🛂 国際学生証（ISIC）
International Student Identity Card

国際的に通用する学生身分証明書。中・高・短大・大学・大学院・専門学校・専修学校生に発行される。

ドイツの場合、このカードを提示すると博物館、美術館、交通機関などで割引が受けられるのでとても有効。申し込みは各大学生協、日本ユースホステル協会（p.374参照）などへ。

POINT 役に立つ国際学生証

これがあれば、博物館や美術館の入館料が学割になる。交通費に関しても同様なので、学生の個人旅行であれば必携といえる。

国外運転免許証
International Driving Permit

ドイツはジュネーブ条約に加盟していないので、大使館か領事館で免許証を独語に訳した書類を発行してもらい、日本の免許証と一緒に携行することになるが、旅行者は国外運転免許証で運転可能。有効期間1年以上の運転免許証があれば、現住所をおく都道府県の運転試験場などで取得できる（有効期間1年）。レンタカーは国外運転免許証のほか、年齢制限（25歳以上）、1年以上の運転経験など利用条件があるので出発前に確認を。

海外旅行傷害保険
Overseas Travel Accident Insurance

海外旅行中、事故、病気、ケガ、盗難に遭うとばく大な費用がかかることがある。また、各保険会社は日本語での緊急ダイヤル、救急医療機関の紹介・手配などもしているので、加入しておけばトラブルに遭っても安心。持病がある人は英文の診断書を携行すれば現地の病院で診断がスムーズになる（p.350参照）。

●保険の種類と内容

海外旅行傷害保険は基本契約と特約契約に分かれ、保険料は旅行の日数、契約の種類により異なる。代表的な例をパックにした商品もあるので便利に利用したい。また、どの保険も現金盗難の補償はないので注意しよう。

保険の種類と補償内容

種類	補償内容
傷害・疾病死亡、傷害・疾病治療、後遺障害	事故、ケガ、病気による治療費用や死亡、後遺障害の治療費用を補償
救援者費用	3日以上入院（ケガ・疾病）または遭難時の捜索救助、諸雑費に対する補償
賠償責任	他人にケガをさせたり物を壊したことにより、賠償請求を受けた場合の補償
携行品	旅行中、携行品が盗難、破損、火災などに遭い損害を受けた場合の補償
航空機寄託手荷物遅延	搭乗時に預けた荷物が到着後6時間以上経っても運搬されなかった場合
航空機遅延	搭乗予定の航空機が6時間以上遅延したり、欠航、運休になった時の補償

●注意点

補償は契約タイプにより異なるので必ず確認しよう。保険証書はもちろん、一緒に渡される冊子も緊急連絡先などが載っているので携帯しておこう。不明点は各保険会社へ問い合わせを。

請求のプロセス
1. 保険会社の現地デスクへ連絡
2. 請求に必要な書類を用意
3. 現地で請求手続き
4. 帰国後30日以内に請求

国外運転免許証を取得するための書類

①申請書
②日本の運転免許証
③パスポート
④写真（縦5cm×横4cm）1枚
⑤手数料2,350円

●ドイツ連邦共和国大使館
〒106-0047　東京都港区南麻布4-5-10　☎03-5791-7753～4（ビザ関係直通）　開8:00～11:00（電話受付14:00～16:00［金曜12:00～13:30］）
休土・日曜、祝日
HP www.japan.diplo.de

●在大阪・神戸ドイツ連邦共和国総領事館
〒531-6035　大阪市北区大淀中1-1-88-3501　梅田スカイビルタワーイースト35階　☎06-6440-5070　開9:00～11:30
休土・日曜、祝日
HP www.japan.diplo.de

海外旅行保険申し込み問い合わせ

●エイチ・エス損保
☎0120-937-836
HP www.hs-sonpo.co.jp
●AIG損保
☎0120-016-693
HP www-429.aig.co.jp
●三井住友海上保険
☎0120-632-277
HP www.ms-ins.com
●ジェイアイ傷害火災保険
☎0120-877-030
HP www.jihoken.co.jp
●損保ジャパン日本興亜
☎0120-666-756
HP www.sjnk.co.jp

保険請求のために現地で取得が必要な書類

●病気・事故（ケガ）
　治療費の領収書（明細書）
　医師の診断書
　事故証明書
　事故目撃者証
●携行品
　警察の盗難証明書

日本での準備編

通貨を用意する

換算レート
€1≒128円（2018年7月現在）

ユーロ（EURO）

€5

€10

€20

€50

€100

€200

€500

※€500紙幣は2018年末に発行停止。使用は可能だが今後は見かけなくなるかも

€1 　€2
10c　20c　50c

海外旅行もキャッシュレスの時代。ホテルのチェックインやレンタカーを借りる際には身分証明になるので、クレジットカードは必需品。現金が必要な場合はT/Cやインターナショナルキャッシュカードを利用する方が安全だ。

欧州単一通貨ユーロ（EURO）について

2018年7月現在、非EU加盟国も含め25カ国（海外領土は除く）でユーロ（Euro、ドイツではオイロと発音）が導入もしくは使用されている。ドイツ国内のみならず使用可能な共通通貨で、通貨単位はユーロ€（Euro）とユーロセントc（Cent）からなる。

紙幣が€5、€10、€20、€50、€100、€200、€500（廃止が決定）の7種類。コインが€2、€1、50c、20c、10c、5c、2c、1cの8種類あり、€1＝100cとなっている。

チェックPOINT

●EU加盟国のうち、ユーロに参加している国は、ベルギー、ドイツ、スペイン、フランス、アイルランド、イタリア、ルクセンブルク、オランダ、オーストリア、ポルトガル、フィンランド、ギリシャ、スロベニア、キプロス、スロバキア、マルタ、エストニア、ラトビア、リトアニアの19カ国。
●スイス、デンマーク、スウェーデン、イギリス、ブルガリア、チェコ、ハンガリー、ポーランド、ルーマニア、クロアチアはユーロに参加していないので注意が必要。
●紙幣、コインとも、表面のデザインは各国共通だが、裏面はそれぞれ加盟国独自のデザインとなっているので注意。

現金を用意する

チップを支払ったり、自動販売機利用時など、現金はなにかと必要だが、安全性を考慮すれば多額の現金は持ち歩きたくない。観光地であればATM（現金自動預け払い機p.373）もあるので、クレジットカードやデビットカードなども活用したい。
●日本円……銀行によって両替を断られることもあるが、観光地の大手銀行ならまず問題ない。
●ユーロかUSドル……USドルが強いということもないので、到着後すぐに使えて、両替手数料も余計にかからないユーロを用意したい。

クレジットカードを用意

いまや海外旅行の必需品ともいえるのがクレジットカード。VISAやマスター、アメックス、ダイナースならたいていOKだ（ヨーロッパで主流のユーロカードはマスターと提携。JCBの加盟店も増えた）。両替手数料もかからず、社会的信用の目安にもなる。

※ユーロ導入により使用できなくなったドイツ・マルクは、主要都市にあるドイツ連邦銀行で交換できる。無期限、手数料なしで交換比率は€1＝1.95583DM。詳しくは www.bundesbank.de へ。

POINT 多額の現金は持ち歩きたくはないが、移動や小さな買物には現金が必要。両替する際は手数料と交換レートに注意しよう。現地通貨の感覚に慣れて、上手に使いこなしたい。

レンタカーを借りる際も不可欠。ホテル利用の際はデポジット（前金）代わりになる。提携先ATM（現金自動預け払い機）で現金を現地通貨で引き出すこと（キャッシング）もできる。また紛失しても無効手続きをとれば、すぐに無効になるので安心。現地オフィスで旅行のサポートも受けられる。

トラベルマネーカードを用意

クレジットカード以外に海外で現金引き出しや支払いをできる便利なカードがあるので検討してみたい。なお、ATM使用に際し、同じATMでも使えたり使えなかったりすることがまれにある。3回以上暗証番号を間違うと安全のためカードが出てこなくなり、旅行中の再発行は困難になるので気をつけよう。

● デビットカード

クレジットカードと違い、買い物などをしたりすると代金が即座に自分の銀行口座から引き落とされるカードで、資金管理には最適なツール。また、ほとんどのカードがVISAやPLUS、CirrusマークがあるATMで現地通貨が引き出せるため、両替の煩わしさからも解放される。海外で使えるデビットカードには、大手銀行などと組んだVISAデビットやJCBデビットが主流。デビットカードを選ぶ際には、年会費の有無、旅行先での使い勝手のよさ、手数料の違い、また、さまざまなポイントサービスなどの付加価値などを考慮し、じっくり選びたい。

● プリペイドカード

プリペイドタイプのトラベルマネーカードは、国際キャッシュカードとトラベラーズチェックの特徴をあわせもつ。出発前に日本で入金しておき、渡航先のATMで現地通貨を引き出す。銀行口座を開設する必要がなく、そのために銀行口座とリンクしていない点が安全。また、ショッピング時にはデビットカードとしても利用できる。

2018年7月現在、Visa系プリペイドカードが新生銀行の海外プリペイドカードGAIKAなど4社から、またMasterCard系プリペイドカードがキャッシュパスポートなど4社から発行されている。それぞれの特典などをじっくり吟味して選びたい。

トラベラーズチェック（T/C）を用意

最大の利点は安全性。本人がサインしないと使えないし、紛失、盗難の際にも再発行してもらえる。日本国内での販売は終了しているが、すでに発行済みのものはこれまで同様に海外で使える。ただし、ドイツではホテルやレストランで直接受け取ってくれることが少ないので、いったん銀行などで両替する必要がある。その際の手数料は普通1回につき€2。

● 使い方……購入時にホルダース・サインをし、使用時に受け取る人の目の前でカウンター・サインをする。

クレジットカード問い合わせ先

● VISAカード
HP www.visa.co.jp
● マスターカード
HP www.mastercard.co.jp
● アメリカン・エキスプレス
HP www.americanexpress.com/japan/
● ダイナースクラブカード
HP www.diners.co.jp/
● JCB
HP www.jcb.co.jp/

主なデビットカード発行先

VISA系デビットカード
● 三菱UFJ-VISAデビットカード
HP www.bk.mufg.jp/tsukau/debit/visa/
● りそなVisaデビットカード
HP www.resonabank.co.jp/kojin/visa_debit/
● ソニー銀行WALLET（Visaデビット付きキャッシュカード）
HP moneykit.net/lp/sbw/daily/
● デビットカード（SMBCデビット）
HP www.smbc.co.jp/kojin/debit/
● ジャパンネット銀行（VISAデビット）
HP www.japannetbank.co.jp/service/payment/cardless/

JCB系デビットカード
● セブン銀行デビット付きキャッシュカード
HP www.sevenbank.co.jp/
● 楽天銀行デビットカード（JCB）
HP www.rakuten-bank.co.jp/card/debit/jcb/

主なプリペイドカード問い合わせ先

● VISAトラベルプリペイドカード
HP www.visa-news.jp/travelprepaid
● MasterCardプリペイドカード
HP http://www.mastercard.co.jp/personal/prepaid-card.html
● 海外プリペイドカードGAIKA
HP www.shinseibank.com/powerflex/gaica/use.html
● キャッシュパスポート
HP www.jpcashpassport.jp/

※引き出す金額や各ATMの手数料によって若干異なるが、手数料や金利を比較するとクレジットカードのキャッシングがおおむねお得という調査結果が出ている。それ以外のカードのチョイスは上記で紹介している特性から判断を。

日本での準備編
旅の情報収集

ドイツ観光局日本事務所
〒107-0052　東京都港区赤坂7-5-56　ドイツ文化会館（OAG-Haus）4F
☎03-3586-5046（テープ案内）
HP www.germany.travel
※紙のパンフレット配布は廃止に。HP下段タブから、「eBrochures」というeパンフレットが閲覧可能。

海外チケット代行サービス
●マルコポーロチケット
HP www.mpj-ticket.com
●ワールドチケットガイド
HP www.world-ticket.jp
●ビアゴーゴーviagogo
HP www.viagogo.jp
●ムジーク・ライゼン
HP www.musik-reisen.jp

シェンゲン協定加盟国
シェンゲン協定加盟国のうち実施している国は2018年7月現在、オーストリア、ベルギー、デンマーク、チェコ、エストニア、フィンランド、フランス、ドイツ、ギリシャ、ハンガリー、アイスランド、イタリア、ラトビア、リトアニア、リヒテンシュタイン、ルクセンブルク、マルタ、オランダ、ノルウェー、ポーランド、ポルトガル、スロバキア、スロベニア、スペイン、スウェーデン、スイス（モナコ、バチカン、サンマリノ）の26カ国（カッコ内3国の実質加盟国扱い合計で29カ国）。上記加盟国を一つの国と見なし、一部独自のルールはあるものの、原則共通で過去180日間で最大90日間（トランジット含む）までビザ免除滞在が可能。これにより、例えばフランスに1カ月、イタリアに1カ月滞在した場合、ドイツには、その半年間では1カ月間までしか滞在できない（合計3カ月になるため）。

何を調べるか？

●**宿泊情報**……料金は部屋のグレードで違うのはもちろん、メッセ（見本市）や祭りの有無で違ってくる。最近は時価で変動して、1日違いでも料金が違うというホテルも増えた（p.341）。立地は交通手段も確認しておこう。設備はバスタブがあるか無いかも調べておくとよい。

●**シーズン関連情報**……博物館や見どころの開館時間は、冬時間と夏時間で違いが大きい。本書では「無休」と表記してあるところでも、クリスマス時期や祭りで一時休業の場合もある。また、土・日曜で交通機関本数の違いもある。

●**イベント関連情報**……イベントやお祭りの開催情報は、なるべく新しいものをネットなどで確認したほうがよい。特に、サッカー観戦やオペラ観劇などは事前の準備が欠かせない。

●**文化情報**……観光スポットの歴史を事前に知っておくと、現地での観光がより楽しいものになる。

どうやって調べるか？

●**観光局の資料を閲覧**……ドイツ観光局には豊富な観光情報があり、それらをネットで公開。PDF形式の「eBrochures」（左記参照）はダウンロードしてオフラインでも閲覧できる。

●**書籍で調べる**……文化的な要素を調べるには書籍が一番。

●**インターネットで調べる**……一番安価な方法で、細かい情報を拾えるが、その分使いこなしが難しく時間がかかる。間違った情報が載っていることも。次項の活用術を参照。

現地ではまず❶で情報収集を

現地に着いたら、何はともあれ❶インフォメーションセンターを目指そう。主要都市なら駅構内にサービスポイントという案内施設もあり、❶ほどではないが資料があることも多い。資料としては下記（英文かドイツ語がほとんど）が手に入る。

ベルリンの❶。おみやげなども売っている
©visitBerlin, Foto: Dirk Mathesius

●**ホテルリスト**……非常に詳細で、無料のことが多く地図も付く。
●**観光地図**……シュタットプラン Stadtplan。有料の場合も。
●**観光スポットのカタログ**……プロスペクト Prospect。

ドイツの滞在可能期間について
ドイツはシェンゲン条約加盟国なので、ビザ免除滞在期間は半年以内3カ月。欧州を長期間旅行する場合は、他加盟国との合計滞在期間が3カ月を超えるようだと、たとえドイツの滞在期間が短くてもオーバーステイになるので注意したい。

おすすめURL集／気候と服装

おすすめURL集

■**鉄道の路線検索** HP www.bahn.com/en/view/index.shtml DB（ドイツ鉄道）のホームページトップからTimetable & Bookingのボックスに駅名を入力。

■**地図を調べたい** HP www.google.de/maps

■**電話番号を調べたい** HP www.teleauskunft.de

■**お天気情報を調べたい** HP www.tenki.jp/world/1/125

■**ユーロの為替を知りたい** HP www.oanda.com/lang/ja/currency/converter/

■**その他統計など**
●ドイツ連邦統計局 HP www.destatis.de/EN
●ドイツ大使館 HP www.japan.diplo.de/　ビザ発給など

スマートフォンからアプリ活用

　最近はスマートフォンからネット検索する際に、アプリ経由でする人も増えている。上記のDBの鉄道路線検索も「DB Navigator」というアプリになっているし、地方交通ごとにアプリがあるのが当たり前になっている。

●外務省の「海外安全アプリ」　App StoreやGoogle playで無料で入手できる。GPS機能を利用して現在地および周辺国の安全情報が表示される。

●**時差早見表**　※冬時間の場合(3〜10月のそれぞれ最終日曜の期間がサマータイム。時差7時間になるのでドイツ時間が1時間繰り上がる)

季節の気候と服装

春（4〜5月）
朝晩は冷えることも。日によって寒暖に差があるので、重ね着が出来る服装を用意したい。花は5月頃から咲く。

夏（6〜8月）
梅雨はなく晴天が多くなる。湿度は低いので気温が上がっても過ごしやすい。夜、レストランに入ることも考慮してフォーマルな服も用意したい。山沿いの観光地では天候が変わりやすいので注意。

秋（9〜10月）
春とほぼ同様。紅葉は10〜11月まで。10月からサマータイム終了で日が短くなる。

冬（11〜3月）
南は山脈近くは気流で寒く、北の海に近い方は海の暖流で南より若干暖かい。雪も南の山脈近くの方が多い。室内はセントラル暖房が普通。外気の体感は日本の東北程度。手袋やマフラー、耳を覆う帽子などがあれば万全。

インターネット活用術

　ドイツでは、各種公共機関をはじめ、ネットで情報公開しているところが多く、都市部ではインターネットカフェもよく見かける。

●まずは「Sitemap」という項目を探してみよう。そのサイトの全体像がわかる。

●必ずそのサイトが更新された日付を確認しよう。情報が古い可能性がある。

●個人の作ったサイトでは情報は正しくない可能性もあるので注意。

●ドイツ語サイトの場合……イギリス国旗をクリックすると表示言語が英語になることが多い。

●質問したい場合……たいていのサイト内に掲示板（BBS）というものがある。同じ掲示板を見ている詳しい人から返事がもらえるかも。メールアドレスが公開されていれば質問してみよう。

●同じような情報をもっと調べたい……そのサイト内の「Link」（リンク集）を探してみよう。

●各地の観光局など……アドレスバーに「www.各都市名（アルファベット）.de」と入力すると見つかる場合が多い。

●ウムラウトの代わり……アドレスバーに入力するとき、äならaeの様に母音の後にeを入れるとウムラウトの代わりになる。

●ドイツ語も英語も読めない……無料のドイツ語→英語→日本語などの機械翻訳を利用してみては。
HP translate.google.co.jp
HP www1.worldlingo.com/ja/
HP translation.infoseek.co.jp
HP voicetra.nict.go.jp

日本での準備編
旅のしたく

旅行用品のレンタル
●日本レンタルケース
☎03-3988-7707（予約センター）
HP nrc.travel.coocan.jp

英文診断書（トラベルカルテ）
海外で発病し治療を受ける場合、既往症や常用薬、血圧などを医師にわかるよう英語で伝える必要があることも。3ヵ月有効の短期の診断書作成で21,600円かかるが、不安なら用意していこう。薬剤証明書は1通6480円から。
旅の医学社（医療文書翻訳サービス）
☎03-5414-7100
HP www.obm-med.co.jp

季節と滞在期間を考慮し、できるだけ身軽に済ませよう。チェックのコツは現地調達が可能かどうかも考えること。

持ち物の準備チェック
●帰りのおみやげを入れるスペースを考慮しておく。
●到着日が日曜だとほとんどの店が閉まっているので要確認。

持って行くと便利
●変圧器：ドイツの電圧は220V 50Hz。使っている機器が対応でなければ必須。
●プラグ：CまたはSEタイプ（全世界対応のものが便利。充電用にコンセントのミツマタなども）。
●シャンプー、洗剤など：長期滞在でなければ小分けして。

現地で手に入れにくい
●薬：現地は処方箋が必要な場合もあり、普段使っているものを。
●正装用の服：オペラ観劇や高級リゾートに行く場合など。
●木綿の下着、生理用品など：日本のものの方が質もいい。

プラグの形状はCタイプ

✈ 機内持ち込み手荷物と受託手荷物

機内に持ち込む手荷物、受託手荷物には重量や大きさなどに規定がある。壊れやすいもの、貴重品は手荷物として機内持ち込みが鉄則だ（スーツケースの扱いは手荒い）。大きな楽器などを持っていく場合なども事前に交渉したほうがいい。

また、2007年から、100mlを超えるすべての液体物（ジェル類、スプレー含）の機内持ち込みが禁止された。どうしても必要な場合は下記の処理が必要なので、注意が必要だ。

●100ml以下の容器に入れ、それを1リットル以下のジッパーの付いた開閉式の透明プラスチック製袋に入れる。※医薬品やベビーミルクなどは例外。
注意：規定外の液体物（化粧品など）を免税店などで購入しても、乗り継ぎ時などに破棄させられるので気をつけよう。

JALの場合

	機内持ち込み手荷物	無料受託手荷物（3辺の和が203cm以内）
ファーストクラス	3辺の合計115cm以内で、各辺の長さが55×40×25cm以内の物1個。重さは他のハンドバッグなどとの合計が10kgまで	32kg×3個
ビジネスクラス		32kg×3個
エコノミークラス		23kg×2個

※ルフトハンザ ドイツ航空の日本—ヨーロッパ路線の場合、無料受託手荷物は、一般でエコノミークラス23kg 1個、ビジネスクラス32kg×2個、ファーストクラス32kg×3個となっている。サイズは各自3辺の和が158cm以内となっている。機内持ち込みはエコノミークラスで、55×40×20cm以内で重さは8kgまで1個。

持ち物チェックリスト
□パスポート………有効期間を確認しておこう
□現金（ユーロ）………とりあえずの現金を用意
□現金（円）…帰国後の帰りの交通費も忘れずに
□クレジットカード………………いまや必需品
□e-チケット…出発日時やルートなどを確認しておく
□旅行傷害保険証…緊急際の説明書も一緒に
□パスポートのコピーと予備の写真……念のため
□常備薬…………使い慣れたものが安心
□下着……………2～3セットで充分
□衣類…………着替えと温度調整できるものを
□洗面用具……シャンプーや歯磨き剤などを忘れずに
□地図・ガイドブック……『わがまま歩き』をお忘れなく
□国外運転免許証……現地で車を運転する人は必ず
□国際学生証………………学生の方はあると便利
□デジカメ……時刻表を写すなどメモ代わりにも
□携帯電話……電話帳的に使っている人は必携

携帯電話とネット接続

ドイツで携帯電話を使う

日本は通信方式が独自なため（欧州などはGSM方式）、海外では携帯がそのままでは使えない。このところ、世界共通の、いわゆる第3世代（以下3G）方式やLTE（4G）に対応した機種も増えてきた。ただし課金の仕方などに注意は必要。

いつもの携帯を使う
3G回線以降に対応した機種やスマートフォン（iPhoneなど）はそのまま使えることが多い（事前申し込みが必要な場合もあるので契約会社に要確認）。ただし、いずれも国際ローミング（提携先現地回線の利用）なので料金は高くなる。また、最近では各社1日1280円〜程度の定額サービスも提供してる。

レンタル携帯を借りる
自分の携帯事業者に相談すると端末のレンタルが可能。いつもと同じ番号が使えるかどうかはサービスによる。また、独自の携帯レンタル専業の業者もあり、空港でブースを出したり、ネットなどで宅配してくれるところもある。ただし通話料は自前の場合に較べて割高。

海外用携帯を買う
テロ対策の影響で外国人がプリペイドSIMを購入するのは難しくなった。SIMフリー端末を持っていれば、他国の格安SIMでドイツでも使えるタイプを、Amazonなどで事前購入するのがお得。例えばAISのSIM 2 Flyというタイプは、15日間4GBまでデータ通信可能で3500円程度。

チェックPOINT
★ドイツなど欧州ではGSM（900、1800MHz）方式と3Gと4Gが混在。
★LTE（4G）はドイツでも途上。つながらない地域も。
★日本の端末がそのまま使える場合でも、通話料金はかなり割高（日本経由で通信する「国際ローミング」になる）。
★どの場合も日本と違い、着信しただけでも課金されるので要注意！（特に日本から掛かってくる場合）

空港でよく見かける携帯のレンタルサービス

海外携帯レンタル比較ナビ
 www.mobistar.jp

NTTドコモ
通話料（自前携帯）：
　ドイツ内80円／分
　ドイツ→日本180円／分
☎0120-800-000（ドコモ携帯からは☎151）
 www.nttdocomo.co.jp/service/world/

ソフトバンクモバイル
通話料（自前携帯）：
　ドイツ内75円〜／分
　ドイツ→日本175円〜／分
☎0800-919-0157（ソフトバンク携帯からは☎157）
 www.softbank.jp/mobile

au by KDDI
通話料（自前携帯）：
　ドイツ内80円／分
　ドイツ→日本180円／分
☎0077-7-111（au携帯からは☎157。ともに無料）
 www.au.kddi.com/mobile/service/global
※データ通信は各社海外ローミングの定額サービスを980〜2980円／日ぐらいで提供。ローミングの提携先以外の業者に繋がってしまわないよう注意。

ドイツでネット接続

最近のホテルは、ユースも含めて無線LAN有りが標準になっている。フロントでパスワードなどを教えてもらい、持参のノートPCやスマホで無線LAN経由のネット接続が可能。普通は無料だが、一部宿により有料の場合も。都市部では、駅前などに据え置きのPCが置いてあるテレカフェなどと呼ばれる通話ショップもあるが、日本語入力が出来るかは要確認だ。街中ではカフェに無線LANがある場合もあるので、観光局などで教えてもらうといいだろう。

有料だがクレジットカードやPayPalがあればT-Mobileの有料ホットスポット（1日€4.95、1週間€19.95、30日€29.95 ※アクセスしてカード番号などを入力）が使える。マックカフェやKFCなど提携先が多く、一部のICE車内などでも利用可。

◆ドイツテレコム 　 www.hotspot.de
◆ホットスポット探し
　 www.hotspot-locations.com

成田国際空港

空港に行く

成田国際空港インフォメーション
☎0476-34-8000
ウェブサイト…http://www.narita-airport.jp/

　日本最大の国際線就航数を誇る空港で、東京都心から60kmの千葉県成田市にある。第1〜3の3つのターミナルからなり、鉄道もバスも下車駅が異なる。東京寄りが第2ターミナルビル駅で、第1ターミナルへは終点の成田空港駅へ。LCC専用の第3ターミナルへは第2ターミナルから徒歩かバス利用で。

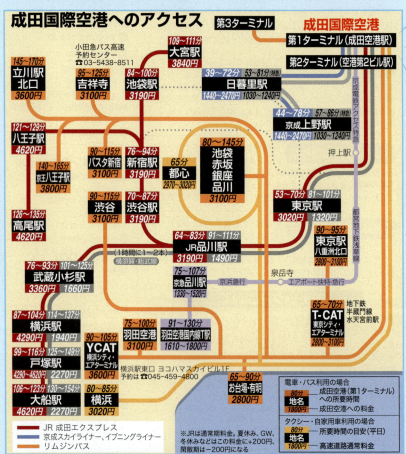

凡例
- JR 成田エクスプレス
- 京成スカイライナー、イブニングライナー
- リムジンバス

※JRは通常期料金。夏休み、GW、冬休みなどはこの料金に＋200円、閑散期は－200円になる

電車・バス利用の場合
- 80分 地名 … 成田空港(第1ターミナル)への所要時間
- 1800円 地名 … 成田空港への料金

タクシー・自家用車利用の場合
- 80分 地名 … 所要時間の目安(平日)
- 1800円 地名 … 高速道路通常料金

成田エクスプレス
時間に正確、大きな荷物も安心！

　東京、神奈川、埼玉の主要駅と成田空港を結ぶJRの特急で、荷物を置くスペースも完備。1日27便。八王子や大宮からは少なくとも1日2本のみ。夏期には横須賀、鎌倉からの臨時便も運行。従来の「立席特急券」は廃止。かわりに乗車日と乗車区間のみ指定の特急券「座席未指定券」を導入。料金は指定特急券と同額。

横須賀・総武線でも

　特急にくらべ時間はかかるが、JRの普通列車でも成田空港に行ける。横須賀線・総武線直通運転の快速エアポート成田は、日中ほぼ1時間に1〜2本の運行。特急券は不要で、乗車券のみで利用できる。ただし車両は普通の通勤用なので、大きな荷物があると不便。
JR東日本お問い合わせセンター………………
☎050-2016-1600

 鉄道ダイヤの乱れや道路渋滞で遅れて飛行機に乗れなかったとしても、航空券の弁償はしてもらえない。ツアーの場合は旅行会社、個人旅行の場合も利用航空会社の緊急連絡先は控えておき、すぐに連絡をして善後策を相談。

Airport Guide

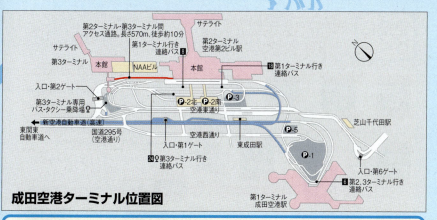

成田空港ターミナル位置図

第1ターミナルのエアライン

南ウィング

- 全日空
- ルフトハンザドイツ航空
- スイスインターナショナルエアラインズ
- オーストリア航空

IBEXエアラインズ　エチオピア航空　中国国際航空
アシアナ航空　エバー航空　ニュージーランド航空
ヴァージン・オーストラリア　山東航空　Peach
ウズベキスタン国営航空　ジェットエアウェイズ　MIATモンゴル航空
エア・カナダ　シンガポール航空　南アフリカ航空
エアージャパン　深圳航空　ユナイテッド航空
エアソウル　スカンジナビア航空　LOTポーランド航空
エアプサン　ターキッシュエアラインズ
エジプト航空　タイ国際航空

北ウィング

- エールフランス
- KLMオランダ航空

アエロフロート　エアカラン
アエロメヒコ航空　エティハド航空
厦門航空　オーロラ航空
アリタリアーイタリア航空　ガルーダ・インドネシア航空

四川航空　デルタ航空
ジンエアー　ベトナム航空
大韓航空　マンダリン航空
中国南方航空　ヤクーツク航空

第2ターミナルのエアライン

- 日本航空
- ブリティッシュ・エアウェイズ

アメリカン航空　スクート　パキスタン航空
イベリア航空　スリランカ航空　ファイアーフライ
イースター航空　セブパシフィック航空　フィジーエアウェイズ
インドネシア・エアアジアX　タイ・エアアジアX　フィリピン航空
エア・インディア　タイガーエア台湾　フィンランド航空
エア タヒチ ヌイ　チャイナエアライン　香港エクスプレス
S7航空　中国東方航空　香港航空
エミレーツ航空　ティーウェイ航空　マカオ航空
カタール航空　ニューギニア航空　マレーシア航空
海南航空　ノックスクート　ラタム航空(TAM)
カンタス航空　ハワイアン航空　ラタム航空(LAN)
キャセイパシフィック　バンコク・エアウェイズ　ロイヤルブルネイ航空

第3ターミナルのエアライン

ジェットスター航空　Spring Japan　バニラエア
ジェットスター・ジャパン　チェジュ航空

空港に行く　353　成田国際空港

スカイライナー
世界標準のアクセスタイムを実現

　成田スカイアクセス線経由のスカイライナーは、日暮里と成田空港駅(第1ターミナル)間を最速39分で結ぶ。料金は2470円。18時以降は京成本線経由のイブニングライナーが1440円と安くて便利。特急料金不要のアクセス特急は青砥から所要約45〜50分、1120円。上野からだと京成本線経由の特急が1時間2〜3本運行、1030円。
京成電鉄上野案内所 ……………☎03-3831-0131

京急線、都営地下鉄からでも

　京浜急行、都営浅草線からも直通のエアポート快特特急とエアポート急行などが成田スカイアクセス線及び京成本線経由で羽田空港から毎日17〜19本運行。
京急ご案内センター …………☎03-5789-8686

リムジンバス
乗り換えなしでラクチン

　JRや京成電鉄の駅に出るのが面倒なら、自宅近くからリムジンバスや高速バスが出ていないか要チェック。都心や都下の主要ポイントを運行する東京空港交通(リムジンバス)のほかに、京王、小田急、神奈川中央バス、京成バスなどが関東や静岡などの主要都市から数多く運行している。
リムジンバス予約・案内センター…☎03-3665-7220
　…… http://www.limousinebus.co.jp/
京王高速バス予約センター(聖蹟桜ヶ丘、多摩センター、調布など) ………☎03-5376-2222
小田急バス高速予約センター(たまプラーザ、新百合ヶ丘など) ……………☎03-5438-8511
神奈中高速バス予約センター(茅ヶ崎、相模大野、町田など) ……………☎0463-21-1212

 東京駅八重洲口や銀座から成田空港まで900円〜2000円(深夜早朝便)で格安の連絡バスが運行。詳細は京成バス「東京シャトル」 HP www.keiseibus.co.jp、平和・あすか交通・JRバス関東「THEアクセス成田」 HP accessnarita.jp など。

空港に行く

東京国際空港
（羽田空港）

東京国際空港ターミナル
インフォメーション
☎03-6428-0888
ウェブサイト…http://www.haneda-airport.jp/inter/

羽田空港へのアクセス
●電車
　京浜急行と東京モノレールを利用。京浜急行の場合は品川から快特・エアポート急行で11～23分、410円。横浜駅から16～31分、450円。新橋から都営浅草線直通の快特・エアポート急行で22～34分、530円。
　モノレールの場合、山手線浜松町駅から13～21分、490円。日中は3～5分間隔で運行。
京急ご案内センター …………☎03-5789-8686
東京モノレールお客さまセンター ……☎03-3374-4303

●空港バス
　都内各方面、神奈川・埼玉県など各地からリムジンバスが運行している。新宿・渋谷・横浜などでは深夜・早朝便を割増料金で運行。
リムジンバス予約・案内センター …☎03-3665-7220
京浜急行バス羽田営業所 ……☎03-3743-9018

東京国際空港位置図

クルマ
　首都高速湾岸線湾岸環八出口から国際線ターミナルまで約5分。国際線ターミナルの南側に国際線駐車場(24時間2100円。以後24時間ごと2100円、72時間超えた場合は1日の上限1500円) がある。ハイシーズンは満車の場合が多いので予約がベター。予約料1400円。
国際線駐車場 ………………☎03-6428-0121

Airport Guide

空港に行く 関西国際空港

関西国際空港総合案内所
☎072-455-2500
ウェブサイト…http://www.kansai-airport.or.jp/

関西国際空港へのアクセス

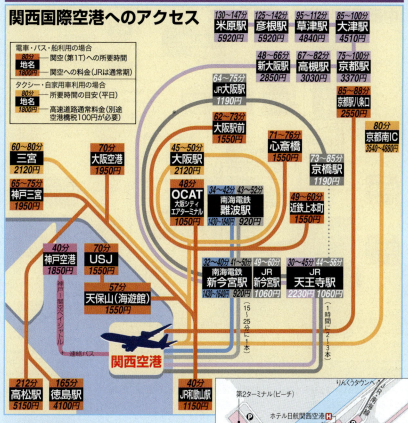

JR特急はるか

京都、大阪と関空を結ぶJRの特急。一部米原、草津始発の列車もあるが、ほとんどは京都駅が始発。日中ほぼ30分に1本の間隔で運行。急いでいなければ京橋または天王寺始発の関空快速もおすすめ。所要時間は特急より+15分くらいだが、普通料金で利用できる。
JR西日本お客様センター……☎0570-00-2486

南海電鉄ラピートα・β

難波から新今宮、天下茶屋、泉佐野、りんくうタウン停車で関空に行くのがラピートα、平日早朝4本運行。ラピートβは堺、岸和田にも停車し、合わせて32本運行。
南海テレホンセンター………☎06-6643-1005

空港バス

関西から一部四国まで路線が充実しており、上図以外にも、JR・阪神尼崎駅、京阪守口市駅、JR・近鉄奈良駅発などがある。2週間有効の往復乗車券が割引率がよくておすすめ。予約が必要な便もあるので、要問い合わせ。
関西空港交通…………………☎072-461-1374
http://www.kate.co.jp/

京都・神戸・芦屋エリアから関空まで乗合タクシーが走っている。料金は京都から1人4200円、神戸・芦屋2500〜4000円など。予約は、MKスカイゲイトシャトル(京都☎075-778-5489／神戸・芦屋☎078-302-0489)、ヤサカ関空シャトル(京都☎075-803-4800)へ。

空港に行く 中部国際空港（セントレア）

セントレアテレホンセンター
☎0569-38-1195
ウェブサイト…http://www.centrair.jp/

鉄道
名古屋、岐阜、犬山などと中部国際空港間は名鉄を利用。快速特急（ミュースカイ）を使えば名古屋からだと最速で28分で空港に。料金はミューチケット360円込みの1230円。
名鉄お客さまセンター………☎052-582-5151
http://top.meitetsu.co.jp/

空港バス
名古屋市内や近郊、愛知県各所、四日市、桑名、浜松、掛川ICなどから高速バスが運行している。乗り換えしなくてすむのが便利だ。

名鉄お客さまセンター………☎052-582-5151
三重交通四日市営業所………☎059-323-0808
　　　　　桑名営業所………☎0594-22-0595
知多乗合お客様センター……☎0569-21-5234
遠州鉄道空港バス係…………☎053-451-1595

船
三重県の津から、津エアポートラインの高速艇が中部国際空港まで運航。所要45分、2470円。1日15便運航。冬期（年末年始は除く）は8便の運航。
津エアポートライン……☎059-213-4111（津）

 ## 福岡空港

福岡空港国際線案内…………☎092-621-0303
http://www.fuk-ab.co.jp/

 ## 仙台空港

仙台空港インフォメーション…☎022-382-0080
http://www.sendai-airport.co.jp

 ## 新千歳空港

新千歳空港総合案内…………☎0123-23-0111
http://www.new-chitose-airport.jp/ja/

空港利用の裏ワザ

スーツケースは宅配便で

スーツケースなど重い荷物を空港まで運ぶのは大変。宅配便利用なら、そんな苦労もしなくてすむし、帰りも空港から自宅に荷物を送ることができる。距離、重さによって異なるが、スーツケース1個(25〜30kg以内)で成田、羽田、関空、中部とも2138円から。2〜8日前までに予約して、自宅等で集荷してもらう。

●主要空港宅配便連絡先
JAL ABC(成田・羽田・中部・関空)
☎0120-919-120 ☎03-3545-1131(携帯から)
www.jalabc.com/airport/(ネット予約可)
ANA手ぶら・空港宅配サービス(成田・羽田・関空)
☎043-331-1111(成田)、03-4335-2211(羽田)、06-6733-4196(関空)
GPA(成田空港宅急便)(成田のみ)
☎0120-728-029 ☎0476-32-4755(携帯から)
www.gpa-net.co.jp(ネット予約なし)
関西エアポートバゲージサービス(関空のみ)
☎072-456-8701
www.konoike-aps.net(ネット予約可)
セブンイレブン(関空第2ターミナル)
☎072-456-8751

Webチェックインで時間を有効活用

自宅のパソコンやスマートフォンを利用してチェックインが手軽にできるサービスがWebチェックイン。eチケットがあれば誰でも可能。出発の24時間前からでき、座席指定も可能。パソコンで搭乗券を印刷するかモバイル搭乗券をスマートフォンで受け取れば完了。その代表例がANAの「オンラインチェックイン」や日本航空のWebチェックイン(Quic)など。当日預ける手荷物がなければそのまま保安検査場へ。ある場合は手荷物専用カウンターで預けてから。空港には搭乗60分前までに着けばいいので楽だ。詳細は各航空会社のHPで。

手ぶらサービスを利用して、らくらく海外へ

日本航空と全日空は、成田・羽田・関空・中部(日本航空のみ)発の国際線(グアム・ハワイを含む米国路線、米国経由便、共同運航便は除く)の利用者に対して、自宅で預けた宅配便スーツケースを渡航先の空港で受けとれるサービスを行っている。前述のWebチェックインと併用すれば、空港での手続きも不要で大変便利。料金は、日本航空が従来の空港宅配便と同額、全日空がプラス324円。申し込みは日本航空http://www.jalabc.com/checkin/または☎0120-981-250、919-120。全日空https://www.ana.co.jp/。

定番みやげは予約宅配で

旅先で限られた時間を、義理みやげや定番アイテムを探すことに使うのはもったいない。そんな場合に活用したいのが、海外旅行みやげの予約宅配システム。成田にある海外おみやげ予約受付(第2北3F)では、チョコレートやお酒など、世界各国の定番のおみやげを豊富に揃えており、全国一律972円で指定の日に配達してくれる。出発前に商品カタログを自宅に取り寄せて(☎0120-988-275)申し込むか、空港の受付で注文しておけば、身軽に海外旅行が楽しめる。羽田、中部、関空にも同様のサービスがある。

成田空港までマイカーで行くなら

成田空港までのアクセスに車を使う場合、問題になるのが駐車場。空港周辺の民間駐車場をネット予約すれば、空港までの送迎タイプで4日間3000円、7日間で4000円くらい。高速代を加味しても、複数なら成田エクスプレス利用よりは安くなるが、時間がかかる。

成田空港の駐車場を利用すると利便性は高まるが、民間より料金は高くなる。第1ターミナルならP1かP5駐車場、第2、3ターミナル利用ならP2・P3駐車場が近くて便利。このうち予約ができるのはP2とP5のみ。料金はP1、P2駐車場の場合、5日駐車で1万300円。それ以降は1日につき520円加算となる。GWや夏休みは混むので、予約は早めに。

成田空港駐車場ガイド(民間)
http://www.narita-park.jp/
成田国際空港駐車場案内
http://www.narita-airport.jp/jp/access/car

とっておき情報

WeB TRAVELで
≪新しい旅のスタイル≫のオーダーメイド旅行

メールで気軽に！
思い描く通りの旅をオーダー!!

　㈱ウェブトラベルでは、旅作りの専門家「トラベルコンシェルジュ」がひとりひとりにピッタリのモデルプランを提案、思い描く通りの旅をオーダーできるサービスを展開している。利用方法はまず専用アドレスblueguide@webtravel.jpにメールする。メールで旅の目的、イメージ、大まかな予算、気になることなどを伝えると、「旅のプロ」である400人以上のトラベルコンシェルジュの中から最適のスタッフが、思い通りの旅行プランを無料で提案・見積もりしてくれる。

　やりとりのほとんどはEメールと電話で行うので、都合の良い時間を選んで相談でき、また、面倒な手配や予約などはいっさいコンシェルジュにおまかせできるのも便利。出発から帰国まで、コンシェルジュがサポートしてくれる。

トラベルコンシェルジュって？

　自分で全部手配する旅も良いけれど、時には旅の専門家にワンランク上の旅を演出してもらいたいもの。そんな期待に応えてくれる旅行コンサルタントが、ウェブトラベルの「トラベルコンシェルジュ」。それぞれが得意分野を持ち、多様化する旅行者のニーズに柔軟に対応できるのが特徴だ。

　インターネット予約では「顔」が見えなくなりがちだが、「顔」の見える「トラベルコンシェルジュ」は、いわばネットとリアルの良いとこ取りのサービス。現在約400名のコンシェルジュが在籍し、ホームページでプロフィールや得意分野などがいつでも見られるようになっている。

ドイツが得意なコンシェルジュの
ワンポイントアドバイス

「夏は期間限定のライン川下りに、バスでのロマンチック街道巡り、冬はベルリンやミュンヘンで街歩きとコンサート三昧、という 自然も歴史も芸術も四季折々で楽しめるのがドイツの魅力です。ミュンヘンを拠点にすれば、クリスマスマーケットも複数の街で楽しめますよ」

浦野 泉コンシェルジュ

　いにしえの時代が漂う、重厚な建物や歴史的な遺産、残された多くの古城・・・メルヘンの世界感そのままのフォトジェニックな街並みや風情ある港町の風景・・・東西南北それぞれの街が、それぞれの変わらぬ魅力を大切に守りつつ、つねに最新を求めて進化する躍動感も感じられるのが、ドイツの魅力です。有数のワイン産出国で産出されるワインと、その街だけで飲むことができるローカルビールを旅のお供に、出掛けてみましょう。初めての方はもちろん、2度め3度めの方でも、まだ見ぬドイツに出会えるはずです。

羽生明子コンシェルジュ

詳しくはウェブトラベルで検索　https://www.webtravel.jp

Germany

[ドイツ編] トラベルインフォメーション

- ■入国ガイド
- ■日本への帰国
- ■鉄道と市内交通
- ■隣国への鉄道ルート
- ■ドイツ旅行のマナー
- ■両替
- ■電話と郵便
- ■ホテルを利用する
- ■レストランへ行く
- ■トラブル対策
- ■旅の安全と健康

入国からの現地案内
入国ガイド
さあドイツへ入国 日本人の入国審査はとても簡単だ

空港からの入国

長時間のフライトの末、ようやくドイツに到着。ドイツへの入国は係官にパスポートを提示するだけでOK。入国カードの記入の必要はなく、簡単に入国手続きを済ませることができる。パスポートの有効期限は、ドイツを含めてシェンゲン協定加盟国から出国する日より3カ月以上の残存期間が必要なので注意。最悪出国できない。

ひとことドイツ語・英会話

入国審査

●旅行の目的は何ですか
- 英 What is the purpose of your trip?
- 独 Was ist der Zweck Ihrer Reise?

●観光です
- 英 Sightseeing.
- 独 Sightseeing.

ドイツ入国の際の免税範囲

※以下の範囲を超える場合は申告が必要となる。

シガレット（紙巻きタバコ）
　……………………… 200本
または葉巻きタバコ …… 50本
または細葉巻きタバコ… 100本
またはパイプタバコ …… 250g
（数種類にまたがる場合は総重量250g以下）

アルコール度数22％未満の酒類	2ℓ
またはアルコール度数22％以上の酒類	1ℓ
及び発泡性のないワイン	4ℓ
及びビール	16ℓ
その他の物品…	総額が15歳以上€430、15歳未満€175まで

入国のプロセス

1 入国審査の列に並ぶ Immigration

空港の入国手続きカウンターPasskontrolle（パスコントロレ）に進み、列に並ぶ。自分の順番が来れば前へ進み、係官にパスポートを提示するだけで済む。フランクフルトなどの国際線専用ターミナルでは、「EU諸国のパスポート所持者」と「それ以外の国（Non-EU Nationals）」にカウンターが分かれているので、表示をきちんと確認し、並び間違えのないように注意しよう。

2 荷物を受け取る Baggage Claim

入国審査を終えたら、次に手荷物受取所Gepäckausgabe（ゲペックアウスガーベ）でスーツケースなど機内預けの荷物を受け取る。手荷物受取所の前に、機内に持ち込んだ手荷物用の税関がある場合は、そこでも申告が必要なこともある。自分の乗った飛行機の便名が表示されたターンテーブルを探し、荷物をピックアップする。荷物が出てこない場合は、バゲージクレームタグ（荷物の預かり証明）を係官に提示してその旨を伝える。

3 税関を通る Customs

ターンテーブルで荷物を受け取ると、その出口は通常、税関（Zoll）になっている。とくに申告するものがなければ緑のサインの方へ、免税範囲を超えている場合など、申告が必要であれば赤のサインの方へ進む。なお、EU領域に入る場合、現金€1万以上、及び同等価値の他通貨や有価証券等の持ち込みは税関への申告が義務付けられているので、忘れないように。

●税関でのアドバイス●

日本人の旅行者が税関で問い詰められるようなことはめったにないが、もしドイツ語で質問されて意味がわかったとしても、ドイツ語では話さない方が無難だ。ドイツ語ができると知られると、短期旅行なのに労働滞在や不法滞在を考えていると思われたりして、面倒なことにもなりかねない。そういった場合は、英語で対応したり、「Ich bin Tourist.私は観光客です。Ich habe nichts zu verzollen.申告するものはありません」といったような文章を見せるなど、うまく対応しよう。

POINT 入国審査

ドイツへの入国は入国カードの記入もなく、パスポートを提示するだけでOK。2018年7月現在、日本からの直行便は、ルフトハンザ ドイツ航空、日本航空、全日空が運航している。

鉄道での入国

ドイツに隣接する国は9カ国（p.370参照）。多数の国際列車が乗り入れているが、EU加盟国間では国境検閲の簡素化が進んでいる。EU未加盟国からの入国で検閲がある場合は、国境駅に停車して行われるか、国境駅近くで係官が列車に乗り込み走行中に行われる。その際は、パスポートを用意して座席で待っていればスムーズに済む。

自動車での入国

バスでの入国なら、乗務員や添乗員の指示に従っていればよい。大きな検関所では、バス、乗用車、トラックと車種別にレーンが設定されているので、レンタカーなら乗用車レーンに入っていけばよい。係官がいない場合はそのまま通過するだけだが、いる場合でも、係官の前をスロースピードで通過するだけで、パスポート提示なしで入国できる。

リコンファーム

リコンファームとは航空便の予約再確認のことで、出発の3日前（72時間前）までに利用する航空会社に連絡をとるシステム。かつてはこれを忘れると最悪の場合キャンセル扱いとなり、たとえ帰国便であっても予約を取り消されてしまうこともあった。パッケージツアーに参加した場合はツアー会社が代行してくれるが、個人手配旅行の場合は自分で行う。各航空会社の問い合わせ先は帰国ガイド（p.362）参照。ただし、最近はリコンファーム不要の航空会社がほとんどで、ルフトハンザドイツ航空や日本航空、全日空も不要だが、してはいけないというものでもないので、不安ならやっておこう。

空港内ではサイン（青地に白）を見ながら行動しよう

乗り継ぎで入国する場合、入国手続きと税関検査は別！

ドイツ国内で飛行機を乗り継いで入国する場合、入国手続きは原則的にドイツへ最初に着いた空港で、荷物の税関検査は最終目的地の空港で行われるので間違えないように。ただし、機内に持ち込んだ手荷物の内容については、税関に申告の必要があることもある。

空港内での両替は少し多めに

入国したら、当座必要な現金の両替は空港内ですることになる。両替所は到着ロビーにあり、レートも市内の銀行とそれほど大きく違わないが、最近は市中の銀行で、円との両替をしないところが増えているので、少し多めに替えておきたい。

ひとことドイツ語・英会話
リコンファーム

●リコンファームをしたいのですが
英 May I reconfirm (my flight)?
独 Können Sie meinen Flug bestätigen?

※チャイナエアラインは原則、リコンファームが必要だが、現地での滞在連絡先を事前通知している場合は不要。

EU間の移動について

EU加盟国の中でも、シェンゲン協定加盟国（p.348参照）は、お互いをひとつの国のように扱う取り決めなので、移動は国際間移動ではなく国内移動扱いになる。このため、いったんドイツに入国したあと、陸続きで他の加盟国に移動するような場合はほとんど審査らしい審査はない。

帰国と各種情報

日本への帰国

旅も終わりに近づきいよいよ帰国の途へ。楽しかった旅をスムーズに終えるために、さて、最後にすべきことは？

各航空会社の連絡先
- 日本航空（ヨーロッパ予約センター）
 ☎0180-2228747（日本語専用）
- 全日空（ドイツ顧客サービスセンター）
 ☎0800-1810397
- ルフトハンザ ドイツ航空（フランクフルト）
 ☎069-86799799
- チャイナエアライン（フランクフルト）
 ☎069-2970580

ミュンヘンの自動チェックイン機

日本円への両替
手元に残ってしまったユーロ紙幣は、日本へ帰ってから両替するよりもドイツ国内で両替しておいた方がいい。だが、コインは両替できないことがほとんどなので、うまく使いきってしまおう。

日本の税関への申告書
以前は帰国時に税関への申告書の提出が必要な人は下記の免税範囲を超えている、もしくは別送品のある人に限られていたが、2007年から免税範囲内の人でも携帯品・別送品申告書の提出が義務づけられるようになった。

日本の免税の範囲

酒類	760ml程度	3本
タバコ（右記のいずれか）	紙巻き	日本製200本 外国製200本
	葉巻き	50本
	その他のタバコ	250g
香水	2オンス（※1オンス=28㎖）	約56g
その他	海外市価の合計が20万円以内の品物 同一品目の合計が海外市価で1万円以下のもの	

リコンファーム

リコンファームとは、帰国の3日前（72時間前）までに航空会社に連絡し、帰国便の再確認をすること。これを怠ると、帰国便の予約が取り消されてしまうことも。ただし最近は、リコンファームが必要な航空会社はごく一部だけ（p.361右欄外参照）。自分の氏名、フライト日時、行き先などを伝えればよい。

荷物をパッキングする

エコノミークラスでは、受託手荷物は総重量23kgが1～2個までOKというのが一般的。機内持ち込み手荷物は3辺の和115cm以内で8～10kgまでとされている（航空会社により多少の違いはある）。受託手荷物は手荒に扱われることもあるので、隙間のないようしっかり詰めよう。カメラなどの貴重品、壊れやすい物は機内持ち込み手荷物に入れ、機内へ持ち込む。また、税関で免税申告する場合、買ったものは機内持ち込み手荷物へ入れておくのが原則。また、近年はどこの航空会社も重量オーバーに厳しいので注意。

チェックインと出国手続き

近年はテロ対策などセキュリティチェックに時間がかかることが多いので、空港にはゆとりを持って着くようにしたい。チェックインはフライトの2時間前からOK。

出国のプロセス

1 チェックイン Check In
利用する航空会社のチェックインカウンターでパスポートと航空券やeチケットを提示し、受託手荷物を渡す。搭乗券とバゲージクレームタグ（荷物預かり証明）を受け取る。

2 出国審査を受ける Passport Control
パスポートと搭乗券を見せる。国際線専用ターミナルでは、「EU諸国のパスポート所持者」と「それ以外の国（Non-EU Nationals）」にカウンターが分かれている。

3 セキュリティチェック Security Check
X線のゲートで、機内持込手荷物のチェックを受ける。

4 出発 Departure
出発ラウンジのあるフロアへ向かい、搭乗時刻まで待機。

税金の還付

ドイツの付加価値税

ドイツ国内でのショッピングには、免税店でないかぎり、普通は19％か7％（食料品、本など）の付加価値税（Mehrwertsteuer）が課せられている。EU諸国以外の外国人旅行者は、規定の手続きをして、その払い戻しを受けることが可能だ。ただし、実際には免税協会の会社が間に入って手数料をとるので、還付は19％の場合10.3〜14.5％、7％の場合2.5〜3.5％になる。

還付の手続き

現地でも日本でも換金はできるが、税関での承認スタンプを押してもらうなどの諸手続きは現地で済ませる必要がある。

還付のプロセス

1　店頭でのチェックを作成する

免税協会加盟店Tax Free Shopで、支払い時にパスポートを提示し、タックスフリーショッピングチェックTax Free Shopping Checkを作成する。ただし、購入金額の下限は各税とも€25で、払戻し率は€1.7〜14.5％。また刃物は免税の対象にならない。免税手続きの書類は店によって、1) 免税仲介会社のチェックを作ってくれる場合、2) 購入店に直接請求する書類を作ってくれる場合、がある。いずれの場合もEUを出国する際に、空港の税関で、実際に購入した品物、レシート、搭乗券を見せ、書類に免税承認のスタンプを押してもらう必要がある。品物を開封したり使用していたら無効になるので注意。またスーツケースに荷物を入れた場合は、タグをつけたスーツケースを持って、空港の出発もしくは到着階の税関で手続きする。必ずしもスムーズに手続きできるとは限らないので、できるだけ手荷物扱いにしたほうが楽だ。

2　免税仲介会社の書類の場合

スタンプを押してもらった後で、空港内の払い戻しカウンターTax Cash Refundにチェックを持って行き換金してもらう（通常は現地通貨）。ただこの空港でもできるとは限らないので（フランクフルト、ミュンヘン、ベルリンはOK）、その場合はチェックを作成してもらった際にもらった封筒に入れて、空港内にある専用ポストに投函するか、切手を貼り郵便ポストに投函するとよい。帰国してから出してもかまわない。クレジットカードの引き落とし口座に送金してもらえる（銀行小切手での郵送も可能だが、その場合割引手数料が2000円ほどかかる）。また、免税仲介会社によっては帰国後に円で払い戻しが可能。

3　店に直接請求する書類の場合

スタンプを押してもらった後、書類を購入した店に返送し、そこで手続きをしてもらうことになる。返金はカードの引き落とし口座に振り込んでもらう。還付率は税率19％の場合は約8〜14.5％。帰国してから出してもかまわないが、いずれにしろかなり時間がかかる。

ひとことドイツ語・英会話

免税

●免税書類をもらえますか？
英 Can I have a form for duty-free?
（キャンナイ ハヴァ フォーム フォー デューティフリ）
独 Kann ich einen Ausfuhr-kassenzettel haben?
（カン イッヒ アイネン アウスフール カッセンツェッテル ハーベン）

付加価値税とは

英語でValue-added Tax（VAT）。日本でいう消費税に相当する税。ドイツでは通常19％（食品、書籍、花などは7％）かけられており、国によっては20％以上の高率の国もある。旅行者は本来払わなくていい税なので、積極的に免税してもらおう。

帰国後、円で払い戻しが可能な免税仲介会社

●グローバル・ブルー社
☎03-4530-3623（シンガポールカスタマーセンター）10:00〜19:00（月〜金曜）
FAX (001-010)421-232-111-111、メール：taxfree@global-blue.com
HP www.tour.ne.jp/blog/global-blue　globalblue.com
※受付カウンターは、成田国際空港に3ヵ所、関西国際空港に1ヵ所。羽田空港と中部空港に専用メールボックスがある。電話での対応は不可。

Q&A

●免税してもらう品物を（スーツケースに詰めて）機内にチェックインしたい場合は？
最初の出発地で、航空会社のカウンターにチェックインする前に税関に行き、先にスタンプをもらうようにする。

●品物を自分で郵送した場合は？
輸出規制が別システムなので、通常の免税手続きは不可。

●有効期限は？
税関スタンプの受領期限は購入月より3ヵ月以内。リファンドの申請期限は購入日より4年間。

入国からの現地案内
空港から市内へ

注意！
空港には旅行者しかいないと思わないように。スリや置引が入り込んでいることもある。

ドイツは広い。目的地がそれぞれ離れているなら、飛行機の利用が便利だ。フランクフルト、ベルリン、ミュンヘンといった大都市を中心に、各航空会社がヨーロッパの主要空港とドイツ国内主要空港をくまなく結んでいる。表を参考に、自分が旅行する地域に近い空港をゲートウェイに選ぼう。

空港から市内への行き方

各空港から市内までの距離と所要時間は、下表のとおり。それぞれ公共交通機関を利用すれば、どの空港からでも50分以内で市内に行くことができる。料金を考えなければタクシーを利用した方が早い場合が多いが、デュッセルドルフやフランクフルトなどの大都市のように、Sバーン利用の方が早いところもある。

ドイツの主な国際空港

都市名	空港名	市内中心までの距離	タクシー	市内交通	所要時間	料金
ベルリン	テーゲル空港	14km	20分／約€20	シティバス	20分	€2.80
ハンブルク	ハンブルク国際空港	10km	30分／約€25	S1	25分	€3.30
ハノーファー	ハノーファーランゲンハーゲン空港	12km	20分／約€28	S5	17分	€3.50
デュッセルドルフ	デュッセルドルフ国際空港	9km	20分／約€28	S11	12分	€2.80
ケルン	ケルン・ボン空港	15km	20分／約€30	S13,19	15分	€2.90
ボン	ケルン・ボン空港	16km	30分／約€40	SB60	26分	€8.20
フランクフルト	フランクフルト国際空港	13km	20分／約€33	S8,9	12分	€4.90
シュトゥットガルト	シュトゥッツガルト空港	14km	30分／約€35	S2,3	27分	€4.20
ミュンヘン	ミュンヘン国際空港	28km	45分／約€60	S1,8	42～46分	€11.60
ドレスデン	ドレスデン国際空港	12km	20分／約€33	S2	21分	€2.40
ライプツィヒ	ライプツィヒ・ハレ空港	22km	35分／約€40	S2,3	14分	€4.90

※フランクフルト空港からハイデルベルクまではシャトルバスが1時間30分ごとに出ている。€25、往復€46。予約はBusworld International社へ直接 frankfurt-airport-shuttles.de/en で申し込む。

日本発フランクフルト直行便発着時刻例（ルフトハンザ）

便名	運行日	出発地	フランクフルト着
LH4921 LH4919	毎日	羽田発 0:10/11:15 (11:20)	5:20/16:25 (15:40)
LH717	毎日	羽田発 14:05 (15:20)	18:45 (19:10)
LH737	毎日	中部発 9:45 (10:45)	15:00 (15:20)
LH741	毎日	関空発 10:05	15:00 (14:50)

※2018年7月現在（ ）内は冬時間。
※LH4921とLH4919は全日空とのコードシェア便。

その他のローカル空港

キール、ミュンスター、ドルトムント、エアフルト、ホーフ、バイロイト、フリードリヒスハーフェンなどには、主要空港と結ぶ小型機専用のローカル空港もいくつかあり、定期便も運航している。主要空港乗り継ぎで直接ローカル空港まで行きたい場合は、日本の旅行会社で予約してもらうか、日本からドイツへの移動で利用する航空会社を通して手配してもらおう。

鉄道

ドイツ国内の移動は、鉄道が一番快適で便利だ。日本のJRにあたるドイツ鉄道(株)(通称DB=デーベー)がほぼすべての路線を運営している。主要路線についてはp.12～13を参照。

ドイツ鉄道運賃システム

ドイツ鉄道では通常料金はFlexpreisと呼び、何も指定しなければこの料金で発券される。1等車Erste Klasseと2等車Zweite Klasseがあり、子ども料金は5歳以下は無料、6～14歳は半額、14歳以下で保護者同伴の場合は無料。また、100km未満のきっぷはその日のみ有効だが、100km以上の長距離は2日間有効(途中下車して1泊可能)。さらに100km以内でも、使用日内なら往復が可能。また、2018年8月から長距離きっぷで目的地の市内交通(従来はSバーンのみだった)すべてが利用できるようになった。このほか週末きっぷ(p.368参照)、州内の近距離列車に適応されるレンダーチケットLänder-Ticket(ほとんどの州で月～金曜は9時から翌3時、土・日曜は0時から翌日3時まで有効)など、割引制度が充実している。

ドイツ列車の種類

●インターシティエクスプレス(新幹線)=ICE

ドイツ鉄道の主役は最高330kmで走る新幹線ICE。200本以上の列車が、13ルートを1～2時間間隔で運行され、主要都市を結んでいる。拠点駅での列車どうしの乗り換えも便利、早朝から深夜まで、8時10分、9時10分……と、各停車駅を毎時同じ時分に発車し、時刻表を気にせず快適な旅が楽しめる。

●インターシティ特急=IC

ICEと共にドイツ鉄道の特急ネットワークを形成するのが特急IC。ICEを補完する役割を負い、中都市にも停車し、一部のローカル線にも乗り入れる。

運賃割引システム

●Sparpreis
乗車予定の列車を事前予約で指定すると割引きになる(ただし、指定した列車以外の利用はできなくなる)。また、特定の区間(フランクフルト～ミュンヘン間)では、早朝や夕方などに割引料金が設定されていることも多い。下記にアクセスし、画面中段のTimetable & Booking欄の「Saver fare finder」タブで検索可能。🅷 www.bahn.com/en/view/index.shtml

●Länder-Ticket
各州内でのみ有効の1日券で、5人まで乗車可のチケットがある(家族でなくてもOK。もちろん1人用のものもある。州によって若干システムが違うが、バイエルンチケットが有名)。
※Sバーン、RBなど近距離列車の2等に適用

知っておくと便利な情報

ドイツ鉄道(DB)のホームページ(p.349参照)では、出発駅と到着駅を入力すると最短の経路と車両、料金がわかるし、そのままオンラインチケットを購入することも可能。

主要駅の旅行センターや乗車券売場には、小さな目的地別の時刻表が置いてある。またICなどの車内の座席には、その電車のルートを示した時刻表が置いてある。2等車の座席指定は別料金が必要(1等車は不要)。

ドイツ鉄道の主な列車の種類

種別	略称	名称	料金他(運賃以外にかかるもの)
新幹線	ICE	インターシティエクスプレス	区間別運賃システム
	ICE Sprinter	インターシティシュプリンター	ベルリン～フランクフルト、ハンブルク～ケルン、ハンブルク～フランクフルトの3区間のビジネス新幹線。別料金が必要。
特急	EC	ユーロシティ特急	国際特急。通常運賃より高めの運賃設定
	IC	インターシティ特急	国際特急。通常運賃より高めの運賃設定
	CNL	シティナイトライン	国際夜行特急。特別料金が必要
	EN	ユーロナイト特急	国際寝台列車。特別料金が必要
急行	IRE	インターレギオエクスプレス	ローカル急行。運賃のみ
快速	RE	地域快速	都市と周辺地域を結ぶ。運賃のみ
	ALX	地域快速	ミュンヘン周辺のみ運行。運賃のみ
普通	S	Sバーン	かつての国電に相当する近距離電車
	RB	レギオナルバーン	各駅停車

入国からの現地案内

乗り方・買い方

2等車も日本のグリーン車なみ

鉄道用語

●列車
英 train　独 Zug
●プラットホーム
英 platform　独 Bahnsteig
※何番線と言う場合はGleis
●運賃
英 fare　独 Fahrpreis
●片道きっぷ
英 one-way ticket
独 einfache Fahrkarte
●往復きっぷ
英 round-trip ticket
独 Rückfahrkarte
●出発
英 departure　独 Abfahrt
●到着
英 arrival　独 Ankunft

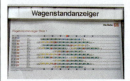
ホームの停車位置が確認できる

黄色が出発時刻、白は到着時刻

鉄道の乗り方

ドイツの鉄道はシステムが整備されているが、発車を知らせるベルが鳴らないなど、日本と異なる点も多い。目的地への路線をしっかりと確認し、手順を追って乗車しよう。荷物を抱えながらホーム間の階段を上下するにはかなり時間がかかる。少なくとも15分程度の余裕を見ておきたい。プラットホームや発車時刻の確認は駅構内Service Pointへ。きっぷを購入する時はReise Zentrumだ。

鉄道利用のプロセス

1　路線の確認

日本のように路線図は掲示されていない。代わりに、目的地別の時刻表を無料で配布している。情報だけ確認したいときは構内のService Pointで問い合わせる。きっぷの購入はReise Zentrumだが、乗り換えの最短ルートを端末で調べ、プリントアウトもしてくれる。窓口に並ぶ際は、Fahrscheineと書いてある列に並ぶ（Expressverkaufはきっぷを売るだけ）。

2　きっぷの種類・購入

近距離の場合は、自動券売機で購入。1日券や往復券、グループ券などがある。長距離の場合は、1等、2等、片道、往復、経由地はどこか、ICEの利用、座席の予約などで料金が異なる。問い合わせるときは要チェックだ。なお、長距離きっぷを窓口で購入する場合は、入口で日本の銀行窓口に並ぶときのように整理番号を取る必要がある（Aufrufsystem　※主要都市のみ）。

左が整理番号、右が並ぶ窓口番号

3　ホームの確認

日本と違って改札がなく、乗車ベルも鳴らない。ホーム（Gleis）はABCで区間が分かれていて、ICEなら停車する車両の位置も決まっている。確認は案内板かService Pointでする。

4　乗車＆降車

列車が停まっても、ドアは自動で開かない。乗り降りの際には、乗客自らがドアを開ける。ドア横のボタンを押すだけのタイプと、取っ手を持って左右に押し開ける手動タイプがある。

★BahnCardとはDBの乗車料金が25〜50％割引になるメンバーカード。入会には、写真、パスポート、入会金が必要。

POINT 無賃乗車はぜったいダメ！

どの交通機関でも、ときどき覆面の検札担当官が車内に乗り込み、検札を行っている。そこで無賃乗車が発覚すれば、高額な罰金€60を取られるばかりでなく、諸手続のため特定の場所へ連れていかれることになる。

きっぷの買い方

近距離きっぷ(50km以下)や市内交通網内のきっぷなら自動券売機で買う。長距離きっぷも自動券売機で購入することができる。

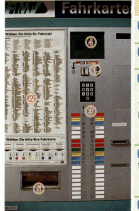

近距離きっぷ

①言語を選ぶ	国旗のボタンを押す
②行き先の確認	駅名の一覧表から行き先のゾーン番号を確認
③ゾーンの入力	数字のテンキーでゾーン番号を入力。きっぷの種類（片道：Einzelfahrt Karte、1日券：Tages Karteなど）を下段のボタン（左が大人、右が子供料金）から選ぶ
④料金の投入	表示された金額を投入（Kein Wechselgeldは釣り銭切れなので注意。キャンセルは上のCボタン）
⑤受け取り	きっぷが出る

新型長距離用自動券売機。画面にタッチしていくだけ。大都市の駅では係員がいる場合があるので相談できる。また近距離きっぷも買えるようになった。

❷最初の画面で下の英国国旗をタッチした画面。ここから利用形態を選ぶ

❹一文字ずつ目的の到着駅を入力していく。都市名を入れると、左に中央駅、東駅などのリストが出る

長距離きっぷ

①言語を選ぶ	画面にタッチすると画面下に国旗が出る（以下、英語で利用の場合）
②利用形態を選ぶ	チケットを買う場合、左上のPoint of departure-destinationをタッチ。All offersでは週末チケット(p.368)などを、また右下のTransport associationでは近距離きっぷ（市内交通）も購入できるようになった。情報だけ欲しいときはTimetable information
③出発駅を選ぶ	駅を任意に選ぶときはother stationを選び、駅名の頭文字からアルファベットで絞り込む
④到着駅を選ぶ	(同上) ※到着駅＝Destination
⑤チケットタイプを選ぶ	片道（Single）か往復かなど、チケットのタイプを選ぶ
⑥人数を選ぶ	大人(adult)か子どもか、1人か複数かを選ぶ
⑦バーンカード	no Bahn Cardを選ぶ（左ページ下記参照）
⑧クラスと列車の種類を選ぶ	1等車＝1st class。特に指定しない場合はAll trainを選ぶ
⑨出発日時を選ぶ	すぐに出発ならimmediatelyを、それ以外はカレンダー表示に移るので、そこで日付、時間を選択
⑩列車を選ぶ	候補が出るので乗りたいものをタッチ。詳しい接続情報は左端の「>」をタッチ。上部はconnectionタブ
⑪予約をする	座席の予約が必要なければNo reservationで次の画面へ
⑫確認と支払い	上部タブがoverviewになり情報の一覧が出る。間違い無ければ右下隅「pay」をタッチ。次の画面で使用可能紙幣など確認し支払い

❿右下隅に「NEXT」の緑ボタンが表示されるので必要な情報を指示に従って入力していく。どの情報を入力しているのかは上部タブに表示される

⓬すべての入力が終わった画面。訂正したい場合はAlterをタッチするか上部のタブで移動してもいい。OKなら右下隅のPayをタッチ

⓬支払いの画面。右側に金額と使えるカードや紙幣の種類が表示される。カードは番号の入力は必要なく、すぐに引き抜く指示が出る

★自動券売機の場合クレジットカードの暗証番号は入力しなくてもOK。また、発車時刻や接続情報がほしいときは「print connection」で印刷できる。

入国からの現地案内

周遊パス＆割引チケット

ジャーマンレイル・フレキシーパス 料金

	4日間	7日間	10日間
1等	€280	€365	€435
1等（ツイン）	€420	€545	€650
2等	€210	€270	€320
2等（ツイン）	€310	€405	€485
2等（ユース）	€165	€215	€260

ユーレイルグローバルパス 料金

15日間	€597
22日間	€768
1ヵ月間	€942
2ヵ月間	€1327
3ヵ月間	€1635

ユーレイルグローバルパスフレキシー 料金

	1等	2等（ユース）
10日	€702	€459
15日	€919	€600

ユーレイルセレクトパス 料金／ドイツ＋フランス＋スイス＋オーストリアの場合

	1等	2等
5日	€427	€344
6日	€466	€436
8日	€542	€436
10日	€619	€497

※上記はDB（ドイツ鉄道）
🚆 www.bahn.de、2018年7月現在の料金。
※ユースは12～25歳に適用。

使用前に必ず駅でのチェックが必要

レイルパス全般にいえることだが、使用開始日には必ず乗る前に駅でチェック（ヴァリデート）してもらう必要がある。これを怠ると違約金を取られるので注意。もちろん、ヴァリデートのあとはチケットをいちいち買わなくていいし、乗る前に駅員に見せる必要もない。

各種周遊パス

●ジャーマンレイルパス

ドイツ鉄道全域（ザルツブルク、バーゼルバードにも通用）、全列車乗り放題（座席指定、寝台料金は別途必要）のパス。使用開始日から１ヵ月以内の有効期間内で、通用日数が３～10日間の５種類。使用日が連続しなくてもよいフレキシータイプと５日間、10日間、15日間連続して使用できる連続タイプの２種。１等車用と２等車用があり、２等車利用で12～25歳の人対象のユースパスや大人２人が同一列車に乗るなら２人目が半額になるツインパスなどもある。各種特典も付いてくる。

★特典例 ■ヨーロッパバスのロマンチック街道路線の料金が20％割引！
■KD社・ジャーマンライン社乗船料金が無料に。
※特典は時期や利用区間によって異なるので要問い合わせ。

●ユーレイルグローバルパス

ヨーロッパ28ヵ国の国鉄、またはそれに準ずる鉄道の１等車に乗り放題。15日間、21日間、１ヵ月間、２ヵ月間、３ヵ月間の５種類があり、それぞれ使用開始日から連続した期間内で有効。２ヵ月間の有効期間内で10日間または15日間を連続させることなく自由に選んで使用できるユーレイルグローバルパスフレキシーもある。この２つのパスを基本に、２等車利用で12～25歳の人対象のユースパスや、２～５人のグループや家族で利用するとお得なセーバーパスなどもある。ツークシュピッツェ登山鉄道の割引など各種特典も用意されている。

●ユーレイルセレクトパス

ヨーロッパ26ヵ国より、隣接する４ヵ国の国鉄、またはそれに準ずる鉄道会社などの１等車に乗り放題。使用開始日から２ヵ月間の有効期間内で５日間、６日間、８日間、10日間の好きな日（連続しなくてもよい）を選んで使用できるフレキシータイプ。組み合わせる国によって料金が違う。

とっておき情報
パス類はドイツでも購入可。短期旅行なら割引チケットも便利

ジャーマンレイルパス（ドイツで買う場合３～10日間用があり、ユース２等10日間用の場合は€276）や、ユーレイルパスはドイツでも購入可（条件は陸続きでない外国のパスポート保持者）。ただし、購入できるのは大都市の主要駅に限られる。

★各州の割引チケットと週末チケットの活用
州内でのみ有効なレンダーチケット（p.365）は隣の州でもすぐ次の駅だと使えるケースも多い。多人数で土・日曜移動の場合は週末チケットSchönes-Wochenende-Ticketというのもある。大人５人まで乗り放題。券売機で€42（窓口で€44）。ただし、いずれもRE、RB、Sバーンなどの鈍行の２等車で深夜3:00まで。

市内交通 Uバーン／Sバーン／市電／バス／タクシー

ドイツの市内交通の利用法は日本とはかなり違う。一番大きな違いは、どこの都市でも、公共交通網はひとつの連合としてきっぷを共通で使えるようになっている点だろう。目的地までのきっぷをUバーンで使おうが、途中でSバーンやバスに乗り換えて使おうが自由。プラットホームにも日本のような改札はない。また、Sバーン以外はドイツ鉄道（DB）とは別組織になるため、ジャーマンレイルパスなどのパス類は利用できない。

市内の公共交通

●Uバーン
いわゆる地下鉄だが、市街地以外では地上を走ることもある。系統別にU1、U2、U3と路線番号が表示してあり、マークはU。

●Sバーン
都市部と郊外を結ぶ電車で、日本でいえばかつての国鉄の国電にあたる。系統別にS1、S2、S3と路線番号が表示してあり、街中でのマークはS（ジャーマンレイルパスなど使用可）。

●市電（シュトラーセン・バーン）＝トラム
いわゆる路面電車。中都市以上でよく見かけ、通常2〜4両編成。バス同様に市民の足として活躍。きっぷは停留所の自動券売機で買う。停留所のマークはH。

●バス
鉄道駅から街の中心地まで出るときや、郊外の見どころに行くのに便利。きっぷはバス停の券売機か運転手から買う。

●タクシー
日本のように流しのタクシーを停めるのは大都市以外では見かけないが、空車の場合は大体停まってくれる。基本的にタクシースタンドから乗ることになる。タクシーがいないときは、スタンドに設置されている電話で呼ぶ。レストラン、ホテルでは、ウェイターやフロントに頼むと呼んでくれる。ドライバーへのチップは10〜15％程度。

地上に顔を出したUバーン

チェックPOINT

★Uバーン、Sバーン（含むREやRB）、市電、バスはきっぷが共通で使える。たいてい1日券Tages Karteというのがあり、これを利用すると市内交通がその日1日乗り放題になる。
★改札はないが、バス、市電は車内で、Uバーン、Sバーンはプラットホームの刻印機できっぷに乗車時刻をパンチする（都市により刻印の必要がない場合もある）。
★タクシーは自動ドアではないので自分で開け閉めする。ドアロックは禁止。客が1人の時は助手席に案内されることがあるが、これはドイツの流儀。その際はシートベルト着用。
★交通機関の車内はいずれも禁煙「Nichtraucher」が普通。タクシーの場合も運転手に確認すること。

街の❶でツーリストカードを入手しよう！

主要都市では、旅行者向けに便利でお得なツーリストカードを発行している。有効期間中は、市内の公共交通機関が乗り放題。特典はさまざまだが、各地の見どころ、美術館や博物館などの観光スポットの入場料が割引になるといったカードもある。このカードを持っていれば面倒な小銭の出し入れもなく、カードを提示するだけですむ。市内にある❶で購入可能だ。

時刻を刻印する刻印機。必要ない都市もある

ひとことドイツ語・英会話
タクシーで

●この住所まで行ってください
プリーズ テイク ミー トゥ ディス アドレス
英 Please take me to this address.
ファーレン ズィー ビッテ ツア ディーザー アドレッセ
独 Fahren sie bitte zur dieser Adresse.

●ここで停まってください
ストップ ヒア プリーズ
英 Stop here, please.
ハルテン ズィー ヒア ビッテ
独 Halten Sie hier bitte.

バスの降車ボタン

隣国へ鉄道で出るルート

ドイツはヨーロッパの中心だ！

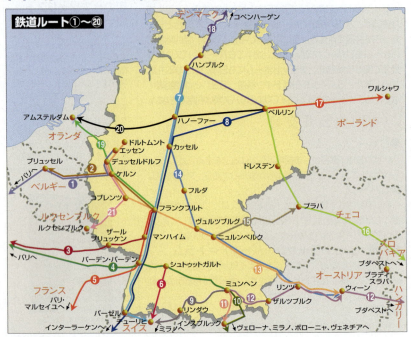

鉄道ルート①〜⑳

◆フランス・ベルギーに行く
ルート① エッセン→ケルン→ブリュッセル→パリ北駅（タリス：エッセンから4時間35分、ケルンから3時間15分）
ルート② フランクフルト→ケルン→ブリュッセル（ICE：全所要時間約3時間6分）
ルート③ フランクフルト→マンハイム→パリ（ICEまたはTGV：全所要時間約4時間19分）
ルート④ ミュンヘン→シュトゥットガルト→パリ（ICE、TGV（シュトゥットガルト乗換）：ミュンヘンから約6時間7分、シュトゥットガルトから約3時間40分）
ルート⑤ フランクフルト→マンハイム→パリ→マルセイユ（TGV：全所要時間8時間57分）

◆スイスに行く
ルート⑥ シュトゥットガルト→チューリヒ（IC：チューリヒまで約2時間57分）
ルート⑦ ハンブルク→フランクフルト→バーゼル→チューリヒ（ICE：全所要時間6時間30分）
ルート⑧ ベルリン→フランクフルト→バーゼル→インターラーケン（ICE、IC（バーゼル乗換）：全所要時間9時間25分）
ルート⑨ ミュンヘン→リンダウ→チューリヒ（EC：全所要約4時間26分）

◆オーストリア・イタリア・チェコに行く
ルート⑩ ミュンヘン→インスブルック→ヴェローナ（EC：全所要時間8時間18分）、またはミラノ（EC：全所要時間7時間14分）、またはボローニャ（EC：全所要時間7時間30分）、またはヴェネチア（EC：全所要時間6時間32分）
ルート⑪ ミュンヘン→インスブルック（EC：全所要時間約1時間45分）
ルート⑫ ミュンヘン→ザルツブルク→ウィーン→ブダペスト（RJ：ウィーンまで約4時間41分、ブダペストまで約7時間18分）
ルート⑬ ドルトムント→ニュルンベルク→リンツ→ウィーン（ICE：ドルトムントから約9時間30分）
ルート⑭ ハンブルク→ニュルンベルク→リンツ→ウィーン（ICE：ハンブルクから約9時間9分）

◆チェコ・ハンガリーに行く
ルート⑮ ニュルンベルク→プラハ（IC Bus：全所要時間約3時間38分）
ルート⑯ ベルリン→プラハ→ブダペスト（EC：プラハまで約5時間56分、ブダペストまで約11時間49分）

◆ポーランドに行く
ルート⑰ ベルリン→ワルシャワ（EC：約5時間30分）

◆デンマークに行く
ルート⑱ ベルリン→ハンブルク→コペンハーゲン（ICE：ベルリンから約6時間48分、ハンブルクから約4時間42分）

◆オランダに行く
ルート⑲ フランクフルト→ケルン→アムステルダム（ICE：全所要時間約4時間35分）
ルート⑳ ベルリン→ハノーファー→アムステルダム（IC：全所要時間約6時間24分）

◆ルクセンブルクに行く
ルート㉑ デュッセルドルフ→コブレンツ→ルクセンブルク（RE：全所要時間約4時間36分）

入国からの現地案内

ドイツを旅するためのマナー

習慣とマナーあれこれ

●チップの目安
レストランなどでは5〜10％程度が目安。学生など若い人が無理して高いチップを払う必要はない。カードで払う場合は、小銭を別途渡すか、支払うときにチップ分を加算した金額を伝えればいい。セルフサービスの店では不要。

●ショップでは
入る時には「Guten Tag！（こんにちは）」とか「Hallo」と挨拶しながら入ろう。無言では印象が悪い。店内では買うつもりのないものにはあまり触らず、手に取ったものは元の場所に。

●観劇に行くとき
夜の服装にはけっこう厳しい。ビアホールなどではラフな格好でかまわないが、フレンチレストランやオペラなどに出かけるなら、男性の場合はシャツにネクタイ、女性ならおしゃれなワンピースなど、フォーマルな服装を心がけたい。

●タクシーの利用法
スタンドから呼ぶ場合、先方のタクシーナンバーを聞いておく。待ち人が多い場合に誰宛にきたのかすぐわかる。レストランやホテルで呼ぶときは、フロントやウェイターに頼めば呼んでくれる。都市によっては迎車料金がかかる。また、普通はチップを払う。近距離（2〜5km程度）の場合、Kurz Strecke（短距離で）と言えば、都市部なら相場の値段が決まっている。

●コンビニがない
商店は日曜休業、平日もせいぜい20:00まで。24時間営業のコンビニはない。深夜営業しているのはガソリンスタンドか都市部の駅構内のショップ。

●ホテルのバスルーム
日本のようにバスタブがあるほうが珍しい。高級ホテルでもない場合がある。気になる人は予約時に確認しておこう。

●ドイツのトイレ事情
基本的に公衆トイレは有料で、大体50セントぐらい。美術館、博物館、レストランは基本的に無料。ただしマクドナルドなどは有料の場合が多い。

相乗りシステム
ドイツでは車の相乗りシステムとして、Mitfahrgelegenheitというのが発達している。これは目的地と日時を雑誌や大学の掲示板などで告知して、それに同乗する人を募るシステム。同乗者はその車のガソリン代を半額負担する。また、最近はヒッチハイク感覚で、乗りたい人と乗せたい人をマッチングできるサービス（下記URL参照）も台頭してきている。ただし、いつでも希望どおりになるわけではない。また、女性の1人旅のときや、車に乗せてくれる相手も商売でやっている訳ではないので、言葉のやりとりなどには気をつけたい。
HP www.mitfahren.de
HP www.blablacar.de（最近欧州で流行中の相乗りサービス）

街をきれいに
ドイツの街でよく見かけるおしゃれなゴミ箱。街を汚さないよう、旅行者である我々はとくに気をつけたいものだ。

紙、ガラスなど、ゴミの種類によって捨て口が違うので注意！

ドイツ人と仲良くなろう！

ドイツ人は、ヨーロッパの中でもっとも日本人と国民性が似ているといわれる。堅実で真面目、義理堅い性格の彼らの多くは親日家だ。カタコトの言葉で話しかければ、きっと熱心に話をしてくれるだろう。ドイツ人は、自分の意見をはっきり主張するよう教育されているから、まるで彼らの会話は討論会のようでおもしろい。ただその場に居合わせたら、黙って聞いてばかりでは自分の意見をいえないととられてしまうので注意。ドイツ人と仲良くなりたければ、細かな文法など気にせず、ドイツ語でも英語でもいいから積極的に会話に参加し、なるべく自分自身の気持ちを表現するように努めたい。

また、ドイツにはトルコ人の移民がとても多く、今や2世・3世が生まれている。彼らはドイツ語を流暢に話し、ドイツの国籍を持つ者もいる。気さくな彼らからは、また違った文化を学べるだろう。

両替

入国からの現地案内

換算レート
€1 ≒ 128円
（2018年7月現在）

ひとことドイツ語・英会話
両替

●両替をしてください。
英 I would like to change some money.
独 Bitte Geld Wechseln.

再両替
　ドイツから次の訪問国（ユーロ圏外）へ行く場合、お金が余ってしまったら、ドイツにいる内に行き先の通貨に両替しておこう。原則として、その国の通貨はその国で一番高く評価されている、ということを覚えておこう。ただし硬貨は再両替できないので上手に使いきってしまおう。

両替の仕方

●両替できる場所
　両替ができるのは、郵便局、両替所、ホテルなど。ただし、どこでも、いつでもできるわけではないので、機会があったら換えておいたほうがよい。交換レート、手数料は明示されているのでよく確かめてから両替しよう。一般に交換レートは両替所がよいが、交換レートが高い場合には手数料も高く、手数料が安い場合にはレートも低いことがある。最終的にいくらになるか見極めて利用したい。

●ATM（現金自動預け払い機）の使い方
　24時間営業のATMや自動両替機も、大都市を中心に見かけるようになってきている。夜間も利用できるので銀行、両替所が閉まっているとき現金が必要になった場合便利。ATMはインターナショナルキャッシュカードやクレジットカードで利用する。使い方はカードを入れ、画面に表示される案内に従ってボタンを押していけばいい。表示はドイツ語のほか英語も選べ、まれに日本語の表示がある機械も存在する。

希望する説明言語を選び、横のボタンを押す

引き出す金額は決まったものの中から選ぶ

ここにカードを入れる
表示画面
入力ボタン
現金取り出し口
暗証番号入力ボタン

　銀行の一般的な営業時間は、9:00〜13:00、14:00〜16:00（火・木曜〜18:00）で、土・日曜、祝日は休業。ただし中央駅や空港内の銀行は営業時間が長く、特に空港では早朝から深夜まで開いている。郵便局の営業時間は、月〜金曜9:00〜19:00、土曜〜14:00が基本だが支店によってまちまち。日曜、祝日は休業。

レート大研究

　両替を日本でするか、ドイツでするかも要検討。手数料も意外に異なる。一般に現地ホテルでの両替は割高で損。市中銀行が無難だが、日本円を受け付けてくれない銀行もあるので注意したい。

●手数料とレート、利便性で考えるドイツでのユーロ現金化

ケース1 日本でユーロを用意しておく──意外にレートは悪くない。ただし、大金を持ち歩くのは不安。

ケース2 現地の銀行でユーロに両替──レートは悪くはないが手数料がかかるのと、そもそも円を受け取ってくれる銀行が少ない。確実なのはドイチェ・バンク。フランクフルト空港ではAirportCenter（シェラトンホテルの隣）にある。

ケース3 現地の駅などの両替商（ReiseBankが多い）──いちばんレートが悪く手数料も高い。便利ではある。

ケース4 ATMでキャッシングする──手数料はかかるが日本の銀行なみにレートもよく、便利で無難。

電話と郵便

©2015 Deutsche Telekom AG

📯 電話

　公衆電話の使い方は日本と同じ。コイン用とテレホンカード用とがあり、コインの最低料金は市内通話¢10から（コインはおつりは出ない）。カードは€15、€20、€25の3種類あり、郵便局、書店、キオスクなどで購入可（Telecomテレコムで通じる）。ホテルの部屋に備え付けの電話は通話料が高いので注意。また、最近はドイツ国内のみ1ヵ月間有効のプリペイドSIMも出回るようになった。携帯ショップや大手家電店（ザトゥーンSaturnなど）でも扱っているので、SIMフリーのスマホを持っていけば、以前より手軽に専用の通話＆ネット環境が手に入る。

カードのみのタイプ

日本への国際電話のかけ方
＜ダイヤル直通電話＞
例）03-1234-5678に電話する場合

相手の電話に直接かける方法。ホテルの部屋から電話する場合は、指定の外線番号を押してから利用する。手順は基本的にどこの国でも同じ。

☆ - 00 - 81 - 3 - 1234 - 5678

　国際電話識別番号（利用する電話会社の番号）／日本の国番号／市外局番の0をとった番号／相手の電話番号

日本からドイツへの電話

　国際電話のかけ方は2通り。「マイライン」か「マイラインプラス」などで国際区分に登録してある電話からは【010＋国番号（ドイツは49）＋最初の0をとった市外局番＋相手の電話番号】をダイヤル。登録していない場合は、利用したい電話会社の識別番号（KDDIなら001など）を最初にダイヤルしたあとに上記の手順でかける。

📯 郵便

●手紙やはがきを送る

　日本への航空便の宛名は日本語でもかまわない。ただし、宛名の最後にはわかりやすく「JAPAN」と書き、さらに「LUFTPOST」または「Air Mail」と航空便であることを明記すること。投函は黄色いポストの市外向けの投函口（Andere Orte）へ。日本までは通常4～5日で届く。また、切手は郵便局はもちろん、各所に設置された自動販売機（ポスト兼）などで買うことができる。

郵便ポストは黄色

●小包を送る（日本に送る場合）

　小包はPäckchen（ペックヒェン　小型小包：最大2kg/€16）と、Postpaket（ポストパケート　小包：最大31.5kg/5kgまでの場合€46.99、10kgまで€62.99、20kgまで€101.99、31.5kgまで€131.99）の2種類。船便の場合、日本まで1カ月以上は見ておいた方がいい。また航空便Luftpost（ルフトポスト）に切り替えも可能。その場合次の追加料金が必要。重さ5kgまで＋€22、10kgまで＋€46、20kgまで＋€85、31.5kgまで＋€120。したがって、ペックヒェンの場合は計€38、ポストパケート5kgまでの場合は€68.99となる。

小包用パックは各種大きさがある

●郵便局の営業時間

　一般的な営業時間は、月～金曜は9:00～19:00、土曜は9:00～14:00。日曜、祝日は休業だ。大都市の駅構内や空港内の郵便局は毎日夜遅くまで営業している。

郵便といえばこのマーク

郵便料金

●国際（ヨーロッパ圏外）宛郵便
はがき	€0.90
手紙（～20g）	€0.90
（～50g）	€0.90
特大航空郵便　1kg～2kg	
	€17

●ヨーロッパ圏内（ドイツ国内）宛郵便
はがき	€0.45
手紙（～20g）	€0.70

入国からの現地案内

ホテルを利用する

ユースホステルに泊まる

ユースホステルはドイツ発祥。現地ではユーゲントヘアベルゲJugendherbergeといい、ほとんどの観光地にある。4～8人程度のドミトリー（大部屋）で一泊朝食付き€18～くらい。日本で会員証を作っていくのが無難だが、現地ホステルでも臨時会員証（宿泊日毎追加課金）を発行してくれることが多い。シーツ貸し出しは別料金が普通。また、最近は協会に属さない独立系ユースも増えており、夜遅くまでフロントが開いてるところが多いなど、独自システムで人気が出ている。

- 日本ユースホステル協会
  HP www.jyh.or.jp
- ドイツユースホステル協会
  HP www.jugendherberge.de
- 独立系ホステル
  HP www.german-hostels.de

その他ホテルのあれこれ

- バスタオルはきれいに畳んで元の場所に置くと取り替えてくれない。使ったことがわかるようにバスタブに入れておくとかフロントに直接換えてくれるよう伝える。
- シングルルームはEZ、ダブルはDZと略す。空き部屋ありは Zimmer Frei。
- 無線LANはW-LANと略す（Wifiでは通じない）。利用の際、フロントでパスワード確認が必要。有料の場合もある。

ひとことドイツ語・英会話
ホテルで

- 予約している山田です
  英 I have a reservation for Yamada.
  独 Ich habe auf den Namen Yamada reserviert.
- チェックインをお願いします
  英 Can I check in?
  独 Kann ich einchecken?

現地でのホテルの予約

現地に着いてからホテルを探す場合、最も一般的な方法が❶（インフォメーションセンターp.348）に相談すること。多少の手数料を取られることが多いが、希望を言うと親切に探してくれる。リゾート観光地だと、地図付き看板にホテルの掲示と直通の電話が備え付けられていて、❶が閉鎖中でも利用できることもある。もちろん自分でネット検索で探してもいいだろう。

チェックイン

チェックイン時にはパスポートを提示、宿泊票に氏名・年齢・住所などを記入する。小さなペンションだと、あらかじめ翌日の朝食の飲み物（コーヒーか紅茶かなど）を確認されたり、鍵を2つ（部屋用と玄関用）渡されることも多い。ユースホステルなどではチェックイン時間が制限され、午前中は手続きができなかったり（荷物は預かってくれる）、夜は窓口が閉鎖されることも多いので要注意、事前に確認しておこう。

● ホテルでのチップ
手荷物を部屋まで持ってもらったり、ルームサービスを利用した際には€1～2程度。特によくしてくれたベッドメイクさんには出発前日などに直接手渡すか、テーブルの上に1日€2程度を置いていく。

● シャワーとバスタブ
高級ホテルでない限り、シャワーだけでバスタブがないホテルも多い。バスタブ希望の場合は事前に要チェック。

● フロアの数え方
いわゆる英国式で数え、日本でいう1階は地上階 Erde Geschoss（EGもしくはEと表記）といい、2階が1 Stock（1と表記）となる。

● セーフティボックス
部屋に金庫があるか、無ければフロントに貴重品を預ける。ユースホステルでは南京錠式ロッカーがある場合も多いので用意しておくと便利。

ホテルの利用法からチェックアウトまで

カードキーは室内の主電源のスイッチになっていたり、エレベーター利用時にも使われることがある。それ以外の普通の鍵は外出時にフロントに預けるのが基本。高級ホテルならコンシェルジュがいて何でも相談に乗ってくれる。普通のホテルでも、市内の観光名所への行き方、おすすめレストラン程度なら、聞けば親切に教えてくれるはずだ。ホテル内のプール施設などは宿泊客なら無料か、割引があるのが普通。チェックアウトはフロントが込むこともあるので早めに。ホテルによっては駅までの送迎サービスもある。最低でもタクシーの手配はしてくれる。

レストランへ行く

利用法＆マナー

高級店でない限りカジュアル（普段着）でかまわない。マナーとして、スープを飲むときに音を立てる、げっぷをする、皿を持ち上げる、大声で話す、途中でたばこを吸う、などは避けたい。また、スプーンを落としたとき、調味料が手元にないときなどは、ウェイターに頼むのが礼儀。

レストラン利用の手順

1 予約する
人気店は予約したほうがベター。グループで行くときは必ず確認を。
有名高級店は予約が必要。店によっては日本から予約した方が無難な場合も。その際は、訪れる日時だけでなく人数も忘れないように。

2 入店してから
注文は担当のウェイターだけが取り次ぐ。高級店ではテーブルごとにウェイターの担当が決まっていることが多いので、勝手に席に着かず案内されるのを待つのが普通。

3 飲み物をオーダー
食前酒、ビールなどを頼む。料理はゆっくりメニューを見てから。
水は有料で、注文しないと出てこない（左記参照）。

4 料理をオーダー
ドイツ語で「メニュー」という言葉は「定食」の意味で、日本でいうメニューはドイツ語では「シュパイゼカルテ」なので注意。また、料理は単品でメインディッシュを頼んでもかまわない。迷ったら、おすすめ定食（メニュー）やコースが無難。全体に量は日本に比べてかなり多めなので要注意。

豚の足、シュヴァインハクセ

5 デザートをオーダー
食後のデザートやコーヒーなどは、料理を食べ終わるころに改めて注文するが、普通は担当ウェイターが頃合いをみてすすめてくれる。

6 支払いをする
席に着いたまま担当のウェイターを呼び、その場で支払う。チップはお釣りの端数や5〜10％程度。カードで支払う場合は、チップ分を上乗せした合計金額を書き入れてからサイン、またはチップ分の現金を手渡す。

営業時間

普通はランチが11:30〜、ディナーは19:00〜だが、高級店は20:00以降のことが多いので、オペラ観劇などで出かける場合は、ホテルのルームサービスなどで済ませてしまうのも手だ。また大都市でない限り、夜遅くまで営業している店は少ない。

ビアホール＆ビアガーデン

ビールとソーセージが目的なら、ビアホールを利用するのもいい。多くはブリュワリー（醸造所）直営。また、夏季は店の中庭などを利用してビアガーデンを営業しているホテル＆レストランも多い。

水はオーダーする

ドイツのレストランで水を頼むと、普通はビンに入ったミネラルウォーター（ミネラルヴァッサーMineral Wasser）が出てくる。このときに注意したいのが、炭酸入り（ミットガスmit Gas）のものと普通の炭酸なし（オーネガスohne Gas）のものがあるという点。うっかり何も指定しないと、普通は炭酸入りのものを持ってくるので注意。

食器類はデポジット代込み！

祭りやイベント時など、野外で食事のサービスがある場合、お皿やカップなど食器類には、あらかじめデポジットが含まれることが多いので要注意。例えばワイン代€5＋カップ代€5＝€10といった具合。飲み終わってカップを戻すと€5は返金される。逆にこの場合、気に入ったカップは持ち帰ることもでき、冬のグリューヴァイン（→p.27）ではカップ集めをする人も。

ニュルンベルガーソーセージ

入国からの現地案内

トラブル対策

緊急連絡先
- 警察　☎110
- 消防・救急車　☎112

事前に用意しておこう！
- 番号や発行日の類は控えておく。コピーをとって別途保管しておくのが理想。
- 6ヵ月以内に撮影した写真（4.5×3.5cm）2枚…「帰国のための渡航書」の発行の際などに。
- 南京錠…ユースホステルに泊まる場合、ロッカーを使うのに必需品。

在独日本大使館・領事館
- ベルリン大使館
　☎030-210940
- フランクフルト総領事館
　☎069-2385730
- ミュンヘン総領事館
　☎089-4176040
- デュッセルドルフ総領事館
　☎0211-164820
- ハンブルク総領事館
　☎040-3330170

空港でロスト・バゲージに遭ったら？
空港で機内預けにした荷物が出てこない時は、空港内のLost&Found（苦情処理係）で、チェックイン時にもらうクレーム・タグを提示する。荷物が見つからない場合は航空会社から損害賠償を受けられる。ただし、金額は安い。

クレジットカードの緊急連絡先
- VISAカード
　☎+1-303-967-1090
- マスターカード
　☎0800-819-1040
- アメリカン・エキスプレス
　☎0800-181-0778
- ダイナースクラブカード
　☎81-3-6770-2796（コレクトコール）
- JCB
　☎0800-1-82-2991

ドイツの治安
ドイツはヨーロッパ諸国の中ではとくに治安がよい国として知られる。ただし、近年は大都市にかぎり犯罪が増加傾向にあり、一部に、極右（ネオナチ）が外国人をターゲットにした傷害事件や、東欧などから流入した外国人による軽犯罪なども見られる。また、スマートフォンなどの置引、スリなどは有名観光地や人の集まるところではドイツにかぎらずよくあること。日本人は注意力散漫でターゲットになるケースが多いので気をつけたい。

もしも盗難・紛失に遭ったら…

パスポート

1　紛失物保管所や警察へ届ける
もよりの紛失物保管所（Fundbüro）や警察署で、紛失届もしくは被害届受理証明書を発行してもらう。

2　「帰国のための渡航書」の申請
パスポートの新規発給には戸籍抄本（謄本）が必要なため時間もかかるので、長期滞在者以外は現実的な判断として「帰国のための渡航書」の申請を行うことになる。申請には紛失物保管所や警察署発行の紛失届や盗難証明書、紛失一般旅券届出書、写真2枚、日本国籍を証明する書類（免許証等）、帰国日、便名等が確認できる航空券の予約確認書（e-チケットお客様控）、渡航書発給申請書、手数料€20が必要だ。通常は帰国日の前日発行。☎030-21094158。

3　帰国後新規発給
「帰国のための渡航書」は帰国と同時に失効し、紛失したパスポートも無効なので、新規発給の手続きが必要。

クレジットカード

1　警察・発行会社へ届ける
発行会社の緊急連絡先に連絡し、無効手続きをとる。さらに、警察で紛失・盗難届け出証明書を発行してもらう。

2　再発行
紛失・盗難届け出証明書を持って発行会社の現地オフィスへ出向き、カード番号を伝えて再発行してもらう。即日発行されることも。手続き方法はカード会社によって異なる。

航空券、つまりe-チケットを紛失した場合
コンピューターによる利用客の一括管理により、これまで発行されていた紙の切符は必要なくなり、e-チケットという確認書が渡されることになった。だから紛失しても航空会社のカウンターでパスポートを見せて名前を名乗ればそれでOK。

旅の安全と健康

ドイツの医療事情

　日本と違い、病院や医者によって同じ病気の治療でも料金が違う。また、入院、手術などは、驚くほど高額な治療費を請求される。対策としては海外旅行傷害保険に事前に加入しておくこと。また、通常はホームドクター制が確立されているので、総合病院にいきなり初診で訪れるということはないし、各専門医は事前に予約が必要なので、旅行者の場合はどうしても急患扱いで病院へ、ということになりがち。また、持病、アレルギー体質、常用薬のある場合は、日本であらかじめ英語（p.350参照）もしくはドイツ語で診断書を書いてもらうこと。これがなかったり、保険に入っていないと最悪の場合、治療を拒否される。支払いは専門医の場合は診療の後にすぐ現金で請求される。また、医薬分業になっているので、薬は医師の処方箋を持って近くの薬局で購入を。夜間は当番制になっているのでそこまでタクシーで行くことになる。

もしも病気やけがをしたら？

　ホテルならフロントに相談。契約している医者がいることも。駅など公共の場では、職員に相談しよう。救急車の呼び出し電話は112番だが、有料なので注意。さらにドイツ語ができないと対処に困る。ただし、医者は大体英語が話せるので安心を。入院が必要なら、保険会社に電話して近くの病院を紹介してもらおう。通常は頼めば通訳も手配してくれる。

海外旅行傷害保険には入っておこう

　ドイツは入院、手術の時に高額の料金が必要な国なので、事前に保険に入っておくことを強くおすすめする。

チェックPOINT

●保険はバラでかけると得なことが多い…旅行会社ですすめられるままセットのものに加入すると、必要以上に高額な掛け金のことが多い。余計にかけてもサービスは変わらないし、実際にかかった費用しか払ってくれないので、内容の吟味は必要。
●24時間対応可能か？…保険会社と提携しているアシスタンスサービスの多くは、電話でのサポートを24時間いつでも受け付けている。多くはフリーダイヤルなので事前にチェックしておこう。
●キャッシュレス受診制度…ドイツに提携指定医療機関があって、そこでなら保険証だけで現金が不要、という保険もある。

ドイツの薬局はこのマークが目印

ひとことドイツ語・英会話
もしもの時に

●救急車を呼んでください
　ブリーズ　コール　アン　アンビュランス
英 Please call an ambulance.
　ルーフェン ズィー ビッテ アイネン
独 Rufen Sie bitte einen
　クランケンヴァーゲン
　Krankenwagen.

●医者にかかりたいのですが
　アイ ウッド ライク トゥ シー ア ドクター
英 I would like to see a doctor.
　イッヒ メヒテ ツム アーツト ゲーエン
独 Ich möchte zum Artz gehen.

●熱があります
　アイ ハブ ア フィーバー
英 I have a fever.
　イッヒ ハーベ フィーバー
独 Ich habe Fieber.

●お腹が痛いです
　アイ ハブ ア ペイン イン マイ ストマック
英 I have a pain in my stomach.
　イッヒ ハーベ バウフシュメルツェン
独 Ich habe Bauchschmerzen.

海外治安情報
●外務省領事サービスセンター（海外安全相談班）
〒100-8919　東京都千代田区霞が関2-2-1　開 9:00～12:30、13:30～17:00　外務省に準じる。※安全情報等の資料の閲覧や海外安全対策パンフ類の入手ができる。入場無料
☎03-3580-3311（内線2902～3）
HP www.anzen.mofa.go.jp
●海外安全アプリ→p.349
●(社)日本海外ツアーオペレーター協会（OTOA）
HP www.otoa.com

保険会社の緊急相談窓口
●東京海上日動火災保険
☎0800-1-81-1391
●AIG損保
☎0800-1-81-9016
●三井住友海上火災保険
☎00-800-33119119
●ジェイアイ傷害火災保険
☎0800-5892482
●Chubb損害保険
☎0800-180-7779
●損保ジャパン日本興亜
☎0800-182-1737
※連絡先は念のため契約時にもらう資料で再確認すること。

神聖ローマ帝国

マジャール族の侵入を撃退した東フランクのオットー1世は、962年に神聖ローマ帝国（第1帝国）皇帝として戴冠。ゲルマン王とローマ王を兼ねた世俗の最高権力者となった。その最盛期にはベネルクス、イベリア半島、イタリア北部にまで広がる大帝国を築いたが、1806年にナポレオンの征服により消滅した。

皇帝都市と皇帝居城

初期の神聖ローマ帝国は決まった首都をもたず各地に皇帝居城を築き、皇帝は帝国管理のために各城を転々と移動した。皇帝居城が置かれた都市が皇帝都市で、帝国のシンボルである鷲の紋章が用いられた。帝国内には貴族や騎士が所有する領地が数多くあったが、皇帝に直属して自治権や収税権を有した都市が帝国自由都市だ。

ニュルンベルクの皇帝居城

ドイツ騎士団とハンザ同盟

12世紀に入ると、ドイツ騎士団はポーランドからバルト3国に至るスラブ人居住地に軍事的に侵攻。また、帝国自由都市のリューベックの市民が、バルト海に沿って次々とロストックなどの植民都市を建設した。こうして生まれた各都市を母体に、通商上の権益保護のために1241年にハンザ同盟が結ばれた。最盛期にはバルト海から地中海に至る大陸を包む通商ルートを確立した。

リューベックの市庁舎

宗教改革から30年戦争へ

ルターの宗教改革はキリスト教社会を激動の時代へと導いた。ドイツでは新旧両教を信奉する領主間の領地争いが深刻化し、1618年には周辺諸国をも巻き込んでの30年戦争が勃発。この戦争でドイツは人口の1/3を失い、都市も田園も荒廃の極みに至る。1648年にウェストファリア条約が結ばれ終息を迎えるが、ドイツは300あまりの小国家に分かれて統治されるようになった。

ドイツ歴史年表

西暦	出来事（色文字は文化関連）
ローマ帝国	
B.C.1世紀～	ローマ人ライン河流域に進出
16	トリアー建都
15	アウクスブルク建都
A.D.100ごろ	バーデン・バーデンで温泉発見、ローマ式浴場建設
1～2世紀	トリアーにローマ式円形劇場、ポルタ・ニグラなど建設
376	西ゴート族ローマ帝国内に侵入、ゲルマン民族大移動開始
フランク王国～東フランク王国	
481	メロヴィング朝起こる
7世紀	メーアスブルク旧城建設（現存するドイツ最古の城）
800	カール大帝西ローマ帝国皇帝即位
843	ヴェルダン条約、フランク王国3分割
870	メルセン条約、再分割
10世紀	マジャール族侵入、ハンガリーに定着
955	レヒフェルトの戦い、マジャール族撃退
神聖ローマ帝国／ザクセン朝～フランケン朝～ホーエンシュタウフェン朝	
962	神聖ローマ帝国成立、オットー1世戴冠
1054	東西教会分離
1075～1122	叙任権闘争
1077	カノッサの屈辱
1096～99	第1回十字軍
1147～49	第2回十字軍
1152	バルバロッサ・フリードリヒ1世即位
1189～92	第3回十字軍
1199	ドイツ騎士団成立
1200ごろ	「ニーベルンゲンの歌」成立
13世紀初頭	ヴァルトブルクでミンネゼンガーによる歌合戦
1202～04	第4回十字軍
1230～83	ドイツ騎士団プロイセン征服
1241	ハンザ同盟成立
1248	ケルン大聖堂起工
1254	ライン都市同盟成立
神聖ローマ帝国／大空位、諸王朝時代	
1256～73	大空位時代、皇帝権衰退
1291	スイス独立のはじめ
神聖ローマ帝国／ルクセンブルク朝～ハプスブルク朝	
1347～49	ペスト流行
1356	金印勅書、7選帝侯成立
1386	ハイデルベルク大学創立
1414～18	コンスタンツ公会議、ヤン・フス処刑（1415）
1415	ホーエンツォレルン家、ブランデンブルク辺境伯となる
1438	ハプスブルク朝起こる
1456	グーテンベルク活版印刷術発明
1517	ルター「95カ条の論題」、宗教改革始まる
1522～23	騎士戦争
1524～25	ドイツ農民戦争
15～16世紀	フッガー家繁栄
1555	アウクスブルク宗教和議
1618	ブランデンブルク＝プロイセン同君連合成立
1618～48	30年戦争
ブランデンブルク＝プロイセン～プロイセン／ホーエンツォレルン朝	
1648	ウェストファリア条約締結
1687	フリードリヒ・ヴィルヘルム大選帝侯、ユグノーを誘致
1701	プロイセン王国成立
1714	ハノーファー選帝侯ゲオルク1世イギリス国王に（ハノーファー朝～1901）
1729	J.Sバッハ「マタイ受難曲」

1740~48	オーストリア継承戦争
1740	フリードリヒ大王即位（~86）
1745	サンスーシ宮殿建設開始
1749	フリードリヒ法典
1772	第一次ポーランド分割
1775	ゲーテ、ワイマール公国宰相就任
1778~79	バイエルン継承戦争
1795	第三次ポーランド分割、ポーランド滅亡
1797~1840	農奴解放
1805	第3回対仏大同盟
1806	対仏戦争、ナポレオン大陸封鎖令、ライン同盟成立、神聖ローマ帝国滅亡
1809	フンボルト大学創立
1812	「グリム童話」初版刊行
1814~15	ウィーン会議
1815	4国同盟、ドイツ連邦成立、神聖同盟
1824	ベートーヴェン「第9交響曲」
1835	ニュルンベルク～フュルト間にドイツ初の鉄道開通
1848	マルクス・エンゲルス「共産党宣言」、ベルリン3月革命
1848~49	フランクフルト国民議会
1850	欽定憲法制定
1862~90	ビスマルク執政
1864	対デンマーク戦争
1866	普墺戦争、プラハ和約
1867	北ドイツ連邦成立、オーストリア＝ハンガリー二重帝国成立
1870~71	普仏戦争

ドイツ帝国／ホーエンツォレルン朝

1871	ドイツ帝国成立、ヴィルヘルム1世皇帝に、ビスマルク宰相就任
1876	バイロイト祝祭劇場完成、ワーグナー「ニーベルンゲンの歌」初演
19世紀末	南太平洋の諸島占領
1889	ダイムラー、ベンツ自動車発明
1895	レントゲンX線発見
1905	第一次モロッコ事件、アインシュタイン「特殊相対性理論」発表
1906	ヘルマン・ヘッセ「車輪の下」
1910	フロイト「精神分析学入門」成立
1911	第二次モロッコ事件
1914~18	第一次世界大戦
1918	皇帝退位亡命、ドイツ降伏

ドイツ共和国

1919	パリ講和会議、ベルサイユ条約成立、ワイマール憲法制定、バウハウス設立
1924	トーマス・マン「魔の山」
1926	国際連盟加盟
1929	世界経済恐慌、飛行船ツェッペリン号世界一周
1933	ヒトラー首相就任、国際連盟脱退
1935	再軍備宣言
1939	独ソ不可侵条約、ドイツ、ポーランドに侵攻、第二次世界大戦始まる
1940	日独伊三国同盟締結
1945	ドイツ無条件降伏、4カ国による分割統治、ポツダム会談

ドイツ連邦共和国／ドイツ民主共和国

1946	ニュルンベルク軍事裁判
1949	ドイツ連邦共和国（西ドイツ）、ドイツ民主共和国（東ドイツ）成立
1954	西ドイツNATO加盟
1955	ワルシャワ条約機構調印
1957	ヨーロッパ経済共同体（EEC）
1961	東西ベルリンの境界に壁築かれる
1967	ヨーロッパ共同体（EC）発足
1973	東西ドイツ国連加盟
1989	ベルリンの壁崩壊

ドイツ連邦共和国

1990	東西ドイツ統一
1992	マーストリヒト条約調印
1997	EU首脳会議、新欧州連合条約調印
1999	ベルリンに新生ライヒスターク完成。連邦議会がボンより移転
2002	通貨としてユーロを導入

プロイセン王国とフリードリヒ大王

30年戦争後の小国家乱立状態の中から頭角してきたのは、ホーエンツォレルン家のフリードリヒ＝ヴィルヘルム。彼は1640年に大選帝侯となり、その子のフリードリヒ1世が1701年に成立したプロイセン王国の王座についた。その後18世紀を代表する啓蒙絶対君主であったフリードリヒ大王の時代には、オーストリア継承戦争、7年戦争を戦いぬき、周辺強大国と肩を並べるまでに成長した。

ポツダムのサンスーシ宮殿

ウィーン会議とドイツ統一

19世紀初頭のナポレオン軍の侵攻、それに続くヨーロッパの新秩序を模索したウィーン会議を機に、ドイツ統一への機運が高まる。1862年、プロイセンの首相に"鉄血宰相"ビスマルクが就任してからは、その手腕と軍事力によってドイツ国内の統一を進めるとともに、普墺、普仏戦争に勝利。普仏戦争でフランスに進駐したヴィルヘルム1世は、1871年にベルサイユ宮殿鏡の間でドイツ皇帝としての戴冠式を行い、ドイツ帝国（第2帝国）が成立した。

ワイマール共和国

1914年、オーストリア皇太子の暗殺を機に第一次世界大戦が勃発した。戦争は4年におよぶ長期戦となり、次第にドイツの国力は疲弊し、国内には厭戦ムードが充満してゆく。1918年には皇帝ヴィルヘルム2世がオランダに亡命しドイツは降伏した。1919年のベルサイユ条約を経て、ワイマール共和国が誕生。当時最も民主的といわれたワイマール憲法のもとで、映画や演劇などの大衆文化が花開き、バウハウスを中心に新しい芸術活動も盛んになる。

ナチスの台頭

膨大な額の戦争賠償金、1929年に始まる世界大恐慌により悪化する一方の経済状況の中で、不安に怯える大衆の気持ちを巧みに操作してナチスが勢力を伸ばしてきた。1933年に首相の座についたヒトラーはゲルマン民族の優位性を唱え、政権を独裁化するとともにユダヤ人への迫害や周辺諸国への侵略を行い、第二次世界大戦へと突入していった。

東西ドイツの分断と統一

1945年、ヒトラーが自殺し、ドイツは無条件降伏した。英米仏ソの4カ国によって統治されたが、1949年に東西分断。1961年には首都ベルリンに亡命を防ぐための「壁」が築かれた。しかしソ連邦解体や東西冷戦の雪解けを迎え、1989年に壁が崩壊。翌1990年に東西ドイツが統一した。

ドイツ文化用語解説

Architecture 建築 美術 & Art

●ロマネスク

11〜12世紀にフランスやドイツを中心に発達した様式で、主に教会建築に用いられた。特徴は半円柱のアーチや3廊式二重内陣で、重厚な印象を与える。ヒルデスハイム、マインツ、バンベルクなどの大聖堂が典型例として知られている。

ヒルデスハイムの聖ミヒャエル教会

●ゴシック

12世紀にフランス北部でロマネスク様式から発展して生まれた様式。教会建築を中心に、その装飾となる彫刻でも一時代を築いた。その特徴は、高く上昇感の強い穹りゅう天井、石組みの尖頭アーチ、飛梁の採用にあり、この様式の誕生により巨大聖堂の建設が可能となった。また建物が大型化されるにつれ、色彩豊かなステンドグラスがはめられるようになった。代表例はケルン、ウルムの2大聖堂や、トリアーの聖母教会、マールブルクのエリザベート教会など。

●ルネサンス

古代ギリシア、ローマ文化の再発見と世俗の人間社会に対する強い感心を特色とし、建築や美術の様式ばかりでなく、思想や哲学にも大きな影響をおよぼした。15世紀にイタリアのフィレンツェで起こりヨーロッパ全域に広まったが、ドイツでは宗教改革〜30年戦争の時期にあたり、さほどの発展は見られなかった。建築ではハイデルベルク城、アウクスブルクの市庁舎などが、絵画、版画ではデューラー、クラナッハ、ホルバイン、グリューネヴァルトが代表的な存在として知られている。

ハイデルベルク城

●各様式の融合

古代〜中世の巨大建築では完成までに長い歳月を要したものもあった。そのため、ひとつの建物にいくつかの様式が混在していることも多い。バンベルクやフライブルクの大聖堂は、基本部分はロマネスクだが塔はゴシック。また、ブ

バンベルクの大聖堂

レーメンやリューベックの市庁舎は、ゴシックの本体にルネサンスのファサードや階段が設けられている。

●フランドル派

ルネサンス〜バロック時代に、ネーデルランド(現在のオランダ、ベルギー)を中心に活躍した画家たちの総称。ゴシック以来の写実性をより深め完成させたファン・アイク兄弟、農民やその生活を愛情と風刺を込めて克明に描いたブリューゲル、ルネサンス風の躍動感あふれる人物をバロック調の雄大な構図にまとめたルーベンスなどが代表的な作家としてあげられる。

●バロック

17世紀初頭にイタリアで起こり、18世紀の中ごろまでの建築・美術などの様式を指すと同時に、時代の概念をも示す。ルネサンス時代の端正な姿を意図的に逸脱させ、派手な形や色彩に加え装飾性も豊かで、劇的な空間を演出することが好まれた。ドイツでは17世紀後半から王宮建築を中心に盛んになり、曲線や歪みを多用した形態にスタッコ装飾やフレスコ画を併用した、壮麗で幻想的な姿に特徴がある。時代を代表する人物として、ドレスデンのツヴィンガー宮殿を設計したペッペルマン、ヴュルツブルクのレジデンツを設計したバルタザール・ノイマンをはじめ、彫刻のペルモーザー、画家のエルスハイマーなどが知られている。

ヴュルツブルクのレジデンツ

●ロココ

淡彩と金を基調とした色彩、複雑な渦巻きや唐草紋様、花飾りなどを用いた華麗で繊細な装飾が特徴。ポツダムのサンスーシ宮殿など、バロックと融合した例も多く見られる。代表建築としてはツィンマーマン兄弟によって造られたヴィース教会やマイナウ教会などが知られ、またマイセン磁器もこのロココの時代の花といえる。

ヴィース教会

●新古典主義

18世紀後半～19世紀前半の建築、美術様式。バロックやロココの過剰な装飾に対する批判、古代ギリシアやローマ建築の研究の進展、啓蒙思想の普及に伴う合理的な思潮を背景に、古代建築が持つ簡素な美を至高のものとして捉えなおした。王立劇場や旧博物館を設計し、ベルリンの風景を変えたといわれるシンケルは、当時の最高の建築家として評価が高い。他に、ベルリンのブランデンブルク門やレーゲンスブルク郊外のヴァルハラ神殿などが代表的な建築物だ。

●印象派

19世紀中ごろ～後半にかけてのフランスの画家たちに代表される。自然と光の綿密な観察に基づいて、明るく澄んだ色彩、断続的なタッチ、不透明な厚塗りなどが作風の特徴としてあげられ、自然主義の一面を成していた。代表的な画家として、マネ、クールベ、モネ、ルノアール、セザンヌなど。

●ユーゲントシュティール（青春様式）

19世紀末～20世紀初頭にかけてベルギーやフランスを中心に起こったアール・ヌーヴォーと同系列の様式。植物の形態を模したうねるような曲線や豊かな装飾性、鉄、ガラス、タイルといった新しい素材の使用が特徴で、当時ヨーロッパで流行していたジャポニスム（日本の浮世絵や工芸品）の影響も受けていた。作家としては、ベルギーの建築家ヴィクトール・オルタや、ウィーンの画家クリムトを中心とする分離派などが名高い。

●表現主義

20世紀初頭からナチスが権力を握る時代までの、ドイツ、オーストリアを中心とした芸術活動。印象派に反発する形で始まり、最終的には画家個人の精神や信念の絵画的表現に到達した。作品の特徴は、荒削りな仕上げ、シンプルな線と面の構成などにある。1905年にドレスデンでキルヒナーやヘッケルなどによって結成されたブリュッケ、1911年にミュンヘンでマルク、クレーなどで結成された青騎士＝ブラウエ・ライターが中心となった。なかでもカンディンスキーは1912年に世界初の抽象画を描いた画家として知られる。

●バウハウス

1919年にグロピウスがワイマールに設立した美術学校。急進的な建築家を中心に、画家、工芸作家、写真家なども加え、革新的な理論を展開。教授陣にはカンディンスキー、クレー、モホリ・ナギ、ファイニンガー等、アヴァンギャルドのそうそうたる作家が参加した。1925年にデッサウへ、1932年にはベルリンに移ったが、1933年ナチスにより解散させられた。その後グロピウスはハーヴァード大学の建築学教授になり、モホリ・ナギはシカゴに新しいバウハウスを設立。その影響力は現代の建築、美術、工芸の各分野におよびつづけている。

Music 音楽

●ミンネゼンガー

12～15世紀に、各地の宮廷を主な舞台として活躍した恋愛歌人。すべて男性で、彼らは詩人、作曲家、演奏家も兼ねていた。フォーゲルヴァイデは、ゲーテ以前の最大の詩人と賛えられている代表的な歌人だ。13世紀初頭にはアイゼナハのヴァルトブルク城で伝説的な歌合戦がくり広げられた（p.91参照）。

ヴァルトブルク城の歌合戦の大広間

●マイスタージンガー

ミンネゼンガーを継承し、15～16世紀の音楽、文芸活動を担った歌人。庶民が中心となって展開され、その内容は恋愛、聖書、社会風刺など幅広い。基本的に無伴奏で歌われ、単旋律、自由なリズムが特徴。

●バロック音楽

イタリアから始まった17～18世紀中ごろの音楽様式。器楽と声楽が分離し、ソナタ、組曲、協奏曲などの新しい器楽ジャンルが生まれ、J.S.バッハによってカンタータが完成された。教会、宮廷、劇場のものだった音楽が市民階級にまで普及したのもバロックの時代の特色。代表的な作曲家は、バッハの他、ヘンデルやヴィヴァルディ。

●古典派音楽

バロックに続く時代の音楽様式。絶対音楽としての器楽が優越するとされ、一貫性のある楽章配置を特徴とする交響曲が確立した。この様式の完成は、イタリア、フランス、ドイツなど各国の音楽をウィーンにおいて集大成させたハイドン、モーツァルト、ベートーヴェンの3人によってなされ、彼らをとくにウィーン古典派と呼ぶ場合もある。

●ロマン派

19世紀初頭に始まり、ヨーロッパ社会の発展とともに音楽の可能性を広めた。古典派の形式感を否定し、個人的な感情をより強く表現。幻想曲、即興曲、夜想曲といった器楽小品に優れた作品が多い。前期ロマン派では、ヴェーバー、シューベルト、メンデルスゾーン、ショパン、シューマンなどがよく知られている。後期ロマン派には、標題交響曲を完成させたベルリオーズ、交響詩の様式を生みだしたリスト、総合芸術としての楽劇を創造したワーグナーがあげられる。

ドイツ INDEX

地名

●あ行

- アーヘン……………………263
- アイゼナハ……………………90
- アウクスブルク………………133
- アルスフェルト………………302
- アルペン街道…………………172
- イエナ…………………………93
- ヴァルトブルク城………………91
- ヴァルネミュンデ……………334
- ヴィースバーデン……………110
- ヴィッテンベルク………………93
- ヴェルニゲローデ……………298
- ヴォルプスヴェーデ…………294
- ヴュルツブルク………………120
- ウルム…………………………211
- エアフルト………………………88
- エスリンゲン・アム・ネッカー……201
- エルベ川（ザクセン・スイス）……94
- オーバーアマガウ……………179
- オッフェンバッハ……………114

●か・さ行

- カッセル………………………286
- カルフ…………………………195
- ガルミッシュ・パルテンキルヒェン……182
- クヴェートリンブルク…………300
- クルムバッハ…………………244
- ゲーテ街道………………………68
- ゲッティンゲン………………289
- ケルン…………………………254
- コーブルク……………………223
- 古城街道………………………222
- ゴスラー………………………296
- コブレンツ……………………274
- コンスタンツ…………………208
- ザールブリュッケン…………278
- ザイフェン………………………75
- シュヴァルツヴァルト（黒い森）……216
- シュヴァンガウ………………137
- シュヴェービッシュ・ハル……232
- シュヴェリーン………………332
- シュターデ……………………336
- シュタイナウ…………………302
- シュトゥットガルト…………196
- シュトラールズント…………335

●た・な行

- ターレ…………………………301
- ダルムシュタット……………112
- ツヴィンガー宮殿………………71
- ツークシュピッツェ…………184
- ツェレ…………………………327
- ディンケルスビュール………129
- テュービンゲン………………202
- デュッセルドルフ……………248
- トリアー………………………276
- ドレスデン………………………69
- ニュルンベルク………………233
- ネッカー川古城巡り…………230
- ネルトリンゲン………………132
- ノイシュヴァンシュタイン城……140

●は行

- バーデン・バーデン…………190
- バート・ホンブルク…………114
- ハーナウ………………………284
- ハーメルン……………………290
- ハイデルベルク………………224
- ハイデルベルク城……………226
- ハイルブロン…………………244
- バイロイト……………………242
- パッサウ………………………171
- ハノーファー…………………329
- ハンブルク……………………306
- バンベルク……………………238
- ハン・ミュンデン……………302
- ビューディンゲン……………114
- ヒルデスハイム………………331
- フュッセン……………………137
- フライブルク…………………214
- プラハ…………………………244
- フランクフルト…………………96
- フリードリヒスハーフェン……210
- プリーン（キーム湖）………175
- フルダ……………………………93
- ブレーメン……………………292
- ベルヒテスガーデン…………174
- ベルリン…………………………32
- ベルンカステル／クース……278
- ヘレンキームゼー城…………176
- ホーエンツォレルン城………205
- ボーデンヴェルダー…………302

ポツダム	62
ボン	260

●ま・や・ら・わ行

マールバッハ・アム・ネッカー	201
マールブルク	285
マイセン	78
マイナウ島	210
マインツ	270
ミッテンヴァルト	177
ミュンスター	265
ミュンヘン	146
メーアスブルク	206
メルヘン街道	282
メルン	336
ライプツィヒ	80
ライン川下り	268
ランツベルク	142
リューゲン島	335
リューデスハイム	272
リューネブルク	325
リューベック	321
リンダーホーフ城	181
リンダウ	186
レーゲンスブルク	168
ローテンブルク	124
ロストック	333
ロマンチック街道	118
ワイマール	84

To Do Index 一覧

個人旅行で一番困るのが、とっさの時の行動の指針。「こういう時はどうすれば？ 前にどこかで読んだ記憶があるんだけど……」という時はここから情報を探してほしい。

◆準備する

エンターテインメント	20
お金（現金）	346,372
（クレジットカード）	346
（トラベラーズチェック）	347
（トラベルマネーカード）	347
（ユーロ）	346
海外旅行傷害保険	345,377
気候	349
携帯電話	351
国外運転免許証	345
国際学生証	344
時差	349
旅の情報収集	
（ドイツ観光局）	348
（インターネット）	349
（海外チケット）	348
旅のスタイルを選ぶ	
（パッケージツアー）	338
（個人手配旅行）	339
パスポート	344
ビザ	344
服装	349,371
ホテルの予約	341
持ち物	350
モデルルート	15

◆移動する
●日本で

航空券を手配	339
長距離バスを手配	340
鉄道フリーパスを手配	368
レンタカーを予約	340

●空港で

空港への行き方	352～356
機内持ち込みと受託手荷物	350
ドイツ入国手続き	360
税関	360
空港から市内への行き方	364

●ドイツで

市内交通（市電）	369
（タクシー）	369,371
（地下鉄Uバーン）	369
（電車Sバーン）	369
（バス）	369
鉄道（運賃）	365
（種類）	365
（バス）	368
（路線図）	12
ライン川下り	268
ヨーロッパバス	119

◆食べる

関連単語集	29
ビール	24,158,163,198
料理	28,30
レストラン（営業時間）	375
（チップ）	375
（利用方法）	375
ワイン	26
水	375

◆買う

営業時間	7
クレジットカード	346
コンビニ	371
ショッピングのマナー	371
チケット（音楽・演劇）	21
ドイツのおみやげ	22
免税	363
両替	362,372
おみやげコラム	22,50,127,165,200,228

◆泊まる

古城ホテル	241,278,295
シャワーとバスタブ	374
ホテル	374
（チップ）	374
（予約方法）	341,374
（利用方法）	374
ユースホステル	374

◆電話と郵便

ドイツの電話事情	373
電話をかける（ドイツへ）	373
（日本へ）	373
小包	373
手紙	373
郵便局の営業時間	373

◆入出国

税関	360,362
ドイツ入国	360
日本へ帰国	362
税金の還付手続き	363
隣国へ出国	370

◆トラブル

海外旅行傷害保険	345,377
治安状況	376
盗難・紛失	
（クレジットカード）	376
（パスポート）	376
日本大使館・領事館連絡先	376
病気・ケガ	377
薬局	377

Staff

Editor
- ㈲クレパ　CREPA
- ㈲ハイフォン　HYFONG
- 髙砂雄吾　Yugo TAKASAGO
  フリーエディター。本書の編集以外にも「わがままシリーズ」のシンガポール、トルコなども担当。

Photographer
- 久保田耕司　Kouji KUBOTA
  CREPA代表。ベルリン、ロマンチック街道、アルペン街道、ライン＆モーゼル川流域、および企画・構成を担当。

Photographers & Writers
- 森 アキラ　Akira MORI
  フリーカメラマン＆ライター。ファンタスティック街道＆黒い森、古城街道、メルヘン街道、ハンブルク＆北ドイツなどを担当。
- 佐藤文彦　Fumihiko SATO
  フリーカメラマン＆ライター。フランクフルト、ミュンヘン（p.216〜219は写真・文とも久保田）、ルール地方などを担当。
- 矢部志保　Shiho YABE
  フリーカメラマン＆ライター。ドイツ東部＆ゲーテ街道、古城街道のバイエルン地区、レーゲンスブルク、パッサウなどを担当。

Writers
- 池田一郎　Ichiro IKEDA
- 渡辺ゆき　Yuki WATANABE

Designers
- ㈲イグシナッツ　IGUSINAT'S
  - 谷杉精一　Seiichi TANISUGI
  - 林 哲也　Tetsuya HAYASHI
  - 相澤寿男　Hisao AIZAWA
- オムデザイン　OMU
  - 道信勝彦　Katsuhiko MICHINOBU
  目次、出発日検討カレンダーほか、シリーズ共通ページのデザインを担当。
- ㈱メディア・ミル　MEDIA MILL
  - 岡本倫幸　Tomoyuki OKAMOTO

Illustrator
- 根津修一　Shuuichi NEZU

Cover Designer
- 鳥居満智栄　Machie TORII

Cover Pattern (Ribbon)──MOKUBA

Map Production
- ㈱千秋社　Sensyu-sya
  - 小島三奈　Mina KOJIMA
- ㈲ジェオ　GEO
  - 内藤恵満　Emi NAITO

Map Design
- ㈱チューブグラフィックス　TUBE
  - 木村博之　Hiroyuki KIMURA
  地図デザインと主要鉄道路線図（p.12-13）

Desktop Publishing
- ㈱千秋社　Sensyu-sya
  - 細井智喜　Tomoki HOSOI

Editorial Cooperation
- ㈱千秋社　Sensyu-sya
- 舟橋新作　Shinsaku FUNAHASHI
- 吉原信成　Nobushige YOSHIHARA
- 岡田弘一　Hirokazu OKADA
- 小川睦子　Tokiko OGAWA
- 森高由美　Yumi MORITAKA
- 林 弥太郎　Yataro HAYASHI
- マイケル・ネンディック　Michael NENDICK
- 中元寺智信　Tomonobu CHUGANJI
- 伝農浩子　Hiroko DENNOU
- 井上みゆき　Miyuki INOUE
- 杉本弓子　Yumiko SUGIMOTO
- 土肥正弘　Masahiro DOI

Special thanks to
ギャード・シュヌラー　Gerd Schnürer／ドイツ観光局／ミュンヘン観光局／ハンブルク観光局／フルダ観光局／レーゲンスブルク観光局／バイエルン州観光局／バーデンヴュルテンベルク州観光局／ペーター・エンダーライン／平陽子／勝山修行／白川純／Hito／藤島淳一／サンベルクトラベル／イズミ・サマー／中島あずみ／久保田由希／中村真人／山本彩子／萩原明裕／古堅太郎／平野みどり／福田恵／ますだいっこう

わがまま歩き…⑭「ドイツ」　　ブルーガイド

2018年11月12日　　第12版第1刷発行
2020年3月20日　　第12版第2刷発行

編　集………ブルーガイド編集部
発行者………岩野裕一
Ｄ Ｔ Ｐ………㈱千秋社
印刷・製本…大日本印刷㈱

発行所………株式会社実業之日本社　www.j-n.co.jp
〒107-0062　東京都港区南青山5-4-30　CoSTUME NATIONAL Aoyama Complex 2F
電話【編集・広告】☎03-6809-0452　【販売】☎03-6809-0495

●本書の一部あるいは全部を無断で複写・複製（コピー、スキャン、デジタル化等）・転載することは、法律で定められた場合を除き、禁じられています。また、購入者以外の第三者による本書のいかなる電子複製も一切認められておりません。
●落丁・乱丁（ページ順序の間違いや抜け落ち）の場合は、ご面倒でも購入された書店名を明記して、小社販売部あてにお送りください。送料小社負担でお取り替えいたします。ただし、古書店等で購入したものについてはお取り替えできません。
●定価はカバーに表示してあります。　●実業之日本社のプライバシー・ポリシー（個人情報の取扱い）は、上記サイトをご覧ください。

©Jitsugyo no Nihon Sha, Ltd. 2018　ISBN978-4-408-06042-2（第一BG）　Printed in Japan